北京古籍叢書

趙其昌 主編

明實録北京史料

第三册

目　　録

弘治十八年（1505）

1 **五月壬辰** 以大行皇帝賓天告於奉先殿，頒遺詔於天下。

（武宗正德實録卷 1 第 2 頁 1.2.0003）

2 **五月乙未** 令禮部左侍郎李傑及欽天監副倪謙擇山陵地。

（武宗正德實録卷 1 第 4 頁 1.3.0006）

3 **五月丙申** 工部奉令旨停止工作，因條陳所當停者如太皇太后新廟、大明門安换石欄等處工程及兵仗局戰車、飛槍，司設□□〔按：館本□□作監龍〕毯俱合如令，從之。

（武宗正德實録卷 1 第 5 頁 1.4.0007）

4 **五月己亥** 欽天監擇〔按：館本擇下有五月十三字〕八日丑時卽位從吉，而百官朝臨之期未滿，請〔按：館本請下有暫免二字〕是日朝臨移後一日。從之。

（武宗正德實録卷 1 第 6 頁 1.5.0009）

5 **五月壬寅** 上卽皇帝位……遂頒詔大赦天下。

（武宗正德實録卷 1 第 7 頁 1.6.0011）

6 **五月丁未** 禮部言：左侍郎李傑、欽天監副倪謙同司禮監太監戴義奏，於茂陵西施家臺得吉地，堪以奉安大行皇帝陵寢。山（按：館本山上有然字）〔校記：廣本然下有以字〕陵事重，乞別命官覆視。而工科右給事中許天錫亦言，宜於廷臣中推取諳曉地理者視〔按：館本視上有按字〕前地。如有疑亟移文江西等處，廣求術士，博訪名山，務得主勢之強、風氣之聚、水土之深、穴法之正、力量之全如宋儒朱熹所云者，庶可安奉神靈，爲國家祈天永命之助。禮部議從其言。上是之，命訪求精通地理人員，令太監扶安、李興、覃觀，右侍郎王華，少卿吴昌與俱往，詳定以聞。

（武宗正德實録卷 1　第 17　頁　1.14.0027）

7　**五月己酉**　禮部右侍郎王華言：臣等奉命覆視施家臺吉地欲求通曉地理之人，一時不能周知。給事中許天錫所言深得其理，宜令舉一人。遂令天錫偕華等往視。

（武宗正德實録卷 1　第 18 頁　1.15.0030）

8　**五月壬子**　命定國公徐光祚領五軍營左掖、鎮遠侯顧仕隆領神機營左哨管操。

（武宗正德實録卷 1　第 21 頁　1.17.0034）

9　**五月癸丑**　兵部言，黄花鎮屏蔽陵寢，切近京師，今虜寇爲患，戍守單弱可慮，請益兵防守。仍罷守備内官，以省役占。命即簡都指揮一員，領團營步卒千人協同防守，守備内官姑仍舊，其役占軍士盡令還伍。〔按：館本伍作五〕〔校記：抱本五作伍，是也〕。

兵部奏。……仍請於居庸關、白羊口各發京營步軍一千，紫荆、倒馬二關，各調取附近官軍一千協同防守。從之。

（武宗正德實録卷 1　第 21 頁　1.18.0035）

10　**六月丙辰**　禮部奏：侍郎王華等覆視原擇山陵地，果吉，宜行欽天監擇日興工。上從之。遣駙馬都尉蔡震、馬誠祭告諸陵，尚書曾鑑祭告天壽山后土司工之神。

（武宗正德實録卷 2　第 2 頁　2.1.0038）

11　**六月丙辰**　西安門修鋪起土，内官監太監李興請借用五城夫甲。兵部以爲民不堪用〔按：館本用作命，是也〕，且先帝有借用之禁，乃不許。

（武宗正德實録卷 2　第 3 頁　2.3.0041）

12　**六月丙辰**　經畧山海關工部左侍郎李鐩回南（按：館本無

南字，是也）京上經畧事蹟：起廟山口迄於密雲墓田谷關展出荒地〔校記：廣本地作田〕五十頃二十畝，修邊牆二萬四千七百九十餘丈，大〔按：館本濠上無大字〕濠溝三千三百餘丈，墩臺、敵臺、城樓、營堡等項共一百七十餘座，營房三百八十餘間。所用夫力計四百九十餘萬工，馬價、匠價銀二千二百九十餘兩，夫錢二十八萬一千九百餘文，糧二萬四千三百餘石。命所司知之。

（武宗正德實録卷2　第4頁　2.3.0042）

13　六月丁巳　設潮河山新營於古北口外關，調古北、潮河二營步卒五百人戍守。以密雲衛指揮李東、劉祥領〔按：館本領下有之從二字〕經略邊務，工部侍郎李鐩請也。

（武宗正德實録卷2　第7頁　2.6.0048）

14　六月丁巳　經畧邊務太常寺少卿孫交上言：永樂時，邊關林木茂密，蹔役沿邊隆慶等衛軍士採辦薪炭，因循未革。其後無木可採，又有伐木之禁，以故每年各衛例納銀二萬餘兩，於後府招商買納。或不〔校記：廣本不作未〕及數，至均之屯軍。夫邊關樹木稠密，盖□□〔按：館本□□作欲扼〕虜騎之奔馳，資我軍之防守，所以勅諭守臣，禁令甚嚴。今軍衛催科，乃有薪炭之價，是名爲禁之，而實復徵之。無名之税，豈盛世之所宜有哉？乞軫念邊士貧苦，盡行蠲免，以示優䘏，使得鋭意於防守。其或薪炭不〔校記：廣本不作未〕足，宜令惜薪司及易州山厰查計歲收之數，量省十之二三。如又不足，或將别項錢糧通融挪補。尤慮林木有限，用度無窮。仍勅山厰侍郎於無礙山〔校記：廣本山作之〕地設法種樹歲以百萬計，以爲後來薪炭之需，則不必重歛於人，而自享無窮之利矣！兵部謂宜行，工部議處以聞。

（武宗正德實録卷2　第8頁　2.7.0049）

15　六月丁巳　兵部覆議，給事中許天錫言：爾者，賊刼朝去〔按：館本去作士，是也〕氊衫衣服於西公生門，又奪馬傷人於長安右門。輦轂之下，横肆如此，若不嚴加防捕，則禍機隱伏，關係不輕。宜於團營摘撥騎士百二十人，每三十人選千百户一人領之，東於玉河西隄工部廠、西於彭城衛、南於惠民藥局、北於富峪衛巡邏曠地。滿三月一易，賊寧罷去。更責令五城兵馬，各照分管坊巷，嚴督兵牌，盡夜巡警，不許受制諸司及别項差遣。仍申明禁約，寬卹地方火甲，不許濫役，以專守望。從之。

（武宗正德實録卷 2　第 8 頁　2.7.0050）

16　六月戊午　營建大行皇帝陵於天壽山，薦名"泰陵"。勅太監李興、新寧伯譚佑、工部左侍郎李鐩提督。發五軍等三營官軍萬人供役，仍命科道官各一人點視。

（武宗正德實録卷 2　第 9 頁　2.8.0051）

17　六月甲子　命京城各門内外守門官嚴謹盤詰，仍令點城官員不時巡察。其有視常怠玩者，指實以聞。以給事中潘鐸、趙士賢各奏虜警方嚴，恐有姦人潛入偵伺故也。

（武宗正德實録卷 2　第 17 頁　2.14.0064）

18　六月丙寅　大理寺左少卿張泰、錦衣衛都指揮韋順、巡撫都御史周季麟會勘薊州草場地土，四月中奏上所處事宜言：其地通計四千九百四十餘頃，御馬監草場在侯家營者已足舊額八百頃一十畝之數，爲團營委官賈昂所侵者三百二十五頃五十七畝，在青店莊〔校記：廣本作清莊，抱本作青莊〕者今實有五百一十四頃五十八畝，團營草場屬之三千營者今實有九百二十一頃四十七畝。又以侯家營界内萱港官地五十四頃及民人所侵官地五十頃並附餘地十六畝〔校記：廣本畝下有以字〕補之，屬之五軍營者今實有一千五百六十頃三十五畝，附餘地五十八頃二十三畝，屬之神機營者今實有五百一十三頃一十二畝，附餘地一百四十五頃七十五畝，各草場侵占民田屯地九百三十七頃四十九畝並附餘地皆宜給軍民爲業，仍封土濬濠，以定其界，立碑深刻，以紀其數，則官民各有所據，而争端可杜。蓋先是新寧伯譚祐以神機營草場不及舊額，嘗遣給事中周旋往勘之，旋失於覈實，擅增地九百餘頃。御馬監太監寧瑾又奏侯家營草場爲皇莊及團營侵占數百頃，薊州民孟昱等又奏徵糧地爲賈昂所侵，屢遣侍郎顧佐、熊翀，太監趙忠、黎鑑、楊俊，武定侯郭良，給事中潘鐸，御史謝朝寅會同勘處，忠、鑑等執奏異詞，已皆辭避。事久不結，乃改命泰順、李麟泰等，於御馬監則據往年御史陳璧等所勘，於三營則據景泰中武清侯石亨所奏，參酌區處，擬上此奏。户部尚書韓文言：如泰等所處，則牧養有地，上可副朝廷慎重戎馬之意，恒產不失，下可慰小民仰視俯育之願矣。奏上，先帝欲查議至再，文等言：各草場勘處已明，惟神機營一處遣官踏勘已經四年，境内軍民〔校記：廣本民作人〕屢遭蹂躪，人心怨甚，蓋鑑良徒據旋所增，又佐、翀勘報之數，而不知忠、鐸、朝寅所勘正與亨所奏之額脗合而無異也，耳邦政莫急於馬，固當重其牧放之地；邦本實在於民，尤恐妨其耕作之業。今薊州軍民彭釗等逃移失業者已二百八十餘户矣，昱等安居此地百有餘年，其戀戀而不去，猶冀聖明矜念復其故業，庶不捐親戚棄墳墓而他徙也。惟乞如臣等前後議擬而行便。章留中再閱月，至如〔校記：廣本抱本如作是，是也〕乃詔，如所議。

（武宗正德實録卷 2　第 19 頁　2.16.0068）

19　**六月丙寅**　命金吾左衛指揮同知句璽守備天壽山。陞會州衛指揮同知張經爲都指揮僉事，分守通州。

（武宗正德實録卷 2　第 21 頁　2.18.0071）

20　**六月庚午**　占城國王子沙古卜洛遣使沙不登古魯來貢方物。乞命大臣往其國，仍以新州港等處封之，然不明言其父古來已薨與否，别有占奪方興之奏，始畧及焉。給事中任良弼等言，請封之事，當酌量審處。

（武宗正德實録卷 2　第 21 頁　2.18.0072）

21　**六月丙子**　兵部言：皇城四門以拱護宸居，京城九門以譏察姦宄，爾來門官太多，科占軍士，逼致逃亡，門禁漸弛，其流弊不可言者。請遵詔旨，凡非舊額，一切裁革。上命皇城四城仍舊，其餘各門自今以四員爲則，不許增，著爲令。

（武宗正德實録卷 2　第 25 頁　2.21.0078）

22　**六月丙子**　命隆慶衛指揮張栢分守居庸關，以都指揮體統行事。

（武宗正德實録卷 2　第 25 頁　2.21.0078）

23　**六月丁丑**　内官監太監李興奏：營建山陵，阻於霖潦，運料軍士不能備僦車之費。請於内外諸司假貸銀四五萬兩，委官分行僦車轉輸，以蘇其困。事下工部，以府藏空虚，無由措給，會官議取薊州等處修邊及各府逃夫銀、泰安州香錢及濟寧閘、蘇松常椿草道〔按：館本道作導〕河夫價，坐委工部、順天府官司出納，以備運輦，庶軍士不困而山陵速成。從之。

（武宗正德實録卷 2　第 26 頁　2.22.0079）

24　**七月甲申**　英國公張懋、兵部尚書劉大夏奏：奉勑簡閲十二營見操官軍，得精鋭者六萬五百七十四人，分爲五營，營各領以把總、指揮二十人，别操聽用。其坐營官五人，仍以武定侯郭良、懷寧侯孫應爵、南和伯方壽祥、永順伯薛勳、都指揮許泰充之。稍弱者二萬五千三百四十六人各存原伍，一體操練。甚不堪者二百八十三人發回。次撥其内外坐營官從卒止令遵裁定人數。仍令科道突不時點，以革私役隱占之弊。其□〔按：台本□作五〕軍、神營、三千營次撥官軍，選出一千八百三十二人，先送團營收操。未開原額數目候選軍，科道官摅食糧等册查明再請。奏上，上命懋、大夏用心督練，不許虚應故事。將官堪領兵管操者，兵部博訪五六人以簡用。其三人〔按：館本人作大〕營次撥官軍原額數目，令管營官從實開具以聞。既而奏上五官營原額官軍九萬九百二十六人，神機營三萬七千五百二十人，三千營二萬五千□□〔按：館本□□作八百〕三十□〔按：館本□作三〕人，内有事故者共九萬四千三百四十人。

（武宗正德實録卷3　第1頁　3.1.0087）

25　**七月乙酉**　陞分守薊州馬蘭峪右參將都指揮使韓玉爲署都督僉事，充副總兵分守保定地方。命都指揮戴儀充右參將，分守馬蘭峪。

（武宗正德實録卷3　第2頁　3.2.0089）

26　**七月乙酉**　工部奏：山陵營造物料所費〔按：館本費下有甚字〕多，乞將南京御用等四監局今年應造供應諸物量爲停減，而蕪湖抽分廠應給監局板枋，存其十五，如例易銀輸送本部，以備營造之用。詔可之，以後仍舊。

（武宗正德實録卷3　第2頁　3.2.0089）

27　**七月丙戌**　朝鮮國王李㦕遣工曹參判□朴等來朝賀孝宗皇帝萬壽聖節，貢馬及方物。賜織金襲衣、綵段、絹布等物有差。

（武宗正德實録卷3　第3頁　3.2.0090）

28　**七月丙戌**　陞天壽山守備指揮使句璽、分守居庸關指揮使張栢俱爲署都指揮僉事。以虜方有警，將戍以京兵，欲稍重其名，便於行事故也。

（武宗正德實録卷3　第3頁　3.2.0090）

29　**七月丁亥**　發順天府寄養馬二千匹給宣府遊兵。

（武宗正德實録卷3　第3頁　3.2.0090）

30　**七月甲午**　户部議覆郎中趙鵬所言七事：一廣儲蓄。潮河川、石塘嶺等八營俱缺糧，宜令密雲兵備副使以所積贖罪，紙〔按：疑紙爲抵之誤〕米價發彼處，備官軍月糧。能積至三千石以上，移□〔按：館本□作文〕吏部如例旌擢。其事宜令管糧郎中兼督之。一增折放。每年解銀一萬兩於薊〔按：館本薊作蘇，誤〕州倉收貯折放。古北口一帶關營月糧存省，邊倉舊儲以備窘急。若内地倉糧積多，酌令各關營□〔按：館本□作下〕班官軍輪支，以免浥爛。其月支折銀，宜每歲三之□〔按：館本□作二〕，閏月亦然。一查究監。臨沿邊倉場草束，積貯歲久，守視不謹，多至朽敗。

宜准宣大二邊例，責成所在分守參將等官，防護巡視。一添分委。古北口等處糧草數多，地方濶遠，所設收糧判官，一人之力，恐不暇給。宜選委附近府州縣所賢能官，分行管理。一計支應。北直隸、河南、山東每年派納密雲、古北口、榆關、遷安等驛口糧，俱仍用粟米廩給，應用糧〔按：館本糧作粳〕米者，宜於各府折收糧□□□〔按：館本□□□作草並贓〕罰銀内支收。而順天、永順〔按：館本順作平〕各驛，俱如例而行。一□□〔按：館本□□作便徵〕納。各衛所屯田糧草，收價爲宜。宜令内地糧多倉分，黑豆石折銀叁錢，粟米石五錢，待後儲蓄缺少，仍徵本色。其古北口等處見缺糧草，有願將中半菜〔按：館本菜作粟〕豆具折豆納並穀草、有願將〔按：館本秋上無有願將三字〕秋青草運納本色者亦聽，從亦坐撥。一防冒濫。各衛所並邊關營堡月糧，多冒支科擾侵尅等弊。請令守備、把總並掌印官，每月預開軍馬之數，送管糧衙門，以憑坐放。議上，從之。

（武宗正德實録卷 3　第 7 頁　3.6.0097）

31　**七月乙未**　發太僕寺馬價於北直隸、山東、河南各二萬兩。買羸二千匹給順天府寄養，以備官軍出征馱載之用。時京師乏馬故也。

（武宗正德實録卷 3　第 8 頁　3.7.0099）

32　**七月丙申**　監察御史張津言：壩上等八處馬房所飼牛，浪費無算，給事中許天錫在□□□〔按：館本□□□爲先帝二字〕時建白，宜驗送犧牲所、光禄寺備用，已奉有諭旨矣。尋以太監黎春言，事遂中輟，是詔令不信於天下也。乞如舊查驗分送，杜近倖沮撓之端，以彰大信。户部覆奏，從之。蓋壩上馬房有白水牛一□〔按：館本□作隻〕，成化十八年中官梁芳所進者也。養之□□□□□〔按：館本□□□□□□作已二十二年日〕支豆一斗，草二束，計費銀一千一百餘兩。□□□□〔按：館本□□□□作諸如此類〕於國用殊無一毫之補云。

（武宗正德實録卷 3　第 9 頁　3.7.0100）

33　**七月丙申**　賜占城國入貢使臣沙不登古魯等金織衣、綵段等物有差。遂以回賜王子沙古卜洛錦綺付之。

（武宗正德實録卷 3　第 9 頁　3.8.0101）

34　**七月己亥**　陞順天府府丞王佐爲光禄寺卿。

（武宗正德實録卷 3　第 11 頁　3.10.0105）

35　**七月辛丑**　復除起復應天府府丞爲順天府□〔按：館本□作丞〕。

（武宗正德實録卷 3　第 11 頁　3.10.0105）

36　**七月癸卯**　朝鮮國李㦕遣使陪臣安琛等貢方物馬匹。賜金織衣、綵段等物有差。

（武宗正德實録卷 3　第 13 頁　3.11.0108）

37　**七月丁未**　□□□陵衛〔按：館本陵上有置泰陵陵户四十户，改忠義左衛爲泰十五字〕。

（武宗正德實録卷 3　第 14 頁　3.12.0109）

38　**七月戊申**　朝鮮國王李㦕乞市弓面黑角，以備弓矢。詔□□□□〔按：館本□□□□作如舊例歲〕許市二百對。

（武宗正德實録卷 3　第 15 頁　3.13.0111）

39　**八月乙卯**　大學士劉健、李東陽、謝遷言，今年自六月以來，陰雲蔽翳，天日〔按：館本日作雨〕連綿。京畿内外，民舍傾頽，田禾渰没，日復一日，爲患未已。

（武宗正德實録卷 4　第 5 頁　4.4.0122）

40　**八月己未**　兵部請選順天府寄養馬萬匹給新選操候五營官軍。故事，團營送所樁朋銀十萬〔按：館本無萬字〕兩給馬一匹，今亦宜暫免。從之。

（武宗正德實録卷 4　第 8 頁　4.7.0128）

41　**八月庚申**　裁革順天府密雲縣税課司〔按：館本司作局〕，令縣官帶管巡欄催辦課程。從撫臣議也。

（武宗正德實録卷 4　第 9 頁　4.8.0130）

42　**八月甲子**　新寧伯譚祐〔校記：廣本祐作佑〕言：營造山陵，武驤等衛軍士逃亡數多，其坐營署都指揮僉事田忠、把總指揮張義等十二人宜加究治。兵部覆奏，詔姑宥之，令急督官軍赴工。

（武宗正德實録卷 4　第 12 頁　4.10.0134）

43　**八月丙寅**　命翰林院侍讀徐穆爲正使、吏科給事中吉時爲副使往朝鮮國。修撰倫文叙爲正使、户科給事中張弘至爲副使往安南國。各齎詔告卽位，勅賜其國王及妃其紵絲表裏、粧花絨錦有差。

（武宗正德實録卷 4　第 13 頁　4.11.0135）

44　**八月庚午**　以守備懷來城都指揮僉事劉淮守備葛峪等堡。

（武宗正德實録卷 4　第 14 頁　4.12.0138）

45　**八月壬戌**　命隆慶衛指揮僉事楊勇守備白羊口堡等處地方，以都指揮體統行事，以提督關隘右參議熊偉言，是堡地當要害，武備久弛故也。

（武宗正德實録卷 4　第 15 頁　4.13 0139）

46　**八月乙亥**　兵部請奉詔革皇城京城添設守門内臣。上曰，已設者不必革。後如詔。

（武宗正德實録卷 4　第 16 頁　4.14.0141）

47　**八月己卯**　給事中周璽言：方今邪説，僧道爲甚，扇惑都人，極力崇信。朝廷每歲舉行春祈秋報之禮，創造寺觀，興修齋醮，將以就聖壽利生民也。今一歲之間兩遭大故，災異迭見。夷虜犯邊，求福得禍，焉用彼爲。宜通察京城内外，新建寺院宫觀，悉令拆毁。屏逐法王番僧，停止無益齋醮，以正人心而息邪説。禮部覆奏，請如璽言。不聽。

（武宗正德實録卷 4　第 19 頁　4.16.0146）

48　**九月乙酉**　兵部覆科道官周璽等言：淫雨爲災，皆時政蒙蔽所致。請如先議：取回各邊分守等項内官李增等〔按：館本等下有二十四三字〕員，皇城京城守門内官各止留四員，餘皆裁革。山陵管工都指揮田忠等倡軍逃逼者十二員，請以法繩之。主事王綸奉敕紀功沮於苗逵之奏，今改命大臣往覆。請勿寬縱，庶盡弭災之實。上曰：此數事已有旨處分矣。

（武宗正德實録卷 5　第 5 頁　5.4.0158）

49　**九月丁亥**　　陞刑部〔按：館本無陞刑部三字〕都給事中葛嵩等奏：京師諸衛官軍，永樂guarantee〔按：館本彻作初〕編於行伍者數十餘萬，今據食糧給賞文册查之，在營者十之一二。各監局園場役占亦多，其逃亡之清勾與否，及役占之有例與否，各該衛所必有始末文卷可查。宜令留守中等六十八衛各造小册，以見在事故併役占等數目，詳細開具，以憑查覆。兵部請如其言。詔是之，令各衛所官吏亟從實開報，有徇情作弊者重治之。

（武宗正德實録卷 5　第 6 頁　5.5.0160）

50　**九月辛丑**　　上林苑海户劉宣等奏：永樂年間開設苑圃〔按：館本圃作囿，廣本抱本作圃〕，僉補海户七百九十四户，有丁二千三百餘人。而其時涖事内官止一員，監工内使止十名。成化以來增添員數，後已裁革改半。今提督之外，所增内官内使又至一百四十餘人。見存海户僅一千七百餘丁，而私納錢穀〔按：館本私納錢穀作私役納錢〕者已踰千數。其給公家之役者無幾，苦亦〔按：館本亦作不〕甚矣。乞裁革冗員，存私役之丁，以充公役數，庶民困少甦。下所司知之。

（武宗正德實録卷 5　第 7 頁　5.6.0161）

51　**九月戊子**　　陞南京大僕寺卿陳璧爲都察院右副都御史，整飭薊州等處邊備，兼巡撫順天等府地方。璧尋以病乞調治，詔給驛歸。

（武宗正德實録卷 5　第 7 頁　5.6.0161）

52　**十月甲寅**　　朝鮮國王李㦕遣陪臣知中樞府事成洗名等進

香，别遣陪臣户曹參判權仍孫等齎進表文〔按：館本文下有方字〕物、馬匹慶賀。並賜金織衣、綵段等物有差。以大喪免宴，命遼東都司宴之。

（武宗正德實録卷6　第1頁　6.1.0189）

53　十月乙卯　給大興、宛平二縣養濟院孤老男婦綿布人一疋，共四千四百疋。

（武宗正德實録卷6　第2頁　6.1.0190）

54　十月乙卯　户部以淫雨爲災，運軍到灣，留滯苦甚。米應輸京倉者，請令京、通各衛官軍臨船水兑，石取脚價一錢，在後米至灣者，量撥天津衛倉寄收，石取脚價一錢五分送太倉。都御史張縉等復言：所取脚價太重，且明加耗米，免曬米、折席米及兑之〔按：館本之作支〕不盡之米，俱難赴京倉輸納。户部議〔校記：廣本議作言〕：原定脚價仍各免其二十〔按：館本二十作十二〕，加耗米俱聽輸通倉，無米則石輸銀五錢。從之。

（武宗正德實録卷6　第2頁　6.2.0191）

55　十月乙卯　户部言，順天府近年添派犧牲所歲收稻草六千包，牛多不食，徒費供輸。宜令如舊，止供穀草五萬束，其稻草每包徵銀五分，解部以備邊需等用。從之。

（武宗正德實録卷6　第2頁　6.2.0191）

56　十月辛酉　工科都給事中王縝言：近者，太監張永請改築通州新城，工部以民窮財盡，興役爲難，而陛下又欲户部會官再議。蓋軫念營卒，停止工已有成命，今玆之議，得非欲詔旨之行以愜輿情乎？夫新城之築已久，未聞他虞，乃無故而勞費，誠非急務。况泰陵之役方舉，京營士卒，未得息肩，乞寢其請爲便。工部覆奏。從之。

（武宗正德實録卷6　第6頁　6.5.0197）

57　十月丁卯　梓宫發引。……是日昏刻梓宫次清河。

十月戊辰　梓宫次沙河。

十月己巳　梓宫次涼水河。

十月庚午　梓宫至山陵獻殿。……是日午，奉孝宗敬皇帝梓宫葬泰陵。

（武宗正德實録卷 6　第 8 頁　6.7.0202）

58　**十一月壬辰**　命南京刑部左侍郎張撫、南京都察院左副都御史陳璠、順天府府尹藺琦致仕，給驛還鄉。初，南京科道劾撫、璠、琦……俱不職，下吏部議，覆上，止罷撫等三人，餘供職如故。

（武宗正德實録卷 7　第 8 頁　7.7.0222）

59　**十一月甲午**　命工部鑄造日本等國並雲南囚〔按：館本囚作四〕夷車里軍民宣慰使司等衙門金牌七十面。

（武宗正德實録卷 7　第 10 頁　7.9.0225）

60　**十一月丁酉**　陞江西布政司左布政使林泮爲順天府府尹。

（武宗正德實録卷 7　第 11 頁　7.9.0226）

91　**十一月甲辰**　以冬深無雪，令順天府官祈禱。

（武宗正德實録卷 7　第 12 頁　7.10.0228）

62　**十一月丙午**　安南國王黎暉薨，其子誼遣陪臣阮麒〔按：館本麒作麒，廣本麒作麟〕等告訃。詔遣官行吊禮。

（武宗正德實録卷 7　第 14 頁　7.12.0231）

63　**十一月丁未**　命工部修先農壇具服殿、齋宫，以來年聖駕親耕耤田故也。

（武宗正德實録卷 7　第 14 頁　7.12.0231）

64　**十一月戊申**　命工部修理國子監。以禮部奏幸學有期，宜先修飾故也。

（武宗正德實録卷 7　第 14 頁　7.12.0232）

65 **十二月丙辰** 朝鮮國王李㦕遣陪臣議政府右參政慎守勤等貢方物、馬匹，入賀卽位。賜宴及金織襲衣、綵段、絹布有差。

（武宗正德實録卷8 第2頁 8.2.0237）

66 **十二月辛酉** 命翰林院編修沈燾爲正使、工科左給事中許天錫爲副使，持節封安南國王黎暉次子誼爲安南國王。先是，暉薨，世子敬未封而卒。病且亟，屬國於誼。因遣陪臣阮寶珪等齎表並貢方物請封。上許之，仍賜誼皮弁、冠服并常服各一襲。

（武宗正德實録卷8 第6頁 8.5.0243）

67 **十二月辛酉** 兵部覆議：選軍科道官葛嵩等所言修明武講事宜。一謂各營號頭，在營日久，倚勢專權，私役軍人，弊端百出，宜聽所司指實參奏，降調邊（按：館本邊下有衛字）。其考選事例，仍宜五年一次舉行。一謂各營識字軍人類能作弊，但頓革則恐初用者不知事之顛末，改充民吏，則恐人數不敷。各營仍宜量留誠實者一二供役，其餘俱准三年一換。有作弊害人者發問，調邊衛充軍。一謂軍士疲憊，皆由工役浩繁，今團營官軍，已例不許役矣！宜俟山陵訖工之後，一切工役，俱令工部以所收匠價支給，嚴守禁例，毋再役及營卒。有私役及假人應用者，俱如例降調。一謂團營將臺設有令牌官、吹鼓子（按:館本子作手）、直臺軍牢等役，各號頭假此役占三千餘名。今宜遵照舊例，不許額外多留一人，違者舉奏。數及五名以上，降調邊衛。一謂三大營官軍老弱無用坐耗國儲者甚多，今宜行各營驗退，令其子弟之精鋭者襲替職役，送營操練。敢有避難隱匿者，問調外衛。果别無壯丁可代本役，止給糧三斗，終身雜差。一謂坐營内外及號頭把總等官，撥有軍伴鬻放辦銀，又倍役見操精卒，宜申明禁例，違者劾奏參究。詔准議〔校記：廣本議作擬〕，（按：館本而上有既字）而多格不行。

（武宗正德實録卷8 第8頁 8.6.0245）

68 **十二月辛酉** 京衛武學生及尚膳監軍尉，以卽位各陳乞給賞。許之。

（武宗正德實録卷8　第8頁　8.6.0246）

69　**十二月己巳**　禮部以入冬無雪，請祈禱。上是之，命英國公張懋、保國公朱暉、新寧伯譚佑祭告天地。

（武宗正德實録卷8　第9頁　8.8.0249）

70　**十二月辛未**　户部覆漕運巡撫等官所言事宜。一京通二倉曬米塲基欲甃以磚，庶雨後不淖，妨可免運卒久候之苦。今宜令運卒自明年爲始帶運張家灣，諸廠敝〔校記：廣本敝作廠〕磚隨糧輸送，聽總督官傭匠甃砌，其費於折放蘆席方版銀内給之。不必限年，以漸繕完乃止。一涿鹿等衛屯田之在順天、保定等府、涿州、固安等縣者，多低下沙鹻之地，正統中差踏勘，畝十折一，徵子粒一斗二升。近年差官清查額外新增地土，畝徵銀二分四厘，雖視本色爲輕，然多非可耕之地，宜如都御史周季麟所奏，止徵銀一分五厘。在京者納太倉銀庫，在外者納所在有司官庫，遇放官軍月糧，依時直間月支給。他衛准此。從之。

（武宗正德實録卷8　第10頁　8.8.0249）

71　**十二月丙子**　賜朝鮮國正德元年《大統曆》。

（武宗正德實録卷8　第17頁　8.14.0262）

72　**十二月戊寅**　以寧晉、隆平、南宫、新河等縣並德仁務、永安、四號廠、大興等莊及板橋、麥莊、竹木廠、蘇家莊田俱爲仁壽宫皇莊。

（武宗正德實録卷8　第19頁　8.16.0265）

73　**十二月**　是歲……儹運四百萬石，各處運納一千一百七萬五千六百一十九石八斗四升一合三勺三抄三撮七粟六粒。

（武宗正德實録卷8　第21頁　8.18.0269）

正德元年（1506）

74　正月甲申　立春，順天府官進春，上天（按：館本天作御）奉天殿受之。以山陵初畢，免宴。

（武宗正德實録卷 9　第 1 頁　9.1.0271）

75　正月庚子　榮王陳乞霸州信安鎮莊田，蓋特馬草場地也。户部言：永樂間設立草場，番育馬匹以資武備，至成化中，近倖始陳乞該鎮草場爲莊，以後岐壽二府相汾管業，莫之改正，暨孝宗皇帝留神戎務，差官清理，特勑退還，此不以私恩廢公義也。今榮王之國有期，其所乞宜勿與。上乃諭王曰：此先帝意也。已之。

（武宗正德實録卷 9　第 7 頁　9.6.0282）

76　正月辛丑　朝鮮國王李㦕遣陪臣安潤孫等來朝賀，貢馬及方物。賜宴，賞金織衣、綵段、絹布、鈔錠有差。

（武宗正德實録卷 9　第 8 頁　9.7.0283）

77　正月丁未　監察御史楊儀言：虜萬一深入，通州所積倉糧，徒遺之食。欲令在京官軍人等，預支數月而盡撤其倉，遷置京城之隙地。其各馬房亦宜如邊境規制，築爲堡寨，徙外場所積草於内，時太監張永又請增築通州新城。俱下廷臣積議謂，通倉共七百餘間，猝不可遷，見糧共六百餘萬石，亦非旦夕支放可盡，不若增築新城，以爲保障糧儲之計。而馬房草場墻垣，則宜如儀言，增修垛口角樓，以防不測。從之。

（武宗正德實録卷 9　第 15 頁　9.13.0295）

78　正月辛亥　賜安南國來貢使臣鄭贊等宴，並賞金織衣、綵段等物。回賜新王黎誼錦綺。

（武宗正德實録卷 9　第 17 頁　9.15.0299）

79 **二月庚申** 命工部修築盧溝橋堤岸，以去年六月爲水衝壞六百餘丈故也。

（武宗正德實録卷 10 第 5 頁 10.4.0308）

80 **二月辛酉** 朝鮮王李㦕以恭上孝宗敬皇帝尊謚及太皇太后、皇太后尊號，遣陪臣同知中樞府事尹陽老、工曹參判沈光輔奉表及方物來賀，賜宴並金織衣、綵段等物有差。

（武宗正德實録卷 10 第 6 頁 10.5.0309）

81 **二月戊寅** 提督修蓋京通倉厫監丞高諒奏留修倉軍餘之送操者，兵部參（按：館本參作議）：諒便私玩法，請治其罪。得旨，修倉軍役如舊，高諒置不問。

（武宗正德實録卷 10 第 20 頁 10.17.0334）

82 **三月壬午** 賞揚威等營秋班操軍邵斌等若干人各銀一兩。故事，登極之賞惟降勅時見在者與焉，斌等九月番上，在降勅後，以方營造泰陵，援春班例欲均賞。户部覆奏謂均賞無例。上以供役山陵有勞，特命減半賞之。

（武宗正德實録卷 11 第 1 頁 11.1.0341）

83 **三月甲申** 上視國子監。

（武宗正德實録卷 11 第 1 頁 11.1.0342）

84 **三月丁酉** 泰陵香殿奉安神榻，遣駙馬都尉蔡震行祭告禮。

（武宗正德實録卷 11 第 9 頁 11.7.0354）

85 **三月戊戌** 禮部以大學士劉健等言，南海子閹人選入千餘，蟒龍玉帶之賞太濫。覆議謂：私（按：館本私下有閹字）累有禁例，其潛住京師者，宜嚴加斥逐。蟒衣玉帶之濫賞者，請命司禮監查究追奪。上是之。私閹令通查舊例，曰（按：館本曰作申）明舊約而嚴治其敢犯者。

（武宗正德實録卷 11 第 9 頁 11.8.0355）

86 **三月壬寅** 泰陵成，其制：金井、寶山、明樓、琉璃照壁各一所，聖號石碑一通，羅城周圍爲丈一百四十有二，一字門三座，香殿一〔校記：廣本一作三〕座，爲室五。左右廂紙爐各二座，宫門一座，爲室三。神厨、奉祀房（按：館本房下有火房二字）各一所，橋五座。神宫監、神馬房、果園各一所。

（武宗正德實録卷 11　第 11 頁　11.9.0358）

87　**三月丁未**　　御馬監太監陳貴奏：各馬房馬多病，恐風水不利，乞相看遷改。上許之，命欽天監官倪謙往視，因謂其中簷水相射，房舍及衆塔錯列，有傷生氣，宜遷改修理。給事中陶諧等言，馬房建立已百餘年，一（按：館本一上有貴字）旦歸罪風水（按：館本水下有欲事二字）遷改，蓋假公營私，圖屋宅之新以極便，（按：館本因上有安字）因土木之興以肆侵尅耳，而謙等敢（按：館本敢下有輒字）阿附，俱治。工部尚書曾鑑等覆奏上命如前旨修理，鑑等執奏，謂馬房原係欽天監相看營造，規制已定，今稱房屋增座有礙風水，必其後任意所增。宜今拆（按：館本今作令）毁改正，葺以己貲，庶牧養無妨，而民不得勞費。從之。

（武宗正德實録卷 11　第 13 頁　11.11.0361）

88　**四月庚申**　　嚴天下僧道潛住京師之禁。

（武宗正德實録卷 12　第 7 頁　12.6.0374）

89　**四月壬戌**　　禮科給事中葛嵩等清查軍伍，言：後府所屬京衛辦納柴炭軍餘三百二十三名及旛竿寺辦納柴薪軍餘一〔按：館本一作二〕百五十一名，俱合送營操練，後府柴炭行工部改派易州山廠，旛竿寺柴炭於臺基廠給之。工部議：軍民辦納柴炭已有定規，出於京衛者行後府通融區〔校記：廣本區作計〕處，難復累山廠之民，供給旛竿寺者則宜將别貯禮儀柴行寺，遣所留軍人赴廠領用。上是之，而旛竿寺柴薪仍如舊辦用。寺本永樂年建，日給光禄寺粟米三石，後府屬〔校記：廣本屬作宿〕衛，月辦柴薪一萬二千五百斤煮飯施貧，其後監官刻削，爲弊滋多，議者謂：軍士不得其所則與饑寒貧民何異？本以濟貧〔校記：廣本貧作人〕而反以貧人失〔校記：廣本失作非〕祖宗之美意矣。

（武宗正德實録卷 12　第 8 頁　12.7.0375）

90　**四月庚午**　　以泰陵工完，賜提督營造新寧伯譚佑、工部左侍郎李鐩、錦衣衛指揮僉事余寘幣鈔貫羊酒有差。

（武宗正德實録卷 12　第 11 頁　12.9.0380）

91　**五月庚辰朔**　　太監陳寬傳旨：鼓勇營御用監太監吴軻調管効勇營，内官監太監鍾賢管神機營，右哨頭司並鼓勇營。

（武宗正德實録卷 13　第 1 頁　13.1.0389）

92　**五月癸未**　　户部奏：河南、山東、順天、保定等府州縣，今年輸納東安門倉及安仁坊等塲草束，宜聽以原徵價銀送庫。以京城水旱相仍，草價騰湧，小民輸納者苦於收買之難也。

（武宗正德實録卷 13　第 2 頁　13.2.0391）

93　**五月癸未**　　二（按：館本二作仁）和大長公主奏，孀居禄薄，五子成長，不能自給，請渾河大峪山煤窰四座榷利養贍。工部奏，係皇陵近地，天順、成化間節有禁約，恐傷風水，宜勿許。上是之。

（武宗正德實録卷 13　第 3 頁　13.2.0392）

94　**五月壬辰**　　密雲地震。

（武宗正德實録卷 13　第 8 頁　13.7.0401）

95　**五月癸巳**　　註忠義左衛指揮楊震等七十七員於在京蔚州左等衛所。時忠義左等衛改泰陵衛，震等以剩員。兵部奏調之。

（武宗正德實録卷 13　第 9 頁　13.8.0403）

96　**五月丙申**　　禁官員人等勿得潛用玄、黄、紫三色，民庶之卑賤者毋得衣紗、羅、紵絲。在京三品以上官，暑許用大扇，四品以下官止許用撒扇遮日。

（武宗正德實録卷 13 頁　第 10 頁　13.8.0404）

97　**五月己亥**　　太監陳寬（按：館本寬下有傳旨二字）御馬監太監魏（按：館本魏下有彬字）管神機營中軍頭司並奮武營。

（武宗正德實録卷13　第12頁　13.10.0408）

98　**五月癸卯**　南京吏部尚書林瀚（按：館本瀚作瀚）等疏言：陛下嗣統以來，數月之内，天鳴星變，地震山移，乾道之不清，坤道之不寧，甚矣！臣等謹條今時要務所當興革者十二事，望俯賜允行，庶幾天意可回，災異可弭。……一改州治，謂昌平陵寢所在，宜改縣爲州，割密雲、順義、懷柔三縣隸之，以便供應。……詔從之。

（武宗正德實録卷13　第14頁　13.11.0409）

99　**五月甲辰**　尚書韓文會、英國公張懋等議。……因條具經制八事。……其一清查草場，言：壩上等十九馬房草場，未曾清理，置之無用。乞勅科道部屬官親行踏勘，將馬房傍近地，量（按：館本量下有留字）若干牧馬，其餘給附近軍民佃種，照例歲辦子粒銀解部應用。議入，詔是之。

（武宗正德實録卷13　第16頁　13.14.0415）

100　**六月辛亥**　太監陳寬……又傳旨：以五千營内官監太監劉瑾、神機營把總同提督十二營操練。調神機營中軍二司並練武營司設監太監馬永成代瑾，以内官監太監賴義代永成。

（武宗正德實録卷14　第1頁　14.1.0417）

101　**六月丙辰**　是日申刻雨雹。

（武宗正德實録卷14　第2頁　14.2.0419）

102　**六月辛酉**　是夜雷雨，擊中西門柱舂〔按：館本舂作脊〕，暴風折郊壇松栢。大祀殿及齋宫獸瓦多墜落者。

（武宗正德實録卷14　第5頁　14.4.0424）

103　**七月丙戌**　宛平縣知縣雷子堅參謁巡按御史常賜，賜侍之甚倨，且呵責之，子堅不能平，適賜妻之父刑部員外郎張瓚以事遣吏囑子堅，子堅遂以上聞，並訐賜隸籍京衛例不得巡按其地及濫用皂吏、久乘驛馬等事。奏下吏部未行，旬日間三上奏謂諸司畏科道及賜以要地相黨援，瓚亦令〔校記：廣本令下有其字〕弟奏辯，下刑部，併覆給事中劉茝奏子堅誣罔，法宜究治。詔下鎮撫司鞫實〔按：館本實作問〕，參送刑部。子堅又奏刑官徇情，逼使誣服，於是刑部請會三法司錦衣衛堂上官逮問，狀止擬子堅、瓚贖徒，賜贖杖還職。得旨：子堅挾私健訟，煩瀆朝廷，賜不遵憲綱，難居風憲。免贖俱調除外任，瓚准擬。

（武宗正德實録卷 15 第 16 頁 15.13.0467）

104 **七月庚寅** 太僕寺卿儲巏陳馬政四事。一養京營戰馬，謂：宜將團營官軍詢驗家産，分爲等第養馬，其舊例樁頭朋合銀兩宜行革去。一減馬政文册，謂歲造孳生備用〔校記：廣本用作行〕並〔校記：並下有按字〕季報交〔按：館本交作文〕册，節次浩繁，勞擾不便。宜每歲止二次，每次止二本，以節民財。一處管馬官員，謂順天、保定、河間三府，宜專委少卿一員督理寄養馬匹，其分管寺丞，宜移〔校記：廣本移下有行字〕他府，别管孳生馬匹之類，則事體重專。宛大二縣仍令分派養馬，其管馬官免革，止裁順天〔校記：廣本天下有府字〕通判一員爲便。一清場畝租銀，謂各處草場銀兩，節年未解者四十餘處，宜委本寺少卿一員，遍歷清查，以絶官吏侵漁之弊。兵部議言：樁朋銀兩，行之既久，若驗軍養馬，則堪養之人或非堪調之士，但銀兩不宜管軍官員經收，自後宜解部轉輸太僕寺，以杜侵欺〔校記：廣本欺作漁〕爲便。宛大仍令養馬則似陟〔按：館本陟作涉〕紛更，其管馬官仍宜裁革。而順天通判所轄州縣尚多，不宜裁去。餘當如巏請。詔從之。

（武宗正德實録卷 15 第 17 頁 15.14.0469）

105 **七月辛卯** 朝鮮國王季〔按：館本季作李〕㦕遣陪臣李繼福等來朝，貢方物馬匹謝恩。賜宴並襲衣、段帛、靴韈各有差。

（武宗正德實録卷 15 第 17 頁 15.15.0471）

106 **七月乙未** 初，户部已擬差員外郎董鋭同給事中楊一漢、監察御史郭東山踏看壩上〔按：館本上下有等字〕十九馬房草場，取其餘地給民佃種。御馬監太監甯瑾、陳貴奏，謂草場創自永樂之初，百餘年來，未之有改。得旨：如瑾等奏，罷踏勘。科道交章劾瑾等蠱惑聖聰，沮撓成命，虧朝廷之信，傷國家之体，乞執訊以正其罪，而差官踏勘如初擬。尚書韓文覆請。上是之，而宥瑾等不治。

（武宗正德實録卷 15　第 18 頁　15.15.0472）

107　**七月癸卯**　改昌平縣爲昌平州，以密雲、順義、懷柔三縣隸之。改設知州、判官、吏目各一員，儒學學正一員，訓導二員，陰陽學正、典術、醫學改典科、僧會司改僧正司〔按：館本無司字〕各一員。從南京吏部尚書林瀚等奏也。

（武宗正德實録卷 15　第 22 頁　15.18.0478）

108　**八月戊申朔**　户部言：前此邊關有警，嘗調三屯等營遊兵千餘戍守古北口，隆慶〔按：館本慶下有衛字〕舍餘二百二十九人戍守白羊口。今既無事，宜罷歸以省糧餉。從之。

（武宗正德實録卷 16　第 1 頁　16.1.0480）

109　**八月乙卯**　兵部奏：團營官軍乃預選備征人役。故事，有巧技者准借用，仍給賞賜，工完回營。其他借役，不過一時。近百役輒行撥發，少則數千，多則數萬，以致逃亡數多，操練人少，且借撥者俱被内官奏留私役，殊非養兵之初意也。其雜役之名，有認工，有先〔按：館本先作見〕工，有運科，有運□〔按：館本□作灰〕，有運磚，有運土，有運石，有運柴，有打掃，有打草，此十役乃十害也。得旨：已後凡有工程，具奏定奪。

（武宗正德實録卷 16　第 4 頁　16.3.0486）

110　**八月己巳**　遣户部郎中程杲勘處房山縣果園地。〔校記：廣本地上有其字〕地在縣之壙山村，里民季聰等八家之祖〔校記：廣本之祖作租之，誤〕，各於山坡溝澗樹梨栗諸果，以補助糧差。自宣德初趙府陳乞取利，以後權貴因相承爲案，景泰初，户部覈實地僅十餘頃，而界内舊額徵糧地乃八頃有餘，時已撥給各家承種，如例起科納糧者五十餘年矣。至是，聰及孟鐸以前地及相連僧寺民窑投獻，上林苑監太監韋恒等遂爲聰等奏除常税。户部言：恒及聰等罪當究治。有旨：待差官踏看〔按：館本踏看作踏勘〕，還日處之。乃命杲往會巡按御史勘及〔按：館本及作處〕。

（武宗正德實録卷 16　第 9 頁　16.8.0495）

111　**九月甲申**　宛平縣棗林莊李花盛開，巡視監察御史趙佑奏：李爲春花，遇陰則收歛，不應旺於草木黄落之時。秋爲金氣，遇物則肅殺，不宜潛手天地發育之令。此乃秋專春氣〔校記：廣本氣作令〕，陰擅陽權，非偶然也。望勿玩草木之妖，有戾中和之化，昭一德以對天地，策三公以理陰陽，實迎休永命之道也〔校記：廣本迎作凝〕。疏入，下所司知之。

（武宗正德實録卷 17　第 3 頁　17.2.0508）

112　**九月戊戌**　朝鮮國學〔按：館本學作王李二字〕㦕差陪臣户曹參判成洗純等貢馬及方物，慶賀萬壽聖節。賜宴並金織文綺、綵幣、鈔錠等物有差。

（武宗正德實録卷 17　第 14 頁　17.11.0525）

113　**九月戊戌**　是夕，大風揚塵蔽空，明日息。

（武宗正德實録卷 17　第 13 頁　17.11.0526）

114　**十月戊午**　太監李榮傳旨：命内官監太監楊森守備天壽山，余俊守備南京。三千營太監張永調神機營把總，提督十二營。調奮武營太監魏彬代永，効勇營太監吴軻代彬，顯武營太監王潤代軻，尚衣監太監賈和代潤兼管神機營中軍頭司。既而命潤管顯武營和管神機營中軍並効勇營。

（武宗正德實録卷 18　第 9 頁　18.7.0544）

115　**十月甲戌**　天壽山守備太監賈性所爲多不法，淫刑致死無罪者六人，爲東廠所發。下錦衣衛鎮撫司逮問，獄具，送刑部，擬徒。詔以擬未當，令都察院會錦衣衛堂上官及科道官於闕下會審，改擬斬。遂劾刑部原問官朱鑑等失出死罪，大理寺官吴偉等参駁未詳並及堂上官閔珪、楊守隨等，俱宜究治。得旨：性減死，發充南海子浄軍，珪等並鑑等姑宥之。

（武宗正德實録卷 18　第 16 頁　18.14.0557）

116　十一月乙酉　巡撫順天等府都御史柳應辰言：順天府、永平府併各户〔按：館本户作衛〕所差役不均，審户雖有三等九則之名，而上則常巧於規免；論差雖有出銀出力之異，而下户不免於銀差。且有司均徭當出於人丁，近年兼徵地畝。軍衛均徭當出於餘丁，近年兼派正軍。艱弊難稽，民窮財盡，必須總括府衛所當用之役而均派。以所見有之丁，仍省冗差、革妄費，重必辦於富勢，輕則及於貧窮，而後畿民始得其所。乞行户部差官查處。〔校記：廣本户上有章下二字〕户部議：其言可行，請如擬〔校記：廣本擬作議〕。但官則勿差可也。上曰然，近來徭役之不均者多矣。其令應辰悉心整理，務使均平，以紓軍民之困。

（武宗正德實録卷 19　第 2 頁　19.2.0561）

117　十一月甲午　户部侍郎顧佐等奏：勘過順天府順義等縣各民地土，在牲地界内者，北望村、史〔校記：廣本史作思〕山營、馬連窪，黄後店、中務村、絳州營、蘇家坨七處應還官，界外法信營、貳張營等〔按：館本等作二〕處應還民管業。前此各民侵種牲地已起科納税者，宜照頃畝開豁，仍立疆界，以杜後争。從之。

（武宗正德實録卷 19　第 6 頁　19.5.0567）

118　十一月己亥　後軍都督府僉事王銘卒。銘，景泰間以父征麓川戰殁，襲授錦衣衛指揮僉事，累以功進都指揮使。……弘治十七年陞後軍都督府署都督僉事，充總兵官鎮守薊州、永平、山海關等處地方十八年，實授都督僉事，至是卒於任，賜歸祭如例。

（武宗正德實録卷 19　第 8 頁　19.7.0571）

119　十二月甲寅　命萬全都司都指揮使王傑守備中路葛峪等

堡，萬全右衛指揮僉事劉采守備順聖川東城，懷來衛納粟都指揮僉事張湖守備隆慶州城。

（武宗正德實録卷 20　第 2 頁　20.2.0577）

120　**十二月己巳**　　賜朝鮮國正德二年《大統曆》百本。

（武宗正德實録卷 20　第 6 頁　20.5.0584）

121　**十二月己巳**　　命户部郎中部〔按：館本部作郝海〕、工〔按：館本工下有部字〕員外郎畢昭會同漕運參將梁璽修理會通河，仍戒其毋得怠緩。河起大通橋，迄於張家灣，有閘數座，然地形高下縣〔按：館本縣作懸〕絶，蓄水甚難，卒不能通行舟楫。時中官用事者已豫造□〔按：館本□作剥〕船、布囊，乘時射利。後運舟至灣，則以囊強與之而奪〔按：館本奪作索〕其錢，運卒苦之。

（武宗正德實録卷 20　第 6 頁　20.5.0584）

122　**十二月**　　是歲……儹運四百萬石，各處運納一千一百七萬五千六百一十九石八斗四升一合三勺三抄三撮七粟六粒。

（武宗正德實録卷 20　第 13 頁　20.10.0594）

正德二年（1507）

123　**正月丁亥**　　朝鮮國署國事李懌遣陪臣户曹參判柳房等貢馬及方物慶賀。賜宴，賞金織衣、綵段有差。

（武宗正德實録卷 21　第 2 頁　21.1.0596）

124　**正月丁亥**　　太監李榮傳旨：以都知監左監丞王忻分守密雲、古北口。召韋祥還。

（武宗正德實録卷 21　第 2 頁　21.1.0596）

125　**正月己丑**　　順天府進春，上御奉天殿受之。詔百官免賀，以先帝喪服未終故也。

（武宗正德實録卷 21　第 2 頁　21.2.0597）

126 **正月辛丑** 朝鮮國署國事李懌遣陪臣工曹參判邊修等來朝，貢馬及方物。賜宴並金織衣、綵段、鈔錠等物有差。

（武宗正德實録卷 21 第 7 頁 21.6.0605）

127 **閏正月丙午** 奪故永平大長公主府第爲酒醋麵局。外廠署局事太監周魁奏：内府衙門凡柴薪草束竹木等項，俱有外廠堆積以防風火。而本局地方窄小，垛堆草束逼近内供應庫織染局，慮有不虞，上命卽立外廠。魁等乃訪求主第，因匿主名，俱〔按：館本俱作但〕謂其居爲長陵衛指揮李慶故賜宅，今已廢矣。主孫李梅上疏，歷陳祖讓洪武中選任儀賓，永樂初以功授駙馬都尉，加封富陽侯，乃賜今府第，御賜大長公主遺像及鳳床、班劍等物皆〔按：館本皆作俱〕在焉。本局以爲廢宅而獻之，實妄也。下工部議：魁等築造外廠因〔按：館本無因字，廣本因作固〕公務，而梅所陳乃實情，未敢定議。上命工部給予價銀一千二百兩。

（武宗正德實録卷 22 第 1 頁 22.1.0608）

128 **閏正月丁未** 太監李榮傳旨：邊關隘口等處切近京師，舊設守備内官，其仍舊添補。薊州黃崖口等營以都知監左少監屈讓，臺頭等營以都知監右少監王鑑，永平太平寨青山營以司設監左少監萬剑，遵化灤陽等關以印綬監右少監劉睿，劉家口營以都知監右〔按：台本右作左〕監丞高永，薊州鮎魚石等處以印綬監右少監李準，峨嵋山等營以御馬監右〔校記：廣本右作左〕少監馮旺，黃花鎮以都知監左監丞張鼎，天城兼管神鋭以御馬監左監丞張仁，懷安衛等處以都知監左監丞王景和，龍門和〔按：台本和作所〕等處以都知監右少監孟山各爲守備。萬全左衛等處以都知監右少監畢安分守。

（武宗正德實録卷 22 第 2 頁 2.1.0608）

129 **閏正月辛亥** 太監李榮傳旨：以御馬監太監彭文提督九門，巡城點軍。以御用監太監金義管神機營中軍右掖三司。

（武宗正德實録卷 22 第 5 頁 22.5.0615）

130　閏正月壬子　陞順天府府尹林泮爲户部右侍郎提督倉場。

（武宗正德實録22　第6頁　22.5.0615）

131　閏正月丙辰　陞廣東右〔按：館本右作左〕布政使沈鋭爲順天府府尹。

（武宗正德實録卷22　第7頁　22.6.0617）

132　閏正月丙辰　太監李榮傳旨：神機營中軍右掖御馬監孫和調管立威營並中軍四司，尚膳監張俊管中軍右掖。

（武宗正德實録卷22　第7頁　22.6.0618）

133　閏正月庚申　調順天府府尹沈鋭於應天府。陞順天府府丞吕獻爲本府府尹。

（武宗正德實録卷22　第8頁　22.7.0619）

134　閏正月辛酉　先是，巡撫順天都御史柳應辰言各邊衛軍士在京守神木廠者，仍在邊支糧，欲掣回守邊，而以京衛軍餘補守廠之數，已得請，移工部付營繕司員外郎龐璁奉行。於是内官監奏應辰不遵舊例，璁不當輒行。逮璁下鎮撫司考訊，獄俱〔按：館本俱作具〕，降三級，調外任，而奪應辰俸兩月。

（武宗正德實録卷22　第9頁　22.7.0620）

135　閏正月甲子　陞山東濟南府知府趙璜爲順天府府丞。

（武宗正德實録卷22　第9頁　22.8.0622）

136　閏正月乙卯　是日大風壞奉天門右吻〔按：館本吻下有朝字，廣本朝作牌〕。

（武宗正德實録卷22　第10頁　22.9.0623）

137　閏正月己巳　户部主事張文錦往順天府召商納草，衆商擁門争入，有蹂踐死者。爲校尉所發，下鎮撫司考訊，坐文錦不能預爲處置，令蹝〔按：館本蹝作褫〕爲民。

（武宗正德實録卷22　第12頁　22.10.0625）

138　閏正月癸酉　申刻大風，黄塵四塞，隨雨土霾。

（武宗正德實録卷 22　第 14 頁　22.12.0629）

139　閏正月甲戌　命工部左侍郎吴洪提督修理京通倉厫。

（武宗正德實録卷 22　第 15 頁　22.12.0630）

140　二月壬午　命工部左侍郎吴洪提督修理上林苑海子行殿屋宇等處。

（武宗正德實録卷 23　第 3 頁　23.2.0636）

141　二月甲申　葬景皇帝妃汪氏。

（武宗正德實録卷 23　第 3 頁　23.2.0638）

142　二月乙酉　命大僕寺於順天府等處選買馬五千匹，送御馬監備送〔按：館本送作用〕。

（武宗正德實録卷 23　第 6 頁　23.5.0641）

143　二月辛卯　命山海關衛都指揮僉事李洪充右參將，分守燕河營〔校記：廣本營作衛〕等處地方。

（武宗正德實録卷 23　第 7 頁　23.6.0644）

144　二月辛丑　工部奏：近奉命裁本衙門官一十六員。内督理遵化鐵冶及盔甲廠各郎中、管慶豐等處河閘及管修京倉兼京城街道、神木五廠各員外郎、管器皿廠及管修通州倉兼理磚廠主事各六員，皆政繁責重，請仍舊存留。許之。

（武宗正德實録卷 23　第 11 頁　23.9.0649）

145　二月壬寅　命守密雲古北口等處左監丞王忻乞改爲鎮守，免聽薊州鎮撫官節制。兵部覆議以爲不便。有旨：特許之。仍賜之勅曁諸旗牌。

（武宗正德實録卷 23　第 11 頁　23.9.0650）

146　三月　以順天府武清縣，保定府慶都、清苑二縣，廣平府清河縣空地合二千二百二十八頃九十畝有奇，給賜皇親都督同知夏儒。從其請也。

（武宗正德實録卷 24　第 2 頁　24.2.0653）

141　三月乙卯　辛刻大風，黄霧四塞。

（武宗正德實録卷 24　第 3 頁　24.2.0654）

148　三月丙辰　　封皇親都督同知夏儒爲慶陽伯。

安□□〔按：館本□□作安聖〕夫人田氏奏乞順義縣夾河退灘無糧地一百一十七頃有奇。户部奏，其地雖不徵糧，見有軍民徐安等耕種爲業。詔竟給之。

（武宗正德實録卷 24　第 3 頁　24.3.0655）

149　三月丙辰　　琉球國中山王尚真奏乞每歲一貢。禮部復議：琉球國其初朝貢不時，至成化十一年，因使臣回至福州殺掠爲患，始勅令二年一貢。比以入貢過違期限，乃以此奏以飾其非。今宜如成化間勅，庶不失馭夷之正法。上以琉球外夷也，今〔按：館本今作令〕如舊，歲一入貢。

（武宗正德實録卷 24　第 3 頁　24.3.0655）

150　三月丁巳　　陞禮科都給事中周璽爲順天府府丞。

（武宗正德實録卷 24　第 3 頁　24.3.0655）

151　三月壬戌　　太監李榮傳旨：大功德寺住持宗澤陞僧録寺左覺義管事，僧人方紳令於大功德寺住持。一時緇流率賂近倖，號稱門僧，自是傳陞乞陞充滿官署，至不能容云。

（武宗正德實録卷 24　第 5 頁　24.4.0658）

152　三月癸亥　　太監李榮傳旨：大慈恩寺禪師領占竹陞灌頂大國師，大能仁寺禪師麻的室哩塔而麻拶耶那卜堅參、大隆善護國寺禪師著肖藏卜俱陞國師，給與誥命。大功德寺住持方紳陞僧録司右覺義管事，仍兼本寺住持。上頗習番教，後乃造新寺於内，羣聚誦經，日與之狎昵矣。

（武宗正德實録卷 24　第 5 頁　24.4.0658）

153　三月丙寅　　申刻，大風，揚塵蔽〔按：館本蔽下有空字〕，日入乃息。

（武宗正德實録卷 24　第 7 頁　24.6.0661）

154　三月己巳　　以山西左布政使俞俊爲順天府府尹。

（武宗正德實録卷 24　第 7 頁　24.6.0661）

155　四月丁丑　換安奉天門右吻，朝遣英國公張懋行祭禮。

（武宗正德實録卷 25　第 1 頁　25.1.0667）

156　四月庚辰　琉球國中山王尚真，遣王舅亞嘉尼施等來朝，貢方物馬匹。賜宴並綺幣、金織衣物等有差。

（武宗正德實録卷 25　第 2 頁　25.2.0669）

157　四月丙戌　琉球國使臣長史蔡賓奏乞自備材木修造入貢小舡二隻。禮部議：行鎮巡官驗實量修，不必改造。賓復奏。上曰：賓，夷人也，宜從其請。令鎮巡官以二舡如例拆卸，聽本夷自辦材木補改，第勿過式。

（武宗正德實録卷 25　第 4 頁　25.4.0673）

158　四月乙未　西城坊草場大〔按：館本大作火〕，河南、山東並直隸各州縣解户所納草已進場而被燬者凡七十八萬七千束。户部奏謂：欲作正數除豁則未經稱收，欲令再納，恐重爲民困。得旨：草束已進者如數除豁，不必重累小民。其未納者改撥空閑場分上緊收受，毋得遲延，

（武宗正德實録卷 25　第 7 頁　25.6.0677）

159　五月癸卯朔　陞僧録司閒住左〔按：館本左作右〕覺義性能爲右講經僉事管事兼智化寺住持。寺乃故太監王振所建，天順初賜振碑文，立旌忠祠於寺内，以僧官主之，至性道三傳矣。時劉瑾方欲踵振所□〔按：館本□作爲字〕，故從性道乞而陞之。

（武宗正德實録卷 26　第 1 頁　26.1.0685）

160　五月己酉　命朝鮮國王李㦕之弟晉城君懌署理國事。㦕病無嗣，奏請以國事付懌。禮部議，移文覈實，其〔按：館本其作至〕是其國議，政府具舉國公議申請。禮部又言：㦕雖病，難必其不愈而果於無嗣也？況懌既有賢稱，亦豈肯自處於薄？宜令暫署事務，以忠孝自存，俟㦕卒，乃具奏議封。上從之。

（武宗正德實録卷 26　第 2 頁　26.2.0687）

161 **五月己酉** 太監李榮傳旨：以司設監左少監王鎮管神機營左掖頭司。

（武宗正德實録卷26 第2頁 26.2.0688）

162 **五月甲寅** 朝鮮署國事李懌，遣陪臣盧公弼等來朝，貢方物馬匹。賜宴及襲衣、綺帛有差。

（武宗正德實録卷26 第4頁 26.3.0690）

163 **五月乙卯** 提督修盖京通倉厫太監高諒奏：乞將先年取回軍士一千并撥赴泰陵衛者，行令各衛僉補兼營軍服役。兵部言：三千等營軍差用已盡，團營係聽征士馬，亦已摘撥甚多，各衛雖有一二餘丁，係供貼正軍之數，況糧餉有限，供用無窮，雖濟目前之役，恐貽日後之艱。有旨：以倉厫積貯軍需，非細故也，可仍於三大營並各衛正軍及餘丁輳撥五百名，乘時並工修繕。

（武宗正德實録卷26 第4頁 26.4.0691）

164 **五月戊午** 錦衣衛都指揮楊玉奏：臣奉命同監丞張淮、侍郎張縉、都御史張鸞會勘皇莊地土，順天府府尹〔按：館本尹作丞〕周璽繳報各官，行移俱以申呈依准，於臣處止用關文。惟欲挫武職，而不顧朝命之重。玉，劉瑾〔按：館本瑾下有黨字〕也。得旨：楊玉係近侍衙門奉旨勘事，順天府官當受節制。璽乃敢頡頏，錦衣衛執赴鎮撫司仗訊明白以聞。既而璽竟斃於杖。然璽嘗居言路，頗以他望恣傲凌侮朝士，人亦不甚惜之。

（武宗正德實録卷26 第5頁 26.4.0692）

165 **五月癸亥** 命户部查給最勝寺前馬房草場地十頃與寺作香火，且瞻護太監錢喜、錢福、錢能墳塋。成化間，喜、福卒，賜葬其地。已，建寺，至是能卒。劉瑾爲治喪事，又奏乞寺傍之地，乃特給之。

（武宗正德實録卷26 第6頁 26.5.0693）

166 **五月己巳** 陞順天府府尹余俊爲南京工部右侍郎。

陞大同府知府胡汝礪爲順天府府丞。……

（武宗正德實録卷 26　第 8 頁　26.7.0697）

167　**五月壬申**　以河南左布政使李瀚爲順天府府尹。

（武宗正德實録卷 26　第 11 頁　26.9.0701）

168　**七月乙巳**　陞大興隆寺僧人真泰爲僧録寺右講經，定曉爲左覺義，與右講經性道俱兼大興隆寺住持。僧録司右講經兼壇住文明爲右善世兼永恩寺住持，道録司左玄義張溥爲本司，正一道士劉奇清爲右公義兼宣靈廟住持。俱司禮監太監李榮傳旨也。

（武宗正德實録卷 28　第 2 頁　28.2.0715）

169　**七月戊申**　順天府豐潤縣有隙地曰魏家店，爲頃一萬二千〔校記：廣本千作十〕有奇。縣民褚鑾及梁城千户所指揮楊輝、輝之叔華等計五百四十户，以其業相鄰也，於界内積漸開耕一千七百餘頃，阜城等縣流民高穩等又開耕一百七十餘頃，英國公張懋莊田之在車軸〔按：館本軸作輛，廣本抱本作軸〕山者亦與魏家店鄰，其管莊之僕趙文才乃爲僞契，云界内地其主嘗以價買之，因聽穩謀侵居民劉欽等所墾，招聚流民佃之，而私其租入〔校記：廣本作私租入之〕雜穀鷄鵝等物則納於懋之子指揮銘，欽等屢愬於官，文才堅不就訊，兵備官乃諭〔校記：廣本諭作讁〕逐流民爲文才佃種者各歸其鄉，穩等無所恃，遂以前地赴京獻於官。弘治十年初遣中官偕户部郎中王璘往，勘定成熟地一千八十二頃，繼遣郎中王勤會巡按御史金獻民往，勘定蘆葦及水占地之可税者一千二百餘頃，因立爲皇莊，而命中官張瑢等督理之，文才固〔校記：廣本固作因〕以界内近東頃頃爲其主之業，不聽撥付，勘官如其言，築立封堆。瑢奏所勘界限未明、輝及文才等欺隱地税，屢遣户部郎中何文縉、員外郎胡經、胡雍、刑部員外郎陳輔、順天府通判杜萱及移文巡撫都御史柳應展勘處，皆懼文才兇惡，僅如前造册繳報。雍之往也，文才又糾華及鑾等聚衆拒阻，且擲石傷雍，雍穩忍亦不以聞，於是遣司禮監左監丞張淮、户部左侍郎張縉、都察院左僉都御史張鸞、錦衣衛都指揮僉事楊玉同往覆勘。縉等具奏成熟地視舊增九百八十二頃，但其地鹻窪，每畝宜減租銀一分四釐，庶舊額不虧而進納無誤。蘆葦水占地視舊增二千五百三十餘頃，宜聽璿等隨地所産易銀類進，其原勘不堪用地六千四百七十餘頃宜聽居民樵牧。因劾應辰、雍、萱及懋、銘俱有罪。勤、文縉經獻民等則多去任遷官，且遇赦宜免究。詔執銘及雍、萱等下鎮撫司考訊，懋令自具罪狀，勤等承委勘地不能盡心，以致歷年奏擾，事久不決。在外見任者行廵按御史逮至京鞫之，致仕並去任改選者所司仍備查處治。已而户部查覆：文縉經獻民等七員俱在外見任，當逮問，致仕者順天府致中周欽等二員、去任者應辰及輔等四員，復命錦衣衛遣官校往執之，惟勤等五員已死者免。

（武宗正德實録卷 28　第 3 頁　28.2.0715）

170　七月丁卯　　改嘉祥長公主東安縣香火地土爲皇莊。本府閹者魯才奏，本地逐年逋欠租銀當一萬六千餘兩，乞賜修理墳塋。詔令户部以見在部銀六千兩與主家，以一萬兩輸内承運庫，而本地逋租之數付户部徐追之。

（武宗正德實録卷 28　第 11 頁　28.9.0730）

171　七月庚午　　太傅慶雲侯周壽奏，所買昌平州等處田土一千六百餘頃，乞蠲除糧草。從之。

（武宗正德實録卷 28　第 11 頁　28.10.0732）

172　八月庚辰　　工部以接濟工程，請令陰陽僧道醫官有缺，許其生徒及仕宦子孫農民納銀送部免考授官，其等有四。軍民客商人等許納銀授以正七品而下散官。榮其終身，仍免雜徭，其等有二。民間子弟許納銀參充都布按府州縣諸司承差知印吏役，其等有八。詔皆從之。時方修理南海子殿宇橋梁、製造元霄燈火及諸項工程，所費動以萬計。自正月以來已用銀二十餘萬兩，故爲此權宜之計也。

（武宗正德實録卷 29　第 3 頁　29.3.0739）

173　八月丙戌　　蓋造豹房、公廨前後廳房、左右廂房、歇房。上爲羣姦蠱惑，朝夕處此，不復入大内。

（武宗正德實録卷 29　第 5 頁　29.4.0742）

174　九月辛丑朔　　錦衣衛指揮使朱成進大興縣田家莊地八頃五十四畝有奇，藁城縣民王增進通州墳莊地五頃四十七畝有奇〔按：館本奇下有及神樹地十二頃四十七畝有奇十三字〕爲皇莊，且乞蠲其税。詔從之，令少監成玉管理。凡以地獻官者多非己業，朝廷不究其實，遽從而納之。以致小民互訟屢奏，皆此類也。

（武宗正德實録卷 30　第 1 頁　30.1.0751）

175　九月癸卯　　陞兵部尚書劉宇爲太子太傅，尚書如故。時昌平州强盜張華等就擒，劉瑾、谷大用各部下官校争議陞賞，奏行廵關御史林茂達覈實，茂達因言宇居本兵，有先事建謀決策之功，故有是命。宇復上書辭，竟不允。

（武宗正德實録卷 30　第 2 頁　30.1.0752）

176　九月乙巳　　户部郎中郝海、工部郎中畢昭等奏：修復大通橋至通州河道及閘十二、壩四十一，凡用銀四萬五百七十兩有奇。議者謂，漕粟自張家灣入京，僦車甚費，故欲開河通船，以免陸運之艱。然地形水勢高下懸絶，河雖開而無所濟也。

（武宗正德實録卷 30　第 2 頁　30.2.0753）

177　九月戊申　　申男子自宫之禁。令錦衣衛五城兵馬限三日盡逐出之，有潛留京師者坐以死。時宦官竊權者澤及九族，愚民競閹其子若孫以圖富貴，有〔按：館本有下有有一村三字〕至數百人者，雖嚴禁亦不之正〔按：館本正作止〕也。

（武宗正德實録卷 30　第 3 頁　30.3.0756）

178　九月甲寅　　陞順天府府尹李瀚爲都察院右副都御史，總督漕運。

（武宗正德實録卷 30　第 4 頁　30.3.0756）

179 **九月戊午** 陞陝西左布政使胡富爲順天府府尹。

（武宗正德實録卷 30 第 5 頁 30.4.0758）

180 **九月庚申** 太監李榮傳旨：印綬監左少監張温提督正陽九門、廵城點軍。

（武宗正德實録卷 30 第 6 頁 30.5.0759）

181 **九月丙寅** 給薊州並居庸關等處守墩架砲、夜不收、官軍民舍衣鞋凡五千七百七十八名。

（武宗正德實録卷 30 第 7 頁 30.6.0762）

182 **九月庚午** 初，撒馬兒罕差納麻及其兄伍喇馬力來貢獅子。孝宗皇帝命留京馴演，賜名“頭目”，至是乞官，上俱命爲錦衣衛百户。

（武宗正德實録卷 30 第 8 頁 30.7.0764）

183 **十月壬申** 夜，大風，揚塵蔽空。

（武宗正德實録卷 31 第 1 頁 31.1.0767）

184 **十月甲戌** 朝鮮國署理國事晉城君李懌遣臣吏曹參判曹繼商等貢物及方物。賜宴、給賞有差。

（武宗正德實録卷 31 第 1 頁 31.1.0767）

185 **十一月乙巳** 英廟貞妃王氏薨。妃廣寧衛人，父曰清，天順丁丑册封貞妃，至是薨，年八十有一，輟朝一日，祭葬如例，謚“榮靖”。

（武宗正德實録卷 32 第 2 頁 32.2.0789）

186 **十一月甲寅** 故内官監太監沐敬從孫沐聰奏：宣德間賜漷縣新河里莊田，今只存五頃有奇，乞免徵税。户部執奏，著令已故太監莊田當還官，願種者照例征納子粒。詔特與沐敬，墳所修理〔按：館本理下有徵納子粒〕俱免之。

（武宗正德實録卷 32 第 4 頁 32.3.0792）

187 **十一月丁巳** 朝鮮國署理國事晉城君李懌遣陪臣沈貞等貢馬謝恩，别遣部臣成希顔等公幹貢馬。各賜宴並金織衣、綵段、紗絹有差。

（武宗正德實録卷 32　第 5 頁　32.5.0794）

188　**十二月庚午朔**　陞鎮守密雲等處右參將都指揮僉事吴玉爲署都督僉事，充總兵官鎮守薊州、永平、山海等處地方。以分守萬全右衛左參將都指揮使孫成充副總兵，分守遼陽等處地方。

（武宗正德實録卷 33　第 1 頁　33.1.0803）

189　**十二月甲申**　總督漕運都御史王瓊奏：漕運舊規，北直隸一總用通州等九衛正軍一千餘丁七百運米五萬四千餘石。近以有警，掣回團營操練，蓋一時權宜之法耳，宜復舊爲便。兵部覆奏：京營所以拱護宸居，已回操練者，難以復充運卒矣。宜於各衛餘丁内選補千名并原掣回七百名，仍舊漕運。

（武宗正德實録卷 33　第 2 頁　33.1.0804）

190　**十二月丙子**　命守備山海關署都指揮僉事楊恭充右參將，鎮守密雲古北口等處地方。

（武宗正德實録卷 33　第 2 頁　33.2.0805）

191　**十二月丁丑**　内官監左少監杜祥等奏：東安縣小民聞欲追徵先年所負皇莊子粒銀兩，逃竄者多，蓋其銀皆奏召〔按：館本奏召作奉詔〕蠲免之數也。户部覆議言：所負銀兩，本部先將馬草折銀代爲進納，故令縣民補解。但其間有被災應免者，且歷年積久，不可併於一時。〔按：館本行上有宜字〕行順天府轉行該縣，各〔按：館本各作查〕勘災傷之年若干，如例蠲免。其無災之年，有逋負者，則令遞年秋成帶徵補解。在逃佃户務令撫復復〔按：館本令下有招字，撫下有一復字〕業。從之。

（武宗正德實録卷 33　第 2 頁　33.2.0806）

192　**十二月戊寅**　封朝鮮晉城君李懌爲朝鮮國王。先是，懌兄㦕自陳久病，欲懌襲封，已命懌署理國事，陪臣盧公弼等復奏請封懌。上命禮部命〔按：館本命作會〕議，以成命已出，若因陪臣續請而遽允襲封，似非朝廷所以重待朝鮮之初意，而其國事高下繫於二三陪臣之手矣。且㦕病已昏憒，則〔按：館本則下有舉字〕國之人惟懌所制，其同詞合請，無足訝者。但者母妃見存，倫理攸屬，俟彼上請，然後議之。上以爲然。至是其母妃奏：懌長且賢，堪付重寄。於是禮部具奏：㦕以痼疾而辭位，懌以親弟而承托，受命母妃，請命天子，授受既明，友愛不失，通國臣民舉〔校記：廣本舉作俱〕無異詞，宜俯順其情。於是遣太監李珍齎詔敕冠服文綺往封，並其妃尹氏皆錫之誥命焉。

（武宗正德實録卷 33　第 3 頁　33.3.0807）

193　**十二月壬辰**　　朝鮮國署理國事晉城君李懌遣陪臣同知中樞府事李雲秬等賀正旦節，貢馬及方物。賜宴及綵段、衣物、鈔絹有差。

（武宗正德實録卷 33　第 8 頁　33.6.0814）

194　**十二月**　　是歲……償運四百萬石，各處運納一千一百七萬五千六百一十九石八斗四升一合三勺三抄三撮七粟六粒。

（武宗正德實録卷 33　第 11 頁　33.9.0820）

正德三年（1508）

195　**正月丙寅**　　命建平伯高霳五軍營團子手坐營管操。

（武宗正德實録卷 34　第 8 頁　34.7.0835）

196　**二月辛巳**　　未時，西北風有聲，揚塵四塞至日入。

（武宗正德實録卷 35　第 5 頁　35.4.0845）

197　**二月癸未**　　命興州後屯衞署都指揮僉事吴昂守備黄花鎮。

（武宗正德實録卷 35　第 5 頁　35.4.0846）

198　**二月甲申**　　太監扶安傳旨：管神機營左哨並奮武營御用〔按：館本用作馬，廣本作用〕監太監吴軻調神機營把總。以右掖三司御馬監太監張景昌代軻，尚衣監太監杜甫代景昌。

（武宗正德實録卷 35　第 6 頁　35.5.0847）

199　**二月辛卯**　　辰刻黄霧四塞。至巳昏濁蔽天，隨雨土霾至日入，夜五更轉西北，風愈猛。

（武宗正德實録卷 35　第 8 頁　35.6.0850）

200　**二月癸巳**　　安南國王黎誼遣陪臣楊直源等齎表箋貢方物朝賀。賜誼綵段十襲，錦四段，仍宴直源等，並賜金織衣、綵段等物有差。

（武宗正德實録卷 35　第 8 頁　35.6.0850）

201　**三月己亥**　　鎮守宣府太監陳貴等勘報：順聖川東城新城馬房燒〔按：館本燒作焚，廣本抱本作燒〕燬倉厫料豆，實震而災。户部奏請免究，遂宥之。

（武宗正德實録卷 36　第 1 頁　36.1.0855）

202　**三月戊申**　　詔增薊州等處操備軍士月糧爲一石。先是，月糧止八斗，鎮守太監王宏以軍士戍守勞苦爲請，乃增之。

（武宗正德實録卷 36　第 4 頁　36.3.0860）

203　**三月壬子**　　上御奉天殿，親策諸貢士。

（武宗正德實録卷 36　第 5 頁　36.4.0862）

204　**三月乙卯**　　賜吕柟等三百四十九人進士及第、出身有差。

（武宗正德實録卷 36　第 6 頁　36.5.0864）

205　**三月乙丑**　　是日大雨、雷電、雨雹。

（武宗正德實録卷 36　第 10 頁　36.9.0872）

206　**三月乙未**　　增造御樂庫房。庫在東公生門之南。時樂官臧賢交結權姦錢寧，爲上所喜，故特允其請。

（武宗正德實録卷 37　第 11 頁　37.9.0891）

207　**四月丙申**　　古北口等處官軍各添月糧二斗，每年以草束折豆支放。以鎮守太監王忻等言邊軍艱窘，草束積久浥爛故也。

（武宗正德實録卷 37　第 11 頁　37.9.0892）

208　**五月戊戌朔**　　安南國王黎誼遣陪臣黎嵩等來朝，貢方物。

賜誼綵段十襲，錦四段，并宴。嵩等各賜金織文綺等物有差。

（武宗正德實録卷 38 第 1 頁 38.1.0895）

209 五月己酉 禮部選譯字生，工部增修四夷館房舍，從提督館事太常寺卿劉璣請也。

（武宗正德實録卷 38 第 2 頁 38.2.0898）

210 六月甲戌 命太僕寺少卿劉聰督理京營及宣府、居庸、密雲、古北口、永平、山海等處馬政。

（武宗正德實録卷 39 第 3 頁 39.3.0913）

211 六月丁丑 命懷寧侯孫應爵於神機五千營，署都督僉事李璵於立威營，靖遠伯王憲於五軍營右掖，署都督僉事胡忠於伸威營，各坐營管操。

（武宗正德實録卷 39 第 4 頁 39.3.0914）

212 六月己卯 陞順天府府丞胡汝礪爲府尹。

（武宗正德實録卷 39 第 5 頁 39.4.0915）

213 六月壬午 開設神木千户所。先是，崇文〔按：館本崇上有朝陽二字〕門外大木二廠，調撥鎮朔、永平、遵化等三十四衛所軍士一千人護視神木。至是軍士陳志等奏其携家在廠，朝夕直宿，散處各衛，往來勤苦，乞比蕃牧嘉蔬事例，改設一所。兵部覆奏，從之。設千户所鎮撫各一員，百户十員，吏目一員。

（武宗正德實録卷 39 第 7 頁 39.6.0919）

214 六月丙戌 陞浙江杭州府知府楊孟英爲順天府府丞。

（武宗正德實録卷 39 第 9 頁 39.8.0923）

215 六月庚寅 針工局奏：正德三年分成造内官、長隨、内使、小火者李榮等一萬二千四百二十員年例舖蓋人用白綿一斤，户部查無見貯，詔每斤折銀五錢，共折銀六千二百一十兩給之。

（武宗正德實録卷 39 第 12 頁 39.10.0927）

216 六月壬辰 命給居庸關軍士馬一百二十九匹，時馬死遇詔蠲其償故也。

（武宗正德實録卷 39　第 14 頁　39.12.0931）

217　六月乙未　朝鮮國王李懌遣陪臣左議参政朴原宗等貢馬匹方物。賜宴並金織衣、綵段、絹物有差。

（武宗正德實録卷 39　第 15 頁　39.13.0933）

218　七月壬寅　命守備天壽山龍驤衛帶俸署都指揮僉事王輔守備懷來城。

（武宗正德實録卷 40　第 3 頁　40.3.0939）

219　七月丙午　陞大寧前衛指揮同知王壽爲署都指揮僉事，守備天壽山。

（武宗正德實録卷 40　第 4 頁　40.4.0941）

220　七月己未　命金吾右衛指揮僉事司銘提督古北口等五營把總，以都指揮體統行事。

（武宗正德實録卷 40　第 8 頁　40.7.0947）

221　七月辛酉　給慶雲侯周壽豐潤縣來安務莊田八百七十頃。初，壽有賜田一區在寶坻，因與建昌侯張延齡土地相連，孝廟聽其辭以給延齡而以豐潤田與壽，時豐潤田尚屬榮府，待之國乃給焉。其後雍靖王妃吴氏奏乞莊田，詔亦以豐潤田賞之。壽以爲言，乃仍給壽，别以定興、滿城二縣田賜雍王妃。畿郡賜田既多，小民多失業云。

（武宗正德實録卷 40　第 8 頁　40.7.0948）

222　八月甲戌　陞賞密雲黄崖口關獲功官軍十人有差。賞太監王忻、參將楊恭各紵絲一表裏、羊一隻、酒十瓶。

（武宗正德實録卷 41　第 4 頁　41.3.0956）

223　八月辛巳　司禮監太監劉瑾傳旨：改惜薪司外新廠爲辦事廠，榮府舊倉地爲内辦事廠。時既立西廠，以谷大用領之。瑾又立内廠，自領之，以張其威。〔按：館本威下有京師謂之内行廠，比東西二廠十二字〕尤爲酷立〔按：館本立作烈〕，中人以微法，往往無得全者。市井遊食無業之人，如酒保、磨工、鬻水者皆逐之四出，千餘人集於城外東郊，持白刃〔按：館本刃作挺〕刼人，聲言自分必死，欲甘心刺瑾，瑾懼，乃復之。瑾又令寡婦盡嫁及停喪未葬者，盡焚棄之，京師閧然。瑾恐有變，乃罪其有〔按：館本有作首〕倡言者一人，以安衆心。皆立内廠後事也。

（武宗正德實録卷 41　第 6 頁　41.5.0960）

224　九月己亥　是日昏時雷霆交作。

（武宗正德實録卷 42　第 1 頁　42.1.0970）

225　九月己未　朝鮮國王李懌遣陪臣吏曹參判姜澂等來賀萬壽聖節。賜宴，賞段紗絹有差。

（武宗正德實録卷 42　第 9 頁　42.7.0982）

226　九月己未　夜，西南猛風，雷電交作。

（武宗正德實録卷 42　第 9 頁　42.7.0982）

227　十月乙亥　裁革遵化縣縣丞、主簿各一員，以地方官冗，從民請也。

（武宗正德實録卷 43　第 3 頁　43.3.0991）

228　十一月丙申　夜，大霧，次日卯時漸散。

（武宗正德實録卷 44　第 2 頁　44.2.1008）

229　十一月甲辰　陞順天府尹胡汝礪爲户部左侍郎。

（武宗正德實録卷 44　第 6 頁　44.5.1014）

230　十一月乙巳　賜仁和大長公主定興、新安二縣莊田三百七頃九十餘畝。因其請也。

（武宗正德實録卷 44　第 6 頁　44.5.1014）

231　十二月庚午　命惠安伯張偉提督團營並總管三千營操練。

（武宗正德實録卷 45　第 2 頁　45.2.1025）

232　十二月辛未　滿剌加國王遣副使端亞智等來朝貢方物。回賜國王蟒衣、綵段、紗羅、文錦及賞人綵段、衣服、絹紗、鈔有差。

（武宗正德實録卷 45　第 3 頁　45.2.1026）

233　**十二月癸酉**　命懷應侯孫應爵總管神機營，永順伯薛勳坐五千營。

（武宗正德實録卷 45　第 3 頁　45.3.1027）

234　**十二月乙亥**　滿剌加國貢使火者亞劉等回，以船爲颶風所壞，請令廣東布政使代造。禮部言：宜令鎮巡官驗實，俾自修理。果須重造，其材亦宜令自備，所司但量給力役副之。詔可。

（武宗正德實録卷 45　第 4 頁　45.3.1028）

235　**十二月癸未**　復昌平州爲縣。先是，議者以昌平近陵寢，供應煩勞，奏改爲州，隸以懷柔、順義、密雲三縣，免其養馬雜差，而宛平、大興二縣，亦以差重民勞免養馬。既而太僕寺具奏。兵部覆：州縣養一馬例給糧地五十畝，今宜令宛、大、昌平三處仍養馬，而一馬加給地一百畝，庶幾民力少寬。且昌平未改州前，未見廢事，今似宜仍爲縣。上是之，乃復爲縣，並懷柔等縣各養馬如舊。

（武宗正德實録卷 45　第 6 頁　45.5.1032）

236　**十二月己丑**　舊制，王城外紅鋪七十二座，鋪設官軍十人夜巡，銅鈴〔按：館本鈴下有七十二字〕有八，貯長安右門。初更遣軍人一一摇振，環城巡警，歷西安、北安、東安三門，俱會長安左〔校記：廣本左作右〕門而止。每十鈴以兵部火牌一面，後復造木牌五十六面，付以上五門，驗發鈴收鈴之物，其法甚嚴。近漸怠弛，偵事者以聞。〔按：館本兵上有下字、廣本下上有事字〕兵部議：復設郎中及添設主事各一人，會同巡視，五城御史、錦衣衛五所、該管地方千户巡行查點，嚴督各衛指揮，責令守衛官軍照舊巡警。得旨如議。責令各官專理其事，毋攝他務。官軍有仍前失誤直宿、損壞牌鈴者，必罪之。

（武宗正德實録卷 45　第 8 頁　45.7.1035）

237　**十二月壬辰**　以災傷罷修理京城工役。

（武宗正德實録卷 45　第 10 頁　45.8.1038）

238　**十二月**　是歲……儹運四百萬石，各處運納一千一百七萬五千六百一十九石八斗四升一合三勺三抄三撮七粟六粒。

（武宗正德實録卷45　第11頁　45.9.1040）

正德四年（1509）

239　**正月庚子**　立春，順天府官進春。上御奉天殿受之，羣臣行慶賀禮，免宴。以所司奏辦慶成宴期迫故也。

（武宗正德實録卷46　第1頁　46.1.1043）

240　**正月辛丑**　朝鮮國王李懌遣陪臣户部參判韓允亨等來賀正旦，貢馬及方物。賜宴及金織衣、綵段、紗帽如例。

（武宗正德實録卷46　第1頁　46.1.1044）

241　**正月丁未**　以大祀禮成，上御奉天殿大宴文武羣臣及四夷朝使。時滿剌加使臣端亞智來朝在館，禮部請如朝鮮使臣例得與宴，位於殿東第七班中。

（武宗正德實録卷46　第2頁　46.2.1046）

242　**二月甲子**　增夜巡查點守鋪官軍指揮二員爲五員。從給事中段采議也。

（武宗正德實録卷47　第1頁　47.1.1061）

243　**二月戊辰**　兵部議：武學作養，不可不豫，宜因舊制而申飭之。凡在京武生，十七歲以下專令讀書寫字，十七歲以上，則兼習弓馬，聽兵部及坐營大臣考較。在外武生，俱入衛學，或附入儒學。直隸聽提學御史、各都司聽提學按察司官考較，皆記高下，賞罰於册，年終送部稽考。三試而文理不通者，襲替之日，降一級回衛差操，不得預軍政。其應襲替而年尚幼者，仍送作養一年。得旨，著爲令。並命公、侯、伯子孫應襲者，通送武學教習。候有成方許襲爵；無成，削禄米三之一。

（武宗正德實録卷 47　第 2 頁　47.2.1063）

244　二月己巳　琉球國中山王尚真遣正議大夫程璉、朝鮮國王遣陪臣户部參判韓亨允各來朝貢方物。賞綵段、絹布有差。

（武宗正德實録卷 47　第 2 頁　47.2.1063）

245　二月壬申　太傅慶雲侯周壽卒。壽，順天府昌平州人，孝肅太皇太后之弟。初，襲父能官錦衣衛千户。憲廟登極，以元舅召見便殿，陞都督同知，封慶雲伯，進爲侯。弘治初加太保，又加太傅。至是卒，年六十八。贈宣國公，謚恭和，賜祭葬如例。壽性謹厚，常使藩邸印記戰馬，皆稱旨。平居簡出，不妄通賓客，能以富貴終。

（武宗正德實録卷 47　第 4 頁　47.3.1065）

246　二月戊子　以朝陽關外貓竹廠地給付大德玄明宫。初，劉瑾奏請於朝陽門外作宫奉北極玄帝，祝延聖壽。上既賜之額，而瑾復請貓竹廠空地供贍香火。上復許之，仍命工部會官爲之履畝定界以聞。尚書李鐩等覆請移咨户部蠲其常税，民家所葬墳塚，皆責令改遷。蓋所謂貓竹廠者，止據傳聞，工部亦無册籍可考，軍民廬於其内，因而開種，遂爲己業。或從便營葬，無慮數千家。自瑾爲此奏，民皆他徙。其所葬骸骨，有力能遷者無幾人，餘皆發毁暴露。寃號之聲，沸於郭外。

（武宗正德實録卷 47　第 9 頁　47.8.1075）

247　二月己丑　申嚴休退官員留京師之禁。時革職太醫院右通政施欽亦在行中，其弟太醫院院判鑑以世籍言。有旨：施欽既先世徵取隸太醫院，其令留京師。凡致仕官，若係永樂、宣德年間已逮數世、各附版籍者亦容之，餘仍依前旨行。

（武宗正德實録卷 47　第 10 頁　47.8.1076）

248　三月乙未　暹羅國船有爲風漂泊至廣東境者，鎮巡官會議税其貨，以備軍需。市舶司太監熊宣計得預事以要利，乃奏請於上，禮部議阻之。詔以宣妄攬事權，令回南京營事，以内官監太監畢真代之。

（武宗正德實録卷 48　第 2 頁　48.2.1082）

249　**三月己亥**　以久旱命順天府祈祭都城隍等神。

（武宗正德實録卷 48　第 3 頁　48.2.1084）

250　**三月甲辰**　辰時雨雹及霰，良久止。

（武宗正德實録卷 48　第 5 頁　48.4.1087）

251　**三月戊申**　順天、保定、河間、永平等府所屬州縣並密雲等衛水旱災。免糧草、子粒有差。所司造册籍，遲者各罰米五十石輸居庸關。

（武宗正德實録卷 48　第 6 頁　48.5.1090）

252　**四月癸亥**　是日未刻，黄塵四塞，隨雨霾。

（武宗正德實録卷 49　第 1 頁　49.1.1107）

253　**四月壬午**　初，撥隆慶衛軍二百五十人協守永寧，以指揮一人、千百户五人更番領之。至是千户張鼐奏：欲取其軍回隆慶衛〔按：館本無衛字〕分戍居庸各關，而宣府守臣則以仍前備禦爲便。兵部覆議：各軍屯堡及月糧、布花在永寧住種，關支已久，難復更動。惟領軍之官三年一更，往復爲難〔按：館本難作艱〕。可令各回隆慶，而永寧選六人代之，其軍卽編隸永寧，别選募如數以實隆慶，庶事體歸一，人情兩便。從之。

（武宗正德實録卷 49　第 11 頁　49.10.1125）

254　**五月癸丑**　琉球國中山王尚真遣正議大夫梁能等來朝，貢方物。賜宴並賞綵段、布絹有差。

（武宗正德實録卷 50　第 12 頁　50.10.1154）

255　**五月乙卯**　安南國王黎誼遣陪臣黎淵等來朝，貢金銀器。賜宴並賞錦綺等物有差。

（武宗正德實録卷 50　第 12 頁　50.10.1154）

256　**六月丁卯**　詔在京操練工作官軍月糧每石折銀四錢五分，各監局等衙門匠役並在外隆慶衛等處官軍每石折銀四錢。歲折支二月，永爲例。以户部奏連歲災傷故也。

（武宗正德實録卷51　第3頁　51.3.1163）

257　**七月甲午**　襄城伯李鄌卒。……正德元年修盧溝橋堤岸、二年修海子行殿、橋梁，皆以鄌督之。

（武宗正德實録卷52　第1頁　52.1.1183）

258　**七月己亥**　以旱，命順天府率屬禱於都城隍等神。

（武宗正德實録卷52　第4頁　52.3.1188）

259　**七月壬子**　命新寧伯譚祐總管五軍營，會昌侯孫銘總管神機營操練。

（武宗正德實録卷52　第7頁　52.6.1193）

260　**八月癸亥**　司禮監傳旨：陞大隆善護國寺國師著肖藏卜爲法王，剌麻羅竹班卓、班丹端竹、班卓羅竹、朶而只堅參〔校記：廣本無參字，疑誤〕俱爲左覺義，道録司左正一栢尚寬爲真人。

（武宗正德實録卷53　第2頁　53.2.1203）

261　**八月己巳**　命懷寧侯孫應爵提督上林海子工程。

（武宗正德實録卷53　第4頁　53.3.1206）

262　**八月癸酉**　給修蓋〔按：館本蓋下有外字〕經廠工價銀四千兩與司禮監自行修造，勿令各處派辦。

（武宗正德實録卷53　第5頁　53.2.1207）

263　**九月戊申**　宜興大長公主、慶陽伯夏儒、錦衣衛千户王敏所賜莊田在武清縣之尹兒灣、水淘莊等處者，以地界相連，互有侵奪。刑科給事中等官李學勇等奉命往勘奏：儒初請止三百六十餘頃，今可懇者實二千二百二十八頃，而敏所賜田亦在其中；公主所請，初爲一千八十頃，今僅有六百三十一頃。詔其地以千頃界主管業，敏於主地傍給與十之二，餘盡給儒。

（武宗正德實録卷54　第6頁　54.5.1222）

264　**九月己酉**　朝鮮國王李懌遣陪臣金俊孫等來賀萬壽聖節，進貢馬匹、方物。賜宴並金織衣、綵段等物有差。

（武宗正德實録卷 54　第 7 頁　54.6.1224）

265　**九月己未**　命武定侯郭勳神機營五千下坐營管操，鎮遠侯顧仕隆領圍子手，上直侍衛。

（武宗正德實録卷 54　第 9 頁　54.8.1227）

266　**閏九月辛酉**　勑前軍都督府署都督同知藍海充總兵官，鎮守薊州。

（武宗正德實録卷 55　第 1 頁　55.1.1230）

267　**閏九月甲子**　遷文思院於安仁廠隙地。以舊院空僻，嘗被盜，兼近日成造軍器數多故也。

（武宗正德實録卷 55　第 3 頁　55.2.1232）

268　**十月丁酉**　降除順天府府丞楊孟瑛復知浙江杭州府。

（武宗正德實録卷 56　第 2 頁　56.2.1251）

269　**十月辛丑**　命懷寧侯孫應爵兼提督團營。命武靖伯趙弘澤坐五軍營右哨。錦衣衛署都指揮僉事顔泓坐耀武營。

（武宗正德實録卷 56　第 4 頁　56.3.1253）

270　**十月辛丑**　太監劉瑾傳旨：都知監右少監郭奉分守燕河營等處地並劉家口，奉御袁海管神機營左哨頭司。

（武宗正德實録卷 56　第 4 頁　56.3.1254）

271　**十月癸卯**　陞順天府府尹吕獻爲南京兵部右侍郎。

（武宗正德實録卷 56　第 4 頁　56.3.1254）

272　**十月乙巳**　陞供事勑制房吏部郎中沈冬魁爲順天府府丞。

（武宗正德實録卷 56　第 7 頁　56.5.1259）

273　**十月丁未**　太監劉瑾傳旨：十一月初四日令神機等營坐營坐哨掖總兵等官英國公張懋等並不坐營，定國公徐光祚等公、侯、伯、都督俱付〔按：館本付作赴〕西教場閲試。

（武宗正德實録卷 56　第 7 頁　56.6.1259）

274　**十一月己巳**　命武定侯郭勳總管三千營操練，東寧伯焦淇神機營、五千下坐營。

（武宗正德實録卷57　第3頁　37.3.1271）

275　十一月丙子　土魯番並撒馬兒罕番王頭目速壇滿速兒等貢馬駝，賜鈔錠、綵段等物有差。

（武宗正德實録卷57　第5頁　57.4.1274）

276　十一月戊寅　是日曉，濃霜附木。

（武宗正德實録卷57　第5頁　57.5.1275）

277　十一月辛巳　命〔按：館本命下有伴字〕送夷人白青山等十名還朝鮮，仍給之衣服。青山等以海風飄泊爲巡江者獲也。

（武宗正德實録卷57　第6頁　57.5.1276）

278　十二月壬辰　工部員外郎王軌查盤遵化冶廠歲辦鐵料、夫匠、柴炭，以虧損之數請治先任郎中鮑瓚、滕〔按：館本滕下有進字〕、周郁之罪。又言鐵料已足用，乞減其入納之數。其納柴炭有勢要豪滑包攬者，比打攬倉場，法治其罪。詔俱從之。且令今後工部管廠官〔按:館本官下有交字〕代之日，必查覈明白方許離任。罰瓚進米〔按:館本米下有各字〕五百石，郁三百石，輸居庸關。

（武宗正德實録卷58　第1頁　58.1.1282）

279　十二月丙申　御馬監太監谷大用奏：本監牧馬草傷爲軍民盜種、勳戚勢奏討，致虧原數。命御馬監太監李璽、户部右侍郎陳勗、都察院右副都御史戈瑄、坐營都指揮陳紀〔校記：廣本紀作記〕、禮科給事中問〔按：館本問作閔〕楷覈實。至是陳奏：在監並鄭村壩二十馬房上下草場故額並今首報地方六十處，實有地五萬五千三百四十二頃九十四畝。賜爲賜〔按：館本賜作寺〕宫、廟宇、墳塋者，占爲皇莊，賜爲莊田及香火贍墳者，如例起科。補辦糧草者共一千三百四十七頃二十一畝。爲道路河淀、爲沙漠鹻薄、爲山不堪牧馬者，共四千九百八十二頃六十畝有奇，實堪牧馬地凡四萬九千一十三頃三畝有奇。詔以八十三頃四十畝有奇仍如舊賜太監錢福、錢能、張敏、劉永誠、來福、傅恭、韋可、甯瑾及奉御夫人李氏男吕俊，以供寺廟香火墳塋之用，其餘俱收入草場。至内軍民侵種今已還官者，除其税，量出餘地並勳戚豪右奏討强占〔按：館本占下有者字〕俱改正。今後仍蹈前弊，聽科道官舉劾，永戍邊衛，家産没官。是舉也，止據本監圖籍，又滋以首報緝訪之弊，故地溢原額，〔按：館本業上有而字〕業與主離，畿民病之。

（武宗正德實録卷 58　第 3 頁　58.3.1285）

280　十二月庚子　勅尚寶司卿吴世忠往薊州等處各清理屯田。

（武宗正德實録卷 58　第 6 頁　58.5.1289）

281　十二月乙卯　改南京太僕寺少卿石禄爲順天府府丞。

（武宗正德實録卷 58　第 12 頁　58.10.1300）

282　十二月　是歲……儹運四百萬石，各處運納一千一百七萬五千六百一十九石八斗四升一合三勺三抄三撮七粟六粒。

（武宗正德實録卷 58　第 14 頁　58.12.1304）

正德五年（1510）

283　正月乙卯　朝鮮國王李懌遣陪臣禮曹参判安塘等奉表及方物、馬匹賀正旦節。賜宴並綵段等物有差。

（武宗正德實録卷 59　第 2 頁　59.2.1308）

284　正月癸酉　琉球國中山王尚真請以官生蔡進等五人入國子監讀書，詔許送南監。仍給衣廩等物如例。

（武宗正德實録卷 59　第 4 頁　59.3.1310）

285　正月己卯　滿剌加國王所遣使有亞劉者，本江西萬安人人蕭明舉□〔按：館本□作也〕，以罪叛入其國爲通事。至是與國人端□□〔按：館本□□作亞智〕等來朝，並受厚賞。因賂大通事王永、序班□□〔按：館本□□作張字〕謀往浡泥國〔按：館本國下有索字〕賨，而禮部吏侯永等亦□□□□〔按：館本□□□□作受賂僞造〕符印，擾害驛遞。後與亞智等二十一□□□□〔按：館本□□□□作人相忿争遂〕謀諸同事彭萬春等共刼殺之。盡得其財□□〔按：館本□□作物事覺〕逮至京。明舉擬凌遲，萬春等處斬，各梟首□□〔按：館本□□作示衆〕。王永減死，罰米三百石，張字、侯永等戍邊，伴送千户董源降二級。經管郎中裘壤罰米三石，尚書白鉞等各奪俸三月。廣鎮三司及所經地方失覺查者，各罰米二百石。惟提督市舶司内官潘忠特宥之。至是禮部議：夷人存有婆結亞班者，宜差官伴送。及先所賜勅書、勘合等物，俱付原留廣東夷人敦篤思領回。仍諭國王知之。其巡按御史袁仕並三司官勘奏與今詞疑不同及有所未盡者俱有罪。宜令續差御史詳審改正以聞。上是之。宥巡按三司管官勿問。

（武宗正德實録卷 59　第 5 頁　59.4.1312）

286　正月辛巳　陞都督僉事張俊爲署都督同知。坐伸〔按：伸爲神之誤〕威營管操。

（武宗正德實録卷 59　第 6 頁　59.5.1314）

287　正月甲申　順天府府尹李浩奏：歲祀天下，無祀鬼神，每〔校記：廣本每下有年字，是也〕羊豕各五，後以頒胙添派六十口。大興、宛平賦重力竭，宜停免。從之。

（武宗正德實録卷 59　第 8 頁　59.7.1317）

288　正月丙戌　命都督僉事劉勝鼓勇營坐營管操。

（武宗正德實録卷 59　第 8 頁　59.7.1317）

289　二月己丑　日本國王源義澄遣使臣宋素卿來貢，賜宴給賞有差。素卿私饋瑾黄金千兩，得賜飛魚服〔按：館本無服字〕。陪臣賜飛魚服，前所未有也。

（武宗正德實録卷 60　第 1 頁　60.1.1321）

290　二月癸卯　陞順天府府尹李浩爲通政使。

（武宗正德實録卷 60　第 5 頁　60.4.1327）

291　**二月丁未**　陞河南按察司僉事王鼎爲順天府府尹。鼎以大理寺少卿左遷，至是張綵薦之，遂有是命。

（武宗正德實録卷60　第6頁　60.5.1329）

292　**三月丙辰朔**　命寧陽侯陳繼祖領五軍營左哨，生〔按：館本生作坐〕營管操。遂安伯陳鐫兼管紅盔將軍。

（武宗正德實録卷61　第1頁　61.1.1333）

293　**三月丙辰朔**　錦衣衛都指揮使楊玉奏：强盜屢於近地刼掠，各巡捕官及守備通州指揮黄璽不能禁捕。既奉旨宥罪，限以三月，而過期無獲，宜逮治。詔：各巡捕官俱降一級，州衛掌印官各奪俸五月，璽三月，令戴罪自効。

（武宗正德實録卷61　第1頁　61.1.1333）

294　**三月丙辰朔**　兵部尚書胡汝礪卒，汝礪字良弼，陝西寧夏人，成化丁未進士。授户部主事，進郎中，擢山西大同府知府。敢於任事，繩下以法，頗著治迹，然急於干進，厚賄劉瑾以希汲引。瑾以同鄉故甚悦之，因援以爲黨，正德丁卯夏，徵爲順天府丞，戊辰進府尹，遂陞户部左侍郎，尋兼都察院右副都御史往宣府，清理屯田。己巳改兵部，庚午召還爲兵部尚書。遷轉之速，未有及之者，未至任而卒。

（武宗正德實録卷61　第1頁　61.1.1334）

295　**三月壬戌**　建保安衛儒學。先是，美峪守禦千户所故有武學，正統十四年避虜他徙而廢，至是鎮巡等官奏請復建，且言美峪與保安衛共城，宜併爲衛學。從之。

（武宗正德實録卷61　第2頁　61.2.1335）

296　**三月甲子**　黄霧四塞，災，風揚塵蔽空，雨土霾，天色晦冥。如是者數日。

（武宗正德實録卷61　第3頁　61.2.1336）

297　**三月庚午**　憲廟敬妃王氏薨。妃山東登州府人，父敖，母黄氏，成化乙未選侍憲宗皇帝，丁未册封敬妃，至是薨，年四十有六。輟朝三日，祭葬如章麗妃例，謚曰“恭懿”。

（武宗正德實録卷 61　第 5 頁　61.4.1339）

298　**三月丁丑**　尚寶司卿吴世忠清查薊州等處屯田，奏言〔校記：廣本言作年來〕：東勝、興州等衛所屯田，多占種盜賣者，田租拖欠終年，積弊已久。若一一置之於法，人情未免不堪。除官豪占種及知情典買〔校記：廣本買作賣〕不首者依律究問外，其餘情不得已者量爲處分，田仍給主，價亦免追。若本主無力，另給附近軍民屯種。如買主不係官豪情願納糧者聽，惟在税租〔按：館本作租税〕不失原數耳。其額外查出土肥瘠不同，定則納糧〔校記：納糧廣本作以納錢糧〕。仍立圖册，以息争端。從之。

（武宗正德實録卷 61　第 8 頁　61.7.1345）

299　**四月戊戌**　陞大能仁寺國師那卜堅參禪簕巴藏播爲法王，都綱那卜領占爲佛子，公葛端竹堅挫扎失爲禪師。大隆善護國寺剌麻綽即羅竹爲佛子，大慈恩寺國師乳奴領占爲西天佛子，革職國師拾剌扎爲佛子，剌麻也舍窩爲禪師。

（武宗正德實録卷 62　第 5 頁　62.4.1358）

300　**四月庚子**　日本國使臣宋素卿，本名朱縞，浙江鄞縣人。弘治間潛隨日本使臣湯四五郎逃去。國王寵愛之，納爲婿，官至綱司，易今名，至是充正使來貢。族人尚識其狀貌，每伺隙以私語通，素卿輒以金銀餽之。鄉人發其事，守臣以聞。下禮部議：素卿以中國之民，潛從外夷，法當究治。但既爲使臣，若拘留禁制，恐失外夷來貢之心，致生他隙。宜宣諭德威，遣之還國。若素卿在彼反覆生事，當族誅之。仍行鎮巡官，以後進貢夷使宜詳加譯審，毋致前弊。從之。

（武宗正德實録卷 62　第 6 頁　62.5.1360）

301　**五月戊寅**　罷鎮守密雲古北口等處右參將署都指揮僉事楊恭，坐剥削軍士也。

（武宗正德實録卷 63　第 7 頁　63.6.1390）

302 **五月辛巳** 調分守懷來、永甯等處右參將許泰鎮守密雲古北口等處。

（武宗正德實録卷 63 第 7 頁 63.6.1390）

303 **五月甲申** 命署都指揮僉事王輔充右參將，分守懷來等處。

（武宗正德實録卷 63 第 9 頁 63.8.1393）

304 **六月丁亥** 命保安衞指揮使李賢守備懷來城。

（武宗正德實録卷 64 第 1 頁 64.1.1396）

305 **六月丙戌** 户部言，永昌寺舊址改建爲倉者未有名。乃賜名曰“太平倉”。

（武宗正德實録卷 64 第 1 頁 64.1.1396）

306 **六月壬辰** 陞大隆善寺禪師星吉班丹爲國師，左覺義羅竹班卓等爲禪師，剌麻乩竹爲左覺義，三竹剌麻爲右覺義，倫竹堅参爲都綱。大慈恩寺佛子乳奴領占、捨剌扎俱爲法王，剌麻捨列星吉、佛子也夫短竹爲禪師。大能仁寺剌麻領占播爲都綱。上〔校記：廣本上下有於字，是也〕佛經、梵語無不通曉，寵臣誘以事佛，故星吉等皆得幸進。

（武宗正德實録卷 64 第 2 頁 64.2.1397）

307 **六月乙未** 命廣甯伯劉佶坐奮武營管操。

（武宗正德實録卷 64 第 6 頁 64.5.1403）

308 **六月戊戌** 命恭順侯吴世興三千營坐司管操。

（武宗正德實録卷 64 第 7 頁 64.6.1405）

309 **六月庚子** 命鑄大慶法王西天覺道圓明自在大定慧佛金印，兼給誥命。大慶法王，蓋上所自命也。及鑄印成，定爲天字一號云。

（武宗正德實録卷 64 第 8 頁 64.7.1407）

310 **六月戊申** 尚寶卿吴世忠言：薊州等處各衞所官軍、舍餘多抽補守邊，所存無幾，不勝征役之苦。而貼守於邊者又無盔甲器械，以之守關無益。且遵化一路，視宣大諸鎮不同，欲以各衛所貼守舍餘擇其精壯者補正軍，均其糧賞，俟守邊缺伍即撥補之，其餘仍掣回本城操守。兵部請如其言。報可。

（武宗正德實録卷 64　第 11 頁　64.9.1411）

311　七月丙子　申刻雨雹。

（武宗正德實録卷 65　第 8 頁　65.7.1428）

312　七月己卯　令大隆善護國寺國師星吉班丹、端竹朶而卓羅竹俱陞佛子，禪師班卓班丹端竹、朶而只堅參陞國師。大慈恩寺乳奴星吉、領占羅竹陞禪師，真覺寺剌麻牟尼星曷陞右覺義，的竹革了陞國師。

（武宗正德實録卷 65　第 9 頁　65.8.1429）

313　七月庚辰　占城國署國事世子沙古卜洛遣其叔沙係把麻等請封，並貢方物。禮部言：沙係把麻等到京一月，伴送官及諸方物俱後期，宜治其怠緩之罪。詔：沙古卜洛及使臣賞賜如例給之，伴送官令法司究問。

（武宗正德實録卷 65　第 9 頁　65.8.1429）

314　八月丙戌　封占城國世子沙古卜洛爲占城國王。以禮科都給事中于聰充正使、行人司行人劉宓〔校記：廣本宓作秘，下同〕充副使。初，左〔校記：廣本無左字〕給事中李貫以次當行，内批改命聰，蓋貫因其鄉人囑劉瑾以免。纔數日瑾敗，聰以爲言，仍令貫往，貫至徐州遇盗，割其髮，奏乞養疾於家，俟其髮長乃行。許之。後宓亦卒於路。貫至廣東屢奏，遷延七年不行，乃議令其國人領封册而還。

（武宗正德實録卷 66　第 1 頁　66.1.1434）

315　八月癸丑　賜占城國請封夷使沙係把麻等綺帛襲衣，並給冠帶有差。

（武宗正德實録卷 66　第 19 頁　66.16.1463）

316　八月癸丑　命定國公徐光祚神機營總管操練。

（武宗正德實録卷 66　第 19 頁　66.16.1464）

317　九月乙卯　命豐城〔按：館本豐城作崇信，是也，梁本有脱誤〕伯費柱神機營五千下坐營。

（武宗正德實録卷 67　第 1 頁　67.1.1468）

318　九月己未　命大寧前衛署都指揮僉事李瑾坐敢勇營。

（武宗正德實録卷 67　第 5 頁　67.4.1473）

319　九月壬戌　命襄城伯李全體〔按：館本體作禮〕坐五軍營中軍大營。

（武宗正德實録卷 67　第 7 頁　67.6.1478）

320　九月己巳　以順天府尹王鼎爲都察院右副都御史。

（武宗正德實録卷 67　第 10 頁　67.9.1483）

321　九月癸酉　兵部奏：京衞武學事例爲劉瑾變亂者三事。一武舉仍六年一次開科；一公侯伯及軍職應襲；子孫考試文理不通者降一級，公侯伯子孫革禄米三之一，非舊例，宜革。今後勳戚子仍聽訪保門館以充教習。一軍職應襲，子孫有志文舉並弟姪願入武學作養者，俱照舊科舉；不堪作養者，方送營操。得旨：武舉武學新例俱改正，教習門館仍照先年事例，令吏部選用，不許自行訪保。

（武宗正德實録卷 67　第 13 頁　67.10.1487）

322　九月癸酉　命興安伯徐良神機營中軍坐營。

（武宗正德實録卷 67　第 13 頁　67.11.1487）

323　九月甲戌　陞山東左布政使張遇爲順天府尹。

（武宗正德實録卷 67　第 14 頁　67.12.1489）

324　九月己卯　復以趙璜爲順天府府丞。

（武宗正德實録卷 67　第 16 頁　67.13.1492）

325　十月壬辰　監察御史李元言：九門車輛之税，自劉瑾專政，欲如成化初所〔校記：廣本無所字〕入，鈔必五百四十餘萬貫，錢必六百二十餘萬文，而監〔校記：廣本受作收，是也〕受官於常課之外又多私取，甚爲民害。請斟酌定擬，勿拘定數。下户部再議，以爲宜斟酌輕重，定爲則例。每歲進納紋鈔二百萬貫，錢四百萬文，庶國課易足。至於侵尅過取之弊，皆當嚴禁。上是之。每年進納定爲鈔三百三十萬八千二百貫，錢四百二十萬二千一百四十四文。監受官若侵尅或過收及縱容索取以致客商嗟怨，事覺，皆罪不宥。

（武宗正德實録卷 68　第 5 頁　68.4.1506）

326　**十月乙巳**　　貰霸州强賊劉七等三十四人罪。劉七本名晨，與其黨皆霸州永清、固安等縣農家，州以盗多不能制，聞晨及其兄劉六善騎射，召令與其黨齊彦明等協捕，有功。後凡遇警，皆令晨等隨捕以爲常。逆瑾家人梁洪索貨於晨等，不得，遂誣爲賊，奏遣御史甯杲、柳尚義調兵圖形捕之，連繫妻孥，盡破其家。晨等窮蹙憤恚，乃相聚結畧〔校記:廣本畧作掠〕，至是，以詔旨許自首免罪，詣州自首，知州郭坤以聞。下兵部，議覆，遂貰之，仍令協捕他盗自效。未幾，晨等復叛。

（武宗正德實録卷 68　第 8 頁　68.7.1511）

327　**十一月戊午**　　曉，霧四塞，濃霜附木。

（武宗正德實録卷 69　第 3 頁　69.3.1521）

328　**十一月丙子**　　[illegible]咂多杓等族番人居藏少七古等貢馬及方物。土魯番並撒馬兒罕等番王頭目速壇滿速兒等差人貢駝馬方物。各賜綵段、衣物有差。

（武宗正德實録卷 69　第 14 頁　69.12.1540）

329　**十二月癸未朔**　　夜，重霧四塞，及曉濃霜附木。

（武宗正德實録卷 70　第 1 頁　70.1.1545）

330　**十二月癸卯**　　土魯番並撒馬兒罕地面番王頭目速壇滿速兒遣哈喇牙的等來朝貢馬及方物，賜宴並賞綵段、衣服、絹帛有差。

（武宗正德實録卷 70　第 7 頁　70.6.1555）

331　**十二月**　是歲……儹運四百萬石，各處運納糧一千一百七〔校記：廣本七下有十字〕萬五千六百一十九石八斗四升一合三勺三抄三撮七粟六粒。

（武宗正德實録卷 70　第 11 頁　70.9.1561）

正德六年（1511）

332　**正月丁巳**　朝鮮國王李懌遣陪臣邊修等來朝貢馬。賜宴並賞衣段等物有差。

（武宗正德實録卷 71　第 2 頁　71.2.1565）

333　**正月庚辰**　太監魏彬傳旨：太監張景昌調管三千營並三千哨馬營，金義調管左哨並奮武營中軍，王方調管中軍右掖三司並揚威營中軍，閻清調管神機營左掖頭司並耀武營，周總〔按：館本總作聰〕管神機營中軍，張輔管中軍右哨三司，喬能管中軍右掖二司。

（武宗正德實録卷 71　第 8 頁　71.7.1575）

334　**二月己亥**　大學士李東陽等言：今早發下工部所奏謂，京城内外工役浩繁，州邑坐派無遺，民財剥削殆盡，在處災傷，四方盗起。況京營軍士摘撥做工〔校記：廣本工下有者字〕，終歲不操，相率逃避，軍民俱困，誠可痛心。乞將不急工程暫且停止。臣等惟工部所言固爲激切，内添蓋豹房一事，尤爲緊要，謹昧死爲陛下言之。蓋自去年夏秋以來，外間傳聞豹房内添蓋房屋，又聞竪立旛竿，似有創建〔按：館本建作立〕寺宇之意。臣等竊念寺觀乃異端之教，聖王〔校記：廣本王作主〕之所必禁，國朝之所姑存，其間義理不暇深論，但宫禁之體比與城市不同，自古及今，並無宫中創造寺觀事例。傳之天下，書之史册，非徒上累聖德，亦無以垂法將來。況番僧人等往來混雜，又恐無賴之徒因爲詐冒，萬一變生不測，難以關防〔校記：廣本關防作防〕，其於事體所關不細。而財用之費耗、軍民之困苦又不足言矣。切見成化間欲於内府建玉皇閣，憲宗皇帝因内閣之言而止，弘治間欲於近城造延壽塔，孝宗皇帝因内閣之言而止，天下傳之，史册書之，以爲聖朝美事。望聖明仰體二聖之謨，俯垂納鑒，將前項工程即賜停止，其餘不急之務大加減節，以正國體，以慰生民，誠宗社〔按：館本作社稷、廣本抱本作宗社〕萬萬年之福也。不報。

（武宗正德實録卷 72　第 8 頁　72.7.1591）

335　**二月癸卯**　　陞順天府府尹張遇爲工部右侍郎，管理易州山廠。

（武宗正德實録卷 72　第 11 頁　72.9.1596）

336　**二月乙巳**　　夜，西北風有聲。至曉，黄塵四塞，雨土霾。

（武宗正德實録卷 72　第 12 頁　72.14.1598）

337　**二月乙巳**　　陞應天府府丞楊旦爲順天府府尹。

（武宗正德實録卷 72　第 12 頁　72.10.1598）

338　**三月壬子**　　以劉瑾私置内刑名廠基地房屋給錦衣衛指揮孫錦。初，錦祖維宗，天順間以戚里恩賜臨清空地爲店，瑾用事時没入官，瑾敗，錦以爲請。有旨：仍給錦爲業。工部奏：業已與民，宜弗與，乃别以廠地賜之。

（武宗正德實録卷 73　第 1 頁　73.1.1603）

339　**三月丁巳**　　巡撫薊州都御史李貢等奏：霸州盗劉晨、劉六、齊彦明、顧子美等流刼山東，殺死京營指揮張英等六人。乞添調京軍並達官軍舍〔校記：達官軍舍廣本作官軍舍餘〕，委官統領，會各兵備守備四路勦殺。兵部議：以巡撫都御史蕭翀及貢謀畧俱可用，宜令翀分守保定，副總兵王欽真定，守備孫懷河間，守備袁彪天津，兵備陳天祥〔校記：廣本祥下有等字〕、貢督分守通州，黄璽守備涿州，王勇三河，王玉調集附近官軍兵快及見選達官軍舍，隨賊所在出奇勦殺。詔從之。

（武宗正德實録卷 73　第 2 頁　73.2.1605）

340　三月乙丑　　策試天下舉人。是日，上不御殿。

（武宗正德實録卷 73　第 5 頁　73.4.1610）

341　三月乙丑　　朝鮮國夷人安孫等十七人航海遭風，漂至浙江定海縣境，爲巡海者所獲，守臣送赴京師。合給衣糧遣人伴還本國。

（武宗正德實録卷 73　第 6 頁　73.5.1612）

342　三月戊辰　　賜楊慎等三百五十人進士及第、出身有差。

（武宗正德實録卷 73　第 8 頁　73.6.1614）

343　三月丙子　　罷分守萬全右衛左參將劉寶、守備天壽山署都指揮王壽、守備紫荆關署都指揮崔灝、守備儀真署都指揮程鵬、守備白羊口指揮使謝素，以附劉瑾且貪懦故也。

（武宗正德實録卷 73　第 13 頁　73.11.1623）

344　三月己卯　　以萬全都司都指揮使李琮〔按：館本琮作宗〕充左參將，分守萬全右衛等處，府軍前衛指揮僉事陳增〔按：館本增作僧〕於天壽山，錦衣衛帶俸指揮同知李慶於紫荆關，錦衣衛帶俸署都指揮僉事王傑於儀真等處。寬河衛指揮同知丘泰於白羊口堡等處，俱守備。

（武宗正德實録卷 73　第 15 頁　73.13.1627）

345　三月乙卯　　命安鄉伯張坤三千營〔按：館本無營字〕坐營管操。

（武宗正德實録卷 73　第 16 頁　73.13.1628）

346　四月庚辰朔　　琉球國中山王尚貞遣正議大夫梁能等來朝，貢方物。賜宴並賞綵段、絹帛有差。

（武宗正德實録卷 74　第 1 頁　74.1.1629）

347　四月辛巳　　諭提督團營内外官選精壯官軍三百二十人分布京城捕盜。

（武宗正德實録卷 74　第 2 頁　74.2.1632）

348　**四月甲辰**　是日午，黄塵四塞至日入。

（武宗正德實録卷 74　第 9 頁　74.7.1642）

349　**五月辛亥**　革慶豐、通流等閘，新設船夫及剥船。以工部奏河爲沙淤，剥運不便也。

（武宗正德實録卷 75　第 1 頁　75.1.1647）

350　**五月壬戌**　磔賊首宫大保於市。大保，永清縣吏，縱酒賭博，遂曠役，糾集無賴與賊劉七合，景虹、靈壁、沂水、濰、樂安、泰安、陽信各州縣及吕梁洪官署皆爲攻破，僭號大王，所至屠戮。天津兵備副使陳天祥督兵捕獲之以聞。詔陞天祥俸一級，仍賜勅奬勵。大保及其黨十三人皆梟首。

（武宗正德實録卷 75　第 3 頁　75.2.1650）

351　**六月戊戌**　致仕順天府尹藺琦卒。琦字廷璽，山東德平縣人，成化辛丑進士，授兵科給事中，累遷都給事中。弘治癸丑，擢順天府府丞，辛酉，乃進府尹，正德改元致仕。至是卒，祭葬如例。琦質無岸谷，敦尚儉約，但才器遲緩，短於治劇，事多留滯，爲言官論劾，而名遂損〔校記：廣本損下有焉字〕。

（武宗正德實録卷 76　第 8 頁　76.7.1673）

352　**六月己亥**　以順天府寄養馬一萬匹給奮武等營備操。

（武宗正德實録卷 76　第 9 頁　76.8.1675）

353　**七月壬子**　阜成關外賊四十餘人夜掠居民、殺牌甲常禮等，巡城御史以聞，且請各城關外增設邏卒。命停巡捕官俸，責限捕賊。禮等給棺殮，仍卹其家。

（武宗正德實録卷 77　第 1 頁　77.1.1684）

354　**七月甲戌**　改建工部文思院於東城明時坊。以舊置地卑沮洳，不便造作故也。

（武宗正德實録卷 77　第 11 頁　77.9.1700）

355　**八月甲申**　盗劉六、劉七、楊虎等奪官民船，擁衆至侯〔按：疑侯爲信之誤〕安鎮，將攻霸州。命都督白玉充副總兵，領兵駐東安，都指揮王杲充參將駐通州，都指揮陳勳充參將駐永清，副總兵張俊往天津會少卿陳天祥併力防禦。先是俊駐永清，以勳代之。

（武宗正德實録卷 78 第 6 頁 78.5.1711）

356 **八月丙戌** 命都督楊英、楊敬、都指揮姜義防守京城九門。

（武宗正德實録卷 78 第 6 頁 78.5.1711）

357 **八月壬寅** 順天府霸州地連震。

（武宗正德實録卷 78 第 9 頁 78.8.1717）

358 **九月庚戌** 霸州桃李華。

（武宗正德實録卷 79 第 2 頁 79.2.1723）

359 **九月甲戌** 朝鮮國王李懌遣陪臣工曹參判閔祥等朝賀，貢方物、馬匹。賜宴並賞金織衣段等物有差。

（武宗正德實録卷 79 第 7 頁 79.6.1731）

360 **十月癸未** 命後府都督同知白玉坐耀武營，萬全都司署都指揮同知陳勳坐練武營，直隸寧山衛納粟都指揮僉事熊偉，營州後屯衛都指揮僉事趙昶各協同管操。偉仍提調官軍守把正陽營門。

（武宗正德實録卷 80 第 1 頁 80.1.1734）

361 **十月丙戌** 太監張永奉勑揀選團營官軍，得十二萬二千七百四十有奇。永因請於將臺下精選六千爲正兵，又每營各選三千爲奇兵，共四萬二〔按：館本作三〕千人，時常操練，有警卽調遣。兵部議覆謂：近傳賊劉六等復引〔校記：廣本引下有兵字〕而北，宜如永奏。乃命内外提督團營官揀選，人給馬匹器械，以練武營協同坐營都指揮趙昶及〔校記：廣本無及字〕暫調五軍右哨坐營都指揮楊義於練武營領之，聽提調官操演。待〔校記：廣本待作俟〕警而行，不許虛應故事，亦不許奏討别差，永爲定例。如故違者，提督及科道官指實參奏，重治之。

（武宗正德實録卷80　第3頁　80.2.1736）

362　十一月己酉　太監張永傳旨：以天寒，賞提督守把京城九門署都指揮僉事等楊敬、姜義、熊偉各銀五兩，所部官軍各一兩。

（武宗正德實録卷81　第2頁　81.2.1749）

363　十一月戊午　京師地震。保定、河間二府，薊州、良鄉、房山、固安、東安、寶坻、永清、文安、大成等縣及萬全、懷來、隆慶等衛同日震。皆有聲如雷，動摇居民房屋。惟霸州自是日至庚申凡十九次震，居民震懼如之。

（武宗正德實録卷81　第4頁　81.3.1752）

364　十一月辛酉　陞順天府府丞趙璜爲都察院右僉都御史，巡撫宣府地方，

（武宗正德實録卷81　第5頁　81.4.1753）

365　十一月辛酉　以京師地震令文武百官同加修省。

（武宗正德實録卷　81第5頁　81.4.1753）

366　十一月癸亥　以京師地震祭告天地、宗廟、社稷，遣英國公張懋、定國公徐光祚、會昌侯孫銘、新寧伯譚佑行禮。

（武宗正德實録卷81　第5頁　81.4.1754）

367　十一月丙寅　陞吏科都給事中楊一瑛爲順天府府丞。

（武宗正德實卷81　第6頁　81.5.1755）

368　十一月戊辰　以太平倉賞永壽伯朱德爲私第。德因請工部改營公館，户部尚書孫交奏曰：積貯者天下之大命，倉廩者積貯之大藏，況此倉毁軍民房屋數百家，費公錢十數萬，役工匠千萬人乃成，縱使目前無糧，將來亦爲有用。臣聞正統十四年京師戒嚴，違議者欲將通倉糧米盡移京倉，近因盗賊流刼霸州、文安，去通州僅一日，又有欲申前議者。竊見通洲東下一倉，迫域隔街〔校記：廣本作迫近城街〕，無晒暘之所，欲將倉糧逐漸放空，而以官攢軍斗改撥此倉，以後漕運軍糧坐派於此，則朝廷勞

人動衆，不爲無益。且前倉已成，豈可改爲公館邪！……奏入，不聽。

（武宗正德實録卷 81 第 7 頁 81.5.1756）

369 **十二月己卯** 命平江伯陳熊、寧晉伯劉岳、豐潤伯曹愷分守京城九門，以賊近郊圻故也，

（武宗正德實録卷 82 第 1 頁 82.1.1767）

370 **十二月辛巳** 兵部奏：盜賊掠近郊〔按：館本郊作郭〕，宜令京營官軍不拘冬月五日輪操例，時常操練，以備調用。得旨：從之，且令太監王方、王銘各領本營三千人，仍選各營精鋭萬人俱聽調用。京城九門差給事中御史各一員巡視官軍，怠惰及勒取錢物者劾治之。

（武宗正德實録卷 82 第 3 頁 82.3.1771）

371 **十二月壬午** 以冬不雨雪，命順天府官祈禱。

（武宗正德實録卷 82 第 4 頁 82.4.1773）

372 **十二月壬寅** 命遂安伯陳鏸提督守把京城正陽等三門。

（武宗正德實録卷 82 第 13 頁 82.11.1787）

373 **十二月癸卯** 朝鮮國王李懌遣陪臣户曹參判李允儉等貢馬、賀正旦令節。賜綵段、衣物有差。

（武宗正德實録卷 82 第 13 頁 82.11.1788）

374 **十二月** 是歲……儹運四百萬石，各處運納一千一百七萬五千六百一十九石八斗四升一合三勺三抄三撮七粟六粒。

（武宗正德實録卷 82 第 16 頁 82.13.1792）

正德七年（1512）

375 **正月甲寅** 賊率衆犯霸州，京師戒嚴。兵部議請召太監谷大用統所部將士駐河間、保定界上，都御史陸完、伏羌伯毛鋭往來督並防禦。詔大用仍與完同駐，指授方略，責成諸將。命署

都指揮僉事温恭防守草橋，署都督僉事衛勇防守蘆溝橋，指揮同知福英〔校記：廣本英作美〕防守羊房角，各領京營騎一千。命天壽山守備太監武忠、都指揮陳增嚴衛陵寢。

（武宗正德實録卷83　第2頁　83.2.1795）

376　正月丁巳　賊入大城縣，知縣張汝舟及主簿李銓迎戰，爲所殺。事聞，贈汝舟光禄寺寺丞，賜祭，廕子一人爲國子生。銓贈知縣。有司給棺殮，還其喪。汝舟子策與典史張俊子信、生員楊思〔校記：廣本思作司〕恭，吏繳禄、醫士孫鎧亦俱殉，各給米五石以優卹之。

（武宗正德實録卷83　第3頁　83.2.1796）

377　正月庚申　賜朝鮮國陪臣户曹參判李允儉等……宴。

（武宗正德實録卷83　第4頁　83.3.1798）

378　二月癸卯　日本國王源義澄遣使貢馬匹、盔鎧、大刀諸方物。浙江守臣奏：今山東直隸盗賊充斥，恐夷使遇之爲所得，請以所〔校記：廣本所作新〕貢暫貯布政司庫，收其表文。禮兵二部會議：請勑南京守備官即所在如例宴賞遣回。從之，仍令附進方物亦給全價，毋阻遠人効順之意。

（武宗正德實録卷84　第7頁　84.6.1817）

379　三月庚戌　刑科都給事中王翊爲順天府府丞。

（武宗正德實録卷85　第4頁　85.3.1824）

380　三月庚戌　山東布政使姜洪乞休致，因陳除寇安民事宜，其畧曰：李隆、楊虎起自文安，不過二三十人，巡按御史陸芸於所屬申報賊情漫不經意，賊始聚至四五百人，勢漸猖獗，……而劉六、劉七復自霸州流刦濟南、青州不過六七十人，初不攻城殺人，惟掠衣糧自給，意望招撫，其後始與隆、虎合，衆至三千餘人。

（武宗正德實録卷85　第4頁　85.3.1824）

381　三月辛亥　致仕南京户部尚書秦民悦卒。民悦字崇化，廬州府舒城縣人，天順丁丑進士，授行人，遷工部屯田員外郎。賑濟京畿諸縣，多所全活……。擢都察院右副都御史，整飭薊州等處兵備兼巡撫順天等府，奏乞減莊田租課以紓民困，增密雲古北口官軍，招募土兵，以防衝突，皆蒙嘉納。其年遷户部右侍郎……卒年七十九。

（武宗正德實録卷 85　第 6 頁　85.5.1827）

382　三月己巳　　革神木千户所。初，永樂間用鎮朔等衞所軍丁千人守獲大木廠，人給月糧六斗，至逆瑾時立爲神木千户所。選千户、鎮撫、吏目各一人，百户十人，月增軍糧四斗。至是，以非舊制，兵部請革之。

（武宗正德實録卷 85　第 11 頁　85.9.1836）

383　四月辛卯　　太監張永傳旨：都指揮楊義、姜義、熊偉、趙彔領所部官軍三千九百餘人往霸州等處聽調剿賊。人賞銀一兩，即日啟行。仍發太倉銀萬兩以給軍餉。

（武宗正德實録卷 86　第 6 頁　86.5.1850）

384　四月丙申　　太監張永傳旨：張俊、許泰、郤永追賊至近京，其遣人勞之。各賞銀十兩，從征軍士各一兩。

（武宗正德實録卷 86　第 7 頁　86.6.1852）

385　五月丙午　　罷九門守把官軍。初，以流賊猖獗，警報日至，命太監金義、遂安伯陳鏸等統軍把總正陽等九門，以科道官點視。至是給事中黎爽等言，軍官屯之市井，無所事事，乃命回營操練聽調。

（武宗正德實録卷 87　第 2 頁　87.2.1859）

386　五月辛酉　　宥惠安伯張偉死，革其太保並禄米，閒住。都御史馬中錫死獄中。先是，賊劉六、楊虎等倡亂霸州，都指揮桑玉受賄縱賊，偉與中錫奉命督參將宋振等往剿。中錫河間人，慮禍及其家，輙出榜文招撫，賊佯投首，益肆刼掠，楊虎等流入河南、山西，劉六等轉向湖廣，已而復合，勢張甚。中錫與偉堅持初議，屢爲賊所紿，竟不窮追。仍戒各處防守官軍遇賊無殺，而振畏縮，又屢失機。嘗於棗强城上語賊以中錫意，縱令緩去。於是紀功御史及科道官劾其罪，令法司逮問。中錫既死，擬偉、振及玉皆當斬。獄上，詔偉緩師誤事，當置重法，但念其祖爲先朝戚里，姑宥其死。振發戍邊衞，玉准撥監候。

（武宗正德實録卷 87　第 8 頁　87.7.1870）

387　**閏五月己卯**　命順天府官祈雨。

（武宗正德實録卷 88　第 2 頁　88.2.1881）

388　**閏五月癸未**　户部覆監察御史吴祺等所奏節財用事，下廷臣議謂：京儲歲額四百萬石，以三十萬運送薊州，止存三百七餘萬，兵荒蠲免額常不充〔按：館本充作允〕，計今年放支之數乃至四百九十餘萬，入不供出，國力艱窘。累請沙汰冗員，禁革投充軍匠，皆不施行。乞稍爲之限制，軍匠傳陞者不得銓注文職衙門，民匠傳陞者不得銓注錦衣衞所，各色軍匠月支米一石者革其口糧直米，新收軍匠勇士非舊額者減月糧之半。其餘不急工程、冗濫職役俱乞停處，庶幾可救〔校記：廣本救作紓〕目前之急。得旨：匠官俸給各減三分之一，新收軍匠月糧至一石者各減一斗。餘皆仍舊，竟不能有所損焉。

（武宗正德實録卷 88　第 4 頁　88.3.1884）

389　**閏五月丁亥**　監察御史張景暘奏：盗賊猖獗，商貨不通，正陽等九門收受錢鈔乞量減免。部覆：請正陽等七門減十之二，朝陽、東直減十之三。從之。

（武宗正德實録卷 88　第 6 頁　88.5.1888）

390　**閏五月庚子**　裁革北直隸通、薊、涿、霸四州管柴判官各一員、遷安縣管縣事縣丞一員。

（武宗正德實録卷 88　第 11 頁　88.9.1896）

391　**六月甲寅**　安南國王黎晭遣陪臣杜履謙等奉表貢方物。賜衣服綵段等物有差。

（武宗正德實録卷89　第3頁　89.3.1905）

392　六月壬戌　黑眚見。初自河間、順得〔按：得爲德之誤〕二府及涿州，夜出傷人，有至〔校記:廣本至作致〕死者。尋見於京師，形兼赤黑，大者如犬，小者如猫，若風行有聲。居民夜持刀斗，相警達旦，不敢寢，踰月乃息。後又見河南登封縣。

（武宗正德實録卷89　第6頁　89.5.1909）

393　六月癸亥　琉球國中山王尚真遣正議大夫梁寬等來朝，貢馬及方物。賜宴並賞綵段、鈔、布有差。

（武宗正德實録卷89　第6頁　89.5.1910）

394　六月癸亥　英廟麗妃劉氏薨。妃，山東濟寧州人，父林，母陳氏。宣德壬子選侍英宗睿皇帝，天順丁丑册爲麗妃，至是薨，年八十有七。

（武宗正德實録卷89　第7頁　89.6.1911）

395　六月甲子　錦衣衛指揮使周賢以督修安定門城垣工成，乞陞級。命爲都指揮僉事。

（武宗正德實録卷89　第7頁　89.6.1911）

396　六月乙丑　順天、河間、保定、大名、廣平六府及山東濟南、青、兖、登、萊、東昌被賊殺死男婦六萬五千十六人，陣死官軍民快人等一千五百二十人。户部侍郎兼僉都御史王瓊奉命賑濟，因具數以聞。俱卹其家如例。

（武宗正德實録卷89　第7頁　89.6.1912）

397　七月戊戌　燕山左衛軍王宣及其子欽等與劉七、齊彦名交通，資以兵器。事覺，先〔按：館本先作宣〕脱走，捕得欽等，送錦衣獄。時權奸有庇之者，欽等屢奏辯。兵部言：京師動静賊輒先知之，蓋皆此屬所泄。且賊還霸州，皆近郊祀之期，其陰謀非小，雖赤族尚以爲輕而可縱之乎？乃詔法司與錦衣衛會鞫，皆坐死，親黨謫戍邊。時又有大通事王永者得幸，彦名賂之，嘗託名永弟，引入豹房見上，經宿乃出。京師傳言，永賊與約爲内應而上不知云。

（武宗正德實録卷90　第9頁　90.8.1931）

398　八月癸卯　改順天府府丞沈冬魁爲太常寺少卿，提督四夷館。

（武宗正德實録卷91　第1頁　91.1.1935）

399　八月癸卯　掌鴻臚寺事禮部尚書致仕賈斌卒。斌，順天府薊州人，由監生授鴻臚寺鳴贊，歷陞本寺寺丞少卿、掌本寺事、禮部左侍郎、禮部尚書。正統元年致仕，至是卒。

（武宗正德實録第91　第1頁　91.1.1935）

400　八月癸亥　劉七率其親信數十人下山，砍奪小舟以逃，官軍列岸濱齊射之，中箭溺水，餘黨殲焉。……初，張茂者，文安縣大盗也。家有高樓大屋，深牆窖室，招集亡命，劉晨、劉寵、齊彦名、李隆、李鋭、楊虎、朱千户，皆其徒也。茂又納交通，賂於豹房諸近侍。太監張忠者，號“北墳張”，居與茂通，茂結之爲兄，因得徧賂馬永成、于經、谷大用輩。遂出入禁中，嘗侍上蹵鞠，倚是益無忌憚。庚午春夏間，河間參將袁彪數敗及諸賊，茂窘，乃求救於忠，忠置酒私第，招彪與茂東西坐，舉酒屬彪字〔校記：廣本字作與〕茂曰：此彦實吾弟也，爾今後好相看，無相扼〔校記：廣本扼作抗〕也。又舉酒屬茂曰：袁參將今日與爾有一面之好，爾今後無寇河間。彪畏忠，不敢誰何。既而都御史甯杲欲擒賊立功，有巡捕主簿李姓者，承杲意僞作彈琵琶優人，入茂家，具知鄉導，杲率驍勇者數十人乘其不備入擒之，斧折茂，從車載以俘餘賊，相率至京，謀出首追罪。忠與永誠爲之請於上，且曰，必獻銀一萬兩乃赦之。寵、晨計無所出，潛令楊虎刼近境，冀以足所獻。會虎焚官署，寵、晨知事敗，乃四散逃去，其徒日多。參將桑玉又受其賂，不肯盡力以攻。嘗相遇與文安村中，寵、晨匿民家樓上，欲自刎，玉故緩之，有頃，齊彦名持大刀脅官軍，敗刼者數十人，至樓下，彦名曰：呼！諸敗軍皆呼，彦名曰：

救至矣！無恐也！寵、晨遂彎弓注矢以出，射殪數人，玉大敗，引還。時辛未六月也。及都御史馬中錫奉命討之，中錫家在故城，懼賊殘其墳墓，乃爲招撫之計，嘗與賊會飲於桑園，時已有詔旨：劉六等不赦。又懸賞格，募能斬之者，中錫酒中云云，晨曰：無多言，吾已知朝廷不赦我軍矣。中錫曰：無之。震乃出詔旨於袖中，拂衣挺刄而去。凡京師動静，悉先知之，以貂瑺之奥主也。自是數盗者横行中原，殺人滿野，村市爲墟，喪亂之慘，乃百十年來所未有。京師再出無功，乃調諸邊之兵，竭天下之力，三載僅能滅之。論者以爲賊舍陸從舟，困惑於暴風，實天厭其虐，非專兵力所致云。

（武宗正德實録卷 91　第 8 頁　91.7.1947）

401　**八月乙丑**　兵部覆給事中李學曾所言三事。一禁剥削以卹軍士。凡京軍做工放糧，各號頭把總等官，不許以打點爲名科斂錢物、扣減斗頭。違者許各軍告理，照例降調、發遣。

（武宗正德實録卷 91　第 10 頁　91.9.1951）

402　**八月辛未**　朝鮮國王李懌遣陪臣刑曹參判宋千喜〔校記：廣本喜作善〕等來賀萬壽聖節，貢馬及方物。賜宴，賞金織衣、綵段絹鈔有差。

（武宗正德實録卷 91　第 13 頁　91.11.1955）

403　**九月庚寅**　直隸萬全都司隆慶衞等處地〔按：館本地下有屢字〕震有聲。

（武宗正德實録卷 92　第 4 頁　92.3.1962）

404　**十月癸丑**　保定侯梁任卒。任以成化壬寅襲爵帶俸南京左軍都督府，弘治丙辰，命掌府事，十有七年而卒。子永福奉其喪，歸葬宛平，詔〔校記：廣本無詔字〕賜祭葬如例。

（武宗正德實録卷 93　第 3 頁　93.3.1977）

405　**十月丁巳**　順天府通州地震。

（武宗正德實録卷 93　第 4 頁　93.3.1978）

406　**十月甲子**　工部言，豹房之造，迄今已五年，所費價銀已二十四萬餘兩。今又添修房屋二百餘間，國乏民貧，何從措辦？乞即停止或量減其半。不聽。

（武宗正德實録卷 93　第 7 頁　93.5.1981）

407　**十一月甲申**　直隸懷來衛、隆慶右衛各地震有聲。

（武宗正德實録卷 94　第 3 頁　94.2.1994）

408　**十一月丁亥**　先是太監蕭敬傳旨：兑調京營、宣府官軍，令其往來操習備禦。兵部即會官議處以聞。後又傳旨：調撥往來額數各三千員名。兵部奏：邊軍赴京防守，京軍赴邊操練，則更代煩擾，去住疲勞，是乃無故而常勤〔校記：廣本勤作動〕數千之兵，不惟虚費糧，抑且示人以弱。蓋祖宗成憲，京軍所以衛内，不以無故而外出，恐有四方窺伺之虞；邊兵所以捍外，不以無事而弛備，恐有一旦倉卒之患。今使外兵拱衛，内兵輕出，恐非居重馭輕、安内攘外之要也。但當揀選各營將領，明信賞罰，猝有警急，内兵自足用矣。廷臣會議亦謂，昔人云：邊兵弱則夷狄爲患，畿兵弱則邊兵爲患，此乃國家動静之機，不宜輕舉以貽後悔。有旨：令再議。廷臣復議：臣子所當守者，祖宗一定之法也。初立五軍、三千、神機三大營，後又添設奮武等十二團營，使統領得人，節制有方，士氣自倍，必不在邊兵下。況今北虜在邊，黄河冰合，邊兵自宜在各鎮防禦，請候明年河開或各邊無警徐議再調。議入，得旨：卿等爲國至意，朕已具悉。可即於宣府調三千人，限十日至京，京營赴宣府備禦者亦如其數，每年春秋更替，人賞銀一兩。

（武宗正德實録卷 94　第 3 頁　94.2.1994）

409　**十一月丙申**　陞順天府府尹楊旦爲南京禮部右侍郎。

（武宗正德實録卷 94　第 6 頁　94.5.2000）

410　**十一月庚子**　陞南京左通政楊廉爲順天府府尹。

（武宗正德實録卷 94　第 7 頁　94.6.2001）

411 **十二月辛亥** 以祈雪，命順天府官祭京都城隍及諸神祠。

（武宗正德實録卷 95 第 2 頁 95.2.2005）

412 **十二月癸丑** 先是，禮科給事中李貫、行人劉宓奉勅往封占城國王沙古〔校記：廣本古作右，下同〕卜洛，至廣東，宓疾卒，遣行人劉文瑞代之。未至，貫疏言：占城在國初嘗絶其朝貢，爾者，言官建白，亦有不可遠封之議。請卽以廣城懷遠驛開勅宣諭，並賞賜王妃等物，令遣來王叔沙係把麻等領回。事下禮部，議覆：舊無領封之例。詔復集廷臣議，以占城沙古卜洛奏請襲封已二年餘，一旦無故中〔校記：廣本中作而〕止，非興滅繼絶之制，萬一沙係把麻不從，或從之而去，封匪其人，以啟〔按：館本啟作起〕争端，何以處之？乞如前議，仍令貫等奉册之國，庶不失信外夷，而中國之體亦無所損。從之。

（武宗正德實録卷 95 第 3 頁 95.3.2007）

413 **十二月丁卯** 朝鮮國王李懌遣陪臣同知中樞府事申繼宗來朝，貢馬及方物。賜宴並賞文綺、布、鈔等物有差

（武宗正德實録卷 95 第 8 頁 95.7.2015）

414 **十二月** 是歲……儹運四百萬石，各處運納一千一百七萬五千六百一十九石八斗四升一合三勺三抄三撮七粟六粒。

（武宗正德實録卷 95 第 11 頁 95.9.2019）

正德八年（1513）

415 **正月乙酉** 命署都督同知許參於敢勇營、都指揮僉事江彬於伸威營、武平伯陳熹於五營左掖，俱管操。

（武宗正德實録卷 96 第 3 頁 96.3.2027）

416 **正月戊子** 古北口等處官軍乏糧，准於户部折糧銀内借支一萬五千兩給之。

（武宗正德實録卷 96　第 4 頁　96.3.2028）

417　**正月戊子**　以災傷免順天府霸州、固安等七州縣糧草有差。

（武宗正德實録卷 96　第 4 頁　96.3.2028）

418　**正月戊戌**　是日風霾四塞，至酉乃息。

（武宗正德實録卷 96　第 6 頁　96.5.2032）

419　**二月丁巳**　朝鮮國王李懌遣陪臣吏曹參判曹繼商等貢方物。賜宴並賞綵幣等物有差。

（武宗正德實録卷 97　第 6 頁　97.5.2042）

420　**二月壬戌**　以久旱命順天府官祈禱。

（武宗正德實録卷 97　第 7 頁　97.6.2044）

421　**二月己巳**　懷來衛地震。

（武宗正德實録卷 97　第 10 頁　97.8.2048）

422　**三月戊子**　詔留宣府官軍於京師操習。改太平倉爲鎮國府，又欲毀厫口爲府廳。工部奏：祖宗稽古建官府部，具有定制，今改倉爲府有乖舊典。況位屬乾方，乾天門也，且此地初爲永昌寺，再爲新石厰，又爲太平倉。屢改屢廢〔按：館本廢作費〕。推之地理、察之人事俱未便。若憫〔按：館本憫作敏〕念邊軍，乞止將本倉氣樓厫口披簷折，安設門窗，以便棲止。其府名改廳，俱乞收回成命。上不從，且責工部曰，既以此地爲天門，宜當通達，前此閉塞之時胡不以聞？其以實陳狀。工部再請罪。乃宥之。

（武宗正德實録卷 98　第 4 頁　98.3.2054）

423　**四月己酉**　大慈恩寺番僧乳奴領占奏修本寺方丈。上命工部會年例物料修理，兵部撥官軍三千人，錦衣衛軍士三百人赴役，其後畢功復遣禮部官報謝。領占本四川人，高姓，竄名番僧，給事豹房而厔，上眷如此。

（武宗正德實録卷 99　第 3 頁　99.2.2062）

424　**四月癸亥**　命宛平、大興二縣撥佃户二十於護國保安寺以供灑掃。寺舊有四户，内使覃珉復請益之。户部執奏，不聽。

（武宗正德實録卷99　第6頁　99.5.2068）

425　**四月乙丑**　順天府以畿内旱蝗，請禱，許之。

（武宗正德實録卷99　第7頁　99.6.2069）

426　**五月辛未**　以春夏少雨，遣英國公張懋祭告天地、成國公朱輔祭告社稷、新寧伯譚佑告山川、尚書傅珪告城隍之神，仍命文武羣臣同加修省。

（武宗正德實録卷100　第2頁　100.1.2072）

427　**五月辛未**　懷來衛地震。

（武宗正德實録卷100　第2頁　100.2.2073）

428　**五月丙子**　朝鮮國王李懌遣陪臣工曹参判李長生等來朝，貢方物。賜宴並賞金織衣段有差。

（武宗正德實録卷100　第3頁　100.3.2075）

429　**五月戊寅**　順天府霸州、山東登州府各地震有聲。

（武宗正德實録卷100　第4頁　100.3.2076）

430　**五月辛巳**　畿甸軍民佃種各馬房草傷地土，每畝減租銀一分，被災者免徵。從户部奏也。

（武宗正德實録卷100　第5頁　100.4.2077）

431　**五月丁亥**　命發京營官軍九千人守倒馬、紫荆、居庸、龍泉、黄花鎮、古北口諸關隘。以虜寇繁峙、靈丘諸墩，兵部請益兵豫防。仍選將訓練，待報即行。

（武宗正德實録卷100　第8頁　100.7.2083）

432　**五月乙未**　以武清縣北汪莊官地七十餘頃給東廠管業，廠舊有莊地五十畝，歲收子粒爲修理刑具等用。至是太監張鋭復請益，上特從之。

（武宗正德實録卷100　第11頁　100.9.2087）

433　**六月壬寅**　英國公張懋奏：奮武營將臺迤西空地，乞造官廳爲操練申令之所。命工部閱視，覆請，從之。時宣大邊報急，懋奉旨會太監蕭敬閱軍，故爲此請，後名西官廳云。

（武宗正德實録卷 101　第 3 頁　101.3.2093）

434　六月丙午　巡視山海關都御史陳玉奏：古北口軍士數少，糧賞不給，乞選三屯營軍千人，委指揮一人管領操練，有警調發應援。仍行户部處置，以濟困乏。各州縣調至民兵，行巡撫都御史李貢量給口糧，以資協守。兵部覆奏：備邊防略議之詳矣，而玉又有是奏，蓋守臣玩視不行之故也。總兵官馬澄年老昏瞶，分守吕安耻受鎮守王忻節制，事多參差，宜申戒忻、安，協心防守，而罷澄任。仍令李貢，凡地方事宜、職官賢否，皆具奏區處。餘如玉議。詔：切責鎮巡分守等官，馬澄仍令供職。

（武宗正德實録卷 101　第 5 頁　101.4.2096）

435　七月己巳　以旱災免順天、永平、保定、河間等府所屬州縣夏税。

（武宗正德實録卷 102　第 1 頁　102.1.2105）

436　七月丙子　户部主事張健奉旨：會撫按官踏勘東安、三河、寶坻、豐潤、武清、永清、霸州、雄縣、新城等縣莊田，除河道水占、鹻薄不堪耕種者，實在頃畝凡六千二十五頃二十三畝有奇，共該徵子粒銀一萬四千八百餘兩。户部請如數徵收，年終類進。如遇災傷，視軍民田例蠲免。從之。

（武宗正德實録卷 102　第 4 頁　102.3.2109）

437　七月己丑　陞四川布政司左布政使王卓爲都察院右副都御史，整飭薊州等處邊備兼巡撫順天等府。

（武宗正德實録卷 102　第 6 頁　102.5.2114）

438　七月庚寅　國子監祭酒石珤奏：國家建學育才以端治本，規摹條貫一準唐虞三代之法。我祖宗朝太學生員，坐班至十餘年始登仕籍，故雖中材之士，陶鎔日久，亦有可觀。正統、景泰間，偶因西北用兵，暫放依親讀書，遂成故事。然猶嚴復班之期，謹違限之法，坐班生員多者猶六七年，少者不下三年，蓋化必久而後洽，業必久而後精也。頃因納銀生員數多，奏准減歷，一時權宜，未爲盡失。但行之已五六年，坐班生員挨撥欲盡，其依親者多限年，未該行取，已行取者，又多過期不至，今坐班食糧僅六百餘人，科貢裁什之三四，其間舉人尤少，所養非所用，豈設學之初意哉！況各衙門歷事，一年所用約八百餘人，出多入少，不及此而增損斟酌之，不惟賢才空虚，無以稱辟雍之盛，而歷事衙門亦將服役供事之不繼矣。如此不已，恐謀計之臣必且乘間復獻輸粟之策，是使正塗雍塞，賢才重困，而天下之士相率而趨於利，豈爲治道之蠹豈小小哉。乞照先年事例，歷事或十月或一年，方與起送撥補，而雜歷等項，亦遞加月分。仍申嚴復班限期，不使冒送問之法，杜絶官醫保結，不使長欺僞之風，則士有定志，人得專業。既無欲速之弊，亦消見利之心，六舘不致於乏材，諸司亦可以濟事矣。禮部議覆：珤言允當。但撥歷事例，因時增減不常，請照弘治十五年例，正歷寫本各一年，長差二年，其依親經行取者，仍勅天下提學官嚴督所屬立限起送，違者送問。詔從之。

（武宗正德實録卷 102　第 7 頁　102.6.2115）

439　八月戊申　罷守備保安舊城都指揮僉事張經，隆慶州城都指揮僉事安洪。以撫按官劾其不職故也。

（武宗正德實録卷 103　第 5 頁　103.4.2127）

440　八月辛亥　以懷來衛都指揮僉事吴鉞守備保安舊城，金吾衛指揮僉事司銘守備隆慶州城。

（武宗正德實録卷 103　第 6 頁　103.5.2129）

441　八月甲寅　命密雲後衛指揮使李秉提督古北口等營（按：梁本使下諸字脱誤）。

（武宗正德實録卷 103　第 6 頁　103.5.2130）

442　八月壬戌　罷黄花鎮守備范琪、指揮同知宋琦，以爲巡按御史丁楷所劾也。

（武宗正德實録卷 103 第 8 頁 103.6.2132）

443 **八月癸亥** 以永寧衛指揮僉事康節守備黄花鎮地方。

（武宗正德實録卷 103 第 8 頁 103.7.2133）

444 **九月丁卯** 以隆慶左衛指揮僉事劉源守備四海冶堡地方。

（武宗正德實録卷 104 第 1 頁 104.1.2135）

445 **九月己丑** 朝鮮國王李懌差陪臣户曹參判柳湄等賀萬壽聖節。賜宴並賞金織衣、綵幣等有差。

（武宗正德實録卷 104 第 6 頁 104.5.2144）

446 **九月壬辰** 虜入大青山口，守臣以聞。兵部議：把總指揮吕昇、守備奉御陳璋、分守參將陳勳俱宜逮問。且劾鎮守薊州總兵官馬澄、分守馬蘭谷參將芮錫之罪。得旨：璋、勳姑宥之，昇等令巡按御史逮問。澄以衰老、錫以貪懦俱罷。

（武宗正德實録卷 104 第 7 頁 104.6.2145）

447 **十月丁未** 以歲災免順天府所屬州縣夏税小麥六千五百石有奇。

（武宗正德實録卷 105 第 7 頁 105.6.2157）

448 **十一月乙酉** 重造東長安門朝士直房二十七間，以燬於火故也。

（武宗正德實録卷 106 第 8 頁 106.7.2179）

449 **十一月丙戌** 賜御用監太監丘聚良鄉縣渾河退灘無糧地二十五頃，並其所買地四頃，俱蠲其税。

（武宗正德實録卷 106 第 9 頁 106.7.2180）

450 **十一月己丑** 工科左給事中王鑾奏稱：遵化鐵冶，近來採辦匱乏，人多逃竄，蝗旱相繼，十室九空。乞以本部收貯並在廠存積鐵料逐一查盤，還計可供幾年之用，如先年暫停事例，少寬民力，待缺用復設，及廠中宿弊，亦乞申禁。工部覆議：在部收貯並在廠各色生熟鋼鐵等料共一千二十七萬六千餘斤，約足數年支用。但今内府衙門成造盔甲軍器、鑄造鍋口、鐵爐並諸類修造工程緩急不常，多寡不一，難以預料。宜自正德九年爲始至十三年止，生鐵暫免炒練，其熟鋼等鐵及軍民夫數，俱以三年爲率，減二存一，在厰從輕辦料炒練。待五年以後，每年仍帶炒生鐵一分。至山林長茂、民力寬裕之日，再行議處。其厰中姦弊，亦聽各官竟自查究，申明禁約，庶歲用不致缺乏，軍民亦少蘇矣。得旨：俱依擬行。

（武宗正德實録卷 106　第 10 頁　106.8.2181）

451　**十二月己亥**　琉球國中山王尚真遣長史蔡遷等貢馬及方物。賜宴並賞綵段等物有差。

（武宗正德實録卷 107　第 2 頁　107.2.2187）

452　**十二月己酉**　以今冬無雪，遣成國公朱輔、定國公朱光祚、新甯伯譚佑祭告天地、社稷、山川。

（武宗正德實録卷 107　第 5 頁　107.4.2192）

453　**十二月壬戌**　朝鮮王李懌差陪臣金瑺等齎表貢方物賀正旦節。賜宴並金織衣綵段等物有差。

（武宗正德實録卷 107　第 7 頁　107.6.2195）

454　**十二月甲子**　命修造長陵等五陵祭器。

（武宗正德實録卷 107　第 8 頁　107.6.2196）

455　**十二月**　是歲……儹運四百萬石，各處運納一千一百七萬五千六百一十九石八斗四升一合三勺三抄三撮七粟六粒。

（武宗正德實録卷 107　第 9 頁　107.7.2197）

正德九年（1514）

456　**正月壬申**　復改密雲分守爲鎮守，密雲右比〔按：館本右比作古北，是也〕口永樂問設内臣鎮守，弘治初，兵部議，以密雲地狹兵寡，勢無應援，而正統己巳寇由此入，改爲分守，聽蘇

〔按：蘇爲薊之誤〕州鎮節制，劉瑾時復改鎮守，至是已釐正。〔按：館本吕上有太監二字〕吕安欲重其事任，援舊例以請。兵部持不可，謂先帝損益有深慮。詔竟從之。

（武宗正德實録卷108　第2頁　108.2.2201）

457　**正月庚辰**　乾清宫火。上自卽位以來，每歲張燈爲樂，所費以數萬計，庫貯黄白蠟不足，復令所司買補之。及是寧王宸濠别爲奇巧以獻，遂令所遣人入宫懸掛，傳聞皆附着柱壁，輝煌如晝。上復於宫廷中依簷設氊幙而貯火藥於中，偶勿戒，遂延燒宫殿。自二鼓至明，俱盡，火勢熾盛，上猶往豹房省視，回顧火燄燭天，戲謂左右曰：是好一棚大煙火也。

（武宗正德實録卷108　第4頁　108.3.2204）

458　**二月丁未**　陞順天府府丞王翊爲都察院右僉都御史，提督雁門等關，兼巡撫山西。

（武宗正德實録卷109　第8頁　109.6.2238）

459　**二月甲寅**　陞户科都給事中張潤爲順天府府丞。

（武宗正德實録卷109　第9頁　109.8.2241）

460　**二月己未**　命廣寧伯劉信提督五軍營。

（武宗正德實録卷109　第11頁　109.9.2244）

461　**二月癸亥**　禮部會試，取中正榜舉人霍韜等四百人。先是，都給事中李鐸奏欲增取進士，選補州縣正官。禮部覆請，乃特增之，後不爲例。

（武宗正德實録卷109　第12頁　109.10.2245）

462　**三月己巳**　命保定侯梁永福五軍營右哨坐營觀操。

（武宗正德實録卷110　第2頁　110.2.2249）

463　**三月戊寅**　策試舉人霍韜等三百九十六人。是日上不御殿。

（武宗正德實録卷110　第5頁　110.4.2254）

464　**三月辛巳**　賜唐皐等三百九十六人進士及第、出身有差。

（武宗正德實録卷 110 第 7 頁 110.6.2257）

465 三月丙戌 順天府府尹楊廉奏：近以本府所屬災傷，請開納銀例，以備賑濟。户部駁爲賣官鬻爵，終非美政。臣嘗考宋朱熹守南康日，遭歲大饑，建議納粟補官，夫豈不義而熹肯爲之？是或一道也。今義官知印、承差之類，户部既遏不行，惟是本處農民納銀二十兩者參州縣吏，十五兩參州縣所屬並衛所吏，其一考聽缺，願撥者遞加銀數。此本府關白撫按所已行者，望特賜允，不惟銀兩可以備荒，而州縣吏缺亦不至乏人參補。又本府夏税，有旨照災傷分數蠲免，臣等於該徵起運之數，令每石徵銀一兩二錢，不分上中下户，及出納之際，官爲撙節，有餘則以補積年拖欠之數。亦爲户部所駁，謂其不論貧富概徵，又欲以餘銀補蠲免之數。夫均徭則當從三等九則之法，税糧安可無十一中正之規？往者，侍郎周忱巡撫蘇松，派糧不分上中下户，皆一例均派。臣等均派夏税，實徵忱遺意。户部亦既不行，惟是前餘銀用補拖欠，雖則徵之於民，亦復還之於民。至是已蠲之税不必解補，庶朝廷不失大信於畿民矣。詔曰：救荒徵税事宜，户部如廉議行。

（武宗正德實録卷 110 第 7 頁 110.6.2257）

466 三月壬辰 命整飭密雲等處兵備副使移駐永平。初，兵備官駐薊州，後移密雲，至是副使朱塗奏：乞如分巡例，一二年一更。兵部謂非舊制，不可許。乃定駐永平焉。

（武宗正德實録卷 110 第 9 頁 110.8.2261）

467 四月丁酉 命隆慶衛指揮同知孫璽分守居庸關等處地方。

（武宗正德實録卷 111 第 2 頁 111.2.2266）

468 四月己亥 復以昌平縣爲昌平州，領密雲、順義、懷柔三縣。以陵寢所在，供億滋煩，民不聊生。正德初，從南京吏部尚書林瀚言升縣爲民〔按：館本民作州〕，以密雲三縣來屬，協濟供應。未幾，劉瑾廢州復爲縣。至是縣丞張懷以聞，具疏，民有十苦，言甚切。至下户部議可，乃復爲州。

（武宗正德實録卷 111 第 3 頁 111.3.2267）

469 **四月壬戌** 以天時亢旱，命順天府官祈禱。

（武宗正德實録卷 111 第 8 頁 111.7.2276）

470 **五月甲子** 以順天、河間、真〔按：疑真下奪定字〕、保定、順德、廣平、大名等府災，准存留今歲起運京邊糧草十之二三，以備賑濟，並減免拖欠該徵之數。

（武宗正德實録卷 112 第 1 頁 112.1.2277）

471 **六月己未** 禮部尚書掌太常寺事崔志端卒。志端順天宛平人，由神樂觀道士充樂舞生。成化壬辰，授太常寺贊禮郎，辛丑補寺丞，壬寅補少卿，弘治乙卯遷卿。甲子進禮部尚書，仍掌太常寺事。具疏休致至再始允焉。居觀中，正德癸〔按：館本癸下脱誤，梁本存〕酉，陳情優養，時給夫米，明年卒……

（武宗正德實録卷 113 第 6 頁 113.5.2304）

472 **七月壬申** 命撫寧侯朱麒守紫荆關、寧晉伯劉岳守古北口、崇信伯費柱守居庸關、保定侯梁永福守倒馬關、指揮使西寬守黄花鎮、指揮同知福英守龍泉關。時虜五六萬騎入自偏頭關，寇大同；萬餘騎入自西陽河，寇懷安等處。總制鎮巡官咸奏，兵持日久，戰守不支。於是兵部議：賊去紫荆關、倒馬、居庸等關不遠，萬一乘虚深入，貽患非細，宜分兵防守。乃發京營官軍紫荆、古〔按：館本古下有北字〕各二千人，倒馬、居庸各千人，龍泉、黄花各五百人，勅麒等統之。

（武宗正德實録卷 114 第 4 頁 114.4.2311）

473 **七月丙子** 以旱災免順天府、河間、保定三府所屬州縣税糧有差。

（武宗正德實録卷 114 第 6 頁 114.5.2313）

474 **七月甲申** 虜營近邊，連亘不退，且窺伺居庸。巡撫順天都御史王倬、巡撫保定都御史張淳，言各關兵寡，欲增撥下班官軍及州縣民壯，相兼防守。巡關御史朱昂亦請防守白羊口。兵部議：趣撫寧侯朱麒等馳往分守，各關發團營五百人，以都督僉事張椿統之，守白羊口。仍勅倬淳督所屬增兵防禦沿邊關隘。昂巡視閘糾其怠事者。復增設保定遊擊將軍一人備荆紫等關。俱從之。尋以錦衣衛署都指揮僉事劉賓充遊擊將軍。

（武宗正德實録卷 114　第 9 頁　114.7.2318）

475　**七月己丑**　賜工部尚書李燧〔按：館本燧作鐩〕等綵織麒麟、雲鶴紗羅、紵絲衣各三襲。以修東廠完，太監張鋭爲之請也。

（武宗正德實録卷 114　第 11 頁　114.9.2322）

476　**八月辛丑**　虜寇白羊口及浮圖峪，連營數十里。詔保定副總兵張勇、遊擊將軍劉賓馳往禦之，鎮巡及防守官各戒嚴。

（武宗正德實録卷 115　第 3 頁　115.3.2329）

477　**八月乙巳**　給事中劉夔奏，乞申嚴京城九門盤詰之禁。兵部議覆：九門軍士多爲門官私役，以致缺人防守，乞將各門提督並守門官量爲裁減。仍申革前弊。詔守門官弗革，繼今有缺勿補。既防守軍少，各量減軍伴之數。

（武宗正德實録卷 115　第 4 頁　115.4.2331）

478　**八月甲寅**　太監劉寧、劉允徵皇莊子粒，以〔按：館本以作於〕通、薊、河間，傳白帖〔按：館本帖下有下字〕兵部，索夫馬廩餼。兵部覆，請皆許之。時中官廝養，出無不給驛，以私帖傳遞，兵部無敢違者。

（武宗正德實録卷 115　第 7 頁　115.6.2335）

479　**八月丁巳**　薊州守臣奏，燕河營、馬蘭峪等處馬死者四千四百餘匹。兵部議：發太僕寺銀一萬五千兩，買馬給之。

（武宗正德實録卷 115　第 9 頁　115.7.2338）

480　**九月甲子**　贈御馬監太監于經父泰爲錦衣衛都指揮使，母王氏夫人。授其從弟資爲登州衛百並賜祠領護勅，從經請也。經寵幸，嘗導上於通州張家灣置皇店，榷商賈舟車，徵至擔負之利，亦皆有稅，中外怨之。其請祠額者，則香山碧雲寺所自治塋域也。工作糜費以百萬計，上亦嘗幸焉。

（武宗正德實録卷 116 第 3 頁 116.3.2345）

481 **九月丁卯** 安南國遣使入貢，内阮文禮等道病死，陪臣阮莊請賜舟具護兵以還。許之。仍詔所司量給棺斂費並祭其有官職者。

（武宗正德實録卷 116 第 4 頁 116.3.2346）

482 **九月己丑** 兵部覆太僕寺卿楊廷儀所言馬政。……宛平、大興二縣坊廂巷市，各有征税，園囿陂池，增築殆徧，乞將二縣原額領養多餘馬匹〔按：梁本匹下脱分派於鄰近州縣，一順天等府寄養備用馬匹十八字〕，乞令養馬州縣逐一清查馬户，定以九則，分爲三等，撥付收養，其養馬田地不得變賣。若投充陵户、海户隱避養馬者，止免本身雜泛差徭，不得於有糧地内朦朧蠲免。……報可。

（武宗正德實録卷 116 第 11 頁 116.9.2357）

483 **十月庚寅朔** 朝鮮國王李懌遣陪臣刑曹參判金錫哲等來朝，貢方物馬匹。賜宴並綵幣等物有差。

（武宗正德實録卷 117 第 1 頁 117.1.2361）

484 **十月庚子** 命工部修造文廟禮樂祭器。

（武宗正德實録卷 117 第 4 頁 117.3.2366）

485 **十月壬寅** 工部左侍郎夏昂卒。昂字景德，順天府宛平縣籍吴人，成化甲辰進士，授工科給事中，陞本科右給事中……昂爲人醇謹質直，不修邊幅，居官以廉慎稱。

（武宗正德實録卷 117 第 5 頁 117.4.2367）

486 **十月己酉** 工部以修乾清、坤寧〔按：館本無寧字〕宫會計財物事宜上請。命尚書李燧提督營建。陞湖廣巡撫右副都御史劉丙爲工部右侍郎兼右都御史，總督四川、湖廣、貴州等處採取大木，而以署郎中主事伍全於湖廣、鄧文壁於貴州、季寅於四川分理之，張惠於南直隸、署員外郎主事唐昇於北直隸俱燒磚，張蒙正於真定、山西、河南、陝西，主事於浙江、江西、直隸徽州等處收買竹木，給事中竇明點視工程。任忠、俞〔按：館本無俞字〕泰各查盤庫廠。皆予之勅。既而傳旨：令御馬監太監谷大用、司禮監太監張雄、總理内官監太監張銀及署都督同知朱寧提督。且勅令禁革姦弊、權豪勢要侵攬嚣放者。

（武宗正德實録卷 117　第 6 頁　117.5.2369）

487　**十月癸丑**　命撥三大營團營官軍共萬五千員名修理京都城垣。從工部奏也。

（武宗正德實録卷 117　第 8 頁　117.7.2373）

488　**十一月庚申**　命兵部選團營官軍六千人分前後二營並勇士與四衛營，營各三千人。以右都督張洪、都指揮桂勇、賈鑑、李隆分領之於西官廳操練。洪勇士營，勇前營，鑑後營，隆四衛營。

（武宗正德實録卷 118　第 1 頁　118.1.2381）

489　**十一月乙丑**　太監蔣貴傳旨：御馬監太監宋竇令守備峨嵋山等營。

（武宗正德實録卷 118　第 4 頁　118.3.2385）

490　**十一月己巳**　以水〔按：館本水作有〕災免順天府（按：館本無府字）、永平、保定、河間等府屯田子粒有差。

（武宗正德實録卷 118　第 4 頁　118.3.2386）

491　**十二月己丑朔**　以營建乾清、坤寧宮遣成國公朱輔、駙馬都尉蔡震、定國公徐光祚、工部尚書李燧、禮部尚書李〔按：館本李作劉〕春祭告天地、宗廟、社稷及山川、城隍、太歲等神，魏國公徐浦〔按：館本浦作俌〕祭告孝陵。其有事江淮等處即命所遣官一體祭告。

（武宗正德實録卷 119　第 1 頁　119.1.2400）

492　**十二月壬辰**　命順天府官祈雪。

（武宗正德實録卷 119　第 1 頁　119.1.2401）

493　**十二月丁未**　朝鮮國王李懌遣陪臣禮曹參判李長坤及僉知中樞府事柳希渚等各貢馬及方物。賜宴給賞有差。

（武宗正德實録卷 119　第 3 頁　119.3.2405）

494　**十二月乙酉**　盗刧安南進貢方物於池州府之烏沙岸，伴送千户鈕鑽、馹〔按：館本馹作驛〕丞彭重俱被傷。事聞。兵部議覆。得旨：強賊掠進貢方物，各誤事官俱停俸，限一月捕獲。

（武宗正德實録卷 119　第 3 頁　119.3.2405）

495　**十二月辛亥**　初，順天府府尹楊簾奏：會試之費出於本府者居天下三分之一，民力不堪。乞令各布政司增數輸銀以助之。禮部議：增原定數至二千五百五十兩。有旨：令查上科所費數酌定。已而本府查報多實數，而間有一二難據者，乃不果定。至是會試並登科進録呈事竟通計用銀三千一百四十二兩有奇，内除現有銀數外，借支本府銀一千一百九十七兩有奇。禮部請以此爲準，派徵各布政司浙江、江西、湖廣、福建、四川各增一百二十兩，並原派各共輸二百七十兩。應天、山東、山西、陝西、河南各增八十兩，廣東一百兩，並原派各共輸二百兩。雲南、廣西各增五十兩，並原派各共輸一百兩。以後科分悉準此。責朝覲官賫納，報可。

（武宗正德實録卷 119　第 4 頁　119.3.2406）

496　**十二月癸丑**　隆慶並白羊口等衛所守隘官軍月糧准照紫荆關例，石折銀六錢。從户部奏也。

（武宗正德實録卷 119　第 5 頁　119.4.2407）

497　**十二月甲寅**　工部奏：營建宫室料價工役當用銀萬兩，宜派浙江等布政司並南北直隸府州縣均賦於民，每年帶徵十之二。恐徵輸不及，請暫於内帑借其半以濟急用。詔内帑銀不必動。

（武宗正德實録卷 119　第 5 頁　119.4.2408）

498　**十二月**　是歲……償運四百萬石，各處運納一千一百七萬五千六百一十九石八斗四升一合三勺三抄三撮七粟六粒。

（武宗正德實録卷 119　第 9 頁　119.7.2413）

正德十年（1515）

499　正月丙子　虜入潮河川井連口等處，殺掠人畜。廵關監察御史張鰲山劾奏寧晉伯劉岳、都指揮僉事章縉及指揮使高瑾等六人各失防禦，宜置於法，詔瑾等六人法司逮問，岳、縉失事不多，宥之。

（武宗正德實録卷 120　第 4 頁　120.3.2419）

500　正月丁丑　分守通州署都指揮僉事王玉以數百逐賊十三人，圍之半日，勿〔按：館本勿作忽〕掣兵還，賊散去。御史張鰲山劾其縱寇，請逮至〔按：館本至作治〕。兵部覆奏：詔宥之，令停俸，戴罪捕賊。責令必獲以聞。

（武宗正德實録卷 120　第 3 頁　120.3.2419）

501　正月庚辰　命都督僉事傅鎧五軍營右掖坐營管操。

（武宗正德實録卷 120　第 5 頁　120.4.2422）

502　二月辛卯　巡按監察御史朱昂劾分守居庸關太監李嵩科害軍士，勒取客商財物及擅伐應禁山場樹木，請〔按：館本請下有取字〕回治罪，而薦守備黄花鎮太監郭原清慎，可以代嵩。其黄花鎮官軍數少，可專令指揮管理，以免侵漁。得旨，宥嵩，止令嚴束下人，黄花鎮守備亦仍舊。

（武宗正德實録卷 121　第 2 頁　121.2.2431）

503　二月癸巳　提督邊務兵部左侍郎陳玉條奏邊事：一山海關至墓田峪諸營堡，原額官軍四萬九千五十餘名，今逃故者七千三百五十有餘，宜令提督會巡撫管糧等官清查還伍，仍摘出各官所役以足願數。其看廠、守城、常操及役占之類，別以餘丁補之。一調兵防守必人馬俱〔校記：廣本俱下有有字〕庶可濟用，若不給馬，軍士自負盔甲什物，跋涉千里，則鋭氣銷沮而不可用矣。乞勅遼東鎮巡等官，遇有徵調官軍，即給與馬匹。一燕河營所轄邊山五百餘里，關寨兵十餘所，非一人所能督理，宜分擦崖子等關迤西及割喜峰、潘家關營委之參將張銘，以三屯、建昌二營軍千人與之，令駐太平寨。其羅文峪至將軍石關營，另以參將一員管理，駐馬蘭峪。俟事寧別議。其黄花鎮、賈兒嶺地方則委密雲鎮守等官就近提督，庶事體歸一。兵部議覆，從之。

（武宗正德實録卷 121　第 3 頁　121.2.2432）

504　**二月辛丑**　都察院議：昌平州及順義、密雲、懷柔三縣皆奏役重，縣既隸州，亦宜協濟。自今凡黄杠諸役，以十分爲率，州出銀十四，而縣共出十六。若三縣民苦加累，則宜省馬夫陵户之餘者，以寬民力。陵户勿令營求替補，脱避徭役。馬夫每宜止給銀四十兩，勿以擾民。詔如議。

（武宗正德實録卷 121　第 4 頁　121.4.2435）

505　**二月甲辰**　兵部奏：定京城内外及通州、涿州捕盜陞賞例：巡捕、把總、守備官緝捕積百名者陞署一級，二百名者實授一級。部下領隊官積五十名者陞署一級，百名者實授一級，俱世襲。其不及數並軍快人等俱給賞。從之。

（武宗正德實録卷 121　第 6 頁　121.5.2438）

506　**三月甲戌**　陞順天府府尹楊廉爲南京禮部右侍郎。

（武宗正德實録卷 122　第 7 頁　122.6.2455）

507　**三月戊寅**　陞雲南右布政使李充嗣爲順天府府尹。〔按：舘本此條佚。抱本存〕

（武宗正德實録卷 122　第 7 頁）

508　**四月庚子**　琉球國王尚真遣長史陳義等奉表來朝，貢方物馬匹。賜宴並賞綵段等物有差。

（武宗正德實録卷 123　第 3 頁　123.2.2466）

509　**四月丙午**　安南國來朝陪臣阮貴雅奏：於龍州梁村灘舟

壞，浥貢絹五十疋，行人阮文焕爲石所壓〔按：館本壓下有而字〕死焉。禮部請矜宥並䘏死者。得旨：濕絹出不得測，其已之，行人令有司殯殮給馹〔按：館本馹作驛〕以歸。

（武宗正德實録卷123　第5頁　123.4.2470）

510　四月丁未　命指揮同知劉祥於潮河川、指揮僉事薛璽於古北口提督把總。俱以都指揮體統行事。

（武宗正德實録卷123　第5頁　123.5.2471）

511　四月丁未　中軍都督府帶俸慶陽伯夏儒卒。儒大興人，莊肅皇后之父也，初授錦衣衛指揮使，尋陞中軍都督府都督同知，乃進伯爵，至是卒，訃聞，上爲輟朝一日，賜祭葬、糧、麻、布如例。

（武宗正德實録卷123　第6頁　123.5.2471）

512　四月壬子　發漕運糧二千石於通州、武清、漷縣賑濟饑民。從都御史王倬請也。

（武宗正德實録卷123　第8頁　123.7.2476）

513　閏四月庚辰　安南國王黎瞷遣陪臣阮仲逵等貢方物。賜宴賞綵段有差，並回賜國王綵段十表裏、錦四段。

（武宗正德實録卷124　第8頁　124.7.2494）

514　閏四月癸未　兵科都給事中安金奏：京師四方之則，比年俗尚太奢。宴會豐腆，居室莊麗，錦繡珠玉下飾於倡優、庵院、禱祠，深惑乎民庶，乞禁制。會南京吏部郎中歐陽諳奏：請續增問刑條例。禮部議：以禁止奢俗載入條例，通行天下。報可。時大臣有設宴以會錢寧，而一席之費到千金者，蓋風俗之壞自上導之，雖有禁令，亦徒爲文具爾。

（武宗正德實録卷124　第8頁　124.7.2494）

515　閏四月甲申　薊州賺狗崖東墩及新開嶺關雷火，震傷三十餘人。

（武宗正德實録卷124　第9頁　124.8.2496）

516　**閏四月甲申**　順天府薊州、……俱冰雹，殺穀麥。

（武宗正德實録卷124　第9頁　124.8.2496）

517　**閏四月丙戌**　大學士梁儲等言：比者，發下工部一本，大意以爲，見今營建乾清、坤寧二宫，其役甚大而財用不足，乞停止。内官監所奏太素殿及天鵞房、船塢等工，臣等擬旨進呈，未蒙批出，中心惶惑，不知所爲。切惟陛下宫寢未建，中外臣工日夕不安。工部職掌工作已經計處，差分行採取木植，燒造磚瓦，但民窮財盡，辦集爲難。非惟工部以爲憂，臣等亦切憂之，恨無方略以佐經費耳。若不急之工一時併舉，則物料將何取給？取之官則官無蓄積，取之民則〔按：館本則下有民字〕已困敝。夫以可緩之役而防誤大工，該部計無所出，利害切身，其言非得已也，伏乞聖明速賜批行。前項殿宇房屋，待大工就緒民力稍舒之日而徐議之。不報。

（武宗正德實録卷124　第10頁　124.8.2496）

518　**五月丁亥朔**　命兵部尚書王瓊同太監谷大用、新寧伯譚佑提督團營操練。

（武宗正德實録卷125　第1頁　125.1.2499）

519　**五月丁酉**　京師内外多盜，有旨議處。兵部乃會部院、錦衣衛等官議請巡捕軍京城内增爲七百九十二人，城外增爲一千一百二人，把總等官如故。仍每年一易，緝捕或對敵殺真盜三名，爲首者陞一級，爲從者給賞。對敵殺真盜者，子孫陞實授一級，世襲。委官部下獲至二十名以上者，陞署一級，五十名以上者，實授一級。把總〔按：館本總下有官字〕部下五十名以上者，署一級。百名以上者實授一級。軍人所捕不及數並願賞者，每名賞銀十兩。對敵擒斬劇賊首者二十兩，數人共事者均之。把總並委官部下所捕不及數並願賞者，每名賞銀一兩。已受賞者不許造退並功陞級。一年内地方失盜，委官積至五起以上者降一級，十起以上二級。把總官十起以上一級，二十起以上二級，不及數者委官每起奪俸兩月，把總一月。若把總委官私役賣放巡捕軍人，照例究問。從之。

（武宗正德實録卷125　第3頁　125.2.2502）

520　五月己酉　巡關御史張鰲山陳邊防事宜。一立重鎮。永平等處鎮守、巡撫、總兵官各住一方，兵分勢寡，出令不一，而遵化一城東西適中，請併治於此。仍於腹裏地方移兵數萬，屯營操備。一併提調。沿邊關營各有提調者，關主戰守，營主操練，急不相援。宜將董家口等關五重安營分割，東屬提調指揮竇濟，西屬提調指揮陸繼宗，以便策應。一增副將。密雲北去古北口等關各百里，西去黄花鎮百五十里，遇警應援不能及，惟石匣營爲適中。請添設副使一員，選本處人馬〔按：館本馬下有一字〕千、腹裏三千駐劄操備。仍於北古口添設守備指揮一員，總理潮河新舊古北口等三營及密雲兩衛操練備禦。一備職官。沿邊營事官〔按：館本營事官作管事軍官〕逃亡事故及各衛所官往往假託軍政取〔按:館本取下有回字〕，不及原額之半。官事多〔按:館本多作不〕攝。在京衛所，冗官甚多。請自今凡京衛武職襲替，信其堪任邊事及願告外衛者，選除與營密雲等衛，以便委用。各衛官員考選軍政，原任邊關者不許取回。一遠駐牧。沿邊關寨駐牧達子，叩關索乞鹽米，而架砲夜不收反出其外，駐牧日久，漸習華風，熟知要害，爲患非輕。宜令駐牧於架砲之外，其索鹽米，立爲定限。或有侵犯，則邊牆之外、架砲之内，許我軍躡追。兵部覆議：備職官、遠駐牧二事可從，仍以京衛軍職有罪者調補。餘三事下提督鎮巡等官詳議。於是提督侍郎陳玉等議：以鎮巡等官併治遵化便，宜廣舊城及調保守等衛軍屯駐關營。宜嚴應援之命〔按：館本命作令，令下有提調不可併，密雲副總兵不必添古北口，令宜十八字，梁本脱〕，參將防禦石匣營及潮河川營，益以兵千人亦便。兵部乃復會官議，皆曰紫荆諸關隘防守尚缺，保定等衛軍不可輕調，石匣等營亦無見兵可益，廣遵化城宜俟年豐徐議之。詔如兵部議。

（武宗正德實録卷 125　第 8 頁　125.6.2510）

521　**五月辛亥**　大護國保安寺右覺義班丹倫竹爲其師祖大善法王星吉班丹乞祭喪，禮部執奏無例。上特許之，命工部給葬價二千兩。

（武宗正德實録卷 125　第 9 頁　125.8.2513）

522　**五月壬子**　隆慶衛指揮僉事張永爲署都指揮僉事，充右參將分守懷來、永寧等處地方。

（武宗正德實録卷 125　第 9 頁　125.8.2513）

523　**六月庚申**　巡按直隸監察御史陳言奏：通倉近添設内官十一員，供億繁多，事常掣肘，乞將額外者取回。户部議如所請，且言京倉並臨清、徐州、淮安等處俱有贅員，宜通查革。得旨：各官已用者姑令供職，以後京通總督仍依舊規二員監督，臨、徐、淮安三員，永爲定例。中間有擅舉者，重治不貸。

（武宗正德實録卷 126　第 2 頁　126.2.2517）

524　**六月壬戌**　復設神木千户所於朝陽門外，從太監張鋹請也。

（武宗正德實録卷 126　第 3 頁　126.3.2519）

525　**六月己巳**　朵顔衛夷人分道内侵，陞都指揮同知桂勇爲署都督同僉事，充副總兵禦之。初，花當子把兒孫師千餘騎由鮎魚石關毀垣而入，遂寇馬蘭峪，參將陳乾及指揮談茂、馬英等敗死。事聞：詔切責鎮巡官，令督分守守備等官防禦，且疑爲寇者非花當部落，乃遣通事往詰問。既而提督侍郎陳玉、巡撫都御史王倬報，五百騎入板場谷，千騎入神山嶺，又千餘騎入水關洞，請調兵協勦。巡關御史張鰲山等亦極言發兵爲便。兵部議覆，於是以勇充右參將統團營西官廳三千人禦之，發太僕銀三千兩以備賞功，太倉銀四萬兩付户部主事，措置軍餉，而以鰲山紀功。兵部復假請勇權任，乃陞署都督僉事充副總兵，以署都指揮僉事李英充右參將守馬蘭峪。

（武宗正德實録卷126 第4頁 126.3.2520）

526 六月甲戌 給事中王良佐、御史周倫、主事侯綸奉命選各營衛官軍操練。是時食糧官軍三十八萬四二千七百四十五人，各監局供役者有旨免選。既而錦衣衛、騰驤四衛、犧牲所、各倉、五軍圍子手、義刀、神機、五千下官軍軍匠、軍斗、軍餘、長安左、右、東安門恩軍，皆以都督朱寧、太監谷大用等相繼奏免，凡十六萬二百八十五人。長陵等陵〔校記：廣本抱本等下陵字作衛，是也〕、大木等廠、蕃牧等所及紅盔明甲將軍例不免者又萬四千七百四十六人，内操西官廳六千六百四十二人，從征二萬九千十五人，逃故萬五千四百五十二人，團營所存者十三萬四千九百八十三人。而新選中者僅二萬三千三百二十三人，良佐等以聞。乃命太監蕭敬、兵部尚書王援同良佐等覆選，於是京衛得五萬八千三百四十一人，原衛選八萬八千七十二人。春班已還及秋班赴而來未齊者俱不覆選，在營僅得一萬三千八百二十八人。

（武宗正德實録卷126 第7頁 126.6.2526）

527 六月乙亥 提督邊務兵部侍郎陳玉等奏邊務二事。一實邊儲。言近年沿邊倉場空虛，應支糧草多與折色，以致兵馬困斃。況今調集客兵亦難支持，乞措置本色以備急用。一給戰馬。言建昌、三屯等營，馬死數多，且每年草料止與折色，以致馬斃。乞發順天所屬寄養馬匹三千餘匹，以補諸營缺乏，仍給與本色。於是户部議覆：頃已發太倉銀四萬於山海、密雲等處，今宜行巡撫管糧官從宜招買，務足主客之用。其戰馬舊規，每年支草五月，豆一月，每月豆九斗，折銀二錢七分。今宜除支本色之外，如或不足，每月量增三錢，聽其自秣。其領順天府養馬亦如之，詔如議。

（武宗正德實録卷126 第8頁 126.7.2527）

528 七月己亥 命工部重修太素殿。舊規堊飾茅覆，質樸實與名稱。新制務極華侈，凡用銀二千〔按：館本二千作二十餘萬〕

餘兩，役軍匠三千餘人。歲支工米萬有三千餘石，鹽三萬四千斤，他俘費及續添工程又不在此數。是時工役繁興，禁中自乾清大役外，如御馬監、鐘鼓司、南城、豹房新房、火藥庫皆一新之。工部每循例執奏，以掩人耳目，其實具文而已。中外因緣爲利，權姦閹人所建莊園、祠墓及香火寺觀，工部又皆竊官貲以媚悦之，一時木妖土災，蓋不忍言矣。

（武宗正德實録卷127　第6頁　127.5.2543）

529　七月庚子　命都督許泰量調西官廳兵捕盜於壩上。

（武宗正德實録卷127　第6頁　127.6.2545）

530　七月辛丑　命占城使臣力哪吧等領勅並封册還國。初，沙卜古洛遣使請封，命給事中李貫等賫勅以往。貫至廣東，請照先年册封古來例，令其使臣領封以還。廷議以爲官已踰二年，今若中止，非興威繼絶之義。倘使臣不願領封或領歸而受非其人，重啟事端，何以處之？宜令貢亟往。貫復言：出使遠夷，必得火長以知道路，通事以通語字，今皆無人，宜爲議處。廷臣復議，令後〔按：館本後作彼〕處鎮巡官多方採訪，果無火長、通事，則如舊例行之。已而貫復言：奉命已踰五載，疏屢上而未決於行，孰不以爲懼風波之險也。殊不知占城自古來被安南併逐之後，竄居赤坎，邦都郎，國非舊疆，勢不可行。況古來乃占城王齊亞麻勿菴〔按：館本齊作齋。明史占城傳勿作弗〕之頭目，實殺王而奪其位，王有三子，其一尚在，則義又有不安矣。律以《春秋》之法，雖不興問罪之師，亦必絶朝貢之路。臣所謂領封云者，亦存其禮而不廢斟酌之義也，奈何又爲採訪之議苟延歲〔按：館本歲下有月字〕而無益於事哉！會巡按廣東御史丁楷奏如貫言。下府部科道集議，以爲中國之於夷狄，來則懷之，不來則止。世子越在草莽，既不可行，宜令鎮巡官面召正使力哪吧等，諭以使臣不能遠行之義，以貫等所奉册命、禮物付之，庶遠夷之心不失，天朝之體以全。詔從之，令貫等還。

（武宗正德實録卷 127　第 7 頁　127.6.2546）

531　**八月己未**　賜宛平、大興二縣孤老一千八百八十三人各布一疋。

（武宗正德實録卷 128　第 1 頁　128.1.2557）

532　**八月壬戌**　命御用太監張永同御馬監太監谷大用總管神機營并提督十二團營。

（武宗正德實録卷 128　第 1 頁　128.1.2558）

533　**八月甲戌**　命撥團營及騰驤四衛、錦衣衛軍三萬名助建乾清宫役。從内官監太監張鋃奏也。

（武宗正德實録卷 128　第 3 頁　128.2.2560）

534　**八月壬午**　盜鄭紀、王〔按：館本王下有捨字〕命等行刼近畿，都指揮僉事盛瑾、高謙、袁傑等合兵擒之，兵部議加陞賞。詔瑾、謙、傑各陞世襲一級，賞銀三十兩。奏内有名家丁各賞銀十兩，官軍人等仍覈實賞。提督團營太監谷大用、張永、新寧伯譚祐〔按：舘本祐作佑〕、尚書王瓊委用得人，各賞羊酒，賜獎勵勑。

（武宗正德實録卷 128　第 4 頁　128.3.2561）

535　**九月庚戌**　太監秦文傳旨：御馬監太監張忠監督團營西官廳，御馬監太監佛保管神機營中軍四司主威營，御用監太監孔學管神機營右哨頭目並鼓勇營。

（武宗正德實録卷 129　第 11 頁　129.9.2579）

536　**十月丁巳**　陞順天府府尹李充嗣爲都察院右副都御史，巡撫河南。

（武宗正德實録卷 130　第 1 頁　130.1.2582）

537　**十月丁巳**　朝鮮國王李懌差陪臣吏曹參判趙原紀等方物馬匹，賀萬壽聖節。賜宴並賞織金衣幣、布帛有差。

（武宗正德實録卷 130　第 3 頁　130.2.2584）

538　**十月丁卯**　巡視通州倉場監察御史周文光奏：漕運成法

以十爲率，十七運京倉，十三通〔按：館本通作運，誤〕倉。比因脚價騰貴，該部請爲水兑，令把總一員往督其事。而聶欽、梁璽遂行壟斷之計，以致恐讟繁興。幸蒙時旨，令遵成法。而總督右都御史叢蘭、總兵官顧仕隆謬信輕舉，乃復請定脚價，致令水兑一行，羣弊滋蔓。今計欽所開湖廣一總水兑正糧二十六萬一千六百九十一石，共該去耗米四萬二千石〔按：館本無石字〕七百八十二石，餘米尚五萬七千三百四十七石，計銀二萬四千一十四兩，率皆侵尅，卽此一總可驗其他。請通查各總都指揮佘果、丁輔、盧英、郭冕、郭琮、王臣等所餘米銀，通解倉庫。仍置欽於法，璽降調，蘭、仕隆薄示懲戒，果等俱坐以罪。户部覆請，得旨：水兑已不許再行，脚價等銀令蘭等查明，量行追解，把總等官姑免究問，欽等罰俸有差，璽仍留用，蘭、仕隆宥之。

（武宗正德實録卷130　第5頁　130.4.2588）

539　**十月庚午**　命金吾左衛都指揮僉事龐通三千營坐司。

（武宗正德實録卷130　第7頁　130.6.2592）

540　**十月壬午**　宥薊州守備右監丞高柰、劉保罪，罰參將張銘、李英俸三月，逮問指揮石美中等，坐虜入鐵門關殺掠不能禦故也。

（武宗正德實録卷130　第10頁　130.8.2596）

541　**十一月己酉**　陞賞密雲等地方斬獲賊級有功官軍正千户朱錦綉等三百三十〔按：館本十下有三字〕有差。

（武宗正德實録卷131　第3頁　131.2.2602）

542　**十一月乙未**　改順天府丞楊一漢爲太僕寺少卿。

（武宗正德實録卷131　第4頁　131.3.2603）

543　**十一月丙申**　户部奏：十二團營馬例於夏秋收放，冬春回營。給豆者凡六月，月折銀三錢五分；給草者三月，月二錢五分。今調宣府兵及選團營兵於西官廳訓練，宣府兵每草一束折銀二分，團營所選兵亦援此例請支，而都督許泰又欲於宣府二分之上增給，國用其何以繼？詔：西官廳馬每草一束加銀一分，團營仍舊。而十一月例當支草，復欲折銀，户部執不與，特旨復與之。是時西官廳將士恃恩驕横每如此。

（武宗正德實録卷131　第4頁　131.3.2604）

544　十一月庚子　命德州衛指揮僉事關廉守備天壽山，以都指揮體統行事。

（武宗正德實録卷131　第5頁　131.4.2605）

545　十一月壬寅　以太僕寺馬五百匹給神機等營各執事官軍。從定國公徐光祚奏也。

（武宗正德實録卷131　第5頁　131.4.2606）

546　十一月庚戌　經始乾清宫，命工部尚書李燧、新寧伯譚佑祭司工之神。

（武宗正德實録卷131　第9頁　131.7.2612）

547　十一月庚戌　太監秦文傳旨：以御用監左監丞張明守備峨嵋山等營，宋賓取回别用。

文又傳旨：鎮守密雲等處參將葉鳳儀令回京閒住。

（武宗正德實録卷131　第9頁　131.7.2612）

548　十二月壬戌　陞分守通州等處署都指揮僉事王玉爲署都指揮同知，以督捕盗賊功也。

（武宗正德實録卷132　第6頁　132.5.2626）

549　十二月乙丑　冬無雪，遣定國公徐光祚、會昌侯孫銘、新寧伯譚佑、禮部尚書毛紀祭告天地、社稷及山川、城隍之神。

（武宗正德實録卷132　第6頁　132.5.2626）

550　十二月丁卯　懷來衛地震。

（武宗正德實録卷132　第7頁　132.6.2627）

551　十二月甲戌　命崇信伯費柱提督三千營、定西侯蔣壑神機營、五千下坐營。

（武宗正德實録卷132　第8頁　132.7.2629）

552 **十二月甲戌** 禮部言：暹羅國正使坤思禮等奏乞銀料修補船隻，無給銀例，宜行廣東布政司量撥軍匠修補，完日即趣回國。詔：貢船既年久損壞，其命本布政量給銀修補之。

（武宗正德實録卷 132 第 8 頁 132.7.2629）

553 **十二月丙子** 朝鮮國王李懌差陪臣户曹參判成洗貞等賫表文、方物、馬匹賀正旦節。賜宴並賞金織衣、綵段等物有差。

（武宗正德實録卷 132 第 9 頁 132.8.2631）

554 **十二月** 是歲……各處運納一千一百七萬五千六百一十九石八斗一合三勺三抄三撮七粟六粒。

（武宗正德 132 第 13 頁 132.11.2637）

正德十一年（1516）

555 **正月甲申** 治薊州馬蘭峪諸將失事罪。先是，以虜寇犯馬蘭峪，命巡按御史牛天麟覈實。至是天麟劾奏領操守關指揮丁臣、馬經、許昌、毛瑛、于璋、胡鏞、千户馬珊等俱宜逮治，並劾守備太監蔣廷玉、總兵陳鏸、都御史王倬、鎮守太監王忻、兵備副使王玹、提督侍郎陳玉等俱宜黜罰。死事指揮談茂、千户馬英、百户田榮宜如例優卹。兵部議覆：詔臣等各逮治而貸廷玉等罪，死事者子孫各陞襲一級。

（武宗正德實録卷 133 第 1 頁 133.1.2640）

556 **正月己丑** 給事中王良佐言：言〔按：館本言作京〕儲匱乏，皆由冗食者多。請通查食糧人役，分別舊額、新收、老幼、殘廢之數而盡裁其不堪者。如雜用供役缺人，宜月給工食銀六錢，則冗食之害去矣。按户部所奏，弘治末年，每月食糧之數以石計者夫約二十五萬七千五百有餘，以今較之每月加七萬二千五百，以歲計之則爲八十萬餘矣，非冗食漸增何以至此！下兵部議：錦衣衛舊額軍匠三萬八千四百四十七人，正德以來逆瑾變亂增至四萬一千二百九十四人，雜役者又一萬三人，其新增者俱宜裁革，折支銀數亦宜如良佐言。詔：新增軍匠免裁革，以後不許再增，雜役者月糧〔校記：廣本石上有每字〕石折銀四錢。既而兵部覆議：若新增軍月支糧五斗，亦可少革詐冒而省國儲。内批仍照前旨，月糧〔校記：廣本石上有每字〕石折銀五錢，銀間月支給。

（武宗正德實録卷133 第3頁 133.2.2642）

557 正月辛卯 命彭城伯張欽、神機營中軍坐營管操。

（武宗正德實録卷133 第5頁 133.4.2645）

558 正月己亥 朝鮮國差部〔按：館本部作陪〕臣户曹參判成洗貞等朝貢。賜宴並賞金織衣綵段有差。

（武宗正德實録卷133 第7頁 133.6.2649）

559 二月甲寅 工科左給事中潘塤等言：邇聞西安門外積慶、鳴玉二坊居民數千百家，徘徊號泣，咸謂朝廷將括取廛地有所興作。或曰欲添設教場，或曰欲創造私第。今京師軍民房産皆吞併於勢豪，二坊托帝居以爲固，且猶不免，此必左右近臣時出新奇可喜之事，以感聖心，非皇上本意也。請諭坊民，以安其心。時監察御史熊相、曹雷等亦以爲言，不報。

（武宗正德實録卷134 第2頁 134.1.2656）

560 二月壬申 傳旨：令右都督張洪監督團營西官廳。復指揮僉事神周官，代洪管勇士營。初，江彬、許泰皆以邊將得幸，上好武，特設東西兩官廳於禁中視團營。東以太監張忠領之，西以泰領之。周嘗以罪作謫附泰，洪亦得進用。未幾，益以劉暉皆賜國姓，爲義子四鎮兵，號外四家，彬統之。上又自領閹人善騎射者爲一營，謂之中軍。晨夕操練，呼躁火炮之聲達於九門。浴鐵文組，照耀宫苑，上親閱之，其名曰過錦，言望之如錦也。諸軍悉衣黄罩甲，中外化之，雖金緋盛服者亦必加此於上，下至市井細民亦皆披之。泰及周等遮陽帽，上飄靛染天鵞翎以爲貴飾。

貴者飄三英，次二英。兵部尚書王瓊得賜一英冠，以下教場，自謂殊遇焉。其後巡狩所經，雖督餉侍郎、巡撫、都御史，無不衣眾甲見上者。

（武宗正德實録卷 134　第 5 頁　131.3.2663）

561　二月甲戌　　薊州有火星隕地，大如斗，隨有白氣蜿蜒上升，久之乃滅。

（武宗正德實録卷 134　第 6 頁　134.5.2664）

562　二月戊寅　　巡按直隸御史屠僑言：近奉旨，令居庸關太監李嵩等擒致虎豹生者，臣惟虎豹非一人之力所勝，必廣集徒衆而後可得，今邊關烽火方急，顧乃撤防守諸兵盡赴山澤捕虎豹耶！且居庸東北陵寢在焉，今爲捕虎豹震驚陵寢，尤非所宜，望寢前命。不報。

（武宗正德實録卷 134　第 7 頁　134.6.2665）

563　三月乙酉　　命都城内外各寺觀寄〔按：館本寄下有放字〕骴骼，有主者立限責葬，無主者隨地瘞之。仍諭兩京及各布政司如例舉行。從聽選訓導黃緒奏也。

（武宗正德實録卷 135　第 2 頁　135.2.2671）

564　三月戊子　　户部覆御史程啟克奏謂：騰驤四衛軍士改編各衛，既奉例取回，其各衛遺籍仍冒支糧，又有先食五斗今九斗者，比舊〔校記：廣本舊下有例字〕多支糧八十七萬石。馬匹草料改支有月分，折支有定例，去歲折草銀增至九錢。十一月亦擬支給，兩月之間多支銀二萬餘兩。此皆耗蠹之大者。請將四衛冒支之糧即賜裁革，而西官廳所調西府官軍馬匹每月草束，仍舊每束支銀二分，團營選軍士馬匹，仍舊冬春間月支草，庶國用可充。詔：四衛取回軍士糧並西官廳馬草折支依擬，團營馬草折銀如舊。

（武宗正德實録卷 135　第 3 頁　135.2.2672）

565　三月庚戌　　琉球國中山王尚真差部臣正議大夫梁能等來

朝，貢方物馬匹。賜宴並賞綵段、布絹有差。

（武宗正德實録卷 135　第 11 頁　135.9.2686）

566　四月丁巳　發户部銀三萬兩於薊州，以備遼東客兵支用。從都御史李瓚請也。

（武宗正德實録卷 136　第 1 頁　136.1.2687）

567　四月丙寅　西番僧短竹叫等四人、桑呆叫等十人來貢方物，請襲國師、禪師職。從之。

（武宗正德實録卷 136　第 4 頁　136.3.2692）

568　四月甲戌　泰陵桃谷口西小長谷，雷震山脊起火，尋熄。

（武宗正德實録卷 136　第 5 頁　136.4.2694）

569　四月庚辰　以災傷命巡撫都御史等官賑卹順天、永天〔按：館本天作平〕保定、河間四府貧民。從御史牛天麟請也。

（武宗正德實録卷 136　第 7 頁　136.6.2697）

570　五月壬辰　陞順天府治中冉繼志爲陝西苑馬寺少卿。

（武宗正德實録卷 137　第 5 頁　137.4.2706）

571　五月辛丑　致仕兵部右侍郎李貢卒。貢字惟正，直隸蕪湖人，成化甲辰進士，授户部主事，陞員外郎，改刑部郎中……以事忤劉瑾，罰米勒致仕，謹誅，復召用整飭薊州等處邊備，兼巡撫順天等府〔校記：廣本府下有地方〕，陞兵部右侍郎，年未及〔校記：廣本及下有衰字，是也〕，力求致仕，未抵任而去，至是卒……撫順天，增修通州城，築古北口壘，京輔有備。

（武宗正德實録卷 137　第 8 頁　137.7.2711）

572　五月甲辰　命署都督〔校記：廣本督作指揮〕僉事傅鎧、指揮福英、馬忠防守古北口、黄花鎮、白羊口。先是，整飭薊州兵備都御史李瓚奏：三處皆京輔重地，而黄花鎮密邇陵寢，與懷來一帶相鄰，宜選團營兵命將領之，分守其地。兵部議：古北口宜守〔校記：廣本宜守作守衛〕以二千人，黄花鎮、白羊口各五百人，且舉鎧、英、忠可用。詔從之，令待報啟行。至是以邊報疊至，鎧等始領兵赴之。

（武宗正德實録卷 137　第 8 頁　137.7.2711）

573　六月壬子　兵科給事中許復禮奏言：順天、永平二府，原無地畝之徵，驗丁派差而已。弘治間都御史洪鍾始奏清查地土，計畝出銀，以爲軍需料價之用。蓋因近京地方遂末優免者多，故爲此通融之許〔按：館本許作計〕。但驗丁派差，行之已久，一旦改易，有司利其兼徵，小民受其重困，但知怨讟而莫知其所由也。昔人不輕變法，亦慮其弊至此。乞查照除豁，不許一概混徵。户部議覆：從之。

（武宗正德實録卷 138　第 1 頁　138.1.2719）

574　六月壬子　命都督僉事張椿操練團營官軍一千人防守居庸關，待報乃發。以撫按奏本關兵少且有警故也。

（武宗正德實録卷 138　第 1 頁　138.1.2719）

575　六月癸丑　選薊州近縣寄養馬六百二十四，兑給原調遼東關〔按：館本關作官〕軍。

（武宗正德實録卷 138　第 1 頁　138.1.2720）

576　六月戊午　給事中等官周文熙等言：蕃牧等衛所食糧者多，中間必有〔按:館本有下有積字〕弊。又御馬監惟騰驤等四衛勇士旗軍有免查之旨，而該監應役永清等衛軍匠並工部盔廠〔校記：舊校删廠字〕、甲廠、軍器局、營繕所、織染所，盧溝橋抽分竹木局、京城宫城諸門、神宫監、供用庫、内承運庫、太僕寺等處應役軍各衛，俱有食糧名數。乞一體清查〔按：館本查作察，廣本抱本作查。是也〕，以昭公平。兵部覆請，不聽。

（武宗正德實録卷 138　第 2 頁　138.2.2721）

577　六月丙子　先是，永清衛軍餘張鶴、武功衛軍匠韓章等聚黨於京城内外爲盗，官司捕之，急逃江淮間，行掠者數歲，復連交河縣人沈漠〔按：館本漠作漢〕至京，改姓，詐充〔按：館本充作稱〕錦衣衛舍人及校尉名目、捝撰旨意云差往浙江等處收買器玩，驛遞皆應付之。至徐州事覺，官司捕獲併得其偽造御寶假關假批之類。奏聞，詔以其情犯深重，令逮捕至京治之。

（武宗正德實録卷 138 第 7 頁 138.6.2729）

578 **六月丙子** 順天府宛平縣民馬成先報中兩淮運司餘鹽一十二萬餘〔校記：廣本無餘字〕引，後因盡絶，奏乞改撥儀真、淮安批驗所餘鹽。户部執奏：引鹽開中，俱有定則，豈可令姦商罔利，沮壞鹽法。請治成罪，以爲奏擾之戒。詔不許，仍令報中。

（武宗正德實録卷 138 第 7 頁 138.6.2730）

579 **七月戊子** 減免霸州及大城、文安、静海三縣葦課有差，以災故也。

（武宗正德實録卷 139 第 2 頁 139.2.2736）

580 **七月乙未** 虜寇白羊口等處。命左都督劉暉仍充總兵官，太監張忠監督軍務，參將桂勇、賈鑑各領西官廳聽征軍，即日啟行。仍令〔按：館本令作命〕遼東千總都指揮段錦充右參將，領原調遼東兵隨暉殺賊。忠所領西官廳官軍一千人並東官廳頭目五百人各賞銀二兩、布二疋，鑑所領一百二十人賞如之。傳旨。令兵部分遣官屬撫安軍民。時邊報亟甚，所在驚潰。諸謁陵者還自昌平，或傳虜已入白羊口，皆策馬而走，老幼扶携相屬於道。

（武宗正德實録卷 139 第 6 頁 139.5.2741）

581 **七月戊戌** 命游擊將軍李琮防禦薊州關口。先是，有旨令兵部選團營兵三千人，置將領操練聽調。兵部以都指揮使李琮名上，詔琮充游擊將軍，待報乃發。至是，始趣赴薊州。

（武宗正德實録卷 139 第 7 頁 139.6.2744）

582 **七月辛丑** 御史盧雍等上言四事：一謂今虜寇深入，將官若劉暉、桂勇等〔按：館本等下有固皆可用，但事專不專，兵力單寡，不足禦方十七字〕張之寇，宜重其委任，仍以原調宣府官軍三千人助之。二謂京師天下根本，宗廟乘輿所在。比者，虜報傳聞，西直門外居民奔入城者數千人。宜命文武大臣分守九門，嚴機查以安人心。三謂武備不振，宜會推文武大臣各一人充總制總兵之任，日詣教場提督操練，並清查隱占私役，辦納月錢，軍士送營操備。四謂爾年出征，權要首以奏帶子姪家人爲務，攘奪首級，人心憤怨。宜重爲之禁，凡奏帶攘功者，以軍法從事，仍究治原奏之人。時給事中黄鍾等言畧與雍同。兵部議請如雍、鍾等言，詔九門仍舊戒嚴，奏帶參隨令張忠約束之。

（武宗正德實録卷 139　第 9 頁　139.7.2746）

583　**七月壬寅**　命都指揮張安領團營官軍千人馳赴白羊口，督指揮馬忠等協力防守。時虜復入青邊口，慮白羊口寡弱故也。

（武宗正德實録卷 139　第 10 頁　139.9.2749）

584　**八月辛亥**　命左都御史彭澤提督東西兩路邊關，署都督同知金輔、都指揮陳珣充游擊將軍，率京營七千餘人防禦虜寇。時猴兒李誘虜衆將南侵，以僧法順者爲間諜，守關卒獲之。巡撫都御史臧鳳以聞。下廷臣議，故有是命。

（武宗正德實録卷 140　第 1 頁　140.1.2755）

585　**八月癸丑**　以旱災免順天、保定、永平、河間四府……州縣、衛所夏税有差。

（武宗正德實録卷 140　第 2 頁　140.2.2757）

586　**八月庚申**　命順天府賑卹宛平縣貧民遭虜殺掠者人米二石，頭畜被掠者家一口〔按：館本口作石〕。

（武宗正德實録卷 140　第 4 頁　140.3.2760）

587　**九月癸未**　命順〔按：館本順作應，廣本抱本作順〕天府府尹王宸致仕，以撫按官言其久病貪冒也。

（武宗正德實録卷 141　第 2 頁　141.2.2775）

588　**九月壬辰**　命團營管操都指揮同知袁傑率其家丁及河間衛舍餘團營官軍各五百人駐通州，聽提督侍郎趙璜調用。

（武宗正德實録卷 141　第 3 頁　141.3.2777）

589 **九月丙申** 朝鮮國王李懌以萬壽聖節遣工曹參判尹熙平等來朝賀，貢馬及方物。賜宴並賞綵段衣服等物有差。

（武宗正德實録卷 141 第 4 頁 141.3.2778）

590 **九月丁酉** 以都指揮同知袁傑分守通州，傑請還團營軍，止留河間軍并家丁，俱給糧餉及行符驗。又請帶錦衣衛旗舍張綱等百餘人自備捕盗。兵部議：團營軍宜還，河間軍亦宜屬之他將，傑諸所請，玩法啟弊，不可許。詔傑仍領河間軍並其家丁，俱給餉〔校記：廣本餉作賞〕，餘已之。

（武宗正德實録卷 141 第 4 頁 141.4.2779）

591 **九月乙巳** 後軍都督府右都督馬昂罷。初，昂女弟美艷，江彬白之上。時已適畢指揮有娠矣，上令中使取之至豹房。以善騎射解胡樂達語，遂得幸，馬氏一門無大小皆賜蟒衣，内庭大璫皆呼昂爲舅，聲勢炫赫，重〔按：館本重作動〕於京師，賜第太平倉東。上嘗從數騎過，飲既酣，召昂妾，昂忤旨，上怒而起，昂懼，乃謝病歸，女弟始疎。

（武宗正德實録卷 141 第 7 頁 141.6.2783）

592 **十月甲寅** 以災傷免直隸順天等四府……税糧子粒有差。

（武宗正德實録卷 142 第 2 頁 142.1.2786）

593 **十月己酉朔** 命南寧伯毛良於五軍營右掖坐營管操。

（武宗正德實録卷 142 第 1 頁 142.1.2785）

594 **十月丙寅** 命整飭保定等府武備。工部左侍郎俞琳還京，右侍郎趙璜仍留順天等府撫卹饑民。

（武宗正德實録卷 142 第 9 頁 142.8.2800）

595 **十月丙寅** 天方國地面使臣賽達黑麻等來貢。賜宴並賞綵幣等物有差。

（武宗正德實録卷 142 第 10 頁 142.8.2800）

596 **十月丙子** 六科十三道皆言……南京刑部右侍郎兼左僉

都御史藍章、順天府府尹胡韶各贓汙有狀，屢經論劾，乞通行罷黜。奏入，俱留之。

（武宗正德實録卷 142　第 13 頁　142.11.2806）

597　十一月己卯　刑科給事中徐之鸞言：邇者，都民争言京師西角頭新設茶酒店房，或云車駕將幸其間〔按：館本間作問〕，或云朝廷實收其利。臣以爲陛下爲天地民物之主，四海之有，熟無其富，乃至競錐刀之利娼嫚之館乎？請亟罷之。不報。

（武宗正德實録卷 143　第 1 頁　143.1.2807）

598　十一月己丑　賞左都督朱寧、工部尚書李燧銀二十兩，紵絲二表裏。侍郎俞琳、劉永銀十兩，紵絲一表裏。郎中趙經、主事孔鳳、千户沈麟皆織金紵絲衣一襲，及所副該吏、旗枝、匠役等四十一員名陞賞〔按：館本賞作賚〕有差，以修理象房畢工也。一役之微而恩賞之濫如此。

（武宗正德實録卷 143　第 3 頁　143.2.2810）

599　十二月己酉　以冬無雪，令順天府官祈禱。

（武宗正德實録卷 144　第 1 頁　144.1.2819）

600　十二月己未　先是，有旨修東西兩路邊關、墩臺〔按：館本臺下有濠字〕塹。都御史臧鳳東路，起山海至居庸；李瓚西路，起紫荆至龍泉。至是訖工。提督軍務都御史彭澤請量加賞。兵部謂：鳳、瓚、屠僑及其餘有勞者宜如澤言。乃賞鳳、瓚、僑各紵絲一表裏，餘令巡按官量賞之。

（武宗正德實録卷 144　第 2 頁　144.2.2821）

601　十二月壬戌　宣府懷來衛地震。

（武宗正德實録卷 144　第 4 頁　144.3.2824）

602　十二月己巳　户部左侍郎楊潭奏：運道自土橋至朝陽門凡四十五里，宜用石舖砌，以便轉輸。給事中石天柱等言：運道之壞，但可隨時修補而已，用石之説，勞費不貲，況今宫寢未成，此所非急，而潭以爲請，妄矣。遂止。

（武宗正德實録卷 144　第 4 頁　144.4.2825）

603　**十二月**　是歲……儹運四百萬石，各處運納一千一百七萬五千六百一十九石八斗四升一合三勺三抄三撮七粟六粒……

（武宗正德實録卷 144　第 7 頁　144.6.2829）

正德十二年（1517）

604　**正月己亥**　賜天方國等處朝貢使臣火者馬黑麻等宴及賞綵段、絹疋等物有差。

（武宗正德實録卷 145　第 7 頁　145.6.2841）

605　**正月甲辰**　清寧宫西小房火。

（武宗正德實録卷 145　第 9 頁　145.8.2845）

606　**二月己巳**　召整〔按：館本整下有飭字〕順天等三府地方武備工部右侍郎兼左都御史趙璜還，以盗息故也。

（武宗正德實録卷 146　第 7 頁　146.7.2858）

607　**二月辛未**　巡按直隸御史王九峯奏：河間府所屬州縣已有旨賑濟，順天、保定、永平三府荒歉亦甚，請發所在倉庫賑濟如河間例。許之。

（武宗正德實録卷 146　第 9 頁　146.7.2860）

608　**三月癸巳**　賜舒芬等進士及第、出身有差。

是日，上騎出北安門，軍校從者纔數人，至順天府大街而還，比夜始傳制。

（武宗正德實録卷 147　第 4 頁　147.4.2871）

609　**三月己亥**　琉球國中山王尚真遣正議大夫陳義等來貢。賜宴給賞如例。

（武宗正德實録卷 147　第 8 頁　147.7.2877）

610　**四月癸丑**　以兵荒免順天、永平、保定、河間四府正德十年以前歲派物料拖欠之數。

（武宗正德實録卷 148　第 2 頁　148.2.2885）

611　**四月甲戌**　　六科給事中石天柱等言：西安門外積慶、鳴玉二坊民居拆毁，老稚轉徙，哀號愁苦之狀，見者垂涕。或謂欲造皇店酒館，或謂義子府第，或謂開設教場。三者固無一可，夫征税商賈，已失先王關市之法，況可營造店房自行商賈之事歟！……不報。

（武宗正德實録卷 148　第 6 頁　148.5.2892）

612　**四月甲戌**　　裕陵神宫監燬於火，奏乞修建，估計工料太多，請裁減。命如本監所估之數給之。

（武宗正德實録卷 148　第 7 頁　148.6.2894）

613　**五月癸未**　　上微行至石經山、湯峪山、玉泉亭，數日乃還。石經山寺朱寧所營建也，窮極壯麗，乃邀上幸焉。

（武宗正德實録卷 149　第 3 頁　149.3.2899）

614　**五月己丑**　　命都指揮僉事時立中守備黄花鎮，帶俸都指揮張鵬守備永昌。

（武宗正德實録卷 149　第 5 頁　149.4.2902）

615　**五月己亥**　　保定府安肅縣大雨雹，平地水深三尺，傷禾稼，民有被擊死者。

（武宗正德實録卷 149　第 9 頁　149.8.2909）

616　**五月己亥**　　夜火隕於都察院獄，旋轉久之始滅。

（武宗正德實録卷 149　第 9 頁　149.8.2909）

617　**五月辛丑**　　命番國進貢並裝貨舶船榷十之二解京，及存留軍餉者俱如舊例勿執。

（武宗正德實録卷 149　第 11 頁　149.9.2911）

618　**六月乙卯**　　命安遠侯柳文防守古北口，署都指揮趙承序防守白羊口，華勳防守黄花鎮。以虜在宣府近邊住牧，沿邊諸堡兵寡故也。

（武宗正德實録卷 150　第 2 頁　150.2.2917）

619　**七月壬辰**　大學士梁儲等言：今年四五月以後，各處水患非常……至若京城内外，順天、河間、真定、保定等府驟雨，又數十年以來所未有者。通州張家灣一帶，彌望皆水，衝壞糧船、漂流皇木不知其幾。……不報。

（武宗正德實録卷 151　第 5 頁　151.4.2930）

620　**八月甲辰朔**　上微服從德勝門出，幸昌平，外廷猶無知者。

（武宗正德實録卷 152　第 1 頁　152.1.2937）

621　**八月戊午**　以災傷停徵順天、保定、淮揚等府及河南、山東十一年拖欠寄養馬匹。

（武宗正德實録卷 152　第 6 頁　152.5.2945）

622　**八月癸亥**　罷古北口、白羊口、黄花鎮防守官軍，以虜退故也。

（武宗正德實録卷 152　第 7 頁　152.6.2948）

623　**八月丙寅**　上復夜出德勝門，趨居庸。

（武宗正德實録卷 152　第 9 頁　152.7.2950）

624　**八月戊辰**　調右軍都督府掌府事會昌侯孫銘中府掌印管事，提督神機營如故。

（武宗正德實録卷 152　第 9 頁　152.8.2951）

625　**八月庚午**　命崇信伯費柱右軍都督府掌印，提督三千營如故。

（武宗正德實録卷 152　第 9 頁　152.8.2951）

626　**十月戊申**　朝鮮國王李懌遣工曹參判孫仲暾等來朝賀。賜宴並賞織金衣、綵段、絹鈔如例。

（武宗正德實録卷 154　第 2 頁　154.2.2970）

627　**十二月戊午**　命靖遠伯王瑾神機營右哨坐營管操。

（武宗正德實録卷 156　第 4 頁　156.3.3002）

628　閏十二月壬申朔　有旨，戒諭京城九門守門官，勿放朝官出城。

（武宗正德實録卷 157　第 1 頁　137.1.3009）

629　閏十二月甲申　大學士楊廷和等言：近日武清、東安等縣、盧溝橋及清和店等處俱有盜賊生發，少則四五十人，多則百餘人，披帶甲盔兵器，擺列馬隊〔按：館本隊作對〕旗號，刼掠村店，燒燬房屋，殺虜人口，搶奪財物。往來公差、内外官員，悉被其害，道路爲之不通。而京城之内，東直門及大時雍等坊，強賊白日剽殺。該部奏請調度軍馬，未奉明旨，難以輒行，恐悮事機……不報。

（武宗正德實録卷 157　第 1 頁　157.1.3009）

630　閏十二月戊戌　朝鮮國王李懌遣陪臣李繼孟等慶賀正旦及貢方物、馬匹。賜宴並賞綵段等物有差。

（武宗正德實録卷 157　第 4 頁　157.4.3015）

631　閏十二月　是歲……儹運四百萬石，各處運納一千一百七萬五千六百一十九石八斗四升一合三勺三抄三撮七粟六粒……

（武宗正德實録卷 157　第 6 頁　157.5.3017）

正德十三年（1518）

632　正月壬寅　佛郎機國差使臣必加丹末等來貢方物，請封並給勘合。廣東鎮撫等官以海南諸番無謂佛郎機者，況使者無本國文書，未可信，乃留其使者以請。下禮部議處。得旨：令諭還國，其方物給與之。

（武宗正德實録卷 158　第 2 頁　158.2.3021）

633　正月壬寅　發通州大運倉糧三萬石並河務鈔關船料銀於順天府〔按：館本無府字〕所屬州縣賑濟。從右副都御史臧鳳請也。

（武宗正德實録卷 158　第 3 頁　158.2.3021）

634　**正月壬寅**　兵部奏：盧溝橋、良鄉、涿州及武清、固安盜賊竊發，請命都御史藏〔按：館本藏作臧〕鳳、李瓚嚴督軍衛有司並兵備分守官往來巡警〔按：館本警作歷〕，併力剿捕。仍責成河間總兵官〔按：館本無官字〕張璽，如縱賊不擒或妄戕平民者，聽各巡撫御史糾舉。且言京城内外米價騰貴，丐食街市，乘機搶奪，宜令錦衣衛旗校及巡捕官軍防察。仍亟降詔旨，凡内一應徵科俱暫停徵。户部查例賑卹，或預支月糧，以平米價。得旨：俱如擬。

兵部言；固安等處強賊，困追捕之急，潛匿京城，恐生他患，宜令緝事衙門訪捕。詔可。仍戒隱匿故縱及窩主鄰家不舉首者，俱重治不宥。

（武宗正德實録卷 158　第 4 頁　158.3.3023）

635　**正月壬寅**　户科給事中李長奏：直隸、山東地方，霪雨潦瀰，五穀絶望。京師流民相屬於道，携妻與〔按：館本鬻與作〕子，僅易斗米，僵屍〔按：館本屍作死〕枕籍，所不忍見。初意皆以京師輻輳之地，可以乞食糊口，既而物價騰貴，遂至此極。乞從權處置，先將已故者埋葬，無令暴露，其羸〔按：館本無其羸二字〕僅存者量給米銀，令各回鄉。户部議覆。上曰：流民情可矜憫〔按：館本憫作憐〕，人給米斗，令各歸其鄉，以聽賑濟，死者官爲瘞之。各巡撫其督有司加意撫卹，毋致失所。

户科左給事中邵錫言：去秋雨水爲災，秋成失望，順天、保定、河間被害尤甚，真定、大名等五郡次之。人民艱食，餓莩盈路，流移不止，盜賊將〔按：館本將作滋〕起，非細故也。陛下垂念，發户部銀兩、德州倉糧，遣郎中二人賑濟，竊恐待哺者衆，所發不足，況供所需，郎中權輕，無督率羣吏。請别遣大臣，增發銀穀，以往其税糧物料仍令例外蠲免，以蘇民困。户部覆議以聞。上曰：畿郡災傷，人民艱窘，實切朕憂。其河間、順天、保定存留糧米，坐派物料，各暫停徵。仍勅大臣一人，率正事二人，分行賑濟，應支錢穀，令議處奏聞。真定等府即合〔按：館本合作令〕巡撫都御史李贊〔校記：贊應作瓚〕、臧鳳督率所司理之。缺牛種者官爲補助，務俾人沾實惠。於是以都察院右僉都御史李鉞督順天府、河間、保定等處。

（武宗正德實録卷 158 第 5 頁 158.4.3026）

636 **正月甲辰** 天方等國番王寫亦把剌克等遣使貢馬、馳梲甫〔按:館本馳梲甫作駝梭甫〕、珊瑚、寶石、魚牙刀等物。詔以蟒龍金織及麝香、金銀器賜之。

（武宗正德實録卷 158 第 6 頁 158.5.3027）

637 **正月癸丑** 命泰寧侯陳儒五軍營右哨管操〔按：館本此條脱誤〕。

（武宗正德實録卷 158 第 10 頁）

638 **正月戊午** 兵部言：京城門禁關係甚重，東直門原撥官軍二百四十二人分班防守，近因添設内臣，役占數多，每班止三十四〔按：館本四作餘〕人，以致盜賊臨門，刼掠少監尹銘財物，射傷奉御劉忠。萬一别有不虞，悮事非輕。宜照舊規，將新添守門官裁革，出役占者守門，以便關防。得旨：守門官見任者存留不動，以後不許添設。

（武宗正德實録卷 158 第 10 頁 158.9.3035）

639 **正月庚申** 太監張欽傳旨：調鎮守薊州總兵官署都督僉事戴欽於延綏，延綏總兵官署都督僉事柳湧於薊州。

（武宗正德實録卷 158 第 11 頁 158.10.3037）

640 **正月辛酉** 黜〔校記:廣本删點字，今查抱本點作黜，疑其下有脱文，俟考〕工科給事中竇明等奏:乾清、坤寧之役，迺今日所甚重而且急者。比聞工部多以營建銀兩挪移别用，内官監因而借土石之工於他役，靡灰麻之費於外廠，臣等不得與聞。乞自今一切不急之工暫且停止，有竊財力以濟私者察舉衆〔按：疑衆爲重之誤〕治。下工部，覆議：請如明等言。得旨：工已興者不必停，物料、軍匠令内外總督官嚴爲禁約。

（武宗正德實録卷 158　第 13 頁　158.11.3040）

641　**二月戊寅**　以災傷免順天、河間、保定等府歲例，料物俱暫停收。

（武宗正德實録卷 159　第 3 頁　159.2.3050）

642　**二月己卯**　慈聖康壽太皇太后崩。

（武宗正德實録卷 159　第 3 頁　159.2.3050）

643　**二月丙申**　禮部上大行慈聖康壽太皇太后尊謚……曰“孝貞莊懿恭靖仁慈欽天輔聖純皇后”。

（武宗正德實録卷 159　第 19 頁　159.16.3077）

644　**三月壬戌**　陞右參將都指揮同知馬永爲都督僉事，充總兵官鎮守薊州〔按：舘本此條脱誤〕。

（武宗正德實録卷 160　第 6 頁）

645　**三月戊辰**　琉球勵〔按：舘本勵作國〕中山王尚真遣長史蔡遷等來朝，貢馬匹、方物。賜宴並賞綵幣等物有差。

（武宗正德實録卷 160　第 8 頁　160.7.3099）

646　**四月丙戌**　以孝貞太皇太后發引，遣定國公徐光祚祭告天地，駙馬都尉游泰告宗廟，新寧伯譚佑告社稷。

給事中華淳、御史李素點視茂陵工役，奏山陵隧道已開，請定梓宮發引日期。不報。

（武宗正德實録卷 161　第 5 頁　161.4.3109）

647　**六月甲戌**　虜入四海冶等處，殺死夜不收二人，虜一人。把總指揮韓輔等以失於瞭望逮問，參將張杲、守備董昇奪俸兩月，太監王隆、劉賓姑宥之，死者卹如例。

（武宗正德實録卷 163　第 3 頁　163.3.3131）

648　**六月己卯**　涿州至蘆溝橋羣盗出没，兵部以提督捕盗將官請發團營兵二千人。以太監張忠、都督朱泰充總兵官，侍郎王憲兼左僉都御史，俱提督軍務，都督同知桂勇、賈鑑充左右參將，俱捕盜。仍令侍郎侯觀兼左都御史，督理軍餉，各巡按史隨軍紀功。泰奏乞參隨百人，勇鑑各八十人。俱許之。

（武宗正德實録卷 163　第 11 頁　163.9.3144）

649　**六月甲申**　梓宮葬茂陵，行遷奠及贈禮，遂題神主。遣工部尚書李燧祭謝后土並天壽山之神。

（武宗正德實録卷 163　第 12 頁　163.10.3146）

650　**六月甲午**　太監魏彬傳旨：調鎮守密雲太監張信於薊州，以太監邢安鎮守密雲，復以參將李清充副總兵。

（武宗正德實録卷 163　第 14 頁　163.11.3148）

651　**六月乙未**　陞順天府府丞張潤爲都察院左僉都御史，整飭薊州兵〔按：館本兵作邊〕備，兼巡撫順天府等處地方。

（武宗正德實録卷 163　第 14 頁　163.12.3149）

652　**七月戊戌朔**　陞分守居庸關指揮同知孫璽爲都指揮僉事，以部下緝獲姦細乞陞故也。

（武宗正德實録卷 164　第 1 頁　164.1.3151）

653　**七月己亥**　太監韋霦傳旨：陞後軍都督府都督僉事白玉爲都督同知。

陞署都指揮使顔愷爲中軍都留守司留守。

（武宗正德實録卷 164　第 1 頁　164.1.3152）

654　**七月壬寅**　陞吏科都給事中黄鍾爲順天府府丞。

（武宗正德實録卷 164　第 5 頁　164.4.3158）

655　**七月壬寅**　發太僕寺寄養馬八十匹給榆河驛，一百匹給薊州、三河守備。時兵役漸繁，馬政益廢，不復拘五年一給之例矣。

（武宗正德實録卷 164　第 9 頁　164.5.3160）

656　**七月丙午**　大典〔按：館本典作興〕縣商人宋璽等乞括淮

浙餘鹽報中，且以疏通鹽利爲辭。户部言：淮浙鹽俱已開賣，别無餘鹽。而壐欲專鹽利，大壞國法，乞下法司究治。詔以十四年餘東等場逃亡，無徵引鹽，許令報中。

（武宗正德實録卷 164　第 12 頁　164.10.3170）

657　**七月丙午**　革密雲兵備副使。從鎮守太監張信奏也。

（武宗正德實録卷 164　第 13 頁　164.11.3172）

658　**七月丁未**　上度居庸關，歷懷來、保安諸城堡，遂駐蹕宣府。初，江彬勸上於宣府治行宫，越歲乃成，縻費不可勝計。復輦豹房所貯諸珍玩及巡遊所收婦女實其中，上甚樂焉……

（武宗正德實録卷 164　第 13 頁　164.11.3172）

659　**八月戊寅**　鎮守薊州總兵馬永奏：虜入沙坡、根木谷等寨，殺夜不收七人，殺二十七人，虜居民四十三人。千户張鉞等俱哨備不謹，而守備太監徐順、蔣廷玉、劉保、谷敖、李琛、高柰，參將李英、季英、夏仁皆失防禦，宜究治。李英、徐順等姑宥之，張鉞等逮治〔校記：廣本治作問〕。

（武宗正德實録卷 165　第 5 頁　165.4.3196）

660　**八月丙戌**　重修獻陵明樓。

（武宗正德實録卷 165　第 7 頁　165.6.3199）

661　**八月甲午**　孝貞太皇太后山陵成，遣駙馬都尉游泰、崔元、林岳分祭長陵、獻陵、景陵、裕陵、茂陵、泰陵，工部侍郎劉永祭天壽山。

（武宗正德實録卷 165　第 10 頁　165.8.3204）

662　**九月庚戌**　致仕南京户部尚書林泮卒。泮字用養，福建閩縣人，成化八年進士，任……順天府尹，户部右侍郎，提督京倉。正德三年陞南京户部尚書，尋有旨勒令致仕，時逆瑾方横，諸大臣不附己者多從中罷，甚或繩之以法，在廷惴惴。泮得致仕，免於禍。……泮之所居燬於火，不能復創，及歸無所於處，寓僧寺及先賢書院者數年，至是卒。

（武宗正德實録卷166　第3頁　166.2.3210）

663　**九月癸丑**　陞順天府府尹胡詔爲刑部右侍郎。

（武宗正德實録卷166　第6頁　166.5.3215）

664　**九月癸亥**　朝鮮國王遣陪臣吏曹參判方有寧等賀萬壽聖節。賜宴並賞綵段等物有差。

（武宗正德實録卷166　第13頁　166.11.3227）

665　**十月戊辰**　上渡黄河。

（武宗正德實録卷167　第1頁　167.1.3229）

666　**十月壬申**　朝鮮國王李懌差陪臣方有〔按：有下疑佚寧字〕等貢方物、馬匹賀萬壽聖節。賜宴並賞金織衣、綵段等物有差。

（武宗正德實録卷167　第1頁　167.1.3230）

667　**十月己卯**　上駐蹕榆林。

（武宗正德實録卷167　第4頁　167.3.3234）

668　**十月乙未**　户部右侍郎致仕張遇卒。遇河南項城縣人，成化甲辰進士，初授山西潞城縣知縣……轉順天府府尹，陞工部右侍郎，總理易州山廠。遇庸鄙無才能而善緣勢，在山廠侵牟無厭，御史上其狀。

（武宗正德實録卷167　第9頁　167.8.3243）

669　**十一月庚子**　以火牌調西官廳勇士四衛二營馬隊官軍勇士六千二百六十八人，馬六千五百七十二匹赴宣大按伏，復以火牌徵太監甘清、高忠、少監李漢，柳〔按：館本柳下有進字〕等九十一人赴延綏，其家人匠役三百八十餘人皆給傳以行。上駐北邊，凡所徵發，皆遣夜不收持火牌下所司施行。蓋循用邊師之體，後遂以爲常云。

（武宗正德實録卷168　第3頁　168.3.3249）

670　**十一月甲辰**　朝鮮國王李懌差陪臣南衮等貢方物、馬匹，請改正會興〔按：館本興作典〕所載宗系。賜金織衣、綵段等物有差。

（武宗正德實録卷 168　第 4 頁　168.3.3250）

671　**十一月壬戌**　　陞河南布政使童瑞爲順天府府尹。

（武宗正德實録卷 168　第 8 頁　168.7.3257）

672　**十二月戊寅**　　上自榆林歷米脂、綏德渡河幸石州、文水諸州縣。

（武宗正德實録卷 169　第 3 頁　169.2.3268）

673　**十二月戊子**　　上駐蹕太原。

（武宗正德實録卷 169　第 5 頁　169.4.3271）

674　**十二月**　　是歲……儹運四百萬石，各處運納一千一百七萬五千六百一十九石八斗四升。

（武宗正德實録卷 169　第 11 頁　169.9.3282）

正德十四年（1519）

675　**正月癸卯**　　駙馬都尉馬誠卒。誠以成化癸巳選尚宜興大長公主，凡三持節册封韓、吉、代府，兩奉命祭告〔按：館本告下有皇陵二字〕孝陵，至是，以正旦節歸自謁陵感寒〔按：館本寒作傷〕得病卒。詔賜棺殮齋糧麻布。公主薨於甲戌春，賜葬宛平京西鄉。誠合葬，官爲治營〔按：館本營作塋〕。子四人。

（武宗正德實録卷 170　第 1 頁　170.1.3283）

676　**二月乙丑朔**　　上留宣府。

（武宗正德實録卷 171　第 1 頁　171.1.3289）

677　**二月丁卯**　　傳旨：西官廳監督平虜伯朱彬令同新寧伯譚祐〔校記：廣本祐作佑〕等提督十二團營。左都督神周、都督僉事李琮同安邊伯朱泰等、西官廳監督署都督同知李隆代琮坐右營，山西行都司都指揮僉事潘浩代周坐勇士營，都指揮僉事林寬代隆坐四衛營，俱管操，仍賜以勅。六科十三道疏言：國家推舉團營將令，自有成法，彬起邊塞，寵用太過。周、浩、寬皆嘗失事者，蒙宥以爲厚幸，今復任用，誠非所宜。皆不報。

（武宗正德實録卷 171　第 1 頁　171.1.3289）

678　**二月壬申**　上自宣府還京。

（武宗正德實録卷 171　第 2 頁　171.2.3291）

679　**二月丁丑**　是日辰時京師地震、風霾，至次日乃息。

（武宗正德實録卷 171　第 4 頁　171.3.3294）

680　**二月己卯**　初，高麗國王王氏，洪武間遇殺而絶，陪臣李仁人擅立僞〔按：館本僞作爲〕姓，凡幾易矣。國人得王氏裔瑶立之，瑶復昏亂，衆推門下侍郎李成桂主國事，且請於朝。詔許之，改名旦，令徙居漢城，更號“朝鮮”。成桂與仁人本異族，永樂間降祭海嶽祝文，稱成桂爲仁人嗣，而《祖訓》條章亦載仁人及子成桂今名旦者，成〔按：館本成下有桂字〕子芳遠奏辯，太宗許令改正。近所修《大明會典》，復注祖訓，於朝鮮國下且云李氏連弑四王，貢使市以歸。國王李懌上疏，備陳世系本末及四王始終，無弑逆迹，乞爲改正。下禮部，議：以《會典》一書詳載我朝制度，其事關外國是非嫌疑之間，皆在所略。況成桂之得國，出皇祖之命，其不繫仁人後，又有太宗明詔可徵，宜從其請。詔可，且嘉其誠孝，賜勅諭之。

（武宗正德實録卷 171　第 4 頁　171.4.3295）

681　**二月壬午**　先是，近京盜發，命左都督朱泰、兵部右侍郎王憲捕之。至是，以盜賊稍息，請命別給以勅。詔以北直隸等處提督捕盜。

（武宗正德實録卷 171　第 6 頁　171.5.3298）

682　**二月丙戌**　司禮監太監蕭敬傳旨：左都督劉暉令同安邊伯朱泰等團營西官廳監督管操。

又傳旨：御馬監太監張欽、陳禄、佛保同太監張增等監督勇士四衛營，提督團營。御馬監太監孫和同太監張永把總神機營。

御馬監太監蕭永，張玉同太監谷大用提督勇士四衛營。

（武宗正德實録卷 171　第 9 頁　171.7.3302）

683　**三月丙戌**　改巡撫宣府左副〔按：舘本無副字〕都御史劉達整飭薊州等處兵備，兼巡撫順天等府地方。

（武宗正德實録卷 171　第 9 頁　171.7.3302）

684　**三月丁酉**　傳旨：令内官監太監李彬管神機營中軍二司並練武營。

（武宗正德實録卷 172　第 1 頁　172.1.3314）

685　**三月己亥**　准宛平縣商人龔俸等報中。兩淮運司存積常股殘鹽三十餘萬行，仍令就便收買，不次秤掣。前此已准張安報中、後又准具〔按：舘本具作貝〕林、張春、蕭儒等。户科、户部執奏皆不從，鹽法於是盡廢矣。

（武宗正德實録卷 172　第 3 頁　172.3.3317）

986　**三月辛丑**　長寧伯周瑭卒，瑭順天府昌平州人，孝肅太皇太后之姪也。父彧，以外戚封伯，彧卒，瑭時爲錦衣衛指揮使，襲父爵，至是卒。

（武宗正德實録卷 172　第 6 頁　172.5.3321）

687　**三月乙巳**　修迎翠、昭和、崇智、光霽諸殿。先是，内官監太監劉養奏請修理，得旨：令工部措置工直。工部執奏，乾清、坤寧大工未完，宜暫停此役。弗聽。

（武宗正德實録卷 172　第 7 頁　172.6.3324）

688　**三月丁未**　太監温祥傳旨：以御馬監太監田春監督勇士四衛營。

（武宗正德實録卷 172　第 10 頁　172.9.3329）

689　**三月辛亥**　先是，禮科都給事中邢寰奏：歲貢出身者入仕太遲，多至衰老，乞增其數以疏通之。禮部覆奏：請如弘治九年例，倍增順天、應天二府四年許貢十二名，其餘府學每年貢二名，州學四年貢六名，縣學衛學貢一名。以明年爲始，至十八年而止。詔從之。

（武宗正德實録卷 172　第 12 頁　172.10.3331）

690　**四月癸酉**　太監韋霦傳旨：居庸關密邇京師，東西二路墩堡空缺，可增立者，兵部亟議處以聞。

（武宗正德實録卷 173　第 3 頁　173.2.3352）

691　**四月辛巳**　命都督朱洪領團營西官廳左營提督東路山海等關，都督朱暉領右營提督西路居庸等關，俱充總兵官。初，提督軍務太監張忠奏稱：居庸、倒馬、紫荆等關，黄花鎮、密雲、薊州等處俱要害，乞别委官提督，以防意外之虞。兵部議：各關鎮既設都御史總兵〔按：館本兵下有副總兵三字〕矣，復有提督，勢難統束，莫若簡命總兵官操練京營人馬，俟宣大有警乃發。既而復命洪等量帶官軍於原擬關隘來往防守。

（武宗正德實録卷 173　第 5 頁　173.4.3356）

692　**四月丁亥**　薊州豐潤縣及永平府〔按：館本府下有俱字〕地震。

（武宗正德實録卷 173　第 6 頁　173.5.3358）

693　**五月乙巳**　浙江定海縣獲朝鮮國夷人玄繼亨等十四人於丹山島中，守臣送至京師，詔給以衣糧遣還國。

（武宗正德實録卷 174　第 4 頁　174.3.3366）

694　**六月辛巳**　以修太素殿成，遣内官祭司土之神。

（武宗正德實録卷 175　第 14 頁　175.12.3399）

695　**六月甲申**　朝鮮國王李懌遣部臣工曹判書金克愊貢馬並方物謝恩。賜金織衣綵段等物有差。

（武宗正德實録卷 175　第 15 頁　175.12.3400）

696　**七月壬辰朔**　東安縣民張資嘗捕賊首申窯頭等，其黨讎之，因刼其家資。訴於兵部。事聞，詔提督捕盗安邊伯朱泰同太監張忠等量撥官軍擒捕，有司故縱隱匿者，令巡撫御史究治。時泰等方以盗寧受賞蔭，而賊黨肆掠如故，其隱蔽不實類此。

（武宗正德實録卷 176　第 1 頁　176.1.3407）

697　八月丙寅　　命錦衣衛署都指揮僉事葉鳳儀充右參將分守燕河營等處地方。

（武宗正德實録卷 177　第 2 頁　177.2.3445）

698　八月癸酉　　以營建乾清、坤寧二宮定磉，勅〔按：館本勅下有蔭字〕總理提督御用監太監張永、提督官校辦事御馬監太監張鋭、提督内官監太監劉養、御馬監太監孫和、新寧伯譚祐、平虜伯朱彬、兵部尚書王瓊、工部尚書李燧、左都督朱寧及司禮監太監谷大用、蕭敬、魏彬、温祥、賴義、秦文、張欽、韋霦、張淮、李英子姪各二人爲錦衣衛世襲正千户。管理内官監太監閻清、傅平、劉祥、劉永、趙俊、王鋭、班浩、汪俊、趙鋭、崔文、王富，點閘工程兼管物料太監温璽、周永弟姪各一人爲錦衣衛世襲總旗。於是兵部擬：加廕劉養姪正千户欽孫和姪千户宜俱爲都指揮同知，朱彬子總旗然爲指揮同知，譚祐子百户綱爲指揮僉事，朱寧子都指揮永安爲右都督，蕭敬姪孫傳、温祥姪宣、魏彬姪孫鎮俱總旗，亦加爲指揮同知。李英外孫趙鈺、張欽表姪李賢、韋霦甥温宣俱冠帶舍人，加爲指揮僉事。温璽姪百户澤爲正千户，趙鋭弟所鎮撫銘、崔文姪冠帶總旗玉俱副千户，趙俊兄指揮同知仲良爲都指揮僉事，劉祥姪指揮雄爲指揮使，王鋭僕冠帶舍人，周清爲副千户，閻清姪安、班浩姪永、王富姪縉、周永姪鋭、傅平姪剛、劉永弟宣、汪俊姪雄俱冠帶舍人，加爲百户。俱許之。

（武宗正德實録卷 177　第 7 頁　177.6.3453）

699　八月癸酉　　以營乾清、坤寧二宮定磉，勅廕大學士楊廷和、梁儲、蔣冕、毛紀子姪各一人爲錦衣衛，世襲正千户、廷和等辭曰……不允。

（武宗正德實録卷 177　第 7 頁　177.6.3453）

700　八月庚辰　　太監蕭敬等傳旨：朕今南征，皇城四門遣内外大臣各一人關防出入，以遏姦宄。正陽等九門，團營摘發内外坐營並文職官各一人、官軍一千人分番防守，以備不虞。

又傳旨：都城九門、皇城四門、蘆溝等橋、居庸等關，恐有窺伺姦細，即遣將官增兵備禦。

又傳旨：諭團營西官廳提督坐營官，每遇操期，約束軍士，各要遵守軍法，習演武藝，不許虚應故事。又諭都城九門守門備禦内外官軍，其申嚴門禁，早晚啟閉，出入盤詰，務倍加謹慎，以察姦宄。又諭鎮國府官軍並守門守藏者，各宜遵守軍法，小心安分，凡有在府出入之務，嚴謹關防，盤詰詐僞。有誤事者，重治不宥。

（武宗正德實録卷 177　第 10 頁　177.8.3458）

701　**八月辛巳**　重建武功坊及玉河橋東坊。武功以火燬，東坊以歲久傾壞也。

（武宗正德實録卷 177　第 12 頁　177.10.3462）

702　**八月癸未**　上發京師。

（武宗正德實録卷 177　第 13 頁　177.11.3464）

703　**八月丁亥**　上至涿州，留太監張忠私第，時都御史王守仁平宸濠之奏已至，上決意南幸，忠及太監張永、都督江彬、許泰等各以兵從，欲掩爲己功，於是留仁之疏不下。

（武宗正德實録卷 177　第 15 頁　177.13.3467）

704　**九月壬辰朔**　上駐蹕保定，張宴於府堂。

（武宗正德實録卷 178　第 1 頁　178.1.3471）

705　**九月壬辰朔**　命駙馬都尉蔡震守端門，崔元承天門，魏國公徐鵬舉北安門，鎮安伯魏英東安門，永清伯谷大亮西安門，安定伯張容東長安門，鎮平伯陸永西長安門，英國公張崙正陽門，遂安伯陳鏸崇文門，安鄉伯張坤宣武門，恭順侯吴世興朝陽門，都督僉事朱□〔按：館本□作鏞〕東直門，李瑾安定門，都指揮僉事黄鎮德勝門，詹冕西直門，襄城伯李全禮阜城門。正陽等九門仍以文職大臣一人、官軍千人、把總官四人兩班防守，時南征既數日矣，乃有是命。

（武宗正德實録卷178 第1頁 178.1.3471）

706 **九月丙午** 順天府昌平州、宣府、開平等衛俱地震。

（武宗正德實録卷178 第3頁 178.3.3475）

707 **九月丁未** 直隸隆慶州等處地震。

（武宗正德實録卷178 第4頁 178.3.3476）

708 **十月甲子** 賞朝鮮國使臣吏曹参判朴榮等綵段、絹疋並衣服有差。

（武宗正德實録卷179 第2頁 179.2.3487）

709 **十月戊寅** 録霸州平口地方功賞獲功官軍人等綵段、銀兩、絹布鈔有差。

（武宗正德實録卷179 第4頁 179.3.3490）

710 **十月甲申** 陞監察御史王堯封爲順天府府丞。

（武宗正德實録卷179 第5頁 179.5.3493）

711 **十月甲申** 撒馬兒罕地面番王可重速壇等遣使臣把好丁等貢馬及方物。賜綵段、絹匹等物有差。

（武宗正德實録卷179 第7頁 179.6.3495）

712 **十二月癸亥** 以災傷免直隸隆慶州及宣府蔚州等衛所城堡屯糧有差。

（武宗正德實録卷181 第1頁 181.1.3506）

713 **十二月壬申** 以水災免順天、河間、永平、保定四府所屬五十二州縣及天津三衛糧草有差。

（武宗正德實録卷181 第5頁 181.4.3512）

714 **十二月壬午** 遵化縣地震，聲如雷。

（武宗正德實録卷181 第8頁 181.6.3516）

715 **十二月** 是歲……儹運四百萬石，各處運納一千一百七萬五千六百一十九石八斗四升一合三勺三抄三撮七粟六粒。

（武宗正德實録卷 181　第 8 頁　181.7.3517））

正德十五年（1520）

716　正月庚寅朔　工部奏：浣衣局寄養幼女甚衆，歲用柴炭至十六萬斤，宜增給。許之。時諸近倖多以幼女爲獻，又累年巡幸所過，閲選民間婦女載歸者，皆留浣衣局，至不能容，饔飧不繼，日有死者，上亦不問也。

（武宗正德實録卷 182　第 1 頁　182.1.3521）

717　正月戊戌　朝鮮國李懌遣陪臣禮曹參判金洗弼等貢方物及馬賀正旦節。賜宴並賞金織文綺、鈔錠如例。

（武宗正德實録卷 182　第 3 頁　182.2.3524）

718　二月戊辰　防守白羊口都督僉事張椿以疾乞歸。許之。

（武宗正德實録卷 183　第 3 頁　183.2.3536）

719　四月庚申　命修太廟前後殿、兩廡、神庫、神厨及社稷壇殿、以歲久損壞也。

（武宗正德實録卷 185　第 1 頁　185.1.3547）

720　四月己巳　琉球國中山王尚真遣長史金良等貢馬及方物。賜宴並賞綵幣鈔如例。

（武宗正德實録卷 185　第 2 頁　185.1.3548）

721　六月壬午　先是，户部尚書楊潭等言，冗食日增，京通二倉之積今僅足兩年支用。有旨，下兵部議革。至是奏：錦衣及燕山等十七衛新添軍匠四萬一千三百九十四人及雜役一萬三人，俱當革。詔仍舊。

（武宗正德實録卷 187　第 6 頁　187.5.3567）

722　七月壬丑　開中兩淮鹽課十五萬引於薊州，召商輸納糧草。

（武宗正德實録卷 188　第 6 頁　188.5.3579）

723　八月丙辰朔　朝鮮國王李懌遣陪臣吏曹判書甲鐙等來朝，貢方物馬匹。賜宴並賞金織衣綵段等物有差。

（武宗正德實録卷 189　第 1 頁　189.1.3583）

724　八月丙辰朔　户科給事中曹懷言：京通二倉實在米僅六百餘萬，不足給二年之用，又今起運地方水旱變逆，困於供億，到纔二十餘萬。若不早爲之處，一旦糧盡，京師何以取給？謹以六事上請。一罷傳奉。文職如鴻臚寺、太醫院、文思院並各局等官，武職如錦衣衛指揮千百户以至總旗，凡有傳奉出身者，乞通行查革。二去投充。京城内外無籍之徒，投入勢家，假名勇士，一家或至三四百名，每月支米一石，費耗國儲，及班匠厨役增添多非舊額，乞清查禁革。三查冒功。近年各邊奏帶報功，足多未履行陣，甚至同日而兩處獲捷，濫冒陞賞，乞辨别〔按：館本辨别作别辨〕真僞。四革漕債。近漕政日弛，多由權要之家取〔校記：廣本取作收〕放私債，勒逼逃竄。乞令運官從實開報查革，不許擾害官軍。五重鹽法。往者商人開報，挨次稱掣，供邊之餘又有餘鹽銀兩解部。近年利歸權門，每每違例奏討，越次開中。乞通行各運司衙門，申明舊例施行。六嚴邊儲。近者勢要之家召納糧草，多詭名上報，冒領價銀。乞通行撫按衙門查實參奏。不報。

（武宗正德實録卷 189　第 1 頁　189.1.3584）

725　八月丁卯　監察御史朱裳奏言：近年學校生儒多尚文藝，不以德行爲重，而取之教之者亦然，遂使心術壞於未仕之時，氣節喪於出仕之日。乞令提學官考試官兼取德行文藝各立五等，定爲陞降之法，仍令所司修社學、選教讀，以求實效。禮部覆議〔校記：廣本覆議作議覆〕：學校之教，以德行爲先，而經義治事亦不可緩，故太祖高皇帝首立學校，令各治一經，以《禮》《樂》《書》《算》分科立教，蓋倣宋儒胡瑗經義治事之意，後立社學、頒禁例，勑之卧碑。至天順中，賜提學官勑諭，教條詳密，其取人則立三等簿，以德行經義治事，相兼考驗，而尤以德行爲重。近者，有司多不能仰承德意，恪守成規，失其所以爲教，以致士鮮知學，而取人或但以文詞爲主。中材以下，學無本原，一入仕途，輒見敗壞。宜如震奏，令提學官一遵累朝教典，仍置三等簿考驗及社學教讀一一敦行，無事虛文，則效用多賢而有補聖治矣。詔可。

（武宗正德實録卷 189　第 4 頁　189.3.3588）

726　**八月己巳**　虜駐宣府西路把兒墩、朵鑾觜、牛心山，各連營三四十〔校記：廣本無十字〕里。兵部議：以都督欲〔按：館本欲作部〕永軍居庸關，參將楊玉軍昌平，都督朱洪軍黄花鎮，相機防禦。仍令宣城伯衛錞、南寧〔按：館本寧下有伯字〕毛良、都督陳義各坐營領操。先發義營一千人同都御史李瓚守白羊口，其十一營各選兵三千人及三大營兵俱聽太監孫和、尚書王瓊調用。從之。

（武宗正德實録卷 189　第 5 頁　189.4.3590）

727　**八月甲申**　兵部言：乾清、坤寧二宫、上苑林、海子、浣衣局、獻陵明樓、迎翠、昭和、崇智、光霽殿等等，俱發團營官軍赴役至萬人。今宣府有警，請發還本營操練，以三大營軍代之。繼今有違例奏請者，聽本部及該科劾究。詔：役於宫殿者皆勿罷。

（武宗正德實録卷 189　第 8 頁　189.7.3595）

728　**閏八月庚寅**　占城國遣蕃使頭目通事番稍、王叔沙没底大等朝貢。賜宴，賞綵段諸物有差。

（武宗正德實録卷 190　第 1 頁　190.1.3597）

729　**九月丙寅**　修理獻陵明樓成。

（武宗正德實録卷 191　第 1 頁　191.1.3602）

730　**九月丁卯**　以水災免順天、永平、保定、河間四府所屬州縣夏税有差。

（武宗正德實録卷 191 第 1 頁 191.1.3602）

731 **九月壬午** 賞朝鮮國王李懌差來陪臣工曹參判等官吴堡等衣服、綵段有差。

（武宗正德實録卷 191 第 3 頁 191.3.3605）

732 **九月甲申** 右僉都御史巡撫遼東張綸卒。綸字汝誠，大寧前衛籍，順天府平谷縣人。弘治己未進士，授户部主事，丁憂服闋，改刑部，陞員外郎，中改監察御史，陞太僕寺少卿，右僉都御史巡撫大同……綸爲人精敏機警，正德初，逆瑾用事，改御史，查盤山西倉庫錢糧，專事苛察以希合瑾意，遂歷陞僉都御史。瑾敗，兩官科道官交章劾其助瑾爲虐，交結納賄驟遷，士論鄙之。

（武宗正德實録卷 191 第 5 頁 191.4.3608）

733 **十月庚戌** 上至通州。兵部尚書王瓊往迎見。瓊亦與宸濠交通者，時京師喧傳有旨收吏部尚書陸完及瓊。二家懼，每夜以私藏散寄之隣舊，及上將還，瓊假公務以往，因求捄於江彬，事得釋，未幾彬引薦，遂代完位。

（武宗正德實録卷 192 第 1 頁 192.1.3610）

734 **十一月庚申** 執太監商忠、杜裕、少監盧明、秦用、趙秀、錦衣衛都指揮薛璽、指揮陳善、監察御史張鰲山、河南右布政使林正茂等俱下錦衣衛獄。先是，司禮監太監張雄、東厰太監張鋭嬖幸用事，宸濠欲結内焉。

（武宗正德實録卷 193 第 2 頁 193.1.3614）

735 **十一月辛未** 是夜北安門有火者二人縋皇牆而下，守衛官校獲之，以聞。詔付鎮撫司鞫治。

（武宗正德實録卷 193 第 4 頁 193.3.3618）

736 **十一月壬申** 命署都督同知陳義揚威營坐營管操，仍於白羊口防守。

（武宗正德實録卷 193　第 5 頁　193.5.3621）

737　**十一月丁丑**　太監魏彬傳旨：令五府、六部、都察院、通政司、大理寺、鴻臚寺、錦衣衛、六科、十三道每衙門止留佐貳官一員在京，其餘並内閣皇親公侯駙馬伯俱赴行在。時上久駐於外，京師洶洶，傳言江彬欲爲變，及聞盡召諸大臣，人情益懼。

（武宗正德實録卷 193　第 6 頁　193.5.3622）

738　**十二月己亥朔**　以太監金義、陳浩充正副使封朝鮮國王李懌嫡長子峼爲世子，仍以文綺四襲賜之。

（武宗正德實録卷 194　第 1 頁　194.1.3628）

739　**十二月己丑**　佛郎〔按:館本郎作朗〕機前此未通中國，近歲吞併滿剌加，逐其國王，遣使進貢。因請詔許來京，其留候懷遠驛者遂略〔校記：廣本略作掠〕買人口，蓋房丘〔按：館本丘作立〕寨爲久居，滿剌加亦嘗具奏求救，朝廷未有處也。會監察御史丘道隆言：滿剌加朝貢，詔封之國，而佛郎機併之，且啗我於利，邀求封賞，於義決不可聽。請卻其貢獻，明示順逆，遂使歸還滿剌加疆土之後方許朝貢。脱或執迷不悛，雖外夷不煩兵力，亦必檄召許〔按:館本許作諸〕夷聲罪致討，庶幾大義以明。御史何鰲亦言：佛郎機最號兇詐，兵器比諸夷獨精，前年駕大舶突進廣東省下，銃砲之聲震動城廊，留驛者違禁交通，至京者桀驁爭長。今聽其私舶往來交易，勢必至於争鬬而殺傷，南方之禍殆無極矣。且祖宗時四夷來貢，皆有年限，備倭官員，防截甚嚴。間有番舶，詭稱遭風飄泊欲圖貿易者，亦必覈實具奏，抽分如例……詔如〔按：館本詔下有悉字、廣本如下有所字〕議行之。

（武宗正德實録卷 194　第 3 頁　194.2.3630）

740　**十二月庚子**　罷皇城四門、京城九門防守内外大臣。

（武宗正德實録卷 194　第 6 頁　194.5.3636）

741　**十二月辛丑**　占城國王沙古卜洛差王叔沙没底大並正副使沙鉢脱那辦等進貢，謝册封恩。各賜冠帶有差。

（武宗正德實録卷 194　第 7 頁　194.6.3637）

742　**十二月壬寅**　朝鮮國王李懌差陪臣户曹參判黄琛等進方物馬匹，賀明年正旦節。賜宴給賞如例。

（武宗正德實録卷 194　第 7 頁　194.6.3637）

743　**十二月**　是歲……儹運四百萬石，各處運納一千一百七萬五千六百一十九石八斗四升一合三勺三抄三撮七粟六粒。

（武宗正德實録卷 194　第 9 頁　194.8.3641）

正德十六年（1521）

744　**正月辛酉**　朝鮮國王李懌差陪臣户曹參判黄琛等以方物馬匹賀正旦。賜宴並賞衣服綵段有差。

（武宗正德實録卷 195　第 2 頁　195.2.3647）

745　**正月甲戌**　命兵部尚書王憲提督團營。

（武宗正德實録卷 195　第 5 頁　195.5.3653）

746　**二月甲午朔**　朝鮮國王李懌差陪臣户曹參判黄琛以方物、馬匹來賀正旦。賜宴給賞如例。

（武宗正德實録卷 196　第 1 頁　196.1.3659）

747　**二月丙戌**　陞指揮同知張楠爲署都指揮僉事，守備黄花鎮。指揮使蕭瑾爲署都指揮僉事。守備永平。

命指揮僉事趙綱守備浮圖峪，以都指揮體統行事。

（武宗正德實録卷　196　第 1 頁　196.1.3660）

748　**二月丁亥**　命指揮僉事劉勤爲署都指揮僉事充右參將。分守馬蘭峪地方。

命襄城伯李全禮、右軍都督府僉書宣城伯衛錞坐果勇營管操。

（武宗正德實録卷 196　第 2 頁　196.2.3661）

749　**二月辛卯**　陞指揮使王璽爲署都指揮僉事守備天壽山。

（武宗正德實録卷 196　第 4 頁　196.3.3664）

750　**二月辛卯**　交阯歸順士官陳復宗孫一麟援例乞送順天府學食廪讀書。從之。

（武宗正德實録卷 196　第 4 頁　196.3.3664）

751　**二月丙申**　命都督僉事張椿於三千營坐司管操。

（武宗正德實録卷 196　第 6 頁　196.5.3667）

752　**二月戊戌**　兵部奏：通州、永平、保定等處盜賊時發，有司不以聞，恐日久滋蔓，請命各巡撫都御史督捕並申嚴隱蔽賊情之禁。報可。

（武宗正德實録卷 196　第 6 頁　196.5.3668）

753　**二月辛丑**　命太監金義充正使，齎勅賜朝鮮國王妃及養老王妃並世子銀兩、紵絲、蟒衣，王寶石帶。

（武宗正德實録卷 196　第 7 頁　196.6.3669）

754　**三月戊午**　羣盜掠通州及武清，順天府通判楊承祺督兵與戰被傷。事聞，詔停分守指揮周召、巡捕指揮王瑾俸，令巡捕及兵備捕盜等官選兵剿滅之，有功者如例陞賞。若過期不獲，巡按御史劾奏，各軍衛有司掌印巡捕官俱逮訊。

（武宗正德實録卷 197　第 3 頁　197.2.3676）

755　**三月庚申**　傳旨：改團營西官廳爲威武團〔按：舘本團下有練字〕營，以西官廳監督太監張忠、安邊伯朱泰、平虜伯朱彬、都督朱洪、朱暉、朱周、朱琮俱提督團營教場與威武團練營，操練人馬令別闢團營教場。於是六科給事中汪玄錫、十三道御史張仲賢等言：別闢教場，拓地則不免侵民之廬墓，興工則不免費官之財力。且威武團營既爲陛下自將而設，則泰等不過奔走麾下，乃概加提督之多〔按：舘本多作名〕不幾於僭乎？兵部亦執奏：永樂間設立五軍、三千、神機三營，至景泰間於三營内選精鋭堪戰者立團營，專備征調，其法最便。至正德九年，又於團營内選其尤精鋭者操練於本營西官廳，餘照舊隨營操演。二者初不相妨，今欲改團營爲威武團練營而移團營於他處，臣恐鳩工聚財，動淹歲月。見今外衛春班官軍陸續赴操，寄頓無所，操演必廢。況乾清、坤寧大工未完，財力俱竭，勢難兼濟。伏望追寢成命。上不聽，命團營官軍暫即五軍營教場操演，團營教場所司亟相度以聞。

（武宗正德實録卷 197　第 3 頁　197.2.3676）

756　三月丙寅　　上崩於豹房。

是日又傳遺旨：令太監張永、武定侯郭勳、安邊伯朱泰、尚書王憲選各營馬步官軍防守皇城四門、京城九門及草橋、蘆溝橋等處。東廠錦衣衛緝事衙門及五城巡視御史各督所屬巡邏，毋得怠玩。

又傳遺旨：豹房侍從官軍勞苦，令永、勳、泰、憲提督統令加意撫卹。罷威武團練營官軍還營，各邊〔按：館本邊下有及字〕保定官軍還鎮。革各處皇店。官校並軍門辦事官旗校尉各還衛，其各邊鎮守太監留京者亦遣之。哈密及土魯番佛郎機國等處進貢夷人俱給賞，令還國。豹房番僧、少林寺和尚各處隨帶□〔按：館本□作匠〕役水手及教坊司人、南京馬快舡非常例者俱放遣。以上數事，雖奉上遺旨，實内閣輔臣請於太后而行者，皆中外素稱不便，故釐革最先云。

（武宗正德實録卷 197　第 5 頁　197.4.3680）

757　三月庚午　　皇太后懿旨：下江彬、神周、李琮於獄。彬擁兵侍豹房，上晏駕，后既散遣邊兵，彬與諸子所從家卒尚衆，中外洶洶，慮彬〔按：館本彬作其〕爲變，會司禮監官與内閣集文華殿爲上寫銘旌，大學士楊廷和、蔣冕乘間言於太監魏彬、温祥等謂，彬罪滔天，不可容。彬與江彬有連，然恐其爲己累，亦強從之，祥乃言，當請於太后，遂與其同官往請。得旨，其謀乃定。是日坤寧上脊吻，遣彬與工部尚書李燧行禮，彬吉服早入，家衆不得隨，祭畢彬欲出，太監張永〔按：舘本永下有頗字〕知其謀，乃留彬、燧共飯於宮中〔按：舘本中作外〕，蓋亦欲以計擒之也。俄頃，太后有旨，收彬及周、琮。收者未至，彬已微覺，疾趨北安門，出長隨十餘人追及執之，拔其鬚幾盡，城中觀者塞衢，歡聲如沸〔按：舘本沸作雷〕。

（武宗正德實録卷 197　第 8 頁　197.7.3685）

758　三月壬申　　司禮監太監魏彬〔按：舘本禮下無監字，魏彬作温祥〕、内官監太監温祥〔按：舘本温祥作劉養、俞安〕、禮部右侍郎顧清及欽天監科道官各一員〔按：舘本員作人〕奉太后旨相度山陵。

（武宗正德實録卷 197　第 10 頁　197.8.3688）

759　四月癸卯　　今上至京師，五月己未，上尊謚曰“承天達道英肅睿哲昭德顯功宏文思孝毅皇帝”，廟號“武宗”。

九月庚午葬康陵。上在位改元“正德”，歷十有六年，壽三十有一。

（武宗正德實録卷 197　第 11 頁　197.9.3689）

正德十六年（1521）

1 **四月乙巳** 以大行皇帝玄宫興工，遣壽寧侯張鶴齡、建昌侯張延齡、駙馬都尉崔元祭六陵，武定侯郭勳祭告天壽山之神，工部尚書李鐩祭告后土司工之神。

（世宗嘉靖實録卷 1 第 24 頁 1.20.0040）

2 **四月丙午** 以營建大行皇帝山陵，勅武定侯郭勳督造。

（世宗嘉靖實録卷 1 第 26 頁 1.22.0043）

3 **四月辛亥** 大行皇帝玄宫興工，遣工部侍郎趙璜祭后土司工之神。

（世宗嘉靖實録卷 1 第 34 頁 1.28.0056）

4 **五月壬子** 命增京城内外巡捕馬軍四千員名，以署右都督桂勇充參將督領之。舊制，設官軍三千六百餘員名巡邏京城内外，南至海子，北至居庸關，西過蘆溝橋，東抵通州。地界廣遠，乏官專領，事無統紀。又汰革海户及詭冒軍匠人等相聚爲盗，民間苦之。於是兵部請添設官軍，以戒不虞。會禮科給事中儲昱亦以爲言，故有是命。勇號令嚴明，稽查有方，由是盗賊屏戢，京師肅清。

（世宗嘉靖實録卷 2 第 1 頁 2.1.0059）

5 **五月壬子** 命武定侯郭勳、惠安伯張偉充提督團營總兵官，勳兼督五軍營。

（世宗嘉靖實録卷 2 第 1 頁 2.1.0059）

6 **五月壬子** 是日日精門災。

（世宗嘉靖實録卷 2　第 2 頁　2.2.0061）

7　**五月甲寅**　詔四衛營、勇士營官軍歸原營操練。仍勑戒各將領守法盡職。從兵部覆給事中汪玄錫奏也。

（世宗嘉靖實録卷 2　第 8 頁　2.6.0070）

8　**五月甲寅**　遣工科給事中鄭自璧往視大行皇帝陵工。

（世宗嘉靖實録卷 2　第 8 頁　2.6.0070）

9　**五月丙辰**　陞翰林院檢討吴惠爲國子監司業。

（世宗嘉靖實録卷 2　第 9 頁　2.8.0074）

10　**五月丙辰**　先是，經略邊關右副都御史李瓚，以居庸關西路灰嶺口上常峪地方外接懷來，所轄隘口計一十二處，曾經達虜出没，請添設城堡，以控險要，乃築灰嶺口城六百八十丈有奇，上常峪城減十之五，各立樓櫓舖舍。至是工訖議名，灰嶺口曰“鎮邊城”，上常峪口〔校記：閣本峪下有口字，誤〕〔按：館本峪下無口字〕曰“常峪城”。調别堡軍士屯守，灰嶺口千人，上常峪三百人。改設守禦千户所，給印，推京衛千户二員往署，添設倉場官吏，支給芻糧。兵部覆奏，從之。

（世宗嘉靖實録卷 2　第 11 頁　2.9.0076）

11　**五月己未**　上大行皇帝尊謚……曰“承天達道英肅睿哲昭德顯功宏文思孝毅皇帝”，廟號“武宗”。

（世宗靖實録卷 2　第 16 頁　2.13.0083）

12　**五月庚申**　詔支太僕寺官銀六萬兩買補近畿州縣種馬，仍以逆犯錢寧等抄〔按：館本抄作鈔，閣本作抄〕没家貲給發三十萬兩收貯太僕寺，以備倉卒買馬之需。時因南征兑給及災傷蠲免馬數視舊額虧甚，兵部以聞，故有是命。

（世宗嘉靖實録卷 2　第 19 頁　2.15.0088）

13　**五月辛酉**　詔京城内外非營軍邏卒不得挾弓矢。

（世宗嘉靖實録卷 2　第 20 頁　2.16.0090）

14　**五月癸亥**　初，朝鮮國王李懌請册封世子，太監金義、陳浩在毅皇帝時夤緣内降充正副使以往，而多賜懌等金帛、珠玉，勑令括取異物及童男女以進。至是禮官言：天子初嗣，歷服宜正中國之體，絶外夷侮狎之端，請明諭懌，非朝廷意，召義、浩畢事亟還，而罷勑中所索取。上從之。

（世宗嘉靖實録卷 2　第 22 頁　2.17.0092）

15　**五月戊辰**　以暑月停各營官軍操，仍令分番。奮武等十二營每五日；五軍、三千、神機等營每十日各一操〔按：館本此條佚，閣本有〕。

（世宗嘉靖實録卷 2　第 26 頁）

16　**五月辛未**　重建日精門興工，遣工部左侍郎趙璜行禮。

（世宗嘉靖實録卷 2　第 27 頁　2.21.0100）

17　**五月甲戌**　命工部左侍郎趙璜、太監邵恩提督山陵工程。

（世宗嘉靖實録卷 2　第 30 頁　2.24.0105）

18　**五月丁丑**　户部覆奏河南道監察〔按：館本無河南道監察五字，閣本有〕御史俞集疏。其一，重法令以杜攬納，謂在京奸利之徒，依附權貴，截攬錢糧，往往歲數不完，解户及原籍家屬多有逮繫以死者。宜嚴行禁戢，以杜夙弊。仍令問刑官，自今攬納事發果曾致死人命者，依律處死。其一，飭門官以禁勒取，謂各門内官，抑勒解户，求索無厭，而西安門尤甚。宜申舊禁，違者聽巡視官指實參治。其一，懲庫役以正法紀，謂庫夫舖户承役既久，爲弊滋多，宜令巡視官查覈，非僉派正身及額外投充者，悉行汰革。詔曰：可。

（世宗靖實録卷 2　第 32 頁　2.28.0109）

19　**五月戊寅**　以原任巡撫順天都察院右僉都御史服闋張潤巡撫寧夏。

（世宗嘉靖實録卷 2　第 32 頁　2.26.0110）

20　**五月己卯**　正德以來，畿内逋逃民田多爲奸利之徒投獻，近倖徵租掊尅，民甚苦之。給事中底藴列狀以聞。户部覆奏，行各守臣查覈没官田土外，但係近年投獻置爲皇莊者，給還本主，仍照原額充税。從之。

（世宗嘉靖實録卷2　第34頁　2.27.0112）

21　**六月壬午**　户部覆巡視京倉御史陸翱節冗費疏：其一，總督京倉等官牧養牛羊、鹿豕、鷄鵝等畜，千百爲羣，借言歲貢，實乃率獸食人。上方玉食，何藉於此？宜悉行停革。其二，每倉除經歷倉官外，有攢典五六人，月糧人一石，軍斗六七十人，月糧人八斗，每歲通計支糧六百餘石，而所守不過千石。宜將各倉餘糧一一查明，挨年坐放盡絶，攢典送部，軍斗發回該衙。以後如有仍前故留剩餘遷延日月〔校記：抱本日月作月日〕者，罪之。其三，各倉軍斗設有定數，各廳給役亦有定額。近乃差占十九，巡警盡廢，宜申飭令典，自欽定給役名數外，悉收回各倉防守。其四，運糧抵京，舊規，户部委主事監收，後監督太監違例攙收，納賄通奸，減放斛面，比支放虧數則以泥土亂草入之，傷軍甚矣。宜遵舊規，專委主事監收。其五，先年漕規，每糧萬石入銀百兩，謂之籌銀，蓋以守支官攢軍斗歲久貧乏。以十年爲率，每年每廒給籌銀十二兩，以蘇其困耳。今守支不過六年，而籌銀仍如舊數，又病民矣，宜量減其半。又運船到京，每起進果子銀十八兩，贄段二端〔按：館本端作疋，閣本作端〕。皆總督聽攢典羅志恃勢爲奸，運官患之。請切一禁革，羅志下法司逮問。其六，各倉經歷等官，宜聽巡按御史考察，歲終具賢否送吏部議。上俱從之。

（世宗嘉靖實録卷3　第2頁　3.1.0116）

22　**六月戊子**　永樂初，開設壩上等御馬草場於順天府所屬玉田、順義等州縣，凡十九處，正統、弘治間，俱常〔按：館本常作嘗，閣本作常〕差官勘量地界，立封圻、寫圖本，以杜侵冒。至正德四年劉瑾用事，任太監谷大用、李錫及諸管馬房員役，將界外田土，不分欽賜勳戚莊田及軍民屯糧地畝，混同侵佔，另立封識。舊制，草場子粒比依勳戚莊課，每畝歲徵銀三分。至是則横歛百出，而軍屯民稅猶辦輸如故。瑾敗，大用、錫仍用事，畿民甚苦之。及上登極，軍民累累陳訴，而諸勳戚亦各言其狀。户部議覆：差科道及本部屬官各一員，弔取馬房地里圖本，督同所屬州縣官及地方原主人等，沿丘〔校記：抱本丘作坵〕履畝，照依正統年間原開頃畝四至，築立封丘〔按：館本丘作坵，閣本作丘〕，界外所侵，各審付本主。以後草塲子粒，聽本部監督主事徵收在官，召買糧草，該監員役不許干預。其太監谷大用、李錫及把總指揮劉成等贓罪，聽差去官勘明參奏，依律重究。從之。已而給事中鄭自壁又備述内官内使及諸莊頭人役侵削小民狀上奏。詔：各役悉付差去勘官拏究，仍令訪諸徵内使以名聞。

（世宗嘉靖實録卷3　第7頁　3.5.0124）

23　六月庚寅　詔督察院申明累朝禁例：凡都城内外詐冒皇親太監名目，攔截橋道，私開店舍，指稱内府包攬錢糧者，令巡城御史及廠衛緝捕究治，枷號發遣。仍行南京及南北直隸浙江等處撫按官一體禁約。

（世宗嘉靖實録卷3　第8頁　3.6.0126）

24　六月辛卯　户部覆巡視庫藏御史鄭維新疏稱：甲字等庫，自正德五年起，遞年寄庫各項錢糧日久未收，各該原解在逃，行提未到，皆由該庫重索分例，積年攬頭誆騙，致累管解人員，況經年久，本人存亡未知，亦無文册可據，宜通融議處，將前項寄庫錢糧，會官盡數〔按：館本數作類，閣本作數〕盤驗，堪用者稱量入庫，不堪用者封識在官查照。本部原發劄單，數目分别已未完足，行各該撫按究理歸結。仍勑内庫官奉公守法，以後但遇各處解到錢糧，不拘多寡，務要三日内會收，不許仍前縱容攬頭庫役刁難需索。如違，聽巡視科道官參治。得旨：俱如議行。

（世宗嘉靖實録卷3　第8頁　3.6.0126）

25　六月癸巳　號武宗毅皇帝山陵曰“康陵”。

改義勇中衛爲康陵衛。

（世宗嘉靖實録卷 3　第 12 頁　3.10.0133）

26　**六月乙未**　御史范永鑾言：往者劉瑾、錢寧、江彬相繼擅權，奸民乘隙多將軍民屯種地土誣陷〔按：館本陷作挽，抱本作捏〕荒閒及官田名色投獻，立爲皇莊，因而蠶食侵占，靡有界限。舊租正額外多方掊尅，苛暴萬狀，畿内八郡咸被其害。請勅户部差官一切體勘，係民者歸民，官者歸官，應輸租課，有司代收。交納事竣，仍繪圖造册，繳部備照，永杜後姦。詔所司知之。

（世宗嘉靖實録卷 3　第 14 頁　3.12.0137）

27　**六月庚子**　土魯番、撒馬兒罕、哈密諸夷使，假進貢名在京商販，有留會同館三四年者，至是，詔禮部申嚴舊例禁，諸夷不許私出館外，勒期遣還，仍治諸私通交易及誘引縱容者罪。其曾經犯罪夷人來貢者，勅邊吏勿復納。

（世宗嘉靖實録卷 3　第 17 頁　3.14.0141）

28　**六月壬寅**　滿剌加國遣使賫金葉表文及方物來貢，給賞賜臣並回賜國王、妃如例。

（世宗嘉靖實録卷 3　第 18 頁　3.14.0142）

29　**六月甲辰**　御史孫孟和言：近據順天府東安縣等處人民紛紛奏訴，太監張鋭、劉權、張忠、趙林及錦衣衛千户谷良等，強佔田地，嚇騙財物，霸住房屋，准折妻女及減價抑買等情。訪得諸奸惡違法事情，似皆實有。然此一民事耳，至累累驀越赴京，上干天聽，恐將來風聞效尤，長健訟之風，爲陵替之漸。臣愚，請勅下都察院通行直隸真定等處撫按官，備行所屬州縣，一應皇親、内臣、功臣、錦衣衛、總兵大臣田宅，除兩平置買照舊外，其餘不分已奏未奏，但有侵奪等項，逐一退還原主，原價短少者增之，具價取贖者還之，如有怙惡不服，徑自拏問參奏。其應抄没犯人田産，審明果係在前侵奪抑買，一體給主管業，可以息訟端，召和氣。疏入，令都察院議聞。

（世宗嘉靖實録卷 3　第 20 頁　3.16.0146）

30 **六月丁未** 順天府通州知州劉繹奏：近京地方，若皇莊及皇親、駙馬、功臣田土，大爲民害，乞以皇莊田地盡付所在軍民耕種，輸納國課，管莊内臣，悉爲裁革。其或以皇莊建立已久遽難議革，請先將内臣取回，凡皇莊田地，明白開造册籍，附之所在官司管理，别差户部主事一員專管督理。一應租税，依期解送户部，轉送内府。其勳戚田土，亦乞差官查理。果舊額頒賜，聽令管業照依舊制，每畝起税銀三分，此外不許絲毫侵削佃户。若係近來包佔奪買等項，責令退還。章下所司，議聞。

（世宗嘉靖實録卷3 第23頁 3.18.0150）

31 **六月丁未** 京東盜起，流刼霸州、永清等處，命都督桂勇率兵捕之。仍勅涿州、河間、霸州、天津各守備兵備官嚴兵慎守，以防奔突。

（世宗嘉靖實録卷3 第23頁 3.19.0151）

32 **六月己酉** 革真定等府抽印木直内臣，山西筏木由滹沱河東販。舊制，於真定府設税課司，十取其一，該府委通判一員監收之，歳終内臣監差官印烙，委官運納通州張家灣磚廠以爲常。正德間始差太監抽分，遂税及柴炭魚菜，民不堪其擾。巡按御史宋越〔按：館本越作鉞，閣本作越〕請遵詔裁革，且極言太監祖臣奸狀。工部覆奏。得旨：抽分太監裁革，該府委官監收，一如舊制。

（世宗嘉靖實録卷3 第24頁 3.19.0152）

33 **六月己酉** 壩上、壩東、壩北三馬房，領豹房發下牛騾無慮數十百，户部以芻牧不給，請以馬給操軍，牛騾付順天府估賣。已得旨允行，該監太監戴永稱，前項馬牛騾俱已印烙，固留不發，且奏舊例並無以御馬兑軍者，户部覆請。上曰：馬已驗收免發。馬房既無餧養牛騾事例，豈可創啟弊端？仍依前旨行。

（世宗嘉靖實録卷3 第24頁 3.19.0152）

34 **七月壬子** 河間、涿州、天津、霸州等處盜起，上命奪守備廵捕官俸，尅期剿獲，復遣指揮樊靖將兵掎截，以防奔潰。從部臣請也。

（世宗嘉靖實録卷 4　第 7 頁　4.6.0165）

35　**七月甲寅**　陞順天府府尹童瑞爲工部右侍郎。

（世宗嘉靖實録卷 4　第 8 頁　4.7.0167）

36　**七月己未**　兵部言：近畿多盗，請添設把總、指揮二員，隸都督桂勇，以便調遣。上從之。

（世宗嘉靖實録卷 4　第 13 頁　4.11.0175）

37　**七月庚申**　陞山西左布政使徐蕃爲順天府府尹。

（世宗嘉靖實録卷 4　第 13 頁　4.11.0175）

38　**七月庚申**　南京給事中陳江上言三事。……一卹民隱，言：儀真〔按：館本無真字，抱本閣本有真字，是也〕以北張家灣以南諸瀕河地方，疲困已極，復被水災，宜加優卹，令民無出今年租。一通商賈，言：通州張家灣，密〔按：館本密作蜜，閣本作密〕切京畿，當商賈之輳，而皇親貴戚之家，列肆其間，盡籠天下貨物，令商賈無所牟利。亟宜禁治，使商民樂業。疏下，户部覆言：瀕河諸郡，詔書已減半税，不得悉蠲，致虧國計。卹解户，通商賈，俱宜如御史言。上是之。乃禁皇親貴戚不得列肆奪民産，仍勑御史察不法者以聞。

（世宗嘉靖實録卷 4　第 14 頁　4.11.0176）

39　**七月庚申**　鑄康陵〔校記：抱本陵作寧，誤〕衛及所屬印信五十八顆。

（世宗嘉靖實録卷 4　第 14 頁　4.12.0177）

40　**七月辛酉**　兵部言：皇城天下根本，祖宗禁約至爲嚴密。邇者，以門禁爲虛文，以榜例爲故紙，杜漸防微，不可不慎。宜懸布榜文，飭守衛〔校記：抱本衛作備，誤〕官軍，關稽出入。上曰：門禁重事，〔按：館本所上有如字〕所議行。

（世宗嘉靖實録卷 4　第 15 頁　4.12.0178）

41 **七月甲子** 命工部按行街渠淤塞者，自金水橋、玉河橋及京城九門壕塹，皆次第修濬之。

（世宗嘉靖實録卷 4 第 18 頁 4.15.0183）

42 **七月甲子** 刑科左給事中許復禮言：頃者，逆彬於西安門外立鎮國府，於西市建新房，奪民居以圖市利，百姓怨恨，痛入骨髓。……至於京師諸逆黨宅第莊田，侈僭踰度，招引無籍，相匿爲非，以宜拆毀改正，或官爲鬻之，以助經費。工部覆奏。上許之。

（世宗嘉靖實録卷 4 第 18 頁 4.15.0183）

43 **七月丁卯** 命工部除道自京城至山陵，以大行梓宫將發引也。

（世宗嘉靖實録卷 4 第 21 頁 4.17.0188）

44 **七月己巳** 京師久雨。上諭禮部官：霪雨傷稼，朕心憂惶，其令欽天監擇日齋戒祈禱。乃遣定國公徐光祚、武定侯郭勳、惠安伯張偉、禮部尚書毛澄分祀天地、社稷、山川及城隍之神。

（世宗嘉靖實録卷 4 第 22 頁 4.18.0190）

45 **七月己巳** 兵部覆：御史張仲賢陳守衛夙弊疏言，舊制，皇城各門守門内官内使不過四員，止以提督衛士關防出入而已。比者添設既多，規利無厭，朘削軍士，至於逃亡，而門禁日弛。頃詔書雖以剗革，而較之舊額尚有餘員。臣以爲非舊制所設者皆黜勿留，其留者嚴示禁約，勿令科害衛士，有不如令及覬復用者逮治之。上命禁約如成化十八年事例。仍飭守門官及衛官，有犯者論以重罪。

（世宗嘉靖實録卷 4 第 23 頁 4.18.0190）

46 **七月庚午** 兵部奏：居庸、紫荆、倒馬三關修築墩堡、城樓、牆壕凡九百有奇。都御史李瓚所經畧也。

（世宗嘉靖實録卷 4 第 23 頁 4.19.0192）

47 **七月壬申** 上以京師久雨，米價騰踴，諭户部發京倉及通州倉糧五十萬，平價出糶，有富豪積貯於家乘時藉利者，治其罪。於是户部條議以請，上命亟行之，且令提督諸臣便宜行事，務有以惠民。

（世宗嘉靖實録卷 4　第 25 頁　4.20.0194）

48　**七月壬申**　敕工部右侍郎童瑞往來提督康陵工程。

（世宗嘉靖實録卷 4　第 26 頁　4.22.0197）

49　**七月癸酉**　兵部覆奏錦衣衛百户鞠王英陳革奸弊事。一言正德中權貴用事，挑選京營官軍於西官廳團練，領馬三千餘匹，時坐管神周等肆無忌憚，而千把總張慶等藉其餘威，馬不給軍，椿銀不解寺。宜令太僕寺少卿檢覈見馬之數及倒死被盜者、椿銀已解未解及逋負者並按慶等侵弁罪狀以聞。一言遇關馬例有芻給，今慶等先後領馬而並支前月芻料凡三千有奇，且京營官軍剿流賊則隨處敗遁，備宣、大則浪費邊儲。勇士、龍驤二營素無紀律，冒支之弊固應有之，宜行户部覈實以正其罪。一言御馬監直差直宿官軍勇士，例俱廩於光禄。今勇士既在團練營差操而冒支食米，宜按問指揮高舉等。一言户部支放各營馬料，惟據空文，其情弊未可逆考，而勇士最甚，蓋提督管馬未嘗設官，故兑馬未幾，奏取相繼，姓名雖指各軍〔按：館本軍作官，抱本閣本作軍，是也〕而出入皆由把總。宜令户部驗其文册，太僕閲其見馬，以清虚造冒支之弊。一言勇士、龍驤二營，舊設坐營官不過三四，四司把總官不過四五，後皆增設，如增虎狼。宜如舊制裁革。上以錢穀馬政皆指切時弊，命諸司審覈以聞。其見行舊例及宜行宜革者悉從部議。

（世宗嘉靖實録卷 4　第 27 頁　4.22.0197）

50　**七月丙子**　命革錦衣衛等八十衛所及監局寺廠司庫諸衙門旗校、勇士、軍匠人役，凡投充新設者十四萬八千七百七十一人，敢有違明詔隱射存留冒支倉糧者，罪如律。

（世宗嘉靖實録卷 4　第 30 頁　4.24.0202）

51　**七月己卯**　正德間，海夷佛朗〔校記：抱本朗作郎〕機逐滿剌加國王蘇端媽末〔校記：抱本作蘇瑞媽末〕而據其地，遣使加必〔校記：抱本必作心〕丹木等入貢請封。會滿剌加國使者爲昔英等亦以貢至，請省諭諸國及遣將助兵復其國。禮部已議，絶佛朗機，還其貢使。

（世宗嘉靖實録卷4　第33頁　4.27.0208）

52　**八月乙未**　户部左侍郎秦金等言：近傳奉内旨，各宫置皇莊及差管各莊官校，臣等聞命不勝驚疑……正德以來，姦猾無藉之徒，乘時射利，沾恩冒賞，多將畿内逋逃民田投獻左右近倖之人。而左右近倖，不念畿輔重地，獻諂取説，乃遂奏爲皇莊。弊源一開，無有窮極。況管莊内官收租官校，俱城狐社鼠，侵欺攘奪，爲害萬端，利歸貪校，怨歸朝廷，爲新政之累不淺。乞差科道部屬官各一員分詣查勘，自正德以後，係額外侵占者，給還其主，管莊人役，盡數取回。又寳源、吉慶二店該納課程，弘治以前，係順天府批驗茶引所〔按：館本無所字，抱本閣本有所字〕官攢收受，按季解部進内府。後太監于經奏爲皇店，科取擾害，人皆怨謗。乞將二店課額依弘治年例行，庶軍民樂業，上下俱利。上曰：畿内根本重地，祖宗朝屢有優卹禁約，邇來姦猾妄將軍民田地設謀投獻，管莊人等因而乘機佔害〔按：館本佔害作侵占，閣本作佔害〕。朕在藩邸已知其弊，覽奏深用惻，然其卽如所議行之。

（世宗嘉靖實録卷5　第8頁　5.6.0222）

53　**九月辛酉**　以大寧都司署都指揮僉事霍汝愚充右參將，分守密雲古北口等處。

（世宗嘉靖實録卷6　第5頁　6.4.0248）

54　**九月甲子**　命陽武侯薛倫、建平伯高霳、署都督僉事魯剛、都督僉事張瓚各坐營管操。倫團營鼓勇營，霳五軍營圍子手，剛右掖，瓚神機營右哨。仍命剛左軍都督府僉事。

（世宗嘉靖實録卷6　第9頁　6.7.0253）

55　**九月乙丑**　武清縣地有崔黄口者，東帶海，西隔漕河，道里綿曠，當屬縣孔道，民茇牧其中，後地入官爲草場，民無所蓄殖，遂嘯聚爲盜，亡命者遂因憑藉而起，所在鹵掠。霸州兵備副使張思齊請發天津衛存留京操軍於太僕寺兑〔校記：抱本無兑字〕給馬百匹，往戍守之。部臣覆謂，朝廷禁卒不可輕發，武清縣故有衛所守城備操〔校記:抱本閣本備操作操備〕軍舍,本縣固〔按：館本固作故，抱本作固〕有民壯，儻清其版籍，精簡練之，自足爲用。仍給與縣所養馬，命其往來偵邏及相機勦捕爲便。從之。

（世宗嘉靖實録卷6　第8頁　6.7.0254）

56　**九月庚午**　武宗皇帝梓宫至天壽山，卯時葬康陵。

（世宗嘉靖實録卷6　第10頁　6.8.0255）

57　**九月乙亥**　兵部尚書彭澤又言：祖宗所設侍衛守衛，如義刀圍子手、紅盔將軍，係隸五軍三千營，有侯伯以總轄之，而旗手等二十衛官軍，有指揮千百户兼制，以番休直上，環拱禁掖。年來羸弱老稚，得側其間，其兜鍪甲楯弊壞已過十一，非所以重宸嚴而示威肅也。宜令坐營官會原管侯伯閲視，科道按籍〔按：館本籍作藉，抱本閣本作籍，是也〕簡汰，其戎器弊壞者飭治。至於五軍三千二營，雖係次撥之數。而其間亦有占役或代戍者，亦當均爲審覈。從之。

（世宗嘉靖實録卷6　第13頁　6.10.0260）

58　**十月辛巳**　以都督僉事張鳳爲五軍營坐營官。

（世宗嘉靖實録卷7　第1頁　7.1.0272）

59　**十月丁亥**　命工部修理天地山川壇。

（世宗嘉靖實録卷7　第3頁　7.2.0274）

60　**十月辛卯**　差御史樊繼祖等清查皇莊田土，自正德元年以後朦朧投獻及侵占者悉給主，其該徵租税俱解部收支。

（世宗嘉靖實録卷7　第4頁　7.3.0276）

61　**十一月癸丑**　朝鮮國王李懌以武宗毅皇帝尊謚禮成。遣吏曹參判孫澍等來賀。又以萬壽聖節遣漢城府左尹沈順徑等來賀，各獻方物，並賜文綺、衣履等物有差。

（世宗嘉靖實録卷 8　第 3 頁　8.3.0289）

62　**十一月乙卯**　陞應天府尹孟春爲都察院右副都御史，整飭薊州邊備兼巡撫順天等府地方。

（世宗嘉靖實録卷 8　第 4 頁　8.3.0290）

63　**十一月乙卯**　命坐京營都指揮桂勇兼充參將督捕盜賊，以京師盜數發故也。

（世宗嘉靖實録卷 8　第 4 頁　8.4.0291）

64　**十一月己未**　建康陵香殿宮門、宰牲亭，遣武定侯郭勳祭告。（按：建康等十八字館本佚，閣本存）。

（世宗嘉靖實録卷 8　第 7 頁）

65　**十一月甲戌**　乾清宮成。

（世宗嘉靖實録卷 8　第 19 頁　8.15.0313）

66　**十一月乙亥**　京城内外多盜，或白晝肆刼。貴州道監察御史張欽上備疏盜凡〔按：館本無疏凡二字，閣本有〕六事：設柵門爲阻絶，聯什伍爲追逐，分官軍爲廵邏，立望樓爲防護，習武藝爲預備，立賞格爲勸懲。兵部議以爲便，從之。

（世宗嘉靖實録卷 8　第 20 頁　8.15.0314）

67　**十一月戊寅**　命大寧中衛帶俸都指揮同知王鼎三千營坐營管操。

（世宗嘉靖實録卷 8　第 23 頁　8.18.0320）

68　**十二月乙酉**　命泰陵衛旗軍三百一十〔按：閣本十下有六字〕名回原營操練，以營伍缺人，從兵部議也〔按：館本此條佚，閣本存〕。

（世宗嘉靖實録卷 9　第 3 頁）

69　**十二月戊子**　命兩京武學如舊例：六年會舉，送各邊鎮賛畫方略，有功一體陞賞，五年無功各還原營衛所供職襲替〔校記：抱本無襲替二字〕。先是，正德中嘗停革會舉之例，至是兵部以故事當復爲請。從之。

（世宗嘉靖實録卷9　第4頁　9.3.0326）

70　**十二月癸巳**　命五軍營左掖坐營武平伯陳熹不妨本務兼管圍子手上直。

（世宗嘉靖實録卷9　第12頁　9.10.0339）

71　**十二月丙申**　朝鮮國王李懌差陪臣工曹參判金克成來賀明年正旦節。

（世宗嘉靖實録卷9　第16頁　9.13.0345）

72　**十二月乙巳**　管五軍等營武定侯郭勳等、管紅盔將軍懷寧侯孫鎧等各奏討軍士胖襖袴鞋。工部以原無舊例及庫貯缺少，奏請停止。從之。

（世宗嘉靖實録卷9　第22頁　9.18.0355）

73　**十二月戊申**　是日立春，順天官進春。

（世宗嘉靖實録卷9　第24頁　9.19.0358）

嘉靖元年（1522）

74　**正月乙卯**　朝鮮國王李懌遣陪臣工曹參判金克成等貢馬及方物慶賀。賜宴賞金織衣、綵段有差。

（世宗嘉靖實録卷10　第5頁　10.3.0366）

75　**正月己未**　清寧宮後三小宮災。

（世宗嘉靖實録卷10　第6頁　10.5.0370）

76　**正月丁卯**　四川道監察御史鄭本〔按：館本本下有公字〕奏京師窮民凍饑垂死狀，請出錢〔校記：抱本出下有糧字〕賑濟。下户部，議言：朝廷舊設養濟院，窮民各有記籍，無籍者收養蠟燭、幡竿二寺，衣布薪米厨料之類，歲費萬金，所存活甚衆。今院籍混淆，或以丁壯竄名，或以空名支費，二寺復設内官校尉，多乾没罔利，民無所依，弊端坐此。今若量口給錢，恐望風仰食者多，勢不能贍。請專委部屬一員，同五城御史查記籍革虚冒及收養未盡者，具以狀聞。其二寺添設内官校尉，盡行罷減，惟遣光禄寺及宛、大二縣官以時更理其事，合用柴斤，俱令於臺基廠關支本色，勿令工部折價，勿令軍餘採辦。五城兵馬日拊視道路窮民使就養二寺，其領〔按：館本領作令，三本作領，是也〕職無狀，一切侵耗抑勒者，御史劾罪之。上曰：在京窮民收入濟養院食糧及蠟燭、旛竿二寺給粥，係累朝恩典，所司往往任意尅減，窮民不沾實惠，宜令仰體朝廷德意，務使人人周給。厨役人數，薪芻本色，悉如議行。御史等官俱勿遣，諸作弊〔按：館本弊作奸，閣本作弊〕玩法者，事發重治之。

（世宗嘉靖實録卷10　第11頁　10.9.0377）

77　**正月丁卯**　是日日色慘白變青，無光。午時黄霧四塞，未申時大風揚塵。

（世宗嘉靖實録卷10　第12頁　10.10.0380）

78　**正月丁卯**　賜朝鮮國《大統曆日》。

（世宗嘉靖實録卷10　第12頁　10.10.0380）

79　**正月庚午**　原充南海子海户净身男子龔應哲等萬餘人詣闕自陳：先年在官食糧，今奉詔裁革，貧無所歸，乞恩收召供役。上惡其瀆擾，發爲首四人戍嶺南，其餘盡逐還原籍，仍令大索京師漏匿者。

（世宗嘉靖實録卷10　第15頁　10.13.0385）

80　**正月壬申**　命會昌侯孫永五軍營右掖坐營管操。

（世宗嘉靖實録卷10　第16頁　10.13.0386）

81　**二月癸未**　陞順天府府尹徐蕃爲都察院右副都御史，撫治鄖陽。

（世宗嘉靖實録卷11　第2頁　11.2.0402）

82　**二月乙酉**　陞大理寺左少卿萬鏜爲順天府府尹。

（世宗嘉靖實録卷 11　第 2 頁　11.2.0402）

83　**二月丙戌**　　巳時白紅彌天。

（世宗嘉靖實録卷 11　第 6 頁　11.5.0409）

84　**二月己丑**　　遣户部官祭京都太倉之神。順天府官祭宋丞相文天祥祠。

（世宗嘉靖實録卷 11　第 6 頁　11.5.0410）

85　**二月己亥**　　通州城樓火。

（世宗嘉靖實録卷 11　第 10 頁　11.8.0416）

86　**二月庚子**　　賜故順天府府丞周璽祭一壇，璽在先朝忤逆瑾黨楊玉杖死，其子襄援新詔乞恩，故有是命。

（世宗嘉靖實録卷 11　第 11 頁　11.9.0418）

87　**二月庚子**　　兵部以宣府警報奏預防事宜，得旨：京營官軍如法揀選操練聽用，宣大鎮巡官有警互相應援。順天、保定各巡撫都御史督率將士併力防禦，俱不許自分彼此。仍令設提督宣大軍務大臣一員，以刑部右侍郎臧奉兼僉都御史往任。

（世宗嘉靖實録卷 11　第 11 頁　11.9.0418）

88　**三月壬子**　　總督漕運尚書陶琰……復言，欲將各省災傷兵火地方漕運京儲量准一百萬石折銀解納，凍阻運船軍士〔按：館本無士字，三本有士字〕暫存辦料補造缺少船隻，以蘇軍困。下户部議，謂先准給事中田賦等奏，已將正德十六年、嘉靖元年分兑軍糧改折銀一百一十萬石，若再折銀，恐京通倉儲太少，京師米價騰貴，況折色每石定擬七錢，今欲加重，反爲民累。第宜查軍船完備及回空稍先昔免，將本色坐派赴京通二倉交納，共田賦等奏准折色之數。當分派缺軍缺船及守凍衛所存留休息，庶軍民兩便，國計無虧。從之。

（世宗嘉靖實録卷 12　第 2 頁　12.2.0423）

89　**三月癸丑**　　朝鮮國差陪臣刑曹參政姜澂〔校記：廣本抱本澂作徵，下同〕謝恩並貢方物馬匹，賜宴如例。澂等因乞觀幸學禮，許之。

（世宗嘉靖實録卷 12　第 3 頁　12.2.0424）

90　**三月庚申**　先是，連年營造，京營上操官軍有以工役勞費竊馬而逃者，有全不赴操者，以致營伍空虚，至是工部請行訪捕。時郭勳提督團營，請如弘治間例，許令投首收操。兵部覆議：各軍多係投充冒頂、額外招收及有名無人、包辦月錢，先已〔按：館本已作以，三本作已〕查革，冗食稍減，若聽其自首，恐仍踵前獘。宜查原係祖充及成化以前投充經補二三次者，限三月内許投首收操。其有冒頂及近年投充、新召與有名無人、朦朧保送，俱問發邊衛。上從部議。

（世宗嘉靖實録卷 12　第 6 頁　12.5.0430）

91　**三月癸亥**　禁京師民造酒、淮安民造麯。以户部言其糜費五穀致米價騰貴也。

（世宗嘉靖實録卷 12　第 11 頁　12.9.0438）

92　**三月癸亥**　發張家灣守凍漕船應納通倉糧米十五萬石給大同宣府邊餉。從侍郎臧鳳、給事中夏言之請〔按：館本請作謂，三本作請，是也〕也。

（世宗嘉靖實録卷 12　第 11 頁　12.9.0438）

93　**三月癸亥**　命順天府擇日齋戒祈雨。仍勑内外臣工一體修省，以春分後雨澤愆期也。

（世宗嘉靖實録卷 12　第 11 頁　12.9.0438）

94　**三月庚午**　罷提督五軍營廣寧伯劉佶，以給事中鄧繼曾論其久患風痺故也。

（世宗嘉靖實録卷 12　第 14 頁　12.11.0442）

95　**三月癸酉**　武定侯郭勳既受命提督京營，因奏軍務六事，内言將權不重，乞於制勑明開臨陣退縮及訛言惑衆會審得實者斬。兵科駁勳要求制勑，欲竊威權，部議以爲不可許。上是之。

（世宗嘉靖實録卷 12　第 18 頁　12.15.0449）

96 **三月癸酉** 禁渾河幞頭嘴、麻峪橋設市抽分。

（世宗嘉靖實録卷 12 第 18 頁 12.15.0450）

97 **四月戊寅** 兵部奏：汰燕山等衛所官軍年老不堪團營征操者四千一百八十三員名，乞令該衛所選丁壯替補，送營操備。從之。

（世宗嘉靖實録卷 13 第 1 頁 13.1.0453）

98 **四月庚辰** 命工部侍郎童瑞督修崇文門城垣並正陽門橋堤等工。

（世宗嘉靖實録卷 13 第 1 頁 13.1.0454）

99 **四月甲申** 命豐城侯李旻提督五軍營。

（世宗嘉靖實録卷 13 第 3 頁 13.2.0456）

100 **四月丁亥** 巡撫保定都御史周季鳳以宣大有警，條陳十四事。……一諭鄉民以協守。言順天巡撫督率鄉民與官軍協力禦虜……奏入，下兵部，覆議謂皆於邊防有裨。詔如議行。

（世宗嘉靖實録卷 13 第 4 頁 13.3.0457）

101 **四月己丑** 勑提督團營官會同工部右侍郎童瑞修濬金水、玉河二橋并九門城濠。命管街〔校記：抱本街作御〕道官管理廣源閘水利。

（世宗嘉靖實録卷 13 第 5 頁 13.4.0460）

102 **四月戊戌** 致仕南京户部尚書胡富卒，富徽州府績溪人，成化戊戌進士，授南京大理事評事，歷陞順天府尹、大理寺卿，正德初，忤逆瑾，勒致仕，瑾誅，起陞。

（世宗嘉靖實録卷 13 第 8 頁 13.7.0465）

103 **四月戊戌** 命宣城伯衛錞僉書前軍都督府事。左軍都督府僉書楊鋭伸威營坐營管操。

（世宗嘉靖實録卷 13 第 8 頁 13.7.0466）

104 **五月丁未** 命上林苑監内臣照弘治間員額存留，其占種地土草場悉令改正，養牲種果蔬人户除供應正役外，一切科擾通行查革，從户部請也。永樂初設上林苑監於京師，取山西平陽、澤潞之民充之，使蕃育樹藝，以供上用品物。時止設文官職專進送，於民無擾，後增設内臣九員，至弘治間，漸增一十八員，正德間添設總督僉書監工等名至九十九員。於是科擾百出，擅將牲地草場徵派子粒，占用伴當御牢名目，逼索月錢，節年通計誅求至銀三十五萬餘兩，逼死人命數多。上登極詔汰革之，止存一十九員，民始稱便。未幾，又傳奉添設至六十二員，弊復滋甚。至是，户部以舊額及節添員數並占種場地頃畝開奏，請如舊額釐革。上是之。

（世宗嘉靖實録卷 14　第 1 頁　14.1.0471）

105　五月戊申　琉球國中山王尚真遣其王舅達魯加尼等貢馬〔按：館本無馬字，三本有馬字，是也〕進香及獻方物慶賀，詔賜其王及妃錦紵、紗羅並賞賚使者有差。

（世宗嘉靖實録卷 14　第 2 頁　14.1.0472）

106　五月戊午　勑琉球國王尚真，遵先朝舊例，二年一次朝貢，每船不過一百五十人，仍命福建巡按御史查覈驗放。

（世宗嘉靖實録卷 14　第 5 頁　14.4.0478）

107　五月己未　工部左侍郎趙璜，以修仁壽、清寧工費不貲，請已毁玄明宫、石經山等房地變賣爲用，免派小民。户科給事中徐景嵩等言：前地已奉詔命科道官查處，何得復請變賣？因劾璜通同勢豪，狥情欺弊，宜罰治。璜辯謂，所請不過欲爲國經畫財用，停免徵派，非有所私。語侵景嵩，言其搜求阻撓，因發其先嘗變賣官産以私意減價事。景嵩遂斥璜欺罔，極其醜詆，璜復奏辯。御史張鵬翰助景嵩直前事，論璜摭拾〔按：館本拾作捨。三本作拾，是也〕言官，無大臣體，宜罷斥。得旨，趙璜、徐景嵩所奉辯事，朝廷自有公道，張鵬翰何黨護瀆擾？自後〔按：館本自後作自自後。廣本作自後，是也〕言官論事，務公是公非，顧惜大體，不許輙相回護。既而璜疏乞休，上以璜素履清慎，不允辭。具令不必深辯，宜用心供職，以副委任。

（世宗嘉靖實録卷 14　第 6 頁　14.5.0480）

108　**五月辛酉**　户部上言：京營官軍倒死騎操馬匹數多，請查扣草料，申嚴牧養不如法之罪。上曰：營操馬匹追賠買補上納草料，皆出小民脂膏，領馬官軍不行愛惜，牧養違法，半年之間死者三千三百餘匹，玩法甚矣！該管官軍送問，降級住俸各如擬，行該部並各營提督官，今後務申嚴號令関防禁約考較懲戒，巡視科道、太僕寺、五城兵馬司官俱宜加意督察。錦衣衛將軍校尉及騰驤等衛勇士馬匹，亦係民爲買補，官爲給養，宜一體禁諭，勿或因循怠玩。

（世宗嘉靖實録卷 14　第 7 頁　14.6.0481）

109　**五月壬申**　令在京七十二衛軍册如武驤等四衛例，五年一次備造，及查議武選清黄事宜。從兵部主事霍韜奏也。

（世宗嘉靖實録卷 14　第 9 頁　14.8.0485）

110　**六月庚辰**　命修中公主府第。

（世宗嘉靖實録卷 15　第 2 頁　15.2.0492）

111　**六月甲申**　以旱命順天府官率所屬祈禱雨澤。

（世宗嘉靖實録卷 15　第 3 頁　15.3.0493）

112　**六月庚寅**　巡撫順天右副都御史李昆，以漷縣路當衝要，民貧差重，乞將車船等項銀兩灑派霸州等處，從之。

（世宗嘉靖實録卷 15　第 4 頁　15.3.0494）

113　**六月庚寅**　以邊警命都指揮詹冕充左參將往黄花鎮，都指揮時春充右參將，往白羊口，各防禦。

（世宗嘉靖實録卷 15　第 4 頁　15.3.0494）

114　**六月壬辰**　修康陵工完。

（世宗嘉靖實録卷 15　第 5 頁　15.4.0495）

115　**六月庚子**　康陵神宫監太監劉杲奏討天壽山空地並九龍池菜園栽種果菜，以備四時供獻。命户部給之。

（世宗嘉靖實録卷 15　第 6 頁　15.5.0497）

116　**六月癸卯**　　改泰陵神馬房爲康陵朝房。

（世宗嘉靖實録卷 15　第 6 頁　15.5.0498）

117　**七月丁未**　　詔在京各衛軍伍遵成化八年例，三年一次清查。

（世宗嘉靖實録卷 16　第 2 頁　16.1.0502）

118　**七月己酉**　　御史韓奕請修復西安門驗糧廳，四方所進上供物聽户部遣官於此驗中，然後進收如故事。詔止毋修〔按：館本修作信。三本東本信作修，是也〕，第令上供盡輸本色，毋得輕齎臨時買抵，以滋弊端，該庫與科道部官公同驗收。攬頭並起解官有違犯者，參奏重究。

（世宗嘉靖實録卷 16　第 3 頁　16.2.0504）

119　**七月己酉**　　以虜騎駐牧球廠，詔參將詹冕、時春各選所部兵五百，以巡邊爲名屯黄花鎮，武定侯郭勳督各營勒兵待之，戒毋得出境啟釁。

（世宗嘉靖實録卷 16　第 3 頁　16.3.0505）

120　**七月癸丑**　　初，順天府府尹萬鏜〔校記：抱本鏜作鐘，誤〕條卹民隱五事：一清舖户以均買辦。言兩京舖户十年一清，今已逾期當清，請如正德初牌甲法，近所革投托濫免者悉編入。二專選委以均賦役。言州縣上均徭籍，多不如期，且各有輕重，不能畫一，請委府佐賢能者二人，分行州縣，專督其事。三發公貯以均大費。言康陵營造供應及神馬寄養，皆倚辦昌平一州，其霸、東安等九州縣協助未至，而昌代應甚亟，請發府所貯皇店課銀補之，不足則繼以茶引折銀，因免各州縣追補。四溥徵解以均僱役。言京班皂隸取給保定等七府及山東、山西、河南三省，而京差官長班則取辦順天一府，民重困，宜改徵如京班法。五蠲夫價以均恩例。言運薪與採薪，本同一事，今既罷採，則運夫宜併免。疏下所司，議：獨長班難從改徵，止於本府歲輸兵部羨銀内通融代僱，而運薪夫價已徵者輸納，未徵者通七府免之，他皆可。詔如議行。

（世宗嘉靖實録卷16　第4頁　16.3.0506）

121　**七月丙辰**　兵部議：各營衛逃操官軍初犯再犯者，均如例責發，官降一級，發原伍操練，身後仍襲祖職；三四逃以上及盗官馬逃者，無論官軍，並如例，京衛調外衛，外衛調邊衛，官降二級，永從所調降，帶俸承襲。各坐營官及將領並衛掌印官，視歲中所逃有無多寡爲賞罰，仍限月中追捕〔按：館本捕作補，廣本閣本作捕〕。詔可，著爲例。

（世宗嘉靖實録卷16　第6頁　16.5.0509）

122　**七月丁巳**　通州羣盗白晝横行，道奪官軍馬，給事中張原以聞。詔切責守備兵備等官，仍令刻期捕絶，以贖前罪。

（世宗嘉靖實録卷16　第6頁　16.5.0510）

123　**七月壬戌**　復〔校記：閣本無復字〕增設武清縣主簿一員，從廵按御史王琳〔校記：抱本琳作林〕請也。

（世宗嘉靖實録卷16　第8頁　16.6.0512）

124　**八月庚辰**　命左春坊左諭德兼翰林侍讀温仁和、翰林院侍讀穆孔暉爲順天府考試官。賜宴於本府。

（世宗嘉靖實録卷17　第2頁　17.2.0521）

125　**八月癸未**　朝鮮國王李懌遣陪臣户曹參判申繼宗等賀萬壽聖節，禮曹參判尹希仍等賀尊上昭聖慈壽太后、莊肅皇后、壽安皇太后、興國太后徽號，各貢表文方物，命禮部宴賚如儀。

（世宗嘉靖實録卷17　第2頁　17.2.0521）

126　**八月丙戌**　遣順天府官祭宋丞相文天祥。

（世宗嘉靖實録卷17　第3頁　17.2.0522）

127　**九月甲辰朔**　以乾清、坤寧等宫成，賜工部左侍郎趙璜、右侍郎童瑞、都御史秦金、鄒文盛白金彩幣，璜及採木侍郎劉丙、陳雍各廕一子，送監讀書，督工給事中等官金瓚等，湖廣川貴左布政使等官周季鳳等各陞俸賞賚有差。

（世宗嘉靖實録卷 18　第 1 頁　18.1.0545）

128　九月戊申　修天地壇祭器。

（世宗嘉靖實録卷 18　第 2 頁　18.2.0547）

129　九月辛亥　朝鮮國進貢陪臣户曹參判申繼〔校記：東本繼作維〕宗病卒，賜諭祭備棺殮送歸本國，應領賞賚関付同來使臣給授其家。

（世宗嘉靖實録卷 18　第 3 頁　18.2.0548）

130　九月己未　賜巡撫順天右副都御史孟春、總兵馬永、管糧郎中顧天佑、兵備副使熊相各銀幣有差，以擒獲近京地方劇賊馬錫等功也。

（世宗嘉靖實録卷 18　第 4 頁　18.4.0551）

131　九月乙丑　陞分守居庸關等處以都指揮體統行事申大節爲署都指揮僉事，仍分守居庸關。

（世宗嘉靖實録卷 18　第 5 頁　18.5.0553）

132　九月己巳　是日五更，大風揚塵，晝晦。

（世宗嘉靖實録卷 18　第 7 頁　18.6.0556）

133　十月甲申　亥刻，直隸永平等府地震有聲，次日連震數次。

（世宗嘉靖實録卷 19　第 3 頁　19.3.0563）

134　十月壬辰　禮部類奏異災，得旨：上天示威，近日京師地震，各處地方灾異疊見，朕心警惕，與爾文武羣臣同加修省，以回天意。仍擇日遣官祭告天地、宗廟、社稷、山川。

（世宗嘉靖實録卷 19　第 5 頁　19.4.0566）

135　十月乙未　御史李儼言：我朝設立草場地畝，專爲牧放京營馬匹，每年四月下場，十月歸營，欲其膘壯，以備調征，兼以存省草料，在官誠爲良法。後因地畝寬濶，荒蕪可惜，已經會議差官丈量，築立封堆，界限明白，除與軍民租種外，每營存五十五頃，奮武等十二營存留六百六十七頃九十二畝，以資牧放。今稱盡行佃種，此非各營官私自召佃，必巡青人役盗賣或勢家占據，莫敢聲言，請差官逐一查明。果有侵欺，即將見年管收花利之人並營管等官治罪。兵部覆議，從之。

（世宗嘉靖實録卷19　第6頁　19.5.0568）

136　**十一月甲辰**　　薊州西煉金山礦賊起，總兵官馬永遣指揮康雄等剿平之，命康雄等築塞礦穴。

（世宗嘉靖實録卷20　第1頁　20.1.0573）

137　**十一月庚戌**　　命順天府齋戒祈雪。

（世宗嘉靖實録卷20　第5頁　20.4.0579）

138　**十一月己未**　　太僕寺卿劉麟言：順天、保定、河間三府原額馬户五萬二千四百有奇，今養馬及倒失占户者稍足原額，餘户不過四百，又最貧下不任役，解至馬匹無從寄養，兵部以爲養馬正役，自官吏監生生員陵户海户皆不得免。宜均派給養，以甦貧民〔校記：東本貧民作民困〕。上是之。

（世宗嘉靖實録卷20　第8頁　20.7.0585）

139　**十二月丙子**　　詔給還淳安大長公主故崇文門外莊園。先是，其地爲劉瑾侵占，瑾敗，皇店官校復規爲官園。至是，公主上書言之，因有是命。

（世宗嘉靖實録卷21　第1頁　21.1.0602）

140　**十二月己卯**　　御馬監太監閻洪等奏：勇士四衛二營見存馬止有一千八百九十三匹，視官軍額數不及十之三四，乞行太僕寺於順天府各屬州縣寄養馬内如數處補。下兵部，議選寄養馬一千匹與之，其領馬官軍仍依成化年間故事籍記姓名及關領年月，如有倒死二次者，照例責令賠補。從之。

（世宗嘉靖實録卷21　第3頁　21.2.0604）

141　**十二月癸未**　　時議擇壽安皇太后葬地，日久不〔按：館本不作未，三本東本作不〕決，文武大臣争言橡子嶺地形高敞，可以卜葬，而上意必欲附〔校記：廣本抱本東本附作祔〕近茂陵，已降旨集議者數矣。禮部尚書毛澄等雅知上孝思深至，不敢力争，因恃兩端以奏，上遂命擇日興工。大學士楊廷和等言，昔宋寧宗欲祔孝宗於裕思諸陵之旁，朱熹累書疏謂，祖塋之側，不當數興工作，驚動神靈。先年孝穆皇太后祔葬，與憲廟玄宫同時掩土，其後孝貞皇太后亦不過開壙卽葬，今欲祔壽安皇太后於茂陵左右，旋開金井，大興土工〔按：館本工作功，東本作工〕，憲祖〔校記：東本祖作宗〕在天之靈能自安乎？且其襟抱疏洩，利害所關不細，臣等知而不言，是爲負國，請如原議，卜宅橡子嶺便。上猶豫未允〔校記：東本允作決〕，命禮部欽天監再行看擇茂陵近地，會官定議可否，具奏。

（世宗嘉靖實録卷 21　第 4 頁　21.3.0606）

142　**十二月辛卯**　命户部以寶坻縣李子沽莊仍給還仁壽宫〔校記：抱本原作宫，後改作公主〕。

（世宗嘉靖實録卷 21　第 12 頁　21.10.0619）

143　**十二月癸巳**　順天府府尹萬鏜奏：弘治間定各州縣計畝徵銀之法，軍需料價俱從此出，其文武職官及諸當優免者，止免人丁，不及地畝。近來差繁賦重，援例投充及陵墳海户，一概優免，偏累小民，逃亡殆盡，請申明舊制，以甦民困。户部覆議，請如鏜奏，申明均徵地畝之法及禁約各陵户不得倚内臣聲勢，規免地税，沮撓縣官。上〔校記：上上有疏入二字〕曰然。今後順天府所屬州縣編審均徭，仍酌量人丁地畝，兼徵銀兩。應免之家，照例止免人丁，不得濫將田畝一概折免。

（世宗嘉靖實録卷 21　第 12 頁　21.10.0619）

144　**十二月甲午**　上壽安皇太后謚爲“孝惠康肅温仁懿順協天祐聖皇后”。更定葬地於茂陵玄宫之右，命所司擇日興工。從侍郎賈詠等奏也。

（世宗嘉靖實録卷 21　第 12 頁　21.10.0620）

145 **十二月丁酉** 印綬監左少監谷岫，正德中差管楊村皇莊，科擾生事，侵占民田，爲有司所發。下言官核實有驗，上命逮其家人谷經等鞫之。候問明併奏地畝當入官者召民開種，徵銀解部。

（世宗嘉靖實録卷 21 第 13 頁 21.11.0622）

146 **十二月壬寅** 命工部右侍郎童瑞不妨部事往來督修京通二倉。

（世宗嘉靖實録卷 21 第 16 頁 21.13.0626）

147 **十二月** 是歳……漕運米四百萬石，内除改折四十四萬石，實運米三百五十六萬石。

（世宗嘉靖實録卷 21 第 18 頁 21.15.0629）

嘉靖二年（1523）

148 **正月己酉** 朝鮮國王李懌遣陪臣申公濟等奉表具方物入賀正旦，復遣陪臣孔瑞麟等貢馬，並賜宴給賞如例。

（世宗嘉靖實録卷 22 第 1 頁 22.1.0632）

149 **正月乙卯** 是日立春。順天府官進春如常儀。

（世宗嘉靖實録卷 22 第 5 頁 22.4.0638）

150 **正月丙辰** 以是月十九日壽安皇太后山陵興工，遣壽寧侯張鶴齡、建昌侯張延齡、都督同知陳萬言分祭長陵、獻陵、景陵、裕陵、茂陵、泰陵、康陵，工部尚書趙璜祭天壽山后土之神，内官太監陳江祭司工之神。

（世宗嘉靖實録卷 22 第 5 頁 22.4.0638）

151 **正月癸亥** 招〔校記：三本招作詔〕募兵三百人守居庸關常峪城，從御史李儼請也。

（世宗嘉靖實録卷 22 第 8 頁 22.7.0643）

152 **正月辛未** 朝鮮國王李懌遣陪臣李思鈞等二十九人奉表具方物、馬匹進賀册立中宫，賜宴並給賞襲衣彩段絹布有差。

（世宗嘉靖實録卷 22 第 11 頁 22.9.0648）

153 **二月乙亥** 兵科給事中等官夏言等以查勘莊田事畢，因陳四事。其一言：祖宗以來，各官原無莊田，天順間始立順義莊田一處，其後增設漸多。以宫壼之貴，下與閭閻争利，似爲不雅。請以負郭大興縣莊田改爲各宫親蠶廠公桑園，仍勑禮部具皇后親蠶儀以進，其餘一切改爲官地，給民佃種，歲輸子粒銀兩，户部轉解承運庫，分進各宫，以充支用。其二言：勳戚憑藉寵暱奏對無厭，如慶陽伯夏臣等得地至萬三千八百餘頃，多受奸民投獻，侵奪民業。請查累朝皇親侯伯賜田多寡，定爲中制，量給養贍，過制者一切裁革〔校記：廣本閣本革作減〕。其三言：查勘過各項田土，俱是退給侵牟開豁荒鹻，覈實之數，請一準〔按：館本準作准，三本作準，是也〕新册移文所司，出給由帖執照，以便徵收。其四言：山東河南等處奉例開墾之地，多被姦徒投獻王府及諸勢家，宜一體差官查勘禁革。户部覆議謂：親蠶廠公桑園，原無舊（按：館本舊作葛，三本作舊，是也〕制，即今皇城之内，地多空閑，乞勑司禮監查處植桑，以供蠶事，俟禮部議奏，舉行親蠶之典。山東、河南方以剿賊用兵，差官未便，合行榜諭禁革，其餘皆宜如給事中言。得旨〔按：館本旨作頁，三本作旨，是也〕：各宫莊田子粒銀兩仍辦納解部，年終類進，應用頃畝數目，止照新册改爲官地，不必稱皇莊名目，皇親侯伯及在外王府莊田，除見今管業不動外，以後不許妄受投獻，侵佔民業。夏臣等姑置之，禁革奸猾勢要事宜如擬，曉諭懲治。其親蠶處所，禮部議處以聞。後〔按：館本後作役，三本作後，是也〕禮部覆議：皇城西苑隙地宜桑，且合唐苑中之制，請建蠶〔校記：廣本閣本蠶下有室字〕於此。詔姑已之。

（世宗嘉靖實録卷 23 第 1 頁 23.1.0651）

154　**二月戊寅**　提督巡撫參將桂勇以流賊猖獗，恐潛奔京師，請添撥官軍以備巡警。兵部議：增撥團營官軍二千，分布巡邏。從之。

兵部以大同虜警，請行宣、大、山西鎮巡官，各督所屬，嚴加提備。又以宣、大與山西三關脣齒之地，事權不一，請改勑侍郎臧鳳提督宣、大並山西三關及紫荆、倒馬、居庸等關、黄花等鎮，鎮巡以下俱聽節制，督同戰守，毋偏執違拗。從之。仍命巡按御史查勘以聞。

（世宗嘉靖實録卷23　第3頁　23.1.0654）

155　**二月甲申**　遣順天府官祭宋丞相文天祥。

復除服闋順天府府丞黄鍾原職。命添註管事。

（世宗嘉靖實録卷23　第6頁　23.5.0660）

156　**二月丙申**　孝惠皇太后梓宮至山陵。遣成國公朱輔、武定侯郭勳、鎮遠侯顧仕隆、豐城侯李旻祭告后土並天壽山及長陵、獻陵、景陵、裕陵、茂陵、泰陵、康陵。是日奉梓宮葬茂陵畢，輔等以仍各祭告如儀。

（世宗嘉靖實録卷23　第15頁　23.13.0675）

157　**二月辛丑**　命工部修濬德勝門東至朝陽門北城垣河道。

（世宗嘉靖實録卷23　第17頁　23.14.0677）

158　**三月癸卯**　初，景皇帝陵及申懿王等墳供祀柴薪，取辦有司，民甚苦之。順天巡撫孟春建議令陵户自備。已而可其奏，而司香内使張允鳳又乞如舊例歸有司，復從之。

（世宗嘉靖實録卷24　第2頁　24.1.0680）

159　**三月戊申**　旱，命順天府祈雨。

（世宗嘉靖實録卷24　第3頁　24.2.0682）

160　**三月戊申**　換給鴻臚寺進山關防及中西南三兵馬司、順天府都税司、大興縣遞運所、陽穀縣、衡州府永豐倉印記。

（世宗嘉靖實録卷24　第3頁　24.2.0682）

161 **三月己酉** 國子監祭酒趙永再乞致仕，不允。

（世宗嘉靖實録卷 24 第 3 頁 24.3.0683）

162 **三月庚戌** 御史向信言：大通橋至張家灣舊有廣利等八閘，今宜修復，以紓民陸輓之苦……工部議：行河道侍郎相度以聞。從之。

（世宗嘉靖實録卷 24 第 4 頁 24.3.0683）

163 **三月庚戌** 中軍都督府帶俸都督同知陳萬言以賜第近教坊，疏辭。許之，命工部改給西安門外第一區。

（世宗嘉靖實録卷 24 第 4 頁 24.3.0683）

164 **三月壬子** 改四川左布政使張璉爲順天府府尹。

（世宗嘉靖實録卷 24 第 4 頁 24.4.0685）

165 **三月乙卯** 上御奉天殿，策試舉人李舜臣等。

（世宗嘉靖實録卷 24 第 5 頁 24.4.0686）

166 **三月戊午** 賜進士姚淶等四百十人及第、出身有差。

（世宗嘉靖實録卷 24 第 7 頁 24.6.0690）

167 **三月庚申** 司禮監右監丞王敏請以宛平縣民地一頃三十四畝爲順義郡主墳園。户部言非制，不當與。上從部議。

（世宗嘉靖實録卷 24 第 8 頁 24.7.0691）

168 **四月戊寅** 巡按御史王鈞言：山後地多〔按：館本多作方，抱本閣本作多〕産榛子，而長陵等監占爲榛廠，請罷之以資官軍……上命……管理榛廠官勿侵民利。

（世宗嘉靖實録卷 25 第 4 頁 25.4.0709）

169 **四月庚辰** 工部以修省故，酌議諸工作緩急以請。上可其議，命城垣、城濠修濬如故。勑提督官刻期完工，盡罷諸不急者。

（世宗嘉靖實録卷 25 第 5 頁 25.4.0709）

170 **四月甲申** 先是，皇親陳萬言辭黄華〔校記：廣本華作花〕坊賜第，有旨卜之西安門外。工科給事中鄭自璧等言：西安門外新宅，已官鬻之民，不宜奪與萬言，時方修省，亦不宜妄興土木，且近所藉入第宅皆可予，何必新宅？萬言復以爲請，工部尚書趙璜等議以西直門内張雄宅給之，可節省財力，上竟賜第西安門外。於是給事中安磐、余瑾等、御史屠𡍼等連章言寵遇不宜太過，疏皆報聞。

（世宗嘉靖實録卷 25　第 7 頁　25.5.0712）

171　**四月丁亥**　　户部條上修省事。……一言畿輔大旱無麥，請自光禄寺正供外凡應輸内外諸倉場者，順天全免，保定等七府及河南山東本折相半，以寬民力。……一言京師米騰踊，宜以閏四月折色改本色，仍預令官軍支京倉八月俸糧以平其價。一言畿輔窮困甚于各省。積逋宜皆緩征。……上深以爲然。詔如議行。

（世宗嘉靖實録卷 25　第 9 頁　25.7.0715）

172　**四月丁亥**　　御馬監太監閻洪奏請外豹房永安莊地。户部言：此地故皆永清右衛屯田，洪熙間以半爲仁壽宫莊，其半以給太清觀道士，弘治中改給指揮趙良。先帝始以外豹房地内官司創廨宇其中，臣等奉詔撤毁，令故道士及百户趙愷分佃輸税，以資屯糧，業已處分，而洪欲私其地，仍以外豹房爲請。夫先帝以豹房之故遺禍無窮，幸奉明詔革除，而洪等仍欲修復，以開遊獵之端，非臣等所願聞也。臣請悉還之原衛，徵屯田子粒，以助軍餉，庶可永除禍本。詔：以地十頃納豹房，餘令道士及趙愷分佃如故。

（世宗嘉靖實録卷 25　第 9 頁　25.7.0716）

173　**四月庚寅**　　兵部言：順天、保定、河間三府所屬州縣買補倒失馬匹不及五分者，請如例奪正官俸。從之。

（世宗嘉靖實録卷 25　第 10 頁　25.9.0719）

174　**四月辛卯**　　給事中汪應軫等請革京城舖户，言：古者徙豪傑以實京師，我朝亦有富户，皆重根本，至於和買之法，則自宋南渡始，殊非善政，今和買不給直，獨累京城，以戕根本，其不善尤有甚焉，臣以爲革之便。如不可，則宜照例給價，務在兩平。下户部，覆言，累朝舊規及《會典》所載，和買必多其直，正德以來始取物於市，而今領於官，使民損貲失業，困極生怨，今舖户卒未可革。請令户工二部，凡辦物料，皆當先給以價。從之。

（世宗嘉靖實録卷 25　第 11 頁　25.9.0720）

175　四月辛卯　兵部請疏通寄養馬匹，言：順天諸府馬户數寡，無從寄養，而團營官軍方缺騎操，請以三千匹給之，令善牧養，無致倒失。仍勑提督少卿趣解今年四月以前椿朋銀，既徵者貯寺庫，以備買馬。從之。

（世宗嘉靖實録卷 25　第 12 頁　25.10.0721）

176　四月辛卯　兵部覆御史陳伯諒所言京營大弊六事：一，謂祖宗設草場資牧放，其後量予耕者以爲稍入，而侵牟相仍，請下原遣御史及總兵官通查三大營草場，按〔按：館本按作安，閣本作按，是也〕籍履畝，覈其佃種存留，並徵收子粒之數及各營教場菜園地租，或侵欺有收者，具報以俟奏處〔按：館本處作報，廣本閣本作處〕。一，謂外衛京操班軍坐營〔按：館本無營字，廣本閣本有營字〕把總等，利其行糧，常私放容隱，請自今班軍到部，令司官照册驗實送營，諸營仍聽科道點視，以革賣放之弊。一，謂諸營提督以下多占軍伴者，宜皆省入隊伍，以欽定各數爲籍，額外占役者黜降，參奏如法。一，謂營官所揀用識字人役。妄稱掾房主文，倚勢爲奸。宜自奏用書掾外，悉還營伍，容留者罪之。一，謂諸營各有椿朋銀收貯買馬，其後團營送太僕寺，率銀十兩兑一馬，著爲例。今三大營宜如舊自行買補，團營按季登籍，以倒失馬匹追補椿朋之數，送部考閱。一，謂諸營遇科道至，輒以他伍併入，取具一時，積弊已久，宜令諸營疏記食糧官軍舍餘及外衛官軍（按：館本舍下無餘及外衛官軍六字，廣本閣本有此六字）已到班者，備著册籍，聽科道點〔按：館本點作黜，三本作點〕視。議上，上以兵營重務，命尚書彭澤會同提督官同心督理，以副委任。諸侵欺賣放私役濫充之弊，務令禁革，不得姑息容隱。餘皆如議行之。

（世宗嘉靖實録卷 25　第 13 頁　25.10.0722）

177　**四月乙丑**　會試天下武舉，取三十人，賜宴於中軍都督府。

（世宗嘉靖實録卷 25　第 15 頁　25.13.0728）

178　**四月戊戌**　朝鮮國遣使入貢凡四十餘人，及辭朝太半不至，命逮問序班趙文用等。其朝鮮通事金山海等，奉使不謹，命禮部宣諭國王知〔校記：廣本閣本知作治〕之。

（世宗嘉靖實録卷 25　第 16 頁　25.14.0729）

179　**閏四月壬寅**　先是，内官監太監崔文督修九〔按：館本無督修九三字，廣本閣本有此三字〕門城濠，日役三萬人，經歲不竣。工科給事中胡汭言：此皆監工等官故延引歲月，乾没錢糧，宜定限令〔校記：三本令作今，是也〕月内竣工。報可。

（世宗嘉靖實録卷 26　第 1 頁　26.1.0731）

180　**閏四月乙卯**　密雲兵備副使熊相奏：薊州三河等處官軍乏馬，詔以太僕寺寄養馬匹〔按：館本無匹字，廣本閣本有匹〕給之，薊州一百匹，三河六十匹。

（世宗嘉靖實録卷 26　第 7 頁　26.6.0741）

181　**閏四月戊辰**　調補宣城伯衛錞於奮武營，都督僉事張瓚於耀武營，署都指揮僉事申錫於五軍營圍子手，俱各坐營管操。

（世宗嘉靖實録卷 26　第 12 頁　26.10.0749）

182　**五月庚午朔**　虜犯密雲，入石塘嶺，殺指揮殷隆〔按：館本作隆殷，廣本東本作殷隆〕而下四人。事聞，得旨：左參將霍汝忠以失奏報逮治，仍責讓巡撫都御史孟春、鎮守總兵官馬永等，令各以狀對。

（世宗嘉靖實録卷 27　第 1 頁　27.1.0751）

183　**五月戊寅**　卯時雷雨交作，擊觀象臺候風杆連石座，碎之。

（世宗嘉靖實録卷 27 第 3 頁 27.3.0755）

184 **五月壬午** 以江彬、錢寧入官房及故保安寺改爲〔按：館本爲作馮，三本東本作爲〕燕山府軍等衛〔按：館本作衛等，廣本東本作等衛，是也〕凡十五所。

（世宗嘉靖實録卷 27 第 6 頁 27.5.0759）

185 **五月丁亥** 朝鮮國王李懌遣陪臣工曹判官趙原紀等疏慰進香，賜宴給鈔幣有差。

（世宗嘉靖實録卷 27 第 6 頁 27.5.0760）

186 **六月甲寅** 日本國夷人宗設謙導齎方物來貢〔按：館本無貢字，廣本閣本東本有貢字，是也〕，已而瑞佐宋素卿等後至，泊浙之寧波，互爭真僞，佐被設等殺死。素卿竄慈谿。放火大掠，殺虜指揮劉錦、袁璡，蹂躪寧、紹間，遂奪船〔按：館本船作舡，三本作船〕出海去。巡按御史以聞。得旨：切責巡視守巡等官，先事〔按：館本事作是，三本東本作事，是也〕不能預防，臨事不能擒剿，姑奪俸。令鎮巡官即督所屬調兵追捕，並核失事情罪以聞。其入貢當否事宜，下禮部議報。

（世宗嘉靖實録卷 28 第 4 頁 28.4.0773）

187 **六月丙辰** 詔增順天府學廩膳生員二十名，每年貢二人。

（世宗嘉靖實録卷 28 第 5 頁 28.5.0775）

188 **六月乙丑** 以順天府府尹〔校記：東本作府丞〕張璡爲都察院右副都御史，巡撫遼東地方兼贊理軍務。

（世宗嘉靖實録卷 28 第 7 頁 28.6.0777）

189 **六月乙丑** 先是，慶陽伯夏臣母夫人棨氏以莊田在保定廣平，奉詔當還民，乞令如舊經營。上命以〔按：館本無以字，閣本東本有以字〕昌平州樓子莊房地並安定門外没官田土給諭之，復諭户部再括空地以聞。部臣言：夏臣禄米歲支一千石，見管莊田共〔按：館本共作其：廣本閣本東本作共〕六百一十三頃，歲用有餘，不宜濫與以益其富。上復命〔按：館本作命復，廣本閣本東本作復命〕如前旨。給事中張鋌等言：括地之旨與登極初詔有違，乞寢其命。不允。

（世宗嘉靖實録卷 28　第 7 頁　28.6.0777）

190　**六月乙丑**　　陞金吾左衛署指揮使楊昇爲署都指揮僉事，充參將分守居庸關。

（世宗嘉靖實録卷 28　第 7 頁　28.6.0778）

191　**六月丁卯**　　禮部覆：日本夷人宋素卿來朝，勘合乃孝廟時所降，其武廟時勘合稱爲宗設奪去，梁〔按：館本梁作恐〕其言未可信，不宜容其入朝，但二夷相殺，釁起宗設，而宋素卿之黨被殺甚衆，雖素卿以華從夷事在幼年，而長知效順，已蒙武宗宥免，毋容再問，惟令鎮巡等官省諭素卿回國，移咨國王，令其查明勘合自行究治，待當貢之年奏請議處。既而給事中張翀、御史熊蘭等言：各夷懷奸讐殺，事干犯順，乞明正〔按：館本無正字，廣本閣本東本有正字〕其罪。上命繫宋素卿及宗設夷黨於獄，待報論決，仍令鎮巡官詳鞫各夷情僞以聞。

（世宗嘉靖實録録 28　第 8 頁　28.7.0779）

192　**七月辛未**　　以山東布政司左〔按：館本無左字，廣本閣本有左字，是也〕布政使王軏爲順天府府尹。

（世宗嘉靖實録卷 29　第 1 頁　29.1.0781）

193　**七月戊寅**　　户部尚書孫交言：京通二倉糧米久貯，未免虧折，故計石米加三升，然放支不齊，豈容執一？臣等議，欲以年爲限，貯一年去所加米一升，盡三升而止。其早發未盡去者，俱入實額待用，乞著爲例。從之。

（世宗嘉靖實録卷 29　第 3 頁　29.2.0784）

194　**七月己卯**　　管理軍器局太監吕通言：兵部題准存留軍匠二千九百四十七人，今惟一百九十一人應役，恐工作難就，軍器缺乏，乞命在京各衛亟補。但無籍之徒易於散逸，今宜量裁虚數，計名責實。從之。

（世宗嘉靖實録卷 29　第 4 頁　29.2.0785）

195　七月壬午　逮工部營繕清吏司郎中葉寬、員外郎翟璘下詔獄考〔校記：廣本考作拷〕訊。初，上賜都督同知陳萬言宅於西安門外〔按：館本無外字，廣本閣本東本有外字〕，命工部亟與修葺。工〔按：館本工作二，廣本閣本東本作工〕部言：其地逼近宸居，高廣踰制，宜裁革其半。旨未下，萬言恐不全給，佯具疏辭，且言丈量規畫初皆寬、璘主之，上怒，遂有是命。

（世宗嘉靖實録卷 29　第 4 頁　29.4.0787）

196　七月丙申　宴朝鮮國進賀使臣崔漢洪等。

（世宗嘉靖實録卷 29　第 8 頁　29.7.0793）

197　八月癸卯　順天、保定、永平、河間四府所轄十州六十縣皆以旱災詔蠲今年租有差。

（世宗嘉靖實録卷 30　第 5 頁　30.4.0801）

198　八月丁未　朝鮮國王李懌遣漢城府左尹崔漢洪等來賀，並獻方物，賜宴及綵幣、金織衣、鈔錠等物有差。

（世宗嘉靖實録録 30　第 6 頁　30.5.0803）

199　八月庚戌　遣順天府官祭宋丞相文天祥。

（世宗嘉靖實録卷 30　第 6 頁　30.5.0803）

200　八月癸丑　上命修乾清宫北一府。内官監太監陳林言：見役軍匠二千三百有奇，乞月給米鹽。户部覆議：府第損壞不多，增造穿堂儀門何至役人二千三百？若謂事不容已，亦須立限完報。上命立限完報，不許妄費財力。〔按：此條館本佚，閣本存。〕

（世宗嘉靖實録卷 30　第 6 頁）

201　八月丙辰　賜宛平、大興二縣孤老四千七百三十餘人人〔按：館本人下無人字，三本東本人下有人字，是也〕布一疋。

（世宗嘉靖實録卷 30　第 7 頁　30.6.0805）

202　**八月乙丑**　國子監祭酒趙永自陳年衰，且監事煩冗，乞辭兼日講，許之。〔按：此條館本佚，三本存〕

（世宗嘉靖實録卷 30　第 9 頁）

203　**八月丁卯**　陞……順天府府丞王堯封爲都察院右僉都御史……堯封巡撫山東。〔按：此段館本佚，三本存〕

（世宗嘉靖實録卷 30　第 10 頁）

204　**九月庚午**　陞湖廣道監察御史張仲賢爲順天府府丞。

（世宗嘉靖實録卷 31　第 2 頁　31.1.0812）

205　**九月癸酉**　舊例，上林苑地聽牲户開墾爲業，惟育牲種蔬以供上用，不收子粒。弘治間太監寧誠始畝科銀三分，嘉靖改元，詔革去。至是，以監臣奏復〔按：館本復作後，三本作復，是也〕命徵收。户部參奏：各府内官始則侵民田爲牲〔按：館本牲作牧，廣本閣本作牲，是也〕地，終則侵民田爲己業，觀其設心，不盡逐四署之民，而專取〔按：館本取作聚，閣本作取，是也〕一己之利〔按：館本利作例，三本作利，是也〕不已也！，宜恪守前旨，追寢近批，以安人心。不報。

（世宗嘉靖實録卷 31　第 3 頁　31.2.0814）

206　**九月癸酉**　撒馬兒罕並土魯番〔按：館本番下有併字，廣本無〕、天方等國番王頭目宰納等，各備馬駝方物差使臣士魯孫等來貢，賜宴並綵段、絹布，其存留甘州者遣通事賚送驗賞，並回賜番王頭目禮物，令該使領回給與。

（世宗嘉靖實録卷 31　第 3 頁　31.3.0815）

207　**九月戊寅**　修觀星臺占風杆及渾天儀簡儀。

（世宗嘉靖實録卷 31　第 6 頁　31.5.0819）

208　**九月辛巳**　順天府遵化縣地震有聲。〔按：此段館本佚，廣本閣本存〕

（世宗嘉靖實録録 31　第 6 頁）

209　**九月壬午**　虜入密雲白厓厰等處，殺虜男婦十餘人〔按：

館本無人字，廣本閣本有人〕，馬騾牛驢三十餘頭匹。

（世宗嘉靖實録卷 31　第 7 頁　31.6.0822）

210　**九月己丑**　　給密雲地方官軍二千二百六十七員各胖襖袴鞋一副。

（世宗嘉靖實録卷 31　第 10 頁　31.8.0825）

211　**九月辛卯**　　工科給事中解一貫等奉勑查勘馬房土地竣，奏將踏查過牧放官場築立封堆，永爲遵守，軍民産業、勳戚莊田給還承管；及參太監谷大用李璽樹〔按：館本樹作封，廣本閣本作樹，是也〕黨蠹政，奪産殃民，宜明正典刑；及接管太監楊金等經收〔按：館本收作狀，廣本閣本作收〕太監杜堂等，並巡青千户陳瑾等通行逮治；仍乞裁減御馬監管場官，聽監督馬房主事徵收〔按：館本收作牧，廣本閣本作收〕子粒，召買糧料支用，盡革歳派送監草料，以備各邊緊急奏討。户部如其言覆請，得旨：御馬草場依新册仍着本監管理，歳收銀兩准作修理等項支用。清出地土莊田，依擬給主。谷大用亂政害人，本當問究，但念迎請勤勞，姑貰〔按：館本貰作貫，廣本閣本作貰，是也〕之，仍降二級，仍舊司香。李璽並楊金〔校記：抱本金作言〕、杜堂等都免提。陳瑾等各罰俸二年。

（世宗嘉靖實録卷 31　第 11 頁　31.8.0826）

212　**九月癸巳**　　撥五軍三千神機營官軍八千名於皇親陳萬言工所應役。

（世宗嘉靖實録卷 31　第 11 頁　31.9.0828）

213　**十月甲辰**　　先是，順天府府丞萬鏜奏請蠲所屬積欠惜薪司夫價，奉旨，催解已徵者，蠲其在民者。至是該司太監李清奏：前項夫價積欠數多，致累本司，乞行照舊督解工部如前旨。議覆：詔正德十五年以前欠數逐年帶徵，十六年以後者，嚴限追解。

（世宗嘉靖實録卷 32　第 2 頁　32.2.0835）

214 **十月己酉** 兵部奏：京邊腹裏營伍多缺，虜患盜情不時奏報，乞行嚴覈。命在內則京營科道並該部委官，在外則撫按清軍官各督屬查補清解，有受財故縱隱匿私役者，住俸、提問、罰班、調衛俱如例行，騰驤四衛及錦衣衛不必查點。五府各衛在逃日久，照前旨准自首復役。從之〔按：館本作之從，三本作從之，是也〕。

（世宗嘉靖實録卷 32 第 5 頁 32.4.0839）

215 **十月辛酉** 兵部覆提督團營太監張忠奏復舊規實營伍事，請遵照舊旨，各行該官司依限着實舉行，不許虛應故事。上是之，仍命各都督府嚴督所屬各衛查補老疾病故原額。

（世宗嘉靖實録卷 32 第 7 頁 32.6.0843）

216 **十月辛酉** 西番滿速兒等王差使臣速壇虎力獻還被虜人十口，並備方物來貢。

（世宗嘉靖實録卷 32 第 7 頁 32.6.0844）

217 **十月丙寅** 朝鮮國俘獲倭夷二名，審係進貢至浙自相構殺拒敵官兵者。國王李懌遣陪臣刑曹參判成洗〔按：館本無洗字，廣本閣本有洗字〕昌執以來獻並倭人首級三十三顆，及送回被虜中國人八名。上嘉其忠順，命寫勑褒諭，賜銀百兩，錦四段，紵絲十二表裏，使臣及領兵官俱賚銀幣有差。

（世宗嘉靖實録卷 32 第 9 頁 32.7.0846）

218 **十一月壬申** 淳安大長公主奏討没入犯人王準房屋。工部謂已奉欽依變賣，以備修理各工支用，若複給賜，工役將何措辦，且駙馬都尉蔡震〔按：館本震作宸，閣本作震，是也〕已奏討三里河園地房屋，今已數月，復爾陳乞，宜勿與。詔從部議。

（世宗嘉靖實録卷 33 第 2 頁 33.1.0848）

219 **十一月戊寅** 撒馬兒罕並土魯番哈密衛番王頭目可春等遣滿剌撓憤等來貢馬及方物，賜綵段、金織衣、絹鈔有差。

（世宗嘉靖實録卷 33 第 3 頁 33.2.0850）

220　十一月甲申　　建昌侯張延齡強占宛平縣民孫名地土〔按：館本作土地，廣本閣本作地土〕，名訴〔按：館本訴作詞，廣本閣本作訴〕法司未理。兵科給事中張原論延齡恣横不法，因言，定國公徐光祚子並玉田伯昌化伯家各張皇聲勢，擅作威福，並乞痛加裁抑。章下所司，刑部覆言：延齡事先已行都察院問理，玉田伯昌化伯事無指實，惟徐光祚之子宜查提究問。從之。

（世宗嘉靖實録卷 33　第 4 頁　33.4.0853）

221　十一月甲申　　工科給事中解一貫以營皇親陳萬言第宅窮極壯麗，財力不堪，疏乞隨宜取用木植，章下所司。

（世宗嘉靖實録卷 33　第 5 頁　33.4.0853）

222　十一月乙酉　　以順天府薊州等州縣及鎮朔等衛所水旱蝗災，蠲税有差。

（世宗嘉靖實録卷 33　第 5 頁　33.4.0853）

223　十一月乙酉　　御馬監以勇士營隨駕勇士馬匹不足，欲行太僕寺調取。兵部言：本監兑過馬匹，足備騎操，似難再給，但稱省牲在邇，請將順天府所屬寄養者挨次選五百匹暫給之，並行領馬官勇士不許任情選擇，其各營倒失者仍行提督營馬少卿追賠，無姑息以致損耗。從之。

（世宗嘉靖實録卷 33　第 5 頁　33.4.0853）

224　十二月辛丑　　陞順天府巡撫都察院右副都御史孟春爲户部右侍郎，總督倉場。

（世宗嘉靖實録卷 34　第 1 頁　34.1.0861）

225　十二月丙午　　陞陝西左布政使劉澤爲都察院右副都御史，整飭薊州邊備兼巡撫順天地方。

（世宗嘉靖實録卷 34　第 4 頁　31.3.0866）

226　十二月丁巳　　賜朝鮮國王嘉靖三年《大統曆》百本。

（世宗嘉靖實録卷 34　第 9 頁　34.7.0874）

227　十二月己未　　宴撒馬兒罕等地面夷使火者馬黑麻寫亦打

黑麻滿剌揑慎等土魯番並哈密夷使速壇虎力等一百三十四名。

（世宗嘉靖實録卷 34　第 9 頁　34.8.0875）

228　十二月戊午　　立春。順天府官奏進春如常儀，以災傷暫免賜百官春。

（世宗嘉靖實録卷 34　第 9 頁　34.8.0875）

嘉靖三年（1524）

229　正月丙寅朔　　朝鮮國王李懌差陪臣禮曹參判崔重洪等朝賀貢馬及方物，賜宴並襲衣、綵段、絹布有差。

（世宗嘉靖實録卷 35　第 1 頁　35.1.0881）

230　正月辛卯　　監察御史張景華言：團營草場本爲牧馬而設，近被指揮王翱、高澤、蓋彪等乘機規利，將徵收子粒銀兩揑報侵費。下兵部議，詔遣景華同户部主事馮轍、兵部主事王德明、團營靖遠伯王瑾勘處，將各營草場、頃畝子粒銀數並節年侵漁員役備細查覈條例以聞。因議：近京〔按：館本京作今，三本作京〕膏腴，半爲牧地，軍民賦役繁重，前都御史李貢建言，將荒閒〔按：館本閒作閑，廣本閣本作閒〕地土招人耕種，徵租以助買馬，本救弊善策也。今乃轉爲各營妄費之資，法紀安在?，宜行各巡撫督，令順天、保定二府嚴行所屬，將子粒銀兩隨糧徵收解部，轉發太僕寺貯備買馬。兵部覆，如議。上以草場地土既已勘明，王翱、高澤、蓋彪等事遠人衆，姑宥之。子粒徵納，俱照舊行。

（世宗嘉靖實録卷 35　第 6 頁　35.5.0889）

231　二月己亥　　御史張景華言：臣先奉命勘處團營牧馬草場、清查子粒銀數，頗盡積弊，事既舉行，乃置弗問，第令仍舊，然則何以遣臣爲也?且各官侵費，罪狀既明，令一概釋之，後將何憚?兵部亦言，各營子粒等銀遣官清查，歲得一萬五千餘兩，即量扣各營支費外，存者不下萬金，請發太僕寺貯以待易馬。俱不聽。

（世宗嘉靖實録卷 36　第 1 頁　36.1.0896）

232　**二月庚子**　調右軍都督府掌府事鎮遠侯顧仕隆掌中府事，提督三千營如故。

（世宗嘉靖實録卷 36　第 2 頁　36.2.0897）

233　**二月丁未**　勑内官監本監鄭潤鎮兩廣，而以張準代潤提督正陽等九門。……兵部言：各門提督官初詔裁革，今潤既遷去，例不當補。不聽。

（世宗嘉靖實録卷 36　第 4 頁　36.3.0900）

234　**二月壬子**　以南京協守保定侯梁永福提督五軍營操，清平伯吴傑、署都督僉事杭雄、都指揮同知麻循各坐〔按：館本坐作座，三本作坐，是也〕顯武、鼓勇、神機營管操。

（世宗嘉靖實録卷 36　第 6 頁　36.5.0904）

235　**二月辛酉**　以宣城伯提督神機營。

（世宗嘉靖實録卷 36　第 10 頁　36.8.0909）

236　**三月壬午**　命安鄉伯張坤、靖遠伯王瑾各營管操，坤奮武營，瑾神機營。

（世宗嘉靖實録卷 37　第 8 頁　37.6.0928）

237　**四月丙申**　順天府尹王軏報房山縣地震，因言：數月以來，震於諸藩、於南都，乃今於畿内。寢近城闕、陵寢，災莫大焉。意者，宫闈預政與？宧〔按：館本宧作官，三本作宧，是也〕寺涉權與？匪人進用與？民力勞瘁，兵荒相仍，九重深居，願加體察。上覽奏，責其狂〔按：館本狂作任，三本作狂，是也〕率，下所司知之。

（世宗嘉靖實録卷 38　第 1 頁　38.1.0949）

238　**四月壬寅**　琉球國中山王尚真遣長史金良等二十人來貢馬及方物，賜宴及綵幣、布鈔有差。

（世宗嘉靖實録卷 38　第 6 頁　38.4.0956）

239　**四月丙辰**　自正月不雨至於四月，命順天府祈禱。

（世宗嘉靖實録卷 38　第 16 頁　38.13.0973）

240　**四月丁巳**　詔修德勝門城垣，以工部左侍郎童瑞督役。

（世宗嘉靖實録卷 38　第 17 頁　38.13.0974）

241　**四月己未**　琉球國貢使金良等言：其國先有正議大夫鄭繩等，領送謝恩方物渡海，爲風所漂未至，而表文在此，請得先進遣還，禮部議可。詔從之。

（世宗嘉靖實録卷 38　第 17 頁　38.14.0975）

242　**四月甲子**　朝鮮國王李懌遣陪臣工曹判書申鏛等三十四人詣闕謝恩及方物，賜宴、頒賞如例。

（世宗嘉靖實録卷 38　第 19 頁　38.18.0983）

243　**五月壬申**　上定奉先殿西室名觀德殿奉安獻皇帝神主。仍命有司具儀以聞。

（世宗嘉靖實録卷 39　第 3 頁　39.3.0989）

244　**五月壬申**　補蔭行人黃乾亨孫懋允爲國子監生。先是，乾亨奉命册封滿剌加國王，舟覆海洋以歿，録蔭其子如金〔按：館本金作今，廣本閣本作金〕，既而中式，例得補蔭，詔從之。

（世宗嘉靖實録卷 39　第 3 頁　39.3.0989）

245　**五月壬午**　命工部尚書趙璜督理觀德殿工。

（世宗嘉靖實録卷 39　第 7 頁　39.6.0995）

246　**六月丁巳**　泰和伯陳萬言疏乞武清、東安二縣地各千餘頃，下户部，議言：二縣地皆歲輸入未央宫，非萬言所得請，不當許〔按：館本無許字，廣本閣本有許字〕。上命查二縣地〔校記：廣本地下有方字，誤〕與宫莊無與者給之。户部又言：臣等只按籍較閱，有無固難遥度，當令所遣主事王納言勘上。上命亟勘以聞。而另給萬言兒莊地〔校記：實録此處有脱誤，俟考〕四百六十二頃六十八畝，曹村橋地四十頃，重樓社青塚等村地二百五十頃九十三畝。於是保定巡撫劉麟、御史任洛咸言：前項地皆明詔所清查，豪强併吞，應給還小民者，不宜又奪與萬言。疏下所司知之。

（世宗嘉靖實録卷40　第11頁　40.10.1023）

247　**六月辛酉**　順天、保定、河間及徐州蝗，户部請勑有司捕蝗。上曰：蝗蝻損稼，小民艱食，朕心惻然。即令諸司悉計禳治之。仍覆災傷如例蠲免。

（世宗嘉靖實録卷40　第12頁　40.14.1032）

248　**六月壬戌**　改應天府尹聞淵爲順天府尹。

（世宗嘉靖實録卷40　第12頁　40.15.1033）

249　**七月戊辰**　先是，弘治初〔按：館本初作十，廣本閣本東本作初〕年，京城九門歲入税鈔六十六萬五千八十貫，錢二百八十八萬五千一百三十文，至二十年後，歲入鈔七十一萬五千八百二十貫，錢二百五〔校記：東本五下有十字〕萬四千三百文，及正德七年以迄嘉靖二年，則歲入鈔二百五十五萬八千九百二十貫，錢三百一十九萬三百六十六文，至是守門内官監少監王敬疏乞減免鈔錢，已奉旨如弘治年税例，敬復上疏言，崇文、朝陽、東直三門所税錢〔校記：廣本錢作鈔〕不足供，乞如弘治二十年例。下户部議。尚書秦金言：各門錢鈔，正以備光禄〔校記：抱本删正字。東本禄下有寺字〕諸司祭品之需，近詔如弘治年例，已減鈔一百八十九萬餘貫，錢三十萬五千餘文矣。王敬貪恣〔按：館本恣作之，廣本閣本東本作恣是也。抱本之作而〕無厭，又欲以弘治中年例行之，則私橐益充而公需必乏，惟上裁察。詔崇文等三門錢鈔如弘治初年數，仍減錢三十萬文。

（世宗嘉靖實録卷41　第2頁　41.2.1037）

250　**八月甲午**　朝鮮國王李懌差陪臣漢城府右尹方輸〔按：館本輸作輸，廣本閣本東本作輸〕等齎表文、方物賀萬壽聖節，賜宴並襲衣、綵段、布絹如例。

（世宗嘉靖實録卷42　第2頁　42.2.1089）

251　**八月辛丑**　以旱蝗災減免順天、永平、保定、河間四府各州縣夏税。

（世宗嘉靖實録卷 42　第 6 頁　42.6.1097）

252　**八月乙巳**　遣順天府官祭宋丞相文天祥。

（世宗嘉靖實録卷 42　第 7 頁　42.6.1098）

253　**八月丁未**　命武定侯郭勳揀〔按：館本揀作諌，三本東本作揀〕選奮武等十二營官軍一萬二千員名，以坐營官署都督杭雄、張輗、都指揮劉淮、焦倫充參將操演聽征。仍命太僕寺挑選寄養馬匹備給。

（世宗嘉靖實録卷 42　第 7 頁　42.6.1098）

254　**九月戊辰**　命給皇親玉田伯蔣輪〔按:館本蔣輪作將輪，三本作蔣輪〕獻縣及朝陽門外地九十頃〔按：館本頃作皆，三本作頃〕有奇，指揮蔣壽南皮及獻縣地四十三頃有奇，指揮文榮灤縣、昌平州等地三十七頃有奇，指揮張楫〔校記:抱本楫作揖，誤〕南宫、新河縣等地三十九頃有奇。

（世宗嘉靖實録卷 43　第 4 頁　43.4.1115）

255　**九月甲申**　户部言：仁壽、清寧、未央等宫及皇親功臣莊田及牧馬草場地皆有災傷，子粒銀並應減免，請下御史覈實，如民田事例，量爲蠲除。報可。

（世宗嘉靖實録卷 43　第 11 頁　43.9.1126）

256　**九月戊子**　命清平伯吴傑爲神機營坐營官。

（世宗嘉靖實録卷 43　第 14 頁　43.12.1132）

257　**十月丙申**　上以京營空虚，緩急無恃，諭兵部，令會同提督總兵，嚴核各營原額若干，在逃故絶役占各若干，亟條議處補事宜以聞。兵部以上意諭總兵官武定侯郭勳。奏言：臣頃奉諭遍覈安鄉伯張坤等所督一十二營，總計在京原額並外衛春秋二班十六司寄操官軍共三十六萬有奇，土木之變死亡過半，先臣于謙〔按：館本謙作兼，三本作謙，是也〕首發大議，稍稍募補，選其饒勇任戰者，團爲十二營，而汰其老弱别爲三營，以供洒掃之用，軍威復振。逮武宗朝，嬖〔按：館本嬖作璧，三本作嬖〕寵擅權，戎卒役於豪門，公儲入於私橐，冒濫乾没者不可勝計。皇上登極首詔裁革，營伍肅清，倉〔按：館本倉作滄，三本作倉〕庾稍實。但今亡者未還，絶者未補，視原額不及十之三四。請下廷臣集議，豫〔按：館本豫作預，廣本閣本作豫〕圖長策，上是之。命兵部務求足食足兵之要，博採衆議以聞。

（世宗嘉靖實録卷 44 第 2 頁 44.2.1137）

258 **十月丁未** 命咸寧侯仇鸞顯武營坐營管操〔按：館本操作事，廣本閣本作操〕，廣寧伯劉泰三千營坐司管操。

（世宗嘉靖實録卷 44 第 7 頁 44.5.1144）

259 **十月戊申** 駙馬都尉鄔景和爲永福長公主請七里海褡洵〔校記：抱本作塔甸〕地。户部言：公主賜地已踰千四百餘頃，前地不過三十餘頃，皆貧民佃以爲業，不當奪之。上從部議，報罷。

（世宗嘉靖實録卷 44 第 7 頁 44.6.1145）

260 **十月丙辰** 五軍左掖坐營官缺，兵部推晉寧伯劉岳、平江伯陳圭堪任。上命岳、圭仍送監讀書，以年幼故也。

（世宗嘉靖實録卷 44 第 11 頁 44.9.1151）

261 **十一月乙酉** 提督軍務侍郎胡瓚請發太僕寺寄養馬三千匹〔按：館本匹作疋，廣本閣本東本作匹〕馬價銀〔按：館本無銀字，廣本閣本有銀字〕三萬兩於宣府聽用。自京師距居庸關别置傳馬十匹馳報軍情。俱從之。

（世宗嘉靖實録卷 45 第 10 頁 45.9.1169）

262 **十一月丙戌** 提督團營武定侯郭勳條上七事，一新法令以壯國威。言營軍亡去，舊例止發册清勾，所轄官無得自捕〔按：館本捕作補，閣本東本作捕〕，故亡者往往遨遊都市，人莫之禁也。乞著令，凡把總管隊及原管官旗得捕逃軍，送兵部究治，且行巡視五城官督里〔按：館本里作理〕人緝告逋逃軍，匿不告者連坐。一定軍役以免逃避，言，衛所正軍得罪，亡者潛賂官吏，以户丁或次丁暫補，脱逃其軍，比事寧或遇赦，正軍乃自復役。又在外清勾者或以别姓冒補，號爲别軍，錯亂〔按：館本亂作辭，三本東本作亂〕行伍，不可究結。自〔按：館本自作事，廣本閣本東本作自，是也。抱本作嗣〕後正軍亡者繫其家，務獲乃已，毋許暫補。一查存留以補原額。言〔按：館本無言字，廣本閣本東本有言字〕永平、保定及南直隸河南、山東十七衛所京操軍，往以彼中多事，永平、保定留萬七千人，南直隸諸府留七千三百人暫備守禦，今事寧，宜各衛所悉如舊制，更番赴操。一選官軍舍餘以充營伍。言，官有舍人，軍有餘丁，弘治間曾選入團營操練，今行伍消耗，宜習按册籍閲舍餘，壯者發殫忠效〔按：館本效作効，廣本閣本作效〕義營及舍人營習武事，月給米四斗，有警調用，終其身勿勾補。一查宿弊以懲奸欺。言外衛軍赴操十二營者計十二萬有奇，頻年玩愒，有半至者，有不至者，移文促之，竟成虚具，乞差風力〔校記：閣本無風力二字〕給事中分行查究，令兵部設法催〔按：館本催作摧，三本作催〕解。一嚴馬政以革弊端。言，團營五軍營三千營、神機營馬，皆豁其耳以識〔按：館本識作職，抱本閣本作識〕之，防盗易也，頃見太僕寺孳生馬亦多豁耳，即混亂不便，宜禁。又諸軍飼馬，止用糟粕，京師多作燒酒，其糟粕甚病馬，請禁民毋作燒酒。一養將材以備任用。請令報襲舍人年十五以上，新襲武官指揮以下，俱選送京衛武學肄〔按：館本肄作受，閣本作肄〕業。武生習博士家業者，亦許歲貢一二，以示鼓舞之權。疏下，兵部覆勳所陳俱〔按：館本俱作具，三本東本作俱，是也〕可。獨薊州、保定拱衛京師所留班軍不必赴操。各衛班軍不至者，以領班軍官率〔按：館本率作卒，三本東本作率，是也〕用指揮行都指揮事，職卑無所嚴憚，且撫按官禁約，不許在外查點，故軍愈玩。今請以僉事都指揮官〔校記：廣本無官字〕領之，許以參提追捕〔按：館本捕作補，閣本作捕〕，令預期躬歷衛所，督促查核，撫按視賢者能者疏薦，科擾者參奏提問。又南直隸、河南、山東，舊有清軍御史，以災傷暫罷，今宜仍遣，不必遣給事中。得旨：軍士逃者，嚴限挨期挨捕〔校記：廣本捕作補〕清勾，例外役占者，促還原伍。選舍餘一事，該部再議以聞。燒酒毋禁，餘如議。已而，兵部覆，其選舍餘事，請如成化時例，案尺籍每三丁取一以充。得旨：命抽選二萬四千名，若各衙門旗校、匠厨、力勇見役及老弱者不許冒濫收補。

（世宗嘉靖實録卷 45　第 11 頁　45.9.1169）

263　十二月乙巳　　朝鮮國王李懌遣陪臣許淳進方物慶賀，賜金幣綵段、絹布、靴鞋有差。

（世宗嘉靖實録卷 46　第 5 頁　46.4.1182）

264　十二月丁未　　羽林前衛指揮使劉永昌奏：歲饑，京城内外，人當隆冬，時凍餓死者相望，乞賜議處。得旨：令巡城御史督兵馬司盡收入養濟院及旛桿、蠟蠋二寺〔按：館本寺作事，三本東本作寺〕，給與食米，有不拯〔按：館本拯作極，三本東本作拯，是也〕視及侵牟官錢米者，罪不宥。

（世宗嘉靖實録卷 46　第 5 頁　46.5.1184）

嘉靖四年（1525）

265　正月癸亥　　立春，順天府官進春。

（世宗嘉靖實録卷 47　第 2 頁　47.1.1196）

266　正月甲子　　賜朝鮮國進賀使臣朴豪等紵絲、綵段、絹布、鈔錠有差。〔按：此段文字館本佚，廣本閣本存〕

（世宗嘉靖實録卷 47　第 2 頁）

267　正月丁卯　　御史凃相言：京通二倉糧米必視經收先後以漸支放〔按：館本放作於，三本作放，是也〕，庶無腐爛之虞。邇來不然，蓋由各倉攢典有路遠家貧者，仰食〔按：館本食作給，廣本閣本作食〕於官，遲延數年可得徑選。其斗級等役又希冀月米利在久延故也。乞〔按：館本無乞字，廣本閣本有乞字〕勑户部查正，著爲成規，違越者抵罪。詔曰〔按：館本無曰字，廣本閣本有曰字〕可。

（世宗嘉靖實録卷 47　第 3 頁　47.2.1198）

268　**正月庚午**　　鎮守薊州等處太監李能言：沿邊關堡墩臺無修理費，乞於山海關往來商旅量取其税，貯以待用。疏下，户部議言：設關本以詰姦，例不徵税，且先年詔旨，凡道路關津無名抽取，業已釐革，不當狥〔按：館本狥作循，三本作徇，是也〕私違制，妄關利門。得旨：從能言，令鎮守巡撫委官抽取。

（世宗嘉靖實録卷 47　第 4 頁　47.3.1200）

269　**正月甲戌**　　宴朝鮮國進貢使臣朴壕等三十一人。

（世宗嘉靖實録卷 47　第 5 頁　47.4.1202）

270　**正月乙亥**　　兵部右侍郎鄭岳言：宣府大同二鎮，内衛京師，外控胡虜，誠藩籬要地。居庸、倒馬、紫荆、偏頭俱緊〔按：館本緊作係，廣本閣本作緊〕要關隘，密雲古北口、黄花鎮尤密邇都城。邇者警報時聞，輕騎深入，而大同叛卒尚未革心，内憂外患莫此爲甚。鎮巡等官各自爲統，往往有推調掣肘之弊。乞專設大臣〔校記：廣本臣下有一員二字〕，總督兩鎮。時御史王鼎亦以爲言。報罷。

（世宗嘉靖實録卷 47　第 6 頁　47.5.1203）

271　**二月丁未**　　修都城，發團營卒五千人。以内官監太監陳林〔按：館本林作材，閣本作林〕、總兵官保定侯梁永福、工部左侍郎童瑞、錦衣衛署都指揮輅安督之。

（世宗嘉靖實録卷 48　第 7 頁　48.6.1226）

272　**二月戊申**　　命都督同知桂勇提督京城巡徼。初，勇總兵大同，郝通之代勇還，會京城多盗，復以委勇。

（世宗嘉靖實録卷 48　第 8 頁　48.6.1226）

273 **二月乙卯** 以神機營中軍坐營都指揮同知麻循充右參將守懷來、永寧等處。

（世宗嘉靖實録卷 48 第 9 頁 48.7.1228）

274 **三月辛酉** 户部以畿甸災傷奏請仁壽、清寧、未央等宫及皇親功臣莊田、牧馬草場子粒俱照軍民屯糧一體減免，以勘實被災輕重爲差。得旨：各宫勘免之數，通融補足應用，餘悉如議。

（世宗嘉靖實録卷 49 第 1 頁 49.1.1231）

275 **三月戊寅** 先是，琉球國使臣鄭繩歲表文方物來貢，並稱謝，業已奏進表文，而方物以船敗未及上，至是復遣繩來，福建〔按：館本建作逮，三本作建〕守臣以聞。得旨，繩等就彼中宴賚如例，諭遣還國，方物令所司轉運。

（世宗嘉靖實録卷 49 第 7 頁 49.6.1241）

276 **三月己卯** 户部覆巡撫順天都御史劉澤等奏，御馬草場地土仍聽民佃種，租銀照舊該監徵收。從之。

（世宗嘉靖實録卷 49 第 7 頁 49.6.1241）

277 **三月壬午** 夜仁壽宫災。

（世宗嘉靖實録卷 49 第 9 頁 49.7.1244）

278 **四月丙申** 提督巡撫都督同知桂勇條陳二事：其一言西山一帶，依山阻險，奸民相率爲盗，宜編立鄉兵，略如保甲之法，令相守望。度房、宛二縣，道里之中置巡捕，分署順天委官駐劄。其一言京城内外，衢市紆遠，巡捕官軍散處，諸約束非得關防不行，乞准鑄給。兵部覆議，從之。

（世宗嘉靖實録卷 50 第 2 頁 50.2.1250）

279 **四月丁未** 户部主事繆宗周言：頃臣監收門税，竊見九門守視〔按：館本視作把，閣本作視〕内官，每門增至十餘人，輪收錢鈔，競爲浚削，行旅苦之。乞查汰額外濫〔按：館本無額字，三本有額字，館本濫作鑑，三本作濫，是也〕收冗員而置〔按：館本置作至，三本作置，是也〕一二貪刻最著者於法，以塞人怨，章下所司。

（世宗嘉靖實録卷 50　第 6 頁　50.4.1256）

280　**五月庚申**　監察御史葉忠以災變陳言十事。其一言修建仁壽宫宜稍損舊制，以紓財力。……上嘉納之，命工部會官計度仁壽宫工程。

（世宗嘉靖實録卷 51　第 1 頁　51.1.1269）

281　**五月辛酉**　順天府永清縣雨雹殺麥。

（世宗嘉靖實録卷 51　第 2 頁　51.2.1271）

282　**五月癸酉**　命工部會官議仁壽宫工，視清寧宫酌損之，從御史葉忠言也。

（世宗嘉靖實録卷 51　第 9 頁　51.8.1283）

233　**五月甲戌**　順天府東安縣、漷縣雨雹如鵝卵，自未至酉，大殺禾稼。

（世宗嘉靖實録卷 51　第 10 頁　51.9.1283）

284　**五月乙亥**　順天府永清縣風雹殺麥。

（世宗嘉靖實録卷 51　第 11 頁　51.9.1285）

285　**五月丁丑**　詔居庸、大同一帶操馬以公傳報倒失者，查豁樁銀官爲添價買補；管軍官有役占尅害者，撫按官覈參治；軍士月糧，務及〔按：館本及作報，廣本閣本作及〕時支給。從御史葉忠言也〔按：館本無從御史葉忠言也七字，閣本有〕。

（世宗嘉靖實録卷 51　第 12 頁　51.10.1287）

286　**五月庚辰**　禮部覆會官上疏言，世廟之議羣臣言其不可，章既三上，伏蒙聖諭仍令禮官詳考……臣等謹擬：准漢宣帝故事，甎城之東，皇城之内，南城儘北或東立一禰廟，前殿後門、寢牆廊廡如文華殿欵制，籩豆牲腯、歌章樂舞一遵天子之儀……上曰……禮工二部卽會同司禮監内閣領欽天監官詣太廟左右相度處所，擇日興工，翰林院擬額名以聞。

（世宗嘉靖實録卷 51　第 13 頁　51.10.1288）

281　五月戊子　　順天府固安縣雨雹如鷄卵。

（世宗嘉靖實録卷 51　第 17 頁　51.14.1296）

288　六月己丑朔　　兵部言：營操人馬，内以供〔按：館本供作拱〕護京師，外以讋服夷夏，所系甚重。比來人多玩法，往往有棄職役及竊馬逃者，雖常著爲送問調衛之令〔按:館本令作例，廣本閣本作令〕，漫不知畏。故本部近議，凡拐馬在逃，官軍必嚴加〔按：館本無加字，廣本閣本有加字〕降調，所以正法令警人心也。今武定侯郭勳乃復請輕其罰〔按：館本復請作請復，廣本閣本作復請。館本罰作罪，閣本作罰〕，則人心益無所忌，法何以行？但稱各官軍有因饑寒不能赴操或久病無人代告及原領馬在者〔按:館本無者字，廣本閣本有者〕，必一切治罪，又似〔按:館本似作以，廣本閣本作似，是也〕輕重無别。今當爲酌處，凡拐馬在逃官軍，限一月以内首免，過期不首及捕得者，俱送法司治罪。一再犯及馬在者，軍責放，官免降級，犯三次以上及馬死或賣〔按：館本賣作買，廣本閣本作賣〕者，毋論官軍俱京衛調外，外衛調邊〔校記：廣本上外字及邊字下均有衛字〕。追還馬日，官降一級，卽所在〔校記:廣本所在作在所〕調衛，帶俸差操，不許官軍管事、身後〔按:館本後作没，廣本閣本作後〕子孫還原衛襲祖職。若馬死隻身患病無人代告者，覈實寬豁。其諸坐營官及把總千總各衛掌印官，平時不能撫卹，以致官軍不能、在逃數多者，按月報數，月二十名以上奏治千總及衛掌印官，年百五十名以上及倒死馬百匹以上奏治各營坐營官〔按：館本作各作營等官，廣本閣本各下有營字無等字〕，毋貸。詔如擬行。

（世宗嘉靖實録卷 52　第 1 頁　52.1.1297）

289　六月辛卯　　命於環碧殿舊址創建禰廟，制如太廟而高廣稍減之。

（世宗嘉靖實録卷 52　第 2 頁　52.2.1299）

290 **六月己亥** 勑工部左侍郎童瑞提督禰廟工程。

（世宗嘉靖實録卷 52 第 5 頁 52.4.1303）

291 **六月己亥** 遣琉球夷人蔡淵等、日本夷僧妙賀等各歸國。勑諭日本國王：以宋素卿中〔按：館本中作等，廣本閣本作中，是也〕林等兇叛就戮，妙賀等無罪，以禮遣還。其元惡宗設及佐謀倡亂數人，亟捕繫傳送中國，以聽天討，餘並罔治。虜去人民仍優卹送歸，否者〔校記：廣本閣本作不者〕將閉絶貢路，徐議征討。時有琉球貢使鄭繩歸本國，即令齎勑轉諭之。

（世宗嘉靖實録卷 52 第 15 頁 52.4.1303）

292 **六月甲辰** 勑惠安伯張緯督禰廟工程。

（世宗嘉靖實録卷 52 第 6 頁 52.5.1305）

293 **七月戊午朔** 命修理社稷壇牆垣。

（世宗嘉靖實録卷 53 第 1 頁 53.1.1313）

294 **七月壬戌** 以災傷免霸州、通州、涿州、薊州及文安、大城、順義、香河、保定、大興、懷柔、宛平、良鄉等縣馬價。從順天府尹聞淵請也〔按：館本無從順等九字、閣本有〕。

（世宗嘉靖實録卷 53 第 2 頁 53.1.1314）

295 **七月乙丑** 修理朝陽、宣府〔按:館本府作武，是也〕門坍塌城垣。

（世宗嘉靖實録卷 53 第 3 頁 53.2.1316）

296 **七月丁丑** 以災傷免順天府所屬地方料價。

（世宗嘉靖實録卷 53 第 6 頁 53.5.1321）

297 **七月庚辰** 兵部尚書李鉞言：頃織染局署局〔按：館本織上無頃字，署下無局字，閣本有〕事太監刁永等奏稱，監局缺乏匠役，奉旨收用，臣等竊〔按:館本竊作切，舊校改作竊〕以爲不可。夫糧儲與國脈相爲流〔按:館本流作疏，三本作流〕通，軍匠與糧儲互爲損益。查得織染局見在軍匠二千一百六十四員名，内官監七千八百五十六名，並今新收一千五百名，總計蓋一萬一千五百爲〔按：館本無名總計蓋一萬一千五百，閣本有；廣本爲作有〕奇。一監局以一〔按:館本以一作一以,三本作以一〕歲計之，該支糧米一十五萬二百四十石，其他監局食糧人役難以數計〔校記：廣本閣本計作記〕。見今京通二倉糧米俱無三年之積，去年江南〔按:館本南作西，廣本閣本作南〕賑濟截留漕運大半，今年各處又以雨雹傷稼。奏乞蠲免，月無虛日，明年漕運，又未可料。若復弊端復開，冗食不節，則二倉所積，立可待盡。京師根本重地，而倉廩空虛一至於此，是可不〔按:館本可不作不可，廣本閣本作可不〕爲之寒心哉！伏望皇上外憫人窮，内憂國計，勑下該監，先將年例所應造者督令見在人役以次成造，其逃故等項，聽臣等查照先年事理，嚴督各該衛所官作急查補。得旨：司設監、兵仗局人匠各准收五百名，内府匠役從宜量收。

（世宗嘉靖實録卷 53　第 7 頁　53.6.1323）

298　**八月戊子朔**　　工部會廷臣議：營建仁壽宫工役重大，今世廟大工方興，四川、湖廣、貴州山林空竭，海内災傷，材木料價採徵甚難。請發内帑及借户部鈔關、兵部馬價、工部料價各銀兩，查取兩京各庫顔料、各抽分厰木植及司府無礙官銀，又開納事例以佐其費。俟世廟工完，推簡有才力大臣爲之總理。仍選部屬三人，分行四川、湖廣、貴州募求大木，其磚料於京城近地及蘇州定價燒造。上曰：仁壽宫以奉皇伯母昭聖皇太后，毋俟世廟工完，其亟推總理大臣遣官採辦燒造。内帑京庫銀料毋發，他如議行。

（世宗嘉靖實録卷 54　第 1 頁　54.1.1327）

299　**八月辛卯**　　朝鮮國王李懌遣陪臣鄭允謙等三十人來賀聖節，貢馬匹方物。賜宴及襲衣、綵幣等物有差。

（世宗嘉靖實録卷 54　第 2 頁　54.2.1329）

300　**八月乙未**　　命廣寧伯劉泰〔校記：舊校改太作泰〕於練武營，永康侯徐源鼓勇營，羽林前衛〔按:館本無前衛二字，廣本閣本有，是也〕指揮使高澤五軍營圍子手，各坐營。澤陞署都指揮僉事。

（世宗嘉靖實録卷 54　第 13 頁　54.2.1330）

301　**八月乙未**　禮部言：天方等番國使人臣來貢方物，半年以上陝西都司方爲具〔按：館本具作其，三本作具〕奏發册。又其玉石庇惡〔校記：舊校改作疵惡〕，而夷使所私貨者皆良，請下巡按御史覈都司稽留之。故其伴送千户陳欽及通事人等，俱宜下法司論治。戒諸番使自今貢物〔按：館本物作發，三本無發字〕外毋得多帶玉石，以擾驛路，及方物有印封而驗不堪中者，坐都司官罪。仍擬方物文册定式，永付遵守。俱從之。

（世宗嘉靖實録卷 54　第 3 頁　54.3.1330）

302　**九月戊午**　天方國王亦〔校記：廣本亦作赤〕麻都兒等遣使臣火〔按：館本無臣字，廣本閣本有臣字。舊校改大作火〕者馬黑木等來貢馬駝方物。賞綵段、布絹有差。

（世宗嘉靖實録卷 55　第 1 頁　55.1.1339）

303　**十月丁亥**　工部尚書趙璜等以歲饑財匱請暫停玉德殿、景福、安善〔校記：廣本閣本善作喜〕二宫之工，俟仁壽宫工完，財力有餘，徐議興建。上不從，令辦料完日，一併興工。

（世宗嘉靖實録卷 56　第 1 頁　56.1.1352）

304　**十月戊子**　命都督僉事楊鋭於團營立威營，伏羌伯毛江於五軍營大營，各坐營，東寧伯焦棟三千營坐司。

（世宗嘉靖實録卷 56　第 1 頁　56.1.1352）

305　**十月戊子**　詔給京城巡邏官軍衣鞋。

（世宗嘉靖實録卷 56　第 2 頁　56.2.1353）

306　**十月己丑**　上以順天、河間、保定三府密邇京師，百姓所寄養馬衆，艱苦特甚，詔部寺歲計量具〔校記:廣本閣本具作有〕馬二萬匹外，不必多派，以累小民。各處起俵馬駒，量地〔按:館本量地作豊，誤。閣本作量地，抱本作量〕豐歉，加〔校記：廣本閣本加作多〕派折色，送寺收貯，以備臨時召〔按：館本召作台，廣本閣本作召〕買，他皆如故。已而太僕寺言：本年〔按：館本年作寺，廣本閣本作年〕驗發馬及見在寄養已餘三萬，宜將解到聽〔按：館本聽作廳，三本作聽〕驗，並未解到〔按：館本無到字，廣本閣本有到字〕馬匹，照例收徵折色。疏下，兵部覆言：見在寄養雖有〔按：館本雖有作具，廣本閣本作雖有〕三萬之數，中多病損，今病京營馬匹，虚耗過半，尚未查補，況各邊輒有〔按：館本有作具，廣本閣本作有〕警報，不次奏給，若不預備於平時，何以取辦於倉卒？萬一有警，有〔按：館本有作各，廣本閣本作有〕軍無馬，計將安出？今欲將解到馬匹發回，改徵〔按：館本徵作微，廣本閣本作徵，是也〕折色，不免有變賣損〔按：館本損作解，廣本閣本作損，是也〕價之苦及往復賠償之累，宜准今收俵，其揀〔按：館本揀作楝，廣本閣本作揀，是也〕退不堪，願〔按：館本願作仍，廣本閣本作願，是也〕折價者聽。仍查該寺寄養堪否，給兑之數，酌處次年本折多寡。上從部議。

（世宗嘉靖實録卷56　第2頁　56.2.1353）

307　**十月乙未**　工部尚書趙璜等復疏請停罷玉德殿等工，併力先〔按：館本無先字，舊校增先字〕建世廟及仁壽宫，完日乃可議興他工。時大學士費宏等亦以歲饑民勞，請罷其役。上納其言，遂併罷仁壽宫工，召採木侍郎王軏回京。於是給事中王臣、御史楊彝俱上疏言：仁壽宫災，昭聖暫居别殿，豈惟上心未安，民心亦未安也。臣知上事孝宗之心，無異於獻帝，而仁壽宫之建，豈緩於世廟哉！竊以爲他宫可罷，仁壽宫不可罷。章俱下所司。

（世宗嘉靖實録卷56　第6頁　56.5.1359）

308　**十月辛丑**　營造清寧宫後小宫房屋、正陽等門及修五花宫米倉、玄武門内東西紫園門户、溝渠等工完〔按：館本丑下無營造至工完等三十六字，閣本存〕，内官監太監崔文、傅平以修理清寧等工完爲各匠役乞官。陞順天府經歷知事等職者百五十人

〔按：館本百五十人作五百十人，廣本閣本無百字〕。給事中黄臣等切諫，以爲不可。不聽。又陞管工〔按：館本無管工二字，廣本閣本有管工二字〕錦衣衛副千户馮鐸一級。兵部執奏謂：錦衣衛非軍功不陞，正德間間有之，陛下登極之初，已一切裁革，今鐸以親軍之官管領服役，亦〔按：館本亦作乃，廣本乃作亦〕職分之常，何得遽擬陞授仍踵先年弊政也？詔如前旨陞授。

（世宗嘉靖實録卷56　第7頁　56.6.1362）

309　**十月辛丑**　　兵部覆大學士費宏等修省議言：京營軍士本〔按：館本本作卒，廣本閣本作本〕爲團操振威武護京師，非以爲役也。傾來營造盡役營軍，驅使煩勞，人不堪命。雖多選補，繼〔按：館本繼作給，廣本閣本作繼〕以逃亡，下致民怨，上干天和，誠如宏等所言。上曰：朕念軍士勞苦，業爲停不急之工〔按：館本工作功，廣本閣本作工〕，所司仍加意撫卹。其在工者，令速完報。

（世宗嘉靖實録卷56　第8頁　56.7.1363）

310　**十月癸丑**　　先是，奉旨建立世廟以祀獻皇帝，定於環碧殿舊址。禮部初議，世廟出入不與太廟同門，乘輿及〔按：館本及作既，廣本作入，閣本作及，廣本既下有入字〕從祀〔按：館本祀作視，抱本閣本作祀〕官宜從闕〔按：館本闕作聞，三本作闕，是也〕左門入，别開神路以抵廟所，祭用次目，使敬心不分於所尊。於是光禄寺署丞何淵復奏稱，經太廟之後，折北而〔按：館本而作面，三本作而，是也〕南復折而東乃達於世廟，神路迂逆未便。臣以爲宜與廟街同門，直門〔校記：三本門作開，是也〕一路以抵世廟爲當。社稷異神尚得合〔校記：廣本合作各〕祭同門，獻皇帝與祖宗本同一氣，乃不得同門耶！上以其疏下禮部，令會羣臣亟議以聞。禮部尚書席書等覆言：獻皇帝廟議已定，不預太廟而君臣之分嚴，獨尊禰廟而父子之恩篤，雖神路稍迂，其一節耳。今議同街出入，駕享太廟畢即詣世廟，如何淵言未爲不可，臣等亦不敢固執前議。第通此街，須毀垣伐木、撤神宮監而後可，於事體不無有礙，請更會官〔按：館本無官字，三本有官字〕相地定議。於是内閣司禮監及諸臣奉旨相度奏稱：廟街之東中爲神宮監，監北爲黄〔按：館本無黄字，廣本閣本有黄字〕瓦房，南爲宰牲房，於此通路，似各有碍，從初議便。禮官不敢主議，請自上裁。上不允。仍令速議長便以聞。左給事中韓楷等、御史楊秦等以書議持兩端，各連章論劾，且謂垣木宮監皆太廟舊物，一旦欲斬伐拆〔按：館本拆作折，廣本閣本作拆，是也〕毁，竊恐列聖之靈不安，上心亦必有所〔按：館本無有所二字，廣本閣本有〕不忍者。上怒，詰責科官，下臺章於所司。御史葉忠上疏曰：太廟太宗創業之祖，尚不能獨享一廟，且在世廟之右，則獻皇尊崇〔按：館本尊作帝，廣本閣本作尊，抱本崇奉〕固出祖宗之上，又何必同〔按：館本同作固，三本作同，是也〕出廟街門然後爲尊耶！上益怒曰：爾謂世廟不當居太廟左，卽居何地？責忠對狀，尋奪給事中韓楷等並忠俸各二月。工科給事中衛道言：皇上特立世廟以奉獻皇帝之祀，其制與太廟同，而高廣微減，則禮盡〔按：館本無盡字，廣本閣本有盡字〕於皇考而敬專於祖宗矣。何淵者，乃倡爲開通太廟街門之説，已經監閣諸臣相視，皆言宮監牆垣樹株阻碍。夫樹株祖宗所培植，監房亭牆祖宗所修蓋，俱百年於此矣。卽如何淵之乃欲伐其樹木〔校記：廣本閣本木作株〕墮其牆垣折其監而後可，祖宗之神安乎？否乎？異門出入，原出席書所〔按：館本所作初，閣本作所〕議，今乃謂應否同街出入，於禮書無載，於事無考，是可同門矣。太廟畢〔按：館本畢作必，廣本閣本太上有祭字，是也。廣本無必字。閣本必作畢〕横過此街，竟往世廟，是可同日矣。其言先後反覆，忍背其説，以從邪議，無大臣体，乞治何淵諂諛之罪〔按：館本責上有而並二字，廣本閣本無〕，責席書以反覆之狀。疏入，上切責道故違前旨，拾掇狂妄，欲沽名回護，降二級調外任。大學士石珤亦言，連日議改廟街，若欲毀及神宫監者，諸臣皆謂不可。夫宗廟至重，祖宗至尊，孝子之事親也，事死如生，事亡如存〔校記：廣本閣本作事死如事生，事亡如事存，是也〕，陛下以孝理〔按：館本理作禮治，廣本閣本作理〕天下，宜於祖宗處居經歷之所，一一保護愛惜，以廣孝思，顧於祖廟中百十餘年舊物欲毁而伐之，臣斷〔按：館本斷作繼，廣本閣本作斷〕以爲不可。上曰：覽奏具悉忠愛，但事已會多官再議，朝廷自能酌量。章下所司，議久未决。於是學士桂萼、張璁上言，按《禮·考工記》左祖右社，今端門之外左題廟街門，所以識太廟。由此而入非卽太廟門也；右題社街門，所以識太社，由此而入非卽太社門也。今所議是與太廟同街，非與太廟同門。以爲異廟必異路者，實初議分别之過耳。其曰移神宫監拆牆伐木，當質之於禮。事苟得爲，則毁宗躐行古禮未嘗無之，曾謂〔按：館本謂作請，三本作謂，是也〕有驚神靈而古人爲之乎？竊念夫議禮之初，爭稱帝而復稱皇，今爭立廟而復爭路，實無謂也，是在陛下早决之而已。疏入報聞，已，復上言曰，近議但云廟街門有於太廟，而不思闕左門有干朝廷〔按：館本廷作空，三本作堂，是也〕也。按古禮，兩觀在雉門左右，故今午門左右爲兩闕門，有闕左右之名。周禮每月朔必懸法象魏〔按：廣本及羅山奏疏無魏字〕實治民之所也。又按古禮圖，寢廟社稷出入之路〔按：館本出入之路作之門，廣本閣本有出入二字，門作路，是也〕，在〔按：館本在作實事，廣本閣本作在〕庫門外之左右，故今端門外有廟街社街〔按：館本街作衙，三本作街，是也〕之門，實事神之所也。朱熹亦曰，雉門之外懸法象，所以待治民，應門之外，宗廟社稷，所以嚴神位。夫廟街門本事神之所，乃舍之而不由，闕左門爲治之所，乃曲引而由之。竊恐是議非惟〔按：館本惟作爲，三本作惟，是也〕寢廟之制有戾，而朝堂之位不亦因之而錯亂乎？原諸臣之心，惟願陛下尊嚴太廟，殊不知世廟已殺其制，别爲門牆，在禮統於所尊者也，同路而未嘗同門，何干於太廟乎？諸臣考禮不精，而席書一人難勝衆口，臣等據禮奏聞。又上言曰，近議聞開〔按：館本無開字，閣本聞作開，是也〕世廟神路，臣決以爲廟街門爲事神之所，當以闕左門爲聽治臨民之所，不當由所〔校記：廣本閣本所上有今字〕礙者神宫監宰牲房耳。然神宫監不過守廟者一衙門，宰牲房不過庖厨之所，今移神宫監以通輦路，豈無故而毁之哉。誠如初議，闕左門直通神路，則自後聖子神孫視之端門外一祖廟神路也，午門外又一祖廟神路也。使國門右一社稷左二寢廟矣，壞三代朝堂宗廟社稷之制者，未必非今日之議也。若必〔按：館本必作不，廣本閣本作必，是也〕欲求衆議之同，恐愈議愈謬愈多愈爭矣。章下所司，禮部以會議諸臣堅執不便，不能自持〔按：館本持作恃，三本作持〕其説，復奏言：各官議世廟神道同廟街出入，使無神宫監等處阻礙，委無不可，但欲此路可通法駕，必須毁監伐木，恐陛下之心必有大不安者，即欲强穿一路，終是曲徑旁通，非朝廷氣象，不如由闕左門爲正，而祖廟世廟各全其尊。得旨：朕還由廟街門往祭世廟，量拆神宫監北房，取路東行，循溝北入，但僅容板〔按：館本板作版，三本作板，是也〕輿通行，不必寬廣。至是而議始定。

（世宗嘉靖實録卷 56　第 10 頁　56.8.1366）

311　十一月戊午　　命伏羌伯毛江神機營五千下坐營。

（世宗嘉靖實録卷 57　第 1 頁　57.1.1376）

312　十一月辛酉　　總督〔按：館本督作理，廣本閣本作督〕漕運右都御史高友璣陳漕運二事。一議改兑以便交納。言先年改兑糧，俱民運淮安、徐州、臨清、德州水次四倉。聽官軍支領，俱用通倉交納。後又議，令官軍就各州縣水次隨正交兑。上納京通二倉。但每年糧〔校記：抱本糧作量，是也〕與脚價牽掣不清，反致掛失之弊，乞以原擬京倉改兑四分，仍盡上通倉，其通倉原收兑運抵數仍赴京倉，脚價銀兩俱照原擬，則京通之原額不失，而各總之查算易明。一議……。户部覆，從其改兑一事，其議交兑，言行之已久，官民兩便，不必更改。詔如部議。

（世宗嘉靖實録卷57　第2頁　57.1.1376）

313　**十一月戊辰**　兵科給事中巴思明言：各處清解京衛〔按：館本清解京衛作解軍衛、廣本閣本作清解京衛〕補役新軍，存卹三月，送營差操，意最善矣，今乃往往逃去，皆因委官更替不常，任意需索，以致逃軍益多，行伍日缺。乞考選軍政之時，旗手等衛見任指揮内選定一員專管其事，一年更換，仍嚴科害之禁。兵部覆議，從之。

（世宗嘉靖實録卷57　第3頁　57.3.1379）

314　**十一月庚午**　陞金吾右衛指揮使馬文爲署都指揮僉事，坐神機營。命左軍都督府帶俸成安伯郭瓚坐五軍大營。

（世宗嘉靖實録卷57　第4頁　57.4.1381）

315　**十一月乙亥**　命前軍都督府帶俸成山伯王洪管圍子手，上直侍衛。

（世宗嘉靖實録卷57　第5頁　57.4.1382）

316　**十一月辛巳**　以災傷免順天府州縣並冀州等衛税糧有差。

（世宗嘉靖實録卷57　第6頁　57.5.1384）

317　**十一月辛巳**　奪順天府府尹聞淵俸二月。以冬至〔按：館本至下有令字，廣本閣本無〕節習儀朝天宫，乘肩輿誤入也。

（世宗嘉靖實録卷57　第6頁　57.5.1384）

318　**十二月丁未**　太僕寺卿高嵩奏：順天等府及通州、良鄉三十七州縣，已見有寄養馬三萬七千有餘，乞將嘉靖五年分備用馬匹本寺所屬，北直隸山東、河南取本色六分，折色四分，南京太僕寺所屬盡改折色，從權酌派，不爲常例。其南北直隸各府所屬州縣原係折色者，每匹徵銀十八兩，原本色今改折色者，每匹徵銀二十兩，如此則緩急有濟，而馬匹亦不致〔按：館本無致字，廣本閣本有致字〕缺乏。兵部覆議，從之。

（世宗嘉靖實録卷 58　第 5 頁　58.4.1393）

319　**閏十二月乙丑**　以災傷免直隸順天府、河間府各衛屯田子粒有差。

（世宗嘉靖實録卷 59　第 2 頁　59.2.1399）

320　**閏十二月己巳**　立春節，順天府官進春。

（世宗嘉靖實録卷 59　第 4 頁　59.3.1402）

321　**閏十二月壬午**　兵部言：京營軍馬，月支糧料草米，歲給冬衣布花，竭府庫而厚養之，無非爲居重馭輕之計。而近來人心怠玩，往往棄役在逃，官馬倒損，不可勝計，皆管軍官不能撫卹所致。故本部先年擬議，凡坐營號頭千總並各衛掌印官，按月按季各將軍逃馬死數目開送本部，年終查照類參，量加罰治。今武定侯郭勳欲免究問，恐法度輕縱，人心益無忌憚。得旨：今歲暫免究問，以後軍馬逃死，應參奏送問者如例，無仍姑息。

（世宗嘉靖實録卷 59　第 6 頁　59.5.1405）

322　**閏十二月癸未**　宴朝鮮國陪臣户曹參判金謹恩等三十二員名。

（世宗嘉靖實録卷 59　第 6 頁　59.5.1406）

嘉靖五年（1526）

323　**正月乙酉**　以京師饑民日多，詔養濟院月給米、臘蠋、旛竿二寺，日給食務覈實，以惠窮民。

（世宗嘉靖實録卷 60　第 1 頁　60.1.1409）

324　**正月戊子**　河南、山東州縣歲輸太倉粟米，民皆領價有司，市之京師。時京師米價翔貴，計值當虧正課三之一，民莫能辦。乃自言願輸原領價銀，以蘇困苦〔校記：廣本困苦作民困〕。户部請從民便，每石輸價銀八錢五分，加耗五分。上許之，命來年仍納本色如故。

（世宗嘉靖實録卷 60 第 1 頁 60.1.1409）

325 正月辛卯 朝鮮國李懌遣陪臣户曹参判金謹恩等入賀正旦。賜宴賚如例。

（世宗嘉靖實録卷 60 第 1 頁 60.1.1409）

326 正月癸巳 先是，州縣官運柴炭於京師，爲攬頭逋負貽累，運官有貧困至死者，諸運官訴闕下，工部已嘗禁之，公私稱便。至是攬頭怨諸運官及商人，復阻撓其中，甚則以計傾之，故運官主簿趙文舉等復言狀工部，請加禁治。上命柴炭皆召商上納，領價如例，有朋謀阻撓貽累運官致誤供應者罪之。仍命懸榜於惜薪司、南北西廠、臺基廠〔校記：廣本無臺基廠三字〕、西安、北安二門及工部門外，曉諭禁約。

（世宗嘉靖實録卷 60 第 1 頁 60.1.1410）

327 正月癸巳 工部言：世廟工作十已六七，請減人匠千名及罷琉璃等廠商人報納柴薪者。其臺基廠見存木植，責付内臣典守，以備仁壽宫之用。從之。

（世宗嘉靖實録卷 60 第 2 頁 60.2.1411）

328 正月辛丑 御史朱衣上疏，極言京師總甲大爲民害，請禁革諸弊及議編審之法。事下兵部，議言：京師總甲，本以隄防大盗，非爲雜差，自役使浩繁，編審益衆，夜則與火夫摇鈴擊柝，晝則同小甲打卯報事，及諸下夜坐季官校等互有科索，民至夤緣投托，竭財鬻産以規避，雖先朝數禁而蠧弊益深，誠如御史言禁之便。自今地方有事，第詣東廠西司房及坐城御史白之，事關街道者詣報所屬，其打卯月〔校記：抱本月作日〕二次皆可罷。且今盗賊稍息，宜令都督桂勇益嚴督巡視，仍填註後府僉事以便行事。總甲火夫第令於各舖巡更，聽兵馬點閲，御史稽查。其錦衣衛下夜官校亦可罷，其他無名夫役，一切革去。仍榜示禁約，有故犯者，官皆問革，民皆編戍如律。其編審之法，宜下五城御史會議。上皆允行之。已而錦衣衛指揮使駱安，以爲官校下夜及總甲報事遵行已久，不宜盡革。上復命校尉下夜如故，第不得科擾地方，並飭五城兵馬不得擅役總甲等，有營私犯禁者皆罪之。

（世宗嘉靖實録卷 60　第 4 頁　60.3.1413）

329　**正月癸卯**　賜朝鮮國《大統曆日》百册。

（世宗嘉靖實録卷 60　第 4 頁　60.4.1415）

330　**二月甲寅朔**　御史雷應龍言：光禄寺歲供鷹犬肉一萬六千五百餘斤，蟲馬食菉豆蕎秫五千二百餘石，此禽獸費民財，恐累聖德，請悉罷之。户部覆議以爲可省。上曰，朕卽位以來，凡百玩好，不經耳目，惟欲慎德圖治，以安民生，是鷹犬蟲蟻一無所益，每歲畜養，乃耗費以萬千計，該管官查數〔校記：抱本數作覈〕以聞。

（世宗嘉靖實録卷 61　第 1 頁　61.1.1427）

331　**二月壬申**　順天、保定、河間大饑，民餒死者甚衆，巡按御史張珩以狀聞。上憫之，命巡撫及有司先發倉糧賑濟，不足更發通倉太倉銀粟補給，仍寬不急之徵。

（世宗嘉靖實録卷 61　第 6 頁　61.5.1435）

332　**二月壬午**　禮部會試天下貢士〔校記：廣本取上有詔字〕，取趙時春等三百人。

（世宗嘉靖實録卷 61　第 7 頁　61.6.1437）

333　**二月壬午**　詔官糴太倉米十萬石賑濟京師饑民。

（世宗嘉靖實録卷 61　第 7 頁　61.6.1437）

334　**三月庚寅**　天方國額麻都抗等八王各遣使進貢方物。給賜如例。

（世宗嘉靖實録卷 62　第 2 頁　62.2.1441）

335　**三月戊戌**　上御奉天殿，策試天下貢士。

（世宗嘉靖實録卷 62　第 3 頁　62.3.1443）

336　**三月戊戌**　總督漕運都御史高友璣……又請修築朝陽門

至張家灣諸橋樑閘壩，以濟轉運。得旨允行，其閘河以堙塞已久，報罷。

（世宗嘉靖實録卷 62　第 5 頁　62.4.1446）

337　三月庚子　初，天方國使臣火者馬黑木等入貢，禮部主客郎中陳九川揀退其玉石，所求討蟒衣金器皿等奏俱不與，題覆又怒罵本館通事胡士紳等，提督會同館主事陳邦偁約束過嚴，禁其貨易，以致回夷商人各懷怨恨，士紳等因詐爲夷人怨詞，訐奏九川、邦偁等。上怒，下錦衣衛逮訊。禮部尚書席書等言：九川等行事乖方，不能撫順夷情，致生怨謗，罪誠有之，然以進上之物，不得不辨驗精詳，而拘泥舊規，嚴禁夷人出入，至待通事人等禮貌過倨〔按：館本倨作踞，三本作倨，是也〕，遂使胡士紳等挾夷情以快私忿，所屬小吏蔑視部官二臣，固不足惜，恐夷人效尤，愈肆桀驁。上曰：九川等恣肆妄爲，堂官不行舉奏，反爲論救，豈大臣事君之道？士紳又奏九川浼兵部郎中張聴〔校記：廣本聴作潮，抱本閣本聴下有張潮二字〕轉與鎮撫司指揮僉事張潮囑託及番本奏郎中字樣，通事龔良臣聽大學士費宏令譯作蘭州字樣，九川因以貢玉饋費宏製帶，於是錦衣衛指揮駱安等辭不敢問，請會多官鞫之。上不允，命士紳免逮，九川等照前旨拷問，於是刑科給事中解一貫等言，治獄當服人心，今不逮士紳等，不發番漢原本，獨將九川等拷掠，勢必誣服，治獄之道，恐不當如此。上責一貫等恣意回護，已，錦衣奏上獄詞，上切責安等展轉支調，鞫問未明，革理刑邵輔回衛帶俸，命並逮張聴張潮龔良臣等驗問，而以夷人求討蟒衣等奏。下禮部查覈。其後竟坐九川侵盗貢玉及番貨刁皮，陳邦偁不撫夷情，刁難貨易及張聴等聽囑張潮回護，於是謫九川戍邊，黜邦偁爲民，降張聴遠方雜職，總旗邵輔龔良臣等俱罰俸有差。

（世宗嘉靖實録卷 62　第 5 頁　62.5.1447）

338　三月辛丑　賜進士龔用卿等三百名及第、出身有差。

（世宗嘉靖實録卷 62　第 7 頁　62.6.1449）

339　**三月戊申**　巡撫直隸監察御史張珩言：今天下西北困於邊儲，東南竭於漕運，譬之人身，四肢已病，所恃者腹心耳。京師腹心也，順、永、保、河四府之民，腹心之榮衛也。臣頃按其户口，死徙過半，而徵徭之舊額猶存，官吏之朘求無已，重以歲比不登，窮民去而爲盜，是病且及腹心矣，不可不爲慮也。乞將嘉靖五年錢糧暫准改折及四年所負量行停免，俟年豐帶徵以寬民力。户部覆議，惟緩其四年所逋負者。上從其議。

（世宗嘉靖實録卷 62　第 8 頁　62.6.1450）

340　**四月戊午**　以災傷命停徵順天、永平、保定、河間四府拖欠料糧。

（世宗嘉靖實録卷 63　第 2 頁　63.1.1456）

341　**四月乙丑**　琉球國官生蔡廷美等請就國學讀書。上嘉其志，令禮部照例給廩米薪炭及冬夏衣服。

（世宗嘉靖實録卷 63　第 5 頁　63.4.1461）

342　**四月甲戌**　内官監太監郭紳言：世廟物料減損過多，不能充用，乞令工部照數增給。上許之。尚書趙璜等覆議：本部先年營建乾清、坤寧二宫，貯有餘銀，堪以移用，可免加派於民，後不得指此爲例，一概請陳。上謂大工垂成，物料又皆會有之數，趣命完工收貯，餘銀准動支應用。

（世宗嘉靖實録卷 63　第 9 頁　63.7.1468）

343　**四月戊寅**　雷擊阜城門樓南角吻獸〔校記：抱本吻獸作獸吻，是也〕及迤北地九舖旗杆。

（世宗嘉靖實録卷 63　第 9 頁　63.8.1469）

344　**五月乙酉**　御史郭希愈言：歲給邊軍布花，例有常數，今密雲以東往往不得全給，名有實無，殊非優卹之意。上曰：邊軍寒苦可憫，今後歲與之，如數毋缺。

（世宗嘉靖實録卷 64　第 1 頁　64.1.1474）

345　五月辛卯　詔嚴禁西山戒壇及天寧寺受戒僧人並男女相混者，因令都察院給榜遍諭天下，犯者罪無赦。

（世宗嘉靖實録卷 64　第 3 頁　64.3.1477）

346　六月丁巳　陞順天府府尹聞淵爲太常寺卿。

（世宗嘉靖實録卷 65　第 2 頁　65.2.1489）

347　六月壬戌　順天府府尹萬鏜服闋復除原職。

（世宗嘉靖實録卷 65　第 3 頁　65.3.1491）

348　六月己巳　懸世廟牌額，遣工部尚書趙璜行禮。

（世宗嘉靖實録卷 65　第 7 頁　65.6.1498）

349　七月甲午　御史雷應龍言：壩上等十三馬房，見在馬草料歲用銀二十二萬四千五百二十三兩，歲計草場地畝之入爲銀五萬三百餘兩。臣嘗閱其馬率弱小不中乘，卽皆良亦未見有一試之用。西兒馬以能踯虎，畜之卽使日踯一虎何益？費有用之財，豢不用之馬，甚無謂也。東直門内外三牛房畜牛九百餘隻，歲用草糧銀一萬六千四百九十六兩，計草地畝之入爲銀三千二百餘兩，問其利，則供牛酪六罌耳，歲通計之，猶不足三四百金之直，且光禄寺已供酪，用此何爲〔按：館本何爲作爲何，廣本閣本作何爲〕？誠罷牛馬房，徵草豆之價，以牧地假民牧，其租而悉貯之官，臨事然後市馬，計十年之積當得善馬十萬矣。自買酪外，十年之積當得羨銀十九餘萬矣。方今民大窮、官告匱，苟省一分卽朝廷獲一分之利，第恐司牧〔按：館本牧作收，廣本閣本作牧、是也〕者利此自肥，賴陛下英斷。何如假令廄馬不能盡廢，亦宜獨存數處，簡其善馬留牧，而歲閱之以給軍，則馬庶幾有用也。事下兵部，覆言：有馬牛則有地畝草束，勢常相因，廄馬卽前代所謂天閑六種，未敢輕議罷併，但宜汰其病損，易價貯庫，以備買馬。其草場地畝及草料會計馬匹牛畜聽留，其餘給民佃種，徵收子粒貯倉，原額草料斟減酌派。疏入，得報如故。

（世宗嘉靖實録卷 66　第 5 頁　66.4.1516）

350 **七月庚子** 上命中官韋霦傳旨工部：初立觀德殿在奉慈殿後，事出倉卒，規制窄隘，不足以竭虔妥靈，朕意未愜。今欲於奉先殿左別建一殿，奉安皇考恭穆獻皇帝神位，以稱朕孝親之意。工部尚書趙璜等言：建殿於奉先殿之左，必與奉慈殿左右峙立，孝肅太皇太后，獻皇之聖祖母，孝惠皇太后又聖母也，今立殿出於其左，竊恐獻皇在天之靈未能安。且奉先殿雖稍高廣，乃祖宗列聖同居，觀德殿雖稍狹小，乃獻皇專祀，況今外有世廟之規一準太廟，則竭虔妥靈莫踰於此。觀雖不必更可也。如必欲更新，亦須命監閣禮工諸臣恭詣殿左，相度方位，務使各全其尊，不失其次。上曰：別建已有定所，第如諭行。於是禮部尚書席書等言：世廟之建，民勞踰年，今甫告成，力亦當節。況災異非常，報無虛日，而賦役未停，財力俱屈。願量寬一年，使民力稍紓，民財少裕，乃今臣等議請上。報曰：覽奏深悉忠誠，朕亦念世廟方成，踰年又將有仁壽宮之役，民力不可不惜，但觀德殿居奉先殿後〔按：館本殿下有之字，廣本閣本無之字〕，出入不便，故議改遷耳。況屋宇已具，今第一徙置，所費不多，且業已選日矣，可如議亟成之。給事中張嵩亦疏言：殿在大內，密邇宮寢，有所營爲，其可輕易。千金之家，欲築一室，必審歲月之所利，方向之所宜，而況天子之尊、廟祀之重乎？往歲修蓋觀德殿，皆稱詳盡矣，未幾而有世廟之建，今世廟甫成，並太廟矣，而復有別殿之建，且左右並列，未免祖孫母子之嫌，廣狹較量，則有羣主專廟之別，誠恐有所未安也。大工一載有餘，世廟方得就緒，軍士思欲息肩，烝黎求緩供辦，凡此，禮工二部論之詳矣。皇考之盛德，恐未必欲陛下之別建也。御史郭希愈等亦言：陛下心法堯聖，政慕唐虞，芻蕘之論，多見採納，願從二部所議，重愛興作須年和財豐然後更議未暮〔校記：抱本暮作晚〕也。且陛下之思所以報獻廟者，固惟在於繼志述事，定世安民，以成大孝。獻廟之所以望陛下者，亦惟在於撥亂反正，致禮弘化，以成大業。庇慕之間，感格之際，固在此而不在彼也。章俱下所司，復傳諭輔臣費宏等曰：朕皇祖妣孝穆皇太后，乃皇伯考之生母最親，既不得配皇祖考憲宗純皇帝享於奉先殿，是以立室於西。又皇曾祖妣孝肅太皇太后乃我皇祖考之生母，又不得入享奉先殿以配皇曾祖考英宗睿皇帝，奉享於奉慈殿，考禮之正，莫大五倫，凡爲人未有無父母者，今觀德殿在奉慈殿後，廟殿重疊，丹墀窄隘，亦前日倉卒之制，出入不便，故今欲遷於東。且世廟在太廟之東北，可內外相對，與奉慈殿無預，此舉非爲害禮。宏等言，皇上孝思純篤，永言終慕，無時無地而不在念，宜勑該部仰遵聖諭，卜日興工。或因舊增修，或增新蓋造，期於完潔，寬厰足以竭虔妥靈，以稱皇上尊親之孝。隨奉旨別建觀德殿，方位已有定所。工部亟興工修蓋。

（世宗嘉靖實録卷 66　第 8 頁　66.7.1522）

351　七月己巳　　兵科給事中黎良言：舊制，京朝文職四品以下及公侯伯都督等官不得乘轎，軍職不得用馬杌，出入不得乘小轎。夫何邇年以來勳臣厭馬弗乘，以轎相競，是果出於朝廷之賜與？抑知其不可而爲之者與？況承前人汗馬之功，正當以騎射爲事，詩詠鷹揚，史紀飛將，上世以驃騎名營，我朝以騰驤立衞，蓋重之也。且人久佚必不能以任勞，久安必不能以蹈危，身爲大將，手握重兵，勞事危機，又將委之誰也？宜量加罰治，且申舊制以示之。上從其奏。詔自今兩京五府及在外鎮守公侯伯都督等官、皇親駙馬、在京四品以下、文職在外三司以下官有乘轎，軍職有上馬用杌與乘小轎出入者參問，降調如例。卽兵部尚書當下營日，亦以騎行。

（世宗嘉靖實録卷 66　第 12 頁　66.10.1528）

352　八月丙子　　萬寧〔校記：廣本寧作壽〕寺僧人圓欽，以舊怨糾兄劉玉、姪紀殺通州民劉縉一家八人、所司捕得擬罪上請，法司以圓欽等罪惡深重，律未該載，請不分首從，俱坐淩遲梟示。

仍行問刑衙門，今後有犯殺非死罪五人以上者，不分是否一家，俱照今擬施行。若殺十人以上者，妻子俱流，財產斷付死者之家。詔如所擬，即處决梟示施行，地方鄰佑官民人等，各逮問、枷號、罰贖有差。

（世宗嘉靖實録卷 67 第 4 頁 67.4.1540）

353 九月癸卯 巡視京營給事中王科、御史陳察各參奏提督京營武定侯郭勳顓權罔利，侵收團營草場租銀不下數萬，占用軍匠，科索多端，保舉屬官，以賄爲第，班軍派工以賄放免，任用奸惡郭彪、鄭鸞等，剥軍害衆，怨聲載途。乞褫職論罪，郭彪、鄭鸞等逮治。俱不報。勳乃上疏自辯。

（世宗嘉靖實録卷 68 第 13 頁 68.11.1563）

354 十月丁巳 御史張問行言：臣奉命點閘京營馬匹，竊見牧政名存實亡，領牧之難在將臣，點牧之擾在居民，受虚收之苦者軍士，而獲馬地之利者武定侯郭勳也。地號草場，段畫封誌，部發册籍，野設廳院，勑旨領於將官，糾察委於科道，臣謂有牧之名者此也。地久不耕，土非其性，黄蒿株立，菅草盤根，氣臭不敢近人，味苦難以飼〔按：館本飼作餉，抱本作飼〕馬，臣謂無牧之實者此也。帥臣之差挨次，不以奉命爲榮，軍士之點輪流，惟以推脱爲計，管屬原非素體，統領實出暫時，急之則有怨言，緩焉〔按：館本焉作馬，三本作焉〕則必廢事，領牧之難於將者如此。人多取便，蹂踐良田，馬衆擁行，競食嘉穀，貧軍託故而貪饕，強卒乘機而行刼，點牧之擾於民者如此。往返五七百里，客居四五月餘，人裹糧而爲糗，馬負芻以自飼，疾病無醫，投宿無地，是軍士受虚牧之苦也。原額草場殆三千頃，今之牧租者二千餘頃，留牧者止七百餘頃，每年租銀動以千萬，盡輸之京營，假造標把旗幟，任彼侵尅落，出入不經奏請，收支信其主持，是郭勳獲牧地之利也。乞勑兵部，將勳查究，通將地畝概租居民，或收銀兩，或收子粒，責委部官經收動支，按月糧爲給散。仍令軍士隨便牧放，依期京營點閘，則牧事有據，馬政無虞。兵科給事中劉琦亦以爲言。俱下兵部。覆，請如二臣議便。得旨，照舊行。

（世宗嘉靖實録卷 69　第 2 頁　69.1.1568）

355　十月己未　詔修建仁壽宫，一依先年規制。陞巡撫陝西右副都御史王藎爲工部右侍郎兼都察院右僉都御史，總督收買大木。

（世宗嘉靖實録卷 69　第 2 頁　69.2.1570）

356　十月癸酉　勑兵部尚書王時中不妨部事提督團營操練。

（世宗嘉靖實録卷 69　第 8 頁　69.7.1580）

357　十一月庚辰朔　命寧陽侯陳繼祖鼓勇營、東寧伯焦棟立威營坐營，署都指揮僉事白祥三千營坐司。

（世宗嘉靖實録卷 70　第 1 頁　70.1.1583）

358　十二月甲戌　立春。順天府進春。

（世宗嘉靖實録卷 71　第 14 頁　71.12.1620）

嘉靖六年（1527）

359　正月癸未　朝鮮國王李懌差陪臣沈順徑、尹止衡〔校記:抱本作沈順經尹正衡，疑是也〕等朝賀貢馬，賜宴賚如例。

（世宗嘉靖實録卷 72　第 1 頁　72.1.1628）

360　正月丙戌　兵部覆太僕寺寺丞陳綬馬政議。一，順天、河間、保定三府州縣所寄養馬，歲遣少卿奉勑巡視，各州縣掌印管馬官任滿而馬數不足不許給田，甚者參治。一，例地五十畝養馬一匹，復其繇役以爲馬頭，今富者營脱，亡賴者占充馬坐消耗，請嚴禁前弊。其地不足五十畝者如例貼錢，以蘇民困。一盜刼官馬，報無虚月，宜行守備等官刻期捕獲。一奸民多以養馬地土投獻權門，隱射庇護，阻壞〔按：館本壞作攘，三本作壞〕馬政，宜清查處置。一內金吾等二十五衛外通州等二十六衛，每衛例養種馬五匹或十匹，歲徵草場子粒銀，往往逋耗，此官軍相倚爲奸也。自今衛所掌印管馬官貪污不職，宜聽首領官具白本部論治。詔如議行。

（世宗嘉靖實録卷 72 第 2 頁 72.1.1628）

361 **正月丙申** 户部應詔條上䘏民未盡事宜。……五，處掛籌，言京通二倉，總掛欠累歲追償淹禁無已，請暫從便宜折銀類解。六，均舖户。言僉報舖户貧富不均，任意網利，請稽牌甲舊籍，以次徵納，納完予價，毋令久稽。

（世宗嘉靖實録卷 72 第 5 頁 72.4.1633）

362 **正月丁未** 魯迷使者火者好把丁阿力等來貢獅子犀牛等物，且求加賞。始至，托〔按：館本托作把，廣本閣本作托〕伴送百户張連賂鴻臚寺通事胡士紳，却之，因疏火者好把丁阿力父子兄弟主僕詐稱各國正使，必先與撫夷官通賂乃得入，而各國正使反留邊不遣，夷心無厭，賞不可加，請勑兵部遣官分其賞給各國留邊者，移文甘肅戒撫夷諸官。於是禮部譯審不服議行法司併張連逮治。詔，且勿問，遣給事中千户各一人往，會鎮撫官覈實以聞。

（世宗嘉靖實録卷 72 第 9 頁 72.8.1641）

363 **二月壬子** 陞順天府府丞〔按：館本府下無府字，廣本閣本有府字〕〔校記：廣本丞作尹〕張仲賢爲都察院右僉都御史，整飭薊州邊備兼巡撫順天等府地方。

（世宗嘉靖實録卷 73 第 2 頁 73.1.1644）

364 **三月庚辰** 詔團營内外提督官選壯萬人。委坐營官統之，訓練聽調，以宣府虜警也。

（世宗嘉靖實録卷 74 第 1 頁 74.1.1655）

365 **三月甲午** 上移建觀德殿於奉先殿之左方，改稱崇先殿，至是報完。工部言：崇先殿已落成，而仁壽宮木石等料倉卒未辦，請放回官軍休息，待採辦畢日興工。上從其請。

（世宗嘉靖實録卷 74　第 3 頁　74.3.1659）

366　三月丁亥　　西庫火。

（世宗嘉靖實録卷 74　第 4 頁　74.3.1660）

367　三月癸巳　　浙江定海衛得朝鮮國遭風夷人李根等十七人，守臣以聞。詔送遼東遣歸國。

（世宗嘉靖實録卷 74　第 6 頁　74.5.1664）

368　三月丁酉　　再選京營精鋭官軍三千人操練聽征。

（世宗嘉靖實録卷 74　第 8 頁　74.7.1667）

369　三月丁酉　　詔裁革白河抽分竹木局及通州、張家灣、煙墩〔按：館本墩作埻、閣本作墩，抱本作郭，閣本是也〕等六橋橋户。

（世宗嘉靖實録卷 74　第 8 頁　74.7.1667）

370　三月庚子　　兵部言：舊例養馬在順天所屬論地派養，此外更無别役，如有倒失，雖赦不蠲，此祖宗制也。頃者災傷相仍，兼以有司怠玩，漫不檢覈，或地歸豪右而養馬累於細民，或丁多逃移而種馬至於漸耗，馬政之費，實由於此。今宜令順天所〔按：館本所作府，三本作所，是也〕屬覈地，應天〔按：館本天下有府字，三本無，是也〕所屬覈種馬，有地亡而馬存者，即以其馬責之佃主，其種馬昔有而今無者，候秋成之日以漸買補，則數年之後馬可蓄息矣。詔如議行。

（世宗嘉靖實録卷 74　第 10 頁　74.8.1669）

371　四月戊午　　賞密雲古北口參將馬愷右監丞許宣羊酒綵段，以巡撫都御史張仲賢上其斬獲功也。

（世宗嘉靖實録卷 75　第 2 頁　75.2.1678）

372　四月乙丑　　禮部以天旱請行順天府祈雨。上曰近日亢旱不雨，風霾時作，土脉焦枯，農事可慮，令該府率屬祈禱齋戒，竭誠以回天意。

（世宗嘉靖實録卷 75 第 4 頁 75.3.1680）

373 四月甲戌 兵部覆議，直隸監察御史邱養浩言：黄花鎮密邇胡虜，屏蔽京師，衛護陵寢，關係甚重。其備禦官軍，往往皆送團營撥發，以致該管人員誅求尅剥，負累疲敝，無益於用。乞行守備官將長陵等衛選定官軍一千員名，及行保定巡撫都御史將各衛選定官軍二千員名，分爲春秋兩班造册赴部，徑發本鎮操備免赴團營，以革侵削之弊。詔從之。

（世宗嘉靖實録卷 75 第 6 頁 75.5.1684）

374 五月癸未 時久旱，順天府官禱雨未應，禮部請命羣臣並齋修天地、社稷、山川之祀。於是大學士楊一清等言：齋祭皆宜禮部議，但皇上既已〔按：館本已作以，三本作已，是也〕竭誠露禱於上帝后祇矣，則天地之祀似不必再瀆，惟遣官祭告於社稷山川，而順天府官仍率屬禱都城隍如故。上曰：然，致災之由固在朕躬，但君臣交修本爲一體，朕既痛自循省，惟賴爾文武羣臣同寅竭誠匡朕不逮，以回天意。

（世宗嘉靖實録卷 76 第 5 頁 76.4.1694）

375 五月戊戌 以水災免涿州良鄉、固安、永清、大城、文安五縣税糧有差。

（世宗嘉靖實録卷 76 第 12 頁 76.10.1705）

376 六月丙寅 初，京營官軍領馬，有馬死貧不能償懼而逃匿者，官坐其罪曰拐馬，在逃犯者愈不敢出，及是遇赦，乃自言情。兵部請暫免問罪降調，應追馬匹者許納樁頭，貧不能納者姑免追。詔從之。

（世宗嘉靖實録卷 77 第 8 頁 77.7.1722）

377 七月丁丑 御史穆相陳言邊務。……一，居庸關官軍雜處，無樵蘇之所，而白羊口鎮舊有煤窯可爨，近已封閉，宜令得開取之。……兵工二部覆如相言，報可。

（世宗嘉靖實録卷 78 第 2 頁 78.2.1731）

378　七月己亥　以順天、永平二府災，詔蠲税有差。

（世宗嘉靖實録卷 78 第 9 頁 78.8.1744）

379　八月戊午　朝鮮國王李懌遣陪臣李芑入賀萬壽聖節，賜宴賚如例。

（世宗嘉靖實録卷 79　第 5 頁　79.4.1756）

380　九月丙戌　浙江巡按御史楊彝言：舊例，日本入貢以十年爲期，徒衆不得過百人，貢船不得過三隻，亦不許以兵仗自隨。正德六年以後，使臣桂悟宗設等各從衆至五六百人，又有副使宋素卿等一百五十人〔校記：五十人閣本作十人〕，各詰真僞，爭端滋起。請令布政司移咨本國，今後遣使入貢務遵定例，如違，定行阻回。仍令行巡海備倭諸臣，修戰具、謹烽堠，選鋒蓄鋭，以戒不虞。報可。

（世宗嘉靖實録卷 80　第 8 頁　80.7.1779）

381　十月戊午　巡倉御史吳仲言：通州運河元時郭守敬創建，已有明效。先朝漕運名臣平江伯陳鋭等亦累以爲請，今通流等八閘遺迹尚存，原設官夫具在，因而成之爲力甚易。而權勢罔利之家，從中撓之，或倡風水之説，或謂絶灣民之利，皆不足信。誠令閘運，歲可省〔按：館本無省字，抱本有省字，是也〕脚價銀二十餘萬。又漢唐宋時，漕皆從汴渭〔按：館本渭作謂，抱本作渭，是也〕直達京師，未有貯國儲於五十里之外者，今令京軍支糧通州，率稱不便。而密雲諸處，皆有間道可通，設虜因鄉道，輕騎疾馳，旋日可至，燒燬倉庾〔按：館本庾作瘐，抱本作庾，是也〕，則國儲一空，京師坐困，此非細故。請以臣言下户工二部定議修濬，僦舟夫畧運百萬，誠與陸運兼行，竣次第就渠徑達京倉〔按：館本無倉字，抱本有倉字，是也〕，此興無窮之利，而杜不測之虞於計便。上曰：疏濬閘河，誠轉漕便計，永樂以來屢議修復，因大小臣工不肯實心任事，以致因循至今，爲奸人嗜利者所阻。今轉輸日煩，軍民交敝，苟有息肩之策，何憚紛更。户工二部其各委堂上官一員，會通官及御史吳仲言〔按：言字疑衍〕等親行相度地形，計處工力以聞。若大事可成，則勞費不足計，國計有補，則浮言不足卹。如有奸豪阻議之人，聽廠衛緝治如律。因命户部侍郎王軏〔按：館本軏作軌，抱本作軏，是也，次行同〕、工部侍郎何詔及御史吳〔按：館本無吳字，抱本有，是也〕仲等董其事。至是，軏等言，地形從大通橋至白河高可六丈，若大興工，濬之深至七丈通引白河，則漕船可直達京城，諸閘可盡罷，此永久之利，然未易議也。爲今之計，惟應修濬河閘，然從通流閘經二水門南浦橋廣利三閘，皆衢市闤闠中，不便轉運〔按館本運作般，抱本作運〕。從温泥河濱舊小河廢堰〔按：館本堰作壩，抱本作壩〕西不一里至堰水小壩，誠修築之令通普濟閘，則徑易可省四閘兩關轉般之難，閘壩皆宜添設官吏人夫守視。臣等竊計，修閘濬渠築壩之費當用銀，一壩五閘置舡各六十一舡，日運糧萬石，造船之費有一萬五百，通漕糧二百三十萬石，歲省脚價可十萬三千五百。若糧多舡少，聽以車運〔按：館本運作轉，抱本作運〕，水陸並進，運軍士易竣亦可早。宜令户工二部各舉屬官一人，兵部推都指揮一人充參將〔按：館本無將字，抱本有將字，是也〕，專司修理轉運諸務，會同巡倉御史各奉勑行事，募軍萬餘人作之，務在堅久。每閘壩各置公廨，其費取之修倉餘銀巡倉贓罰及所省脚價，其木石等取之各廠。又言，通州京輔重地，軍民叢集，亦當積蓄，以安人心，不宜過慮，自起驚疑。河源自西山〔按：館本西山作山西，抱本作西山，是也〕經流大内至大通橋，或旱澇乾溢，啟閉通塞，亦非外人所能與，候上裁擇。時上意已決，命户工二部亟如所擬舉行，卽以今冬具諸工料，以來春興工。仍勑諸臣協心共事，勿偏執異同，致妨經國大計。

（世宗嘉靖實録卷81 第8頁 81.7.1803）

382 **十月戊午** 初，議興仁壽宮未決。欽天監請及是歲通

〔按：館本無通字，抱本有通字〕利，以吉日經始，下工部議。工部請先以見材如期舉事，令軍夫運瓦礫出之外，俟大木踵至，次第幸可就。上慮曠日持久，徒勞人力，命待大木至，擇日興工。

（世宗嘉靖實録卷81　第9頁　81.8.1806）

383　**十月己未**　陞順天府府尹萬鍾〔按：館本鍾作鏜，抱本作鐘〕爲南京都察院右副都御史。

（世宗嘉靖實録卷81　第9頁　81.8.1806）

384　**十月戊辰**　夜，京師地震。

（世宗嘉靖實録卷81　第17頁　81.13.1816）

385　**十月辛未**　陞福建左布政使陳祥爲順天府府尹。

（世宗嘉靖實録卷81　第17頁　81.13.1816）

386　**十一月乙亥朔**　上以開修河道事善否問大學士張璁，璁對曰：臣聞積儲天下之大命，今京師半在通州，非計也。嘗聞正統間虜□〔按：館本□作薄〕都城，彼時以通州儲積米多，下令軍民搬運入京，首一日令運得二石者以一石入官，一石入己，次日令運得者俱入己。又次日搬運不及縱火焚之，此前之明患也。其河道經郭守敬修濬，今閘壩俱存，臣聞京城至通州五十里，地形高下纔五十尺，以五十里之遠近，攤五十尺之高下。何所不可？誠濬甕山濼以畜西山諸水，引神山泉以合下流之歸，迂回以順其地形，因時以謹其濬治，一勞而永佚，未有不可也。成化十二年，平江伯陳鋭建議開修此河，憲宗皇帝命大臣督理，而河道已通，運船已至城外，適有黑眚之異，惑於訛言遂止，識者恨之。今欲開修此河，因仍舊道，誠易易耳。況一舟之運約當十車，每年運船已到，則令剥運新糧，未到則令剥運通州積糧，庶京充實，永無意外之患矣。至桂蕚所論開修三里河，則費廣而見効難，非直有地里之忌而已也。上是其言，命濬天津海口新河。

（世宗嘉靖實録卷82　第1頁　82.1.1829）

387　**十一月庚辰**　巡撫順天都御史張仲賢請給大銅炮二百以

濟邊用。工部覆：兵仗局舊制，此器以防京邑，今存者少，恐不能用。上以火炮既利於防邊，特命與之。

（世宗嘉靖實録卷 82　第 4 頁　82.4.1835）

388　**十一月壬辰**　　寶坻縣七里海有荒地二萬一千五百六十餘頃，計二百五十二〔校記：閣本二作三〕里，隨時旱澇，占者無常。先是，太監汪直立莊於其中，相傳爲御史〔校記：抱本閣本無史字，是也〕用監公物，而民墾其内者亦千四百六十餘頃，至是有水退地百餘頃，奸民投獻内監，欲奪民久業併入之。民疏之闕下，户部奏遣主事柴儒往勘，儒還報曰：民之久業，輸糧飼馬，煎鹽出税，養生喪死於其中，不宜漁奪，惟水退堪熟地可入本監耳，然其他荒蕪閒地，尚當聽民漁獵樵採，乃稱陛下卹民之意。上曰：地既勘明，其如擬撥給内監，毋再奏擾，餘悉與民，亦毋許豪猾兼併。

（世宗嘉靖實録卷 82　第 9 頁　82.7.1842）

389　**十一月乙亥朔**　　禮部尚書桂萼上疏稱修通惠河不便，請改修三里河，上以其疏下大學士楊廷和、一清、張璁擬票。一清言：通惠河因舊閘行轉搬之法可法，可以省運軍之力，宜斷行之，勿爲浮言所阻。璁亦言，通州河道經元郭守敬修濬，今閘壩俱存，臣聞京城至通州五十里，地形高下纔五十尺，以五十里之遠近，攤五十尺之高下，無所不可。誠濬甕山濼以畜西山諸水，引神山泉以合下流之歸，迂回以順其地形，因時以謹其濬治，此一勞而永佚計也。成化十二年平江伯陳鋭建議開修北河，憲宗皇帝命大臣督理，而河道已通，運船已至城外，適有黑眚之異，惑於訛言遂止，識者恨之。今欲開修北河，因仍舊道，誠易易耳。況一舟之運，約當十車，每年運船已到，則令剥運新糧，未到則令剥運通州積糧，度京師充實，永無意外之患矣。至桂萼所論開修三里河，則費廣而見効難，非直有地理之忌而已也。上深然璁言，因諭一清曰：覽卿疏具見忠愛。朕居深宫，外面事情何由得之。卿輔導元臣，正當直説，庶不失了政事。萼所奏必有惑言，伊輒聽信，不但誤了朝廷之事，亦失了大臣謀國之意。彼疏朕看數遍，亦知不可，欲直拒之，非待大臣之禮，故諭卿等票來行，意在其中矣。我孝宗皇考時已命整理開修此河，不意當時黑眚爲異，夫眚之起非爲修河，蓋灣里住的鄉民正恐失利，乘此爲言，俗叫爲麻唬，卒被破事。當時若有一識事剛正之臣，告我伯考，曰黑眚之異，非緣修河道所招，奸詐之徒，乘機營利，惑及愚民，不可墮其奸計。伏惟剛斷而行之，如此，伯考豈無聰察哉！前日官回奏停當，已有旨，待春暖興工，朕亦恐有者左説破事，而萼卽爲首也。夫萼與璁替朕趨害赴京，功爲等也，若論識時利達事體，則萼以十不及璁二三也。朕意欲降一密旨與萼，云昨卿奏開河，一足見謀國至意，但前已有旨了，況先朝亦有成算，不必改議，恐起當營利者擾事。卿疏留覽未知可否？復與卿請一計。清言，聖裁允當。遂命如前旨傳行，濬天津海口新河。此段與第一頁所記較詳特録補之。〔按：此段文字舘本與諸本不載，惟抱本存。梁本列於卷八十二末，“此段與第一頁所記較詳特補録之”爲梁本原記〕

（世宗嘉靖實録卷 82　第 15 頁）

390　**十二月庚戌**　太子少保刑部尚書李承勳條陳足兵足食八事，足兵有四。一曰選京軍以壯根本，言京師爲天下根本，皇宮又爲京師之根本，故居守環列，周防鍵閉，將令必付之勳舊世臣，卒伍必擇夫壯勇精練，器械必兼夫犀利鮮明，至於各營之所分隸號稱百萬，團營之所練選號十二萬。今〔按：舘本今作令，閣本作今，是也〕將領卒徒武藝操演，果得其人盡其法否乎？乞下兵部，將宿衛團營官軍選其將領，足其軍伍，精練其器械，然後緩急有賴。蓋團營較之各營爲重，而守衛較之團營尤重也。二曰止操調以實内地，言永樂初調發各省附近官軍輪班上操，其後踵爲故事，本地無軍可守，前項班軍在京止備做工之役，在邊止給將領之私，於國有行糧草料之費，於私有齎送科尅之苦〔校記：抱本苦作害〕，而又未嘗得其實用。以臣計之，省行糧以僱遊食，何憂工役之乏，以行糧而募工人，何憂邊軍之寡。此班軍之調遣所宜革也。

（世宗嘉靖實録卷 83　第 8 頁　83.6.1862）

391　十二月壬子　　大學士張璁言：京師根本之地，營武空虚，武備不修，此第一可慮也。景泰初，兵部尚書于謙嘗設立十二團營之法，最〔按：館本最作遂，抱本閣本作最，是也〕爲緊要，日久漸廢。至正德年間江彬用事，乃引宣府、大同、榆林、遼東邊兵，曰入内府操練，名曰外四家，而團營之法益壞。今春虜寇宣府，欲選京軍征剿，團營額設十二萬人，及選不滿二三萬，蓋由強壯者占役權門，疲羸者挂名影射。夫户部糧册十二萬，不闕一人，而點選兵册僅僅若此，設有警變何以備之？臣與楊一清議，欲如法修舉，患未得人。玆蒙皇上起用太監張永，責之提督團營，誠爲得人。更〔按：館本無更字，抱本閣本有更字，是也〕乞勑令將私佔軍丁清出補伍，以充〔按：館本充下有其字，抱本閣本無其字，是也〕十二萬原數，而於十二萬數内量爲精選，以備先鋒，至於每營總兵參將等官，必擇知兵宿將爲之〔按：館本知作之，之作者，抱本閣本之作知，者作之，是也〕，不宜專以侯伯膏粱子弟濫充，仍戒不得剥削軍士以離其心，擅令工作以傷其力，無事之日如法操練，有事之日卽奉令啟行，務使將必知兵，兵必克敵。如此則營伍充實，京師有備，夷狄之患不足慮矣。上嘉納之，命提督團營官從實舉行。

（世宗嘉靖實録卷 83　第 11 頁　83.9.1867）

嘉靖七年（1528）

392　正月丁丑　　朝鮮國王李懌差陪臣吏曹參判洪景霖等貢方

物、馬匹賀正旦，賜宴賚如例。

（世宗嘉靖實録卷 84 第 1 頁 84.1.1891）

393 **正月己卯** 順天府官進春。上御奉天殿受之，文武羣臣行慶賀禮。

（世宗嘉靖實録卷 84 第 2 頁 84.2.1893）

394 **正月辛卯** 提督團營太監張永查上十二團營官軍原額一十萬七千有奇，今止五萬四千四百有奇；馬原額一十五萬二百餘匹，今止一萬九千三百餘匹，且其中病憊瘞瘠者過半，營務廢弛，蓋莫甚於此時。乞清勾解、酌替補、汰老弱以壯軍威，發草場樁朋等銀買補馬匹撥給官軍。仍申嚴尅〔校記：抱本尅作扣〕減草料顧借倒失之罪，以飭馬政。章下兵部，採其議行之。

（世宗嘉靖實録卷 84 第 5 頁 84.5.1899）

395 **正月丙申** 吏部〔按：疑吏爲禮之誤〕尚書桂蕚言：在京各馬牛羊等房倉場草料羸縮不會，掊克數多。臣嘗聞之管倉尚書李瓚曰，各項頭畜歲雖有增，其倒損者甚多，昔弘治十七年，給事中許天錫嘗壹閲實其數，遂減豆一十八萬七百餘石，草三百四十七萬九千九百餘束，迨今二十餘年矣。若科道官能親詣各房清查，但照見在馬牛羊之數關給草料，倒損者卽除之，則一歲可省北直隸、山東、河南二三十萬金之費，貯之於官，補買水次支運米，卽可蠲免各省災傷之民，是乃推養馬牛之餘以濟百姓惠政之大者也。上嘉納其言，命所司查議以聞。

（世宗嘉靖實録卷 84 第 9 頁 84.8.1906）

396 **正月己亥** 陞順天府府尹陳祥爲都察院右副都御史，總理南京糧儲。

（世宗嘉靖實録卷 84 第 10 頁 84.9.1908）

397 **正月己亥** 御史王重賢等陳三事……一肅倉場。言京通二倉監收糧運，自官吏以及軍斗諸役，留難需索，蠹弊多端，宜嚴行禁約。至於御馬等倉，天師菴等草場，收納各處芻菽，其弊尤甚。請自今令各商人不必運赴内府，止於京倉空厫收貯。每石扣銀三分，遇該監收用芻菽以爲搬運脚價之費。

（世宗嘉靖實録卷 84　第 10 頁　84.9.1908）

398　二月戊申　陞右通政黎奭爲順天府尹。

（世宗嘉靖實録卷 85　第 6 頁　85.5.1922）

399　二月庚申　命工部建敬一亭於翰林院，鐫御製《敬一箴》《五箴註》及《諭札》四通於石，列置亭中。仍行兩京國子監及天下儒學一體摹刻立石。先是，上製《五箴註》示閣臣，大學士張璁請刻之石，楊一清等復請，並敬一亭建亭刊布。故有是命。

（世宗嘉靖實録卷 85　第 14 頁　85.12.1935）

400　三月壬辰　命提督神機營宣城伯衛錞掌右軍都督府事仍理〔校記：抱本脱理以上十六字〕營務。

（世宗嘉靖實録卷 86　第 8 頁　86.8.1953）

401　四月戊申　琉球國中山王世子尚清遣陪臣正議大夫鄭繩等進貢請封。賜宴如例。

（世宗嘉靖實録卷 87　第 3 頁　87.2.1972）

402　四月戊午　提督團營兵部尚書兼左都御史李承勳等言：團營軍士有汰無補，額數日虧，宜依弘治十三年例，毋論終身永遠，有丁願替者聽，務足十二萬之數。兵部覆言：團營軍額，選補驗送〔校記：抱本驗送作者〕已有七萬七千有餘，加以外衛班操，共可得十一萬。倘能日加訓練，遇警調發，自足應用，不必議補。且先年抽調軍士，例止其〔按:館本其作一,三本作其〕身，一以杜詐冒夤緣，一以慎版籍造報。今欲概令接補，誠恐上下扶同，輾轉冒替〔校記：抱本替作頂〕，名存實亡，其弊益甚無已。宜量〔按:館本無量字，三本有量字〕從弘治十三年以後選充軍人例，止終身者，驗其老〔按：館本老作考，三本作老，是也〕弱，願替聽以精壯親丁頂補，永遠者或在逃故限兩月内許本身及户丁自首驗明保收，有寄捏假附者首發治罪。其正身逃者，行各清軍官嚴加解補。詔從部議。

（世宗嘉靖實録卷 87　第 5 頁　87.4.1976）

403　**四月乙丑**　命署都指揮僉事潘浩果勇營，永康侯徐源五軍營中軍，恭寧侯陳儒五軍營大營，俱坐營。署都指揮僉事趙承序三千營，坐司各管操。

（世宗嘉靖實録卷 87　第 8 頁　87.7.1981）

404　**四月庚午**　吏部〔按：疑吏爲禮之誤，參本編 389 條〕等衙門尚書桂萼等以修省會議條陳十二事，一，言仁壽宫興作採木已到水次，宜令商船順拽，免其徵税，盡放天下運木丁夫歸農，州縣已徵夫價准作里甲官銀，其大木之價特令免徵，諸司所督造物料並免。……一，言順天、保定、河間三府寄養馬匹，近以地方災傷民累不堪，且地多者並倚優免，人户逃匿而盡，以養馬責於無力無勢之家，故民受偏累而畿甸騷擾，宜特勑改正。凡馬之不堪兑軍者量聽鬻賣，以休息民困。

（世宗嘉靖實録卷 87　第 11 頁　87.8.1984）

405　**六月壬寅**　兵部覆邊臣會議均寄養馬以優畿甸，言順天、保定、河間三府，頃歲災傷，寄養馬爲累，奸民托事優免，盡以馬匹推派貧户，宜覈實而更正其役。諸所領馬羸弱不堪兑軍者，勑太僕寺少卿一員行府州縣按閲，其歲久而疲甚者鬻之，其價以年數馬力爲差。此後每十餘年疏請一行，著爲例。報可。

（世宗嘉靖實録卷 89　第 2 頁　89.1.2006）

406　**六月乙巳**　御史吴仲、郎中何棟、尹嗣忠、都指揮陳璠奉勑開濬通惠河成，仲等因疏五事。一，時修濬以通運道。言大通橋起至通州右壩四十里，地勢高下四丈有餘，中設慶豐等五閘蓄行水。今已通運，然地勢陡峻，土皆流沙，夏秋大雨，河流暴漲，衝決淤塞，所宜預處。請行管閘主事，坐守閘壩，往來巡視，一遇衝塞，隨卽挑築，晝夜撥守，毋致盜決。仍將閘運扣省脚價銀内每歲量支千兩，寄通州庫，隨宜興工。如不足，仍聽奏討。二，專委任以責成效。言大通閘河止設主事一員，又兼他務，不無妨廢，請令駐劄通州專理河道，通州添〔按：館本添作專，抱本作專〕設管河同知或判官一員，所管起大通橋。盡解〔按：館本解作鮮，閣本作解〕魚閘，合用錢糧歲支扣省脚價，凡應行事宜及委用官員，悉聽管閘主事處分。仍勅户部歲三月初旬遣郎中或員外一員，奉勅住通州，會巡倉御史沿河往來催儹。天津以北糧運驗算輕齎銀兩，待運完日造册奏繳。三，復舊額以給官夫。言原設官四員吏四名，閘夫六百七十四名，後復罷閘運，止存官一員吏一名，夫八十八名。今既修復，請量添官一員吏一名，與前官吏分管。夫一百名與前八十八名分布各閘，毋得雜差占役。又接運夫八十名，專送内府衙門竹木等料，每名河南州縣徵得銀七兩解部僱役，今不必僱，第貯之部，俟竹木等料至，量給銀兩，令經收内府衙門官一員領出自僱，通州陸運不得入閘，庶閘夫不致重累，而運船與木料兩不相妨。四，改閘座以防水患。言夏秋雨久，西山水發，皆由閘河東流，閘門隘小，水泄不及，遂至泛漲，衝決堤壩，此出不測，非人可爲。原議障水石壩今已修成。又通流壩在通州城中，市井環繞，積水丈餘。又西水關久浸水中，俱非長便。舊有慶豐上閘，平津中閘，今已不用，拆〔按：廣本拆作析，廣本作拆〕運通州西水關外創造石閘一座，將前石壩南移二十餘丈，改造石閘一座，平時閉板，水落啟洩五處駁船，以便糧運。原議漕運衙門，打〔按：打上十九字据館本補〕造駁船三百，每船定價銀三十五兩，共一萬五千兩，今已分布各閘，責令〔按：館本令作今，舊校改作令〕經紀名下脚價銀内歲扣三千兩在官，以抵船價，計三歲半約可扣完。其船遞歲修艌，經紀自備，若損壞不堪，仍將前扣船價發漕運衙門打造，如前給領扣除。又每閘船六十隻，每船載米一百五十餘石，每日可運米二萬餘石，起五月終九月，糧米贖到計有一百五十日，每歲京糧不過二百五六十萬石，自可盡入閘運。但恐接管非人，妄生浮議，事阻〔按：

館本阻作沮，抱本閣本作阻〕弗成，臣切慮之。疏入，上以運河先朝屢經勘議，未得成功，仲等僅四閱月而就緒，嘉其勤勞，命科道官查驗行賞。所條事宜，部議亦稱便。上悉從之。

（世宗嘉靖實録卷89　第6頁　89.5.2013）

407　**六月庚戌**　總督倉場尚書李瓚，以通惠河既開，糧運俱由水路，經紀人役不論陰晴，急於往來，強行搬運，任雨淋漓，並無苫蓋，一湧入倉，不容攔阻，疏請禁止，必待晴明，方許剥運，或如原擬，水陸並進便。上曰：往因陸路艱阻，以致糧運稽遲，今修復閘運，正欲歲漕早完，省費卹軍，舟車填擁，源源入倉，其事甚善。乃不厭遲而厭速，不患少而患多，何故？此必在倉人役及倉前歇家欲以留難規利，駕言惑人。況雨水不常，中途難測，必待晴明，是終無剥載之期。其稱水陸並進，本係原擬，不知何人阻遏，不容陸運，户部查究施行。令起糧官陰雨毋得起剥，仍多置蓆以備苫蓋，或舟搭蓆蓬〔按：館本蓬作棚，閣本作蓬〕以防不測。糧運既到，即令督促入倉，隨便堆放，多方添處囤基，通融派撥，廒口收糧委官每日在倉及曬晾上緊收受。自後在舟在途雨濕，責在管運，若到倉稽留被雨，責之管倉。仍痛革科索運軍、勾難車户積弊，如有違犯，聽巡倉御史訪奏。國計重事要在協謀共濟，慎勿陽諾陰沮及心有偏係，致中奸人之計。

（世宗嘉靖實録卷89　第9頁　89.8.2019）

408　**六月癸丑**　御史吳仲言：通惠河成功不易，持久爲難，請留原差工部郎中何棟督理。三歲一更，聽動支餘銀，扣省脚價，雇倩軍民夫役挑濬上流，改造閘座，嚴防山水泛漲。法禁盗決河防〔按：館本河防作防河，三本作河防，是也〕，隨船帶石包岸，逐年栽柳護堤，填墊橋道，補蓋廠房〔按：館本廠房作房廠，三本作廠房〕，修艌剥船及兼理天津一帶河道。又各河道俱設有司水利官，請於近地所屬勤敏者改陞一人，或同知或判官，填註通州，主事管河道。其督運户部郎中尹嗣忠，請如侍郎王軏疏，仍留坐守催督，終始其事，以後不必專設，率歲二月請差郎中或員外郎一人奉勅前去，會同工部郎中巡倉御史督運，完日回京。及將來剝船編入漕司，必須設有專管官，方爲久計。疏下户工二部，覆如其議。上曰：然。河工方就，計非親事者不可。責成何棟，令住劄通州往來督理，及天津一帶軍衛有司官，事干河道，俱聽委用，毋得阻撓。歲滿勞著，陞改職銜照舊行事。吳仲仍提督京通等倉兼督理通惠河，與何棟、尹嗣忠、陳璠等協力共濟，尹嗣忠督運糧完回部。歲差如議。改軍自運及添設專官俟漕運會議具奏。

（世宗嘉靖實録卷 89　第 11 頁　89.9.2022）

409　**七月戊寅**　以修濬通惠河功成，賞巡倉御史吳仲、工部郎中何棟各銀三十兩，紵絲二表裏。户部郎中尹嗣忠、都指揮陳璠各二十兩，一表裏，仍俱陞俸一級。

（世宗嘉靖實録卷 90　第 5 頁　90.4.2056）

410　**七月丙戌**　九門苜蓿〔按：館本蓿作宿，抱本閣本作蓿，是也〕地土計一百一十頃有餘，舊例分撥東西南北四門，每門把總一員，官軍一百名，給領御馬監銀一十七兩賃牛傭耕，按月採辦苜蓿，以供芻牧。至是，户部右侍郎王軏等查議，以爲地多遺利，軍多曠役，請於每門止留地十頃，令軍三十名仍舊採辦，以供内厩餧養，其餘地土召民耕〔按：館本無民字，耕作佃，三本有民字〕種，分别遠近貧瘠依原擬五分、三分則例徵租，年終類解本部，該監不得干預，退回官軍俱遣之還伍。户部覆議，從之。

（世宗嘉靖實録卷 90　第 8 頁　90.7.2062）

411　**七月己丑**　巡撫順天右僉都御史汪玉言：固〔按：館本固下有安字，是也〕等處皆畿輔重地〔按：館本重地作地方，三本作重地〕，其間京衛官軍、達舍、色目人雜處，漫無統攝，致生盜賊。宜定立保長，空閑人丁編爲壯夫，居人俱敢約束，如有寇警，呼集壯夫撲滅之，朔望赴所在縣司。從之。

（世宗嘉靖實録卷 90　第 11 頁　90.9.2071）

412　**八月丁未**　命右春坊右諭德兼翰林修撰韓邦奇、方鵬主順天府試事。

（世宗嘉靖實録卷 91　第 4 頁　91.3.2083）

413　**八月己酉**　朝鮮國王李懌遣陪臣户曹書韓效原等來賀，進馬及方物，賜宴給賞如例。

（世宗嘉靖實録卷 91　第 4 頁　91.3.2084）

414　**八月辛亥**　户部覆議給事中陸粲等奏覆，壩上等馬牛羊房見在頭蓄共三千九百七十七，歲應用料三萬九千三百一十五石有奇，草九十萬一千五百八十四束足矣，比之原數該減料一十四萬二千餘，草四百六萬一千餘。蓋自有馬房以來，百數十年，縻費侵漁，不知凡幾，根盤勢據，莫敢誰何。謹參酌時宜條陳十事。一，稽實數。令各馬牛等房置立文簿，以今覈過之數爲舊管，備開毛色、口齒、印記、來歷，送部印鈐，發原委主事收掌。遇有孳生發下，倒死取回，卽呈報驗實，以准收除，月登其數，各官攢赴部註銷，開報巡青科道官稽考。其關支料草主事親行各場同内官驗實放支，放支後畜有倒失者，將料草截日扣還，季終具每月收除之數呈部。歲十一月會同各官詣各倉場將實在馬牛查點，而變賣其不堪用者，仍具數送部，以便會計。一，省虚費。倉場料草皆是小民脂膏，惟耕藉牛及三牛房牛料草如舊關支，其西兒騍馬擠乳馬日料五升，餘馬除下場三箇月每匹日支料四升各草一束，駱駝料六升草一束。各馬房存留牛隻驢贏，東直門外牛房吳家駝每年亦除三箇月，餘各日支料三升草十斤。各倉未印二歲駒給，餘馬之未歲駒免給，著爲例。一月之間百匹之内，非時疫倒死三匹以上者，内外官軍醫獸〔按：館本作獸醫，三本作醫獸〕究治，提督等官故縱容隱者聽科道參奏。一，免會派。畜獸既清，錢糧宜減，第每歲額徵遽難停免，姑待來歲派徵之時各量減，原價照舊徵銀，起解送部，轉送太倉，以蘇民困。其草場子粒應否抵補各馬房錢糧以免派民俟勘擬奏。又請勅御馬監自查實數，見今〔校記：抱本今作在〕驢馬等項實在若干，草料每年約用若干，見今倉場足支幾年之用，開具的確，奏行本部，參酌會計。或仍令原差給事中一併清查奏繳，事體均而法令明。一，議減旗軍。旗軍之設，本以備操練，因牧圉乏人，摘撥應用，而各該房局等官，俱以養馬，朦朧占役，包辦月錢，良可痛惜。今清查之後，該請以壩上湖渠二處參酌，其中官百匹撥旗軍五十人，餘悉發回衛所差操，有占役者〔按：館本無者字，廣本閣本有者字〕論如例。一，處牛羊。查得司牲司牧管事官吏牧養軍民三百餘人，歲費以千計，而所養牲止四百七十餘隻，又多瘦損不堪供應者，緣各該官員濫充管事，止是占種場地，私役軍人，甚者侵冒錢糧，於羔羊肥瘠畧不加意。請今止留司局内官三員爲總管衙門，止存司牲司一所，併原設官吏一併承行而裁革，司牧局旗軍止餘一百名，餘發回原衛，民遣歸州縣，見在牛羊行光禄寺就其膔壯取用，瘦小者送順天府變賣，歸其價於寺。以後解納牲口，不堪者退回本户領牧，毋得一概發下，以滋浪費。一、嚴買補。東直門外牛房吳家駝牛房二草場，俱奏准給軍佃種，徵收子粒銀一千二百五十兩，本所收貯。遇有牛隻倒死就行買補，惟存湯山草場爲放牧〔校記：閣本作牧放〕之地。正德中，太監張裕奏墾湯山草場之半以修公廨，太監王誠復以子粒銀奏歸内監，本所官員不得干預，輸納既無簿籍可稽，領買又有尅減之弊，請將原地召民佃種，以子粒銀兩解部。遇有倒失，本部給領買補，仍以部官督察之。其壩上等七馬房所養之牛，有堪擠乳者送裡牛房，其餘送光禄寺應用，以免侵費。一，革冗員。各房内官，少者十餘員，多至二十員，馬少官多，徒爲煩擾。請如永樂中例，每房止留四員，一員管理錢糧，三員專管馬匹，其軍職每房留一員督率旗軍，餘悉革回。歲終仍察畜産繁耗以爲殿最。一、禁饋遺。提督等官每歲點馬所至，管事人員盛設酒席及饋送茶果錢多至百數十兩，跟隨人役需索分例及下場放牧，而承委官員催修橋道，科派擾害，請聽巡青科道官訪奏。仍行順天府近場州縣，過爲承奉，一體究罪。一，謹防範。印烙馬牛，所以别公私防詐僞也。内府設有環吉、三尖等印，因循至今不行，請給訪得各該養馬官，居常則虚張數目，點視則假借搪塞，名稱官馬，實無印記。自今遇貢賀及新收孳生等，官隨卽印烙發場，且歲一點視，文理細淺者卽照前復印。一，立公署。户部分管倉場，去京或至百里之外，俱無公署，及本倉官攢亦無廨宇，每值收糧，暫時僦居，旋卽回京。以此錢糧出納，署〔按:館本署作累，廣本閣本作署〕不經手，卽行工部，卽以在京内應毁尼寺拆去蓋造爲便。庶官有公廨，則身可安，事有職掌，則弊可防。上曰：各馬牛房宿弊非止一端，蠹國害民，長奸惠惡，莫此爲甚。既議擬明白都准行，仍懸榜曉示。自今敢有復蹈前弊，科道官及緝事衙門卽指實參奏，處以重罪。

（世宗嘉靖實録卷 91　第 5 頁　91.4.2085）

415　**八月己巳**　　盗伐景陵樹木，詔逮問先任守備都指揮僉事時立中，詰守備太監劉岑。

（世宗嘉靖實録卷 91　第 17 頁　91.15.2107）

416　**十月丁未**　　詔修恭讓章皇后、恭仁康定景皇帝陵。

（世宗嘉靖實録卷 93　第 3 頁　93.3.2137）

417　**十月丁未**　　皇后陳氏崩，禮部上喪祭禮儀。

（世宗嘉靖實録卷 93　第 3 頁　93.3.2137）

418　**十月戊申**　　敬一亭成，工部奏列與事官員以聞。上曰：敬一亭本因朕學有粗得，輔臣奏請於翰林院隙地建亭，豎立箴石，出於忠誠，所謂善則稱君之意，輔臣少師楊一清等三員，人賜衣一襲，銀五十兩，綵幣四表裏。提調官工部左侍郎何詔並吏部尚書桂萼、禮部尚書方獻夫、工部尚書劉麟各二十兩，二表裏。侍郎董玘、徐縉、李時、學士顧鼎臣各十兩，一表裏。侍講侍讀學士穆孔暉等四員各五兩，一表裏。郎中等官金廷瑞、劉悌各一表裏。

（世宗嘉靖實録卷93　第7頁　93.6.2143）

419　**十月乙丑**　命輔臣張璁、尚書方獻夫、劉麟、少卿曾直、姜清、都給事中王汝梅、御史趙兑、兵部員外郎駱用卿及欽天監監副等臣李鑑等往天壽山相閲中宫大行皇后陵地。璁等還奏，襖兒峪及橡子嶺二處地吉，上命建陵於襖兒峪，命禮部行欽天監擇日告祖，工部辦料興工。且曰：天時漸寒，土工重大，必須經理周慎，不可促廹，仍先建重殿一所，備迎梓宫。乃遣駙馬都尉崔元、鄔景和、謝詔祭告七陵，尚書方獻夫祭告天壽山，尚書劉麟祭告后土司工之神，侍郎何詔督理工程。

（世宗嘉靖實録卷93　第17頁　93.15.2161）

420　**閏十月己巳朔**　時議營大行皇后山陵，兵部以方冬寒冱，請發三大營官軍五千人聽用，推保定侯梁永福督之。已而太醫傅平稱官軍數少，請增至萬人，而工部復請發團營軍佐之。武定侯郭勳言：團營專備徵調，奉旨不許侵役。上以陵工方急，令暫撥八千人給之。工部又言：山陵香殿未成，大行皇后發引在邇，前雖奉旨權刱蓆殿於陵所，但蓆殿淺率，非奉安梓宫之所，請以襖兒峪北舊行殿權安其中。上不從。

（世宗嘉靖實録卷94　第1頁　94.1.2169）

421　**閏十月癸酉**　兵部覆廵視京營科道官王準等條陳營務事宜。一、明賞格。請令提督官將團營官軍於春秋初操之時，逐一閲試，列爲三等，就於本營操練，支子粒等項銀兩，隨宜給賞。如屢試漸退者罰治，老弱退回原營另行選補。其坐營官員教練有成效者聽點營科道奏請陞賞。一，慎推用。謂近來坐營將官遷轉太驟，賢否無據，當遲以歲月，責其實效，加月米一石，仍添給馬匹草料，庶俯仰無累，而望外之心自息。一，處調操。謂河南等處四都司調操兵馬，春秋二季輪班上操，多爲將領所鬻免，宜按籍稽查，務足實數。仍於〔校記：抱本於作俟〕各軍到京之日，提督官精選壯卒隸之團營，稍弱者五軍等營，各屬所部管束操練。

其原領將官，班滿之日，聽提督巡視等官覈無奸弊方許回衛。一，退老弱。請行移提督官員。備將各營軍老弱不堪者立限襲替，幼小者查驗退回，無人頂替者革回原衛，官閒住，軍當別差，另行選撥補。一，清官銀。謂團營等營，各有樁朋及子粒等銀，支用不一，侵漁莫考，請每營籍記出入之數，按季閱白，以杜侵費。上從其議。

（世宗嘉靖實録卷 94　第 3 頁　94.3.2174）

422　閏十月己卯　時陵工方興，計所費以鉅萬數。工部尚書劉麟稱歲錢少，十不能給一，請借支天下明年工價之半及原修清寧宮世廟餘銀十餘萬兩以濟急用，待後徵補。從之。

（世宗嘉靖實録卷 94　第 6 頁　94.6.2179）

423　閏十月壬午　更定編審京城甲役之令。時京師軍〔按：館本軍作官，閣本作軍〕民雜處，十家之中免役者九，又以其近房隙舍主匿奸人，貧民至代爲更繇勞役不堪。御史王儀因請斟酌丁産，著爲定例。其勳戚監局及文武各衙門，俱以等級優免。兵部會同都察院覆如儀議。從之。

（世宗嘉靖實録卷 94　第 12 頁　94.11.2190）

424　閏十月辛卯　提督山陵太監傅平上管工太監温璽等七十餘人，請月給廩餼騎從如例。工部言弘治十八年例，山陵監督等官多不過三十人而已，平所請太濫，請如前裁省之。報可。

（世宗嘉靖實録卷 95　第 15 頁　94.13.2194）

425　十一月壬子　時内官監供用庫收白糧，私造大斗，需索百端，一石倍輸三二石，解户苦之。户科都給事中蔡經以狀聞。得旨：内府白糧每石加耗一斗，不許分外科收，屢有明禁，該監庫不恤民艱，縱令羣小横索，且不查究，今後令司禮監定委公正官監收，即便出給長單，不許稽留守候。仍聽巡視十庫科道官嚴加察訪，有違禁科擾者，具實參奏。

（世宗嘉靖實録卷 95　第 5 頁　95.5.2211）

426 **十一月丙辰** 以水災免順天府及屬衛所秋糧馬草屯田子粒有差。

（世宗嘉靖實録卷95 第8頁 95.8.2217）

427 **十一月乙丑** 初，順天府房山縣民李〔校記：廣本閣本李作季〕聰等以牧馬地十餘頃投獻上林苑太監韋恒爲菓園，隱避差役，無何，會官查勘，復歸房山縣，至是佃户馮賢等復獻之太監李秀，秀爲疏請欲得菓園。户部左侍郎王軏等執奏言，賢規避秀謀占，均宜逮問。

（世宗嘉靖實録卷95 第16頁 95.14.2230）

428 **十二月丁亥** 是歲以通惠河成，糧運既至者一百九十九萬三千八百有奇，省脚價十一萬三百餘兩，當扣除入户部。御史吳仲以運軍罷敝，請暫給三分之一，俟一二年後併減歲運加耗，以寬窮民，庶軍民兩受其惠。户部覆請。報可。

（世宗嘉靖實録卷96 第10頁 96.8.2248）

429 **十二月丁酉** 賜朝鮮國明年《大統曆日》百本。

（世宗嘉靖實録卷96 第16頁 96.14.2259）

嘉靖八年（1529）

430 **正月甲辰** 朝鮮國王李懌差陪臣崔洗節進方物、馬匹朝賀，賜宴給賞如例。

（世宗嘉靖實録卷97 第1頁 97.1.2261）

431 **正月己未** 悼靈皇后陵管事御馬監左監丞鄭鑑等請增陵户，以供灑掃。上以昌平州賦役浩繁，人户彫敝，令順天府於附近州縣僉充。

（世宗嘉靖實録卷97 第9頁 97.8.2275）

432 **正月壬戌** 置悼靈皇后菓園、菜園房屋悉如康陵規制。

（世宗嘉靖實録卷97　第10頁　97.9.2277）

433　**二月乙亥**　順天府府尹黎奭……順天府府丞周令各以災異自陳乞休，上不允，俱命供職如故。

（世宗嘉靖實録卷98　第10頁　98.7.2300）

434　**二月丁丑**　以經春久旱，命順天府官祈禱雨澤，仍行欽天監擇日祭告天地社稷山川。

（世宗嘉靖實録卷98　第12頁　98.9.2303）

435　**二月丙子**　京城迤南龐各莊等處民夷雜處，桴鼓數鳴。上從御史傅鶚言，以其地屬之順天兵備副使，凡官民、達舍、色目人等悉聽約束，仍令修補墩臺，選兵厲馬，積粟繕械，以備非常。

（世宗嘉靖實録卷98　第12頁　98.9.2303）

436　**二月己卯**　户部覆尚書桂萼等奏請通核在京大小衙門錢糧出入之數，裁所有餘以補不足。上曰，今民窮財盡，國用滋繁，正宜量入爲〔按：館本爲作而，三本作爲〕出，通融計處，其即行各衙門備查明白開報，仍會官酌議緩急多寡以聞。

（世宗嘉靖實録卷98　第18頁　98.13.2311）

437　**二月癸巳**　工部尚書劉麟等言：今工役可緩者數事。一、章皇后景皇帝陵城，本自安固，其殿宇門墻，但當少加苫蓋，以待年豐。一、悼靈皇后菓菜園内，止須繚以牆垣。待果實有成方可建屋。……一、修葺京通二倉柁木等料，該價銀二千四百六十三兩，當暫免派徵，將原貯舊料支用，不足則取給軍辦，候其用盡别有處分。……上采納之。仍下其最後二事於内府監官，命各從實舉行，惟陵城及惜薪司柴炭如故。

（世宗嘉靖實録卷98　第29頁　98.20.2325）

438　**三月己酉**　先是，營悼靈皇后陵，度用鄉民尹甫元地六頃，已而守陵内臣郭鑑又度其十五頃餘將爲菓園。給事中張潤身言：此地爲民恒産，且尚有墳墓百餘所，宜仍還民便，上命給民種住，其陵域占用者仍於近地如數撥補。

（世宗嘉靖實録卷 99　第 7 頁　99.5.2342）

439　**三月庚戌**　策試天下舉人。

（世宗嘉靖實録卷 99　第 8 頁　99.6.2343）

440　**三月甲寅**　賜羅洪先等三百二十有三人進士及第、出身有差。

（世宗嘉靖實録卷 99　第 9 頁　99.7.2346）

441　**三月甲子**　尚書李時言〔按：館本無言字，抱本有言字〕：每年四月，京師諸寺有參禪禮佛之會，男女雜遝，大敗風俗，宜行禁諭。上謂其言有裨風化，即命所司巡視逮治，都察院榜示中外，嚴爲禁革。

（世宗嘉靖實録卷 99　第 17 頁　99.13.2357）

442　**四月乙亥**　國初，南北直隸及各省屯田子粒皆御史查覈，正統間改在京各衛及北直隸屯田專設僉事管理，列銜山東。至是，户部尚書梁材言：京師畿輔，屯政日弛，蓋由僉事權力不重，皇視勳戚憑〔校記：抱本憑作倚〕藉城社，沮撓百出，勢難管理，自今請裁革僉事，仍專差御史如南直隸例。詔從之，因命御史，差三年一易。

（世宗嘉靖實録卷 100　第 7 頁　100.5.2370）

443　**四月辛巳**　宴朝鮮國使臣禮曹參判李芃等十八人，命禮部尚書李時待。

（世宗嘉靖實録卷 100　第 11 頁　100.8.2376）

444　**六月庚午**　天方國撒馬兒罕等處速來蠻王等各差使臣火者哈只等貢馬匹、方物。賜賚如例。

（世宗嘉靖實録卷 102　第 3 頁　102.2.2402）

445　**六月甲申**　大學士楊一清言：舊例，進士開科，禮部奏請於國子監立石題名，命儒臣撰記，以昭聖典，傳之永久。正德十六年以來，國家多事，因循不作，皇上敦化崇文，始命輔臣追記補之。嘉靖五年丙戌科題名記，僉謂臣職當撰述。臣竊謂此記雖禮部題請，命翰林院撰文，然未嘗奉旨專命何官，而各年碑石並書臣某奉勅撰，其文又未嘗呈覽，揆之事體，似有未安。竊聞先朝大學士楊榮、李賢等連科撰述，皆出宸命，況我皇上聖文溢發，凡近日册詔誥勅，有所指點，皆非臣等所及。臣謹以所撰稿録進，伏乞少運睿思，改發工部，仍行翰林院擬定制勅，房官一員書寫刻石，以後俱可照此行。上從其言，遂著爲例。

（世宗嘉靖實録卷 102　第 9 頁　102.7.2411）

446　七月甲午朔　初，京師民張福訴其母爲里人張柱所殺，東廠以聞，下刑部，坐柱死，不服，而福之姊與其鄰皆証爲福自殺之也。復命刑部郎中魏應召鞫之，罪改坐福，而東廠執奏，語連法吏。上怒，以應召擅出入人罪，命三法司及錦衣衛鎮撫司逮問，且覆按其事。都御史熊浹謂應召已得詳議如初。上意浹狥情曲護，褫浹職，下應召與柱等皆栲訊，侍郎許瓚以下皆惶恐謝罪。工科給事中陸粲言：獄者天下之大命也，一成而不可變，故聖王慎之，今張福之母之死，自東廠錦衣衛訊則罪在張柱，爲鬬毆殺人，絞，自法司訊，則罪在張福爲子殺母，凌遲。夫殺母大惡，凌遲極刑，陛下疑而慎之是也。然近從法司會審，自福之親族鄰里咸証逆狀，而其姊痛憤於至情，浹等既據此定獄，猶未敢決，請再議審，蓋慎之至矣。宜令拘集証佐，隔别審問，參互考驗，則殺人之獄必有所歸，而乃蒙嚴譴，總憲大臣且不免，其餘誰敢自保？如近日會審，侍郎許瓚則禁不發言，少卿曾直諛辭附和，侍郎聞淵、寺丞簡霄俱辭疾不出，此無他，人務自全也。且東廠錦衣衛，詔獄所寄，兼有訪察之威，人多畏憚，一有所逮，法司常依案擬罪，心知其寃，不敢辯理。而今敢與之爭者，實恃聖明在上臣子守法故也。陛下獨奈何詰責之深哉，風紀大臣議獄一不當意，斥而去之，若胥吏然，無乃傷國體乎？臣又恐法吏以浹爲戒，無所匡正。弘治時，郎中丁哲辯樂工之獄，敬皇帝不以爲然，因罷哲。有小吏徐珪爲哲訟，敬皇帝輒召哲還，並珪録用之，帝王之盛節如此。臣願陛下霽威嚴，降温旨，令瓚等虚心研問，則守法者無所顧忌而刑罰清矣！工科給事中劉希簡亦上疏曰：獄情幽隱，聽之實難，今詔辭嚴切，臣恐羣臣妄意風旨所當不實，則羣臣之罪愈深。夫部、院、廠、衛俱爲一體，秉公爲國則無異同，願明勑在廷，俾勿疑忌，勿主先入之説，勿執一人之見，務平其心以得其情，庶几罪人無誤入之寃而國事明，大臣無觀望之過而國體重矣。上大怒，以會問未報，粲等妄言，俱下錦衣衛栲訊。其後讚等竟如原擬，以張柱抵死，應召及干証俱發邊衛充軍，杖福之姊百，謂浹嘗議大禮，姑令革職閒住。

（世宗嘉靖實録卷 103　第 1 頁　103.1.2415）

447　七月丁未　　提督海子太監孫瑞疏乞優免海户雜錢差。户部言：海户多殷實，故先朝斟酌每户優免三丁，載在《會典》。近者，畿輔之地，災傷頻仍，差徭浩繁，奸民往往投充陵墳匠校，選收將軍勇士，影射偷閒，避重就輕，偏累良民，根本之地，深爲可慮。海户優免，止宜如故，且當論諸投充影射者罪，以警將來。報可。

（世宗嘉靖實録卷 103　第 7 頁　103.6.2428）

448　八月甲子朔　　朝鮮國王李懌遣陪臣刑曹參判李菡進方物及馬慶賀。

（世宗嘉靖實録卷 104　第 1 頁　104.1.2437）

449　八月壬午　　朝鮮國陪臣吏曹參判柳溥等呈言：本國祖李旦不係李仁任之後，而《皇明祖訓》及《大明會典》所載俱屬仁任，已於永樂及正德間奏請改正，俱蒙俞允而迄今尚未行，今幸遇重修《會典》，乞爲改正。禮部以請，上許之。詔開送史館纂輯。據所陳建國本末言：旦初名成桂，其先本國全州人，二十八世祖翰仕新羅爲司空，新羅亡，翰六世孫兢休入高麗，十三世孫任元爲南京五千户所達魯花赤，世襲其職。元季兵興，安社曾孫子春與男成桂避地東還，至正辛丑，當高麗恭愍王之十年，有紅巾二十萬衆入境，成桂領兵勦賊有功，授武班職事，時尚未名。恭愍無嗣，陰蓄寵臣辛旽之子禑爲己子，晚多躁暴，爲嬖臣洪倫内竪崔萬生等所弑，權臣李仁任車裂倫、萬生於市，立禑爲嗣，其子昌爲世子，禑十六年擢成桂爲門下侍中。時禑遣將犯遼東，成桂爲副將，行至鴨緑江，與諸將議不宜得罪上國，乃還，禑懼，遜位於昌，昌於洪武二十二年宣諭以僞姓見黜，而後王氏之裔定昌君瑶主國事，仁任罪竄於外，既王瑶又不義，國人憤怨，乃共廢瑶，推立成桂，成桂請命於太祖高皇帝，乃命成桂爲國王，號“朝鮮”，改名“旦”云。

（世宗嘉靖實録卷 104　第 12 頁　104.10.2456）

450　八月戊子　以災傷令順天諸府及山東、河南二省秋糧菉豆及各房倉黑豆俱減原額之二。

（世宗嘉靖實録卷 104　第 19 頁　104.16.2467）

451　九月庚子　天方國等處夷使火者哈只等進方物朝貢，給賞如例。

（世宗嘉靖實録卷 105　第 6 頁　105.5.2480）

452　九月丙午　悼靈皇后陵工成。

（世宗嘉靖實録卷 105　第 10 頁　105.8.2485）

453　九月甲寅　命宣城伯衛錞、工部右侍郎蘇民提督仁壽宫工程。

（世宗嘉靖實録卷 105　第 15 頁　105.12.2494）

454　九月丙辰　兵工二部覆給事中張潤身等奏陳陵寢事宜。一，昌平州肥沃地土，多被勢要占買，影避徵徭，宜命官踏勘，遵照畝數均派養馬，不許妄比優免事例累負貧民。一，本州路南北供應甚艱〔校記：三本艱作難〕。宜嚴祭陵諸臣，毋得横肆需求。一，陵寢所在，山場樹木俱宜愛護培養，如有姦人盗伐，務查究典守者之罪。詔如擬。

（世宗嘉靖實録卷 105　第 15 頁　105.13.2495）

455 **十月己巳** 初，佛郎機火者亞三等既誅，廣東有司乃併絶安南滿剌加，諸番舶皆潛泊漳州，私與爲市。至是，提督兩廣侍郎林富疏其事，下兵部議言：安南滿剌加自昔内屬，例得通市，載在《祖訓》《會典》，佛郎機正德中始入，而亞三等以不法誅，故驅絶之，豈得以此盡絶番舶。且廣東設市舶司而漳州無之，是廣州不當阻而阻，漳州當禁而〔校記：三本而下有反字，是也〕不禁也。請令廣東〔按：館本無察字，三本有察，是也〕察番舶例，許通市者毋得禁絶，漳州則驅之，毋得停舶，從之。

（世宗嘉靖實録卷 106　第 4 頁　106.5.2507）

456 **十月癸未** 乾清宫内西七所房災。

（世宗嘉靖實録卷 106　第 11 頁　106.10.2517）

457 **十月甲申** 以旱蝗免順天、永平二府夏税及山東秋糧有差。

（世宗嘉靖實録卷 106　第 11 頁　106.10.2517）

458 **十月戊子** 初，通惠河成，歲省車脚銀十餘萬，御史吳仲請以三分之一給軍，餘俱貯庫備修河及他公用。又以各總輕齎多寡不一，難以概扣，議一六免扣，二六者石扣三分，三六者石扣五分。度修河費足則量減所徵於民，既請行之矣，而御史虞守愚又言，不宜遽令減徵於民，與貧軍較錙銖，且常賦額税，民有定志，水運陸輓，時有便宜，臣恐減徵未足〔按：館本足作必，三本作足〕惠民，復徵將爲民病。疏下户部議：輕齎銀兩徵派出於田糧，扣省得於車脚，原非官軍己物，即係倉庫錢糧，名有二六三六之分，實無京倉通倉之異，宜扣省以節民財。初議修河，顧夫歲費不及三千，大約三歲所扣，足河工五六十年之費，請自來秋會派始一六如故。二六石減六升。止派二斗徵銀一〔按：館本一作二，三本作一〕錢，三六減一斗，止派二斗六升，徵銀一錢三分。疏入，上曰，漕運軍士艱苦可憫，所擬減徵，其更詳審以聞。

（世宗嘉靖實録卷 106 第 11 頁 106.10.2518）

459 十二月己巳 陞應天府府尹王大用爲都察院右副都御史巡撫順天等府。

（世宗嘉靖實録卷 108 第 3 頁 108.3.2543）

460 十二月癸未 朝鮮國王李懌差陪臣工曹參判朴光榮等三十二人來賀正旦，獻馬及方物，宴賚如例。

（世宗嘉靖實録卷 108 第 10 頁 108.8.2554）

461 十二月丁亥 以秋災詔京倉黑豆暫停折納，歲豐如故。

（世宗嘉靖實録卷 108 第 12 頁 108.10.2557）

462 十二月庚寅 立春。順天府官進香，上御奉天殿受之，文武羣臣行慶賀禮。

（世宗嘉靖實録卷 108 第 12 頁 108.10.2557）

嘉靖九年（1530）

463 正月壬寅 朝鮮國陪臣工曹參判林〔按：館本林作朴〕光榮等來〔校記：東本來下有朝字〕賀正旦，給賜如例。

（世宗嘉靖實録卷 109 第 2 頁 109.2.2561）

464 正月甲辰 勑通政司右通政何棟專理通惠河道。棟先任〔校記：東本都上有工部二字〕都水司郎中，修濬通惠河閘工成，陞通政。工部言棟治河有成績，宜賜之專勑〔按：館本賜之專勑作專任之，廣本閣本作賜之專勑〕，以究其用，故有是命。

（世宗嘉靖實録卷 109 第 2 頁 109.2.2562）

465 正月丙午 吏部都給事中夏言奏：臣向被命查勘順天田土，曾請改各宮莊田爲親蠶厰、公桑園名額，令有司種桑柘以備宮中蠶事，未見舉行。邇者，陛下有事於南郊，臣猥以侍從之末，叨陪法駕，仰見陛下對越嚴恪馨香升聞，又更定時享之期於郊祀之後，行祝天之禮於正元朝賀之前，徂歲之冬躬禱雪於郊壇，先期避殿減膳，損六軍之扈蹕，却百官之陪從，罪己之辭形於祝蝦，贊道之臣仰見憂色，所爲昭事上帝軫念民事，已無不盡其誠矣。臣感激之餘，竊念向所建親蠶之議，有助於陛下敬天勤民之事，且足以紹聖祖之制作，補當代之闕遺。夫農桑之業，衣食萬人，不宜獨缺；耕蠶之禮，垂法萬世，不宜偏廢。倘蒙采納，特勑禮官〔按：館本無特字，廣本閣本有特字。東本官作部〕會議以聞，然後謀之〔按：館本然後謀之作令，廣本東本作然後謀之〕儒臣，參酌考訂，慨然施行，則天下萬世永有瞻仰。上以其疏示大學士張璁，深容納之。遂勑禮部：朕惟耕桑王者重事也，古者天子親耕，王后親蠶，以勸天下，朕在宮中，每有稱慕。今自歲始，朕躬祀先農，於本日祭社稷，畢時即往先農壇行禮，皇〔按：館本皇作王，東本作皇〕后親蠶，禮儀便會官考求古制，具儀以聞。於是大學士張璁等因請於安定門外擇建先蠶之壇，其制一準於先農壇，壇之〔按:館本無之字，廣本閣本有之字〕旁仍設採桑壇、蠶室別殿〔校記：東本殿作設〕，採桑壇倣先農壇耤田之處爲之，其別殿量如南郊齋宮之制，而少減其數。即齋宮之旁起蠶室二十七間以爲浴蠶之所，倣耤田之制，皇后採桑三條，之後用三公夫人採五條，列侯九卿夫人采九條。仍擇民間婦女數十人受桑浴蠶於内，以終其事。詔如議行。

（世宗嘉靖實録卷 109　第 3 頁　109.2.2562）

466　**二月癸亥**　工部上先蠶壇圖式，上親定其制：先蠶壇方可二丈六尺，疊〔按：館本疊作壘，抱本作疊，東本作宜〕二級，高二尺六寸，陛四出，東西北俱樹以桑柘。燕息房不必建，以掌禮房爲蠶室令衙門〔按：館本衙門作署，廣本閣本作衙門〕，置〔按：館本無置字，抱本衙門作置〕採桑臺高一尺四寸，方一丈四尺〔校記：東本作高一丈四尺，方一丈。會典作方一丈四寸，高二尺四寸〕。鑾駕庫構〔按:館本無構字，廣本閣本有構字〕五間，後牆方其制，内苑止蓋織堂，牆圍方八十丈，餘俱如圖注行〔按：館本無行字，廣本閣本有行字〕。已而，欽天監以年神不利興作，禮部言，周制，季春吉巳，王后享先蠶，則必擇日可知矣。既有室礙，寧〔按：館本寧作請，廣本閣本作寧〕俟明年，其躬桑治繭之事，可於宫中行之。上曰：朕已告聞祖考，不敢中止。已而〔按：館本無而字，閣本有而字〕禮部請暫用葦蓆竹木爲之。上曰：所構蓆屋甚多，不無靡費，其酌處財力量建一二。工部乃請止治〔按：館本無治字，閣本請止作請旨治〕先蠶採桑二壇並具服殿及諸蠶室數十楹，餘皆罷之。報可。

（世宗嘉靖實録卷 110　第 1 頁　110.1.2585）

467　二月戊辰　上祭社稷壇畢出郊祀先農，行耕籍禮。

（世宗嘉靖實録卷 110　第 1 頁　110.1.2586）

468　二月庚午　詔民居當蠶壇東出道者皆徙之。

（世宗嘉靖實録卷 110　第 5 頁　110.4.2591）

469　二月辛未　以災傷免順天、永平二府所屬州縣及永清等衛所税糧有差。

（世宗嘉靖實録卷 110　第 5 頁　110.4.2592）

470　二月乙亥　先是，畿輔旱荒，饑民流入都城求食，道殣相望。上聞，詔都察院亟議所以賑之。都御史王憲請令五城御史分審貧人，係有司者發宛大二縣收養，係軍衛者分送蠟燭、旛竿二寺，官爲煮粥，俱咨户部查給。上以民窮可憫，命如議即行，俟春和丁壯遣歸，老疾者仍舊收卹。仍行天下郡縣，令修舉養濟院實政，使煢獨者有養，各御史隨籍貧人名數送部。

（世宗嘉靖實録卷 110　第 12 頁　110.10.2603）

471　二月庚辰　詔置桑園於新築壇殿蠶室餘地，令所司亟植桑柘以備取用。

（世宗嘉靖實録卷 110　第 14 頁　110.11.2606）

472　三月辛卯朔　命收養宛平大興縣貧民七百八十三人於養

濟院，人月給糧三斗，歲布一疋。

（世宗嘉靖實録卷 111　第 1 頁　111.1.2615）

473　三月乙未　　禮部覆御史周襗疏厚風俗一〔按：館本疏作所奏無一字，廣本閣本所奏作疏，閣本東本有一〕事，言風俗壞於奢侈，法令當行。自近今都城之中，衣輕策肥，非貴戚之臧獲，卽貂鐺〔校記：舊校改鐺作璫〕之僕夫，詰問則根據城社，縱釋乃横行街衢，以致遠近效尤，恬不畏法。乞嚴勑内府及勳戚府部大臣，令其檢飭家徒，不得縱恣〔校記：東本恣作肆〕。中外民人，有服食〔校記：抱本食作飾〕、宮室、喪葬宴會過盛踰制者，嚴爲禁革。上從其言。令都察院申禁，榜示中外，所司不奉行士庶不遵改者，悉論如法。

（世宗嘉靖實録卷 111　第 1 頁　111.1.2616）

474　三月甲辰　　琉球國王世子尚清遣陪臣蔡瀚齎方物馬匹進貢。先是，國王尚真於五年薨，六年，其世子尚清遣長史鄭繩等請封，繩等回，至海中溺死，至是復遣瀚等來貢，因申其請，並請原送監讀書官生蔡廷美等四人還本國婚娶。禮臣以爲襲封重事，當命福建鎮廵官查訪申報。其欲廷美等歸國，宜聽其請。上從之，命給賞綵段布鈔有差。瀚來經日本，日本國王源義晴因託賫表文，言向爲本國多虞，干戈梗路，正德勘合不達東都，以故宋素卿捧弘治而來，乞恕其罪，遣還歸國，並乞新勘合金印，復修常貢。禮部驗其文俱無印篆，言夷情譎詐，不可遽信。乞勑琉球國王遣人傳諭日本，令其擒獻宗設，送回擄去指揮袁璡〔校記：東本璡作進〕，然後參酌奏請裁奪。上從之。

（世宗嘉靖實録卷 111　第 14 頁　111.11.2636）

475　四月丁丑　　長陵等陵神宮監〔校記：東本監下有等監二字〕太監楊賓奏，乞將各陵園等户盡復其家。户部覆言：陵園等户供役輕省，豪民避重就輕，每多投充，民力坐此重困，故先朝斟酌損益載在《會典》，每户連本身止免三丁，況今差占庫〔校記：

抱本庫作軍，誤〕夫柴夫等役繁多，如係籍陵園者全户優免，則遺下差役必更加派小民，恐致負累流徙〔按：館本徙作徒，廣本閣本作徙，是也〕，宜令有司止優免如《會典》例。上從部議。

（世宗嘉靖實録卷112　第10頁　112.8.2662）

476　四月癸未　命大學士張璁等、尚書方獻夫等恭詣南郊，覆視建立圜丘處所。

（世宗嘉靖實録卷112　第16頁　112.13.2672）

477　四月甲申　户部言：各馬牛羊房、苜蓿地土並仁壽、清寧、未央三宫官地銀兩，與起運京邊錢糧事體相同，請行巡撫都御史及屯田御史嚴督府州縣掌印管糧等官，將勘過召佃見耕成熟地土定擬上中下三等，則如徵收税糧例，限俱於十二月終完足解部類進各宫及送太倉銀庫。其四大營草場地土銀兩，先將應徵數目解納，候清查頃畝明白及各勳戚應入官莊田並鷹房地土俱候造册，至日一體徵解，其違限官員即住俸降級如例。詔如議行。

（世宗嘉靖實録卷112　第18頁　112.15.2675）

478　四月甲申　以京師風霾，遣禮部尚書李時祭天壽山之神。

（世宗嘉靖實録卷112　第18頁　112.15.2675）

479　五月乙未　以郊壇興工上躬祭告於上帝及宗廟。

（世宗嘉靖實録卷112　第1頁　113.1.2681）

480　五月己亥　工部尚書章拯等言：興工次第莫先圜丘，而方丘及東西二壇次之，先蠶壇又次之。今見材不足，請先事圜丘，以次漸舉。從之。

（世宗嘉靖實録卷113　第2頁　113.2.2684）

481　五月壬寅　以四郊興工，勅武定侯郭勳、宣城伯衛錞、大學士張璁知建造事總督工程〔按：館本總督工程作督視規制，三本東本無督視規制四字〕，禮部尚書李時同知建造事督視規制〔按：東本督視規制作總督工程〕，工部左侍郎蔣瑶提督工程，都察院右都御史汪鋐、吏科都〔按：館本無都字，三本東本有都字〕給事中夏言監視巡察工程，程鍔兼管領官事。

（世宗嘉靖實録卷 113　第 4 頁　113.3.2686）

482　**五月丁未**　迎翠殿南織堂成。

（世宗嘉靖實録卷 113　第 5 頁　113.4.2687）

483　**六月己未朔**　國子監始〔按：館本國上有詔字，監下無始字，廣本閣本東本無詔，監下有始〕建敬一亭，勒御製《敬一箴》及《范氏心箴》《程子視聽言動箴註》於石。從祭酒許誥請也。

（世宗嘉靖實録卷 114　第 1 頁　114.1.2697）

484　**六月己未朔**　舊制，團營官馬萬匹，每歲春夏之交下場牧放，入秋回〔校記:抱本回作團〕操。其錦衣旗手等衛、五軍三千等營上直官馬亦各分置草場。每下場月分草料住支，後錦衣等衛上直馬雖不下場，而團營騎操馬猶歲牧如例。嘉靖六年，武定侯郭勳始以邊警爲詞，奏免團營馬下場，其各營草場量徵租銀充營中公費，餘解太僕寺買馬，而營馬專仰秣司農矣。後邊方稍寧，許存留營操馬六千匹聽徵，餘悉下場。又許聽徵馬於下場之期不必遠牧，各場聽就近牧放，月以草料一半給之，每十日一赴營聽操，給事中夏言之奏也。户部因言：各營草場本以牧馬，今聽徵馬既不依例牧放，其所給草料宜以草場租銀給公〔校記：抱本公作工〕費之羨者輸太倉以佐之，得旨允行。未幾，兵部又以給事中魏良弼之議言，草場散在民間，官無專攝，所給草料有名無實，請仍歸其事於各營，計其羨者，總輸太僕寺抵補，下場馬軍三箇月該出朋銀之數，草料停給。既而聽徵馬軍多以不給〔按：館本給下有草料，閣本東本無草料〕爲言，兵部亦以爲非例，而户部又以草場租銀既歸各營，京儲無所取給，因請量留三千匹聽徵，餘令一體牧放。從之。

（世宗嘉靖實録卷 114　第 1 頁　114.1.2697）

485　**六月庚申**　以署都指揮僉事周良臣充右參將，分守燕河營等處地方〔按：此段館本佚，廣本閣本東本存〕。

（世宗嘉靖實録卷 114　第 2 頁）

486　**六月丙寅**　凡京城内外倉場合用草料，俱坐派直隸、河南、山東等處州縣，徵編〔按：館本偏下有差字，廣本閣本無差字〕大户解赴户部。召商上納本色，必俟納完方取實收，通關給批回籍，此定制〔校記：東本制作例〕也。去秋京師穀價翔貴，召商無應者，户部以各倉場所積草料頗多，遂用給事中陳侃議，令將各州縣大户所輸銀兩暫赴太倉銀庫交納，給與通關，其銀候〔按：館本候作俟，廣本閣本東本作候〕秋成草料價平，照舊召商易買〔按：館本買作納，抱本閣本作買〕本色，又令以後各處起運内外草場錢糧〔按：館本糧作穀，抱本作糧〕，俱限秋末冬初到部，以便召商，免大户守候之苦。報可。

（世宗嘉靖實録卷 114　第 6 頁　114.5.2705）

487　**六月庚午**　刻《大明集禮》書成，上親制序文。

（世宗嘉靖實録卷 114　第 7 頁　114.5.2706）

488　**六月癸酉**　吏部請定團營醫官之制，在營辦事三年勤謹者授以冠帶，再歷三年有效者，授以吏目職事，永爲定例。從之。

（世宗嘉靖實録卷 114　第 7 頁　114.6.2707）

489　**七月己酉**　詹事顧鼎臣言：翰林院内建敬一碑亭，宜勅宛平、大興二縣各僉人户二名，責令守視。報可。

（世宗嘉靖實録卷 115　第 15 頁　115.10.2738）

490　**八月壬申**　朝鮮國王李懌遣陪臣趙邦彦等及泰寧衛夷人塔卜歹等各進馬賀萬壽聖節。各宴賚如例。

（世宗嘉靖實録卷 116　第 5 頁　116.3.2750）

491　**八月丙子**　處州府知府吳仲言：臣嘗備員御史，請開濬通惠閘河，其時議者紛紛，惟皇上出自宸斷〔按：館本皇上出自宸斷作聖斷，廣本閣本東本作皇上出自宸斷〕，毅然以爲當行，濬方四月，費才七千，而舳艫已啣接於大通橋下矣。邇者，臣將之任，道經河壩，敢掇拾其所見編成一書，名曰《通惠河志》，謹録進呈。臣又過計以爲各邊距京師皆有間道，旋日可至，虜若一據倉厫，爲患不測，故土木之變，于謙議燬通倉，近者汪鋐欲包築通州於城内，皆此議也。故臣請於大運未至，乘其暇日，將通倉所積糧米預輸至京，誠不勞力費財，而潛消莫大之後患者。疏入，上命以《通惠河志》〔按：館本無通惠河三字，廣本東本閣本有通惠河三字〕付史館採入《會典》，仍令工部梓行，奏内應行事宜，下所司會議以聞。

（世宗嘉靖實録卷 116　第 7 頁　116.5.2753）

492　**十月辛酉**　給事中王希文言：東廣〔校記：抱本作廣東，是也〕地控夷邦。而暹羅、占城、琉球、爪哇、浡泥五國貢獻，道經東莞，我祖宗立法，來有定期，舟有定數，比對符驗相同，乃伴送附搭貨物，官給鈔買，載在《祖訓》可考也。洪武間以其多帶行商，陰行詭詐，絶不許貢。至正德年間，佛郎機匿名混進，流毒省城，副使汪鋐併力驅逐，僅始〔按：館本始作乃，廣本閣本作始〕絶之。今未踰數年，撫按以折俸缺貨，遂議開復。祖宗數十年難沮之虜幸爾掃除，守臣百戰克成之功，一朝盡棄，不無可惜。卽無論爲害地方，但以堂堂天朝，受此輕瀆之貢，治之不武，不治損威，無一可者也。

（世宗嘉靖實録卷 118　第 2 頁　118.2.2792）

493　**十月癸酉**　新製圜丘龍牀御案成，上親視於文華殿，仍召輔臣璁同視。視畢進，璁至後殿温諭至再，復出手札示璁，卽今祁寒之候，工役恐艱〔校記：抱本艱作難〕，圜丘大工，想已告成，宜令併力僭造朝日壇，工程十一月朔始，可暫止方丘、夕月壇二工，待正月十六日卽復舉行，計至五月可成，今工惟令於申前辰後辦料，卿可思處，稱朕體天卹民之意。

（世宗嘉靖實録卷 118　第 15 頁　118.13.2813）

494　**十一月辛卯**　禮部奉旨采選淑女於京城内外，得一千二百五十八人，請行欽天監擇日送赴諸王館，命司禮監官或皇親夫人二三人先行選擇，然後引見聖母。得令旨，禮部送赴館，俟内夫人女官選畢引詣聖母前擇用，著爲令。

（世宗嘉靖實録卷 119　第 3 頁　119.3.2821）

495　**十一月丁酉**　以通惠河成，令修河右通政何棟及驗給輕齎銀兩，參將陳璠回京别用，以其事屬修倉主事坐糧員外領之。

（世宗嘉靖實録卷 119　第 11 頁　119.9.2834）

496　**十一月丁酉**　户部言：知府吳仲奏欲搬運通州倉糧，御史戴金奏欲免搬運〔按：館本搬作般，抱本閣本東本作搬，次行同〕，惟隨宜令軍士預行兑支，以制盈縮。但通州密邇京師，城郭完固，加以五衛官兵軍民安堵，搬運之説卒難議行。其臨船交兑，實由漕糧稽遲，隨時酌處，亦難爲例。乞行提督官仍如舊例京通二倉收放，萬一河道淺阻，糧船不能前進，恐誤來年大運〔校記：抱本運作事〕，聽漕運官臨時奏請定奪，不得觀望，希圖兑支，以虧國計。詔可。

（世宗嘉靖實録卷 119　第 11 頁　119.9.2834）

497　**十一戊戌**　陞順天府府丞黄鍾爲南京光禄寺卿。

（世宗嘉靖實録卷 119　第 12 頁　119.10.2835）

498　**十一月辛丑**　工部尚書章拯、禮部右侍郎湛若水奉旨：會勘錦衣衛軍匠章源所奏事，言品官壙瑩原有規制，内官已故，往往賜葬造碑亭享堂，皆出特恩，或有因而盛興土木，華靡逾分，又有預修越制之工，以冀後來恩寵。積弊既久，玩襲爲常，非止張忠、張永一二家而已。其事有實者，下法司問擬，諸壙塋過度者，通行禁約。甕山紅石口山脊先經挖掘，廣源閘右隄水溝先經開引者，即行填塞。仍勑金山管事太監，嚴禁山原〔校記：東本原作源〕無致傷龍行正脈。詔法司看處以聞。

（世宗嘉靖實録卷 119　第 15 頁　119.12.2840）

499　**十一月丙午**　命成國公朱鳳神機營五千下坐營。

（世宗嘉靖實録卷 119　第 16 頁　119.13.2841）

500 **十一月庚戌** 詔賞圜丘効勞官匠人員，陞工部員外郎宋錦、周朝著爲署郎中。主事孫昂、林瓊、孫雲、蔡子舉、蘇民、賈璘、江滙、司務吴道南、蘇民爲署員外郎，倶添註管事。主事龔轅、王慎中、陳東各陞俸一級。各匠官匠役倶陞賞有差。

（世宗嘉靖實録卷 119 第 22 頁 119.17.2849）

501 **十一月丁酉〔按：館本作丙申〕** 上諭禮部曰：南郊之東壇名天壇，北郊之壇名地壇，東郊之壇名朝日壇，西郊之壇名夕月壇。南郊之西壇名神祇壇，著載《會典》，勿得混稱。

（世宗嘉靖實録卷 119 第 25 頁 119.19.2853）

502 **十二月辛未** 奪江西巡按御史傅鳳翔〔按：館本翔作翺，抱本東本閣本作翔〕俸五月，左參議汪溱、僉事陳端甫各半年，以督造郊壇磁磚違限故也。

（世宗嘉靖實録卷 120 第 3 頁 120.3.2861）

503 **十二月壬申** 陞順天府府尹黎奭爲工部左侍郎。

（世宗嘉靖實録卷 120 第 4 頁 120.3.2862）

504 **十二月辛巳** 朝鮮國王李懌差陪臣工曹參判吳洗翰等賀正旦節貢馬，賜宴賞如例。

（世宗嘉靖實録卷 120 第 9 頁 120.8.2872）

505 **十二月甲申** 朝鮮國王李懌遣陪臣户曹參議金麟孫貢馬五十匹。

（世宗嘉靖實録卷 120 第 10 頁 120.9.2874）

506 **十二月乙酉** 易先師孔子神位用木，奉安於文廟，遣國子監祭酒許誥行祭告禮。

（世宗嘉靖實録卷 120 第 11 頁 120.10.2875）

嘉靖十年（1531）

507　**正月乙未**　立春。順天府官進春。

（世宗嘉靖實録卷121　第10頁　121.8.2894）

508　**正月乙未**　陞工部都給事中張嵩爲順天府府丞，河南左布政使王浚爲順天府府尹。

（世宗嘉靖實録卷121　第10頁　121.8.2894）

509　**正月丁酉**　先是，右春坊右中允廖道南請改大〔按：館本大作太，舊校改太作大〕慈恩寺、興辟廱，以行养老之禮，撤〔按：館本撤作撒，三本作撤，是也〕靈濟宫徐知證、知諤二神，改設歷代帝王帝位，仍配以歷代名臣。下禮部議，覆〔按：館本覆在議上，三本覆在議下〕言：今國子監迺〔按：館本迺作廼，三本作迺，是也〕祖宗以來臨幸之地，恐不必更葺梵宇舊址，重立辟廱，惟寺内歡〔按：館本無歡字，抱本有歡字〕喜佛係胡元淫制，敗壞民俗，相應撤毀〔按：館本撤毁作毁棄，閣本作棄毁〕，靈濟宫徐知證、知鍔二神，其在當時已得罪名教，固宜撤去，但所在窄隘，恐不足以帝王寢廟，宜擇地別建。得旨：夷〔按：館本無夷字，舊校增夷字〕鬼淫像可便毁之，帝王廟工部其相地卜日興工。於是工部銷毁淫像，會官相帝王廟地，因言阜成門内保安寺故址，舊爲官地，改置神武〔按：館本武作或，三本作武，是也〕後衛，而中官陳林鬻其餘爲私宅，地勢整潔，且通西壇，可贖遷〔校記：抱本遷作還〕而鼎新之。奏入，報可。

（世宗嘉靖實録卷121　第10頁　121.9.2895）

510　**正月辛亥**　大内東偏火，上露告於天，告於祖考。火自宫人郭氏屋起，延燒東西十四連房俱盡。上諭大學士〔按：館本無士字，廣本閣本有士字〕張璁：宫中地隘而屋衆，且貫以通棟，所以每有火患。聞南京宫〔按:館本無宫字，廣本閣本有宫字〕中諸門皆砌磚，不用木，固知聖祖慮深。今所燬者不需依舊式，未燬者量爲規畫，務使道塗疎豁，堂舍整簡，勿令相近，門俱如南京制，斯免警擾耳。尋復爲《火警或問》一篇示璁，以明善惡别忠邪自勵云。

（世宗靖嘉實録卷 121　第 16 頁　121.13.2904）

511　**二月乙亥**　先是，上定方丘並朝日壇所用玉爵各因其色，詔户部覓紅黄玉送御用監製造，户部多方購之不獲，但得紅黄瑪瑙水精等石以進，詔暫充用，仍責求真玉，至是部臣言：中國所用玉，大段出自西域于闐、天方諸國，及查節〔按：館本節作飾，三本作節〕年貢牘，唯有漿水玉、菜玉、黑玉，並無紅黄二色，且諸國俱接陜西邊界，宜行彼處撫臣，厚價訪購〔按:館本購作求，閣本作購〕。詔可。

（世宗嘉靖實録卷 122　第 7 頁　122.6.2923）

512　**二月戊寅**　都察院覆童源所奏，查勘過太監秦得、張永、張忠墳墓在甕山廣源閘〔按:館本閘作間，閣本作閘〕等處，俱係山陵來龍過脈及還供處所，且奢麗踰制，俱宜改正。其餘官民墳墓不下數千，凡有數奢侈僭分者，亦行改正，西山一帶〔校記：廣本帶下有開占二字〕煤窯俱應禁塞。上曰：秦德等墳墓越禮奢侈，俱改正拆毀，其餘官民墳墓，但有奢侈過分者，限三月以裏一體改正，如與龍脈無干，並無造作奢侈者，仍舊不動。煤炸係民生日用所不可缺少，不係緊關應禁處，聽小民照舊生理。

（世宗嘉靖實録卷 122　第 11 頁　122.9.2929）

513　**三月庚寅**　命陽武侯薛翰五軍營大營坐營，都督僉事牛桓五軍營左哨坐營。

（世宗嘉靖實録卷 123　第 8 頁　123.6.2950）

514　**三月辛卯**　四郊壇工成。

（世宗嘉靖實録卷 123　第 9 頁　123.7.2952）

515 **三月乙未** 始定西苑土穀壇名曰帝社帝稷。先是，上諭內閣曰：西苑土穀壇〔校記：廣本閣本無壇字〕之神，惟亦社稷耳，所以别於太社太稷，如爲王社王稷之稱，於義有據否？大學士張孚敬等對，古者天子稱王，今若稱王社王稷，與古義合，但嫌於與今各王府社稷名同，臣等伏思，前承欽定牌位曰五土五穀之神，名義至當。上報曰必欲從時，可倣帝藉之意曰“帝社”“帝稷”。既正其名，宜考籩豆樂舞之儀。禮部以曠典肇修，樂舞不能卒備。上然之，命俟考議行。籩豆用八牲，用犢羊豕，皆上裁定云。

（世宗嘉靖實録卷 123 第 10 頁 123.9.2955）

516 **三月壬寅** 建歷代帝王廟。遣工部尚書蔣瑶行祭禮，右侍郎錢如京提督工程。

（世宗嘉靖實録卷 123 第 17 頁 123.15.2967）

517 **四月丁卯** 修理仁壽宫。命太子太保遂安伯陳鏸、工部尚書蔣瑶、兵部左侍郎陳洪謨、錦衣衛署指揮王蘭、指揮同知陸松提督。

（世宗嘉靖實録卷 124 第 4 頁 124.4.2979）

518 **四月丙子** 南郊神版殿成，上定命曰“奉神殿”。

（世宗嘉靖實録卷 124 第 7 頁 124.6.2984）

519 **四月庚辰** 兵部火，延燒工部公廨，文卷悉燬。

（世宗嘉靖實録卷 124 第 8 頁 124.7.2985）

520 **五月己丑** 壩上東馬房草欄火，燒草三十六萬九千六百九十一束。

（世宗嘉靖實録卷 125 第 4 頁 125.3.2991）

521 **五月丙申** 江西饒州府進方澤、夕月壇祭器。

（世宗嘉靖實録卷 125 第 7 頁 125.6.2997）

522 **五月己亥** 整飭薊州邊備都御史周期雍上言二事，一、修復邊關以利戍守，謂羅漢洞、星星谷、桑岔峪、葦子谷、花場谷、水門寺、城子谷、董家口、大毛山、小河口、鮎魚石、貓兒谷、青山嶺〔按：館本嶺作領，三本作嶺〕等關塞，始皆據沿邊險阸，有萬夫莫敵之勢，後因虜警輒移入腹裏平漫之地，以致虜騎長驅出入無禁，宜亟修復故地，庶利於守〔按：館本作利於庶守，廣本閣本庶作戍〕，虜衆不得侵軼。一、量移營堡以便策應，謂界嶺口駐操營之距青山口關東勝寨各二十餘里，臺頭營之距界嶺口、箭桿嶺、羅漢洞三關各四十里，駙馬寨營之距星星谷、桑岔峪二關中庵堡各六十里，黄崖口營之距古〔校記：廣本古作右〕強谷、耻瞎谷、蠶緣〔校記：廣本閣本緣作橡〕谷、青山嶺谷關寨則三十里而近，松棚谷營之距洪山口關、天勝廖家谷、三道嶺、白棗谷、西安谷五寨則三十里而遥，皆於策應不便，請酌其便易〔按：館本無易字，三本有易字〕之地改立營堡〔校記：廣本堡下有兵部覆，期雍二策俱善，但修復關邊，改移營堡十八字，是也〕一時併興，勞費不貲，宜令詳酌，便宜行之。報可。

（世宗嘉靖實録卷 125　第 8 頁　125.7.2999）

523　五月丙午　兵部覆昌平州知州李宗奏：本州陵寢重地，民力匱乏，寄養馬視他州縣已減三分之二，乞〔按：館本無乞字，抱本有乞〕更〔校記：廣本閣本更上有今宜二字〕減十分之三。從之。

（世宗嘉靖實録卷 125　第 11 頁　125.8.3002）

524　六月乙卯　户部以營建仁壽宫及先蠶等壇殿採辦大木料價不敷，請開各項納銀事例以補運費。報可。

（世宗嘉靖實録卷 126　第 1 頁　126.1.3007）

525　六月丁巳　是日申刻，雷震德勝門，破民屋柱，死者四人。

（世宗嘉靖實録卷 126　第 1 頁　126.1.3008）

526　六月己未　以宣府右衛〔按：館本作宣右衛衛，三本作宣府右衛，是也〕署都指揮僉事任鳳爲京營五軍營坐營總兵官。

（世宗嘉靖實録卷 126　第 2 頁　126.2.3009）

527　**六月癸亥**　是日辰刻，雷擊午門角樓垂脊並西華門城樓西北角柱。

（世宗嘉靖實録卷 126　第 3 頁　126.3.3011）

528　**六月己巳**　工部以方澤、朝日、夕月三壇祭器規式顏色尺寸圖册三本進呈，上命送付史舘。

（世宗嘉靖實録卷 126　第 6 頁　126.5.3015）

529　**閏六月丙戌**　兵部請建敬一亭於京衛武學，刻《御製敬一箴》如儒學例。從之。

（世宗嘉靖實録卷 127　第 2 頁　127.1.3018）

530　**閏六月庚寅**　兵部覆勇士張昇奏，西苑豹房所畜上豹一隻，至役官勇士〔按：館本佚士上十八字〕二百四十人，歲廩二千八百餘石，又占地十頃，歲租七百金，其實典守内臣侵牟影射，請量留勇士四十人應役，餘悉還營衛差操，仍令太監覈其奸利。報可。

（世宗嘉靖實録卷 127　第 6 頁　127.5.3026）

531　**七月戊午**　以順天府水災，詔蠲税有差。

（世始嘉靖實録卷 128　第 2 頁　128.2.3047）

532　**七月己巳**　國子監建啟聖公祠成，禮部尚書李時等以祀典請春秋祭祀與文廟同日，所用牲帛籩豆視四配，其東西配位先賢顏無繇氏、曾點氏、孔鯉氏、孟孫氏、視十哲，從祀先儒程、朱、蔡氏視兩廡〔按：館本廡作廉，三本作廡〕。是日文廟代主祭者係〔按：館本係作孫，廣本閣本東本作係，是也〕欽遣輔臣，則祭酒於啟聖祠行禮。

（世宗嘉靖實録卷 128　第 7 頁　128.6.3055）

533　**七月乙亥**　以郊工成，加武定侯郭勳太〔校記：東本太作少〕傅仍兼太子太傅，宣城伯衛錞太子太傅，禮部尚書李時兵部尚書掌都〔按：館本無都字，三本東本有都字〕察院事汪鋐俱太子太保，工部尚書蔣瑶太子少保。陞少詹事兼學士夏言禮部左侍郎仍兼學士掌翰林院事，給事中李鳳來通政司右參議兼吏科都給事中，御史盧問之爲大理寺右寺丞。

以恭建神祇二壇並神倉工成，陞右通〔按：館本通作道，三本東本作通〕政何楝爲太僕寺卿，添註管事工部郎中金廷瑞陞俸一級，太僕寺少卿甘爲霖賞銀二十兩綵段二表裏，郎中郭璁等十兩一表裏，餘給賞有差。

（世宗嘉靖實録卷128　第9頁　128.7.3058）

534　**八月丙戌**　命翰林院侍講學士吳惠、右春坊右贊善蔡昂主考順天府鄉試。

（世宗嘉靖實録卷129　第1頁　129.1.3066）

535　**八月甲午**　朝鮮國王李懌並泰甯等衛都督李來罕等各遣使貢馬、進方物賀萬壽聖節。宴賚如例。

（世宗嘉靖實録卷129　第2頁　129.2.3067）

536　**九月辛亥朔**　總督倉場侍郎王軏言：京通〔按：館本京通作道，三本東本作京通，是也〕諸倉出納浩繁，銀庫尤甚，前者裁革主事一十三員，缺人廢事，宜下吏部再議，量復數員，以備任使。其納銀非折糧折草，毋入太倉，令十三司收貯，積千兩以上然後〔按：館本無後字，三本東本有後字〕寄貯銀庫。户部覆奏，從之。

（世宗嘉靖實録卷130　第1頁　130.1.3083）

537　**九月壬子**　巡撫順天右〔按：館本無右字，三本東本有右字〕僉都御史周期雍言：近京地方多盜，皆以兵備官裁革有司無所統轄之故，宜令霸州兵備得兼治之。其大者乃與分守守備會議，則督責專一，而盜可弭。又大喜峯口關歲撫賞三衛夷人，費不下八九百金，舊取之山海關商税並贓罰銀兩及邊操軍舍認辦月錢，今關税奏革，贓罰備賑，而軍舍月錢亦非事體，宜令長谷住操等營牧馬草場，聽以三分之二召田輸租，以給前費，量留一分〔按：館本分作月，三本東本作分，是也〕以〔按：館本以作仍，抱本作以〕爲牧馬之地。……又古北口驛僻居邊隅，供應甚寡，懷柔密邇京師爲衢道，乃不設驛，煩簡失均，宜革古北口驛。其懷柔所撥馬驢人夫盡歸之縣，以濟供億。事下兵部，議以宛平等州縣不必屬霸州兵備，遇盜起則兵備得發兵禦之，其他皆可行〔按：館本行作以，抱本閣本東本作行〕。報可。

（世宗嘉靖實録卷 130 第 1 頁 130.1.3083）

538 **九月庚申** 帝王廟工成。命加督工右侍郎錢如京支從二品俸，員外郎張集等各陞賞有差。

（世宗嘉靖實録卷 130 第 3 頁 130.3.3088）

539 **九月乙丑** 修葺西苑宮殿工畢。

（世宗嘉靖實録卷 130 第 5 頁 130.4.3090）

540 **十月辛巳朔** 命工部修造圜丘壇祭器，罷祈穀壇諸建造，以祈穀改於圜丘壇行禮故也。

（世宗嘉靖實録卷 131 第 1 頁 131.1.3103）

541 **十月丁亥** 巡按直隸監察御史余鍧條陳邊務四事〔按：館本事作時，抱本閣本東本作事，是也〕，一、居庸、紫荆、倒馬三關皆邊防要區，天壽山又〔按：館本又作人，三本東本作又，是也〕陵寢重地，又居守防護皆寺人武夫，獄訟〔按：館本訟作頌，三本作訟〕錢糧缺人協管，故姦弊橫生〔按：館本生作上，三本東本作生，是也〕，請設兵備憲臣，令駐居庸督理邊務，護陵寢，革奸弊。……報可。

（世宗嘉靖實録卷 131 第 3 頁 131.3.3107）

542 **十月庚寅** 先是，上幸南城，召輔臣李時、翟鑾、尚書汪鋐、夏言至重華殿諭之曰：朕初欲建雩壇於南城，以此地乃觀遊之處，非祭天所宜。建壇圜丘之旁，乃合古禮，卿等其相度以聞。於是時等相圜丘東南泰元門外大壇墻内地，議以四十五丈爲雩壇，南門在泰元門稍北可三丈，壇在圜丘迤南，斜亘可三十餘丈。壇制圓徑九尺，用周尺，高七尺與神壇等。雩壇至圓壝牆及圓壝至壇方牆相距各九尺，因繪圖上之。上命壇座圓廣仍用今尺五尺，高比神壇增五寸，待來春三〔按：館本三作二，抱本閣本作三〕月上旬擇日興工。

（世宗嘉靖實録卷131　第6頁　131.5.3111）

543　**十月壬辰**　　復置御馬草場於武清縣桃花口等處。初，清查〔按：館本無查字，三本東本有查字〕武清縣牧馬草場，惟計分撥壩大等二十外馬房之數，量留地四千頃，餘地皆賦民耕之。而内監牧馬地土不曾開載，及御馬下場無處駐牧，乃以湖渠馬房地當之。原坐昌平、順義、玉田三州縣，及是〔按：館本無是字，三本東本有是字，是也〕御馬監以爲武清馬營草場當二十馬房總會之所，歲牧御馬，道里適均，故先朝規趾尚在湖渠，馬房既僻遠，水草不適，而剏置公廨，費復不貲，宜仍還武清修繕故處爲便。户部亦以爲然，請以武清地召佃者皆還之官，以〔按：館本無之字，三本東本有之字。館本無以字，抱本閣本有以字〕爲御馬草場，歲牧馬二百匹，一馬百五十畝，著〔按：館本無著字，閣本東本有著字，是也〕爲定制。其湖渠馬房地，仍召佃徵租。上〔按：館本無上字，三本東本有上字〕從之。

（世宗嘉靖實録卷131　第7頁　131.6.3113）

544　**十月壬辰**　　初，盜伐裕陵樹木，既獲，而以重賂守備太監劉岑、都指揮秦震遂免，鎮撫張椿等互爲奸利。又太監竇寬等占役灑掃諸旗軍，歲侵役銀數百計，至是巡關御史余鍧發其事，請亟黜岑、震而禁寬等沿襲之弊。因言自今守備宜聽巡關御史督察，其天壽山内外守備仍復其頡頏之禮，使不得相壓，以便行事。兵部覆奏，上命都督院逮問椿等如律，宥震、寬，取岑、震〔按：館本無震字，抱本有震字〕回京别用。餘如議。

（世宗嘉靖實録卷131　第9頁　131.7.3116）

545　**十月壬辰**　　帝社稷壇工成。

（世宗嘉靖實録卷131　第9頁　131.8.3117）

546 **十月乙未** 工部郎中陸時雍言：良鄉有盧溝河，涿州有琉璃、胡良二河，新城雄縣有白溝河，河間有沙河，青縣有滹沱河，其下流支河皆以淤壅，雨水暴至，輙傷民田。宜以時修濬，疏其支流，使達於海，則水不爲患。……事下工部，請命撫按勘議以聞。從之。

（世宗嘉靖實録卷 131　第 10 頁　131.9.3119）

547 **十一月乙卯** 朝鮮國王李懌遣陪臣吏曹参判尹仍鏡等進表貢方物，賀冬至節。……賜賚如例。

（世宗嘉靖實録卷 132　第 2 頁　132.2.3125）

548 **十二月庚子** 立春。上御奉天殿，順天府官進春，羣臣稱賀，賜食春餅。

（世宗嘉靖實録卷 133　第 10 頁　133.7.3157）

549 **十二月壬寅** 命收宛平、大興二縣貧民二千七百四人〔校記：七百四人東本作七百人〕入養濟院，每人月給口糧三斗，歲給布一疋。流民二千三百三十二人，發旛竿、蠟燭二寺給濟。

（世宗嘉靖實録卷 133　第 11 頁　133.8.3160）

550 **十二月壬寅** 命武靖伯趙世爵爲五軍營圍子手坐營官。

（世宗嘉靖實録卷 133　第 12 頁　133.9.3162）

551 **十二月乙巳** 以災詔停徵順天所屬倒失馬價及欠地租，候年豐追補，其寄養馬不堪乘者盡鬻價貯庫，餘改發各州縣富民領養。

（世宗嘉靖實録卷 133　第 14 頁　133.10.3164）

嘉靖十一年（1532）

552 **正月辛亥** 先是，巡撫順天都御史王大用奏順天府屬被災特甚，請議蠲賑濟。部議發通倉米一萬二千石，太倉銀一萬二千兩，屬大用多方賑給，各項逋負暫停徵解，得旨：如議行，仍令擇素有才幹郎中一員往會撫按賑濟。於是户部言，郎中翁萬達可遣，詔趣萬達亟往，會同撫按多方賑濟，以體愛養元元之意。已，大用等奏，饑民衆多，請增給銀米，詔更發倉糧一萬五千石，帑銀一萬五千兩給之。

（世宗嘉靖實録卷 134　第 1 頁　134.1.3169）

553　**正月甲戌**　大學士李時以上所賜銀圖書藏在内閣，爲盜所竊，具疏言狀。得旨：令廠衛五城刻期捕盗，務在速得。

（世宗嘉靖實録卷 134　第 8 頁　134.6.3180）

554　**正月乙亥**　詔户部侍郎張雲督率郎中張玩及順天府上林苑監官於西苑先蠶壇隙地及仁壽宫西棃園各栽植桑樹，以供蠶事。

（世宗嘉靖實録卷 134　第 10 頁　134.8.3184）

555　**二月己丑**　天方國壇扎剌丁等、撒馬兒罕速壇阿卜寫亦等……各遣使入貢謝恩。

（世宗嘉靖實録卷 135　第 2 頁　135.2.3191）

556　**二月庚子**　詔以通惠河脚價銀五千兩修築天津迤北一帶要〔校記：廣本要作要〕兒渡、黑龍口、桃花口等處決口。

（世宗嘉靖實録卷 135　第 7 頁　135.6.3200）

557　**二月壬寅**　命都察院出榜禁約金山、玉泉、七岡山、紅石山、甕山、香峪山寨口，諸係陵京龍脈處所，毋得造墳建寺，伐石燒灰。

（世宗嘉靖實録卷 135　第 7 頁　135.6.3200）

558　**二月乙巳**　以稽誤圜丘磁磚，逮江西饒州府知府祁敕，下法司問，降爲邊方雜職。

（世宗嘉靖實録卷 135　第 8 頁　135.7.3201）

559　**二月丁未**　命工部增造佛郎機銃，頒十二團營演習。

（世宗嘉靖實録卷 135　第 8 頁　135.7.3202）

560　**三月戊辰**　上御奉天殿傳制賜林大欽等三百二十人進士

及第〔校記：閣本無及第二字〕、出身有差。

（世宗嘉靖實録卷136　第5頁　136.4.3212）

561　三月癸丑　命安鄉伯張坤坐團營立威營。

（世宗嘉靖實録卷136　第1頁　136.1.3206）

562　三月戊辰　以旱荒詔軍〔按：館本軍作京〕衛並順天府所屬官軍月糧預支一月，仍發京通二倉米十一〔按：館本十一作一十，三本作十一〕萬石，粳米石銀六錢，粟米石銀四錢，委官監糶以平穀價，從御史孫錦奏也。已復命五城御史嚴督火甲於平糶〔校記：閣本糶作糴〕處所防守，其不逞之徒乘機攘奪者，捕送法司治罪。

（世宗嘉靖實録卷136　第5頁　134.4.3212）

563　三月庚午　詔户部議犒賞京營兵應援延綏者，部議官給銀人五兩，布二疋；軍〔按：台本軍作官〕給銀入〔按：館本作銀人，廣本抱本作銀入，是也，閣本無人字〕二兩五錢，布二疋，俱於太倉銀庫動支〔按：館本動支作支動，三本作動支，是也〕。仍發銀萬兩詣軍中〔按：館本軍中作中軍〕聽用。得旨如擬，其出征人馬仍行兵部於東官廳聽征人馬内揀選三千，令團營副總兵趙鎮統領趣往應援。已選營兵止得二千人，益以保定千人赴鎮云。

（世宗嘉靖實録卷136　第7頁　136.5.3214）

564　三月丙子　禮部尚書夏言奏：雩壇在太元門外，道里迴遠，車駕經由無駐蹕之所，祭時請幕次雩壇。既祀上帝，禮當升煙，俗謂〔按：館本謂作爲，抱本作謂〕祈水不宜用火，乃爲坎瘞非禮。臣等以爲雩祀焚帛宜用燎壇，請於雩壇外壝之〔按：館本之作一，三本作之，是也〕内神路左方建燎壇一座，靈星門外之左空地一區，可設幕次。詔從其請，遂命其壇門名曰“崇雩”。

（世宗嘉靖實録卷136　第8頁　136.7.3217）

565　四月辛巳　連歲順天、河間、真定、保定各處滹沱河溢爲患，御史徐汝圭劾奏巡撫保定右僉都御史林有孚坐視民瘼，不行修治賑卹，併發其縱容妻黨貪緣姦利等事。詔有孚對狀，命吏部推京堂官有才望者以名上，吏部薦太僕寺卿何棟嘗行河有功，遂勅棟趣治河患，於是有孚惶恐請罪，且言各地方修堤給賑具有次第，但治水必下流通利，然後汎濫可平，今順天諸邑文安、大城、武清等處實受滹沱下流，原非撫屬無由督理，併自白其所指貪緣姦利等事，悉風聞無據。吏部因言有孚所坐輕，不宜深罪。上從部言，改有孚總督南京糧儲，無何，御史孫錦復以順天境内水患聞，乃申命棟併爲勘奏。

（世宗嘉靖實録卷 137　第 1 頁　137.1.3221）

566　**四月壬午**　初，琉球國中山王尚真卒，其世子尚清遣使入貢請封，詔下福建守臣勘報，至是復遣其正議大夫金良等貢獻方物，並以國中人民結狀來上。詔禮部議遣使册封，宴賚其使臣如例。

（世宗嘉靖實録卷 137　第 1 頁　137.1.3222）

567　**四月庚子**　命會試武舉，取六十人。

（世宗嘉靖實録卷 137　第 7 頁　137.5.3230）

568　**四月乙巳**　自二月至是月不雨，命順天府官率屬祈雨。

（世宗嘉靖實録卷 137　第 8 頁　137.7.3234）

569　**五月辛亥**　工部覆中軍都督府經歴趙善鳴〔按：館本善鳴作鳴善，三本作善鳴〕奏請濬大通橋至通州運河，增添閘座，多修漕船，運通州糧入京城，以實根本。修自都城至儀真運河淺塞，自良鄉至涿州達保定至河間、真定迤南一帶陸路低窪，以便轉輸。報可。

（世宗嘉靖實録卷 138　第 1 頁　138.1.3238）

570　**四月庚午**　太僕寺卿何棟言：奉旨相勘河患，歷真定、河間、保定、順天等府地方，勘得河患大抵有二。一……又勘得涿州有胡良河，自拒馬河分流至涿州，東入渾河；良鄉有琉璃河，發順磁〔校記：廣本磁作滋〕家務，潛入地中，自良鄉東入渾河，皆其故道。近以渾河沙壅〔校記：閣本脱壅以下二十四字〕，阻塞二河下流，遂致平地湮没瀰漫至數餘頃，下流壅塞之沙僅四五厘，用力頗易，計費不多，所當亟爲疏濬。臣請以胡良河委〔校記：閣本脱涿以下十一字〕涿州知州張經綸，琉璃河委興州中屯衛指揮李思恭，各給夫一千名，責令月終報竣，以二臣才力，必能集事。工部覆奏，得旨允行。

（世宗嘉靖實録卷 138　第 7 頁　138.6.3247）

571　**六月壬午**　以荒免順天、保定、河間等府田糧有差。

（世宗嘉靖實録卷 139　第 1 頁　139.1.3254）

572　**六月丙午**　初，武定侯郭勳陳言，乞挑選軍餘以足營額，兵部以投充軍餘類多遊食，若招以充伍，平時虚費糧餉，臨時輒轉脱逃，實無所用。勳復以爲請，上令兵部會議。於是廵視京營給事中葉洪上言：營軍坐費京儲，已稱冗濫，今復一時選補四萬餘人，非計之得。誠欲充實營伍，第當按故所逃亡選退籍，簡支親勇健者補之，不必召募。兵部以其言覆，詔如議擬。

（世宗嘉靖實録卷 139　第 4 頁　139.3.3258）

573　**六月丁酉**　户部言三宫莊田及御馬監各草場苜蓿等地，原以類進供修理諸費，以其餘濟邊，今且積逋至五十餘萬，卒有諸費動輙取給内帑，且其地或以災侵停徵，而豐穰之後，遂置不問，宜令有司嚴徵新賦，其所負租歲各帶徵一年，從之。

（世宗嘉靖實録卷 139　第 4 頁　139.3.3258）

574　**七月甲戌**　國子監啟聖祠成，奉安啟聖公神位，命國子監掌印官行祭酒。

（世宗嘉靖實録卷 140　第 12 頁　140.10.3284）

575　**八月丁丑**　禮部以新作歷代帝王廟成，請上親祀。許之，仍詔以祀之前一日預告皇祖，卽太廟後寢行禮。

（世宗嘉靖實録卷 141　第 1 頁　141.1.3286）

576　**九月己酉**　以久雨令京通漕運二倉粳米每石自耗米七升

外加三升，免其曬揚卽行收支，無令浥爛，後不得援以爲例。

（世宗嘉靖實録卷 142 第 1 頁 142.1.3300）

577 **九月己酉** 兵部尚書王憲應詔陳言五事。一謂京營大操之日，以數萬卒合爲〔按：館本爲作於，抱本閣本作爲〕一營，勢不能偏閱，徒應故事而止，自今請分立爲伍，簡把總〔校記：閣本總下有等字〕官統之，各以技能相操習，俟有成效，然後大營合操。

（世宗嘉靖實録卷 142 第 2 頁 142.2.3301）

578 **九月丁卯** 工部右侍郎林庭棉應詔陳言四事。一省營造以節財用。言南城、西苑鼎建太多，乞從節省以寬財力，一處織造以供賞賚。近年段匹紕薄，不堪賞賜，乞嚴督所司，如法織造。一計工料以省冒破。凡内府營建修造，乞選委屬官同該監勘酌定數，以便稽查。……疏入，上曰：南城、西苑工程，俱係敬天爲民重務，計工料專官守俱照舊處織造，依擬行。

（世宗嘉靖實録卷 142 第 9 頁 142.7.3312）

579 **十月辛卯** 詔順天府發銀二百七十兩於五城市故衣給流民無衣者。

（世宗嘉靖實録卷 143 第 9 頁 143.8.3335）

580 **十月辛丑** 以水災免順天府二十七州縣通州神武等六十衛租糧有差。

（世宗嘉靖實録卷 143 第 16 頁 143.13.3346）

581 **十二月庚辰** 以旱災免順天府昌平州、遵化、豐潤、平谷、良鄉、房山、文安、三河、懷遠〔按：疑遠爲柔之誤〕、順義、密雲等縣夏税……各有差。

（世宗嘉靖實録卷 145 第 6 頁 145.5.3370）

582 **十二月甲申** 故事，欽賞羊酒取辦於宛、大二縣，詔自今俱於光禄寺處辦，勿以煩民。

（世宗嘉靖實録卷 145 第 7 頁 145.6.3372）

583　十二月乙酉　陝西御史傅漢臣言：巡撫順天都御史王大用，才小行劣，令掌院總法紀不稱。……得旨，大用已令回籍聽用。

（世宗嘉靖實録卷 145　第 8 頁　145.7.3373）

584　十二月戊戌　朝鮮國王送還被虜人口十人，上嘉其忠義，降勑獎之。

（世宗嘉靖實録卷 145　第 9 頁　145.8.3375）

585　十二月庚子　時虜數萬〔按：館本無萬字，抱本閣本有萬字〕犯密雲等處，御史張澍、聞人銓以聞。言新任總兵卜雲遠在甘肅，卒未可至，而巡撫且去，故黠虜窺隙肆侵，乞權以他將攝任。上命兵部選京營將一人往攝。部言聽征總兵官張輗，原擬責任有警待報起行，且輗鎮守薊州，地利夷情咸所素練，乞令輗量率官軍以往。但地方災傷所在告匱，乞下户部亟行議處糧餉。上是之。乃詔輗率官軍一千五百人出鎮薊州，暫攝總兵事，即日行。仍令户部遣才幹司官一人，量帶銀兩，整理糧餉，出征官軍人賞銀二兩，至薊給散。仍諭户部以後推舉將官，宜酌地里遠近，無致悞事。

（世宗嘉靖録卷 145　第 10 頁　145.8.3376）

586　十二月　是歲……漕運米四百萬石，内改折二百一十萬石，實運米一百九十萬石。

（世宗嘉靖實録卷 145　第 11 頁　145.9.3378）

嘉靖十二年（1533）

587　正月乙巳　立春，順天府官進春，上御殿受之，文武百官稱賀。

（世宗嘉靖實録卷 146　第 1 頁　146.1.3380）

588 正月甲寅 萬全都司懷來等衛地震有聲如雷。

（世宗嘉靖實録卷146 第2頁 146.1.3380）

589 正月丁卯 改東官廳右參將署都指揮僉事魏祥分守密雲古北口等處。

（世宗嘉靖實録卷146 第5頁 146.4.3386）

590 正月戊辰 巡按直隸御史聞人詮〔校記：廣本東本詮作銓〕言：居庸以東密雲諸鎮與朶顏三衛僅隔一山，密邇京師陵寢。永樂中以三衛夷人恭順，徙〔按：館本徙作徒，廣本抱本東本作徙，是也〕大寧都司、保定，以其地予〔按：館本予作子，舊校改作予〕之，使爲外藩，東捍女直，北捍蒙古。乃自正統己巳之後，漸生逆節。正德間把兒孫遂敢率衆犯順，東邊大被其害。曩者，廵撫汪玉、總兵馬永經畧有方，邊患稍息。近因鎮廵非人，以致寇虐滋甚。臣往來廵歷，根究利弊，大段密雲四鎮之患有二，其大則將領之無紀，其次則戍守之乏人耳。夫總兵統參將，參將統守備，此將紀也。建昌守備本屬燕河參將，乃自謂領勅將官，不服鈐束，已改爲遊擊，輙又自稱曰：我遊兵也，止〔按：館本止作正，三本東本作止，是也〕聽部符徵調，而地方之責任去矣。黄花鎮守備，亦當屬密雲參將。乃〔按：館本乃作及，三本東本作乃，是也〕使各自爲統，以致大水峪關黠寇屢入，彼〔按：館本彼作被，疑誤〕此皆諉之，非其分境不爲防守。此何説也。且爲參將者，又每無禮於總兵，是以四鎮離心，三軍奪氣，僨事喪師，職此之故。臣請東自山東諸關〔校記：廣本閣本東作東自山海諸關，是也〕，西至黄花一鎮悉聽總兵節制，使大有紀統〔按：館本作大有綱統，廣本閣本東本作大綱有統，是也〕。以建昌遊擊復爲守備，仍屬之於燕河，以黄花鎮視建昌例而屬之密雲，則上下相聯，臂指之勢順矣。至於密雲兵備，徙〔按：館本徙作徒，廣本抱本作徙，是也〕居薊城非宜，請令復居〔按：館本居作爲，廣本閣本東本作回，是也〕本城，以便控禦。如是則文武有制〔校記：

閣本制作總〕，軍民有統，而將臣之無紀，非所患矣。戍守之役，非土著不能知〔按：館本知作之，三本東本作知，是也〕地理〔按：館本理作里，閣本作理〕之險易，非恆業不能爲固守之深謀，今黄花鎮、渤〔按：館本渤作崴，抱本閣乙本作渤〕海所最稱要害。而老家軍士不過一二百人，雖議班軍更守，曾無固志，建昌一營，則又舊倚官軍〔按：館本官軍作官宦，廣本閣本東本作宦官，是也，抱本作官軍〕爲鎮守，習成驕悍，迄今不服撫臣處分，實爲隱憂。臣請審處黄花、渤海二地之戍兵，或選七陵班軍一千，諭以利害，豐其廩積，給地以便其耕牧，營室以安其居處，使與衛所老軍協同防禦。又以天津、河間六衛班軍，歲解免操銀二千〔按：館本解免作免解，千作十，三本東本作免解，十作千，是也〕餘兩，爲本鎮新舊諸軍衣甲、器械之需，策之上也。或將密雲興〔按：館本興作與，三本東本作興〕營諸衛軍士，以次改撥。或廣募勇士，務滿千人，策之次也。建昌一營軍士，既復其主，將爲守備，則其軍亦均有守備之責，使之更番按伏〔按：館本伏作狀，抱本閣本作伏，是也〕量給田廬，然後順其情而制之，可以漸消其獷悍之習，不患戍守之乏人矣。至於各邊夜不收、墩〔按：館本墩作墎，三本東本作墩，是也〕軍，往往爲虜嚮導，宜繩以重法，而優賞其哨瞭有功者。其寇邊及喜峯口悖逆熟夷，尤宜特降綸音，責諭〔按：館本責諭作貢論，三本東本作責諭，是也〕三衛都督，禁戢勦除，果立有顯功送回掠去人口者，分别陞賞。卽今〔校記：閣本東本今作令，誤〕密雲入寇諸酋，屯聚石塘嶺外者部落無幾耳。誠〔校記：廣本誠作諴，疑誤〕諭三衛諸夷，内外夾攻，覆其巢穴，亦一快也。但〔按：館本但作伹，東本三本作但，是也〕團營兵將無濟緩急，萬全之謀非可嘗試耳。夫當甚壞極敝之餘，必須大爲更張振作之舉，臣請别設提督大臣專理營務，使之協同内外提督，日逐〔按：館本逐作遂，三本東本作逐，是也〕團練營兵，以習武勇，會同科道按季考選營將，以黜掊克。卒不服習則罪歸提督，將非賢才則連坐科道，庶幾法嚴人畏，而寇不足平矣。疏末〔按：館本末作未，廣本抱本東本作末，是也〕又薦馬永、蕭陞可爲薊鎮總兵。上以其言關切〔按：館本切作功，校記：功疑作切〕邊務，命兵部詳議以聞。兵部言：總兵統參將，參將統守備，本有定體，誠宜申明。其遊擊勅諭明載聽鎮巡節制之文，乃謂止〔按：館本止作正，三本東本作止，是也〕聽部符征調，不知何據？選將練兵，誠爲切務，至於本兵之提督團營，卜雲之總兵薊鎮，悉有成命，無容輒易。其他若建昌遊擊之復守備與建昌黃花之分屬燕河，密雲兵備之移駐，諸鎮戍守之定役與夫役處變通事宜，俱不可不慎，宜行鎮巡等官酌議明當，奏請裁奪。報可。

（世宗嘉靖實録卷 146 第 5 頁 146.4.3386）

591 **正月己巳** 自去歲十月以來，薊鎮渤海所、大峪關等處，時有零虜竊犯。悉以望前後月明時昏進曉出，初未敢深入，十一月中，虜四五騎抄鎮虜墩〔按：館本墩作墎，三本東本作墩，是也〕，千户谷壽百户郭祥率衆百餘人襲之，出塞十餘里陷虜伏中而歿。虜益無忌，由冬及春，入寇無慮十四五次，每入多不過數十人，少僅五七人，或經日不去〔校記：廣本去作出〕。分守密雲參將袁繼勳巽輭特甚，擁衆閉壘〔按：館本壘作疊，三本東本作壘，是也〕，任虜縱横莫敢問，軍兵有憤而請戰者，輒割〔按：館本割作害，三本東本作割，是也〕其耳。虜知其不足憚，倘佯〔按：館本倘佯作猶徉，舊校改作徜徉〕去來昌平、懷柔、密雲間，甚被其害。上聞乃詔錦衣衛差官校捕繼勳下獄。已，巡撫御史聞人銓覆上該鎮失事狀。言繼勳巽輭怯懦，屢致失事，望風匿迹，保營自全，坐視民害，深可痛恨，繼勳罪當首論。大水峪提調指揮同知段大經、提調潮河營指揮僉事施仁、振武營管操指揮僉事尹翿、渤海所把總指揮使孫杲〔校記：廣本閣本杲作杲，東本作昶〕、撥〔校記：廣本東本閣本撥作擦〕石口巡墩千户何繼宗情罪俱重，請先行提問及稱代管薊〔校記：廣本東本薊下有州總二字〕兵張輗、建昌營遊擊九聚，亦屬有罪〔按：館本作亦有罪屬，三本東本作亦屬有罪，是也〕。部覆，得旨，繼勳已逮法司治罪，大經等下巡按御史提問，張輗九聚姑宥之，令殺賊自贖。

（世宗嘉靖實録卷 146　第 8 頁　146.6.3390）

592　**二月癸未**　天方國夷使火者阿克力等……各進貢馬匹。賞賚如例。

（世宗嘉靖實録卷 147　第 2 頁　147.2.3397）

593　**三月己酉**　革順天府通州通濟庫，改庫貯舊例，布花徵銀解部。

（世宗嘉靖實録卷 148　第 1 頁　148.1.3411）

594　**三月丙辰**　上臨幸太學，釋先師孔子。

（世宗嘉靖實録卷 148　第 3 頁　128.3.3415）

595　**四月丙子**　提督東官廳總兵官張輗上言：臣頃奉勑統兵赴薊鎮剿寇，見得薊州一鎮分爲四路，雖俱根本藩屏，而密雲一路切近黄花鎮、渤海所，天壽山〔按：館本無山字，廣本有山〕諸陵外薄虜巢，距京師一日而近，實爲要害。而本路關口數多，地廣兵少，不敷戰守，其潮河川、古北口乃殘元歸路，虜可千騎方行，尤可加備。近日三〔按：館本日三作三日，三本作日三，是也〕衛乘隙竊發，道路益阻〔按：館本阻作闢，廣本閣本作闢，是也〕，萬一勾煽北虜，擁衆深入，卽征調人馬策應，恐緩不及事。臣親歷其地，實所寒心，願及今無事時預飭防禦計，謹條上便宜六事。一補〔按：館本補作輔，抱本作補，是也〕闕伍，一選丁壯，一增墩臺，一嚴哨探，一併村落，一乞窖坑。兵部覆：其言可行，惟召補一事宜下守臣議奏。從之。

（世宗嘉靖實録卷 149　第 2 頁　149.2.3423）

596　**四月戊子**　陞河南左布政使胡鐸爲順天府府尹。

（世宗嘉靖實録卷 149　第 5 頁　149.4.3428）

597 **五月丙午** 時西夷人貢土魯番、天方等國稱王號者百餘人，禮臣言其非宜，宜請勅内閣議所答。大學士張孚敬等言，西域諸國王〔按:館本王作公，廣本抱本作王，是也〕號，疑出本國封受，或伊部落自相稱謂。且先土夷使至者稱王亦有三四十人，當時並緣所稱答之，今遽裁革，恐夷情不協也。更勅禮兵二部詳議。於是禮部尚書夏言、兵部尚書王憲等議覆：中國之於裔夷，固不拒其來，而亦限以制，其或名號僭差，語言侮嫚，則必正以大義，責其無禮，乃國家大體所在，不可忽略。今土魯番、天方使夷，多冒王稱謂，其本國封受，則舊文〔校記：廣本文下有册字〕無之，謂其部落相呼，則不當聞〔按:館本聞作間，三本作聞〕之闕下。若遂據來文並從優答，臣恐漸啟戎心，西國自此多事，將致貢使日增，供費賚予日煩，竭府庫以厭谿壑，非計之得也。臣等請查照成化、弘治間例，回賜勅書止本國王一人，餘止照各地面〔校記:廣本面作方〕名直書，給勅一道，且於本國王勅内申重天語，少加詰責，令知國無二王大義，仍定以貢期，限以人數，不許其來朝無時，庶幾定名正分〔按：館本作正名定分，廣本作定名正分〕，謹始防微，不失中國制禦外夷之義，上從部議。

（世宗嘉靖實録卷150 第1頁 150.1.3433）

598 **六月丙戌** 户部覆廵青給事中薛宗鎧等奏，各馬房牧地册籍浩繁，請鑄給關防，以便記驗。仍行順天府撥給書算，以重典守。如議。以奏牘有污跡，奪司官俸一月。

（世宗嘉靖實録卷151 第3頁 151.3.3449）

599 **六月己亥** 陞順天府府丞張嵩右僉都御史，整飭薊州等處邊備兼廵撫順天等處。

（世宗嘉靖實録卷151 第5頁 151.5.3453）

600 **七月丙午** 陞山東按察司副使齊之鸞爲順天府府丞。

（世宗嘉靖實録卷152 第2頁 152.2.3457）

601 **七月壬子** 以旱蝗免順天、永平二府所屬夏税有差。

（世宗嘉靖實録卷 152　第 3 頁　152.2.3458）

602　**八月壬申**　順天府香河縣郭家莊自開新河一道，長一百七十丈，闊五十一丈有奇，路較舊河近十餘里，有司以聞。詔管河諸臣亟爲繕治，並祭告河神。

（世宗嘉靖實録卷 153　第 1 頁　153.1.3465）

603　**八月丙子**　陞山東按察司副使羅輅爲順天府府丞。初，府丞缺，已奉旨陞臨清兵備副使齊之鸞。已，聞山東盜起，復詔留之鸞原任，俟盜平擢叙，乃以輅補府丞。

（世宗嘉靖實録卷 153　第 3 頁　153.2.3468）

604　**八月庚辰**　朝鮮國王李懌差陪臣工曹參判南效義等……各貢馬匹方物朝賀。宴賚如例。

（世宗嘉靖實録卷 153　第 3 頁　153.3.3469）

605　**八月丁酉**　是夜京師地震。

（世宗嘉靖實録卷 153　第 10 頁　153.8.3480）

606　**九月丁卯**　廣東巡檢何儒常招降佛郎機國番人，因得其蜈蚣船銃等法，以功陞應天府上元縣主簿，令於操江衙門監造，以備江防。至是三年秩滿，吏部併録其前功，詔陞順天府宛平縣縣丞。中國之有佛郎機諸火器蓋自儒始也。

（世宗嘉靖實録卷 154　第 9 頁　153.7.3494）

607　**十月丙申**　以順天、河間等處災傷蠲免存留錢糧及屯所屯糧有差。

（世宗嘉靖實録卷 155　第 9 頁　155.8.3513）

608　**十一月丁巳**　朝鮮國王李懌遣陪臣〔按:館本作倍臣，閣本作陪臣〕户曹參判任樞等貢馬及方物慶賀冬至。宴賚如例。禮部言：朝鮮國歲貢方物，例皆咨部奏進，則本國咨文正係送部文字，不知起自何時混投鴻臚報名〔按：館本報名作寺臣，閣本作報名〕，輙與封進。顧從内府送部殊乖體統，自後進貢咨文，宜先送部本。又言：往者朝鮮五年一貢進〔按：館本進作種，閣本作進〕馬，皆與朝正〔按：館本正作政，閣本作正；是也〕使同詣闕。今正朝之賀改於冬至，則獻馬使者宜於賀冬使偕俱，請省諭其國如令。報可。

（世宗嘉靖實録卷 156　第 4 頁　156.4.3521）

609　**十二月壬申**　　詔宴朝鮮國臣參判任樞等於禮部。上以朝鮮貢如期，故自宴賞常例外特加一宴，以示褒奬。

西域額卽乩哈辛王等所遣貢使，以番文二十九通奏求中國繒幣雜物。詔量以布帛、茶藥等物給之。

（世宗嘉靖實録卷 157　第 1 頁　157.1.3527）

嘉靖十三年（1534）

610　**二月己卯**　　詔更"圜丘"名爲"天壇","方澤"名爲"地壇"。禮部尚書夏言奏：圜丘、方澤本法象定名，未可遽易，第稱圜丘壇，省牲則於名義未協。今後冬至大報起蟄〔校記：三本起作啟，是也〕祈穀祀天、夏至祀地祝文宜仍稱圜丘、方澤，其省牲及一應公務有事壇所，稱天壇、地壇。從之。

（世宗嘉靖實録卷 159　第 6 頁　159.5.3567）

611　**閏二月乙巳**　　朝鮮國王李懌差吏曹判書蘇洗讓等進表及方物、馬匹，賀皇嗣誕生，給賞如例。

（世宗嘉靖實録卷 160　第 1 頁　160.1.3573）

612　**閏二月乙丑**　　陞順天府府尹羅輅爲大理寺卿。

（世宗嘉靖實録卷 160　第 4 頁　160.4.3579）

613　**三月戊辰**　　琉球國中山王世子尚清遣陪臣正議大夫梁椿等貢馬及方物，宴賚如例。

（世宗嘉靖實録卷 161　第 1 頁　161.1.3581）

614　**三月癸酉**　　朝鮮國送還虜中走回人口郭欽等三人至邊，

賜勅獎勵。

（世宗嘉靖實録卷 161　第 4 頁　161.4.3587）

615　三月己卯　順天撫按總兵官張嵩、趙元夫、張輗等言：居庸以〔校記：廣本以作迤〕西一帶，八達嶺抵鎮邊一帶，地皆虜衝，而城池不固，所宜修浚居庸關、白羊口、長峪城、鎮邊城、糜〔校記:廣本糜作靡〕子谷、花家窯諸要害處，宜增募兵、葺營房、給兵仗，以益其守，且爲條畫以請。兵部是其議，請即付〔校記：廣本付作令〕嵩等舉行，惟募兵近奉詔停止，以民兵益之。報可。

（世宗嘉靖實録卷 161　第 6 頁　161.5.3590）

616　三月庚寅　陞陝西布政使司右參政張漢爲順天府府丞。

（世宗嘉靖實録卷 161　第 7 頁　161.6.3592）

617　五月庚辰　朝鮮國王李懌遣陪臣李承彦等貢馬及方物入謝，宴賚如例。

（世宗嘉靖實録卷 163　第 2 頁　163.2.3609）

618　六月己亥　西苑河東亭榭成，上親定額名“天鵝房”，北曰“飛靄亭”〔按:館本亭下有南曰澄碧亭，閣本無此五字，疑誤〕，迎翠殿前曰“浮香亭”，寶月亭前曰“秋輝亭”，昭和殿前曰“澄淵亭”，後曰“趯台坡”，臨漪亭前曰“水雲榭”。西苑門外二亭曰“左臨海亭”〔按：館本無亭字，閣本海下有亭字，是也〕、“右臨海亭”，北閘口曰“湧玉亭”。河之東曰“聚景亭”，改吕梁洪之亭曰“吕梁”。擬前曰“瀠金亭”，翠玉館前曰“擷秀亭”，萬歲山後曰“玩芳亭”〔按:館本亭下有皆出自聖意更定，閣本無此七字〕。令工部制扁懸之。

（世宗嘉靖實録卷 164　第 1 頁　164.1.3620）

619　六月丙午　巡按直隸御史朱方條陳邊務六事。……一黄花鎮逼近皇陵，原設内外守備二員在鎮居守，然本鎮迤西通賊路口頗遠，惟渤海所東西路口散漫，廼要地也，宜改外守備，令駐渤海。其山海衛及密雲後衛皆去縣遠，獄訟錢穀無有差〔按：館本差作主〕者，宜移永平府佐一員駐山海衛，移昌平州判官或密雲縣丞駐密雲後衛。……兵部議覆。從之。

（世宗嘉靖實録卷164　第5頁　164.4.3625）

620　七月丁丑　重書累朝及恭睿獻皇帝《寶訓》《實録》。勅太子太傅武定侯郭勳爲監録官，少師兼太子太師吏部尚書華蓋殿大學士張孚敬、少保兼太子太保吏部尚書武英殿大學士李時爲總視經理官。太子太保吏部尚書汪鋐、少保兼太子太保禮部尚書翰林院學士夏言、吏部左侍郎兼翰林院學士顧鼎臣爲同經理官。太常寺少卿兼翰林院侍講〔按：館本講作讀，抱本作講〕謝丕、侍讀學士吴惠、張璧、侍講學士廖道南爲管録官。遂命左春坊左諭德姚淶，翰林院侍讀張衮，修撰王汝孝、華察，編修童承叙、楊惟傑、歐陽衢、唐順之、陳束、楊瀹、盧淮、陳節之、胡經、周文燭，侍〔按：館本侍作待，三本作侍〕書劉鋭，侍〔校記：侍應作待〕詔葉幼學爲校録官。以太常寺少卿兼侍書〔校記：廣本閣本書作讀〕徐富等三十四人充謄録官，掌典籍事評事凌楫等五人充收掌官，尋命吏禮二部會選儒士張電等三十五人送史館謄録。先是，上諭内閣，祖宗神御象、《寶訓》《寶録》，宜有尊崇之所，《訓》《録》宜再以堅楮書一總作石匱藏之。乃議建閣〔按：館本閣作閤，抱本閣本作閤〕尊藏之，以郊建罷，至是輔臣張孚敬申前議請重書《訓》《録》。上乃命内閣同在工諸臣視建造神御閣地於南内，上親臨定命制如南京〔校記：廣本閣本京作郊，是也〕齋宫，内外用磚石團甃。閣上奉御容，閣下藏《訓》《録》。又以石匱夏月發潤，改製銅匣。其重書《訓》《録》，書帙大小依《通鑑綱目》式〔按：館本式作規，廣本閣本作式〕，不拘每月一册。舊製第取厚薄適匀〔校記：閣本匀作均〕，異日收藏，每朔自爲一匱。議定，禮部乃請以是月十七日開館如纂修例。從之。

（世宗嘉靖實録卷165　第3頁　165.2.3636）

621　七月丁丑　命東官廳左參將署都指揮僉事趙卿分守燕

河營。

（世宗嘉靖實録卷 165　第 3 頁　165.3.36.37）

622　**七月庚辰**　建神御閣預告太廟世廟，十七日興工，遣武定侯郭勳於工所行禮。命吏部尚書汪鋐兼兵部尚書總督神御閣、啟祥宮等處大工兼管軍士。

（世宗嘉靖實録卷 165　第 4 頁　165.3.3638）

623　**七月丙戌**　延祺宮興工，遣侯郭勳、尚書汪鋐、夏言督工。

（世宗嘉靖實録卷 165　第 5 頁　165.5.3641）

624　**八月乙未朔**　陞守備永平署指揮使李鏜爲署指揮僉事，充參將分守居庸關。

（世宗嘉靖實録卷 166　第 1 頁　166.1.3643）

625　**八月庚子**　朝鮮國王李懌遣陪臣吴準人賀册立中宮，貢方物、馬匹。宴賚如例。

（世宗嘉靖實録卷 166　第 2 頁　166.3.3645）

626　**八月辛丑**　命侍講學士廖道南、侍講張衮主順天府鄉試。

（世宗嘉靖實録卷 166　第 2 頁　162.2.3645）

627　**八月甲辰**　朝鮮國王李懌遣陪臣宋瑾等入賀聖節，貢方物馬匹。宴賚如例。

（世宗嘉靖實録卷 166　第 3 頁　166.2.3646）

628　**九月甲子朔**　先是，順天鄉試初塲進題遲慢，有旨詰責府尹胡鐸等，鐸對罪由考官廖〔按：館本廖作寥，抱本作廖，下同〕道南等遲誤。上怒其飾詞，詔以鐸調南京用，奪府丞張漢俸三月，考官廖道南、張襄〔校記：廣本閣本襄作衮〕各俸一年。監試御史不行糾舉，俟試畢禮部參奏。至是，禮部言，御史錢學孔〔校記：廣本閣本孔下有周字，是也〕懌隱默〔按：館本默作黜，三本作默，是也〕回護。詔下法司逮問，已乃贖罪還職。

（世宗嘉靖實録卷 167　第 1 頁　167.1.3657）

629 **九月丙寅** 上於文華殿後建九五齋恭默室，爲祭祀齋居之所，至是訖工，命輔臣以詩紀其事。於是大學士張孚敬、李時各爲《五言律》四〔按:館本律四作立,三本作律四,是也〕章上之。

（世宗嘉靖實録卷167 第1頁 167.1.3657）

630 **九月丙寅** 陞廣西布政司劉淑相爲順天府府尹。

（世宗嘉靖實録卷167 第1頁 167.1.3658）

631 **十月庚戌** 先是，工部議處修建太廟及各宫殿工費，上命借太倉銀七十萬兩，太僕寺銀五十萬兩，至是議行天下司府州縣，先取嘉靖十三年以前庫貯羨餘及贓罰等銀，立限解京，不足則均派於〔按:館本於作子，廣本作餘，閣本作於，閣本是也〕丁糧，總徵八十萬兩，餘四十萬兩待議處事例别爲奏請，上從其議。仍督〔校記:廣本閣本督作勑，是也〕撫按官嚴督所屬亟爲徵解，不得横歛。

（世宗嘉靖實録卷168 第4頁 168.4.3685）

632 **十一月丁卯** 賜朝鮮國《大統曆》一百册。

（世宗嘉靖實録卷169 第3頁 169.3.3695）

633 **十一月丁卯** 停大興、宛平二縣歲辨崇文門宣課分司紙劄，從順天府臣議也。

（世宗嘉靖實録卷169 第3頁 169.3.3695）

634 **十一月己巳** 先是，四夷貢使至京師皆有防禁，五日一出館，令得遊觀貿易，居常皆閉不出。唯朝鮮、琉球使臣防之頗寛，已而亦令五日一出。至是朝鮮國王李懌以五日之禁乃朝廷所以待虜使，而己爲冠裳國，耻與虜同。因禮部以請，詔弛其禁。

（世宗嘉靖實録卷169 第3頁 169.3.3696）

635 **十一月己巳** 朝鮮國王李懌遣陪臣禮曹參判元繼蔡等，泰寧等三衛都督歹答兒及頭目塔卜歹等各來朝賀冬至節，宴賞如例。

（世宗嘉靖實録卷169 第4頁 169.3.3696）

636　**十一月乙亥**　有盗竊圜丘祭器者，太常寺官以聞，因參壇户郭紀〔校記：閣本紀下有等字〕及奉祀〔按：館本祀作紀，三本作祀，是也〕黄靖然疎怠之罪。上謂祭器重事，而紀等不加慎守以至〔校記：廣本閣本至作致〕失盜，並靖然逮下法司訊治。令偵事者亟訪真盜，期於必獲。

（世宗嘉靖實録卷 169　第 5 頁　169.4.3698）

637　**十二月丙辰**　立春。順天府官進春宴。

（世宗嘉靖實録卷 170　第 5 頁　170.4.3715）

638　**十二月戊午**　兵部覆給事中楊僎條陳邊防事宜：……一、整飭密雲兵備。宜即駐密雲而乃移居薊州，薊州有巡撫在何益？宜令議復。一、沿關居民往往與虜市，因洩我事於虜，宜申禁例，犯者治以重典。得旨，如議行。

（世宗嘉靖實録卷 170　第 5 頁　170.4.3716）

嘉靖十四年（1535）

639　**正月壬申**　提督京通倉場内官監少監王奉、李慎互以奸贓訐奏，詔下法司逮問。户科都給事中管懷理因言：倉場錢穀實皆户部職掌，頃者，參用内臣，惟肆貪饕，於國計無裨，請將二臣裁革，其餘督理内外各倉場内臣如吕宣等七員，一併取回。部覆從之。

（世宗嘉靖實録卷 171　第 2 頁　171.2.3723）

640　**二月己亥**　上親祭帝社帝稷，始分建九廟，改建世廟，遣武定侯郭勳行祭告禮。

（世宗嘉靖實録卷 172　第 2 頁　172.2.3736）

641　**二月甲寅**　朝鮮國王李懌遣陪臣刑曹參判李享順等赴京謝恩，宴賞如例。

（世宗嘉靖實録卷 172　第 10 頁　172.8.3748）

642　**四月壬辰**　策試天下貢士於奉天殿，上親策之。

（世宗嘉靖實録卷 174　第 1 頁　174.1.3776）

643　**四月丙申**　賜貢士韓應龍等進士及第、出身有差。

（世宗嘉靖實録卷 174　第 3 頁　174.2.3778）

644　**四月庚戌**　改遷功臣姚廣孝〔按：館本孝作李，三本作孝，是也〕牌位於大隆善寺，祀典如故。改大隆善寺方丈爲僧録司。時大興隆寺火，上用御史諸演言及部議，不復建寺。並革各寺修齋俗事，而廣孝祀典並僧録司俱移置之。

（世宗嘉靖實録卷 174　第 8 頁　174.7.3787）

645　**五月丁卯**　命前府掌印提督三千營遂安伯陳鏸兼提督團營，襄城伯李銓〔按:館本銓作全，廣本閣本全下有禮字，是也〕協理。宣城伯衛錞提督神機營，靖遠伯王瑾掌左府事，廣寧伯劉泰僉書前府事，豐城侯李熙僉府中府事。

（世宗嘉靖實録卷 175　第 5 頁　175.4.3795）

646　**七月丙戌**　先是，左給事中陳侃春使琉球，因訪其山川風俗撰《使琉球録》一册進呈，請下使館以備採擇，從之。

（世宗嘉靖實録卷 177　第 10 頁　177.8.3826）

647　**八月戊戌**　朝鮮國王李懌遣陪臣梁淵、泰寧等衛夷人李〔校記：廣本閣本李作孛，是也〕来罕等三百人各貢馬，賀萬壽聖〔按：館本無聖字，廣本閣本有聖字〕節。宴賚如例。

（世宗嘉靖實録卷 178　第 2 頁　178.2.3831）

648　**八月丙辰**　詔奉先等殿獻新米豆，俱於西苑恒裕倉支給，免派宛大二縣，歲以爲常。

（世宗嘉靖實録卷 178　第 5 頁　178.4.3836）

649　**九月庚申**　初建西海神祠。先是，上召禮部尚書夏言於無逸殿，諭之曰：西海子歲以午日奉兩宮遊宴，止行望祀，宜特建祠宇。言退乃上書曰：禁内西海子者，卽古燕京積水潭〔按：

館本潭作渾，三本作潭，是也〕也，源出西山神山、一畝、馬眼諸泉，繞出甕山後，匯爲七里濼，東入都城，瀦水〔校記：廣本閣本無爲上水字，是也〕爲積水潭，南出玉河，入於大通河，轉漕亦賴其利，比之五祀，其功較大，禮宜特祀。請於北閘口湧玉亭後隙地建祠，以答神貺。詔可。

（世宗嘉靖實録卷 179　第 3 頁　179.2.3842）

650　**九月戊辰**　朝鮮國王李懌以莊肅皇后喪遣陪臣禮曹參判黃憲等進香奉慰，宴賞如例。

（世宗嘉靖實録卷 179　第 3 頁　179.3.3843）

651　**九月辛未**　康陵工成。

（世宗嘉靖實録卷 179　第 3 頁　179.3.3843）

652　**九月甲申**　詔遣通事序班一人護送朝鮮國使臣出境，自後歲以爲常，防其夾買私貨也。

（世宗嘉靖實録卷 179　第 4 頁　179.4.3845）

653　**十月丙午**　修建啟祥宮成。……啟祥宮皇考誕生故宮也。初，上又以文祖建欽天殿祀真武之神，詔特〔按：館本特作持，三本作特，是也〕增繚垣，作天一門，及大内左右諸宮益〔校記：廣本閣本益作並〕加修飾，至是皆告成。

（世宗嘉靖實録卷 180　第 4 頁　180.4.3855）

654　**十一月丁卯**　以災傷免真定等府順天霸州等處秋糧及草場子粒有差。

（世宗嘉靖實録卷 181　第 3 頁　181.2.3866）

655　**十一月戊辰**　頒賜朝鮮國《大統曆》一百册。

（世宗嘉靖實録卷 181　第 3 頁　181.2.3866）

656　**十一月丙子**　朝鮮國王李懌〔按：館本懌作澤，舊校改作懌〕遣陪臣吏曹參判金光轍〔校記：廣本轍作徹〕来朝賀冬至，貢馬及方物。宴賚如例。

（世宗嘉靖實録卷 181　第 5 頁　181.4.3870）

657 **十一月辛巳** 陞順天府府丞張漢爲都察院左僉都御史巡撫甘肅。

（世宗嘉靖實録卷 181 第 6 頁 181.5.3871）

658 **十二月己丑** 先是，上諭大學士李時傳示禮部，以鴻臚寺卿王道中改補順天府〔校記：廣本閣本府下有府字〕丞。至是，吏部左侍郎霍韜言：閣臣面承天語，諒無可疑，而臣等尤當關白，以防僞妄。因推王道中及順天府府丞郭登庸二人以上。上是其防僞之言，命改登庸爲順天府丞，道中爲大理寺右少卿。

（世宗嘉靖實録卷 182 第 1 頁 182.1.3876）

659 **十二月乙未** 以冬無雪，命順天府官祈禱。

（世宗嘉靖實録卷 182 第 2 頁 182.2.3877）

660 **十二月丁酉** 琉球國中山王尚清〔按：館本清作情，廣本閣本作清，是也〕以受封遣王舅長史毛貫等進表謝恩、獻方物，賜賚如例，仍以錦幣雜物賜其王。先是，光禄寺少卿陳侃、尚寶司司丞高澄奉使琉球，其國以黄金四十兩爲贈，侃等初不受。至是國王尚清遣使謝恩，以金奏〔校記：廣本奏作表〕進，上命侃〔校記：廣本閣本侃下有等字〕受之不必辭。

（世宗嘉靖實録卷 182 第 2 頁 182.2.3877）

661 **十二月庚戌** 順天府尹劉淑相等奏進春〔校記：廣本閣本春作香〕禮儀中有孝靜毅皇后几筵，上以毅皇后久已祔廟，何得尚稱几筵，責淑相等對狀，淑相上疏伏罪，詔奪俸兩月。

（世宗嘉靖實録卷 182 第 5 頁 182.4.3881）

嘉靖十五年（1536）

662 **正月辛酉** 順天府進春，上以疾免朝賀，賜百官春餅。

（世宗嘉靖實録卷 183 第 1 頁 183.1.3887）

663　**正月乙丑**　琉璃〔按：東本璃作球〕國中山王尚清差王舅毛實等上表謝恩，貢方物，給賞如例。

（世宗嘉靖實録卷 183　第 2 頁　183.1.3888）

664　**二月甲寅**　兵部覆直隸巡按御史金燦條陳邊事……增防要害以嚴重地。密雲石塘嶺、白馬關等隘關城之外，宜增築欄〔校記：廣本閣本東本欄作攔〕城一座，行各鎮臣相度奏請。一歸併零村以全民命，言宜曉諭近邊民居之孤遠者併入〔按：館本入作八，各本作入，是也〕大村，厚築牆垣，設立保甲，置備鎗銃以固收保。詔如議。

（世宗嘉靖實録卷 184　第 6 頁　184.5.3908）

665　**三月己未**　賢嬪鄭氏薨，禮部上喪葬儀視憲廟昭妃。上曰：輟朝當減一日，蓋未賜進封仍次一等耳。已，追封爲賢妃，謚曰“懷榮”，祔葬於悼靈皇后陵側。

（世宗嘉靖實録卷 185　第 1 頁　185.1.3912）

666　**三月庚午**　先是，上諭禮部尚書夏言曰：朕去歲已與卿擬定，待廟工告成方舉謁陵之典，然朕惟今如因小就大，卽議山陵之建，一面作地工辦料物，及至廟工之完正接而舉興造之，庶不虛曠人力。若是，則先命官往視，以俟朕親往作之，卿其卽今〔校記：廣本東本今作先，閣本作去〕密會勳、時、鼎臣、瓚、廷棉五臣計聞。於是言等議奏：山陵之事，前古帝王皆所諱言，惟我太祖太宗嘗預修陵寢，至今相傳，以爲非常之聖乃有非常之舉。兹皇上欲因小就大，卽議山陵之建，蓋欲太祖太宗先後一揆。但山陵重事，必須精擇，請先命文武大臣帶領欽天監官及深曉地理風水之人，外觀山形，内察地脉，務求吉兆，以爲萬萬世之壽藏。待其畫圖貼説，進呈睿鑒，皇上方修謁陵之禮。因而親閱，果當聖心，然後議建舉行，斯爲萬全。上復諭言，卿等所奏，議雖省當，然未免少禮，若因造山陵而卽日謁陵，恐非敬祖宗之禮也。今不可緩誤，歲時不必較朕意以爲先一，意舉謁拜之典回，復遣大臣相地還奏，方朕親往視之，來歲之後，或清明或霜降，間修拜謁之祀，以盡時思。此非他餘務比，必當行之事。又如西山宣廟后、景皇帝，亦當一拜之。山陵之豫建，所以重父母之遺體本美事，卿等須盡忠赤以贊成，勿畏邪説，勿云避乃可。陵寢之制，量倣長陵之規，必重加抑殺，紙衣瓦棺〔按：館本棺作棉，各本作棺，是也〕，朕所常念之。此意卿等亦要力贊，可再日卽會〔校記：舊校再日卽會作卽日再會〕議以聞。言等復議奏，臣等前蒙聖諭，一時具奏，惟以山陵爲急，遂後謁陵之禮，委爲未當，茲蒙聖諭，仰見皇上尊祖敬宗之誠，非臣等愚昧所及，請卽勅所司舉行。以後天氣漸熱，惟於孟夏上旬乃可展謁。西山宣后、景皇帝陵寢往謁，尤見皇上禮意之周，臣等不勝欽仰。上乃降諭禮部曰：朕本〔按：館本本作不，廣本閣本東本作以，是也〕菲弱支人，上戴皇上隆眷，嗣續祖宗大寶，仰列聖陵寢，禮當躬謁皇祖皇考，道所不及，各命官奏〔校記：廣本閣本東本奏作奉〕朕孝意。其祭告天壽山並七陵，朕躬叩拜。西山皇高祖妣恭讓章皇后、皇曾叔祖景皇帝陵所亦展拜一次，庶慰朕追感之情。尋於文華殿諭言曰：謁陵之禮必一同聖母行，今可卽二十一日駕發到陵，休一日，二十四、二十五二日行謁告禮，二十六日又休一日，次日往西山拜二寢，隨時行禮還京，后妃宮眷俱當從，其亟擬儀。

（世宗嘉靖實録卷 185 第 3 頁 185.3.3915）

667 三月壬申 兵部以聖駕謁陵，奉詔條上扈蹕防守事宜，請給賞從行各守門軍士，欽定居守京城及皇城四門正陽等九門大臣，上皆從之。且詔巡捕官軍及五城兵馬，暫聽居守大臣節制。

（世宗嘉靖實録卷 185 第 7 頁 185.6.3921）

668 三月甲戌 命宣城伯衞錞〔按：館本錞作錞，抱本作錞，誤〕、户部尚書梁材居守京城，勅令朝夕戒謹防範，如有切要事務，卽行所司詣行在所以聞。

（世宗嘉靖實録卷185　第7頁　185.6.3921）

669　**三月甲戌**　鴻臚寺上行殿禮儀。一,二十一日駕至沙河行殿，百官行一拜叩頭禮……一,二十八日行禮祭畢，駕還京，百官於阜城門外迎駕……。

（世宗嘉靖實録卷185　第7頁　185.6.3922）

670　**三月丙子**　上奉皇太后率皇后發京師，武定侯郭勳、大學士李時、尚書夏言、欽天監正夏祚等扈從。

（世宗嘉靖實録卷185　第8頁　185.7.3923）

971　**三月丁丑**　駕發沙河駐天壽山行殿。是夜，上召武定侯郭勳、輔臣李時、尚書夏言至行殿諭曰：適過沙河一帶，居民鮮少，田地荒落，七陵在此，要人守護，卿等如何處之？勳對：宜免護衛軍赴京操。言對：宜量移一二民人可徙者。皆未當上意。已而時對：昔邱濬曾議京師當設四輔，以臨清爲南，昌平爲北，分薊州及保定東西各屯兵一二萬，以拱京師，今若於昌平添設一總兵，南衛京師，北護陵寢，更增軍馬，自然居人稠密。上曰：卿等回京可與户部兵部酌議以聞。

（世宗嘉靖實録卷185　第8頁　185.7.3924）

672　**三月己卯**　上謁祭長陵、獻陵、景陵禮畢，至十八道嶺自擇陵域。先年悼靈皇后喪，上密諭大學士張孚敬，令致仕官駱用卿擇地於十八道嶺及橡子嶺，兩具圖説以進，至是親閲，明日復閲橡〔按：館本橡作攄，各本作橡，是也〕子嶺，命欽天監官及從臣審視，皆以十八道嶺地爲勝。上諭諸臣曰：適觀吉地，咸可爲陵，朕惟祖宗所遺此，本諸天賜，既越列聖之地，恐朕未可當，今日既定，宜勿他適，還京可即議營造，卿等其力贊之。

（世宗嘉靖實録卷185　第9頁　185.7.3924）

673　**三月庚辰**　上謁祭裕陵、茂陵、泰陵、康陵。

（世宗嘉靖實録卷185　第9頁　185.8.3925）

674　**三月壬午**　駕還至沙河，上御行殿。命鴻臚寺官宣勑諭昌平州官生〔按：館本生作告，各本作生，是也〕父老等曰：朕荷天命，纘承大寶，始則禮講失序，是以爭廟尚定於數年，於陵見通不聞於禮官也。昨朕諮少保秩宗，言欲講謁陵之禮，以待廟祀之後，今將有事於天壽山，可不先謁陵遽自圖哉！乃復議，以大臣謂可此舉，朕擇良辰，奉皇太后恭詣七陵，道經沙河駐蹕，何居民不續，農事不觀〔校記：抱本觀作勤〕，祖宗陵園重地，切朕憂懷，爾昌平司牧率耆老生徒既至已迎朝，兹回又來辭，朕今特降勅諭，用示卹典：本州今年糧税免三分之二，凡七十以上者，官各給布二疋，米一石，肉五斤，九十以上者倍之。生徒每人〔按：館本無人字，抱本有人字，是也〕給燈油八十斤。爾知州等官，宜愛養百姓，盡心〔按：館本心作生，各本作心，是也〕撫卹，勿妄加科索，以奉承人意，勿肆行暴虐以致害民。爾百姓每亦要孝親弟長，爲善立身。如是官有廉能之譽，民無嗟怨之聲，庶稱朕意，以奠山陵於萬世，爾等顧不美歟！欽哉。

駕幸西山。

（世宗嘉靖實録卷 185　第 9 頁　185.8.3925）

675　三月癸未　祭恭讓章皇后、景皇帝陵，上奉皇太后由西湖舟行還京。

（世宗嘉靖實録卷 185　第 10 頁　185.8.3926）

676　四月辛卯　以水災免霸大等馬房草場子粒有差。

（世宗嘉靖實録卷 186　第 2 頁　186.1.3928）

677　四月壬辰　行取江西曾楊廖氏子孫精通〔按：館本通作道，各本作通，是也〕地理者卜山陵吉地，從〔按:館本從作役，各本作從，是也〕禮部尚書夏言請也。

（世宗嘉靖實録卷 186　第 2 頁　186.2.3929）

678　四月癸巳　初，上既定壽藏〔校記:東本藏作域〕之議，及謁陵還御行宮，又召武定侯郭勳、大學士李時等諭之〔按：館本無曰字，廣本抱本有曰〕曰：七陵多有損壞，當併工修飾。長陵神道宜用石甃，其石像等項宜各護以石臺。勳等請傳示禮部議舉，禮部因條上其事。一，欽天監擇選〔校記：閣本作選擇〕修飾七陵並預建壽宮動土興工俱用本年四月十七日卯時吉。一，修飾七陵，祭告七陵各一壇，天壽山神一壇，后土司工〔按：館本工作土，各本作工，是也〕神共一壇，翰林院各撰祝文。一，預建壽宮，祭告七陵各一壇，天壽山神一壇，后土司工神共一壇，翰林院各撰祭文。一，太常寺各備辦祭品香帛及具祭告天壽山后土司工等神，遣官二員行禮。一，請勅總督工程，武職大臣一員，工部堂上官一員；總擬規制，禮部堂上官一員；總督官軍兵部堂上官一員，科道官一員。仍於各衙門選取才幹官一員，協同工部堂官兼理工程，請勅命內官監總督提督工程官二三員。一，山陵工程重大，工部合添設侍郎管理。一，壽宮規制合欽遵聖諭，量擬長陵，本部行內官監會同畫圖上請欽定。一，兵部查照先年事例處擬做工官軍。一，工部議奏處辦木植磚石物料錢糧及工匠夫役等項。一，欽天監差撥陰陽人八名候時。一，太醫院撥醫士四名，隨帶藥餌前去調治軍士〔校記：廣本閣本東本士作人〕夫匠。奏上，得旨：日期且〔校記：廣本無且字〕未定，俟各議〔按：館本議作設，各本作議，是也〕至行，工部添官等項並如議。

（世宗嘉靖實録卷186　第2頁　186.2.3929）

679　**四月癸巳**　　上尋語輔臣李時曰：山陵預建已定，但朕恐德澤不曾霑民，遽自圖以重勞民力，又未知將來公論如何，朕心實媿懼。今可勅問臣民許我否。乃降勅禮部曰：朕恭建郊壇廟寢所，以上事天地祖宗。今復思太皇太后、皇太后二宮，我祖宗原未有制。今〔按：館本今作令，廣本閣本作今〕清甯者，乃青宮所居，雖無其人，可無其所，是非母后所居也。今曰仁〔按：館本無仁字，各本有仁字，是也〕壽者，乃統於乾清宮者，非母后之宮。今朕擬將清甯宮存儲居之地後即半作太皇太后宮一區，仁壽宮故址〔按：館本址作阯，廣本閣本作址，是也〕併除釋殿之地作皇太后宮一區，以備皇祖一代之制，亦非妄舉。今復自念原始要終知道者事也〔按：館本也作地，各本作也，是也〕，欲法皇祖故事，預建陵墓。此固大臣已諳，但恐衆有未與者，可行可止，爾百官以及國之耆民，可一一言之，亦不必人各一疏，但出同議者共之。於是府部等衙門山東侯崔元、宣城伯衛錞等、侍郎霍韜等及百官並耆民高輔等俱疏言當建，禮部覆聞。上曰：既臣民合詞所宜，從之。不必擇日修理陵殿，並預建陵墓〔校記：廣本閣本東本墓作墳〕俱〔按:館本俱作但，抱本閣本東本作俱，是也〕以二十二日興工，朕當親告皇祖太宗，遣告六聖及天壽山后土司工。諸總督等官各賜之勅。兩宮興工日期，令欽天監擇五月望後。釋像器宇便行撤除，俟別議。以存祖宗之舊。

（世宗嘉靖實録卷 186　第 3 頁　186.2.3930）

680　**四月甲午**　兵部言：國朝武學設在京城東偏，規模狹小，較閱不〔按:館本不作勿，廣本閣本東本作弗，是也〕稱，加以教官職小，化導實難，徒取備文，無濟實用。近武定侯郭勳請別加振作，而御史郭圻復請於武英殿講武，西苑閱射。臣議得禁庭練武，事體非宜。而武學規制，誠當振作，請以皇城西隅大興隆廢寺，因其廨宇，稍加〔按：館本稍加作稱如，各本作稍加，是也〕拓飾，改創齋舍，移武學於此。羣大小官員子弟及勳爵新襲者，肄業其中，用文武重臣教習，設屬分督，歲〔校記：閣本歲作至〕仲冬大加較閱，以示懲勸。得旨：俱如擬〔校記：廣本擬作至〕，其未盡事宜，仍令會禮工二部詳議以聞。已會二部條上事宜。一營建殿堂，一專教將領。宜命才望素著諳兵文臣一員，提督講武。選各府掌印僉事侯伯及各營坐營將官二三十員，每月遇三日赴堂講《武經》等書，遇八日〔按:館本八日作日八，廣本閣本作八日，是也〕演習武藝，至歲仲冬，請車駕幸講武殿，行大閱禮，考校將帥而賞罸黜之。一尊崇廟享。古兵言兵者，以太公吕望爲宗，請倣唐制，立武成王廟。以漢唐以來名將如孫武、吴起、司馬穰苴、尉繚子、黄石公、張良、韓信、李廣、趙充國、諸葛亮、鄧禹、馮異、關羽、張飛、李靖、李勣、郭子儀、曹彬、韓世忠、岳飛，本〔校記：閣本本作我〕朝之徐達、常遇春、張玉、湯和配享，每歲春秋致祭，庶典制不闕，武教有所興起。一時加勸懲。每歲仲冬大閱外，其春、夏、秋仲月望日，該部請旨，會官嚴加校閲弓馬兵書，開其等第，奏行該部紀録。果弓馬熟閑通曉兵略者，即遇缺推補，否則不得陞敘。上從之。即命兵工二部擬議圖説以聞。

（世宗嘉靖實録卷 186　第 4 頁　186.3.3932）

681　**四月庚子**　陞巡撫四川都察院右副都御史潘鑑、應天府府尹江曉俱爲工部右侍郎。時營兩宫及壽陵。奉旨，工部增置侍郎一員，吏部以鑑〔按：館本鑑作鎰，廣本閣本作鑑，是也〕等七人名上，乃以曉佐部事，而命鑑督辦川廣木料。

（世宗嘉靖實録卷 186　第 6 頁　186.5.3936）

682　**四月壬寅**　命吏部都給事中管見、山東道御史郭圻監視壽宫並修葺七陵等工。

（世宗嘉靖實録卷 186　第 9 頁　186.8.3941）

683　**四月癸卯**　駕發京師，次沙河行宫。

四月甲辰　駕至天壽山行宫。

四月乙巳　上駐蹕天壽山，勑諭總督工程等官曰：朕昨恭謁列聖諸陵，仰睹玄宫殿等處，歲月滋久，多致傾圮，宜加修飾。及朕法皇祖故事，預作幽宫於太宗文皇帝之左側，已嘗下勑咨問，而臣民合詞以爲當建及建造行宫，俱擇以四月二十二〔校記：廣本作二十三日〕日興工。惟兹事體尊崇，工程重大，尤非他務可比，仍特命卿太傅勳、輔臣時知建造事，總〔按：館本總作紹，各本作總〕督工程，少保言同知建造事，總擬規制。兵部尚書瓚提督領軍，署都督僉事松、指揮同知寅監督工程。卿等宜竭誠殫慮，務俾建造如式，工作完美，以爲永久之圖，斯副朕意。

（世宗嘉靖實録卷 186　第 10 頁　186.9.3943）

684　**四月丙午**　上躬祭告長陵，分遣英國公張溶、武定侯郭勳、遂安伯陳鏸、輔臣李時、尚書夏言、駙馬都尉謝詔祭告六陵，尚書顧鼎臣祭天壽山，尚書林廷棉祭后土司工之神。

四月丁未　上遊九龍池，命武定伯郭勳、尚書夏言騎從，賜以銀幣。

四月戊申　上諭從臣曰：天壽山乃長陵主山之名，適看之，小山名天壽者誤也。昔皇祖在此飲酒，是日萬壽之日，百司〔校記：閣本司作官〕臣庶上壽，因進名天壽山。朕欲作一小亭爲記，以正其訛傳，可名此山爲平臺山，其十八道嶺可更爲〔校記：廣本閣本東本爲作名，是也〕陽翠嶺。

（世宗嘉靖實録卷 186　第 12 頁　186.10.3946）

685　**四月辛亥**　上親詣長陵、獻陵、景陵閲視。語從臣郭勳等曰：景陵規制獨小，又〔按：館本又作文，各本作又，是也〕多損壞，其於我宣宗皇帝功德之大殊爲勿〔校記：廣本閣本東本勿作弗，是也〕稱，當重建宫殿，增崇基構，以隆追報。

四月壬子　駕發天壽山，駐沙河。

四月癸丑　駕還京。

（世宗嘉靖實録卷 186　第 13 頁　186.11.3947）

686　**五月丁己**　以災傷免順天、永平府屬及涿鹿左盧龍等衛所民屯税糧有差。

（世宗嘉靖實録卷 187　第 3 頁　187.3.3953）

687　**五月戊午**　詔擇取南京清江、龍山二厰木植以充兩宫七陵修造之用，從工部尚書林廷〔校記：廣本廷作庭〕棉請也。

（世宗嘉靖實録卷 187　第 4 頁　187.3.3954）

688　**五月乙丑**　禁中大善佛殿内有金銀佛像並金銀函，貯佛骨、佛頭、佛牙等物〔校記：廣本物作類〕。上既勅廷臣議撤佛殿，卽其地建皇太后〔校記：廣本皇太后作兩〕宮。是日命侯郭勳、大學士李時、尚書夏言入視殿址。於是尚書言請勅有司以佛骨等瘗之中野，以杜愚冥之惑。上曰：朕思此物聽之者，智曰邪穢，必不欲觀，愚曰奇異，必欲尊奉，今雖埋之，將來豈無竊發以惑民者？可議所以永除之。於是部議請投之火，上從之。乃燔之〔校記：廣本之作佛牙〕通衢，燬金銀佛像凡一百六十九座，頭牙骨等凡萬三千餘斤。

（世宗嘉靖實録卷 187　第 5 頁　187.4.3956）

689　**五月戊辰**　免京營操馬今歲下〔按：館本下作不，各本作下，是也〕場牧放，仍支食料。以武定侯郭勳奏，見馬不足故也。

（世宗嘉靖實録卷 187　第 6 頁　187.5.3958）

690　**五月辛未**　初〔校記：廣本初作先是〕，上謁陵還。召見輔臣李時、尚書夏言於行宮。諭以壽宮規制宜遜避祖陵，節省財力，其享殿以磚石爲之，地中宮殿器物等，舊仿九重法宮爲之；工力甚鉅，此皆虛文，且空洞不實，一切釐去不用。至是，言等擬上圖制。上命會同建造侯郭勳、禮工二部、翰林院講讀諸臣，通將皇妃從葬之式總擬定圖進覽。於是諸臣議奏：皇上親爲卜〔按：館本卜作之，各本作卜，是也〕兆，惓惓以避尊節財爲諭，執歉慮遠，臣等所當順。但恐過於貶損，無以稱臣子尊崇之禮。其享殿、明樓、寶城，擬請量依長陵規制。其地中宮殿等項，仍請稍存其制，實皆臣子無已之誠。至於列聖諸妃從葬之制，具載《會典》，今擬於外垣之內，寶城之外，左右相向以次而祔焉，庶合禮制。謹畫圖貼說呈覽，仰請聖斷施行。得旨，俱如擬。其未盡事宜，俟朕仍親往決之。

（世宗嘉靖實録卷 187　第 6 頁　187.5.3958）

691　**六月甲申朔**　以大工人役不足，摘團營未〔按：館本未作來，各本作未，是也〕補官軍三萬扣銀送兩宮工所，三大營未補官軍四萬扣銀送山陵工所，外衛春班官軍見役他工及保定奏留防守官軍皆令徵至工所。從武定侯郭勳奏也。

（世宗嘉靖實録卷 188　第 1 頁　188.1.3965）

692　**六月戊子**　　西苑清虚殿、鑒戒亭等工〔校記:廣本工下有告字〕成。

（世宗嘉靖實録卷 188　第 1 頁　188.1.3965）

693　**六月壬辰**　　禮部奏:〔校記：廣本東本净上有選字，是也〕净身男子胡堂〔校記:廣本堂作當〕等三千四百五十五名送内府供役，廷等二千九百九十名分送天下各王府使用，李繼〔校記：廣本東本繼作經〕等二千一名收充上林苑海户，餘俱發回原籍。

（世宗嘉靖實録卷 188　第 1 頁　188.1.3966）

694　**六月己酉**　　時兵部覆武定侯郭勳議擇〔校記：廣本東本擇作摘〕團營官軍三萬於兩宫，三大營官軍四萬於七陵修工，人給月糧行糧賞米、冬衣布花。户部言:修工官軍例支行糧賞米，而無月糧布花，若並〔校記：東本並作併〕給之，歲當費銀百數十萬〔校記：廣本東本銀下有四十五萬八百兩，總計三年之工，當費銀十六字，是也〕，非太倉所能給也。且布花係賞賜，當於内庫關領，亦非太倉應給之數。勳因奏部臣推諉誤事，且言：頃者，查催積逋莊田子粒等銀尚未解至，請將官軍糧賞布花先於太倉糧銀馬價内如數借支，俟徵完前銀抵補。仍將該部所收漕運脚價及鈔關鹽引一切羨餘，悉令出之，以佐工費。上曰：修飭〔校記：舊校改飭作飾〕諸陵，建造兩宫，皆非得已，工程重大，所費數多，官軍月糧布花，悉遵前旨扣給。積欠子粒銀兩，准於太倉馬價内借支，漕運脚價等項餘銀，查出即輸工所接濟。户部朦朧推託，堂上官姑不究，該司官奪俸三月。

（世宗嘉靖實録卷 188　第 8 頁　188.7.3977）

695　**六月辛亥**　　給事中管見〔校記：各本見下有等字〕言：七陵諸衛，本以奉護陵寢，且密邇關隘，實爲咽喉之地。即令上工

〔按：館本工作宫，各本作工，是也〕官軍不滿二千，單弱如此，非所以妥〔校記：廣本妥作安〕神靈而壯國威也。請括諸衛餘丁十五歲以上者皆附之尺籍，徵詣工所，可得四五千人，月給行糧，日給薪〔按：館本薪作心，各本作薪，是也〕金，分爲三班，常以二班上工，一班休息，比之客夫，尤爲省便。待後大工告成，餘丁口糧常令關支。二人作一正軍，分番操備，則諸衛之卒不增而羸，而軍丁亦得所養矣。部覆亦以爲然，詔從其請。

（世宗嘉靖實録卷 188　第 9 頁　188.7.3978）

696　**七月壬戌**　令甲以宛、大二縣供應浩穰，各布政司歲額徵銀若干解納順天府，給用相沿，僉殷實户爲廂長，領銀支辦。其後府縣官更〔按：館本替作暫，各本作替，是也〕替甚數，奸民交關，默〔校記：廣本抱本默作黠，是也〕吏役侵欺冒破，無復限制。凡各布政司解銀至，廂〔按：館本廂作府，各本作廂，是也〕長即投〔校記：廣本閣本東本投下有牒字，是也〕關領，不復入庫，及一應供辦，悉取盈鋪行，十不給〔校記：廣本閣本東本給作及〕一值，而廂長所領銀漫不貲〔按：館本漫作浸，貲作訾，各本浸作漫〕省。至是，順天府〔校記：廣本閣本東本府下有府字〕尹劉淑相擬革其弊，呈之户部，立循環歲積〔校記：廣本閣本東本積作籍，是也〕，明註出入費用之數，繫以月日，分貯府縣，歲終互爲稽閱。凡各處解銀，俱貯之縣庫，以五百金預給廂長，俾隨時供用，登於籍，不足則再投牒續支。諸廂長久擅利窟，視公儲爲己物，令下大失望。適福建解二千二百餘兩至府，百方欲取之不得。

（世宗嘉靖實録卷 189　第 3 頁　189.2.3984）

697　**七月癸酉**　户部以大同邊餉匱乏，議開納銀入監事例。山西八十名，陝西、河南、山東各六十名，順天、真定等八府各三十名。俱於山西布政司上納，輸赴大同，爲召買之需。從之。

（世宗嘉靖實録卷 189　第 9 頁　189.7.3993）

698 **七月戊寅**〔校記：閣本寅作午，誤〕 皇史宬成，詔加武定侯郭勳太師、大學士李時、尚書夏言兼太子太傅，仍各賞銀八十兩，綵帛八表裏，餘在工官都督陸松以下陞賞有差。時疏辭謝，言皇史宬之建，用以尊藏八廟九帝《寶訓》〔按：館本寶作實，舊校作寶〕《實録》，實本於皇上一念尊祖敬宗之誠，是從古所無之異〔校記：廣本閣本異作典，是也〕章，其鴻規廠〔校記：廣本閣本廠作敞，是也〕麗，龍閣崔巍，石室金匱，不假寸木，悉由於聖衷所經畫，是從古所無之制度〔按：館本度作廷，三本作度，是也〕。臣但樂觀厥成而已，原未效絲毫力，不敢當殊錫。上曰：尊藏訓録，宬工告完，卿輔朕督視，厥勞懋矣，其承酬典勿辭。勳、言亦各疏辭，俱温詔不允。宬卽神御閣也，初上擬尊藏列聖御容訓録，命建閣，已乃更名“皇史宬”〔校記：閣本宬下有專字〕，藏訓録。其列聖御容别修飾景神殿以奉之，咸出自欽定云。

（世宗嘉靖實録卷 189　第 9 頁　189.8.2995）

699 **八月癸巳** 朝鮮國王李懌遣陪臣宋璉等貢方物馬匹，入賀萬壽聖節。宴賞如例。

（世宗嘉靖實録卷 190　第 3 頁　190.2.4004）

700 **八月己亥** 修理天壽山永成〔按：疑成爲安之誤〕城迤南朝宗等橋。

（世宗嘉靖實録卷 190　第 4 頁　190.4.4007）

701 **九月庚申** 户科都給事中田秋等官〔校記：廣本閣本無官字，是也〕言：順天等處所進礦砂，部令人試之，十不及一，課額不足，其勢不得不科之於民，竊恐無益，徒爲國歛怨，請罷其役。得旨：秋等附和部臣，沮撓國計。姑免〔校記：廣本閣本無免字，是也〕不問。

（世宗嘉靖實録卷 191　第 5 頁　191.4.4024）

702 **九月甲子** 巡視五城御史閻隣〔校記：閣本隣作璘〕等言：國朝所用錢幣有二，首曰“制錢”，祖宗列聖及皇上所鑄〔按：館本鑄作錢，廣本閣本作鑄，是也〕，如洪武、永樂、嘉靖等通寶是也；次曰“舊錢”，歷代所鑄，如開元、祥符、太平、淳化等錢是也。百六十年來，二錢並用，民咸利之。雖有竊真售贋，其於原制猶不甚相遠也。邇者，京師之錢，輕制〔校記：廣本閣本制作裂〕薄小，觸〔按：館本觸作獨，三本作觸，是也〕手可碎，字文雖存，而點畫莫辨〔按：館本辨作辦，廣本閣本作辨〕。甚〔按：館本甚作其，三本作甚，是也〕者不用銅而用鉛鐵，不以鑄而以剪裁，粗具肉好，即名曰“錢”，每三百文才直銀一錢耳。作之者無忌，用之者不疑，而制錢、舊錢返爲壅遏〔按：館本遏作過，三本作遏〕。夫利權之操在主上，今奸民顧得而牟〔按：館本顧作願，牟作弁，三本作顧作牟，是也〕之，又詭異乖戾，無復錢制，恐非盛世所宜有〔按：館本有下有矣字，三本無矣字〕也。乞勅都察院榜示五城，許以舊制〔按：館本制作製，舊校改作制〕二錢通行。其僞造私藏者，期以半月自行銷毀，犯者緝捕，論如律。又言：嘉靖八年，常〔校記：廣本閣本常作嘗，是也〕申禁例，而當時奸黨私相結約，各閉錢市，以致貨物翔踊，其禁遂弛。昔既得計，今必踵而襲之。臣請密刺其首事者而置之罪，奸乃可戢也。因以所獲僞錢進呈，上亦惡其濫惡詭異，命都察院亟〔按：館本亟作丞，三本作亟，是也〕揭榜禁約，敢有仍前鑄造使用〔校記：廣本無使用二字〕及阻抑者，許巡城御史及戢〔校記：廣本戢作緝，是也〕事衙門嚴偵捕之，治以重罪。

（世宗嘉靖實録卷 191　第 8 頁　191.7.4029）

703　**九月丙寅**　命靈璧侯湯祐賢充三千營坐營官。

（世宗嘉靖實録卷 191　第 10 頁　191.8.4032）

704　**九月庚午**　駕發京師。是日至沙河。

九月辛未　駕至天壽山。

九月壬申　上駐蹕天壽山行宫。

開取神嶺山白石，遣侍郎甘爲霖祭司工之神。

九月癸酉　上親祭長陵，遣文武大臣郭勳、李時等分祭六陵及孝潔皇后陵。

九月丙子　駕發天壽山，駐沙河。

九月丁丑　駕還京。

（世宗嘉靖實録卷 191　第 14 頁　191.11.4038）

705　**九月己卯**　增飾太廟工完，奉安神寢金閣〔校記：閣本閣下有遣武定侯郭勳祭司工之神十一字〕。

（世宗嘉靖實録卷 191　第 14 頁　191.12.4040）

706　**十月丙戌**　陞山西左布政司曹簡〔校記：廣本閣本司作使，簡作蘭，是也〕爲順天府府尹。

（世宗嘉靖實録卷 192　第 1 頁　192.1.4046）

707　**十月庚寅**　是夜京師及順天、永平、保定諸府所屬州縣、萬全都司各衛所俱地震，有聲如雷。

（世宗嘉靖實録卷 192　第 3 頁　192.3.4048）

708　**十月己亥**　奉遷孝肅皇后神主於裕陵神寢，孝穆皇后神主、孝惠皇后神主於茂陵神寢。

（世宗嘉靖實録卷 192　第 9 頁　192.7.4058）

709　**十月壬寅**　先是，上以造方丘及朝日壇玉〔按：館本玉作王，閣本作玉，是也〕爵屢下户部購紅黄二色玉不得，乃下邊臣於天方國土魯番入貢，諸夷求〔按：館本求作永，三本作求，是也〕之又不得，至是，原任回回館通事撒文秀言：二玉産在阿丹，去土魯番西南二千里，其地兩山對峙，自爲雌雄，有時自鳴，請依宣德時下番事例，遣臣齎重貨往購之，二玉將必可得。部以遣官下番非常例，第責〔按：館本責作貫，三本作責〕諸撫按督令文秀仍於邊地訪求。報可。

（世宗嘉靖實録卷 192　第 10 頁　192.8.4060）

710　**十月癸卯**　上諭禮部：三后主遷奉陵殿禮成，朕宜往慰。尚書夏言等〔校記：廣本無等字〕請期日，上答諭曰：卿等以山行約日，朕先見長陵，告於其往之意，次詣裕、茂二陵行奉慰禮。居守以伯錞、尚書材，從官如前。其以是月二十六日發京，至彼定回期，武士以〔校記：廣本無以字〕六千人二撥更衛。

（世宗嘉靖實録卷 192　第 10 頁　192.8.4060）

711　**十月戊申**　駕發京師，是日駐沙河。

十月己酉　駕至天壽山，駐蹕行宫。

十月庚戌　上親祭告長陵。

十月辛亥　上詣裕陵、茂陵行奉慰禮。

（世宗嘉靖實録卷 192　第 13 頁　192.11.4065）

712　**十一月乙卯**　初，上登極，遣使詔諭安南，以道路梗阻未達而返，至是皇子生，奉旨復當遣使詔諭。禮部言：安南不修職貢且二十年，往者，兩廣守臣言，黎譓、黎廣〔校記：閣本廣作[illegible]〕非黎晭應立之嫡，莫登庸、陳暠等皆篡逆之賊，宜遣使按問，求罪人主名，以行天討。又近雲南守臣言，安南亡命嚴威等侵犯王畧，拘執土官，宜併〔按：館本并作弁，廣本閣本作併，是也〕行體勘。且前使既以道阻不通，今宜暫停遣命，以全國體。上曰：安南詔使不通，又久不入貢，叛逆昭然〔按：館本昭作照，三本作昭，是也〕，其趣遣使勘問征討之事，會同兵部速議以聞。

（世宗嘉靖實録卷 193　第 2 頁　193.1.4070）

713　**十一月丁巳**　以皇子生遣翰林院修撰龔用卿、户科給事中吴希孟充正副使頒詔於朝鮮國，賜國王以文綺、綵段〔按：館本國作周，三本作國，是也，閣本段作幣〕。

（世宗嘉靖實録卷 193　第 2 頁　193.2.4071）

714　**十一月甲子**　建恭仁康定景皇帝陵寢碑亭，立太宗二妃憲廟十三妃墳石，因諸妃歲時併祭於陵寢内，罷墳所祭。

（世宗嘉靖實録卷 193　第 7 頁　193.6.4080）

715　**十一月乙丑**　禮兵二部上言：安南在秦漢時置郡縣，至宋分〔按：館本宋分作朱分，廣本閣本作宋封，是也〕王國，與高麗、真臘並。李氏傳八〔按:館本八作入，三本作八，是也〕世，陳氏傳十二世。當高皇帝開國〔按：館本開國作聞國，三本作開國，是也〕初，陳氏首納欵，永樂時其主日焜爲賊臣黎季犛所簒，太宗興師討之，求陳氏裔不得，乃郡〔按：館本郡作羣，三本作郡，是也〕縣其地，立交趾都布按三司及府州縣衛所如内地制。其後有黎利者，詐稱求得陳氏後，請改爲國。宣宗善體皇祖之訓，許之，黎氏遂有國土，乃今〔按:館本今作令，舊校改作今〕逆臣交亂，簒主〔按:館本主作立，抱本作主〕奪國，朝貢不修，宜興問一罪之師，用彰天討。乞先差錦衣衛官有膽略材識、通達事機者一二人，令廣西鎮巡官選威〔校記:廣本閣本威作委，是也〕官衛有司官員深曉夷情、熟〔按:館本熟作孰，三本作熟，是也〕知道路者三五人，同往彼國，勘問背叛情由奏報，豫爲選將整兵待報而發。復勅鎮守兩廣安遠侯柳珣、鎮守雲南黔國公沐紹勳會同各撫按整備漢土官軍，調度錢糧，以俟征討之命。上曰：安南背叛不庭，在所必討，差官勘問，俱如所擬，兵部仍會議征討事宜以聞。

（世宗嘉靖實録卷 193　第 7 頁　193.6.4080）

716　十一月丙寅　陞吏科都給事中王禎爲順天府丞。

（世宗嘉靖實録卷 193　第 8 頁　193.7.4081）

717　十一月乙亥　增飾太廟、營建太宗廟、昭穆羣廟、獻皇帝廟工成。

（世宗嘉靖實録卷 193　第 9 頁　193.8.4083）

718　十一月己卯　以宗廟工成，加武定侯郭勳禄米三百石、少傅兼太子太傅，李時、夏言俱兼太子太師，蔭一子爲錦衣衛正千户，兵部尚書張讚〔校記：舊校改讚作瓚〕、工部尚書林廷棉俱加太子太保，工部左侍郎甘爲霖陞本部尚書。瓚、廷棉、爲霖仍各賞銀六十兩，紵絲四表裏。

（世宗嘉靖實録卷 193　第 10 頁　193.8.4084）

719　**十二月庚寅**　上以宫人不諳保護皇子，命禮部選民間婦無夫、子係累者二千餘人入宫。

（世宗嘉靖實録卷 194　第 4 頁　194.3.4092）

720　**十二月庚子**　以皇子誕生，命真人道官〔按：館本道官作官道，抱本作道官〕於玄極寶殿修建祇荅洪厤金録大醮七晝夜。禮部尚書夏言請上香監禮迎詞導引等使如前欽安殿祈嗣醮事例。上依擬，仍命百官各加恭敬，毋生毀惡。玄極寶殿卽欽安殿更名也。

（世宗嘉靖實録卷 194　第 10 頁　194.9.4103）

721　**十二月丙午**　朝鮮國王李懌遣陪臣工曹參判趙仍奎等表貢方物，賀正旦。賜宴賚如例。

（世宗嘉靖實録卷 194　第 15 頁　194.12.4110）

722　**十二月己酉**　修京通諸倉。

（世宗嘉靖實録卷 194　第 17 頁　194.14.4114）

723　**閏十二月丁卯**　順天府進春，上御奉天殿受之，賜百官食春餅。

（世宗嘉靖實録卷 195　第 9 頁　195.7.4128）

724　**閏十二月戊辰**　遣禮部侍郎張壁等詣金山視廢后張氏墳地。

（世宗嘉靖實録卷 195　第 10 頁　195.8.4129）

嘉靖十六年（1537）

725　**正月己丑**　御史韓岳言：京師米價翔踴，請令有司收養窮〔按：館本窮作貧，三本作窮〕民及發太倉糧平糶以賑濟之。户部覆言〔校記：廣本無言字〕，倉糧既以時放，而豪右乘賤居積，價復〔校記：廣本閣本復下有騰字，是也〕貴，宜嚴其禁。上是其言。令所司加意收養貧民，各倉官糧有乘時射利者，巡倉御史及緝事等官嚴捕治之，都察院即懸榜禁約。

（世宗嘉靖實録卷 196　第 2 頁　196.2.4141）

726　正月辛卯　御史張景論劾國子監祭酒許成名、司業董承叙各不職，且言前任祭酒吕柟造士有方，宜召用。時柟任南京禮部侍郎，而景該〔校記：廣本閣本該作誤，是也〕以爲工部，有旨責令對狀，成名、承叙尋上章自辯。吏部議覆：二臣侍從柟〔校記：舊校改柟作講〕讀有年，其才行皆聖明鑒照，去留請自上裁。上曰：吏部乃公道權衡所在，是非臧否，宜有定論，其更詳核以聞。於是部奏：二臣學行均有可取，宜令仍舊供職，成名差少振作，或量改别用。得旨：成名既蒞任未久，與承叙俱令策勵供職。景論言事不謹，錯書部分，姑從寬罰俸一月。

（世宗嘉靖實録卷 196　第 3 頁　196.3.4143）

727　正月癸巳　初，正德十六年，以登極詔書革退武驤等四衛冒濫軍人莊湧等九千六百餘人，至是奏稱皆天順、成化、弘治年間收充，混被裁革，且逃故數多，不及原額之半，請得收復補伍。上命通與查復。兵部言：衆軍閲歲既久，中多詐冒，未宜概收，請覈其精壯正丁二千收補之。上以大工缺人，詔收四千。

（世宗嘉靖實録卷 196　第 4 頁　196.4.4145）

728　正月乙未　户部覆順天撫按官奏，永平府漢兒莊礦山利原微薄，而費縣官甚鉅，請封閉其地，併力於薊州瀑水谷採取。從之，仍令撫按官嚴禁侵尅科擾。

（世宗嘉靖實録卷 196　第 5 頁　196.4.4145）

729　正月乙巳　御史胡鰲言：京師天下之本，京師縱婬則天下式之，請勅禮部禁約。凡僧人娶妻及無度牒者，令自首還俗，免其本罪；又内外居民倡優雜處，請下五城，非教坊兩院者盡逐去。都御史王廷相等覆可。上曰：僧道倡優犯法自有律例，御史所言鄙俚褻瀆，爾等職總風紀，不行糾正，乃依違覆奏，甚乖事體，本當查究，姑從輕。胡鰲降二級調外〔校記：廣本閣本外下有任字，是也〕，王廷相等各奪俸兩月，已乃謫鰲爲直隸鹽城縣丞。給事中謝廷蒞上疏救鰲，上切責而宥之。

（世宗嘉靖實録卷196　第9頁　196.7.4152）

730　**正月丁未**　行宮及聖蹟亭興工。

（世宗嘉靖實録卷196　第9頁　196.8.4153）

731　**二月壬子**　安南國世孫黎寧差國人鄭惟憭等十人赴京奏稱：正德十一年逆臣陳暠爲亂，弒主黎晭，本國共立晭之故兄長子譓權管國事。十六年討暠，誅之。其臣莫登庸等復謀不軌，追逐譓居外，脇立其庶出幼弟𢛨假攝國事，尋鴆殺𢛨，僞立己子，自稱天王。由此道路阻截，貢使不通。譓以是意憂憤成疾死，本國復立寧爲世孫，權管國事。寧卽譓之子也。屢馳書總鎮告難，俱被登庸邀殺之於路，不得達。邇因廣東商船潛行取道來京，乞興問罪之師，亟救國難。奏下禮部，覆言，安南信使不通者二十餘年，今朝廷方擬興師問罪，彼國告變之奏遂至，事尋可疑。且惟憭等附師漂海延至〔按：館本至作住，廣本作往〕占城，二年行至廣東地方，又不呈身赴告所在官司給文起送，亦難盡信。今宜將惟憭等暫留在館，令原差錦衣衛等官勘覆彼國事情，作速具奏，以待區處。上從部議。詔錦衣衛拘留鄭惟憭等聽候，不許交接外人，光禄寺以朝鮮國貢使例共給之。

（世宗嘉靖實録卷197　第1頁　197.1.4156）

732　**二月癸亥**　禮部以天雨請暫罷視耕藉田禮，許之。

（世宗嘉靖實録卷197　第3頁　197.2.4158）

733　**二月戊辰**　朝鮮國王李懌以皇嗣生遣陪臣工曹判書丁玉亨等進表及方物稱賀。詔賜國王勑書及綵段絨錦，宴賚玉亨等如例。

（世宗嘉靖實録卷197　第3頁　197.3.4159）

734　**二月癸酉**　清明節，駕發京師，奉皇太后率后妃行。

二月丁丑　上躬詣長陵致祭。

（世宗嘉靖實録卷 197　第 5 頁　197.4.4161）

735　**三月癸未**　上奉聖母幸金山。

三月甲申　上奉聖母還京。

（世宗嘉靖實録卷 198　第 1 頁　198.1.4166）

736　**三月壬辰**　命塞天壽山東西通黄花鎮路口。

（世宗嘉靖實録卷 198　第 2 頁　198.2.4167）

737　**三月丙午**　駕發京師，視金山建造行宫所，是日宿沙河。

三月丁未　上駐蹕沙河，視文皇帝行宫遺址，面諭大臣復建，無廢前規，仍宜築城設守，爲久安之圖。禮部尚書嚴嵩因言：沙河爲聖駕展視陵寢之路，南北道里適均，我文皇肇建山陵之日，卽遣行宫於兹，正統時爲水所壞，今遺址尚存，誠宜修復而不容緩者。且居庸、白洋近在西北，若鼎建行宫，於中環以城池，設官戍守，寧獨車駕駐蹕爲便，而封〔校記：閣本封作分〕守慎固，南護神京，北衛陵寢，東可以蔽密雲〔校記：閣本密雲作雲中〕之衝，西可以扼居庸之險，聯絡控制，居然增一北門重鎮矣。乞特命勳戚〔按：館本戚作輔，抱本作戚〕大臣總其事，諸所計劃，各飭所司分理，若地屬軍民者，卽除其糧税。上是其議，命卽日興工。

（世宗嘉靖實録卷 198　第 5 頁　198.4.4172）

738　**四月壬子**　上駐蹕沙河。

四月癸丑　駕還京。

（世宗嘉靖實録卷 199　第 2 頁　199.1.4176）

739　**四月辛酉**　工部尚書林廷棉等議：沙河建造行宫，工役重大，宜申命先修山陵上下諸臣兼理，本部仍添委司諸屬官數人分理其事。從之。

（世宗嘉靖實録卷 199　第 6 頁　199.5.4184）

740　**四月癸亥**　詔增修内閣。上以内閣規制未備，命太監高忠率官匠詣閣相計修造事宜，乃與大學士李時等議，以文淵閣之中一間恭設御坐，旁四間各相間隔，而開户於南，以爲閣臣辦事之所。閣東誥勑房内裝爲小樓以貯書籍，閣西制勑，房南面隙地添造棬棚三間，以容各官書辦，於是閣制視前稱完美矣。

（世宗嘉靖實録卷 199　第 6 頁　199.5.4184）

741　**四月庚午**　以建造行宫免康陵莊地並昌平州民地糧草均徭。

（世宗嘉靖實録卷 199　第 9 頁　199.7.4188）

742　**五月己卯朔**　建造清寧宫膳房、端敬殿、聖濟殿、御食館、元輝殿、方殿、省愆居、理辦房並内神廚門工俱完。

（世宗嘉靖實録卷 200　第 1 頁　200.1.4193）

743　**五月己卯朔**　遣太常寺典簿黄裳往江西燒造長陵白磁盤爵祭器。

（世宗嘉靖實録卷 200　第 1 頁　200.1.4193）

744　**五月戊戌**　雷震謹身殿鴟吻。

（世宗嘉靖實録卷 200　第 8 頁　200.6.4204）

745　**五月戊申**　時修飭七陵、預建壽宫及内外各工凡十月，每月費常不下三十萬金，而工部庫貯僅百萬，巡視科道以爲言。上命各有事衙門從長會議。於是工部尚書林庭〔校記：廣本中本庭作廷〕棉等會同吏、户、禮、兵諸臣議上〔按：館本無上字，三本中本議下有上字，是也〕區處事宜六條：一處供〔按：館本供作工，中本作供〕役軍夫。兵部所撥軍夫，曠役者數踰二萬，宜令户部扣算折糧〔按：館本糧作量，三本作糧，是也〕銀兩解送工所，候各軍到營，責令赴工著役。一廣開納事例。各〔按：館本無各字，三本中本有各字，是也〕儒學廩增附生員停降者許加銀以原舊名色，民間子弟亦許納銀俱入國子監肄業，其知印未及一年者亦准加銀起送。一借帑藏銀兩，擬如廟工例，借太倉銀四十萬〔按：館本萬下有兵部馬價柴薪銀三十萬，光禄寺銀十萬及十七字，是也〕，請内帑銀百萬，併取通惠河歲省脚價〔按：館本價作銀，廣本閣本中本作價〕解户部者，自嘉靖七年起盡數查發工所。一稽礦洞銀兩。山南〔按：館本南作東〕、河南、薊州礦銀解部者且二萬餘，宜行天下有礦地方設法採取。一議罪犯〔校記：廣本作犯罪〕收贖。凡文武官吏監生公罪及軍職立功等項並軍民人等徒罪以下，俱准收贖有差。一定工程次第。外而七陵壽宫、山陵行宫，内而慈寧宫工程已舉，不敢少緩，其文華殿、養心殿、崇德殿、金水河並禮義房、雙陽橋修理漸完，工不容已，惟奉先殿，崇先殿、慈慶宫、沙河行宫俱工程重大，難於併舉，乞酌定先後之序，逐漸建造。至於金山行宫、朝宗等五橋、麥莊等四橋、講武殿、安樂堂、混堂司宜暫停止。疏入，得旨：大工事宜，既經會議開納諸例，悉准行。有礦地方，令撫按官計處具奏。太倉銀准借六十萬兩，二内殿、慈寧宫宜亟建造。慈慶宫〔校記：廣本無此三字，誤〕、東宫府造次之餘俱停止。金山功德寺可撤毁，其内帑銀乃備宫中用者，不准發。

（世宗嘉靖實録卷 200　第 12 頁　200.9.4210）

746　六月戊申朔　廣西道監察御史桑喬等上言：頃以殿庭被災，旋復殄滅，皇上肆頒明諭，引咎求言，臣等謹據見聞，條陳三事。一禁奸弊以節工役。皇上營建兩宫、山陵，所以篤親追遠，孝之大也。當事者不知爲國惜財，冒破虚費，指十爲百，是以朝廷有限之財，而資羣小無窮之欲。如沙河行宫，部該原據用銀七百餘萬，賴聖明洞察，令其計料明白，則始改議二百餘萬，卽此推之，其他可知。

（世宗嘉靖實録卷 201　第 1 頁　201.1.4213）

747　六月戊申朔　兵科右給事中管見言，工部在庫官銀有百餘萬，乃户部尚書梁材、工部尚書林廷棉匿不以聞，首倡加賦，以濟工用，爲皇上盡不忠天下。自正德間逆瑾煽虐，貪污成風，流離怨苦，幾成禍階，及今生養，方逾一紀，殘傷之民，猶未聊生，若重加賦困之，臣謂異日煩陛下四顧之憂者，必自今日始矣！誠宜責二臣，審從別議，或借内帑之積，或開納銀之例，令經用有常，而小民不致紛擾，亦一時濟變權宜也。於日廷棉言：庫銀皆聽各工支運之數，非以有爲無敢冒欺罔。疏入，上曰諸工役已有旨令，以次營造，其會計錢糧並僱募夫匠，所司宜用心稽察，毋滋奸弊，以稱朕意。

（世宗嘉靖實録卷 201　第 2 頁　201.2.4215）

748　六月乙丑　命工部尚書甘爲霖〔按：館本作甘霖爲，三本中本作甘爲霖，是也〕管理部事，仍提督工程，爲霖疏辭部事，請專董山陵工役，上悦，優詔許之。

（世宗嘉靖實録卷 201　第 6 頁　201.5.4221）

749　六月戊辰　遣安南使者鄭惟憭歸國。

（世宗嘉靖實録卷 201　第 6 頁　201.5.4221）

750　六月丙子　新作養心殿成。

（世宗嘉靖實録卷 201　第 7 頁　201.6.4224）

751　七月壬辰　命暫停沙河行宫工，以待豐年，從御史景溱言也。

（世宗嘉靖實録卷 202　第 3 頁　202.3.4231）

752　七月壬寅　上召大學士夏言等面諭，前往陵上曾諭卿，獨長陵有功德碑，而六陵未有，無以彰顯功德，今宜增立，示所司行。

（世宗嘉靖實録卷 202　第 4 頁　202.3.4232）

753　七月乙巳　以五軍營右掖坐營官戚勳爲團營伸威營坐營官。

（世宗嘉靖實録卷 202　第 4 頁　202.4.4233）

754　八月壬子　上在太先殿諭大學士夏言，方丘以夏多雨，神御位俱設有幕架。獨圜丘未有，恐方冬雨雪，其傳諭所司製造。上帝位用圓制，太祖配位及四從位俱用青色紵絲油幕。

（世宗嘉靖實録卷 203　第 1 頁　203.1.4248）

775　**八月癸丑**　　命翰林院侍讀學士姚淶、左春坊左中允孫承恩主順天府鄉試。

（世宗嘉靖實録卷 203　第 2 頁　203.2.4249）

756　**八月癸丑**　　朝鮮國王李懌遣陪臣户曹參判趙賢範等表賀萬壽聖節，進馬及方物。宴賚如例。

（世宗嘉靖實録卷 203　第 2 頁　203.2.4249）

757　**八月壬戌**　　掌詹事府禮部尚書顧鼎臣言：今歲夏秋多雨，京城内外房舍傾圮，軍民多壓死者。又聞南北直隸、山東、河南、陝西、江浙各被水災，而湖廣尤甚，衝没城邑，人多漂溺。幸而存者，家産蕩盡，勢必聚而爲盜。請勅順天府及五城御史量行優卹。湖廣災沴重大，神人震驚，仍宜遣大臣一人前去祭告陵廟，徧祝山川，循行郡縣，賑救安戢，分遣有司掩骼埋胔。直隸等省則勅撫按官督有司奉行。疏下所司，覆如其議，得旨，俱允行。

（世宗嘉靖實録卷 203　第 4 頁　203.4.4253）

758　**八月壬戌**　　給永康大長公主造墳價銀二萬三千一百九十兩。

（世宗嘉靖實録卷 203　第 5 頁　203.4.4254）

759　**八月甲子**　　以水災免順天、永平、保定、河間四府所屬田糧有差。順天府〔校記：廣本閣本中本無府字〕仍命有司賑濟。

（世宗嘉靖實録卷 203　第 5 頁　203.4.4254）

760　**八月戊辰**　　朝鮮國王李懌遣陪臣刑曹參判南洸雄等來謝詔諭，並〔按：館本並作併，中本作並〕賀皇嗣生，更新廟制，加上兩宫徽號。獻方物及馬，宴賚如例。

（世宗嘉靖實録卷 203　第 6 頁　203.5.4256）

761　**九月丁丑朔**　　命提督京城巡捕署都指揮同知徐溥爲四川敘瀘等處左參將。陞管領秋班京操指揮僉事趙吉爲署都指揮僉事，僉書山西行都司事。

（世宗嘉靖實録卷 204　第 1 頁　204.1.4261）

762　九月庚寅　翰林院修撰龔用卿、户科給事中吴希孟使朝鮮還，言朝鮮素稱恭順，較之諸夷不同，而國家禮遇亦未嘗以夷禮待之。邇者齎詔至彼，其王李懌又能恪遵典禮，故事不違，良可嘉尚。請自今凡詔告勅諭事關禮制者，宜使之一體知悉，不必遣官，但因其朝貢陪臣即令齎回，庶以見朝廷殖〔校記：中本殖作植〕有禮懷遠人之意。禮部覆，其議詔可。

（世宗嘉靖實録卷 204　第 4 頁　204.4.4267）

763　九月癸巳　命分守密雲右參將署都指揮僉事劉鐸充三千營坐司官。

（世宗嘉靖實録卷 204　第 5 頁　204.4.4268）

764　九月乙未　命中都留守司署都指揮僉事王樸充分守密雲古北口等處參將。

（世宗嘉靖實録卷 203　第 5 頁　204.4.4268）

765　九月丁酉　兵部覆議户科左給中曾烶等所言修飭營務四事：一，實行伍。十二營額兵十二萬，近多逃亡，宜將官舍軍餘逐一查明抽選，在册人丁補足額數。二，嚴操練。坐營等官專事虚文，雖有開操之名，殊無訓練之實，宜立定規格，申明賞罰，嚴加督責。仍令各除軍械，以聽不時查點，止操之後仍五日一次入營。三，督總領。故事，操軍不到者止責把總而不及總領之官，以故恬然玩縱，媮惰成風。自今每隊至十五名以上，每千至百名以上不至者，將管隊官責治之。甚者徑爲參奏。四，精驗補。各處送驗軍士年力精壯者，俱發十二團營，衰弱者驗送五軍三千神機三大營，毋得仍前故縱，冒名代替，其蒙蔽送驗者究之。得旨，舍餘俟各工完日照例選補。餘如議行。

（世宗嘉靖實録卷 204　第 5 頁　204.5.4269）

766　十月壬子　户部奏，昌平州道路衝劇，供億浩繁，請從巡按都御史黨以平議，將歲派差銀量三分之一分派順天府所屬州縣，以甦罷困。詔可。

（世宗嘉靖實録卷 205　第 1 頁　205.1.4276）

767　**十月甲寅**　以西苑大田收獲，賜提督尚書李廷相及太僕寺少卿張玩羊酒。

（世宗嘉靖實録卷 205　第 3 頁　205.3.4279）

768　**十月甲寅**　武定侯郭勳奏，各城垣工作官軍不敷，乞賜補給。詔工部量行傭役，仍戒内外管工官不許延緩虚費。

（世宗嘉靖實録卷 205　第 3 頁　205.3.4279）

769　**十月丁巳**　命仁和永康二公主造墳軍夫折價俱照〔按：館本照作如，抱本作照〕德清長公主准與三年春班例給之。計該折價銀共一萬六千二百兩，以各先後陳乞不一，户部請定爲令故也。其欽賞莊田爲護墳永業，亦如德清公主例。

（世宗嘉靖實録卷 205　第 4 頁　205.4.4281）

770　**十月己巳**　新作七陵祭器。

（世宗嘉靖實録卷 205　第 5 頁　205.4.4282）

771　**十月癸酉**　蔭順天府府丞周璽子襄爲國子生。璽故以都給事中論劾逆瑾及黨惡錦衣衛指揮楊玉，遂爲誣害杖死。上登極已賜祭旌其忠，至是其子陳乞恩蔭，故有是命。

（世宗嘉靖實録卷 205　第 6 頁　205.5.4284）

772　**十月癸酉**　給山陵工所錦衣衛三千營並耀武等營官軍衣鞋五千一百二十一副，從督工尚書甘爲霖請也。

（世宗嘉靖實録卷 205　第 6 頁　205.5.4284）

773　**十月甲戌**　命都指揮僉事楊鼎三千營管操。

（世宗嘉靖實録卷 205　第 6 頁　205.5.4284）

774　**十一月己卯**　順天府房山縣民傅得本等奏開〔按：館本開作聞，三本中本作開〕水洞銀山口等處銀礦以濟大工。詔遣錦衣衛千户一員往核實以聞。

（世宗嘉靖實録卷 206 第 2 頁 206.1.4298）

775 **十一月癸卯** 先是，順天府生員陳埕男、陳大紳、刑部見監犯人劉東山各奏張延齡〔按：館本無張延齡，三本中本有張延齡三字〕、張鶴齡等姦惡諸事，詞連致仕大學士張孚敬，至是，鎮撫司上請應否行提？詔以延齡等事與孚敬無預，勿問。

（世宗嘉靖實録卷 206 第 4 頁 206.4.4303）

776 **十二月丁未** 詔工部尚書甘爲霖、内官太監温爾俱革職閒住，工部郎中李仁、太監王朝下錦衣衛拷訊，以督理陵工稽遲，爲武定侯郭勳論劾也。已，給事中管見、御史丘養浩參論陵工石料議用旱船拽運，曠時糜費，皆車户及該管員役遷延之故。上以旱船之役本甘爲霖所主，爾等不行糾舉，却爲掩護，各奪俸半年。

（世宗嘉靖實録卷 207 第 1 頁 207.1.4306）

777 **十二月己酉** 陞工部虞衡司郎中劉渠爲太僕寺少卿，以兩宫工完故也。

（世宗嘉靖實録卷 207 第 2 頁 207.1.4306）

778 **十二月丁巳** 朝鮮國王李懌遣陪臣禮曹參判柳洗麟等來朝賀及獻方物。宴賞如例。

（世宗嘉靖實録卷 207 第 2 頁 207.2.4308）

779 **十二月癸亥** 户部覆議巡撫順天都御史黨以平等言，順天、永平二府係畿輔重地，頻遭重災，乞動支太倉銀二萬兩，通倉米二萬石賑濟。上命如議給與銀米，仍令撫按官實心調度，使小民務霑實惠，毋事虚文。

（世宗嘉靖實録卷 207 第 3 頁 207.3.4309）

780 **十二月癸酉** 順天府官進春。上以寒疾免百官賀。

（世宗嘉靖實録卷 207 第 5 頁 207.4.4312）

嘉靖十七年（1538）

781 **正月庚寅**　天方國遣使臣寫亦陝西丁等入貢，請得遊覽中國。禮部議奏非例，疑有狡心，詔絶之，還其貢物。

（世宗嘉靖實録卷 208　第 1 頁　208.1.4316）

782 **正月壬辰**　順天府房山縣民傳〔按：館本傳作傅〕得本〔校記：廣本閣本本下有等字〕奏，水洞山並浮圖峪等處銀礦可採。上命錦衣衛千户張瑋驗實。工部覆奏，行撫按委官採取。從之。

（世宗嘉靖實録卷 208　第 2 頁　208.1.4316）

783 **二月癸丑**　以水災詔免順天府〔校記：廣本閣本府下有所字〕屬州縣税糧及羽林等衛所屯糧並各莊〔按：館本莊作壯，三本作莊〕田子粒有差。

（世宗嘉靖實録卷 209　第 3 頁　209.3.4329）

784 **二月辛酉**　命分守居庸關署都指揮僉事徐珏掌山西行都司印。

（世宗嘉靖實録卷 209　第 5 頁　209.4.4332）

785 **二月丁卯**　山陵新作行宫成。

（世宗嘉靖實録卷 209　第 5 頁　209.4.4332）

786 **二月丁卯**　工部覆巡撫順天都御史黨以平奏，薊州運河自殷留莊大口至舊倉店淤塞一百十六里，請發椿草銀六百四十里〔校記：廣本閣本里作兩〕，糧米五萬石及時疏濬。詔可。

（世宗嘉靖實録卷 209　第 5 頁　209.4.4332）

787 **二月戊辰**　上以清明親祭山陵，是日發京師。

（世宗嘉靖實録卷 209　第 5 頁　209.4.4332）

788 **二月己巳**　駕至天壽山。

（世宗嘉靖實録卷 209　第 5 頁　209.5.4333）

789 **二月辛未** 是日駕還至沙河。

二月壬申 上還京師。

（世宗嘉靖實録 209 第 6 頁 209.5.4333）

790 **三月戊子** 上親策會試中式舉人袁煒等。

（世宗嘉靖實録卷 210 第 2 頁 210.2.4338）

791 **三月壬辰** 賜貢士茅瓚等三百二十三人進士及第、出身有差。

（世宗嘉靖實録卷 210 第 4 頁 210.3.4340）

792 **三月丁酉** 琉球國中山王尚清遣陪臣陳賦等入貢，賜宴賚如例。

（世宗嘉靖實録卷 210 第 4 頁 210.4.4341

793 **四月庚戌** 上詣天壽山，躬視聖蹟新亭。亭建於天壽山之東平臺山，太宗駐蹕地也。

（世宗嘉靖實録卷 211 第 2 頁 211.2.4349）

794 **四月癸丑** 上躬祭太宗於聖蹟亭，從官皆吉服陪祀，是日回鑾。

（世宗嘉靖實録卷 211 第 2 頁 211.2.4350）

795 **四月癸亥** 命户部發銀米賑京城内外饑民。

（世宗嘉靖實録卷 211 第 7 頁 211.6.4357）

796 **四月丁卯** 户部奉旨查明革爵重犯張鶴齡、延齡順天等府莊田，原係節年欽賞者二十四處共三千八百八十餘頃，責令原佃人户照舊承種，徵〔按：館本徵作微，三本作徵〕子粒銀解部，許每年一次關領以爲家口食費。原係奏討者九處，計一千四百餘頃，查數追没入官，其自買順義縣莊田一處計四十七頃，許令變賣。詔可。

（世宗嘉靖實録卷 211 第 7 頁 411.6.4358）

797 **五月癸酉朔** 沙河行宫興工。

（世宗嘉靖實録卷 212 第 2 頁 412.2.4363）

798　**五月辛卯**　詔修沙河、朝宗、麥莊三橋。

（世宗嘉靖實録卷212　第4頁　213.4.4367）

799　**六月癸亥**　陞監察御史姜潤身爲順天府府丞。

（世宗嘉靖實録卷213　第11頁　213.9.4388）

800　**七月甲戌**　陞……順天府尹曹蘭爲都察院右副都御史，巡撫山東。

（世宗嘉靖實録卷214　第1頁　214.1.4391）

801　**七月壬午**　陞浙江右布政使邵錫爲順天府府尹。

（世宗嘉靖實録卷214　第2頁　214.2.4393）

802　**七月己丑**　陞提督京城巡捕參將周瓚爲署都察僉事充總兵官，提督西官廳。

（世宗嘉靖實録卷214　第3頁　214.3.4395）

803　**七月壬辰**　命原任建昌營遊擊將軍九聚充參將提督京城内外巡捕。

（世宗嘉靖實録卷214　第4頁　214.3.4396）

804　**七月癸巳**　慈寧宮工完，賞武定侯郭勳、大學士李時、夏言、太監高忠各銀五十兩，綵段四表裏，蔭一子錦衣衛百户；兵部尚書張瓚銀五十兩，綵段四表裏；工部尚書温仁和四十兩，三表裏；尚書周叙、侍郎吴大田、江曉、潘鑑各三十兩，二表裏，大田、曉各一子入監讀書。陞錦衣衛都指揮使陳寅署都指揮僉事，都指揮僉事張琦署都指揮同知，指揮僉事趙俊爲指揮同知，各賞銀三十兩，綵段二表裏。兵科右給事中李鶴〔按：館本鶴作鵬，三本作鶴〕鳴、廣西道監察御史方純〔校記：廣本閣本純作鈍〕陞大理寺寺丞，各銀十五兩，綵段二表裏。通政司右通政郭秉聰、太僕寺卿蔣應奎、工部郎中沈思〔校記：廣本閣本思作師〕賢等各陞賞有差。已，勳疏辭恩蔭，不允。時亦辭免，許之。

（世宗嘉靖實録卷214　第4頁　214.3.4396）

805　**八月丙午**　朝鮮國王李懌遣陪臣許寬等入賀，宴賚如例。

（世宗嘉靖實録卷 215　第 2 頁　215.1.4402）

806　**九月戊寅**　以水災免順天、保定、河間、真定、廣平、順得〔按：疑得爲德之誤〕、大名、永平等府屬州縣秋糧有差。

（世宗嘉靖實録卷 216　第 8 頁　216.7.4422）

807　**九月戊寅**　命靈壁侯湯祐賢於團營神威營坐營管操。

（世宗嘉靖實録卷 216　第 8 頁　216.7.4122）

808　**九月癸巳**　先是，上諭禮官，以東西井二妃墳並憲廟十三妃墳，宜各立石碣表識。又金山諸妃墳所之祭，皆宜併之〔校記：廣本閣本之作入，是也〕。天壽山各陵寢〔校記：三本寢作殿，是也〕，設木位配祭，金山墳祭罷免。及是當舉秋祭，禮官以木位未成，請暫以紙位標識〔按：館本識作致，廣本閣本作設，抱本作識，抱本是〕。有旨，列聖諸妃今次暫設几案從祭，陵殿諸墳所祭皆罷之，行所司及時建立碣石。

（世宗嘉靖實録卷 216　第 15 頁　216.13.4434）

809　**九月乙未**　上詣山陵行秋祭禮，命東寧伯焦棟、刑部尚書楊志學居守京師。日午，駕至沙河，從官朝見如常議。昌平州官吏師生及公差官員行五拜三叩頭禮。是日至天壽山，上諭大學士夏言，明日未刻，朕長陵秋祭行禮。六陵分命文武大臣溶、希忠、元、瓚、廷相、仁和各行祭禮宜謹，恭章皇后等處著三〔按:台本三作二〕十七日行。二十七日卯時中行長陵祭告禮。示所司如期備之。

九月丙申　上躬祭長陵，遣公張溶等分祭各陵。

九月丁酉　上復詣長陵，以恭上尊號更替陵碑告畢禮。駕卽日還京師。

（世宗嘉靖實録卷 216　第 16 頁　216.13.4434）

810　**十月乙巳**　初，上閱長陵碑，欲更成祖謚號，命鋟木加碑上。武定侯郭勳上疏，以爲宜盡礱舊字，更書之，可以垂永久。上不悦，曰：朕不忍琢傷舊號，顧不如爾心，命禮部翰林院議。禮部覆言：長陵碑昭皇帝所建，千萬年所當崇寶無斁者，皇上追念文皇帝功烈，尊稱祖號，及祭告山陵，周覽徘徊不忍琢傷，令今日之鴻號有加，先期之舊題無改，聖見出尋常萬萬，而勳以偏言不自知其失禮，臣等請尊奉聖諭，如式刊製，擇吉奉安。詔可。

（世宗嘉靖實録卷 217　第 2 頁　217.2.4439）

811　**十月己酉**　　大享禮成，詔兩京法司及順天八府今歲暫停行刑。

（世宗嘉靖實録卷 217　第 3 頁　217.2.4440）

812　**十月庚戌**　　工部左侍郎吴大田等以沙河修建行宫，請築濬城池護衛。報可。

（世宗嘉靖實録卷 217　第 3 頁　217.2.4440）

813　**十月乙卯**　　巡撫直隸御史楊繼〔校記：廣本閣本繼作紹〕芳論擬盜伐皇陵樹木孫紀等罪，如盜太祀神御物律斬，家屬仍遵英宗聖旨，發遼東邊衛充軍。都察院議覆謂：大御神御物皆指神御内在祭器帷帳之物而言，今山陵樹木雖陵寢獲〔按：疑獲爲護之誤〕衛之物，然在野所産，較之有間，所以律擬盜園陵樹木罪只杖一百，徒三年，正以此也。且英宗聖旨，但云處以重罪，未有定名。今紀等本以山野愚民趨利蹈禍，比擬前罪不無過重。上曰：天壽山祖宗陵寢所在，培養林木，關係甚重，我英宗特降嚴旨禁治，近來法令縱弛，肆伐無忌，賊人敢於率衆屢犯，既治經御史論死，爾等却欲寬縱，又〔按：館本又作入，三本作又，是也〕不參究該管巡視之人，具以狀對。孫紀等依原擬監候處決，家屬押發遼東邊衛充軍，未獲者嚴行緝捕，期於必獲，更揭榜申禁。已而，王廷相等引罪，各奪俸一月，首領官兩月。

（世宗嘉靖實録卷 217　第 4 頁　217.3.4442）

814　**十一月丙子**　　昌平州古佛寺僧田圜〔校記：廣本閣本圜作

園，是也〕，僞造妖言惑衆，入京師正千户陳贇家，僞授贇安國公，殺其庶祖母劉善秀及欲舉首人曾庶廣以滅口，東廠辦事官捕獲並贇俱伏〔按：館本伏作杖，三本作伏，是也〕誅。都給事中朱隆禧上言，邇時妖僧倡爲白蓮教以惑衆謀不軌者，非止一圜也。緣禁令不嚴，人心輕玩，宜榜諭中外，申明保甲之法，庶民不敢保奸爲邪。上是其言，命都察院出榜禁諭，嗣後有妖賊潛匿，釀成大患，緝事官校不預偵捕者連坐之。

（世宗嘉靖實録卷 218　第 4 頁　218.3.4466）

815　**十一月癸未**　禮科給事中顧存仁疏陳五事。……四精考察之政，……今考察在邇，多有四方流民，潛住京師，希圖挾制，甚至匿名投書，沿門粘帖〔校記：閣本帖作貼〕，積習風漸不可長。蓋有不止於希求進用而已者，並乞通行巡城御史及緝事衙門緝治。疏入，上惡其妄指道士葉凝秀爲釋氏之徒，又援救議禮謫戍諸臣，廷杖之六十，發口外爲民。

（世宗嘉靖實録卷 218　第 6 頁　218.4.4467）

816　**十一月己丑**　先是，詔修京師九門城垣，已派銀十五萬兩，工部左侍郎吴大田復請派十五萬兩。上令原差科道官查議。至是，工科給事中韓威、御史楊行中以前所派者尚多未完，待明春錢糧解至，通融計算，果不足用，方行奏處。上曰：既查明，續派銀兩可勿發，吴大田等姑不問。修城工程，侵冒稽延，襲踵〔校記：閣本踵作蹈〕先年舊弊，科道官職在糾察。宜用心督視，務要修築堅固，毋得和同容隱。

（世宗嘉靖實録卷 218　第 9 頁　218.7.4474）

817　**十一月癸巳**　武定侯郭勳以奉先等各宫殿工缺官督視，請命大學士顧鼎臣、工部尚書蔣瑶、周叙同視。詔鼎臣、瑶增入供事，叙專管山陵工作，不必兼預。

（世宗嘉靖實録卷 218　第 20 頁　218.16.4492）

818　**十一月丁酉**　朝鮮國王李懌遣刑曹參判林鵬等入貢。宴賚如例。

（世宗嘉靖實録卷 218 第 20 頁 218.17.4493）

819 十一月戊戌 給京城九門官軍衣鞋。詔不爲例。

（世宗嘉靖實録卷 218 第 20 頁 218.17.4493）

820 十二月乙巳 上諭禮工二部曰：朕皇考獻皇帝顯陵在湖廣承天府，自皇考升遐之日、位處藩服，朕在幼冲，知識何有，實多貽悔。矧山川淺薄，風氣不蓄，堂隧隘陋，禮制未稱。且越阻千里，寧免後艱，每一興思，惕然傷怛。比三歲春秋展祀山陵，朕周覽川原，於成祖長陵之西南得一支山曰大峪，林茂草蔚，岡阜豐衍，别在諸陵之次，實爲吉壤，朕心愜焉，兹欲迎皇考梓宫遷祔於此。

（世宗嘉靖實録卷 219 第 5 頁 219.4.4501）

821 十二月丁未 上以營建顯陵諭禮部尚書嚴嵩，於十三日駕發京師，恭詣大峪，相看作穴去處。禮部因擬上儀注，悉準秋祭例，至期上具素翼善冠，腰絰，以建造顯陵告於長陵，六陵遣大臣六員分告。天壽山、大峪山后土之神。摠遣大臣一員祭告，並遣官告皇祖太廟皇考睿廟。辰時詣大峪穴所，恭視興工起土。詔依擬行。

（世宗嘉靖實録卷 219 第 9 頁 219.8.4509）

822 十二月辛亥 勅武定侯〔校記：武定侯，廣本閣本作太師翊國公〕郭勳知山陵建造事，輔臣夏言、顧鼎臣同知山陵建造事並摠督工程，兵部尚書張瓚提督領軍，工部尚書蔣瑶調督〔校記：廣本閣本督作度，是也〕工程，都督僉事陳寅監督工程。諭以皇考梓宫迎自遠道至，當即就窀穸，不可停厝。事體非往昔比，宜竭心督理，刻期完工。務□〔按：館本□作圖〕盡善，以副朕終事之情。仍令太監高忠、侍郎周叙摠管工程，令朝夕在工，提督内外人員，勿怠。

（世宗嘉靖實録卷 219 第 11 頁 219.9.4511）

823 **十二月壬子** 大駕發京師詣山陵大峪山，躬往相視。

（世宗嘉靖實録卷 219 第 11 頁 219.9.4512）

824 **十二月甲寅** 上素冠腰絰以建造顯陵告長陵，遣……侍郎周叙祭大峪等神，是日興工，駕遂還京師。

（世宗嘉靖實録卷 219 第 12 頁 219.10.4513）

嘉靖十八年（1539）

825 **正月戊寅** 順天府官進春，上御奉天殿受之，文武羣臣行慶賀禮。免百官立春元宵各節宴。

（世宗嘉靖實録卷 220 第 3 頁 220.2.4536）

826 **正月己卯** 奉先殿成，陞賞効勞諸臣。武定侯郭勳、太監高忠、大學士夏言、顧鼎臣各賞銀八十兩，綵段五表裏，尚書張瓚、蔣瑶各蔭一子入監讀書，侍郎吴大田、江曉各加二品服色，給事中李鶴鳴、御史楊紹芳、郎中范欽等，誥勅房辦事、光禄寺卿周令等各陞俸一級，錦衣衛掌衛事都督僉事陳寅陞都督同知，都指揮同知張錡都指揮使，指揮同知趙俊指揮使，太僕寺少卿郭文英、李良貴本寺卿，仍各賚銀幣有差。於是工科都給事中尤魯，御史李復初〔按：館本無初字，三本東本有初〕各疏言：諸臣陞賞太濫，末流之弊，將有冒功競進躐等請級者。又如郭文英、李良貴者，徒以匠作蒙被恩遇，不二三年致身卿佐。工部尚書蔣瑶，自留都召入任方越月，未有寸〔按：館本寸作才，三本東本作寸，是也〕勞，均獲〔按：館本獲作户，三本東本作獲，是也〕蔭子。兵部尚書張瓚，兵戎乃其專曹，侍郎吴大田、江曉及諸司屬，營建乃其職務，誥勅等房、光禄寺卿周令等十七員，又不過辦理文書，亦得陞級，臣恐後日難於爲繼，乞止以厚賞酬之，俟各處大工告成，始行蔭俸陞級之典，庶爵賞不濫，人亦知勸。〔校記：東本勸下有疏入二字〕上以工完加恩亦係常典，張瓚、吴大田、江曉、陳寅、張錡〔校記:東本錡作琦〕、趙俊已有成命，郭文英、李良貴實有勞績，准陞賞，蔣瑶等陞蔭，待各工完再議。

（世宗嘉靖實録卷 220　第 3 頁　220.2.4536）

827　**正月庚寅**　命咸寧侯仇鸞神機營坐營，成安伯郭瓚揚威營坐營。

（世宗嘉靖實録卷 220　第 5 頁　220.4.4540）

828　**正月己亥**　工部尚書蔣瑶言：聖駕巡幸承天，請暫止慈慶宫、景陽宫一號等殿並沙河城等工。報可，惟景陽宫仍舊。

（世宗嘉靖實録卷 220　第 11 頁　220.10.4551）

829　**二月乙巳**　朝鮮國王李懌差陪臣户曹參判柳仍淑等奉表貢方物，賀上廟號尊謚及睿宗獻皇帝祔享太廟配享明堂禮成。上以朝鮮爲禮義之國，奉職惟謹，特御奉天門引見其使臣，賜宴於禮部。

（世宗嘉靖實録卷 221　第 8 頁　221.7.4575）

830　**二月丁未**　以原任巡撫甘肅左僉都御史張漢整飭薊州邊備兼巡撫順天等處。

（世宗嘉靖實録卷 221　第 10 頁　221.8.4578）

831　**二月丁未**　命分守通州署都指揮僉事欒鋭右參將守馬蘭谷地方。

（世宗嘉靖實録卷 221　第 10 頁　221.9.4579）

832　**二月戊申**　以恭上皇天上帝大號，加上皇祖謚號及册立皇太子、册封二王禮成，遣翰林院侍讀華察爲正使，工科左給事中薛廷寵爲副使詔諭朝鮮國王李懌，賜王以綵幣文錦，察等預以開讀事竣或國王援往例請留詔勅，從否惟命。詔從其請。

（世宗嘉靖實録卷 221　第 14 頁　221.12.4585）

833　**二月壬子**　命神機營總兵官襄城伯李全禮不妨原務兼管

五軍營提督。

（世宗嘉靖實録卷221　第18頁　221.15.4591）

834　**二月癸丑**　　安南國頭目莫方瀛遣使臣阮文泰等奉表詣〔按：館本詣作欵，抱本作詣〕鎮南關請降，因籍其土地、户口以獻。其辭曰：伏以赦過宥罪，聖人之仁也；畏天聽命，小國之共也。臣竊念本國土地、人民皆天朝所有，自陳氏既絶，黎氏〔按：館本氏作民，抱本閣本東本作氏，是也〕承之，壹聽天朝所命。向者，臣先國王黎賙遇害無子，國人共推其姪黎譓權管國事，黎譓病卒無子，國人共推弟黎懬權管國事。黎懬以年幼居攝，經六載間，國内乖亂，道途梗阻，未及請命於朝，黎懬又不幸嬰疾，無有子孫，宗派苗裔絶無可嗣立者，以臣父臣莫登庸係舊臣，預有微勞，召委國事。臣父上承黎氏付託，下爲國人請逼，倉卒之間，苟從夷俗，固知得罪於天朝〔按：館本朝下有然終於辭避，則本國臣民無所統攝，臣父不得已奉謹守天朝二十四字〕，所欽賜印信，撫集臣民，又付於臣。臣慮夫臣故主黎懬未得請於朝而授之臣父，臣父又得禀於朝而受之，黎懬又付臣。其授者，受之者皆非也，臣父子已甘受專輒之罪。累差本國頭目范正毅、阮文泰、阮度等齎捧奏事，並陳請首罪本具奏。而天朝關禁甚嚴，累經年久，一使未通，臣父子夙夜思惟，食不甘味，寢不安席，已甘受稽緩之罪。改過者聖門所與，首罪者王法所寬，欽惟皇帝陛下，徧覆無私，包含罔外，特差兩廣雲南鎮巡官宣諭朝廷威德，查勘臣本國事情，使臣父子得有所申辯，有所依歸。臣謹具臣本國土地人民實數開陳奏進，伏望天朝處分，爲臣本國臣民立命，庶臣父子獲釋丘山之罪。而臣一國人民，咸囿天地生成之化，謹奉表陳情首罪以聞外，具本國土地界限，府五十有三，縣一百七十有六，州四十有九，户三十萬口一百七十五萬。於是兩廣鎮守等官以其降表馳奏。詔禮、兵二部會議以聞。

（世宗嘉靖實録卷221　第20頁　221.16.4593）

835 **二月甲寅** 命皇太子監國，以宣城伯衛錞、遂安伯陳鏸爲留守使，大學士顧鼎臣爲同留守使，兵部尚書張瓚參贊機務，太監麥福爲内提督，與錞等協同行事，文武大臣刑部右侍郎屠橋等一十八員，分守京城九門。仍命内坐營官九員協守。賜留守大學士顧鼎臣勅曰，朕兹巡幸承天，恭視顯陵……鼎臣因條上監國事宜七事。……一，謂内閣於文武衙門舊無統攝，今臣奉欽命留守，事體重大，乞特降明旨，令順天府宛、大二縣及五城御史兵馬與皇城各門守衛官軍俱聽臣約束，便於行事。一，謂往多有四方奸人妖術，潛住京師，蠱惑愚民，玩弄國法，無所不至。近聞虜中奸細散入内地，間至京師，密伺動靜，尤不可忽。乞容臣會同留守兵部等官計議，嚴督巡城御史五城兵馬及行緝事官校密切查訪。但有異服異言並夤緣爲奸之人，即與擒送各該衙門究問如法。重大事情，則奏聞區處。

（世宗嘉靖實録卷 221 第 21 頁 221.17.4596）

836 **二月乙卯** 聖駕發京師，居守大臣及文武羣臣送駕於宣武門外。

（世宗嘉靖實録卷 221 第 22 頁 221.18.4598）

837 **二月丙辰** 詔錦衣衛捕治順天府治中潘璐〔校記：東本璐作潞，下同〕。時駕歷良鄉，璐以分管地方官失於候迎，御史胡守中參其怠玩不恭故也。

（世宗嘉靖實録卷 221 第 22 頁 221.18.4598）

838 **三月甲戌** 以災傷免順天、永平、保定、河間諸州縣衛所税糧有差。

（世宗嘉靖實録卷 222 第 3 頁 222.2.4608）

839 **三月丙子** 上遣使馳諭留守使等官錞、鏸、鼎臣、瓚，令以旨到京日傳諭原委大峪管工内官李寅、侍郎周叙，即遵原定規制，趣爲營構，刻期五月初旬内玄宫内工竣事，務如法堅緻完美，不許草率違誤。

（世宗嘉靖實録卷 222　第 3 頁　222.3.4609）

840　**四月壬子**　聖駕還京師，留守大臣率文武百官俱吉服奉迎彰義關外。

（世宗嘉靖實録卷 223　第 3 頁　223.2.4630）

841　**四月甲寅**　初，聖駕將南巡，有軍人孫堂由西闕門入，至午門，從御路中橋至奉天門下，登金臺坐之，而守門官役莫有知者，及天明，堂從上叫呼〔校記：東本叫呼作呼叫〕方覺，捕之。堂言：聞沿途搭蓋席殿，累死軍民大半，因此我來攔駕。事聞，有旨，令錦衣衛嚴行根究，謂堂實病狂。法司奏，堂擅入御在所者律絞，及諸門役防範之不密之罪。報可。

（世宗嘉靖實録卷 223　第 3 頁　223.3.4631）

842　**四月丙辰**　上諭輔臣曰：朕復思大峪之工，玄寢已成，不幸〔按：館本幸作奉〕梓宫早安，恐夏月大雨漫流而入，可不枉費人力？兹二十四日奉謝禮畢，二十七日乃可發引，卿等卽與禮官面議之。

（世宗嘉靖實録卷 223　第 4 頁　223.6.4632）

843　**四月甲子**　駕發京師至沙河，昌平州官吏、師儒、父老人等候迎道側，朝於行殿如儀。是日抵天壽山，至紅門降輦由左門入御行殿，從官朝見如常儀。

（世宗嘉靖實録卷 223　第 8 頁　223.7.4639）

844　**四月乙丑**　上恭謁長陵致祭，遣文武大臣郭勳、夏言分祭各陵，從官俱吉服陪拜。是日上召禮部尚書嚴嵩於行宫，諭之曰：朕南巡因謁陵寢及視大峪已畢，然峪地空淒，豈如純德山完美？決用前議，奉慈駕南祔，發引吉辰别候。

（世宗嘉靖實録卷 223　第 8 頁　223.7.4639）

845　**四月丙寅**　駕還京師。

（世宗嘉靖實録卷 223　第 8　223.7.4639）

846　**五月壬申**　朝鮮國王李懌差陪臣沈連源等祭慈孝獻皇后

几筵及奉表陳慰。上嘉其忠誠，誠有司治具豐潔以宴勞之。

（世宗嘉靖實録卷 224 第 6 頁 224.5.4649）

847 **五月壬申** 工部尚書蔣瑶奏：奉安獻皇后梓宫，黄船舊制未稱，須改作高廣完美，庶協尊崇安享〔按：館本享作妥，抱本作享〕至意，詔可。遂命修理京城迤東抵張家灣道路。

（世宗嘉靖實録卷 224 第 6 頁 224.5.4650）

848 **五月戊寅** 朝鮮國王李懌差陪臣參判洪愼等奉表賀皇天大〔按:館本大作上，三本東本作大，是也〕號、皇祖謚號禮成。上御奉天門引見如例。

（世宗嘉靖實録卷 224 第 18 頁 224.15.4670）

849 **五月甲申** 復命興築沙河城工。

（世宗嘉靖實録卷 224 第 20 頁 224.17.4673）

850 **六月丁酉朔** 酉刻，雷震奉先殿左吻及東室門槅。同時皇城北鼓樓燬。

（世宗嘉靖實録卷 225 第 1 頁 225.1.4681）

851 **六月壬寅** 命大同遊擊將軍都指揮僉事王陞充右參將分守大同西路，居庸分守署都指揮僉事羅希韓充右參將分守馬蘭谷，三萬衛都指揮同知史俊充大同遊擊將軍，代陞。三河守備署指揮僉事張鎬陞都指揮僉事分守居庸，代希韓。

（世宗嘉靖實録卷 225 第 1 頁 225.1.4681）

852 **六月戊申** 朝鮮國王李懌差陪臣户曹判書李芑等奏貢方物，賀册立皇太子，宴賞如例。

（世宗嘉靖實録卷 225 第 4 頁 225.3.4686）

853 **六月辛亥** 命工部於方澤壇北造祭拜二殿。

（世宗嘉靖實録卷 225 第 4 頁 225.4.4687）

854 **七月乙亥** 以册立東宫恩賞在京養濟院貧民五千八百五十餘人，人米四斗。

（世宗嘉靖實録卷 226 第 2 頁 226.1.4694）

855　**七月辛巳**　朝鮮國王李懌差陪臣工曹參判李清等表謝，宴賚如例。

（世宗嘉靖實録卷226　第3頁　226.3.4697）

856　**七月壬辰**　命再修沙河浮橋，昨橋以綿雨水漲衝塌，監工御史曾守約參總理工部左侍郎吴大田、太監曹喜等督率欠嚴，宜罰治。有旨：總理官弗問，員外周儒〔按：館本儒作如，抱本作儒，疑誤〕砥、沙稷，千户王鐸等各奪俸二月。

（世宗嘉靖實録卷226　第7頁　226.6.4703）

857　**閏七月甲辰**　日本國王源義晴〔校記：廣本閣本東本無晴字，疑誤〕復遣使來貢。先是，嘉靖二年日本使臣宗設等入貢，比歸，肆掠擄中國吏民以去，自此絶不通貢十有七年，至是復修貢。浙江巡撫官以聞。上曰：夷性多譎，不可輕信，所在巡撫御史督同三司官嚴譯審，果係効順，如例起送。仍嚴禁所在居民無私與交通，以滋禍亂。餘如所擬。

（世宗嘉靖實録卷227　第3頁　227.2.4708）

858　**閏七月癸丑**　發太倉事故官軍班銀八十三萬八千六百兩，通惠河節省脚價銀三十萬兩，貯庫銀三十萬兩給濟太享殿、慈寧宮等大工之用。仍借支貯庫及馬價銀四十萬有奇，令徵馬房逋負子粒銀抵之。

（世宗嘉靖實録卷227　第5頁　227.4.4712）

859　**閏七月戊午**　大學士顧鼎臣奏：近聞四方無籍之徒潛住京師，偵探各衙門事務，覊藏鄰舍，財賄家人官吏人等，揑寫票帖〔校記：廣本閣本東本票帖作帖票〕，囑託公事，無所忌憚。又臣原籍蘇州，近多假充臣親族，私出路引，賄買官文，駕舟懸牌，裝載客貨，所在騷擾，逃匿租税。又有詐充官職，恐嚇害人。似此違法生事，何止一端？乞勅都察院通行禁治。詔自今有指稱大臣名色於内外各衙門假託生事，都察院務嚴加捕治，即通行各衙門知之。

（世宗嘉靖實録卷 227　第 9 頁　227.7.4718）

860　**八月丁卯**　陞大理寺右少卿王道中、福建布政司左布政使陳卿俱府尹。道中順天，卿應天。

（世宗嘉靖實録卷 228　第 2 頁　228.1.4724）

861　**八月癸酉**　朝鮮國王李懌差陪臣户曹參判鄭洗虎等奉表及方物賀萬壽聖節。宴賞如例。

（世宗嘉靖實録卷 228　第 3 頁　228.2.4726）

862　**八月癸酉**　户科給事中楊上林參論順天府府尹王道中係京師人，桑梓故鄉，例應迴避，而偃然受命，非所以遠嫌疑一政體也。章下所司。

（世宗嘉靖實録卷 228　第 3 頁　228.2.4726）

863　**八月壬辰**　建造皇穹宇。命翔國公郭勳、武英殿大學士夏言、顧鼎臣、兵部尚書張瓚、錦衣衛都督同知陳寅、指揮使張錡、趙俊並禮部尚書嚴嵩定日視工。

（世宗嘉靖實録卷 228　第 5 頁　228.4.4729）

864　**九月丁巳**　原任工部尚書甘爲霖奉召至京，詔同督皇穹宇一號殿並山陵沙河行宫等宫〔按：此條應爲十一月事，原抱本裝訂有誤，梁本致誤〕。

（世宗嘉靖實録卷 229　第 5 頁　231.5.4761）

865　**十月乙丑朔**　上躬祭長陵，立“成祖文皇帝陵”碑。

（世宗嘉靖實録卷 230　第 1 頁　230.1.4743）

866　**十月己巳**　陞浙江左布政使蔣淦爲順天府府尹。

（世宗嘉靖實録卷 230　第 1 頁　230.1.4744）

867　**十月庚午**　朝鮮國王李懌差陪臣吏曹參判尹思翼等奉表箋方物，賀皇太子千秋令節。宴賞如例。

（世宗嘉靖實録卷 230　第 1 頁　230.1.4744）

868　**十月戊寅**　命工部右侍郎鄭紳儹運皇穹宇物料，提督工程。

（世宗嘉靖實録卷 230　第 3 頁　230.3.4747）

869　**十月癸巳**　南京江西道監察御史利賓等以考察論劾……順天府府丞姜潤身……各不職。疏上，得旨：……姜潤身令致仕。

（世宗嘉靖實録卷 230　第 6 頁　230.5.4752）

870　**十一月丁巳**　禮部上聖駕躬詣長陵奉安成祖陵碑儀注，俱如先次謁陵儀，詔如擬。

（世宗嘉靖實録卷 231　第 5 頁　229.4.4738）

871　**十一月丁巳**　詔建立恭讓章皇后、恭靖賢妃等妃、申懿王等王、悼恭太子等太子、永清公主等公主各墳碑碣。

（世宗嘉靖實録卷 231　第 5 頁　229.4.4738）

882　**十一月己未**　以災傷免順天、河間，保定所屬州縣及河間、沈〔按:疑沈爲饒之誤〕陽、天津、三衞田糧及皇莊子粒、寺觀莊田、草場銀如例。

（世宗嘉靖實録卷 231　第 6 頁　229.5.4739）

873　**十一月辛酉**　駕發京師，駐沙河。

十一月壬戌　駕至天壽山行宫。

（世宗嘉靖實録卷 231　第 6 頁　229.5.4739）

874　**十二月癸未**　順天府官進春。上不御殿，命司禮監官捧入，免百官節宴。

（世宗嘉靖實録卷 232　第 4 頁　232.3.4770）

嘉靖十九年（1540）

875　**正月乙未**　貴妃閻氏薨。妃首出皇第一子，上痛悼，詔追封爲皇貴妃，賜謚“榮安惠順端僖”，喪禮視皇妃例加等。權厝孝潔皇后陵次。輟朝五日。

（世宗嘉靖實録卷 233　第 1 頁　233.1.4777）

876　正月己酉　命雁門遊擊都指揮僉事李蓁充參將分守密雲古北口等處。

（世宗嘉靖實録卷 233　第 5 頁　233.4.4784）

877　正月戊午　御史舒汀條上鹽法三事。一……一勳戚權要之家，設舖於通州京灣間，停勒商人牙保等錢，動淹旬月，請申舊禁。一在京官吏食鹽各行文支給，吏役因緣爲姦，私販盛行，宜復前例，令各報巡鹽衙門，將應支數目併人役姓名，定以往迴程限，類行運司查驗分給。户部覆奏。從之。

（世宗嘉靖實録卷 233　第 6 頁　232.5.4786）

878　二月乙亥　巡撫保定等府都御史劉隅上言。沙河工興，保定、真定、順德、大名、廣平、河間六府之民罷於徵役，乞免起俵大馬，准解折色，以舒民困。兵部言：太僕寺見馬僅萬餘匹，計今歲南北兩寺應俵二萬餘，而保定六府半之，京邊所需不可盡免，獨可暫收折色十之四。從之。

（世宗嘉靖實録卷 234　第 3 頁　234.2.4792）

879　二月丙戌　日本王源義晴差正副使顧〔按：館本顧作碩，抱本閣本作顧。明史日本傳與館本同〕鼎等來朝貢馬及獻方物，宴賞如例。又加賜國王、王妃、使臣方物，各給以價。初，日本自嘉靖二年用宋素卿、宗設等事，絶其朝貢，至是復請通貢，因乞給賜嘉靖新勘合，及歸素卿等並原留貨物，言官論其不可。上命禮部會兵刑二部、都察院僉議以聞。覆言：夷情譎詐難信，勘合令將舊繳完始易以新。素卿等罪惡深重，貨物已經入官，俱不宜許，以後貢期定以十年。夷使不過百名〔校記：廣本名作人〕，貢船不過三隻，違者阻回，督遣使者歸國。仍飾沿海備倭衙門嚴爲之備。詔從之。

（世宗嘉靖實録卷 234　第 5 頁　234.4.4796）

880　三月乙未　琉球國中山王尚清差長史梁梓等來朝貢馬匹

方物，宴賞如例。因奏請補造海船四號續貢，許之。令其後次使臣到，聽自備工料加〔按：疑加爲如之誤〕式補造，禁不許，因而違例生事。

（世宗嘉靖實録卷 235　第 1 頁　335.1.4804）

881　**三月戊戌**　　詔修西苑仁壽宮。户科右給事中朱憲章等請暫罷西内工謂：慈慶宮經始於十六年，爲工八百餘萬，實費四十二萬有奇。一號等三殿經始於十七年，爲工三百餘萬，實費十五萬有奇。皇穹宇經始於十八年，爲工百餘萬，實費十万有奇，物料運價之數不與焉。尚未就緒，若重興西苑仁壽宮二工，恐愈煩難，乞暫止。疏入。上曰：祖宗建言官爲耳目，各工屢歲不完，不聞一言，西〔校記：閣本西作兩〕宮所費幾何，輒行瀆擾。不究。

（世宗嘉靖實録卷 235　第 2 頁　235.2.4805）

882　**三月乙巳**　　申刻，黄霧四塞，隨變爲紅赤色。暴風從西北起，壞文德坊並西長安街牌坊斗拱、簷瓦，折西長安中門，欞木及鎖鈕皆斷。又壞城上旗杆多數處，夜分乃息。

（世宗嘉靖實録卷 235　第 4 頁　235.3.4808）

883　**四月甲戌**　　國子監司業王同祖疏言：監生撥歷原額正襍歷共八百八十七名，其歷事俱十二月，長差二十四月。比年更定不常，卽今撥歷之數增至一千八百名，歷事月分減正歷爲九月，雜歷六月，長差十五月，夫月數愈減則歷數愈增，歷事者愈多，則在監者愈少。計今六館諸生僅百餘人，不惟聚散倏忽，無以稱國學之規，而隨缺隨補，何以給諸曹之用？宜將正雜等歷俱復原額。其歷事月分仍照舊限。庶事體適均，無偏重之弊。吏部議覆，報可。

（世宗嘉靖實録卷 236　第 4 頁　236.3.4818）

884　**四月癸未**　　督工尚書甘爲霖上言：嘉靖八年工興以來，節派各省採買木料前後報完。若郊廟奉先等殿，慈寧宮、景陽宮、社稷壇、本恩殿等工俱足用。續建慈慶〔按：館本慶作寧，三本作慶〕宫一號等殿，皇穹宇、西苑仁壽宫、七陵壽宫、龍鳳船及沙河行宫、承天府借留等項，自今計之，工似垂成，木亦足用，乞停採用，以息〔按：館本息作自，三本作息〕民困。所在官司事體不一，有既採未運者，有領運未行及已行未到者，有稱中途漂流者，有稱驗收未中者，有預領銀於官而不交木植者，有先招商貨買而未領銀者，乞行清查，以息弊端。工部議覆，上納其言。

（世宗嘉靖實録卷 236　第 7 頁　236.6.4824）

885　**五月丙申**　命提督京城參將都指揮僉事九聚充副總兵，分守保定地方。

（世宗嘉靖實録卷 237　第 1 頁　237.1.4828）

886　**五月丁酉**　户部議覆巡視光禄寺監察御史商承學條奏。一平物價。令順天府行宛大二縣備陳市價，俟估計之日，聽科道官會同本寺從公議酌，庶物價不虧。一均錢鈔。本寺支領天財庫錢鈔多濫惡，無裨實用，且過期未得關給，其舖行有專給以錢者，最爲偏累。自今每鈔一塊，錢二千文，折銀二兩，於二倉支領。仍以錢鈔分給各舖行，俾多寡適均。從之。

（世宗嘉靖實録卷 237　第 2 頁　237.2.4829）

887　**五月己亥**　詔選京城内外淑女一百名。

（世宗嘉靖實録卷 237　第 2 頁　237.2.4830）

888　**五月壬寅**　命果勇營坐營都指揮僉事鄧安充參將，提督京城内外巡捕。

（世宗嘉靖實録卷 237　第 3 頁　237.2.4830）

889　**五月戊申**　朝鮮國王李懌差陪臣刑曹判書金麟孫等奉表物謝賜勅諭。宴賞有差。

（世宗嘉靖實録卷 237　第 3 頁　237.3.4831）

890　**五月乙卯**　興建雷壇。

（世宗嘉靖實録卷 237　第 4 頁　237.3.4832）

891　**六月丁卯**　是時諸宫殿工作頻興，役外衛班軍四萬六千人，不足，郭勳乃籍及不至者人輸銀一兩二錢僱役，名曰“包工”。秋班僱四千人，春班五千人，各三閱月，所僱視班軍食糧四斗。前此户部尚書李廷相給兩月糧，而梁材繼至，堅執不與，勳遂劾材專擅。上命兵部會勳議奏。兵部言：材守職不得不慎。得旨，包工軍行糧，凡以役過者計日補給，以後禁勿包工。自今派撥官軍，動支錢糧，所司務遵故事行。勳又以兵部缺軍差撥，先是籍逃亡旗軍布花折糧等情，倩工應役，至是支給甚多。户部尚書梁材謂外衛上班並京營官軍、錦衣衛旗軍可四萬餘人，已足分撥，奈何混支前銀，别爲僱募？詔從户部議。兵部尚書張瓚即按籍遣之。勳又謂侵己權，奏材、瓚互相比周，變辭成法，侵牟職掌。疏入，上謂材沽名誤事，似忠實詐，令冠帶閑住。瓚撥軍不與提督官會同，姑貰其罪。各工夫費工部計議以聞。

（世宗嘉靖實録卷 238　第 1 頁　238.1.4835）

892　**六月庚午**　御史舒鵬翼條陳三事。一，嚴武舉以杜僥倖。請申明諸邊武舉贊畫官如五年無功，即未五年而僨事不職者，送回本兵議處。一，培山林以固藩籬。京師沿邊山木，非特拱護陵寢，亦以防虜衝也，宜加厲禁。一，清草場以資芻牧。言牧馬草場，禁網漸疎，豪强侵併，必令巡按御史履畝踏勘，且重私騎孳牧馬匹之罰，以裨邊計。部覆從之。

（世宗嘉靖實録卷 238　第 2 頁　238.2.4837）

893　**六月壬申**　造皇穹宇祭器成。

（世宗嘉靖實録卷 238　第 4 頁　238.3.4840）

894　**六月甲戌**　陞巡撫順天左僉都御史張漢爲户部左侍郎，總督倉場兼理西苑農事。

（世宗嘉靖實録卷 238　第 4 頁　238.3.4840）

895　**六月辛巳**　陞南京太常寺少卿徐錦爲都察院左僉都御史整飭薊州等處邊備，巡撫順天等府。

（世宗嘉靖實録卷 238　第 5 頁　238.4.4812）

896 **六月丙戌** 先是，五月中工部尚書蔣瑶等奏，節年營建，兵部撥軍，户部支糧，工部止於辦料。邇年以軍數不足，議令工部僱夫津助，亦一時權宜，本非令甲，奈何相沿不變？今内外工程共用銀六百三十四萬七千八百九十餘兩，中間匠料大約四百二十餘萬，其餘盡係僱夫運價之數。今帑銀告匱而來者不繼，事例久懸而納者漸稀，各處興工，無可支給。先年題借户部扣省通惠河脚價、兩宫皇后莊子粒及兵部團營子粒銀共七十餘萬，俱未送到。户部稱，太僕寺銀一百九十餘萬兩堪以借支，乞會議處分。仍責成各官催督，務求實用，各衙門工程悉暫停止。疏入，上曰：國家營建舊規，止派撥官匠〔校記：廣本無宫匠二字〕官軍就工，户部支與糧賞，比緣崇建郊壇，工程重急，權議動支兵部馬價銀兩添僱夫匠，原非常例，今各工延緩糜耗無紀，督理監視官俱屬欺玩，待工完覈處。即今措處糧銀，掣停夫運，工部同户兵〔按：館本作户部兵部，三本作户兵二部〕二部區畫以聞。於是工部議言：今内外併興工程二十三處，歲計僱工車脚舖商料價數百萬兩。工程在京者已極繁重，而在承天者又復十餘處，各項事例，開納已久，後來者稀。本部料匠價及葦課軍器折色各項事例銀兩，各司府或借支不還，或扣留不解，甚則轉解侵欺，不行追究，以致支費不足。今擬兵部照舊分撥官軍就工，搬運本部食糧民匠，各衛食糧軍匠〔校記：廣本作本部併各衛食糧軍民匠。閣本民上有軍字，軍下有民字〕通行查出應用。皇穹宇、慈慶宫、沙河行宫即今將完，撥工併力若尚不足，兵部自行動支太僕寺馬價，本部動支節慎庫銀兩，各僱增補。二部委官會同科道逐一點查。如不行赴工、賣放、影射、私占等項，如法究治。第今錢糧甚乏，即代催完各處拖欠之數，恐緩不及事。前議取户部原欠六十一萬兩，兵部七萬兩，今二部俱稱貯庫有數不宜動支。顧事有經權，時有緩急，惟聖明裁處。上曰：各工俱朝廷重事，乃祖制未及，舊典或遺，與今日爲民事神之弗獲已者，若所司能竭忠奉公，自當工完費省。今軍匠放休，乃歲費傭直百萬，兼以虛名實數，冒支糧賞，利歸私室，富及姦徒，上下蒙蔽，曾無一人舉正。及有旨督責，方云糜費，又不明白指陳，除停掣傭覓夫匠依擬，太倉銀以後不許動支。見今工合用錢糧軍匠數目並應該釐正事宜，爾等宜遵前旨，再會議〔按：館本會議作議會，廣本作會議，是也〕畫一以聞。時瑶已致仕，張潤代爲尚書，乃復議上四事。一議財用。除户部太倉銀兩奉有明旨不敢擅支外，工部節慎庫見貯止有六萬餘兩，而所欠夫匠物料尚二十七萬餘兩，委無湊辦。今宜於户部每年扣省通惠河脚價三萬六千一百四十餘兩，崇文門商税二萬七千餘兩，皇莊並各草場子粒八萬九千〔校記：廣本千作十〕餘兩，兩淮餘鹽四十七萬七千四百餘兩，光禄寺積餘廚料銀内借支十五萬兩，兵部缺官等項銀内借支二十萬兩，各兑送用。一議軍匠。兵部見食糧官軍宜赴工者各銀合錦衣衛共計五萬五千二百九十九員名，户部見食糧工匠宜赴工者内官監錦衣衛並各鎮撫司府軍等衛共計九千五百二十名。查議分撥亦自足用，可省傭覓之費，軍則隸之兵部，人匠則隸之工部，各委員官會同科道稽考。一議工程，内工如一號等殿，外工如諸陵壽宫、沙河橋工，已有次第，所宜併力責成。餘若西苑仁壽宫及鼓樓並六聖碑亭及各處橋樑，乞暫停止。前工告完，以次舉行。一議會計〔按：館本議會計作會議計，三本作議會計，是也〕。卷查四郊所費銀兩不過四十六萬，慈寧宫不過四十八萬，乃今慈慶宫已用銀七十一萬兩有奇，一號等殿已用銀七十六萬兩有奇，費漸侈〔校記：廣本侈作多〕矣而工猶未完。乞敕内外官比量樽節，務在愛惜。其有會計不實及放役軍匠者，治之以法。疏入，上曰：各財用軍匠事宜，俱依擬。惟西苑仁壽宫宜同欽定殿併力速成，餘暫停止。原差科道官用心稽察，前後工費多寡不同，今姑不究。自後内外管工人員，務〔校記：廣本務下有要字〕革心守法。欽定殿工程重大，總督文武大臣，宜遵照皇穹宇日期督視。

（世宗嘉靖實録卷 238　第 6 頁　238.5.4844）

897　**六月己丑**　詔名沙河行宫城樓四門，南“扶京”，北“展思”，東“鎮遠”，西“威漠”。

（世宗嘉靖實録卷 238　第 10 頁　238.8.4850）

898　**七月乙未**　皇穹宇成，禮部請行奉安禮。上曰：泰神久未奉安，朕心日惕，今去大報不遠，俟至期諭行。

（世宗嘉靖實録卷 239　第 1 頁　239.1.4854）

899　**七月戊戌**　以皇穹宇成，加恩内外効勞官員。太監高忠、翊國公郭勳、成國公朱希忠各蔭子姪一人爲錦衣衛百户，仍賞銀五十〔按：館本十作百，三本百作十，疑是也〕兩，紵絲四表裏。禮部尚書嚴嵩加少保仍兼太子太保。兵部尚書張瓚蔭一子爲冠帶總旗。工部尚書甘爲霖加太子少保。左侍郎鄭紳陞俸二級。後府〔按：館本府作軍，廣本抱本作府〕都督同知陳寅、錦衣衛都指揮張錡、指揮趙俊各陞〔按：館本無陞字，抱本閣本有陞字〕一級，賞銀四十兩，紵絲三表裏。户科右給事中朱憲章、監察御史金燦各陞俸二級，賞銀二十兩，紵絲一表裏。工部郎中王梃等、員外郎汪宗凱等、兵部主事畢竟容等各陞賞有差。致仕工部〔按：館本無工部，三本有工部，疑是也〕尚書蔣瑶賞銀三十兩，紵絲二表裏。官匠人等郭文英、徐杲以下一百六十名，各陞賞有差。已，文英以太僕卿陞通政使〔按：館本使作司，三本作使〕，徐杲以光禄署正止擬實授，杲奏辯，上詰責吏部，部言，杲名下原無陞一級之文，不敢擅擬。上責其侵慢，奪堂上官俸二月，司官俸五月。尋陞杲爲太僕寺丞。

（世宗嘉靖實録卷 239　第 3 頁　239.2.4854）

900　**七月丁巳**　命原任建昌遊擊將軍署都指揮僉事王繼祖充右參將分守密雲古北口。

（世宗嘉靖實録卷 239　第 6 頁　239.5.4859）

901　**七月戊午**　陞順天府府丞王禎爲南京太僕寺卿。

（世宗嘉靖實録卷 239　第 6 頁　239.5.4859）

902　**八月癸亥**　陞工科都給事中尤魯爲順天府府丞。

（世宗嘉靖實録卷 240　第 1 頁　240.1.4864）

903　**八月丙寅**　命左春坊左庶子兼翰林院侍講董承叙、左春坊左中允兼翰林院修撰李學詩爲順天府考試官。

（世宗嘉靖實録卷 240　第 2 頁　240.2.4865）

904　**八月己巳**　朝鮮國王李懌差陪臣功曹參判申瀞等，泰寧等衛右都督歹答兒等差頭目升合兒等各來朝貢馬及方物，賀萬壽聖節。宴賞如例。

（世宗嘉靖實録卷 240　第 3 頁　240.2.4866）

905　**九月丁酉**　命修圜丘〔按：館本圜丘作國兵，三本作圜丘〕祭器。

（世宗嘉靖實録卷 241　第 2 頁　241.2.4877）

906　**九月癸卯**　朝鮮國王李懌遣陪臣吏曹參判曹光遠貢馬及方物，賀東宫千秋節。賞如例。

（世宗嘉靖實録卷 241　第 4 頁　241.4.4879）

907　**九月甲辰**　吏科都給事中邢如默等、河南道監察御史沈越等以風霾應詔劾……順天府府丞段麒各衰鄙不職。得旨，俱令致仕。

（世宗嘉靖實録卷 241　第 4 頁　241.4.4879）

908　**九月甲寅**　葬貴妃周氏於孝潔皇后陵次。

（世宗嘉靖實録卷 241　第 5 頁　241.5.4881）

909　**九月乙卯**　陞順天府府尹蔣淦爲工部右侍郎。

（世宗嘉靖實録卷 241　第 6 頁　241.5.4881）

910　**十月壬戌**　閒住户部尚書梁材卒，賜葬祭如例。材順天府霸州大城縣人，弘治己未進士，授知縣陞刑部主事員外，改御史……尋復召爲户部尚書，加太子少保。疏劾郭勳侵擅不法事，遂以官冠閒住，卒於家。材敭歷中外，清節著聞，司國計前後十年，是時工作咸興，邊費無藝，謹守筦鑰，出入有度，一切濫請妄費，悉禁弗予。功臣侵占土田者，斷給還民。增新庫房以便漕運，申明守令給由例，天下不加賦而用亦足。當嘉靖中，士大夫頗尚圓通，大臣或阿上取寵，而材獨屹然自守，中流砥柱，無愧古人焉。後追謚曰“端肅”。

（世宗嘉靖實録卷 242 第 2 頁 242.2.4885）

911 **十月癸亥** 順天府府尹蔣淦條陳均徭四事。一宛、大、通、固、薊、昌，俱有陵、園、墳、海等户，例皆免差，必多偏累。宜將本府所屬二十七州縣總計銀力二差仍通將丁糧除例免外，計實在若干，平均審編。一，海户率有力丁多之家，其守海以輕役,影射富户而貽重差於民,甚爲不均。宜照《會典》户免三丁，餘者悉令與民當差。一，凡府部監局院庫等衙門皂隸等項力役，宜通派直隸八府。一，修理公廨等項，不當專取宛大二縣，宜行各州縣於均徭餘剩餘内支解。下户部議，謂八府差徭亦繁，不當復派。順天之役，其修理諸費，當支各州縣，無礙庫銀，不得混編均徭，以啟敝端。得旨：如議行。惟陵園、海户諸役照舊全免。查有投入規避者，從重問遣。

（世宗嘉靖實録卷 242 第 2 頁 242.2.4886）

912 **十月戊辰** 建南郊祈享殿。

（世宗嘉靖實録卷 242 第 4 頁 242.3.4888）

913 **十月己巳** 陞湖廣左布政使劉勳爲順天府府尹。

（世宗嘉靖實録卷 242 第 4 頁 242.4.4889）

914 **十一月戊戌** 朝鮮國王李懌差陪臣刑曹參判曹允武等來朝貢馬，賀冬至節。宴賞如例。

（世宗嘉靖實録卷 243 第 2 頁 242.2.4897）

915 **十一月甲辰** 賜朝鮮國《大統曆》。日本國給使臣領回。

（世宗嘉靖實録卷 243 第 3 頁 242.2.4898）

916 **十一月丙辰** 慈寧宫本恩殿一號殿三號殿〔校記：閣本無

三號殿三字〕俱成。

（世宗嘉靖實録卷 243 第 8 頁 243.7.4907）

917 **十二月辛酉** 陞順天府府尹劉勳爲都察院右副都御史巡撫寧夏地方。

（世宗嘉靖實録卷 244 第 1 頁 244.1.4909）

918 **十二月戊辰** 以冬深無雪，命有司祈禱。

（世宗嘉靖實録卷 244 第 1 頁 244.1.4910）

919 **十二月庚午** 陞南京通政使司右通政劉臬爲順天府府尹。

（世宗嘉靖實録卷 244 第 1 頁 244.1.4910）

920 **十二月乙亥** 沙河行宫城工成，賜太監高忠、翊國公郭勳、大學士夏言、翟鑾、尚書嚴嵩各銀五十兩，紵絲衣四襲。忠仍蔭弟姪一人爲錦衣衛百户。侍郎樊繼祖陞兵部尚書，添註管事，仍蔭一子入監讀書。右僉都御史劉隅陞右副都御史。餘内外効勞官員人等，俱陞賞有差。仍蠲免順天八府明年税糧三之一。

（世宗嘉靖實録卷 244 第 3 頁 244.3.4913）

921 **十二月丁亥** 順天府官進春，例應次日行禮，以元旦朝賀，難以並舉，故先其〔按：館本其作期，是也〕行。

（世宗嘉靖實録卷 245 第 7 頁 244.6.4919）

嘉靖二十年（1541）

922 **正月丙辰** 命原任分守密雲古北口右參將李蓁充參將守大同東路。

（世宗嘉靖實録卷 245 第 7 頁 245.6.4931）

923 **正月丁巳** 户科右給事中朱憲章、山西道監察御史金燦奏：臣等閲視陵工，點驗軍匠，乃諸官軍多不赴役，經支糧賞。臣等移文户兵二部，司屬請以官軍違旨司官苟從之故，並令轉白提督大臣，俾飭示之意，反激郭勳之怒，語侵臣等，欲肆中傷，禍且不測。乞賜救正，以重國體。上以撥軍關糧事宜已有明命，監工官不行協議遵奉，輒攻擊勳臣，切責而宥之。

（世宗嘉靖實録卷 245 第 7 頁 245.6.4932）

924 **二月乙酉** 順天府請進〔按：館本進下有蠶母二字〕蠶種。詔俱穀兩〔按：兩爲雨之誤〕前十日進。

（世宗嘉靖實録卷 246 第 9 頁 246.7.4912）

925 **三月辛丑** 策試天下貢士。

（世宗嘉靖實録卷 247 第 3 頁 247.2.4952）

926 **三月乙巳** 賜沈坤等二百九十八人進士及第、出身有差。

（世宗嘉靖實録卷 247 第 6 頁 247.5.4957）

927 **三月壬子** 上以久旱親禱雨於西宮。仍詔順天府祈禱，停刑，禁屠宰，百官各青衣齋戒。

（世宗嘉靖實録卷 247 第 8 頁 247.7.4961）

928 **三月甲寅** 命工部侍郎鄭紳提督泰享殿工。

（世宗嘉靖實録卷 247 第 9 頁 247.8.4963）

929 **四月庚申** 先是，咸寧侯仇鸞、兵部尚書毛伯温奉命議討安南。自廣西徵調〔校記：廣本閣本自作至，調作集〕兩廣、福建、湖廣狼土官兵並檄雲南等〔校記：廣本閣本等作守，是也〕臣及諸司。

（世宗嘉靖實録卷 248 第 1 頁 248.1.4966）

930 **四月辛酉** 夜宗廟災〔校記：閣本無夜字，災作火〕成廟、仁廟二主燬〔按：館本燬作燬〕，是日來〔按：館本來作未〕申刻東草塲火，城中人遂訛言火在宗廟。薄暮雨雹風霆大作，入夜火果從仁廟起延燒仁〔校記：廣本閣本仁作成，是也〕廟及太廟，羣廟一時俱燼，惟睿〔按：館本睿作齊，三本作睿，是也〕廟獨存。成、仁二主以火所從起，不及救故燬。

（世宗嘉靖實録卷 248 第 5 頁 248.5.4973）

931　四月乙丑　工部尚書甘爲霖奏：諸陵工就緒，列聖神位立俟奉安，及鼓樓、沙河橋俱垂成，乞命内官監嚴督管工人員刻期完報，其餘内外大小工程，悉遵前旨停之。報可。仍命鼓樓、沙河橋限四十日，諸陵限六十日。爲霖因奏，諸工既已停止，乞罷開納事例。從之。

詔止盧溝橋工。

（世宗嘉靖實録卷 248　第 8 頁　248.7.4977）

932　四月乙酉　詔免易州及定興、安肅、新城、溶城、淶水五縣舊派運石車輛。因五縣民春乞停免，故有是命。仍令以後興作不許派及小民，止以官價僱募。

（世宗嘉靖實録卷第 248　第 20 頁　248.17.4998）

933　五月辛卯　兵科給事中胡賓奏：班軍赴工，多方陵虐，及其逃亡，管工〔校記：廣本閣本工下有等字〕官抑令在伍老〔按：館本老作者，是也〕稱貸補工。陰肆漁獵，倍蓰責償，因而逃避，志非得已。乞勅兵部自今官軍赴役，務加優卹。或踵前弊，必治以法。其該班〔按：館本該班作班該，三本作該班，是也〕不至者，止移檄催解。所負工價〔按：館本價作償，三本作價，是也〕，量行徵補，催督人員，亦得須酌宜遣發，毋得驚擾。上從之。

（世宗嘉靖實録卷 249　第 4 頁　249.4.5005）

934　五月戊申　巡撫順天等府都察院右僉都御史徐錦以災變乞休。許之。

（世宗嘉靖實録卷 249　第 8 頁　249.6.5010）

935　五月己酉　録薊鎮白馬關等寨並遼東鐵嶺城堡斬獲功，陞賞官軍萬文明等八十人、苗録等二十人有差。

（世宗嘉靖實録卷 249　第 8 頁　249.7.5011）

936　六月丙辰朔　命除豁營州、密雲、遵化、盧龍、興州、撫寧、山海、開平、天津、德州、寬河、滄州等處各衛所營屯新增地畝銀共一萬二千一百七十兩有奇，及仁壽、清寧、二宫官地在寶坻、豐潤、武清、静海、興濟五縣者，共子粒銀四百七十兩有奇。先是，御史周洪範言：各衛地土鹻薄，錢糧多逋，宜爲議處蠲豁。下户部議，覆言：仁壽、清寧二宫額進銀兩，歲不可缺額〔校記：舊校删額字〕，議將〔按：館本無將字，三本有將字，是也〕通州、大興各縣入官地銀及〔校記：廣本閣本及下有各字〕府州縣備補各宫災免銀補足蠲豁之數，議上〔按：館本上作止，三本作上，是也〕報可。

（世宗嘉靖實録卷 250 第 1 頁 250.1.5015）

937 六月戊午 琉球國中山王尚清遣陪臣殷達魯〔校記：閣本作殷魯達〕、蔡瀚等來朝貢馬及方物。宴賚如例。

（世宗嘉靖實録卷 250 第 1 頁 250.1.5016）

938 六月庚申 陞山西左布政使徐嵩爲都察院右副都御史，整飭薊州等處邊備兼巡撫順天等府〔按：館本等府作府等，廣本閣本作等府，是也〕。

（世宗嘉靖實録卷 250 第 2 頁 250.2.5017）

939 六月庚申 陞陝西道御史景溱爲順天府府丞。

（世宗嘉靖實録卷 250 第 2 頁 250.2.5017）

940 六月庚申 以順天府所屬州縣災傷，詔免税糧有差。仍發太倉銀一萬兩，通倉米二萬石及州縣等預備倉糧銀相兼賑濟。復出太倉米一萬石減值發糶，以平米價，又以永平大饑，發太倉庫銀六千兩、通倉米六千石賑之。

（世宗嘉靖實録卷 250 第 2 頁 250.2.5017）

941 六月壬戌 起原任密雲右參將署都指揮僉事周機分守太平寨營等處。

（世宗嘉靖實録卷 250 第 3 頁 250.2.5018）

942 六月乙丑 宛平縣玉〔校記：閣本玉作王〕〔按：王誤〕河鄉等處聚盗百餘，肆出鹵掠，兵部以聞。上以兵備巡檄〔校記：廣本檄作徼〕諸臣匿不上聞，命俱停俸，戴罪督兵勦之。禁勿妄執平民，激成他變。脅從者聽其解散，首免。

（世宗嘉靖實録卷250　第4頁　250.3.5020）

943　**六月壬申**　以神機營護衛軍士逃故過半，命於旗手等七十二衛選補。

（世宗嘉靖實録卷250　第5頁　250.4.5022）

944　**八月甲子**　兵科都給事中王繼宗、監察御史張光祖言：三衛不庭，北虜猖獗，京師百里之外卽爲賊巢。乞暫遣大臣一人總督薊州軍務，兼理糧餉，仍發内帑馬價銀各數萬兩，以備主客兵馬支用。增設遊擊一員〔按：館本員作人，抱本作員〕，於密雲招募壯勇，往來喜峯口、潮河川、古北口、黄花鎮諸處〔校記：廣本閣本備上有專字，是也〕備應援。上納其言。命陞都察院左〔校記：閣本左作右〕副都御史胡守中〔校記：東本中作思，誤〕爲兵部右侍郎兼原職以往，發馬價銀七萬兩給之。

（世宗嘉靖實録卷252　第7頁　252.6.5049）

945　**八月乙丑**　兵部又條上防守京城五事。一，會推大將一員提督京營，其調至遼東宣府遊兵俱屬統領。二，廢閒將官，如〔按:館本如作加，各本作如，是也〕原任總兵祝雄、張洪，參將趙〔按:館本趙作張，廣本閣本東本作趙〕世忠〔按:館本忠作宗，各本作忠〕、張文懿、周尚文、許國，都動，遊擊馬士廉〔校記:閣本廉作濂〕、李溱、徐淮、高睢、成梁，守備李朝棟俱謀勇可任，宜取赴京聽用。三，精選遊兵，每三千人爲一枝，擇將統馭，以候調遣。四，嚴戒〔校記:廣本東本閣本作戒嚴〕京師九門。五，下廷臣會議禦虜長策。詔可。於是成國公朱希忠、京山侯崔元、大學士翟鑾、尚書嚴嵩條上禦虜六事。一，衛護京師。言京師可恃者，營兵雖舊有十二萬之數，今止六七萬，又多老羸〔校記：閣本羸作弱〕不堪用者，宜命提督文武大臣精練。仍調各處邊軍入衛。京城四圍，深浚壕塹，各置吊橋，多置〔校記:廣本東本置作製〕火器，選用才勇之將，督領營兵，分布固守。半駐城内爲中軍、爲内援，半置城外爲表兵、爲伏兵，一處有警，四面伏兵應之。每大兵出擊，邊兵先登陷陣，京兵乘勝繼進，彼有腹背受敵之患，我得首尾相救之利。

（世宗嘉靖實録卷 252　第 8 頁　252.7.5051）

946　**九月庚子**　以修天壽山陵寢工完，蔭提督尚書甘爲霖子芥爲國子生。陞郎中陳冠、吴會期、都給事中王繼宗正四品。御史曾守約、郎中費完正五品，俱京堂官。郎中廖希顔、按察司副使各候缺陞補。員外郎傅頤、主事熊檝各照資陞授。

（世宗嘉靖實録卷 253　第 12 頁　253.10.5086）

947　**九月甲辰**　總督薊州軍務右侍郎胡守中條上邊事謂：本鎮軍民兵多耗減，宜通核原額，其逃故者取壯丁補役，每兵量給事〔校記：廣本東本事作軍〕資銀二兩，參遊把總官不職者聽糾察易置。石匣營去潮河川、墻子〔按：館本子作不，廣本抱本東本作子，是也〕嶺諸處地俱適中，最爲要害，宜分撥建昌等營兵二千五百人，付新設遊擊吴尚賢駐守應援。自黄花鎮至山海關諸險隘與喜峯口來遠樓，俱宜大加修葺。請再發馬價銀萬兩濟之。兵部覆議。上允其請。

（世宗嘉靖實録卷 253　第 13 頁　253.10.5087）

948　**十月癸丑朔**　隆慶州妖賊張雄等誘衆作亂，巡撫都御史楚書督所部討平之，賜書及參議劉珂等銀幣有差。

（世宗嘉靖實録卷 254　第 2 頁　254.1.5102）

949　**十月戊午**　朝鮮國王李懌遣陪臣李希雍等來賀進馬及方物。宴賚如例。

（世宗嘉靖實録卷 254　第 2 頁　254.2.5103）

950　**十一月己丑**　總督薊州兵部右侍郎胡守中奏：薊州礦銀原爲接濟大工，即今工程停止尚仍舊採，即乞將銀兩貯庫作撫夷年例。上曰：邇年各處礦場俱已封閉，薊州毋再採取，其貯庫礦銀仍解京，以備查考。守中又奏：喜峯口、潮河川修城建樓工完，計用銀一萬三千兩餘，俱遠出邊塞採取木石，修完乞行巡按巡關御史查明官匠人等功次奏請陞賞。上曰：守中假以修建冒費帑銀，擅自科罰軍衛官員，擾斂百姓，贓賄狼籍，又將邊關百年以來所蓄林木擅行砍伐，自撤藩籬，壞事殊甚。令御史段承恩、翁五倫作急查勘以聞。

（世宗嘉靖實録卷 255　第 1 頁　255.1.5110）

951　**十一月庚寅**　敬皇后梓宮至山陵。辛卯，葬泰陵。

（世宗嘉靖實録卷 255　第 2 頁　255.2.5111）

952　**十一月丙申**　陞順天府府尹劉臬、陝西左布政使萬潮俱爲都察院右副都御史。臬提督雁門等關兼巡撫山西地方，潮巡撫延綏地方。

（世宗嘉靖實録卷 255　第 2 頁　255.2.5121）

953　**十一月丁酉**　詔以《大統曆》一百本頒賜朝鮮國，付入貢陪臣賫還。

（世宗嘉靖實録卷 255　第 3 頁　255.3.5123）

954　**十一月丁未**　朝鮮陪臣許磁等來貢冬節，進馬及方物。有昭聖皇太后禮物，命所進呈几筵。禮部請令磁等闕宴，詔祔廟禮成諸已卽吉，宴賚如例。

（世宗嘉靖實録卷 255　第 6 頁　255.5.5125）

955　**十二月壬子朔**　朝鮮國陪臣李霖奉表來慰廟災。

（世宗嘉靖實録卷 256　第 1 頁　256.1.5131）

956　**十二月甲寅**　陞誥勅房辦事順天府府丞張湘爲光禄寺卿。

（世宗嘉靖實録卷 256　第 1 頁　256.1.5131）

957　**十二月丙辰**　陞廣東左布政使楊銓爲順天府尹。

（世宗嘉靖實録卷 256　第 2 頁　256.2.5133）

958　**十二月戊午**　初，陽翠嶺〔校記：閣本作翠陽嶺〕諸陵工暫止，内外總管〔按：館本管作都，各本作管〕提督官既繳勅，管工御史曾守約亦陞大理寺丞矣，至是，工部尚書甘爲霖奏興前工。上曰：兹工既未完，管工官不當輒遷，曾守約仍同給事中王繼宗等協理，刻期完美。各官〔按：館本無各官二字，各本有〕已繳勅者，不必再領，惟月輪二員閱視。

（世宗嘉靖實録卷256　第3頁　256.3.5235）

959　**十二月甲戌**　命運通州倉粟米十萬石於宣府，十五萬石於大同，而以户部司屬官有才幹者一人督解。是歲兩鎮旱荒，米價騰貴，軍士缺食，撫臣以聞，故有是命。

（世宗嘉靖實録卷256　第5頁　256.4.5138）

960　**十二月辛巳**　御史尹敏生、鄭芸、陳策劾奏，禮部尚書嚴嵩京師住宅乃郭勳私人重犯孫澐代造，宜同澐家産一體追没。上謂，嵩託雲營〔校記：閣本營作造〕第事，言官累〔校記：廣本閣本東本累作屢〕言，嵩已無辨〔校記：舊校改辨作辯〕，何卽〔按：館本卽作耶，各本作卽，是也〕擬同孫澐遂欲追没，豈國法乎？令敏生等對〔校記：閣本對作陳〕狀，尋各降俸一級。嵩具疏〔校記：閣本疏作奏〕乞免，上溫旨慰答不允。

（世宗嘉靖實録卷256　第9頁　256.8.5145）

嘉靖二十一年（1542）

961　**正月丙戌**　御馬監太監麥福奏：勇士營逃亡者多，僅存五千五十八名，頃聞邊警，請以故勇士子姪選其精壯五千人補允。兵部言：勇士原額五千三百〔校記：廣本閣本無三百二字〕三十名，嘉靖八年侍郎王廷相奉旨清查，已存留五千四百三名，浮於原額，固將以備補逃亡也。卽如福言，缺少不過三百餘人耳。且兹營非爲備邊設，安得藉口以行其私？上從部議，詔自今選補，一如舊例。

（世宗嘉靖實録卷 257　第 1 頁　257.1.5147）

962　**正月辛卯**　雪，禮部以靈雪應，祈請上御殿受賀。

（世宗嘉靖實録卷 257　第 3 頁　257.3.5151）

963　**正月甲午**　順天府進春。上不御殿，命司禮監捧進。

（世宗嘉靖實録卷 257　第 4 頁　257.3.5152）

964　**正月庚子**　初，言官論劾總督侍郎胡守中冒破修邊銀兩，擅出口外採木諸不法事。守中已逮治，巡撫順天都御史徐嵩因上疏自劾不能舉正。且云，守中動稱便宜行事，已不得聞，若抗違節制，恐被誣陷。上怒其支詞推諉，扶同欺蔽，詔黜爲民。

（世宗嘉靖實録卷 257　第 5 頁　257.4.5153）

965　**正月壬寅**　提督團營兵部尚書劉天和條陳營務十事。一足軍伍。言京營之兵原額十二萬，今逃故者四萬有奇，猝難清補，請自今凡〔校記：廣本凡作但〕有傍枝户丁堪補充者，俱令收入。

（世宗嘉靖實録卷 257　第 6 頁　257.5.5156）

966　**正月庚戌**　陞山東左布政使侯綸爲都察院右副都御史，整飭薊州邊備，兼巡撫順天。

（世宗嘉靖實録卷 257　第 9 頁　257.8.5161）

967　**二月乙丑**　朝鮮國王李懌以孝康敬皇后崩，遣陪臣刑曹參判安壇等進香奉表陳慰。宴賚如例。

（世宗嘉靖實録卷 258　第 4 頁　258.3.5168）

968　**二月辛未**　兵科給事中胡賓言：通倉糧米積至六百餘萬，衆謂不宜太多，今畿輔災傷，宜行八府自備人夫車輛，關支運回發糶。户部尚書李如圭覆謂賓言可採。上曰：京倉先因都城米貴，乃出粟平糶，以紓〔按:館本紓作予，三本作紓，是也〕民急，原非賑饑正發，亦無發糶外郡之例。該部非時具題〔校記：閣本題作奏〕，又謂通倉米過多，已不諳事，今各守臣未有奏請而無故發米數萬散糶，則必強令舖行關領，貧民不得受賜。況出辦人夫車輛往返之費，大略相當，豈救荒之長策？其再議處以聞。胡賓既知民饑，但宜請賑，而干預所司處分何也？姑宥之。已而，如圭具狀引罪。得旨：自今建白章奏，不援據理法執論可否，但依違具覆者，承行郎中俱治罪不貸。

（世宗嘉靖實録卷 258　第 7 頁　258.6.5173）

969　**二月己卯**　　提督團營成國公朱希忠言：官軍脱班數多，乞行巡按御史究治。上曰：官軍脱班數多，豈獨該衛買閒作弊，坐營大小官員納賄囂放皆襲以爲常，即御史查究亦文具耳！其下部詳議。既而兵部勘酌舊例，奏請將今次少軍衛所官員查照分數，以十分爲率，二分以上行撫官逮問住俸，五分以上逮掌印官至京究治，八分以上降級調發邊衛，領班都司缺少五百名以上即行逮問，千名以上逮問住俸。以十分爲率，八分不完參奏降用，罰班補操，仍照舊例。其不到官軍，即限追補，若復違誤，雖兵備守巡等官，亦令御史參奏治罪。並行提督内外大臣，嚴令坐營等官，凡軍士赴營，務加體卹，仍前私役囂放者，亦聽臣等參治。其班軍月糧，宜行各省撫按，預爲處給。詔如議，從實舉行，無徒虚應故事。

（世宗嘉靖實録卷 258　第 9 頁　258.8.5177）

970　**四月庚申**　　初，上於西苑建大高玄殿奉事上玄，至是工完，將舉安神大典，諭禮部曰：朕恭建大高玄殿，本朕祇天禮神爲民求福，一念之誠也。今當厥工初成，仰戴洪造，下鑒連沐玄恩，矧值民艱財乏，災變屢侵之日，匪資洪眷罔盡消弭所宜敬以承之，豈可輕忽？爾百司有位，務正心修己，贊治安民。自今十日始，停刑止屠，百官吉服辦事，大臣各齋戒，至二十日止。仍命官行香於宫觀廟其敬之哉。因遣英國公張溶等分詣朝天等宫各祠廟行禮。

（世宗嘉靖實録卷 260　第 2 頁　260.2.5189）

971　**四月丙子**　　巡撫順天都御史侯綸言：順天、永平二府歲饑，請發通倉米二萬石及先總督侍郎胡守中題請太倉銀二萬兩見貯遵化縣者賑之。報可。仍令户部簡司屬一人往覈奸弊。

（世宗嘉靖實録卷 260　第 4 頁　260.3.5192）

972　五月辛卯　以泰享殿興工，奏告上帝皇祖皇考。俱遣成國公朱希忠行禮。

（世宗嘉靖實録卷 261　第 2 頁　261.1.5198）

973　五月癸巳　巡撫順天都御史侯綸言：順天所屬地方，旱荒頻仍，京邊錢糧無停徵例。餘如議。

（世宗嘉靖實録卷 261　第 2 頁　261.2.5199）

974　五月丙申　禮部尚書嚴嵩等言：諸陵工所建造列聖碑亭並石碑俱完。長陵碑二通，獻陵、景陵、裕陵、茂陵、泰陵、康陵碑各一通〔按：館本通作道，舊校改作通〕，皇貴妃石碣一座〔按：館本座作道，三本作座，是也〕，東西二井石碣二座。查得成祖文皇帝聖德神〔按：館本神作仁，三本作神，是也〕功碑文，乃仁宗昭皇帝御撰，今長陵等碑文，伏請皇上親御宸翰，製文鐫石，以紀述列聖功德，垂示於萬萬世。其皇貴妃及東西二井碣文，合行翰林院撰擬報聞。

（世宗嘉靖實録卷 261　第 2 頁　261.2.5199）

975　五月丁酉　禮部右侍郎孫承恩上言：邇者，盛夏炎鬱，散爲疫癘，都城内外之民僵仆相繼，臣考之周禮，醫師之屬，有疾醫以掌養萬民之疾病，凡有以惠元元重民命也。乞命大〔校記：舊校改大作太〕醫院及順天府惠民藥局，依照方術防備藥餌，於都〔校記：三本都下有門居二字〕民輻輳之處，招諭散給，庶阽貧困之人得以有濟，雖有厲氣不爲災矣。上曰：頃聞疫氣流行〔校記：三本行下有民多札瘥四字〕，朕甚憫焉。其令太醫院差官順天府措〔校記：三本措下有置字，是也〕藥物，設法給惠。

（世宗嘉靖實録卷 261　第 2 頁　261.2.5199）

976　二月庚子　初，漳州人陳貴等私駕大舡〔校記：廣本舡作船〕下海通番，至琉球〔校記：廣本球下有國字〕爲其國〔校記：廣本無其國二字〕長史通事蔡廷美等招引入港，適遇潮陽海船爭利，互相殺傷，廷美〔校記：廣本閣本美下有乃字，是也〕安置貴等於舊王城，盡没其貲，貴等夜奔，爲〔校記：三本爲下有守者二字，是也〕所掩捕，多見殺，國王尚清知之，下令國中，乃止。至是械繫貴等七人，誣其爲賊，遣廷美等賫表文送至福建，欲赴京陳奏。巡按御史徐宗魯會同三司官重加譯審，列狀以聞，留廷美等待命。上下部議，部臣覆奏：貴等違法通番，自有律例，但琉球國王尚清縱容夷人屢次交易，又奪取貨物，羈留人衆，橫肆屠戮，復誣以爲賊，其欺謾恣肆，宜加切責。仍聽本部移咨戒諭不得輕與中國商民交通貿易。得旨：貴等爲〔校記：三本爲作違，是也〕法通番，著遵國典從重處治。琉球國既屢與交通，今乃敢攘奪貨利，擅自拘殺我民，且誘〔校記：三本誘作又，是也〕誣以爲賊，詭逆不恭，莫此爲甚。夷使蔡廷美本宜拘留重處，念素係朝貢之國，姑從寬放回，後若不悛，即絶其朝貢。令福建守臣備行彼國知之。

（世宗嘉靖實録卷 261　第 3 頁　261.2.5200）

977　**五月壬寅**　　提督團營成國公朱希忠等言：十二營及東西官廳馬匹，例於近郊地方牧放。邇者，聖駕有事於郊祀〔按：館本祀作社，三本作祀，是也〕、山陵，又邊警〔按：館本警作境，三本作警，是也〕屢報，一時調用，緩不及事。請暫免今年下塲牧放，存留營廳，官〔按：館本官作關〕給料〔按：館本料作糧，三本作科〕草牧養。户部議覆：宜如提督尚書劉廷和新題奉欽依加增折色事例，按月赴部支領。詔從之。仍命以後不許相沿，致廢舊制。

（世宗嘉靖實録卷 261　第 3 頁　261.3.5201）

978　**閏五月壬子**　　命提督團營成國公朱希忠掌右軍都督府印不妨營務。

（世宗嘉靖實録卷 262　第 1 頁　262.1.5206）

979　**六月己丑**　　浙江定海官兵於普陀山哨獲朝鮮〔校記：廣本鮮下有國字〕夷人梁孝根等二十二人，言是歲正月入貢遭風飄流，守臣以聞。詔給傳護送歸國。

（世宗嘉靖實録卷 263　第 2 頁　263.2.5219）

980　**六月癸巳**　　陞倒馬關守備指揮僉事錢濟民署都指揮僉事，分守居庸關。

（世宗嘉靖實録卷 263　第 4 頁　263.4.5223）

981　**六月甲午**　　命大寧都司署都指揮僉事周錦於神機營右掖坐營。保定奇兵營伯昂於三千營坐司。

（世宗嘉靖實録卷 263　第 4 頁　263.4.5223）

982　**六月癸卯**　　增設東官廳前後左右哨參將四員，以神機營署都指揮僉事徐府爲後哨，守備雲川堡、長安嶺、四海冶堡指揮等宫祁勳、劉振、蔡瑢俱陞都指揮僉事。勳前哨，振左哨，瑢右哨充參將官。

（世宗嘉靖實録卷 263　第 5 頁　263.5.5225）

983　**七月庚戌**　　命太僕寺亟調保定壯馬三千匹兑給紫荆倒馬關官軍，從副總兵周徹請也。又發太僕寺馬一千匹兑給居庸關，從宣府撫臣楚書請也。

（世宗嘉靖實録卷 264　第 3 頁　264.3.5231）

984　**七月庚戌**　　延綏巡撫都御史萬朝奏：頃得降者言，虜謀不獨寇山西，直欲趨盧溝橋以窺京師。兵部言：都城備豫久矣，倘盧溝有警，不得不調援宣、薊。上命宣、薊兵馬除赴援別鎮外，餘卽整搠以待。邇者軍情警急，凡本兵題請奏討，許各部先發後聞，不必往復稽遲，以致悮事。薊州巡撫都察院都御史侯綸言：虜情叵測。居庸關迤東黄花鎮密邇陵寢，所屬渤海守禦千户所等處隘口，不可無備。上命密雲總兵官祝雄，卽分兵戍守無忽。

（世宗嘉靖實録卷 264　第 4 頁　264.4.5233）

985 **七月癸丑** 户部請發太倉銀三千兩於涿州，以備保定副總兵官〔按：館本無官字，廣本有官〕周徹候警入衛；三千兩於通州，以備官廳聽征參將候警協守。又於紫荆、倒馬、居庸、井陘、密雲等關各二萬，以濟客兵支用。京城内外倉場城垣堅實者，兵部撥兵防守。其頹圮者，或先行支放，或以充他費，毋爲寇資。詔從之。

（世宗嘉靖實録卷 264 第 5 頁 264.4.5234）

986 **七月戊午** 時邊報日至，湖廣道御史焦璉等建議，請設墻塹編舖長以固防守。兵部覆請於各關廂盡處及沿邊建立柵門墩門。掌都察院事毛伯温等復言：古者有〔校記：廣本無者下有字〕城必有郭，城以衛君，郭以衛民，太祖高皇帝定鼎南京，既建内城〔按：館本城作地，三本作城〕，復設羅城於外。成祖文皇帝遷都金臺，當時内城足居，所以外城未立。今城外之民殆倍城中，思患預防，豈容或緩。臣等以爲宜築外城便。疏入，上從之。勅未盡事宜，令會同户工二部速議以聞。該部定議，覆請。上曰：築城係利國益民大事，難以惜費，卽擇日興工。民居葬地給他地處之，毋令失所。已，刑科給事中劉養直言：諸臣議築外羅城，慮非不遠，但宜築於無事之時，不可築於多事之際。且廟工方興，材木未備，畿輔民困於荒歉，府庫財竭於輸邊。若併〔校記：閣本脱併以上十九字〕力築城，恐官民俱匱。上從其言。詔候廟工完日舉行。

（世宗嘉靖實録卷 264 第 7 頁 264.5.5236）

987 **七月癸亥** 命户部員外郎李憲支太倉銀三千〔校記：閣本千作萬〕兩置牛酒犒〔校記：廣本抱本犒下有賞字〕京營官軍守正陽、崇文、宣武門者，計三萬六千員名，人〔校記：廣本無人字〕各賞銀一兩。

（世宗嘉靖實録卷 264 第 8 頁 264.6.5238）

988 **七月壬申** 上諭兵工二部曰：昌平州近建沙河城，南衛京師，北護陵寢，實爲畿輔保障。前議置將屯兵，繕治營舍，今城役就緒而諸務未舉，其查議酌處以聞。於是尚書張瓚、甘爲霖等請倣南京外守備例，增設守備一員，於侯伯都督内推用，令其專駐城守，其本城千户所設立千〔校記：廣本閣本無千字〕百户以下官如例，而請欽定所名。得旨，所名“奠靖”，餘俱如議。

（世宗嘉靖實録卷264　第11頁　264.9.5244）

989　七月乙亥　新陞順天府府尹廣東左布政使楊銓引疾乞休，詔以原職致仕。

（世宗嘉靖實録卷264　第12頁　264.10.5246）

990　八月壬午　户部以京倉匱乏，請令漕運三分折色如二十年例。詔許之。

（世宗嘉靖實録卷265　第5頁　265.4.5254）

991　八月乙酉　朝鮮國王李懌差陪臣禮曹參判柳希齡等奉表文及方物……賀萬壽聖節。宴賚如例。

（世宗嘉靖實録卷263　第6頁　265.5.5256）

992　八月己丑　陞神威營坐營都指揮僉事樂檠爲署都督僉事，守備沙河城。

（世宗嘉靖實録卷265　第7頁　265.6.5258）

993　八月丙申　以太倉銀二千六百九十兩有奇賜京營官軍守沙河城者。

（世宗嘉靖實録卷265　第8頁　265.7.5260）

994　八月丙申　以水災免順天府永平府所屬州縣及鎮朔等地衛屯糧有差。

（世宗嘉靖實録卷265　第9頁　265.7.5260）

995　八月戊戌　陞太僕寺少卿高擢爲順天府府尹。

（世宗嘉靖實録卷263　第9頁　265.7.5260）

996　九月乙卯　改薊州喜峯口提調把總爲守備，從巡撫侯綸奏也。

（世宗嘉靖實録卷 266　第 3 頁　266.2.5268）

997　九月癸亥　新作祐國康民雷殿，命工部署郎中趙愈和、署員外郎朱文質督理工程。虞衡司員外郎劉魁因奏：頃者，營造泰享殿、大高玄殿等工尚未告成，今復有雷殿之役，財力無從措辦，宜且併工廟建以寬民力。疏入，上怒其沮撓欺慢，命錦衣衛執而杖之。仍錮於詔獄。

（世宗嘉靖實録卷 266　第 4 頁　266.3.5269）

998　十月壬午　朝鮮國王李懌遣陪臣户曹參判權應昌〔按：館本昌作期，三本作昌〕等來貢馬及方物，賀太子千秋令節。宴賚如例。

（世宗嘉靖實録卷 267　第 2 頁　267.2.5277）

999　十月癸巳　頒《大統曆》於安南都統使司。仍命廣西布政司每歲印造，至鎮南關頒給，著爲令。

（世宗嘉靖實録卷 267　第 6 頁　267.5.5283）

1000　十月丁酉　宫婢楊金英等共謀大逆〔校記：廣本共謀大逆作共謀殺上於寢所〕，伺上寢熟，以繩縊之，誤爲死結，得不殊。有張金蓮者，知事不就，走告皇后。后往救獲免，乃命太監張佐、高忠捕訊之，言金英與蘇川藥、楊玉香、邢翠蓮、姚淑〔校記：廣本淑作俶〕翠、楊翠英、關梅秀、劉妙蓮、陳莉花、王秀蘭親行弑逆，寧嬪王氏首謀，端妃曹氏時雖不與，然始亦有謀，張金蓮事露方告，徐秋花、鄧金英、張春景、黄玉蓮皆同謀者。詔不分首從，悉磔之於市，仍判屍梟示，並收斬其族屬十八人，給付功臣爲奴二十人，財産籍入，諸以異姓收繫者審辨出之。時諸婢爲謀已久，聖躬幾危，賴天之靈，謀逆不成。當是時中外震惶，次日始知上體康豫，羣心乃定。

（世宗嘉靖實録卷 267　第 6 頁　267.5.5284）

1001　十一月壬子　朝鮮國王李懌遣陪臣吏曹參判崔輔漢等來賀冬至節，貢馬及方物。宴賚如例。

（世宗嘉靖實録卷 268　第 3 頁　268.2.5294）

1002　**十一月癸丑**　賜朝鮮國王《大統曆》一百册。

（世宗嘉靖實録卷 268　第 3 頁　268.2.5294）

1003　**十一月丙辰**　命安南夷目莫福〔校記：廣本福作如，誤〕海襲安南都統使。

（世宗嘉靖實録卷 268　第 3 頁　268.3.5295）

1004　**十二月乙酉**　今〔按：疑今爲令之誤〕奠靖千户所官軍月糧如長陵七衛事例，於京倉關支。

（世宗嘉靖實録卷 269　第 2 頁　269.2.5303）

1005　**十二月辛卯**　陞司經局洗馬兼翰林院侍講徐階爲國子監祭酒。

（世宗嘉靖實録卷 269　第 3 頁　269.2.5304）

1006　**十二月辛卯**　兵科給事中楊上林言：沙河守備欒檠素無善狀，本兵擬署都督僉事，實以賄致。且檠甫蒞任，卽奏請關防符驗旗牌，兼欲節制各陵寢衛所官員，謬妄尤甚。詔革檠任，回衛閒住，而以豐潤伯曹松守備沙河城。

（世宗嘉靖實録卷 269　第 4 頁　269.3.5306）

1007　**十二月丙申**　詔修太醫院三皇廟，仍釐正祀典。正位以伏羲、神農、黄帝，配位以勾芒、祝融、風后、力牧。其從祀僦〔校記：廣本閣本僦作儱，誤〕貸季、天師歧伯、伯高、鬼叟〔校記：抱本叟作臾，是也〕區、俞跗、少俞、少師桐君、太乙、雷公、馬師皇十人外，復增伊尹、秦越人、淳于意、張機、華陀、王叔和、皇甫謐、葛洪、巢元方、孫思邈、韋慈藏、王冰、錢乙、朱肱、劉宗素、張元素〔校記：閣本無張元素三字，會典有〕、李泉〔按：館本泉作杲。廣本杲誤果，抱本誤作泉〕、朱彦修十八人從祀。兩廡牲用太牢，器用籩、豆、簠、簋。以仲春、仲冬、上甲日遣大臣行禮，著爲令。

（世宗嘉靖實録卷 269　第 4 頁　269.4.5307）

1008 **十二月己亥** 順天府官進春。命司禮監捧進，百官具朝服侍班行慶賀禮。

（世宗嘉靖實録卷 269 第 6 頁 269.5.5310）

1009 **十二月甲辰** 巡視京營給事中蘇應旻等奏：前者尚書劉天和議補團營軍士原額。臣等已奉旨查覈，視原額一十二萬，尚缺二萬餘名。今欲盡召平民充補，則宛大二縣實在輦轂之下，民差無人供應，乞行再議。兵部覆言：今日之事，不在足兵，而在選兵，不在生財，而在節則，若所募非人，不特無益營伍，抑且虚費錢糧。臣以爲募兵之議，暫宜停罷，第令見在軍士，時加操練，汰其老弱冒替者，使在營皆可用之兵，無坐食之患可耳。上是之。

（世宗嘉靖實録卷 269 第 8 頁 269.7.5313）

1010 **十二月** 是歲……漕運米四百萬石，内改折一百三十八萬三〔按：館本三作五，抱本作三〕千八百八十四石有奇，實運米二百六十一萬四千一百一十五石有奇。

（世宗嘉靖實録卷 269 第 9 頁 269.8.5315）

嘉靖二十二年（1543）

1011 **正月壬子** 朝鮮國王李懌以送還流民，差陪臣刑曹參判名珪等入謝，貢馬方物。賜宴及幣鈔有差。

（世宗嘉靖實録卷 270 第 2 頁 270.1.5318）

1012 **正月辛酉** 薊州巡撫都御史侯綸請改密雲分守參將爲副總兵，仍守本路，以黄花鎮隸焉，聽三屯營總兵節制。因言：本路額兵萬餘而馬僅二千匹，請以薊庫馬價銀市馬一千匹給用。又請增選夜不收一百名。上皆從之。

（世宗嘉靖實録卷 270 第 3 頁 270.3.5321）

1013　**正月甲戌**　以京衛官軍月糧不足，改撥〔按：館本撥作發，三本作撥〕通倉關支。不爲例。

（世宗嘉靖實録卷 270　第 9 頁　270.7.5330）

1014　**二月癸未**　守備沙河城豐潤伯曹松言：天下守備皆用都指揮使等官，而沙河特準南京例命勳臣，蓋重其任。請定鄰境諸司攝制體統，且請於步軍一千之外增設馬軍，以備緩急。兵部議覆：天壽山沙河相去不百里而設守備二，宜併爲一，其事付曹松總轄之，統體既便，軍亦可省。得旨：曹松專轄鞏華城，量撥馬軍給之。尋調永安城馬軍一百名於鞏華。沙河城改稱鞏華自此始〔按：此段館本脱，廣本閣本存〕。

（世宗嘉靖實録卷 271　第 3 頁）

1015　**二月辛卯**　初，上躬祭山陵，詔列廟諸妃皆得從祀陵殿，時未有木位，設几筵以祭。至是將舉春祭，議製木位，而長陵十六妃無所稽謚號。禮部因言：諸陵享殿帝后皆不設位，則妃附享宜以紙牌標設，祭畢焚之，永爲定制。報可。

（世宗嘉靖實録卷 271　第 5 頁　271.3.5338）

1016　**二月丙申**　以七陵工完，遣英國公張溶、安平侯方鋭、駙馬都尉鄔景和分祭各陵，奉安神位，工部尚書甘爲霖謝。上初欲親行，已而不果，乃命諸臣攝之。

（世宗嘉靖實録卷 271　第 7 頁　271.5.5341）

1017　**二月癸卯**　兵部覆順天撫按官會議，前御史桂榮所陳防禦白羊鎮邊、長谷〔校記：廣本閣本谷下有等城事宜，條議所行者：一横嶺要害，宜如長谷十八字，是也〕鎮邊二城，募軍足三百二十九名，就食鎮邊倉〔校記：廣本閣本無倉字〕之粟，稽覈爲便。一白羊守備宜往來提調鎮邊等處。一横嶺長谷〔校記：廣本閣本通上有俱字，是也〕通懷來諸口，而横嶺較近，防守當先。宜令長谷把總每年六月至十月屯横嶺，十一月至明年五月駐長谷，仍許相機通變。一居庸所轄四路邊隘廣遠，宜令把總於灰嶺堡屯駐。其北路河合口近鎮邊鎮〔校記：廣本閣本鎮作城〕，石峽谷等三口近長谷城，宜分隸鎮邊、長谷把總理之。一立石兒口等處，俱通横嶺、懷來諸路，宜築墻者七，北港口等處，宜剷削偏坡者六。又自鎮邊城白厓子至八達嶺，宜削治險峻。内立石兒、火石嶺、西堂兒菴三處，宜各建墩臺一座，砲房一間。又立石兒、火石嶺〔按：館本嶺作領，抱本閣本作嶺，是也〕、牛膝谷各置守卒，分建營房四十間以居之。創横嶺敵臺及樓一座，增葺官廳一所，以居把總官。置城内營房一百五十間，鑿井四，計用工料及行糧折銀共六百八十兩有奇，取撫按及兵道贖鍰供費。撫臣侯綸補議三事。一增置東路把總一員，募土著軍百人，分布要害〔按：館本無害字，三本有害字，是也〕防守，其南北中三路，仍以居庸把總轄之。一白羊山外懷〔按：館本懷作壞，三本作懷，是也〕來衛地爲隘口者七，居庸關東路山外永寧衛地爲隘口者十一，歲久陵夷，宜亟〔按：館本亟作急，三本作亟〕令守臣整飭。一白羊迤西地名松胡片，宜築墻一道，仍創營房十間，分軍戍守。詔〔校記：廣本閣本詔作上〕悉允行。

（世宗嘉靖實録卷 271　第 10 頁　271.7.5346）

1018　**三月甲寅**　發太僕寺馬一百匹，給天壽山守備官軍。

（世宗嘉靖實録卷 272　第 1 頁　272.1.5350）

1019　**三月丙辰**　京倉内直廳火〔按：館本火作大，廣本閣本作火，是也〕，下管倉户部主事譚維等法司按問。

（世宗嘉靖實録卷 272　第 2 頁　272.2.5351）

1020　**三月己未**　朝鮮國王李懌以壬寅宫變差陪臣金益壽等上表起居，進馬及方物。詔賜宴禮部，以示優眷。餘宴賚如例，仍賜其王錦幣。

（世宗嘉靖實録卷 272　第 2 頁　272.2.5351）

1021　**三月甲子**　陞湖廣布政司右參政瑞廷赦爲順天府府丞。

（世宗嘉靖實録卷 272　第 3 頁　272.3.5353）

1022　**三月丙寅**　大享殿興工。

（世宗嘉靖實録卷272　第5頁　272.4.5355）

1023　**三月癸酉**　初，禁苑北墻下故有大慈恩〔校記：閣本恩作悲〕寺一區，爲西域羣僧所居，至是上以爲邪穢，不宜邇〔校記：閣本邇作通〕禁地，詔所司毁之，驅置番僧於他所。

（世宗嘉靖實録卷272　第5頁　272.5.5357）

1024　**四月丙子**　工部奏：邇者，順天都御史侯綸等題稱，虜警告急，乞發在京堪用盔甲鎗刀弓矢萬餘副、火器火藥數千斤備用。竊照節年該鎮成造軍器並近歲折徵銀兩，俱留在彼放支供應，正以備軍需且省道理費也。今綸等不能督完軍器而聽其侵欺，又不能追徵銀兩而任其拖欠，乃欲一切仰給於京師，是以内庫反爲外府也。第戎事孔棘，而地方因循日久，非可責成一旦。宜行戊字庫内外官員揀擇堪用軍器給發如請。仍咨綸將嘉靖二十年以前軍器追完，二十一年以後料銀俱留在彼，如法成造，不許仍前玩弛。詔可。

（世宗嘉靖實録卷273　第1頁　273.1.5359）

1025　**四月癸未**　詔〔校記：廣本閣本詔作户部議〕發太倉銀五萬五千兩於密雲、居庸、紫荆等關，〔校記：廣本閣本備上有以字〕備客兵支給。

（世宗嘉靖實録卷273　第2頁　273.2.5361）

1026　**四月甲申**　兵部覆：順天廵撫侯綸奏，本鎮遊兵少，宜選各路步騎取足三千，秋時駐密雲防守，無警仍駐建昌營候徵調，選給附近州縣寄養馬四百匹。從之。

（世宗嘉靖實録卷273　第3頁　273.2.5362）

1027　**四月丙戌**　新作雷霆洪應殿成，建壇祀六日。

（世宗嘉靖實録卷273　第4頁　273.3.5364）

1028　**四月丙戌**　工部會議節冗省役二事，其一謂各監局官匠在工造辦〔校記：廣本閣本辦下有者字，是也〕少而各官占用及包當月錢者多，宜行諸司通將各項匠〔按：館本匠作將，抱本閣本作匠〕役俱發赴工所，無得仍前占役。其逃亡者行清匠司嚴覈補替，毋得詐冒。其一謂西山墳塋碑亭等作延緩日久，計費每月不下萬金，宜限此月報完。其工食料費，仍行覈勘。以後廟建錢糧物料，監部委官與科道官會計兼同支發〔校記：廣本閣本發作放〕，在廠在外常例痛加釐革，廪給口糧馬匹草料〔按：館本料作糧，廣本閣本作料，是也〕，常俸之外，不許濫支。詔悉如議。

（世宗嘉靖實録卷 273　第 4 頁　273.4.5365）

1029　**四月乙未**　安南都統使司都統使莫福海差〔按：館本差作善，廣本閣本作差，是也〕轄内宣撫同知阮典敬、阮昭訓等分進謝恩，修貢表箋，賚紗羅、衫幣、絹鈔等物如例。禮臣以安南既廢不王〔按：館本王作主，三本作王，是也〕，則入貢官員非異時陪臣比，宜裁其賞賚。上曰：福海既納貢諭〔校記：廣本閣本諭作輸，是也〕誠，其賚如故。第罷賜宴，稍減供饋，以示非陪臣禮。

（世宗嘉靖實録卷 273　第 5 頁　273.4.5366）

1030　**四月辛丑**　録《四書》《五經》《性理大全》進藏皇史宬。

（世宗嘉靖實録卷 273　第 9 頁　273.7.5372）

1031　**五月甲寅**　先是，鞏華城守備豐潤伯曹松條陳八事。其一，於行宮門外兩傍建下馬牌二座，以肅觀視。其二，於本城外設立教場，以便操練。其三，奠靖所軍人照各處衛所例，於本城附近地人給三十餘畝，以爲屯地。其四，本城内除蓋造營房外，餘地聽軍民居住，以實坊郭。其五，奠靖所添設馬〔校記：廣本無馬字〕軍一百名及本所千户二員、百户十員，添造房一百五十間，以便官軍居住。其六，於城内蓋造城隍廟一所，以便官軍習儀及四方軍民祈禱。其七，於城河兩岸多栽〔按：館本栽作裁，抱本閣本作栽〕樹株，以護河堤。其八，本城四門廟堂六處宜塑神像及神炮亭二十座，於内府請將軍炮二十位安置，永爲保障。工部覆，准其增下馬牌、樹株、請神炮三者，餘俱格不行。

（世宗嘉靖實録卷 274 第 2 頁 274.2.5376）

1032 **五月己未** 建恭仁康定景皇帝陵寢碑亭及恭讓章皇后以下妃子、太子、諸王、公主陵墓樹石工完。

（世宗嘉靖實録卷 274 第 3 頁 271.3.5377）

1033 **五月庚申** 土魯番、撒馬〔校記：廣本閣本馬下有兒字〕罕、天方國、魯迷、哈密等地速壇滿速兒等王遣頭目米列阿都寫民等、陝西各卜等族番人安章等各貢馬及方物。宴賚如例。

（世宗嘉靖實録卷 274 第 4 頁 274.4.5378）

1034 **五月庚申** 〔校記：廣本閣本發上有辛酉二字〕發太倉銀一萬五千五百九十兩有奇於居庸關，以備京操春秋兩班人馬防守支用。

（世宗嘉靖實録卷 274 第 4 頁 274.4.5378）

1035 **五月甲子** 命修築永甯大小紅門並柳溝口。

（世宗嘉靖實録卷 274 第 4 頁 274.4.5379）

1036 **五月乙丑** 安南都統使司宣府同知阮典儆等援入貢舊例，乞遣官護送出境。許之。

（世宗嘉靖實録卷 274 第 5 頁 274.4.5379）

1037 **五月戊辰** 陞整飭薊州邊備兼廵撫順天等府都察院右副都御史侯綸爲兵部右侍郎。

（世宗嘉靖實録卷 274 第 5 頁 274.4.5380）

1038 **六月丙子** 陞南京大理寺右寺丞許綸爲都察院右僉都御史，整飭薊州邊備，兼廵撫順天等府。

（世宗嘉靖實録卷 275 第 1 頁 275.1.5386）

1039 **六月丙子** 朝鮮國民洪賛等四十二人航海遇風，飄入通州海門界，守臣傳詣京師。詔給之衣糧，遣官護送還國。

（世宗嘉靖實録卷 275 第 1 頁 275.1.5386）

1040 **六月丙戌** 命惠安伯張鑭充團營振威營坐營官。

（世宗嘉靖實録卷 275 第 5 頁 275.4.5392）

1041 **六月甲午** 占城國公〔校記：廣本閣本公作王，是也〕沙日底齋〔校記：廣本閣本齋作齊〕差王叔〔校記：廣本閣本叔作叙，疑誤〕沙不登古魯等奉金葉表文貢獻方物，賜宴賞綵幣、紗絹如例，仍以錦幣等物報賜其王。

（世宗嘉靖實録卷 275 第 7 頁 275.6.5395）

1042 **七月丙午** 太醫院三皇廟成。名其殿曰"景惠"、門曰"咸濟"，遣禮部尚書張璧祭告。

（世宗嘉靖實録卷 276 第 1 頁 276.1.5405）

1043 **七月癸丑** 是時久旱，上躬禱雩壇，是日大雨。

（世宗嘉靖實録卷 276 第 2 頁 276.2.5407）

1044 **七月甲寅** 占城國使臣沙不等古魯等援例奏乞冠帶。又以其國數被安南攻掠，道阻難歸，乞遣官護送出境。俱許之。

（世宗嘉靖實録卷 276 第 2 頁 276.2.5407）

1045 **八月己卯** 命左春坊左中允兼翰林院修撰秦鳴夏、左春坊左贊善兼翰林院修撰浦應麒〔按：館本麒作麟，廣本抱本作麒〕主順天鄉試。

（世宗嘉靖實録卷 277 第 3 頁 277.2.5416）

1046 **十月壬申朔** 詔羣臣會議廟制。初，輔臣翟鑾等及禮工部臣〔校記：廣本閣本無臣字，誤〕閱舊廟基地形，度自東垣外拓至河溝共八十丈〔按：館本八十丈作八十人，三本作八十丈，是也〕有奇，因議以睿宗廟統於都宫。舊廟門展南與睿廟南垣齊，勢如晝〔按：館本晝作晝，三本作畫〕一。中爲廟門，其前爲街，西自廟街門入，轉南行，復由東入廟〔校記：廣本閣本廟下有中字〕門往北〔按：館本北作九，三本作北，是也〕入列廟，東入睿廟。又小山殿西垣下有隙地一區，可爲入景神殿西門道，宜東路〔校記：廣本閣本路作南〕跨溝爲橋，以通往來，且令河溝如故。議入，久不報。至是召諭輔臣鑾等，廟建規制可示璧，興工示爲霖，令詳具以聞。於是禮部尚書張璧、工部尚書甘爲霖等共議，畫基取中，建立太廟，成祖世室及昭穆羣廟皆稍增拓規制，睿廟去列廟太遠，宜遷之近内，共居一宫，統以河溝爲限，廟街及門可無移動。議上，詔下五府九卿翰林科道議。於是禮部尚書張璧、成國公朱希忠、吏部尚書許讚等議曰：廟建之制，皇上博采〔按:館本采作米，三本作采，是也〕廷議，據《經》考《禮》，孝思純切，斷自宸衷。復於羣廟之外特建〔按:館本特建作恃進，三本作特建，是也〕一廟，祗奉睿宗神明，永妥尊親，兩得偉制，崇觀煥乎大備。惟創制之初，頗爲地勢所拘，未得展拓〔按：館本拓作柘，舊校改作拓〕。今兹一新大典，正宜取衷〔按：館本衷作裹，三本作衷，是也〕度則，使無毫髮遺憾，斯成百王之曠典，垂萬世之宏規者也。臣等反覆思維，務求至當，竟不能出此兩端。蓋由前之議則奉睿廟統於都宫，展舊廟門街與睿廟齊，雖入廟之路南北迂折，而位置周正，規模〔按：館本模作謨，廣本閣本作模，是也〕宏敞，似成完制。由後之議則奉睿宗〔校記:廣本閣本宗作廟〕近内，廟街廟門俱無南展，則都宫統一，體勢均隆，或可稱皇上尊祖孝親至意。仰惟聖神之見超越千古，顯揚〔按：館本揚作楊，三本作揚，是也〕之孝，度越常情。臣等祗奉明旨，廣集衆思，敢不仰體聖衷〔按：館本衷作裹，三本作衷〕，恢張德意，而管規〔校記:廣本閣本管規作管窺，是也〕之見止此，惟陛下裁之。得旨：諸臣恭議廟制，語涉兩端，無任事忠誠之意，仍會多官勘〔校記:廣本閣本勘作斟〕酌，務爲〔校記:廣本閣本爲作出〕一定之見。

（世宗嘉靖實録卷 279　第 2 頁　279.1.5431）

1047　**十月丁丑**　朝鮮國王李懌差陪臣吏曹參判金萬鈞上表貢馬及方物，謝賜龍衣彩錦及宴陪臣於禮部。差工曹參判元混進箋貢馬及方物，賀皇太子千秋令節，賜宴及金紵絲〔按：館本及作級，三本作及，廣本閣本無絲字〕、紗幣等物如例〔按:廣本閣本例下有土魯番天方國魯迷撒馬兒罕等夷奏乞中國幣物，量以金段茶藥〔閣本作樂〕器物給之三十字〕。

（世宗嘉靖實録卷 279　第 4 頁　279.3.5436）

1048　**十月己卯**　建大享神御殿，其制六楹，四圍闌杆白石，其上青瓦如皇穹宇色。大享殿前兩廡，廡各十楹，前爲大享門，又前磚門五，東西磚門各三，俱修飾之。徹舊其服殿，祭日設幕次其旁。遣工部尚書甘爲霖祭告興工。

（世宗嘉靖實録卷 279　第 4 頁　279.4.5437）

1049　**十月己卯**　吏部覆：工部奏以廟建興工，添註營繕司郎中二員於大石窩、馬鞍山發運灰石，員外郎一員於琉璃等窰督造磚瓦，推員外郎張珍、葉選，主事熊楫〔按：館本楫作揖，三本作楫〕陞補。從之。

（世宗嘉靖實録卷 279　第 4 頁　279.4.5437）

1050　**十月庚辰**　以西苑收獲〔校記：抱本獲作穫，是也〕賜督農〔校記：廣本閣本賜上有詔字，督農作督理西苑農事〕户部尚書陳經、主事白事卿羊酒有差。

（世宗嘉靖實録卷 279　第 6 頁　279.5.5440）

1051　**十月辛巳**　初，順天鄉試，歲多冒籍中式，至是餘姚人錢德充易名仲實，冒大興籍以中；慈谿人張汝濂易名張和，冒良鄉籍以中。禮科給事中陳棐劾奏之，因歷陳京闈之弊。其略謂：國家求賢以科目爲重，而近年以來情僞日滋，敢於爲巧以相欺，工於爲黨以相蔽。其中奸宄之徒，或因居家之時恃才作奸，敗倫傷化，削籍爲民，兼之負累亡命，變易姓名，不敢還鄉者有之；或因本地生儒衆多，解額有限，窺見他方人數頗少，逃〔按：館本逃作遂，三本作逃，是也〕學入京，投結鄉里，交通勢要，鑽求詭遇者有之；或以順天鄉試多四海九州之人，人不相識，暮夜無知，可以買托代替者有之。一遇開科之歲，奔走都城尋覓同姓，假稱宗族，賄囑無恥，拴通〔校記：廣本通作同〕保結。不得府學則謀武學，不得京師則走附近，不得生員則求儒士，百孔營

〔按：館本營作宫，三本作營，是也〕私，遂冀捷徑。及其中科回籍，則既告路費，及〔校記：廣本閣本及作又，是也〕告牌坊，四顧罔利，真同登壟〔按：館本壟作龍，三本作壟〕。而其未得者則從旁挾持，互相攻發，蜂起浮議，呈帖匿名，聖名輦轂之下，豈宜有此不美之事哉。請令所司覈究，順天府學冒籍生員，俱遣回原籍，降等肄業。京衛武學，非武職應襲不得濫入。歲貢援例監生，如舉人教官會試，例止得一入京闈，後但本省應試，而京闈鄉試如各省法，唱名辨驗，不得混冒，庶乎前弊可革。得旨：錢仲實、張和下法司逮〔按：館本逮作建，三本作逮，是也〕治。冒籍生員，提學御史覈實具奏〔校記：廣本閣本覈實具奏作覆報〕，餘俱下禮部議。會給事中李念疏論工部侍郎陸杰從子光祚、太僕卿毛渠子廷〔校記：廣本閣本廷作延下同〕魁、鴻臚卿陳璋子策冒京衛順天二學中式，劾杰等欺罔不忠。提學御史謝九儀以被訐冒京衛順天二學中式鄭夢綱等十人論奏，俱下禮部，行所司覈其真僞。至是議上：謂孫鎡、孫鑨、王宸、陸宏共四人，係錦衣衛太醫院見任官〔校記：廣本閣本官下有的字〕親子姪，當存留會試。鄭夢綱、陶大壯、沈譜、丁子載、陸可承、翟鐘英共六人，俱詐冒籍貫，當發回原籍入學肄〔按：館本肄作隸，三本作肄，是也〕業，仍得應其省試〔校記：廣本閣本省作鄉〕。陸光祚、陳策、毛廷魁雖稱隨任〔校記：廣本閣本任下有終屬冒籍四字〕，亦當一體發回。得旨：孫鎡等鄭夢綱等俱依擬，陸光祚等姑准存留，不許對制，陸杰、陳璋、毛渠俱貸之。

（世宗嘉靖實録卷 279　第 6 頁　279.5.5444）

1052　十月辛卯　户部覆：順天府府尹高擢奏，本府所屬州縣均徭，近議通融之法，民殊不便，宜如舊例審編，酌量丁田分三等九則，編銀力二差，給用〔按：館本用作田，三本作用，是也〕而止，州縣照〔按：館本照作然，三本作照，是也〕額，自爲通融。不得巧立加派名色，以滋侵擾。從之。

（世宗嘉靖實録卷 279　第 9 頁　279.8.5445）

1053　**十月癸巳**　釋安南偵者杜文莊。初，十六年春，安南聞〔按：館本聞作間，三本作聞，是也〕將見討，遣頭目阮文都領文莊等七十人來諜機事，至烏雷海登岸，廵檢秦梁等督兵捕之，獲文莊，繫廣東按察司獄。已莫登庸降，廣東諸臣以朝廷既釋登庸，待以不死，請併宥文莊〔校記：廣本閣本請併作宜併，莊下有以彰柔遠之道，都察院以聞十一字〕。報可。

（世宗嘉靖實録卷 279　第 10 頁　279.8.5445）

1054　**十一月癸丑**　賜朝鮮國明年《大統曆》。

（世宗嘉靖實録卷 280　第 3 頁　280.2.5452）

1055　**十一月丙辰**　朝鮮國王李懌差陪臣刑曹參判韓淑等進賀冬至，並謝送還流民，各貢馬及方物。賜宴並綵幣、紗羅等物如例。

（世宗嘉靖實録卷 280　第 4 頁　280.3.5454）

1056　**十一月丙辰**　琉球國中山王尚清差正議大夫陳賦等來朝，貢馬及方物。賜宴及綵段、紗羅等物，報賜其王禮幣。

（世宗嘉靖實録卷 280　第 4 頁　280.3.5454）

1057　**十一月戊辰**　命工部侍郎楊麒督理太廟工程。

（世宗嘉靖實録卷 280　第 8 頁　280.7.5461）

1058　**十一月己巳**　先是，琉球國官生梁炫等四人，遣學南京國子監，至是踰七年。國王尚清因奏使移文禮部言：諸生荷蒙作養，頗曉文理，年已長成。兼本國乏人應用，乞遣歸婚娶。詔給資糧驛騎，遣人護歸。

（世宗嘉靖實録卷 280　第 8 頁　280.7.5461）

1059　**十二月辛未朔**　改户部郎中汪宗凱、刑部郎中趙愈和俱添註營繕司郎中，督理廟建工程。

（世宗嘉靖實録卷 281　第 1 頁　281.1.5463）

1060　**十二月壬申**　工部會議：廟制間座、丈尺寬廣俱如舊，惟起土培築，寢廟内分九間，連前間隔，如古夾室制。祧廟前改除甬〔按：館本甬作角，三本作甬，是也〕道，添置中左右三間〔校記：廣本閣本間作門，是也〕並牆一道，東西量移寬廣，北移進七丈，南移出丹墀三丈。詔可。

（世宗嘉靖實録卷 281 第 1 頁 281.1.5463）

1061 **十二月丙子** 直隸提學御史謝九儀覆奏，順天等學冒〔按：館本冒作員，三本作冒，是也〕籍生員有罪逃回者十四人逮治，本無他故，但冒籍者十三人削爲民；族屬頗遠至京未久者十四人，發原籍入學；籍貫〔按：館本貫作冒，三本作貫，是也〕明白者一人，肄業如故。報可。

（世宗嘉靖實録卷 281 第 2 頁 281.2.5465）

1062 **十二月庚寅** 詔改順天府治中嚴世蕃爲尚寶司少卿，世蕃大學士嵩子也，嵩以治中臨民，謂尚寶司爲閒散〔校記：廣本閣本散作僻〕。乃言於上改之。

（世宗嘉靖實録卷 281 第 5 頁 281.4.5470）

1063 **十二月辛卯** 是日雨雪。

（世宗嘉靖實録卷 281 第 5 頁 281.4.5470）

1064 **十二月丁酉** 兵部覆，巡按直隸御史郝銘言：黄花鎮士馬疲敝，十不當一。舊有京衛班軍五百，外衛班軍一千，春秋赴鎮，輪操防守。邇者，軍士避遠偷安，將官因之冒糧從〔校記：廣本閣本從作縱，是也〕役，行伍〔按：館本伍作五，三本作伍，是也〕視舊損三之一，存者又皆市井無賴，軍裝索然。乞勅所司遴選，以足原額。又大水峪與渤海所、黄花鎮、石塘嶺諸處地相鄰接，有警策應爲便。舊嘗摘建昌營官軍番戍，類以老弱充之，然所備者止大水峪一關，而渤海等三處不與焉。今宜令建昌營游擊管官，擇其精鋭，更番駐大水峪，三方有警，隨宜策應。黄花鎮近屬密雲副總兵，而體〔校記：廣本閣本體下有統字，是也〕尚未歸一，請申飭之。内守備右少監姚政，久攖足病，無補地方，乞召還他用。疏入，詔悉依擬。惟姚政以所守地方密邇陵寢，關係重大，且無召還。

（世宗嘉靖實録卷 281 第 9 頁 281.8.5477）

1065 **十二月戊戌** 陞分守紫荊關參將署都指揮僉事梁臣充副總兵官，分守密雲地方。

（世宗嘉靖實録卷 281 第 10 頁 281.8.5478）

嘉靖二十三年（1544）

1066 **正月甲辰** 順天府官進春。

（世宗嘉靖實録卷 282 第 1 頁 282.1.5480）

1067 **正月丁未** 總督宣大侍郎翟鵬以虜報旁午請調各鎮援兵，令延綏一枝駐黄甫川，其遼東者駐居庸，薊州者駐紫荊，保定者駐故關及山東長槍手、河南毛葫蘆俱聽取用。兵部謂：審如鵬言，盡掣全陜薊遼之兵，獨守宣大山西，不知各鎮有警何以待之。且望援之心重，則自勵之心輕，惟延緩〔校記：廣本閣本緩作綏，是也〕遊兵二枝爲山西添設者及長槍手等兵可聽其徵發。上從部議。一應邊備〔按：館本邊備作備邊，廣本作邊備〕事宜，即諭鵬會撫鎮諸臣從實舉行，其誤事者罪無赦。

（世宗嘉靖實録卷 282 第 1 頁 282.1.5480）

1068 **正月丙寅** 以宣府旱災，命支京通二倉粟米十萬石運懷來城，給本鎮官軍。

（世宗嘉靖實録卷 282 第 5 頁 282.4.5486）

1069 **二月甲申** 陞順天府府丞瑞廷赦爲都察院右僉都御史，巡撫山東。

（世宗嘉靖實録卷 283 第 4 頁 283.3.5496）

1070 **二月壬辰** 整飭薊州邊備都御史許綸條上邊事。一議處重地防守以圖久安，謂黄花鎮最稱要害，宜於密雲鎮武等營，選精兵三百人駐劄渤海，以遏虜衝。河間等上班備禦者，令兵備官督查，以絶弊源。單弱不敷者，令副總兵僉補召募，以復原額。其振武營、黄花鎮、渤海所少原額馬六百匹，請令太僕寺給發。其黄花鎮守備，聽密雲副總兵節制。一請給常例以裕撫賞，謂喜峯口入貢夷人撫賞之費，始則派邊軍殷實者認辦，後題准取之草場租銀，繼以災傷，漸稱不足，則盡括修邊灰價等銀，至東西沿邊夷人叩關求索，益無所需，請發帑銀五千兩備用。一興復内地武備以固根本，謂永平、遵化、蘇州地逼邊關，當選補操備軍士，抽取壯勇餘丁八百人，分半騎步，編立行伍。屬守備官操練，以備緩急，既設有專兵，則三處屯操舍餘可盡行除免，使服徭役，以蘇困憊。兵部覆：其言皆可採，獨撫賞請銀一事宜付户部酌處。從之。

（世宗嘉靖實録卷 283　第 6 頁　283.5.5499）

1071　三月戊申　　陞户部都給事中任瀛爲順天府府丞。

（世宗嘉靖實録卷 284　第 2 頁　284.2.5503）

1072　三月壬子　　虜酋白通事千餘騎，於正月二十七日寇黄崖口〔校記：廣本無口字〕關，我軍敗之。至二月初九日復寇大水谷，爲我軍射死數人，虜遯。兵部言：巡撫都御史許綸，親率所部督戰，而副使喻智，協謀防禦，守備張鳴謙、把總劉道等，皆有臨敵設奇之功。詔陞論〔按:疑論爲綸之誤〕右副都御史、智俸一級，各賞銀幣有差。餘有功者，付巡撫覈奏。

（世宗嘉靖實録卷 284　第 3 頁　284.3.5505）

1073　三月癸丑　　策試天下貢士。

（世宗嘉靖實録卷 284　第 3 頁　284.3.5505）

1074　三月丁巳　　賜進士秦鳴雷等三百十七人及第、出身有差。

（世宗嘉靖實録卷 284　第 5 頁　284.4.5507）

1075 **三月甲子** 先是，順天府舉人張汝濂、錢德充、陶大壯、沈譜、丁子載、陸可承、翟鍾玉俱以冒籍中式，爲生員任璋等所訐，事連豹韜衛指揮同知楊縉、宗禮、李璵等，大興縣知縣曹英等俱以具結保送。下法司逮問，擬大壯等五人革回原籍入學，汝濂、德充發原籍爲民，楊縉、李璵致仕，宗禮與英等輸贖復職，詔如擬。已，給事中吕時中等復劾昨秋鄉試考官贊善浦應麒通賄中馬鑾、翟鍾玉、陸可承三人。應麒疏辭，上責應麒肆意行私，革職閒住，鑾等俱爲民。

（世宗嘉靖實録卷 284 第 5 頁 284.4.5508）

1076 **四月壬午** 發太倉銀二萬兩於密雲、居庸關，備客兵支用。

（世宗嘉靖實録卷 285 第 5 頁 285.4.5517）

1077 **四月丙戌** 兵部議覆巡撫順天都御史許綸奏：一謂各軍士故者當刻期責令衛所勾補，如户絶則當召募代役，而其逃歸者移文逮之，務充尺籍。至於密雲振武營軍尤苦單弱，當再募七百人，俾足二千之數。一謂各邊牆當繕治者分爲二等，以次修舉，永平、薊州、遵化三城，每城當增軍滿八百人，分京營軍馬四部，令參將轄之，戍密雲古北口、潮河川、黄花鎮、居庸關、白洋口等地。至於居庸、黄花鎮，倚山爲險，國之門户，尤宜選步兵六千人，分爲兩部，使一駐居庸一駐密〔按：館本密下有雲字〕。令入山問道，設伏趨利。仍調建昌遊擊軍三千人駐居庸關内，三屯營軍一千五百人及永昌、薊州、遵化新議添軍一千五百人駐密雲，候逸賊越險與在山步兵合勢夾擊。一謂先朝用兵，步騎兼用，前不失追逐，後不失應援，況邊關多險，取間設奇，爲步兵爲最利。請令無馬軍士團爲步隊，授之利器，習學疾走，以備緩急。若養馬之法，無過攢槽，當如法舉行，時稽驗之，以肥瘠爲賞罰。議入，得旨：俱允行。

（世宗嘉靖實録卷 285 第 5 頁 235.4.5518）

1078　**五月丁未**　安南都統使司都統使莫福海遣宣撫同知段師直等齎表箋方物入謝，詔賜鈔幣等物有差。

（世宗嘉靖實録卷 286　第 3 頁　286.2.5530）

1079　**五月庚戌**　成國公朱希忠奏：東西官廳馬一萬九千八百五十八匹，十二營量留馬三千六百匹，俱係聽征之數，請暫免下場牧養，仍關支草料飼秣，以備調用。其餘十二營馬一千八百餘匹，聽下場牧放。户都言：暫免牧放馬匹。舊例草折銀二錢五分，料折銀三錢五分，共銀六錢，按月關支。前年該提督營劉天和以歲凶價貴，議於夏秋芻豆内各增銀五分。今帑藏匱乏，且歲豐價平，誠宜退減，照舊關支。詔如議行。

（世宗嘉靖實録卷 286　第 4 頁　266.4.5533）

1080　**六月丙子**　巡撫順天〔按：館本天下有都察院右副五字〕都御史許綸以疾乞回籍，許之。

（世宗嘉靖實録卷 287　第 1 頁　287.1.5542）

1081　**六月戊寅**　成國公朱希忠言：團營官軍專以守衛京師，而東西官廳聽征官軍尤爲緊要。今一旦議革三萬七千餘人，萬一有警，將何調用？乞留操如舊。其不足之數，仍以勾解補足原額。上允其言。已而巡視京營右給事中張元冲等言：此輩皆老羸濫冒之徒，縱留營伍無益。但謂邊方有事，須用通融酌處，請下兵部再加詳議，詔如前旨。

（世宗嘉靖實録卷 287　第 2 頁　287.1.5542）

1082　**六月癸未**　陞光禄寺卿王楨爲都察院右副都御史整飭薊州邊備兼巡撫順天。已，御史舒汀劾楨小材不堪重寄。詔回籍聽調。

（世宗嘉靖實録卷 287　第 3 頁　287.2.5544）

1083　**六月丙申**　禮部以霪雨不止，請順天府祈禱。

（世宗嘉靖實録卷 287　第 5 頁　287.4.5547）

1084　**七月癸丑**　發太倉銀二萬兩於紫荆關、倒馬關；一萬五千兩於密雲；一萬五千兩於昌平諸處，預治軍餉。

（世宗嘉靖實録卷288　第4頁　288.3.5556）

1085　**八月戊辰**　日本國先於嘉靖十八年入貢，二十〔按：館本二十年作二十四年，抱本閣本作二十年，是也〕年回國。至是夷使釋壽光〔校記：閣本光作先〕等復來稱貢，禮部言：日本例十年一貢，今貢未及期，且無表文並正使，難以憑信，宜照例阻回，其方物收候作下次貢儀，移文本國知會。詔，如例阻回，方物仍令本夷帶還，各該所司省發起程。

（世宗嘉靖實録卷289　第1頁　289.1.5561）

1086　**八月丙子**　朝鮮國王李懌遣陪臣户曹參判宋璘等入賀萬壽聖節。宴賚如例。

（世宗嘉靖實録卷289　第3頁　289.2.5564）

1087　**八月丙戌**　安平侯方鋭奏討張家莊等馬房地土。户部謂：莊地計二千餘頃，歲入租銀六十餘兩，正賦所出，軍儲攸賴，乞勿許。查有大慈恩寺入官莊地曰楊税務屯者，計二十頃有奇，可給與之。詔如議。

（世宗嘉靖實録卷289　第3頁　289.3.5565）

1088　**九月己亥**　起原任整飭薊州邊備兼巡撫順天右副都御史王大用以原職，巡撫四川。

（世宗嘉靖實録卷290　第2頁　290.2.5573）

1089　**九月丙午**　以災傷免順天、永平二府所屬州縣衛所税糧，並各官〔校記：廣本官誤营，閣本作宮，是也〕子粒、勳戚寺觀莊田草場租銀，俱減免有差。仍令徧示軍民，俾霑實惠。

（世宗嘉靖實録卷290　第3頁　290.3.5575）

1090　**十月己巳**　命禮部左侍郎孫承恩等施藥於朝天等三宫。

（世宗嘉靖實録卷291　第1頁　291.1.5582）

1091　**十月辛未**　朝鮮國王李懌遣陪臣李霖等入賀，宴賚如例。

（世宗嘉靖實録卷 291　第 2 頁　291.1.5582）

1092　十月乙亥　虜至順聖川，詔參將茂鎮督〔校記：廣本督作領〕兵守紫荆關浮圖峪，余勳守居庸、白羊各關口，切責翟鵬令與王儀戴罪殺賊，事寧奏處。

（世宗嘉靖實録卷 291　第 2 頁　291.2.5583）

1093　十月辛巳　發粟二萬石於居庸關，以虜犯順聖川、懷來等處故也。虜軍浮圖峪，副總兵周徹遇之，以兵少不能戰，夜虜分其半，架梁度本峪，入李家嶺，鹵去百户袁錦，散掠王安鎮。復由小路抵完縣城北西野峪、上家臺、烟薫崖、思家莊、黄土嶺等處。巡撫保定都御史鄭重告急，請發兵應援。上命兵部亟選將赴之及防守畿内事宜，悉議以聞。兵部議，遣東西官廳參將羅文豸、劉振赴關聽征，趣戴廉等糾兵策應。上命文豸等即日赴關策應〔校記：閣本脱應以上十一字〕，因讓部摭拾陳語塞責，全未見切實謀略，其亟定議來聞。許國部下士馬前議待報起行，今何未見奏及具以實對。

（世宗嘉靖實録卷 291　第 4 頁　291.3.5586）

1094　十月壬午　是時虜報沓至，京師戒嚴。兵部尚書毛伯温、成國公朱希忠、給事中戴夢桂、張元冲、御史楊本深、胡汝輔及山西巡撫曽銑等，先後各議防守事宜。伯温議上八事：一，京營並薊州、延綏、遼東及山東、河南調至兵馬，須屬文武大臣總督。一，令總兵官部署將領純領營軍於郊外結壘防禦，仍遣九卿大臣分守九門。一，郊外挑壕，壕邊堆土，土上用鹿角柞壕，外設品字窖，四郊盡用此法。如鹿角柞不足，以戰車或大小車輛補之。一，本部主事劉鳳池、劉燾，俱有膽勇籌略，可委軍中贊畫。一，有能擒斬虜酋及勾引爲虜間者，俱破格陞賞。一，京營坐營及參將千總等官，得自選兵聽征。一，諸人有智勇肯戮力報効出奇破敵者，概加陞賞。一，通州倉及馬房〔按：館本房作户，三本作房，是也〕草場糧芻，當令户部議處。希忠陳四事：一，預定團營三大營坐營官各一人，撥軍守九門，委坐營官統巡捕軍二千往戍通州，撥官軍備禦蘆溝、弘仁等橋、清河、鄭村壩等處。一，掣廟建赴工官軍備下營〔校記：廣本營作操〕擺門之用。一，掄選軍六千，令練習火器。一，免罪逃亡官軍，令得自首赴營收操。夢桂陳五事：一，取歸運軍同各軍守門，屬提督分撥，科道査點。一，令居民晝守京城四關。一，繫獄將領如張達、李蓁，才有可用者當釋之，使立功自効。一，遏虜之計莫先清野。完縣一路，野多露積，即督令輸入城，不及輸者焚之，勿以資寇。一，請下明詔，聲罪致討。元冲請發兩廳及各營士馬，戍四關廂，分爲四正四隅，建立營壘，深掘壕塹，或三千五千爲營，彼此防禦，仍令大臣提督。本深請亟發精兵疾援二關。一軍由倒馬關間道直趨盧溝橋，再發京營軍六千，一住涿州，一趨保定，使不得南下。汝輔請發營軍分布紫荆關，仍檄翟鵬調宣大兵截虜歸路。銑言：虜情叵〔按：館本叵作巨，三本作叵，是也〕測，非犯紫荆，必覆平朔。雁門、寧武爲平朔要衝，偏關老營爲虜穴近地，今東侵者勢甚猖獗，不能保其不西。乞命宣、大二鎮與三關力守，俾虜不能越關。夢桂復請趣翟鵬部宣府二枝兵馬赴京保衛，卻永部大同兵馬由紫荆關取道出城之南，以遏其南下。周尚文領三關兵馬，由倒馬自西而東，以衝賊之右。王繼祖領薊州兵馬，自東而西，以衝賊之左。疏入，上命起用張達、李蓁。廟工已停止，詔不必下。仍令兵部檄二鎮士馬，急赴畿輔，隨賊向往分布截殺。其焚燬露積，即遣人往視緩急施行，餘悉如議。

（世宗嘉靖實録卷 291　第 5 頁　291.4.5587）

1095　十月乙酉　命養病都督僉事九聚駐箚通州等處，都指揮使何卿駐箚蘆溝、弘仁等橋，各率兵禦虜。

（世宗嘉靖實録卷 291　第 7 頁　291.6.5591）

1096　十月己丑　陞大理寺右少卿郭宗皐爲都察院右僉都御史，整飭薊州邊備，兼巡撫順天。

（世宗嘉靖實録卷 291　第 9 頁　291.7.5594）

1097　**十月己丑**　命刑部左侍郎屠僑同都督九聚通州防守。

（世宗嘉靖實録卷 291　第 9 頁　291.7.5594）

1098　**十月壬辰**　虜從天城瓦窯口遁去，以歸路近舊保安城，通懷來口，恐逼陵寢，命東官廳總兵官許國往守天壽山。

（世宗嘉靖實録卷 291　第 10 頁　291.9.5597）

1099　**十月乙未**　户部言：九門並通州等處防守官軍三萬九千十九員名，人給糧賞銀一兩，請如數於太倉動支。其應支口糧，人日支一升五合，馬匹料草仍按月關支如故。得旨：防守官軍令各回營操練，毋許縻糧賞。

（世宗嘉靖實録卷 291　第 11 頁　291.9.5597）

1100　**十月乙未**　都給事中戴夢桂等言：陛下命張漢暫代翟鵬而急補朱方任，固深得兵家易將之權矣，今虜雖稱遁，聞其自蔚州引而北，又引而東至馬房，西域又不可不深防而急爲之備矣。乞卽趣張漢，令與官校取便道直趨鵬軍，曉諭諸將截賊南犯之路，趣郭宗皐，令不必候勅，卽日就道，直趨居庸關，探賊聲勢，嚴加防守。上以其言爲然，曰：漢等豈不曉蹔急之義，其各令旦夕之任，不許怠忽。

（世宗嘉靖實録卷 291　第 11 頁　291.9.5597）

1101　**十一月壬寅**　命兵部尚書戴金不妨部事提督團營軍務，仍領軍閱視太廟工程。

（世宗嘉靖實録卷 292　第 2 頁　292.1.5600）

1102　**十一月丁未**　命修國子監廟宇堂齋。

（世宗嘉靖實録卷 292　第 4 頁　292.3.5604）

1103　**十一月丙辰**　改南京國子監祭酒王用賓爲國子監祭酒。

（世宗嘉靖實録卷 292　第 5 頁　292.4.5606）

1104　**十一月丙辰**　命建昌營遊擊將軍張世武充右參將，分守薊州馬蘭谷。

（世宗嘉靖實録卷 292 第 5 頁 292.4.5606）

1105 十一月辛酉 命原任協守遼陽副總兵九聚仍充副總兵官，分守密雲古北口、〔按：館本花上有黄字〕花鎮等處。

（世宗嘉靖實録卷 292 第 5 頁 292.5.5607）

1106 十一月甲子 朝鮮國王李懌遣陪臣鄭士隆等入賀，宴如例。

（世宗嘉靖實録卷 292 第 6 頁 292.5.5607）

1107 十二月戊辰 賜朝鮮國王明年《大統曆》一百册。

（世宗嘉靖實録卷 293 第 1 頁 293.1.5610）

1108 十二月庚辰 兵部尚書戴金條上備邊十有二事。……七修關隘以固藩屏。西自居庸歷紫荆至倒馬關，東自永寧城、白羊口歷黄花鎮、大水峪至石塘嶺、白馬鎮、潮河川、古北口直至牆子嶺，自西徂東，綿亘二千里。中有谿澗可通者，每關不下三四十〔校記：閣本四十作十四〕處，即宜荒度經營，或斬削偏坡，或填塞狹隘，或挑濬濠〔校記：廣本濠作壕〕塹，或增築臺堡，及時修舉。八重墩臺以明烽火，墩臺不壯，軍不可守，當悉力修築，規制高廣，水火内備，可以固守。仍戒戢提墩官，不得需索墩軍，務令嚴明斥堠。仍議賞格，以作其勤。……上覽其疏而嘉之，令斟酌舉行。屬各鎮者責成撫按官併令查議關隘當葺者以聞。

（世宗嘉靖實録卷 293 第 6 頁 293.5.5617）

1109 十二月乙酉 漳州民李王乞等載貨通番，值颶風漂至朝鮮，朝鮮國王李懌捕獲三十九人，械送遼東都司。上嘉懌忠順，賜銀五十兩，彩幣四表裏。

（世宗嘉靖實録卷 293 第 8 頁 293.7.5622）

嘉靖二十四年（1545）

1110 正月己酉 順天府進春。命司禮監捧入，以奏聞不早，奪府官俸一月。

（世宗嘉靖實録卷294 第3頁 294.3.5629）

1111 正月癸巳 初，兵部尚書戴金言：紫荆、密〔按：館本無密字，三本有密，是也〕雲係國門之藩屏，而宣大偏關又爲密雲紫荆之捍衛，蓋天設重關以限制夷虜。若假以人力修補，必成不可犯之險。乞勅一重臣，親往紫荆等處，相度關隘，亟爲修築。其宣大邊關，亦勅總兵官〔按：館本無官字，三本有官字，是也〕趙卿、總督侍郎翁萬達議處其間。上從之。命兵部右侍郎路迎兼右僉都御史以往。

（世宗嘉靖實録卷294 第4頁 294.4.5631）

1112 正月辛酉 朝鮮國權國事王世弟李浩差陪臣刑曹判書閔齊仁〔按：館本作閔齊仍，廣本作閔仍齊，抱本作閔齊仁〕等，以其國王李婜訃來告。

（世宗嘉靖實録卷294 第5頁 294.4.5633）

1113 閏正月己丑 命成國公朱希忠掌撥團營赴工官軍並閲視太廟工程。

（世宗嘉靖實録卷295 第7頁 295.6.5643）

1114 閏正月庚寅 命居庸關分守署都指揮僉事張潤充右參將，分守大同中路。

（世宗嘉靖實録卷295 第7頁 295.6.5645）

1115 閏正月壬辰 陞浮圖峪守備指揮僉事李淶爲署都指揮僉事，充參將分守居庸關。

（世宗嘉靖實録卷295 第7頁 295.6.5645）

1116 **二月壬寅** 發通州倉〔按：館本倉下有粳字，米下無一字〕米一萬七百石、太倉銀一萬二千兩，賑順天、永平饑民。

（世宗嘉靖實録卷296 第3頁 296.2.5652）

1117 **二月癸丑** 巡視庫藏給事中胡叔廉奏：南京商人〔按：館本南京商人作商民〕上納内庫物料，乞於西安門外建置官廳，令委官揀閲精當進庫。上不允。

（世宗嘉靖實録卷296 第4頁 296.4.5655）

1118 **二月己未** 歸善公主發引，三月二十六日葬於金山。

（世宗嘉靖實録卷296 第7頁 296.5.5658）

1119 **三月己卯** 發太倉銀二萬五千兩給綏鎮，二萬兩於密雲鎮，一萬兩於昌平鎮，各備秋防客兵糧餉。

（世宗嘉靖實録卷297 第3頁 297.3.5665）

1120 **二月癸未** 兵部覆：巡撫順天都御史郭宗臯奏，薊州比鄰三衛，西接宣府，往年開平失守，卽爲北虜巢。古北口一帶，係通開平舊路，相離不遠，由獨石、四海冶則犯密雲，由青山則犯喜峯等口。故虜一東向薊州，卽當嚴戒，宜令宣府守臣，遠爲偵探，或見虜有東意，輒飛檄傳報，使得先事設防，又密雲視諸路最要害，當以重兵備之。乞簡馬欄關、太平寨、燕河營三路官軍千人，先期訓練。至五月後，遊擊官統本營士馬，先赴密〔按：館本密作雲，三本作密，是也〕雲石匣等處駐劄。有警則總兵官身領三團士馬亦赴其地，而前簡馬蘭谷等處兵專委材官領之，以爲三路聲援，功罪照例賞罰。參將等官，俱令各守信地，則密雲有備，而諸路亦恃以無恐矣。議入，從之。

（世宗嘉靖實録卷297 第5頁 297.4.5667）

1121 **四月癸巳朔** 命鎮守保定副總兵署都督同知周徹充總兵官鎮守薊州。

（世宗嘉靖實録卷298 第1頁 298.1.5673）

1122 **四月丙申** 上以久旱，祈雨於神祇壇。

（世宗嘉靖實録卷 298 第 2 頁 298.2.5675）

1123 四月丁酉 命西官廳總兵署都督僉事郭琮於團營奮武營坐營，分守燕河營右參將署都指揮僉事成勳充副總兵，鎮守保定。

（世宗嘉靖實録卷 298 第 3 頁 298.2.5676）

1124 四月己亥 兵部請給盔甲器械與京師聽征人馬操練。工部議覆：操練例不給軍器，止應給與弓箭。詔從工部議。

（世宗嘉靖實録卷 298 第 3 頁 298.3.5677）

1125 四月乙巳 雨，禮部等衙門上表稱賀。

（世宗嘉靖實録卷 298 第 4 頁 298.3.5678）

1126 四月庚申 先是，朝鮮國子〔按：子爲王之誤〕李峑訃至，例應遣使賜祭，御史劉廷儀請罷内臣勿遣，第遣侍從官有行誼者，下禮部議。禮部以《會典》所載，惟學士等官，而近年以來，間有近臣之遣。得旨，如近例，命内使及行人往賻。

（世宗嘉靖實録卷 298 第 7 頁 298.6.5684）

1127 四月辛酉 日本國自己亥入貢，辛丑還國，逮甲辰三歲耳。復遣使來貢，以其不及期，不許，督令還國。而各夷嗜中國財物，相貿易延歲餘不肯去。至是廵撫浙江御史高節請治沿海廵視備倭等官故縱之罪，因奏禁豪奸以絶交通，專邊儲以便事體，禁扣除以飭營伍，任以專住劄四事。下所司議，覆，得旨允行。

（世宗嘉靖實録卷 298 第 8 頁 298.6.5684）

1128 五月辛未 以歲歉加給密雲沿邊軍士十月分月糧並馬匹料豆，預於五月内借支一半，待後關支照數扣除，從廵撫郭宗臯請也。

（世宗嘉靖實録卷 299 第 3 頁 299.3.5691）

1129 五月甲戌 遣内官賫誥勅冠服封朝鮮國王世弟李浩〔按：館本浩作峼，抱本作浩〕爲王。

（世宗嘉靖實録卷 299 第 3 頁 299.3.5691）

1130　**五月乙酉**　暫停順天等府今年照刷文卷，以災傷從巡按御史胡植奏也。

（世宗嘉靖實録卷 299　第 4 頁　299.4.5693）

1131　**六月癸巳**　禮部奏：廟工大體已完，細節未備，請暫舉秋享之禮於景神殿。上曰：大廟之工爾輩原計以秋祭時可成，今既告成，更又何待？朕雖非長者，而自爲變詐，其何以交於神明，昭穆不序，何得成王禮？其亟擇日安主具儀以上。朕疾不能躬事，或命太子或命官攝行其儀節，一如先朝之舊。後所增諸儀，悉除之。

（世宗嘉靖實録卷 300　第 1 頁　300.1.5695）

1132　**六月甲申**　巡撫薊州都御史郭宗臯言：邊牆之設，乃一鎮藩籬，而城堡則其室家也，未有藩籬不固而能保其室家者。今本鎮防守之法，但嚴於城堡而疎於邊牆，殊非慎固之法。自今請定爲法，例每年自五六〔校記：閣本無六字〕月始至十月止，撫鎮官各嚴督官軍，於邊牆要地畫界分守，有仍前怠廢者，罪視主將不固守律罪。報可。

（世宗嘉靖實録卷 300　第 2 頁　300.2.5698）

1133　**六月甲申**　兵部覆：保定都御史蘇佑奏，紫荆倒馬各隘口，外聯方鎮，内護京畿，最稱要害。乞將保定州岔道堡駐劄兵馬三千移駐於桃花堡與馬水口，相近以便應援，及白羊口去京師甚邇，宜益兵以備不虞。從之。

（世宗嘉靖實録卷 300　第 3 頁　300.2.5698）

1134　**六月癸丑**　兵部覆：巡撫薊州都御史郭宗臯所陳邊務。一，薊州爲京師左輔，密雲之右古北口一帶，可以直達開平。黄花鎮拱護陵寢，最稱要地。潮河川可容萬馬，尤爲虜衝。計得主客兵馬三萬六千餘，簡其精騎以爲戰鋒，餘皆分守隘口，庶保無虞。一，密雲一路兵馬，僅記萬有八百，宜於各處調取，仍量調京營人馬二枝，相兼防守。一，薊州東路達〔按：館本達作建，是也〕昌等處，雖臨朶顔三衛，營堡聯絡尚可防守也。西路密雲等處，直通開平邊外，兵力單弱，尤當虜衝。往年酌量緩急，移東補西，以爲權宜之術。今東路往往失事，似難全調。宜於有警之時，令總兵官率官軍千人西往合守，餘皆存留東路策應。一，本鎮先次奏准，預定京營兵馬一枝，同三屯營全軍協守密雲，今在彼者不可全調，則在此者似當量增。宜調京營人馬二枝，往順義、懷柔等處駐劄操練，以備密雲居庸及迤東三路策應。一，兵無統紀則亂，自今京營將領宜聽巡撫節制。戰守事宜，宜與副總兵共議行之。一，將本鎮關營人馬，分別騎兵，或專防守，或專策應。各令審視相機，合謀協力，以禦虜患。一，長哨夜不收，往往偵伺失實，宜令出哨者刷石刻爲信，使不敢欺。而又懸賞罰之格，有偵執不爽者賞，視擒斬例，遇害者優卹，視陣亡例，而欺誑敗事者，亦律以軍法不貸。一，虜所經入之地，宜廣置横木及掘阱設伏，以遏其衝。一，給召募家丁馬匹以備伏截。一，戰守隨時各將領不得泥於成説，以失機宜。疏入，上皆是之，令卽盡心舉行毋怠。

（世宗嘉靖實録卷 300　第 9 頁　300.8.5709）

1135　六月己未　　禮部尚書費寀等……又言，大〔校記：抱本大作太，下同〕享殿工程將竣，“大享殿”三字原係欽定，及“大享門”字樣令先期製扁書寫，因言先年圜丘藏神位之所，初名泰神殿，續改爲皇穹宇，卽今神御版殿，亦係奉藏神位，合題請額名惟復仍舊。上曰，門名已定，殿名恭曰“皇乾”，俱書製如期。

（世宗嘉靖實録卷 300　第 11 頁　300.9.5712）

1136　六月庚申　　以太廟成，奏告於南郊北郊太社太稷。遣成國公朱希忠、英國公張溶、定國公徐延德等各行禮。

（世宗嘉靖實録卷 300　第 11 頁　300.10.5713）

1137　七月甲子　　以太廟工完，詔廕内官監太監高忠弟侄一人爲錦衣衛指揮僉事，成國公朱希忠子爲錦衣衛百户。加大學士嚴嵩太子太師，許讃少傅，張璧太子太保，仍各賞銀六十兩，紵絲四表裏。工部尚書甘爲霖加少保兼太子太保，賞銀五十兩，紵絲四表裏。禮部尚書費寀太子少保，兵部尚書唐龍太子太保。兵部左侍郎楊麒陞正二品俸給服色，遇缺推用。工部右侍郎文明陞俸二級，錦衣衛都指揮同知陸炳陞都督僉事，仍掌衛事，都指揮僉事趙俊陞俸一級，各賞銀三十兩，紵絲二表裏。工部郎中周如辰〔按：館本辰作底，抱本作辰。疑應作砥〕陞太僕〔校記：廣本閣本僕下有寺字〕少卿。原任兵部郎中今陞山東副使徐如〔按：館本如作汝，廣本閣本作如〕圭陞從三品服色俸級。禮部郎中王健、工部郎中任宗凱陞在京五品堂官，各賞銀二十兩，紵絲一表裏。工部郎中邵〔按：館本邵作召，三本作邵〕南、周浩、向宗哲、熊楫陞二級，禮部郎中張鉄、工部郎中楊儒一級，俱外任用，各賞銀十兩，紵絲一表裏。工部主事劉廷誥陞賞〔按：賞爲員之誤〕外郎。工部員外郎徐楚、主事王景象、曾于拱、段鍊、工部主事夏子開各陞俸一級，賞銀十兩。工部主事王嵩、劉憼、吴涵、丘甫、兵部郎中楮實各賞銀五兩。制勑房等官通政使張電陞工部右侍郎。光禄少卿談相、曹梁、評事王槐各陞俸一級。郭文英蔭子文思院副使，支從一品俸。徐杲陞二級。内官監管理太監陳準、馬廣、王朝陽各蔭弟姪一人爲百户。餘官匠等俱各陞賞有差。

（世宗嘉靖實録卷 301　第 4 頁　301.3.5720）

1138　**七月丙寅**　以廟工完〔按：館本工完作完工，抱本閣本作工完，是也〕，賞原任兵部尚書毛伯温、致仕載金、原任工部尚書樊繼祖並見任巡撫都御史曾铣各〔按：館本各下有賞字，廣本無賞字〕銀二十兩，紵絲二表裏〔按：館本無裏字，三本有裏字，是也。館本二作一，抱本作二〕。原任郎中主事汪集、周南、李洞、陳應魁〔校記：廣本魁作奎〕、譚大初、副使陳塏、王機、朱鴻漸各銀十兩。原任御史何偁、員外郎沈良、主事羅春〔按：館本春作椿，廣本作春〕枝、黄九皋於今職外各陞二〔按：館本二作一，抱本作二〕級。原任左給事中章允賢、郎中張珍、葉選以原職致仕優䘏。已故郎中趙愈和王之臣家蔭尚書潘鑑都御史劉大謨各一子爲國子生。

（世宗嘉靖實録卷 301　第 5 頁　301.4.5722）

1139　**七月丁丑**　　初，工部匠作官郭文英，積功勞陞至工部右侍郎，蔭其子文思院副使，至是以廟工加恩，再陞俸級，因上疏辭俸，乞陞蔭其子。得旨：俸級不准辭，伊子准授序班鴻臚寺辦事。於是給事中張元冲劾奏：文英徒以繩墨斧斤奔走冬官之府，既帶俸竊銜，叨恩蔭叙，乃復冒瀆改求，此於國體名器所關不小，宜明諭懲戒，使知安分圖報。疏入，上不悦，曰：名器不可不重，工役亦須得人，文英一人何至遽壞體耶。再論者罪之。

（世宗嘉靖實録卷 301　第 7 頁　301.6.5725）

1140　**七月乙卯**　　發太倉銀一萬三〔按：館本三作二，抱本作三〕千兩給密雲爲客兵餉。

（世宗嘉靖實録卷 301　第 7 頁　301.6.5725）

1141　**七月庚辰**　　巡撫順天都御史郭宗皋奏：居庸關白羊口一帶，甚爲要害，而兵力寡弱，勢不得不資徵調。今建昌營〔校記：廣本無營字〕遊兵見駐密雲，三屯營之兵候有警報，亦走密雲。又有兵營兵馬二枝，擬在順義、懷柔住劄。脱居庸有急，必待兵部奏調，恐緩不及事。請擬借調之法，如居庸、白羊警急，則量調建昌、三屯等處兵馬協助，密雲警急，則駐劄居庸京兵亦聽調發。又總兵統馭軍士，有不用命者，法得卽中軍斬之。今居庸無總兵官，人心何所警懼？統乞裁定。疏下，兵部謂，調發宜允所請，軍士卽聽宗皋節制。但據總兵官許國言，居庸紫荆，地勢險阻，不利用馬，而利步兵，兩關防守參將，各宜撥馬軍五百，步軍二千五百，以足三千之數。因地用兵，亦合機宜。得旨：兩關防禦馬軍〔校記：閣本作軍馬〕仍足一千二百之數。統兵將官，雖各守信地，仍須量勢緩急，互相策應，不得自分彼此，致誤事機。餘悉如議。

（世宗嘉靖實録卷 301 第 7 頁 301.6.5726）

1142 **七月癸未** 成國公朱希忠以廟工加恩蔭一子爲錦衣衛百户，疏乞移之於弟錦衣衛指揮同知希孝。上許之。命陞希孝都指揮使本衛管事。

（世宗嘉靖實録卷 301 第 8 頁 301.7.5727）

1143 **七月癸未** 總督宣大侍郎翁萬達奏：宣府東路去黄花鎮、潮河川、古北、喜峯、白羊口甚近，宜令薊州巡撫加謹隄備〔按：館本備作防，三本作備〕及預簡〔校記：閣本簡作揀〕精兵一二枝策應，宣府并薊州兵馬悉聽臨期調用。兵部謂，薊州兵力素號寡弱，不宜遠調，請以保定班軍六千五百、河南民兵六千、山東長槍手六千近擬赴紫荆、通州等處協守者，即許總督侍郎隨宜調度爲便。從之。

（世宗嘉靖實録卷 301 第 8 頁 301.7.5728）

1144 **七月甲申** 朝鮮國權國事李峘差陪臣禮曹参判李瀣等奉表貢方物，賀萬壽聖節，賞宴如例。

（世宗嘉靖實録卷 301 第 9 頁 301.7.5728）

1145 **七月丁亥** 初，朝鮮國夷人金玷等十一人，以航海遭風漂泊上海縣界，有司以聞，譯實卹而遣之。

（世宗嘉靖實録卷 301 第 10 頁 301.8.5730）

1146 **八月癸巳** 臺基廠草場火，逮問户部委官主事周冉、陳天和等，尋贖罪還職。

（世宗嘉靖實録卷 302 第 1 頁 302.1.5732）

1147 **八月丙午** 上諭禮部：朕思京城九門地大人衆，多有死葬貧難不能葬者，或有四方客死不能歸者，暴露屍骸，朕甚憫焉。五城御史其督率各該官役以義地收瘗之。

（世宗嘉靖實録卷 302 第 4 頁 302.3.5736）

1148 **八月丁未** 琉球國中山王尚清差長史梁顯等奉表貢方

物，兼送還朝鮮國漂流人口，宴賞如例。

（世宗嘉靖實録卷 302　第 4 頁　302.3.5736）

1149　**九月癸亥**　蔭順天府府尹高擢子霄爲國子生，以三年秩滿也。

（世宗嘉靖實録卷 303　第 1 頁　303.1.5741）

1150　**九月癸亥**　大壩馬房草場火，逮問户部主事趙玠〔校記：閣本玠作珍〕等。尋贖罪還職。

（世宗嘉靖實録卷 303　第 1 頁　303.1.5741）

1151　**九月乙丑**　總督宣大侍郎翁萬達奏：虜酋吉寧〔校記：閣本寧作囊〕答及俺答等，先犯陽和，繼侵膳房，俱不得逞，而東行迅速，其勢必寇中北二路，宜亟發兵備居庸等處。黄花鎮逼近畿輔，非他鎮比，請令東西廳聽征將士，秣馬蓐食以俟調發。從之。

（世宗嘉靖實録卷 303　第 2 頁　303.2.5743）

1152　**九月壬申**　朝鮮國王李峼遣陪臣右議政成洗昌等奉表貢方物，謝賜祭謚及請襲封。宴賞如例。

（世宗嘉靖實録卷 303　第 3 頁　303.2.5744）

1153　**十月癸巳**　上諭工部建橋於琉璃河。以是月十一日興工。

（世宗嘉靖實録卷 304　第 2 頁　304.1.5754）

1154　**十月乙未**　朝鮮國權國事李峘差陪臣吏曹判書宋璉等入賀。宴賞如例。

（世宗嘉靖實録卷 304　第 3 頁　304.3.5757）

1155　**十月丁未**　發太倉銀於薊州、密雲、昌平各一萬五千兩，充明年客餉。

（世宗嘉靖實録卷 304　第 5 頁　304.4.5760）

1156　**十月壬子**　鑄總視工程關防給工部尚書甘爲霖、管理工程關防給工部郎中劉勳。時琉璃河工興，爲霖以財力不支，請行開納事例，通查各省無礙銀及變賞大隆興寺基銀，一體解赴工所，仍摘發河南、山東班軍應役。上允其取用銀兩、摘發班軍二事。餘付所司議處。

（世宗嘉靖實録卷 304　第 6 頁　304.5.5761）

1157　**十月戊午**　發内帑銀五萬兩濟琉璃河橋工。

（世宗嘉靖實録卷 304　第 7 頁　304.6.5763）

1158　**十一月辛酉**　朝鮮國權國事李峘差陪臣吏曹參判金銛等奉表貢方物，賀冬至。宴賞如例。

（世宗嘉靖實録卷 305　第 1 頁　305.1.5765）

1159　**十一月辛未**　命詹事府掌府事吏部侍郎孫承恩等詣琉璃河工所施藥。

（世宗嘉靖實録卷 305　第 2 頁　305.2.5767）

1160　**十一月癸酉**　詔工部尚書甘爲霖回部管事，以本部侍郎楊麒代視琉璃河橋工。

（世宗嘉靖實録卷 305　第 3 頁　305.3.5769）

1161　**十二月癸丑**　立春。順天府官進春，文武羣臣於奉天門行慶賀禮。

（世宗嘉靖實録卷 306　第 4 頁　306.4.5781）

嘉靖二十五年（1546）

1162　**正月己未朔**　是日雪。

（世宗嘉靖實録卷 307　第 1 頁　307.1.5789）

1163　**正月庚辰**　以通倉粟米匱乏，詔京衛官軍月糧改給京倉粳米，不爲例。

（世宗嘉靖實録卷 307　第 2 頁　307.2.5791）

1164　**正月辛巳**　工部營繕司郎中汪宗凱，初以太廟工完陞五品京秩，辭乞外補。疏未下，吏部卽奏，擬如凱言。上以部擅改易成命，奪該司官俸兩月。尋陞宗凱尚寶司卿。

（世宗嘉靖實録卷 307　第 3 頁　307.2.5792）

1165　二月戊子朔　朝鮮權署國事李峘差陪臣禮曹參判南洗健等貢方物、馬匹，進賀太廟禮成及謝發還漂流人口。宴賚如例。

（世宗嘉靖實録卷 308　第 1 頁　308.1.5799）

1166　二月戊子朔　初，琉璃河工興，工部尚書甘爲霖條畫經費言：應天府庫貯後湖贖金約十餘萬，請發三萬兩輸工所。至是南京給事中游震得奏：貯庫僅五萬七千餘金，計今次造修庫等項工費兼以織造借用，猶且不敷，爲霖乃妄增其數，虛文諉責，宜治以罔上之罪。得旨：後湖銀令存留供用，爲霖急於濟工，心本無他，自後稽查錢糧，務宜詳覆。

（世宗嘉靖實録卷 308　第 1 頁　308.1.5799）

1167　二月壬寅　朝鮮國署國事李垣〔校記：舊校改垣作峘〕遣使臣南洗健朴菁等解送下海通番人犯顏容等六百一十三人至邊。上嘉其忠順〔校記：閣本忠順作遠效忠勤〕，賜白金五十兩，文綺四襲，洗健朴菁並賚以銀幣。容等悉漳泉人，詔福建巡按御史治之。

（世宗嘉靖實録卷 308　第 4 頁　308.3.5804）

1168　二月癸卯　薊州巡撫郭宗皐奏：所轄牆子嶺地漫延，請於遥橋各增巡墩及管夜不收〔按：館本收作休，各本作收〕官各一員。官多軍少若挑兒衝寨可併入瓶㙇子關，窨〔校記：廣本東本窨作嵒〕子谷寨可併入師坡谷寨，孤懸難守若井兒谷寨可併入大安口關，小平安寨可併入黄崖口關，遣下守寨官員回衛別用。報可。宗皐又言：大小谷地平衝〔校記：廣本閣本東本衝作衝〕宜用騎，而舊遣建昌營遊兵五百人戍之，勢分力單，若渤海所山勢險峻不可騎而有騎士三百，乞遣振武營步卒三百常屯渤海，而以渤海騎士移駐大水谷。其建昌營按伏遊兵五百人，掣回該營操練，遇警調發，庶三處調停適宜事體稱便。上從其議。第言常川按伏，未有止期，其熟計以聞。宗皐言：大水峪渤海所委俱虜衛，自有按伏以來，俱鮮失事，惟石塘亦然。宜照常防禦，候夷情寧帖，連石塘嶺屯戍一併掣放〔校記：東本放作回〕。從之。

（世宗嘉靖實録卷308　第5頁　308.4.5805）

1169　三月甲子　　兵部尚書路迎上防秋八事。一預練京軍。言吉囊方渡河住青山後，若越天城陽和西南則紫荆危。又聞獨石山後有虜住牧，若越龍門長安嶺而東，則黃花鎮未免震驚。宜預訓團營兵，部署諸將，遇警調發，隨賊所向，用收犄角之功。二團結堡夫。言邊民多有饒健〔校記：閣本健下有可以折衝禦侮六字〕者，可〔校記：閣本可作乞〕編立保甲，遇賊截殺，以助官軍之勢。三關〔校記：廣本閣本理上關字作閲，是也〕理兩關。言國家定鼎燕京，自黃花鎮以東，歷密雲、馬蘭、太平、燕河屬山海，爲東關；以西歷居庸、白羊、紫荆、倒馬屬龍泉，爲西關。設以重門，屯以重兵，築堡修牆，翼然天險。往時加以斬削，足可防禦，慮有未悉，宜令御史巡視補葺。四預防孤鎮。言薊州在天壽山後，兵力單弱，萬一窺伺薊州，震驚陵寢，騷擾邦畿。如虜大舉，宜合三鎮之兵並京營人馬合擊之〔按：閣本之上八字作以擊之，本部議調京營人馬以振其威，則薊兵雖弱而可無慮矣〕。……上皆從之。

（世宗嘉靖實録卷309　第3頁　309.2.5812）

1170　三月乙丑　　陞順天府府尹高擢、江西布政使何鰲俱都察院右副都御史。擢提督南京糧儲，鰲巡撫山東。

（世宗嘉靖實録卷309　第4頁　309.3.5814）

1171　三月癸未　　陞太僕寺少卿胡奎爲順天府府尹。

（世宗嘉靖實録卷309　第7頁　309.6.5819）

1172　三月丙戌　　陞工部營繕司郎中周如底〔按：底疑爲砥之誤〕爲太僕寺少卿，以太廟工完加恩也。

（世宗嘉靖實録卷 309 第 7 頁 309.6.5820）

1173 **四月庚子** 陞禮部儀制司郎中王健爲南京光禄寺少卿，以太廟工完加恩也。

（世宗嘉靖實録卷 310 第 3 頁 310.3.5825）

1174 **四月庚子** 發太倉銀三萬六百兩於遼東修邊，四萬兩於紫荆等關接濟客兵〔按：館本無兵字，各本有兵字〕支用，一萬五千兩於順天巡撫備調兵賞用。

（世宗嘉靖實録卷 310 第 3 頁 310.3.5825）

1175 **四月庚子** 給薊州三屯營太僕寺馬八百匹。

（世宗嘉靖實録卷 310 第 3 頁 310.3.5825）

1176 **五月己未** 發太倉銀一萬兩於密雲，二萬兩並輸懷來倉，見貯京運米三萬石於宣府，以充軍餉。

（世宗嘉靖實録卷 311 第 1 頁 311.1.5831）

1177 **五月乙丑** 良鄉疏璃河橋工完。詔名其坊北曰“天命仙傳”，南曰“利世濟民”。已復命北曰“仙積”，南曰“永明”。賞管工工部左侍郎楊麒銀五十兩，紵絲四表裏。内官監太監陳準、馬廣、袁亨銀三十兩，紵絲二表裏。陞工部員外郎劉廷誥、主事楊侯鉞各俸一級。

（世宗嘉靖實録卷 311 第 1 頁 311.1.5832）

1178 **五月戊辰** 發太倉銀一萬五千兩於昌平，爲客兵餉。

（世宗嘉靖實録卷 311 第 2 頁 311.2.5834）

1179 **五月戊辰** 以雹〔按：館本雹作電，各本作雹，是也〕災免順天府、薊州、玉田等州縣夏税有差。

（世宗嘉靖實録卷 311 第 2 頁 311.2.5834）

1180 **五月壬申** 朝鮮國王李峘差陪臣議政府右議政林百齡、户曹判書李潤慶等齎方物馬匹謝恩。宴賚如例。

（世宗嘉靖實録卷 311 第 5 頁 311.4.5838）

1181 **五月壬申** 盔〔按：館本盔作盈，各本作盔，是也〕甲廠火。

（世宗嘉靖實録卷 311　第 5 頁　311.4.5838）

1182　**五月甲申**　　刑科給事中諸葛峴奏：薊州喜峯口、潮河川諸路逼近陵寢，密邇京〔按：館本京作寺，各本作京〕師，而〔按：館本而作雨，各本作而〕密雲營堡稀疏，應援不及。乞照例仍遣總督大臣一人委之，經略密雲，添設游擊一員，專備策應。兵部覆議：薊州一鎮，設總副者二，參將者三，游擊者一，守備十有三人〔校記：東本備下有者字。廣本閣本東本人作又〕。令宣大總督量調游兵一二枝，以備天壽山之援，修理關隘以遏喜峯山海之衝，分布京營士馬於西關諸處，按伏山東河南槍手〔按：館本手作子，廣本作手，閣本子下有二部二子〕於涿州諸處策應，畧已周矣，今宣、大、偏、保四鎮，設有總督，延、寧、甘、固四鎮，亦設有總督，而薊州偏小，止是一鎮，既有巡撫〔校記：閣本撫下有郭宗皐在四字〕，又〔校記：閣本又作而更〕設總督，使平居權有所分，臨警責有所諉，殊非政體。惟密雲可加游擊一人，令與東西官廳聽征參將，相爲表裏。待防秋事畢更議也。上從部議。以防虜事專責成巡撫郭〔校記：閣本郭以上十四字作上是之曰薊州防虜事責成〕宗皐，既有京營聽征參將，游擊亦不必設。

（世宗嘉靖實録卷 311　第 6 頁　311.5.5840）

1183　**六月戊子**　　御史王言劾原任兩廣巡撫張經、順天府府尹高擢貪鄙不職，時經已有職罷命、擢回籍聽勘。

（世宗嘉靖實録卷 312　第 2 頁　312.2.5842）

1184　**六月甲寅**　　以久雨，諭禮部祈晴〔按：此段文字館本脱，抱本存〕。

（世宗嘉靖實録卷 312　第 5 頁）

1185　**七月戊午**　　户科給事中李珊以京師霪雨疏請修省，會雨已止。

（世宗嘉靖實録卷 313　第 1 頁　313.1.5853）

1186　**七月戊午**　　雷電雨雹。

（世宗嘉靖實録卷 313　第 1 頁　313.1.5854）

1187　**七月壬戌**　禮科右給事中李文進言：邇年宣武門外天寧寺中，廣聚僧徒，輙建壇場，受戒設法，擁以蓋輿，導以鼓吹。四方緇衣，集至萬人，瞻拜伏聽，晝聚夜散，男女混淆，甚至〔按：館本無至字，抱本有至字〕有逋罪黥徒，髠髪隱匿，因緣爲奸。故四月以來，京師内外盜賊竊發，輦轂之下，豈應有此？又富民豪族，朋連黨結，倡爲外護，愚民無知，破財竭産，爭先布施，因而乾没，重耗民貲。大者基亂，小者導侈，皆非細故。乞捕外護爲首者數人及通〔按：館本通作道，各本作通，是也〕法師者案治其罪。諸郡邑各山古刹，如有佛子法師假以講經聚衆至百人者，一體禁止。如此則邪説不興，異端自熄。疏入，得旨：奏内通法師及寺主俱令錦衣衛捕繫鞫問，餘下禮部禁治。

（世宗嘉靖實録卷 313　第 3 頁　313.4.5859）

1188　**七月甲子**　上以久雨民饑，諭禮部議處。賑濟蠟蠋、幡竿二寺孳餓者，日給米三石之外仍加一石。

（世宗嘉靖實録卷 313　第 4 頁　313.4.5860）

1189　**七月壬午**　朝鮮國王李峘差陪臣户曹參判羅洗繒等貢馬及方物，賀萬壽聖節。宴賚如例。

（世宗嘉靖實録卷 313　第 11 頁　313.10.5872）

1190　**八月己丑**　命左春坊左中允李本、右春坊右贊善吴山爲順天府考試官。

（世宗嘉靖實録卷 314　第 1 頁　314.1.5873）

1191　**八月壬寅**　以水災免霸州、宛大等州縣、武清等衛所税糧有差，仍行撫臣設法賑濟。

（世宗嘉靖實録卷 314　第 2 頁　314.2.5875）

1192　**八月壬寅**　詔修京城九門城垣，以天雨損壞故也。

（世宗嘉靖實録卷 314　第 5 頁　314.4.5880）

1193　**八月壬寅**　順天府通州武清奇〔按：館本奇作等，是也〕十州縣霾雨壞田禾。撫臣郭宗皐以居民困於養馬，欲盡取老病疲損者官鬻之，堪用者發給鎮軍以便民。兵部以爲武清等縣寄養馬共六千三十七匹，當太僕寺五〔按：館本五作三，抱本作五〕之一，若盡鬻以給軍，則馬坐耗，何以裨國計？姑取六百匹給軍。上曰：諸州縣寄養馬尚多，今取六百匹給軍，寡且不均，無補民困。其已之。

（世宗嘉靖實録卷 314　第 6 頁　314.5.5882）

1194　**八月壬子**　發太倉銀二萬兩於昌平，備客兵支用。

（世宗嘉靖實録卷 314　第 8 頁　314.7.5885）

1195　**九月壬申**　以畿内水災，詔蠲免工部本年四司料價。

（世宗嘉靖實録卷 315　第 6 頁　315.5.5895）

1196　**九月甲申**　朝鮮國王李峘差陪臣刑曹參判閔洸良進方物、馬匹，賀中宫東宫千秋節。宴賚如例。

（世宗嘉靖實録卷 315　第 9 頁　315.7.5900）

1197　**十月乙酉朔**　發太倉銀一萬五千兩於密雲，爲客兵餉。

（世宗嘉靖實録卷 316　第 1 頁　316.1.5901）

1198　**十一月甲子**　朝鮮國王李峘差陪臣工曹參判李光軾等進方物、馬匹賀冬至節。宴賚如例。

（世宗嘉靖實録卷 317　第 1 頁　317.1.5913）

1199　**十二月庚寅**　發年例銀於各鎮……薊州三萬兩。

（世宗嘉靖實録卷 318　第 1 頁　318.1.5922）

1200　**十二月己亥**　雪，廷臣以瑞雪應祈，各上表賀。

（世宗嘉靖實録卷 318　第 3 頁　318.2.5924）

嘉靖二十六年（1547）

1201　**正月庚申**　順天府官進春。命司禮監官捧進。

（世宗嘉靖實録卷 319　第 1 頁　319.1.5933）

1202　**正月庚午**　朝鮮國王李峘遣陪〔按：館本陪作倍，三本作陪，是也〕臣李爕來獻表咨等，紙六百張。上嘉其忠敬，答賜王銀百兩，常服紵絲、紗羅各一襲。特賜獎諭使臣。加賞綵幣二表裏。已爕等賫還，中途被盜，峘遣使謝過，請重給，詔補給之。仍令禮部咨本國寬宥爕等。

（世宗嘉靖實録卷 319　第 2 頁　319.2.5936）

1203　**正月辛巳**　巡撫順天都御史郭宗皐上言邊計三事。一薊鎮連歲俱發京兵防禦，但非本鎮屬轄，不足以應緩急，乞止發二枝，以備居庸、黄花〔校記：閣本花下有二字〕鎮，餘三枝停遣，卽以其稿〔校記：三本稿作犒〕軍銀二萬二千七百兩給本鎮募兵。又山東歲每〔校記：廣本歲每作每歲，是也〕徵兵惟槍手伉健，宜調用千人，其餘不堪〔按：館本堪下有用字，三本無〕戰陣者悉罷之，而復於本鎮民壯舍餘内選精壯二千，相兼戰守。一古北口、燕河營等處急宜增築，前所餘修邊銀四千五百餘兩可以備用。一朵顔衛都指揮伯革等擒獲虜酋猛革秃至鎮，功宜陞賞，但伯已官都指揮，似難再加，請量陞其子一官，而給伯革等以牛酒布段等物。上曰：郭宗皐昨歲虚張虜警，亟〔按：館本無亟字，三本有亟〕請京兵，今歲豈能預料無虞，輒擬止調。且京兵原不專爲薊州而設，胡乃輒扣賞銀爲募兵費。若夷人獲功，國有常典，後違例濫擬陞賞，殊輕肆不堪邊寄，令革職回籍聽處。貯庫餘銀，户部覆實以聞。

（世宗嘉靖實録卷 319　第 4 頁　319.4.5939）

1204　**二月丁酉**　陞湖廣按察使孫應奎、左參政丁汝夔俱爲都察院左〔校記：廣本閣本左作右〕僉都御史。應奎巡撫順天，汝夔巡撫河南。

（世宗嘉靖實録卷 320　第 2 頁　320.2.5944）

1205　**二月庚戌**　會試取中式舉人胡正蒙等三百名。

（世宗嘉靖實録卷 320　第 11 頁　320.10.5959）

1206　**三月乙卯**　朝鮮國王李峘遣人解送福建下海通番奸民三百四十一人。咨稱：福建人民故無泛海至本國者，頃自李王乞等，始以往日本市易爲風所漂，今又獲馮淑等，前後共千人以上，皆夾帶軍器貨物。前此倭奴未有火炮，今頗有之，蓋此輩闌出之，故恐起兵端，貽患本國。遼東都司具報，禮部議聞，詔頃年沿海奸民犯禁，福建尤甚，往往爲外國所獲，有傷國體，海道官員令巡按御史查參〔按：館本查參作參查，三本作查參，是也〕奏處。仍賜朝鮮國王銀幣，以旌忠順。

（世宗嘉靖實録卷 321　第 2 頁　321.2.5963）

1207　**三月丙寅**　策試天下貢士。

（世宗嘉靖實録卷 321　第 4 頁　321.3.5966）

1208　**三月庚午**　賜廷試貢士李春芳等三百一人進士及第、出身有差。

（世宗嘉靖實録卷 321　第 5 頁　321.4.5968）

1209　**四月辛卯**　發太僕寺寄養馬一千匹，給京城内外巡捕官軍。

（世宗嘉靖實録卷 322　第 4 頁　322.3.5976）

1210　**四月甲午**　命修兩京國子監學舍。

（世宗嘉靖實録卷 322　第 4 頁　322.4.5977）

1211　**四月乙巳**　發太倉銀四萬兩於昌平，三萬兩於密雲。

（世宗嘉靖實録卷 322　第 7 頁　322.6.5981）

1212　**六月癸巳**　兵部尚書陳經等疏陳戎政七事。一，京營兵多冒濫驕惰，宜嚴汰補、精校閱以壯國威。二，五府正佐例以公侯伯充任，而其子孫皆出豢養，不閑將略，請命巡視科道等官將公侯伯及都督等官嚴加考核，以聽録用。三，燕河、三屯、建昌等營，太平、擦崖等寨〔按：館本寨作塞，抱本閣本作寨〕，黄崖古北等口，皆京師近邊要地。邇來樵採成徑，險阻漸闢，姦細漸通，往年黄土嶺失事可鑑。乞命守臣修築邊牆〔校記：廣本閣本邊牆作牆堡〕，添兵防禦。……上嘉納其言，俱准行。

（世宗嘉靖實録卷 324　第 3 頁　324.2.6004）

1213　七月乙卯　　提調石塘嶺指揮朱臣等，以虜入守備不設，下巡按御史逮問。分守密雲副總兵茂鎮，以誘殺貢夷、科斂軍士革任閑住。

（世宗嘉靖實録卷 325　第 1 頁　325.1.6018）

1214　七月庚申　　巡關御史王士翹上言：居庸關半里外岔道保〔按：館本保作堡，是也〕，民居湊集而土地卑圮，乞今〔按：館本今作令，是也〕增築並掣隆慶衛備禦永寧官軍二百五十人守之。詔許〔校記：廣本詔許作上命〕增修城垣，其官軍備禦如舊。

（世宗嘉靖實録卷 325　第 2 頁　325.2.6019）

1215　七月癸酉　　朝鮮國王李峘遣陪〔校記：三本陪下有臣字，是也〕張洗濠等貢馬及方物來賀聖節，併進咨紙千〔按：館本千作十，三本作千〕張。宴賚如例，答賜王白金襲衣。

（世宗嘉靖實録卷 325　第 5 頁　325.5.6025）

1216　八月丙申　　巡撫順天都御史孫應奎言：近諜虜將犯四海治〔按：館本治作冶，是也〕、黄花鎮，而本鎮官兵近爲守備太監紀陽所奏不屬總兵官管轄，倘有急不便調遣，乞命遇警仍聽總兵官節制。從之。

（世宗嘉靖實録卷 326　第 2 頁　326.2.6029）

1217　八月己亥　　錦衣衛掌衛事都督同知陸炳〔按：館本炳作柄，舊校改作炳〕，以京師流寓人多，乞行禁戢。得旨：京城内外潛藏奸宄〔按：館本宄作究，廣本抱本作宄〕，作過〔按：館本過作遇，三本作過，是也〕多端，都察院出榜禁約。有犯者，廠衛並巡城御史從實訪治。

（世宗嘉靖實録卷 326　第 2 頁　326.2.6030）

1218　閏九月辛巳　　命馬蘭谷右參將羅希韓充副〔校記：廣本

無副字，誤〕總兵官分守密雲。

（世宗嘉靖實録卷 328　第 1 頁　328.1.6041）

1219　閏九月壬午　陞吏部右侍郎劉儲秀爲户部尚書總督倉場、督理西苑農事。

（世宗嘉靖實録卷 328　第 1 頁　328.1.6041）

1220　閏九月丁亥　名良鄉神宫曰“洪德永霈宫”，橋曰“瓊思”，宫内橋南各豎碑亭，命儒臣撰記蹟碑文。

（世宗嘉靖實録卷 328　第 1 頁　328.1.6043）

1221　閏九月辛卯　命右軍都督府僉書鎮遠侯顧寰神機營坐營。

（世宗嘉靖實録卷 328　第 3 頁　328.3.6045）

1222　十月癸丑　朝鮮國王李峘遣陪臣金魯等貢馬及方物來賀千秋節。宴賞如例。

（世宗嘉靖實録卷 329　第 2 頁　329.1.6050）

1223　十月甲寅　以災傷免昌平、霸、灤三州，良鄉、房山、大城、寶坻、昌黎各縣及薊州、營州各衛，羅文谷等關税糧有差。

（世宗嘉靖實録卷 329　第 2 頁　329.2.6051）

1224　十月己未　湖廣道試御史陳其學劾〔按：館本劾作劾，三本作劾，是也〕錦衣衛掌衛事都督同知陸炳：假竊威福，矯下逐〔按：館本逐作遂，三本作逐，是也。閣本矯作擅〕客之令，凡寓京邑者，概責屏出，致旗校東〔校記：廣本閣本東作乘，是也〕風騷驛。已又自立錢法，禁民行使中錢，至罷市肆道路。以目及長蘆解到年例鹽，復受歇户徐二等請托，任其結黨〔按：館本作黨結，閣本作結黨〕京山侯崔元加抽白鹽，沮撓上納。乞明正炳罪。卽勅户部會議錢法，務在便民併究治元等。詔以徐二等執下鎮撫司拷訊，炳与元各對狀。尋炳等引罪，命供職如故。

（世宗嘉靖實録卷 329　第 5 頁　329.4.6055）

1225　十月戊辰　提督漕運署都督僉事萬表奏：海口新河淤

淺，請調順天、永平二府及通州衛所軍民夫役挑〔按：館本挑作桃，三本作挑，是也〕濬。工部覆奏。從之。

（世宗嘉靖實録卷329　第8頁　329.7.6061）

1226　**十月丙子**　朝鮮國遣陪臣宋福堅〔校記：廣本堅作監〕等貢馬及方物賀冬節。宴賚如例。

（世宗嘉靖實録卷329　第8頁　329.7.6061）

1227　**十一月癸未**　琉球國中山王尚清遣陪臣陳賦等貢馬及方物謝恩。宴賚如例。

（世宗嘉靖實録卷330　第1頁　330.1.6064）

1228　**十一月癸未**　圓明閣陽雷軒工〔按：館本工作王，三本作工，是也〕成。

（世宗嘉靖實録卷330　第1頁　330.1.6064）

1229　**十一月癸巳**　佛郎機國夷人入掠福州、漳州，海道副使柯〔按：館本柯作何，廣本抱本作柯，是也〕喬禦之，遁去。廵按御史金城以聞，且劾語嶼〔校記：閣本指上有把總二字〕指揮丁桐及去任海道副使姚翔鳳〔校記：閣本脱鳳以上十八字〕受金贖貨，縱之入境，乞正其罪。詔以桐及翔鳳令廵按御史執來京究治，防禁事宜，兵部詳議以聞。

（世宗嘉靖實録卷330　第2頁　330.1.6064）

1230　**十一月丁酉**　日本國王源義晴遣使周良等求貢。故事，倭夷十年一貢，船不過三，人不過百。良等以四船六百人先期而至，欲泊待明春貢期，守臣阻之，以風爲解，至是疏聞。上曰：倭夷不守貢期，又挾帶人船越數，三司廵海等官不遵例阻回，乃容潛住港外，引起事端。且往年宗設之叛，尚未正法。其令新廵撫官亟爲處分，及宋素卿曾決否，一併查奏。

（世宗嘉靖實録卷330　第6頁　330.5.6071）

1231　**十二月辛亥**　初，琉球國夷使陳賦與蔡廷會偕來，廷會者，其先閩人蔡璟〔校記：廣本璟作景〕，永樂中撥往琉球國充稍水〔校記：閣本水作永，誤〕，而産籍在閩，與給事中黄宗概上世有親。至是廷會來，宗概與交通賄〔校記：廣本閣本賄作饋〕謁。事覺，逮下詔獄。禮部請並罪賦等，革其賞。上曰：陳賦無罪，給賞如例。蔡廷會交結朝臣，法當重治，念屬貢使，姑革賞示罰。蔡璟既永樂中從夷，何得於中國置産立籍？行撫按官勘明處分，具奏。

（世宗嘉靖實録卷331　第2頁　331.1.6076）

1232　十二月甲寅　初，安南都統使莫福海以二十五年五月病卒，子宏瀷方五歲，宣撫同知鄧文值、阮如桂等奉遺言輔宏瀷，領其衆，遣使告哀請封。已而夷目阮敬作亂，欲立其婿，莫敬與文值等不能制，因立莫登庸次子正中，統海陽、海東二府。正中復爲阮敬所敗，與其族莫文明等走欽州，乞照達目投降事例給糧卹養。提督兩廣軍務侍郎張岳等以聞。事下兵部，尚書王以旂等言：正中等宜暫給養安置内地，勑守臣查勘彼中事情，有無安輯，及先年頒給勅印何人奉守？具實上聞。上允之，命提督鎮廵諸臣速勘明實具奏。

（世宗嘉靖實録卷331　第2頁　331.2.6077）

1233　十二月甲子　立春。順天府官進春，上不御殿，命司禮監官捧進中宫，春仍進几筵，進春官吉服，百官常服，侍班行禮，罷春節宴。

（世宗嘉靖實録卷331　第5頁　331.4.6081）

1234　十二月己巳　詔送故交趾歸順土官陳復宗孫陳璜順天府學讀書。復宗宣德中來歸，以殺賊功陞錦衣衛正千户。復宗生賢，賢生儒，儒生一麟，世廪於學，其後有詔裁革。一麟子璜數引例陳乞。從之。

（世宗嘉靖實録卷331　第6頁　331.5.6083）

嘉靖二十七年（1548）

1235　**正月己丑**　都城隍廟災，詔工部擇日重建。

（世宗嘉靖實録卷 332　第 6 頁　332.5.6096）

1236　**二月辛酉**　詔旌表宛平縣節婦王氏，從廵城御史鄧巍奏也。

（世宗嘉靖實録卷 333　第 3 頁　333.2.6108）

1237　**二月甲子**　薊州撫按孫應奎等奏：薊州爲京師北門重鎮，而密雲一路副〔按：副爲逼之誤〕近陵寢，備禦尤所當先。今其東雖有建昌遊兵，然每遇西警，輙又調駐，密雲兵少備多，非萬全計。宜益募兵三千騎置之建昌營，以備往來應援，而於石匣營築城置戍，添設遊擊一員守之。疏入，報可。

（世宗嘉靖實録卷 333　第 4 頁　333.3.6110）

1238　**二月己巳**　大風，揚塵蔽空。

（世宗嘉靖實録卷 333　第 5 頁　333.5.6113）

1239　**二月己巳**　革薊州總兵周徹任，陞密雲副總兵羅希韓爲署都督僉事代之。以御史吴相劾徹交夷通賄故也。

（世宗嘉靖實録卷 333　第 5 頁　333.5.6113）

1240　**三月丁丑**　大風，揚塵四塞。

（世宗嘉靖實録卷 334　第 1 頁　334.1.6116）

1241　**三月甲申**　御史吴相言：近來朶顔諸夷，自入貢外往往叩關求賞，邊臣習以爲常，歲耗軍糧以巨萬計。彼貪黷者既緣此剥歛軍士，軍士亦乘虜之和出邊樵采，是自撤我藩籬而導虜以入也。請自今以薊鎮各隘口凡可通馬步者，修築城垣水門，塞其溪澗，使虜無窺之隙，則賞費既省，軍食自足，而樵采亦可禁矣。章下，撫臣孫應奎等議言：密雲、馬蘭谷、太平寨、燕河營可通馬步隘口凡九十九處，宜修築邊城及墩臺一萬七百一十二處，請給太倉銀太僕寺馬價銀各二萬兩經始諸役。報可。

（世宗嘉靖實録卷 334　第 2 頁　334.1.6116）

1242　**三月庚寅**　　曉望月食，巳時雷電雨雹。

（世宗嘉靖實録卷 334　第 4 頁　334.4.6121）

1243　**三月壬辰**　　發太倉銀三萬兩於昌平，四萬兩於密雲，充客兵餉。

（世宗嘉靖實録卷 334　第 5 頁　334.4.6122）

1244　**四月庚戌**　　命安鄉伯張坤團營立威營，錦衣衛署都指揮僉事泊昂五軍營中軍坐營。

（世宗嘉靖實録卷 335　第 2 頁　335.1.6130）

1245　**四月壬戌**　　先是，順天府庫藏每歲清理，至是都給事中羅崇奎言其煩擾不便，請如節慎庫例，三年一行。從之。

（世宗嘉靖實録卷 335　第 2 頁　335.2.6131）

1246　**四月乙丑**　　命原任叙瀘參將徐溥神機營右掖坐營，潞安參將王清五軍營左哨坐營，原任密雲副總兵梁臣三千營坐司。

（世宗嘉靖實録卷 335　第 3 頁　335.2.6132）

1247　**四月庚午**　　朝鮮國王李峘差陪臣刑曹參判金光軫等上表謝恩貢馬及方物。宴賞如例。

（世宗嘉靖實録卷 335　第 8 頁　335.6.6140）

1248　**四月壬申**　　永陵啟土，遣禮部尚書孫承恩祭告后土天壽山之神。

（世宗嘉靖實録卷 335　第 8 頁　335.7.6141）

1249　**五月乙亥朔**　　設永陵奉祀、祀丞各一員。改義勇衛爲永陵衛。

（世宗嘉靖實録卷 336　第 1 頁　336.1.6143）

1250　**五月乙亥朔**　　朝鮮國王李峘以孝烈皇后喪差陪臣工曹參判李淳亨等來進香上表陳慰。詔鴻臚寺官引赴几筵殿制服行禮。

（世宗嘉靖實録卷 336 第 1 頁 336.1.6143）

1251 **五月丙子** 詔孝烈皇后梓宫入山陵，居中之右，虚其左。先是，上命后禮與孝潔皇后啟安禮併舉，孝烈居左，既而罷孝潔啟安禮。至是部臣以玄宫規制請，得旨，乃更定，孝烈仍居右云。

（世宗嘉靖實録卷 336 第 1 頁 336.1.6144）

1252 **五月甲申** 孝烈皇后梓宫發引。

（世宗嘉靖實録卷 336 第 3 頁 336.2.6146）

1253 **五月丙戌** 孝烈皇后梓宫葬。

（世宗嘉靖實録卷 336 第 3 頁 336.3.6147）

1254 **五月癸巳** 户部言：京師召集諸商納貨取直，内則據諸司之通關實收，外則據兩縣總部九門關之時估，情法適中，公私均便。邇者，民僞日滋，初意漸失，富商大賈，乘肥衣錦，日倚市門，而以權貴爲之囊橐，吏不得問。其入官應役者，皆傭〔按：館本傭作庸，廣本抱本作傭〕販賤夫，漂流弱户，有司利其無援，輒百方謀奪之。而富商卽有一二置籍，往往詐稱窮困，旋入旋出，無數年在官者。夫京師四方之極，致使貧富失均，法議阻格，非所以安人心而一治體也。自今請以十年爲率，命科道官一爲清理，貧者除之，富者卽豪強不得隱匿。得旨：科道官如議選委，令其審覈户口，編置尺籍，務在公平服人，足以經久。既而給事中羅崇奎復言：部臣之言，意在革弊，而未悉弊源。臣等且謂今日諸商所以重困者，其弊有四：夫物有貴賤，價有低昂，今當事之臣，價賤則樂於減，貴則遠嫌而不敢增，一也。諸商殫力經營，計早得公家之利，而收納不時，一遭風雨，遂不可用，二也。既收之後，經管官更代不常，不卽給直，或遂以沉擱，三也。幸給直矣，而官司折閲於上，番校齮齕於下，名雖平估，所得不得半之，四也。四弊不除，竊恐審録未久而潰亂又隨之矣。夫審編者，一郡邑有司事耳，而部臣必請以科道官任之，然京師内外諸商貧富，科道官能家識而户計之乎？抑寄耳目於左右之人乎？如有待於左右之耳目，則又奚以科道官爲也。臣以爲以先去四弊，而不必復爲編審，亦不必科道。其各場監收主事滿一歲然後代，毋數更易。上嘉納其言，令户部參酌行之。審編用科道官，仍如前議。

（世宗嘉靖實録卷336　第4頁　336.3.6148）

1255　五月乙未　修理天壽山感恩殿、聖蹟亭。

（世宗嘉靖實録卷336　第5頁　336.4.6149）

1256　六月戊申　日本國貢使周良臣六百餘人駕海舟百餘艘入浙江界，求詣闕朝貢。巡撫朱紈以聞。禮部言：倭夷入貢，舊例以十年爲期，來者無得踰百人，舟無得踰〔按：館本無踰字，三本有踰〕三艘，乃良等先期求貢，舟入皆數倍於前，蟠結海濱，情實叵測。但其表詞恭順，且去貢期不遠，若概加拒絶，則航海重譯之勞可憫，若猥務含容，則宗〔校記：閣本宗作敬〕設、宋素卿之事可鑒。令紈循十八年例，起送五十人赴京，餘者留嘉賓館，量加賞犒，令回國。至於互市防守事宜，俱聽斟酌處置。務期上遵國法，下得夷情，以永弭邊情。報可。

（世宗嘉靖實録卷337　第3頁　337.2.6154）

1257　七月戊寅　是夜，京師地震有聲，順天、保定二府各州縣地俱震。

（世宗嘉靖實録卷338　第2頁　338.2.6169）

1258　七月壬辰　土魯番、撒馬兒罕、天方國、魯迷〔校記：閣本魯迷作土速〕、哈密五地面速擅母沙法兒王等遣人來朝貢馬及方物。宴賚如例。

（世宗嘉靖實録卷338　第5頁　338.5.6175）

1259　八月甲辰　朝鮮國王李峘差陪臣户曹參判趙彦秀等奉表賀萬壽聖節，貢馬及方物。宴賚如例。

（世宗嘉靖實録卷339　第1頁　339.1.6177）

1260 **八月癸丑** 京師及遼東廣寧衛、山東登州府同日地震。

（世宗嘉靖實録卷 339 第 2 頁 339.2.6179）

1261 **八月丁巳** 重建圓明閣。

（世宗嘉靖實録卷 339 第 2 頁 339.2.6179）

1262 **九月丁亥** 以虜警命京營將士分城戍守，仍給以行糧。

（世宗嘉靖實録卷 340 第 5 頁 340.4.6193）

1263 **九月丙申** 京師地震有聲。

（世宗嘉靖實録卷 340 第 7 頁 340.6.6197）

1264 **九月庚子** 以水災免順天、永平所屬州縣税糧有差。

（世宗嘉靖實録 340 第 8 頁 340.6.6198）

1265 **十月乙巳** 朝鮮國王李峘差陪臣吏曹參判任説等來賀皇太子千秋令節。宴賚如例。

（世宗嘉靖實録卷 341 第 2 頁 341.2.6204）

1266 **十月丙辰** 隆慶八達嶺報虜入寇，距天壽山僅七十餘里。巡按御史王應鍾聞警，夜馳赴昌平州，時守臣俱不設備，應鍾怒執守陵諸軍校鞭之。因奏守備石美中及巡捕官李懋等怠事之罪，並劾提督太監王敏。敏亦劾應鍾乘夜突至，未謁陵而先鞭撻士卒不敬。得旨，應鍾免究，美中革任回衛，敏降三級閑住，李懋等下御史問。

（世宗嘉靖實録卷 341 第 3 頁 341.3.6205）

1267 **十月己未** 吏科給事中鄭廷鵠應詔陳言：黄花鎮、古北口、潮河川皆京師後門，而潮河川乃元人避暑故道，平沙曠衍，可容萬馬，尤虜賊所垂涎者。近雖設有石匣營兵，然城孤力薄，不足爲禦。請修復先任撫臣洪鐘所築關城遺址，增總兵一員守之。

（世宗嘉靖實録卷 341 第 4 頁 311.3.6207）

1268 **十月庚午** 命署都指揮僉事倒馬關參將盧鉞、大同西路參將戚銘俱充副總兵，鉞分守密雲、古北口等處，銘分守涼州等處。

（世宗嘉靖實録卷 341　第 5 頁　341.4.6208）

1269　十一月乙亥　　起原任順天巡撫右僉都御史郭宗皐巡撫大同。初，宗皐巡撫順天時坐誤報修邊銀，罷歸聽勘，至是勘明，故有是命。

（世宗嘉靖實録卷 342　第 1 頁　342.1.6211）

1270　十一月丁丑　　頒明年《大統曆》於朝鮮國。

（世宗嘉靖實録卷 342　第 2 頁　342.2.6213）

1271　十一月甲申　　朝鮮國王李峘遣陪臣工曹判書崔演等奉表方物入賀。宴賚如例。

（世宗嘉靖實録卷 342　第 5 頁　342.4.6217）

1272　十一月乙未　　順天府密雲縣進生沙金五十兩，詔入内庫〔按：館本庫作府，三本作庫〕用，仍行各撫按官多方採獻。

（世宗嘉靖實録卷 342　第 5 頁　342.4.6218）

1273　十二月辛酉　　改分守大同參將署都指揮同知麻宗提督京城内外巡捕。

（世宗嘉靖實録卷 343　第 4 頁　343.4.6229）

1274　十二月己巳　　立春。上不御殿，順天府官進春，司禮監捧入。

（世宗嘉靖實録卷 343　第 5 頁　343.4.6230）

嘉靖二十八年（1549）

1275　二月丁巳　　陞順天府府丞任瀛爲都察院右僉都御史撫治鄖陽。

（世宗嘉靖實録卷 345　第 6 頁　345.5.6247）

1276　二月癸亥　　改應天府府丞李鏞爲順天府府丞。

（世宗嘉靖實録卷 345　第 7 頁　345.6.6250）

1277　三月壬申　命遼東都司署都指揮僉事任俊五軍營左掖坐營。

（世宗嘉靖實録卷 346　第 1 頁　346.1.6253）

1278　三月乙亥　發太倉銀四萬兩於昌平，五萬四千兩於密雲。

（世宗嘉靖實録卷 346　第 4 頁　349.4.6259）

1279　三月丙申　是日雨霾四塞，日色慘白。凡五日。

（世宗嘉靖實録卷 346　第 14 頁　346.12.6275）

1280　三月丙申　遣禮部侍郎王崇慶、工部尚書文明擇莊敬太子葬地於金山。

（世宗嘉靖實録卷 346　第 14 頁　346.12.6275）

1281　四月丙午　尚書顧可學奏：三月十五日皇太子加冠，風壞北郊泰折街坊，越二日東宫仙逝。按《韻會》泰與太同，《典禮正議》謂：未婚曰折，前名似當避忌。《爾雅》曰：圜丘大壇祭天也，方澤泰圻祭地也。以圻易折似合祭義。上曰：坊名朕所定也，如何擅改？第如故修之。

（世宗嘉靖實録卷 347　第 1 頁　347.1.6278）

1282　四月戊申　兵部覆左侍郎范鏓經略潮河川、居庸關等處事宜。一，潮河川規自先朝、重關密戍，防禦甚備，宜於古道門外蜂窩嶺增墩臺一座爲外屏，濬濠設橋以防衝突。川之西南西山到處各設敵臺以控中流，分内〔校記：三本塞作寨〕寨戍兵爲兩班番直，鎮夷東西要害。更於龍王、師坡二寨之中加敵臺三座，設卒戍之。一，薊州邊鎮宜於五里堠、劃〔按：館本無劃字，三本有劃字〕車嶺並連口、慕田谷等地各設墩臺，惡谷、紅土谷、香爐石等地各斬崖塹。若居庸關外諸口〔校記：廣本無諸字，閣本外諸口作口外〕，在宣府視爲内地，在居庸則爲邊藩，是以彼此推調。今宜以本關東路諸口，令宣府撫臣估築，中路諸口令居庸將領分修，遇警互相策援〔校記：廣本援作應〕。一，居庸東中北三路諸隘，正城女牆墩臺鋪舍，亟宜修創，請發帑銀及馬價給之。一，潮河川提督名位稍輕，宜加爲守備，選所轄〔按：館本無諸，閣本有諸字〕諸營卒百人隸之。白馬關、石塘嶺各提調官亦選所轄諸營卒三百人隸之。神堂並連二口選委能將，各募勁卒百五十人率之，以固本川之守。又增副將於居庸〔按：館本無庸字，三本有庸字〕關，領天壽山、黄花鎮〔校記：抱字鎮作嶺〕以及鎮邊城一路官軍督練及秋赴關扼險，以固居庸之守。改横嶺把總爲守備，分以白羊戍卒百人，以塞懷來之路。一，古北口迤西並居庸等處，部軍缺伍甚衆。今覈其要害所當急補額軍五千一百六十人，增置新軍二千三百九十五人。額軍糧有定籍，然今多應募，宜視親軍人給房舍、衣鞋銀四兩，通計銀三萬三百二十兩，請以太僕寺馬價給之。其器械糧賞，趣令户、工二部督發。一，京外衛所官軍番戍黄花鎮者，每爲將領所苦，多逃避，宜勅撫臣嚴督領班官將體卹。又議紫荆、倒馬、龍泉等關經略事宜。一，諸官内地當視地緩急設險爲守，如紫荆關之桑峪口等處，倒馬關之中窯峪等處，龍泉關之陡石嶺等處，宜修創城垣及故關之白灰溝等地，宜增設敵樓營舍。一，紫荆、倒馬二關，遠隔聲援。自廣昌西十餘里爲浮圖峪，十餘〔校記：廣本閣本無餘字〕里爲插箭嶺，實二關之衝。宜移紫荆參將於浮圖峪，遇警則營石門，移倒馬關〔按：館本無關字，抱本有關〕參將於插箭嶺，遇警則營杜家莊，俾保定副總兵時駐紫荆，居中應援。其故關龍泉，近置參將，宜罷去之。分所部士馬於各邊城，以備内外之援。……又言山海關、古北口經略事宜。一，薊鎮所轄燕河營、太平寨、馬蘭谷、密雲四路，舊議修築未竣者計三千二百二十七丈有奇，宜設敵臺四、墩臺四〔校記：廣本閣本無墩臺四三字〕、敵樓〔校記：廣本閣本敵樓作墩樓〕一、鋪房十二，約工費銀一千八百兩有奇。請下撫臣括諸司贖鍰存備修邊者給之。一，薊遼隔絶千里，應援不便，欲移建昌營游擊於山海關，以石門等四寨〔按:館本寨作塞，三本作寨〕官軍一千五十九人隸之，以備調將。一,三屯、燕河、太平、馬蘭四營共缺軍五千七百七十人，請給帑銀募足，馬匹缺且過半，請撥寄養馬匹補充。一，諸路緩急以密雲之分守爲最，各關要害，以密雲之〔校記：廣本無之字〕迤西諸口爲最。若燕河之冷口、馬蘭之黄崖、太平之榆木嶺、擦崖子皆所急也，宜飭撫鎮督諸將分各營士馬，兼側近按伏之兵，迭爲戰守。又諸路提調，舊無部兵。請選各營尖兒手三百人屬之，以備守援。其分地稍近者，宜併省之。墩軍、炮軍〔校記:廣本無炮軍二字〕當合力爲守。兵部覆，建昌營官軍屯住〔校記：廣本閣本住作駐〕已久，一旦移置，恐拂人心。石門諸寨兵亦不宜分，莫若增置能將一員於山海關，募軍三千屯駐，聽薊遼撫臣調度，以援燕河。更選舍餘及山海衛正軍共五百人屬守備，以固城守。所缺軍騎，發太僕寺馬價銀三萬五千八十兩付之。募軍撥側近州邑寄養馬匹，如其軍數。其諸將領分守者，畫地堵遏，游擊往來馳突，總兵居住調度，各守信地，毋假按伏及選家將以冒行糧。至論併省提調之員，合墩軍炮軍之守，請下守臣議覆。從之。

（世宗嘉靖實録卷 347　第 2 頁　347.2.6279）

1283　四月癸丑　先是，安南都統使莫福海病故，子宏瀷幼，夷目阮敬謀立其壻莫敬典，范子儀謀立其黨莫正中，互相讐殺，正中敗，挈其黨百餘人來歸。詔納之，下邊臣體勘〔按：館本勘作訪，廣本閣本作勘〕所當立者。至是子儀收殘卒，遯海東，妄言宏瀷已死，以迎取正中歸立爲辭，擁衆剽刼廉、欽等州地方，執指揮孫正，殺百户許鎮，嶺海騷動。巡按廣東御史黄如桂以聞。部臣以正中率衆來歸，業已安置，子儀游魂海上，宜審其情罪以决剿撫。其爭立事，並趣撫臣勘報別議。上從之，並切責總督官亟策驅剿，以静疆圉。如怠忽失事者，罪無赦。

（世宗嘉靖實録卷 347　第 8 頁　347.7.6290）

1284 **四月己未** 總督宣、大尚書翁萬達奏：邊鎮京師屏蔽，設險守要，惟在審形勢酌便宜而已。蓋天下形勢重北方以鄰虜也，而我朝與漢唐異，漢唐重西北，我朝重東北，何者？都邑所在也。漢唐都關中，偏西北，故其時實始開朔方城受降不但已也。我朝都幽薊，偏東北，則皇陵之後，神京之外，其所以鎖鑰培植爲根本慮者可得〔按：館本得作但，抱本作得〕已哉？今日天下便宜重宣、大，以數警也。而近時與往年異，往年虞山西，近時虞京後，情不常也。往年急太原，其時内邊之修，外邊之築，建議併守，不憚勞也。今時急隆、永，則皇陵之後，神京之外，其所以培植以爲根本慮者可憚勞哉！蓋虜之爲患猶泛濫之水，中國設守猶障水之隄，諸隄悉成，則漸尋隙漏，諸隄未備則先注空虚，乃今則已注宣之隆、永矣。昨歲豕突於鎮安，今歲狼顧於滴水，搖尾以歸，駢首不解，安得不爲之寒心哉！夫往年修邊從宣府始，西中路者先所急也。北東二路，限於財力，間多未舉。又以獨石、馬營、永寧、四海冶之間，素稱險峻，朶顏支部巢處其外，尚能爲我藩籬故耳！其今西中路邊垣足恃，虜不易犯，其勢必不肯以險遠者自阻〔按：館本阻作沮，三本作阻〕。而朶顏支部復爲所逼，徙避他所，北東二路之急視前蓋〔校記：廣本閣本蓋作皆〕數倍也。試以二邊計之，東路起四海冶鎮南墩而西至永寧盡界，北路起滴水崖而北、而東、而南至龍門城盡界，爲邊凡七百里，而二路馬步官軍防秋擺邊者，僅得二萬有奇，乃復摘守南山三百四十里之邊兵，分備踈，虜〔校記：閣本分下有則字。廣本閣本虜作虞〕潰外防則隆慶、永寧之間倉皇擾動，南山諸口山梁多可漫走，我力不禦，則畿輔内地不免警震，又安得不爲之寒心也。夫天下之事，不有所恃〔按：館本恃作待，抱本作持〕無以全其勢，不有所更無以盡其利。宣之北路，谿谷僻仄，地産貧瘠，往年不數數患虜者，彼誠避其險遠而無所於利近。乃入寇至再者，志在内地，又知内無重垣耳。内設重垣，虜計斯沮，故今左腋〔按：館本腋作掖，閣本作腋〕龍門衛、楊〔校記：廣本閣本楊作揚〕許二衝〔校記：抱本衝作衛〕，右腋龍門所、滴水崖一帶，俱當厚爲之備，以絶所必窺。設使虜人貪入，則須由獨石、馬營而南逡巡，前却於谿谷僻仄之間，而我内垣之〔按：館本之在我字下，三本之在垣下〕守愈固，功不可隳，掠無所獲，疲其力而衝其中虚，伺其隙而邀其歸路，當無不覆之寇矣。故外邊以扞北路，内險以扞京師，尋常竊發，外邊自可支持，萬一侵軼，内險復成犄角，緩急相資，戰守並用，兹所謂審形勢酌便宜而盡之於人謀者。臣往來相度，擬於鎮南墩與薊州所屬火燄墩接界，塞其中空，築牆僅三餘里，可以省百數十里之戍兵。自此而西，歷四海冶、永寧、光頭嶺、新寧墩一帶，地勢所可守者，止循舊邊，地勢不可乘者，稍爲更改，俱創修新牆一道。北路外邊，補修創造〔按：館本造作修，抱本作造〕，務期通完。又自永寧墩歷鵰〔按：館本鵬作鵰，是也〕鶚、長安嶺、龍門衛至六臺子墩而止，另爲創修一道，據其要害，是爲近邊，即與東路新牆連而爲一。防秋之時，不必退守南山，俱須併力外險，蓋不止金湯之設，崇虎豹在山之威，亦且成首尾之形，收率然相應之利也。謹將經費工役事宜條爲五事。一，處夫役：宣鎮五路軍夫及河南班軍僅可四萬，請令山西、保定撫臣，各籍所屬民夫萬五千人，給以資糧，委官督領，刻期赴鎮。一，計工費：宣府東路邊牆一道，北路内外牆各一道及請墩舍水門，計工當役七萬人。以百五十二日爲期，度支費銀四十三萬六千六百有奇。請發太僕寺馬價銀及本部缺官柴薪，不足，以帑銀給之。一，移將領：宣鎮二〔校記：閣本二作一〕路不必增兵，第移本鎮副總兵於永寧城，移永寧參將於四海冶，奇援兵馬願從者聽，否，則就近交兑。不足，從宜選補。副總兵專督團操，軍騎巡徼上陵官將，自參守而下許會總兵調度。一、議戍卒：原以北東二路邊軍單騎，不便分戍，欲摘京營步軍六千，赴永、隆協守。然京軍未可輕發，第令朔州兵備召募三千益之。一，備戰車：永寧、懷、保地勢平夷，可車戰。前保定巡撫劉隅創戰車數千輛，置之腹地無所用，宜取三之二運赴本鎮，則不加費而戰守之備足。疏下，兵部覆議。得旨，俱允行。

（世宗嘉靖實録卷 347　第 10 頁　347.9.6293）

1285　**五月辛未**　薊州巡撫都御史孫應奎以諜報虜駐宣府馬營，欲會兵南牧，請涿鹿及通州等諸衛班軍並各衛操守舍餘，趣赴天壽、居庸，白羊一帶隘口防遏，仍兼主兵協守。其京營保定之兵，宜預分信地，嚴爲隄〔校記：廣本閣本隄作提〕備。下兵部，〔按：館本部下有部字，廣本閣本無〕議：薊州密邇畿甸，可朝發夕聞，涿鹿兵不宜預調，京營保定人馬，第先行申飭，畫地以俟。上從其言。

（世宗嘉靖實録卷 343　第 1 頁　348.1.6299）

1286　**五月辛巳**　巡按直隸御史姚一元言：護陵八衛之軍數不滿萬，近設提督，乃選士馬三千付之，餘者仍充京操。陵衛之役，舊設守備，似爲冗員可省。請以副參游擊等官兼領都督守備，其原發馬三千匹，天壽山一帶，山勢險峻，騎兵無所用之，莫若減馬之半，令步騎相停〔校記：廣本停作平〕，分險夷以守禦。時當防戍，則日給芻糧，事寧乃糧給傳〔按：館本乃糧給傳作仍爲量給，專，是也〕以擁護陵寢，諸邊不得爲例。兵部覆議：提督之設，兼管黃花鎮以西，其責重。守備之設，只轄陵寢以北，其任專，不宜輕議裁革。至論減馬匹以時給養則誠便。詔從部議。

（世宗嘉靖實録卷 348　第 4 頁　348.3.6304）

1287　**五月己丑**　兵部侍郎詹榮疏請預處防秋十事。一，詰京操以振國威。言京營兵將，視額僅三之一，而將皆紈袴，兵皆市井，不足恃。宜拔其精鋭者備戰，以庸弱者備守。分十二營兵爲八陣，四爲正，正各萬人，四爲奇，奇各六千人，專以防衛京師。分東西官廳之兵爲兩班，班分六枝，每各三千人，居常嚴訓閱之，俟警乃發，使更番戰守。一，飭兩關以肅内邊。東西二關惟喜峯、右〔按:右爲古之誤〕北、黄花、居庸、白羊、横嶺諸隘可通。大舉之寇，且於喜峯口等處各增夜不收十八人出邊偵探，夫哨六人馳報京師，遇警則發京兵六枝，分布諸口，徵調山東長槍手三千，河間漢達兵三千駐通州，以援喜峯右〔按：右爲古之誤〕北保定。漢達兵三千，屯涿州，以援居庸、白羊。一，飭三鎮以固藩屏。自吉囊俺酋作難，宣大山西三鎮告疲。近議合山西兵併守平朔偏關，三晉雲中稍靖，惟獨石、滴水崖、永寧、四海冶宜塹山築壘，嚴兵遠探，以預其防。其在三關，一方有警，則以本鎮兵禦敵，調三面兵犄角援之。一，飭遼左以固東藩。遼陽孤懸東北，僅山海一線相通，自朶顔泰寧爲媒，而虜之東侵益利。今宜外築邊垣，内繕城堡，勵士馬以據要害，編保甲以備防守，懷三衞以爲外藩，若錦、義、廣寧、遼海諸州有警，則四方鄰鎮各調兵援之。一，廣將才以備任使。請勑風憲督撫諸臣，博舉智勇超卓者，略其世類，别其差等，破格用之。一，明賞罰以示勸懲。言各邊功罪，無論小大，應紀驗者期三日，卹録者期五日，勘報者期一月，務使恩威遠被，則士心知奮。一，裕芻粟以實邊塞。自屯田廢而粟貴，鹽法壞而利微，宜下督撫，悉心經略。覈屯地荒，遠者給軍分墾，毋課其入。開中商人，務令飛輓，及邊不得賁緣近地私通折兑。一，裕餽餉以壯兵馬。各邊主客士兵衣糧，宜令督餉諸臣，先秋計來歲應支之數，稍作〔按：館本作作斥，抱本作作〕羸餘，以備不測。其當催督召糴。奏請者俱宜預計兵糧，月以初給冬衣布花，歲以秋給客兵芻糧。所過者給，稽留者按臣劾治。一，先機警以伐敵謀。虜每聲東擊西，欲進佯退，諜者誤中而此信之，往往寇至忘備。蓋虜嘗招我降人，覘我虚實，今宜先事伐謀，凡以夷情來告者，皆可爲用，以亡命去者，皆可爲間，不惜禄賞以誘之。詔悉如議。其調用長槍手並漢達兵，至期更議以聞。

（世宗嘉靖實録卷 348　第 5 頁　348.4.6305）

1288 **五月乙未** 上諭輔臣嚴嵩：内監奏，太子例用地方守墳，今哀冲地户既多，莊敬營域相近，併用看守何如？嵩言：凡守墳地土原無空閒官地，俱係所司出銀買民地充用，抑價強估，民多失業。今若令二墳合併看守，於事體最便，百姓受惠，不可勝言，請卽傳諭所司施行。報可。

（世宗嘉靖實録卷 348 第 9 頁 348.3.6313）

1289 **六月己亥朔** 重建都城隍廟。

（世宗嘉靖實録卷 349 第 1 頁 349.1.6315）

1290 **六月庚子** 以隆慶、永寧滴水崖諸處被虜殘害，詔免今年秋糧，仍發太倉銀一萬兩賑濟。

（世宗嘉靖實録卷 349 第 1 頁 349.1.6315）

1291 **六月** 兵科給事中張廷槐言：京營坐營等官，類多營私罔利，掊克銖求，以致行伍漸虚，士馬消耗。往者聽徵兵號十二萬，今括爲兩官廳僅三萬六千，且老弱居十三，武備廢弛，此不擇人而專責之過也。臣按先年團營提督專設尚書，邇來或廢或置，或兼以本兵，本兵部事卽據，營務復繁，勢必顧此失彼，則團營專官之設似不容已，請擇廷臣有才望者任之。疏下，兵部因考〔按：館本攷作攻，抱本閣本作考，是也〕上歷年提督廢置之詳，上謂先年專設提督、文臣未見有裨營務，仍令本兵兼，不必增置。

（世宗嘉靖實録卷 349 第 2 頁 349.2.6318）

1292 **六月壬子** 順天府府尹胡奎三年考滿蔭其孫懋桂爲國子生。

（世宗嘉靖實録卷 349 第 4 頁 349.4.6321）

1293 **六月甲寅** 日本國王源義晴差正使周良等來朝，貢方物。賜宴賚有差，以白金錦幣報賜其王及妃。初，日本入貢，率以十年爲期，載在《會典》。嘉靖二年宋素卿、宗設爭貢相仇殺，因閉不與通。十八年復來求貢，納之，因與約以後入貢舟無過二〔按：

館本二作三，抱本作二〕艘，夷使無過百人，送五十人京師。至是良等不及貢期以百人來，凡駕四船，部議非正額者皆罷遣之，而浙江巡撫朱紈力陳不便狀。部欲賞其百人如額，非正額者皆罷勿賞。良因自陳，貢舟高大，勢須五百人。中國商舶〔校記：廣本舶作舡〕入夷中，往往藏匿海島爲寇，故增一艘者護貢舟也，非敢故違明制。禮部不得已，請百人之外各量加賞犒，百人之制彼國勢難遵行，請相其貢舟斟酌之。

又日本故有弘治、正德入貢勘合幾二百通，夷使前入貢時奏乞嘉靖勘合，朝廷令以故勘合納還始予新者。至是良等持弘治勘合十五道，言其餘七十五道爲宋素卿子宋一所盗，捕之不得。正德勘合留五十道爲信，以待新者，而以四十道來還。禮部覈〔按：館本覈作覆，抱本閣本作覈〕其簿籍脱落，故勘合多未繳，請勿予新者，令異時入貢持所留正德勘合四十道，但存十道爲信，始以新者予之。而宋一所盗，責令捕索以獻。報可。

（世宗嘉靖實録卷 349　第 5 頁　349.4.6321）

1294　六月庚申　葬莊敬太子於金山。

（世宗嘉靖實録卷 349　第 5 頁　349.5.6323）

1295　七月癸酉　陞光禄寺少卿竇一桂爲順天府府丞。

（世宗嘉靖實録卷 350　第 3 頁　350.3.6329）

1296　八月辛丑　朝鮮國王李峘差陪臣刑曹參判李思曾等進〔校記：廣本閣本進下有貢字〕馬及方物，慶賀萬壽聖節。宴賚如例。

（世宗嘉靖實録卷 351　第 3 頁　351.3.6343）

1297　八月己未　朝鮮國王李峘差陪臣禮曹參判李蓂等進表奉慰及祭文、香品詣莊敬太子墳所行禮。宴賚如例。

（世宗嘉靖實録卷 351　第 5 頁　351.4.6346）

1298　九月丁卯朔　發太倉銀三萬兩於密雲。

（世宗嘉靖實録卷 352　第 1 頁　352.1.6357）

1299 **十月庚子** 天壽山守備太監劉遠請給符驗旗牌如鞏華城副總兵胡潭例。兵部言：潭提督六路之兵，事權重大，例有旗牌。遠所轄選卒三千，第令與鞏華城副總兵督率操守事體不同，所請難許。上從部議，報罷。

（世宗嘉靖實録卷 353 第 1 頁 353.1.6365）

1300 **十月辛丑** 以災詔免順天、河間、保定、真定、大名等府所屬州縣及中屯等衛所税糧有差。

（世宗嘉靖實録卷 353 第 1 頁 353.1.6366）

1301 **十月戊申** 遣禮部侍郎王崇慶、工部侍郎楊行中擇思柔公主葬地於金山。

（世宗嘉靖實録卷 353 第 4 頁 353.3.6369）

1302 **十月辛亥** 陞……巡撫順天都察院右僉都御史孫應奎爲左副都御史，回院管事。

（世宗嘉靖實録卷 353 第 4 頁 353.3.6370）

1303 **十月戊午** 陞河南布政使王汝孝、應天府府丞何鰲俱都察院右副都御史。汝孝巡撫順天，鰲總理河道。

（世宗嘉靖實録卷 353 第 5 頁 353.4.6371）

1304 **十一月壬申** 提督團營成國公朱希忠奏：團營原額馬一十二萬四千餘匹，今止存四萬餘匹，蓋因草料放支愆期，額數虧缺，以致倒損甚多。乞量加恩卹，以資餧秣。下户部，議謂：畜牧之法，必令馳逐水草以遂馬性，乃致蕃孳〔按：館本孳作孽，抱本作孳〕，故永樂、宣德年間，馬皆夏秋下場，兼令採青，爲冬春計，雖正統十四年北虜内侵亦暫給馬草兩月，自是先朝舊規，後因言官有草料全支不必下場之議，於是每年支發帑銀常至一十八萬。芻粟日增，馬數日少，其得失之故可覩。況京畿草場已堪牧放，所請料價勢難更增。惟行各倉場委官，每月放支〔按：館本作支放，三本作放支〕，務須依期如數。奏入，詔如議。

（世宗嘉靖實録卷 354 第 3 頁 354.3.6379）

1305 **十一月乙亥** 陞順天府府尹胡奎爲都察院右副都御史，巡撫雲南地方。

（世宗嘉靖實録卷 354 第 4 頁 354.3.6380）

1306 **十一月戊寅** 朝鮮國王李峘差陪臣工曹參判李夢亮等來賀冬至，進馬及方物。宴賚如例。

（世宗嘉靖實録卷 354 第 4 頁 354.3.6380）

1307 **十一月己卯** 賜朝鮮國二十九年《大統曆》一百册。

（世宗嘉靖實録卷 354 第 5 頁 354.4.6381）

1308 **十一月癸未** 陞南京光禄寺卿郭鋆爲順天府府尹。

（世宗嘉靖實録卷 354 第 7 頁 354.5.6384）

1309 **十一月癸未** 提督京〔校記：廣本閣本京作團〕營成國公朱希忠疏陳營務六事。一、營軍多缺伍，宜以京衛責之，兵屬外衛，責之憲臣，按籍征發，更招募輔郡勇敢，以參練之。一，營馬損傷過半，宜漸補給，貧軍樁朋無措，請悉蠲免，勿以年限多寡爲罰。其領馬官軍，按舊例填給勘合，以覈存亡。一，先年嘗選各營官軍六千演習火器，近乃罷之，宜復其舊。一，請簡各衛寄操官軍萬二千人，給以弓矢，督之習射，教成分布各營轉相觀習。其弓矢選先時團造強勁可用者，不足則動支軍器料銀製造。一，請合諸營兵别爲三等，上以充兩廳團營之伍，中還練於舊營，下乃責之更代。一，外衛番上諸軍，例以箚付，稽其存亡。第所列軍數，舊無印記，須取府印營單，赴京營科道驗覆，數同印給，赴部覆驗，乃得還衛。兵部言：輔郡軍餘民壯，已盡摘選，可無更募樁朋之徵，所以懲牧〔按：館本牧作版，抱本閣本作牧〕養之惰，近已奉詔蠲免，軍困少甦，所議限年退罰，宜仍近例。餘如其請。工部亦覆稱，火器弓矢當如數造給。得旨，允行之〔按：館本無之字，抱本有之字〕。

（世宗嘉靖實録卷 354 第 7 頁 354.5.6384）

1310 **十二月丙申朔** 葬常安公主於西山。

（世宗嘉靖實録卷 355　第 1 頁　355.1.6391）

1311　十二月丁巳　發太倉銀三萬兩於昌平，補給客兵糧餉。

（世宗嘉靖實録卷 355　第 4 頁　355.4.6397）

1312　十二月己未　琉球國中山王尚清遣正議大夫梁顯等來朝貢方物。宴賞如例。

（世宗嘉靖實録卷 355　第 5 頁　355.4.6398）

嘉靖二十九年（1550）

1313　正月甲戌　立春。順天府官進春，上不御殿，命司禮監捧入。免百官宴。

（世宗嘉靖實録卷 356　第 1 頁　356.1.6401）

1314　正月乙酉　琉球國中山王尚清遣陪臣梁顯等入貢。宴賞如例。

（世宗嘉靖實録卷 356　第 1 頁　356.1.6402）

1315　正月癸巳　保定、河間、定州等衞官軍，以防守居庸事竣〔按：館本竣作峻，三本作竣，是也〕求賞。户部言：故事，京邊軍士非有大征遠戍不得干〔按：館本干作千，三本作干，是也〕賞，今宜酌定賞格，以五千里外一年以上爲一等，三千里外八月以上次之，一千里外半年以上又次之，五百里外三月以上，若達官達舍無糧操餘又次之。多者每人給銀五兩，以下遞減有差。其本鎮四百里之内冒支行糧者〔校記：閣本無者字〕及不候掣兵離次邀〔按：館本邀作邊，三本作邀，是也〕索者，宜重懲以法。報可。

（世宗嘉靖實録卷 356　第 3 頁　356.2.6404）

1316　二月乙卯　故〔校記：廣本閣本無故字〕安南都統使莫福海〔校記：廣本閣本海下有死字〕子宏瀷請襲封修貢如〔校記：廣

本閣本如下有歲字〕例，所司以聞。禮部言：宏瀷當襲與否會勘未明，候報至乃可許。從之。

（世宗嘉靖實録卷 357 第 4 頁 357.4.6413）

1317 二月丁巳 琉球國王尚清遣陪臣子五人詣京師，請入監讀書。詔許之。

（世宗嘉靖實録卷 357 第 4 頁 357.4.6413）

1318 二月壬戌 大風，揚塵四塞。

（世宗嘉靖實録卷 357 第 5 頁 357.4.6413）

1319 二月甲子 隆慶州張山營堡山鳴。

（世宗嘉靖實録卷 357 第 5 頁 357.4.6413）

1320 三月乙丑 禮部以亢旱請令順天府官禱雨，百官〔按：館本官作百，三本作官，是也〕皆致齋、青衣辦事。上曰：去冬無雪，今春不雨，凡百五十日，如再及旬日〔按：館本日作月，抱本改作日〕則麥禾皆失潤漑，朕兹躬禱爲民天耳。卿等以上下相關，謂百官亦當致省，但恐應天未可虚文，第令該府官竭誠以禱。

（世宗嘉靖實録卷 358 第 1 頁 358.1.6415）

1321 三月辛未 初，永樂間，徙浙江南直隸富民三千户實京師，充宛、大二縣廂長，既而逃亡者衆，有司議以見役人少，每逃户一人各徵銀三兩助役，廂民便之。嘉靖二十八年，以虜警轉發助役銀於各邊充餉，後遂爲常。於是御史阮鶚疏請仍舊給民。户部言：廂民生齒日繁，不必仰給於逃户，請量發銀四百兩給之。其逃户故絶者止行原籍徵銀二兩，未絶者卽於本户徵銀，無復累及他甲。詔可。

（世宗嘉靖實録卷 358 第 1 頁 358.1.6416）

1322 三月丙子 大風揚塵蔽天。

（世宗嘉靖實録卷 358 第 3 頁 358.2.6418）

1323 三月己卯 策試天下貢士。

（世宗嘉靖實録卷 358　第 3 頁　358.3.6419）

1324　**三月壬午**　賜殿試貢士唐汝楫等進士及第、出身有差。

（世宗嘉靖實録卷 358　第 3 頁　358.3.6420）

1325　**三月丙戌**　黄塵四塞，日無光。

（世宗嘉靖實録卷 358　第 4 頁　358.3.6420）

1326　**三月丁亥**　詔發太倉銀八萬一千九百七十餘兩於大同，六萬三百六十餘兩於山西，一十五萬三千七百餘兩於宣府，五萬兩密〔校記：廣本閣本密上有於字〕雲，四千兩於通州。發保定府庫貯主兵積餘銀四萬兩於昌平，三萬兩於易州，俱充客餉。

（世宗嘉靖實録卷 358　第 4 頁　358.3.6420）

1327　**三月辛卯**　大風揚塵蔽天〔按：館本揚塵蔽天作塵蔽於天〕。

（世宗嘉靖實録卷 358　第 5 頁　358.4.6422）

1328　**四月乙未朔**　命西官廳後哨廳征參將劉通充副總兵，提督黄花、居庸諸處，守備鞏華城。

（世宗嘉靖實録卷 359　第 1 頁　359.1.6425）

1329　**四月丁未**　大風揚塵蔽空。

（世宗嘉靖實録卷 359　第 3 頁　359.2.6428）

1330　**四月癸丑**　大雨。百官上表稱賀。

（世宗嘉靖實録卷 359　第 5 頁　359.4.6431）

1331　**五月己卯**　命中軍都督府僉書成山伯王維熊於揚威營坐營管操。

（世宗嘉靖實録卷 360　第 2 頁　360.2.6438）

1332　**五月壬午**　時邊報日棘，西〔按：館本西作海，三本作西，是也〕海夷窺甘、涼，套虜窺延、固，俺答小王子部落盤據威寧海子及開平邊外，歲犯宣大諸鎮，朶顏三衞數引比虜犯廣寧遼陽，睥睨白馬關，逼黄花鎮。於是兵部條上十事。一，飭營關以嚴内治。二，飭邊鎮以固藩籬。三，務實政以嚴邊防。四廣儲積以實邊塞。五，時餉餽以安募卒。六，重犒〔按：館本犒作穜，三本作犒，是也〕賞以激將士。七，開使過以策奇功。八，開受降以殺虜勢。九,急撫綏以固人心。十,正軍法以振紀綱。其飭營關謂：京營額設官軍〔按:館本作軍官，廣本閣本作官軍，是也〕三十八萬有奇，今僅十三四萬，保定、薊州兩鎮官軍十二三萬，今不滿十萬，倉卒有變，何以應之？請於團營中預選精壯充敢勇等四營，每營各滿萬人，以曾歷邊方戰陣將官領之，居常操練，有警出征，不必另立四聽〔按:聽爲廳之誤〕征營，以分弱營伍。其兩官廳預擬六枝出征，爲各關聲援，六枝操練，備更番調遣，每枝三千人。三大營及顯武等八營亦皆以時訓練，俟有警則先發兩廳出征軍分戍各關，次將敢勇等四營分布東西南北爲正兵，兩廳備調者四枝，列於四隅爲奇兵，二枝往來巡哨爲遊兵。仍於防秋之月量發保定、薊州兵策應各關。選河間、保定精兵二枝，每枝三千人〔校記：廣本閣本人下有一駐軍州四字，是也〕，一駐易州以備東西各關應援。其飭邊鎮謂：遼東近患，惟紅螺，泰寧諸部落各路按伏之〔按:館本之作乞，三本作之，是也〕兵，苟能遠斥堠、飭戰具以待虜。虜寇西〔校記:閣本西作東〕則廣寧、義、錦、寧前諸兵星馳併戰，寇東〔校記:閣本東作西〕則遼陽、開原、瀋海、靉陽請兵亦如之。彼遠來疲勞，勢將自遁。又薊州、潮河、古北、白馬、黃花等處，皆有間道可通開平，而朶顔諸夷陰與小王子和親，其情叵測。今建昌、石匣、山海、三屯、燕河〔按：館本河作大，三本作河，是也〕、太平、馬蘭、密雲〔按：館本無雲字，三本有雲〕、鞏華等營官軍九枝，分布防禦。仍請發京營聽征兵及通、易駐劄客兵援之，此又陵京切近之虜所當預備〔校記：三本備作防〕也。至於各邊預備事宜，臣等已於去年奉有成畫，要在將領協心務實行之耳。大抵頻年虜患，皆坐哨探不早，犄角失勢。通事家丁，逃民叛卒，又往往相疑，外市煽引爲奸，非痛加整刷，明示勸懲，恐邊患未已。疏入，詔悉如議行。

（世宗嘉靖實録卷360　第3頁　360.2.6438）

1333　六月辛酉　太常寺奏請修理天壇，詔會官計處工費以聞。給事中謝登之言：圜丘乃祀天之所，誠不當惜費，但今四郊並薦建，財力已窮，未及大壞，不宜遽興重役。且國家營建，在朝廷者屬内官監，在諸司者屬工部，凡遇内府興作，内官監〔按：館本内官監作内監官，廣本閣本作内官監，是也〕估計轉行工部，工部以三分爲率量減一分，蓋曲爲節省計耳。近該監〔按：館本無監字，廣本抱本有監字，是也〕估計，已知三分扣一定規，往往過爲加增，以圖侵剋。是扣留惟止〔按：館本止作正，三本止，是也〕一分，而冒破實逾數倍，錢糧蠹耗，皆由於此。乞暫罷圜丘工，以後遇有興作，令該監從實估計，不得恣意加增。工部議覆，從之。

（世宗嘉靖實録卷361　第4頁　361.4.6449）

1334　閏六月丙寅　以隆慶州永寧縣被虜，免去田租之半。

（世宗嘉靖實録卷362　第2頁　362.2.6453）

1335　閏六月己丑　以旱災免順天、河間、真定、保定、山西平陽諸府屬夏税有差。

（世宗嘉靖實録卷362　第6頁　362.5.6459）

1336　七月癸卯　命保定巡撫楊守謙移漢達軍二枝於通、易二州團練。東西官廳總兵劉鼎等六人各將兵一枝分戍關隘，候警啟行。鼎居庸關，辛昇黄花鎮，完成古北口，詹祥白羊口，任俊白馬關，陳燦懷來城。仍令户部發太倉銀充實京營，官各給銀三兩五錢，布銀五錢〔校記：閣本無布銀五錢四字〕。軍各給銀一兩五錢，布銀五錢。漢達官各給銀二兩，軍一兩。

（世宗嘉靖實録卷363　第4頁　363.3.6466）

1337　七月壬子　命割密雲、易州二兵備道所轄順義、懷柔二縣，營州左屯衛，昌平州，涿州、涿鹿中左三衛，興州中屯衛，房山，宛平、良鄉三縣，通州、居庸等隘口俱改隸霸州道。令其春夏駐劄本州彈壓盜賊，秋防〔按：館本作防秋，廣本閣本作秋防〕之時移駐昌平備虜。仍令密雲、霸州二道聽薊州巡撫節制，易州道聽保定巡撫節制。從御史王忬趙紳奏也。

（世宗嘉靖實録卷 363　第 6 頁　363.5.6470）

1338　七月丙辰　　詔薊鎮所屬密雲、馬蘭〔按：館本蘭作簡，三本作蘭，是也〕谷、太平寨、燕河營四墩軍每防秋三月，人加行糧二斗。三路夜不收照密雲例，俱加一斗。

（世宗嘉靖實録卷 363　第 8 頁　363.7.6473）

1339　七月丙辰　　革提督崇文門稅課主事，令巡視南城御史督察，從給事中任有齡奏也。

（世宗嘉靖實録卷 363　第 8 頁　363.7.6473）

1340　七月庚申　　命發太倉銀五萬兩並借寧武等邊關儲銀五萬兩於大同鎮，充明年年例。二萬五千兩於密雲、三萬五千兩於昌平備客餉。

（世宗嘉靖實録卷 363　第 9 頁　363.8.6475）

1341　八月乙丑　　命東官廳參將吴尚賢，西官廳參將梁臣領兵二枝，一駐密雲，一駐懷來〔校記：閣本來作安，誤〕，援宣、薊二鎮。

（世宗嘉靖實録卷 364　第 2 頁　364.2.6479）

1342　八月丙寅　　兵部言：虜蓄謀日久，若不得志宣府，必且東趨薊遼，請飭諸鎮嚴爲之備。又獨石邊南潮河川一帶，乃陵京門户，尤爲虜衝。宜發遼東兵一枝赴白馬關、易州，漢達〔校記：廣本閣本達下有官字〕軍一枝赴古北口。從之。

（世宗嘉靖實録卷 364　第 3 頁　364.2.6480）

1343　八月辛未　　朝鮮國王李峘遣陪臣柳辰全〔校記：廣本閣本全作仝〕等入賀。宴賚如例。

（世宗嘉靖實録卷 364　第 3 頁　364.3.6481）

1344　八月癸酉　　虜既犯宣府，不得入，遂引而東，駐大興州，去古北口一百七十里。大同總兵仇鸞帥所部軍居庸關南。馳奏虜騎日東將窺薊鎮，臣謹以便宜應援，或隨賊搏〔按：館本搏作博，三本作搏，是也〕戰，或徑趨通州，防守京師。惟上所命。

順天巡撫王汝孝駐薊州，誤信諜報言虜向西北，本兵亦以爲然，請急止鸞兵勿東還，備大同。上令鸞暫住居庸，待薊州報援乃回鎮。及興州報至，遂詔鸞留壁居庸，聞警入援。命巡撫都御史王汝孝嚴兵守薊鎮，鞏華城副總兵劉通赴天壽山。

（世宗嘉靖實録卷 364　第 4 頁　364.3.6482）

1345　**八月乙亥**　虜循潮河川南下至古北口，遂擁衆薄關城。總兵官羅希韓、遼東游擊許棠、保定都指揮曹世德等督軍禦之，不能卻。

（世宗嘉靖實録卷 364　第 4 頁　364.3.6482）

1346　**八月丁丑**　虜攻古北口，巡撫王汝孝帥薊鎮諸將〔按：館本諸將作將諸，廣本閣本作諸將〕兵禦之。虜引滿内嚮以綴我師，而別從間道西黄榆溝等處折〔校記：廣本抱本折作拆，是也〕牆入，汝孝等兵大潰，虜遂由石匣營達密雲縣，轉掠懷柔，至順義城下，圍之。聞保定兵駐城中，乃解圍南。

大同總兵仇鸞言：各邊虜患惟宣大最急，蓋由賊巢俱在大邊之内，我之墩軍夜不收往往出入虜中，與之交易，久遂結爲腹心，虜酋俺答脱脱辛愛兀慎四大賊營〔校記：閣本作營賊〕，至將我大邊墩臺割據分管，虜代墩軍瞭望，軍代達虜牧馬，故内地虚實虜無不知者。前總兵周尚文又私使其部下與虜爲市，而逃民沈繼榮、叛將王臣等，虜輒撫而用之以窺中國，於是邊事益不可爲矣。臣竊以爲虜中生齒浩繁，事事給仰中國，若〔校記：閣本若作君〕或缺用，則必需求，需求不得，則必搶掠。彼聚而重〔校記：廣本閣本重作衆，是也〕強，我散而寡弱，彼知我之動静，我昧彼之事機，是以每歲深入，無不得利而反〔校記：廣本閣本反作返〕，雖有良、平，難與角勝。往時虜曾請〔校記：廣本閣本請作進〕貢，廷議未從，尚文懼虜衆觖望〔校記：廣本觖望作缺望〕，必將肆毒，乃乘其效順之機，投以貨賂之利，虜既如願，邊亦少寧，尚文非得已而爲之也。夫通貢之事固不可行，然與其使邊臣違禁交通，利歸於下，熟若朝廷大開賞格，恩出於上。卽今遼東、甘肅、薊州、喜峰口俱有互市之利，若皇上霈然發詔，遣人至二邊外諭虜，遠塞許其市馬，如諸邊例，仍嚴立限制，量加賞給，則彼之感恩慕義，當世世爲外臣，比於軍之自相結納者功相萬也。上曰：此疏所言利害，不但一時一鎮可行。兵部卽詳議奏〔校記：廣本閣本奏作以〕聞，毋得推避。

時警報日急〔校記：廣本閣本急作棘〕，有言虜遣細作潛住京師謀燒各場馬草者，給事中王德奏：以臺基廠等場積草，半散有馬官軍，半令五〔按：館本五作丑，三本作五，是也〕場商人搬入城中，准其上納之數，發壩上等處御馬於附近州縣牧養〔按：館本牧作收，三本作牧，是也〕。

勑廠衞五城譏察非常，仍遣重臣會巡倉御史守通州。太僕寺解到馬匹，毋〔校記：廣本閣本毋作無〕論已未投文，急收入城。武舉待試者，許自投薦，卽爲録用。運軍未回者，發通州守城。翰林科道〔校記：廣本閣本道下有官字〕有能出奇計欲以上聞者聽。上嘉納之。

（世宗嘉靖實録卷 364　第 4 頁　364.3.6482）

1347　**八月戊寅**　虜至通州，以白河阻不得渡，乃駐營伍〔按：館本伍作河，是也〕之東岸孤山一帶。分掠密雲、懷柔、三河、昌平各州縣。京師戒嚴。

詔大同總兵仇鸞引兵發居庸，亟前禦虜，徵薊鎮諸路及河南山東兵入援。

分命文武大臣防守京城内外。提調營務成國公朱希忠、遂安伯陳鏸、署都督僉事郭琮、閒住署都督僉事元聚、兵部右侍郎謝蘭分守各門。正陽門英國公張溶、吏部右侍郎李默；崇文門襄城伯李應臣、户部左侍郎駱顒；朝陽門撫寧侯朱岳、右通政張瀌；東直門東寧伯焦棟、太僕寺卿張舜臣；安定門豐潤伯曹松、大理寺右寺丞王達；德勝門定國公徐延德、都察院左副都御史梁尚德；西安門安卿伯張坤、大理寺右少卿倪嵩；阜城門宣城伯衛錞、大理寺左寺丞陶謨；宣武門靖遠伯王瑾、禮部右侍郎程文德；皇城四門禮部左侍郎王用賓、錦衣衛都督陸炳。以給事中張勉學御史魏謙吉等各四員充監視官。在京大小文臣中有知兵者悉聽兵部尚書丁汝夔委用。時汝夔以虜薄近京，條陳八議。一，九門各增指揮四員，軍〔按：館本軍下有兵字，廣本閣本無兵〕五百名。皇城四門各增指揮一員，校尉五百名，使溶等分督之。一，城外列正兵營四。東北於果樹壩，西北於北海店，東南於十里河，西南於彰義門。列奇兵於正陽等九門，近郊正兵每營各坐營官一員，協理官二員，統馬步官軍一萬員名。奇兵每營各參將一員，協理官一員，統馬步官軍六千員名。正兵取於團營内四勇字營，奇兵取於兩廳未出征四枝官軍及顯武等營，使都督僉事高秉元等三十人領之，希忠、鏞等往來閲視。有營〔按：館本營作管，三本作營，是也〕軍缺伍者，以在衛軍餘舍餘摘補。一，城外關廂居民稠密，猝有警報，遽難斂避，宜令巡捕參將等官於臨郊街口，築牆治濠，結立栅門，以遏衝突，門内伏勇敢善射者各數十人〔按：館本人作嚴，三本作人〕以待敵〔按：館本作敵待，廣本閣本作待敵〕。密雲、良鄉、昌平等處鄉村店〔按：館本店作居，三本作店〕集無牆堡可恃者移順天府，速〔按：館本速作連，三本作速，是也〕行清野之令。仍分遣在京堂上官二員，量兼憲職，經畧通、涿二州。通州儲蓄所在，尤當固守。請亟調壩州、密雲二道兵援之。一，請檄保定副參等官趨通州，遼東參將趨順義，山西游擊趨良鄉，宣府副總兵趨昌平，大同副〔按：館本無副字，閣本有副字〕總兵趨鞏華城，各聽調截殺。各閒住緣事將官及舍餘丁壯有願立功者，令諸守臣多方招集，給以器械行糧。有功之日，一體重賞。疏入，上皆允行。既而用輔臣嚴嵩等議，加總督京城九門官二員。用定西侯蔣傳、吏部左〔按：館本左作右，三本作左〕侍郎王邦瑞給旗牌，令以軍法從事。駐守通州堂上官止用一員。

命進表甘肅巡撫都御史王儀往詔城中居民並四方入應武舉官生悉發乘城，晝夜防守。

命都御史商大節督率五城御史領之。

禮部尚書徐階奏：京師之兵，多不習戰，統領勳貴，又不知兵。今〔按：館本今作余，三本作今，是也〕繫獄將官戴綸、李珍、麻隆、曹鎮、歐陽安素歷邊疆，咸〔按：館本咸作威，廣本抱本咸，是也〕著謀勇，請如張達等例，釋而用之，授以兵馬，必能出力，以報不死之恩。在外緣事有各將官，遼東有劉大章、周益昌，陝西有陳時，雖去京稍遠，亦當赦宥召之，此則兵部拘泥常格而不敢言者。關廂居民，一聞虜警，必奔走入城。宜令兵部同錦衣衛五城御史加意安插。内有驍健可用者，即召募爲兵，既可以充實行伍，亦弭亂之一端也。又聞兵部欲發兵於城外劄營，蓋爲捍護關〔按：館本捍作得，無護下關字，三本作捍，有關，是也〕廂之計，但恐京軍〔按：館本作軍京，廣本閣本作京軍，是也〕見敵輒走，反摇民心，而關廂亦竟不能捍護。宜急召總兵仇鸞〔按：館本鸞下有兵字，廣本閣本無兵〕入衛，仍優其廩餼，令兼督城外劄營諸軍。大約以大同人馬爲京軍先鋒，以京軍助大同人馬聲勢，庶兩有所恃而不恐，此又兵部思慮所未及者。疏入，上深嘉納之。

詔宥綸等罪，各復原職，給與兵馬行糧，聽總兵仇鸞調遣，餘俱如議。

保定巡撫都御史楊守謙率師入援至良鄉。

詔列營崇文門外。是日聽〔校記：廣本閣本聽作提〕調副總兵朱楫、參將祝福、馮登兵亦至彰儀〔校記：廣本閣本儀作義〕門外，城中人心稍安。

（世宗嘉靖實録卷 364　第 6 頁　364.5.6485）

1348　八月己卯　虜大衆營白河東，分遣遊騎散掠枯柳樹等各〔校記：廣本閣本各下有鄉字，是也〕村落，去京僅二十里。總兵仇鸞帥副總兵徐珏、遊擊張騰等兵至通州，列陳河西自固，都御史楊守謙及朱楫等兵營於東直門外。時各路援兵頗集，議者紛紛，皆謂城外有邊軍足恃，宜移京軍入備内讆。於是侍郎王邦瑞請以巡捕官軍營〔校記：閣本東上有於字〕東西長安街，而尚書丁汝夔亦請量掣城外兵，營十王府、慶壽寺。俱報可。

陞進表山西參政文希淳爲都察院右僉都御史，同工部侍郎孫禬出城督治濠塹，保守關廂。

命禮部尚書徐階傳諭九門防守官，以虜未至，毋輒先閉關以自困，但加意防檢，啟閉以時，勿玩勿怯。發銀五萬兩於密雲，二萬兩於昌平充客餉。

（世宗嘉靖實録卷 364　第 8 頁　364.7.6489）

1349　八月庚辰　虜駐通州河東，分掠馬林店等處，殺鹵居民無數，焚湖渠等馬房，執内侍楊增等去。

（世宗嘉靖實録卷 364　第 9 頁　364.8.6491）

1350　八月辛巳　上諭户部曰：近日關廂人民入城者多，米價頓貴，未〔校記：廣本閣本未作必，是也〕至艱食，朕甚軫念。其亟發米五萬石，每石定價銀五錢，會官發糶。給事中王德御史李逢時言：〔按：館本無言字，三本有言字，是也〕每石五錢。其價猶〔校記：廣本猶作尤，閣本作太〕重，請定爲三錢五分，禁富民乘機糴買者，從之。

命都御史楊守謙同仇鸞調度京城各路兵馬，相機戰守。仍懸示賞格，獲虜酋首十〔校記：閣本十作一〕顆者陞世襲都指揮使，賞銀一千二百〔校記：閣本無二百二字〕兩。獲虜首一顆陞一級，賞銀一百兩。能奮不顧身衝鋒破敵者，雖無斬獲功〔按：館本功作切，三本作功，是也〕，亦超陞二級。

直隸巡按御史姜廷頤言：虜犯通州乘城軍士止一千七百人，雖議發居民與各運官旗協守不過具數而已。今虜野無所掠，勢必深入，官軍環視拱守，莫與決一死戰者，乞勅該部速發勁兵迎敵。上是其言。

命兵部如議發兵，聽仇鸞調度禦虜，仍令查參古北口主客兵將縱賊入境者，以名〔校記：廣本閣本無名字〕聞。

命都御史商大節便宜募軍，發户部銀伍千兩貯於各兵馬司聽用，有技勇異等士，倍給糧〔按：館本倍作陪，糧下有糧字，三本作倍，糧下無糧，是也〕賞。

命聽征參將劉錦帥所部人馬同王儀守通州。

給守衛官軍直米，令其晝夜直宿，不得更番。候事寧，分班之日住支。

總督九門英國公張溶等言：守城官軍有兵無將，難以統攝。坊市民兵皆烏合之衆，宜亟發軍器糧賞。得旨：令户兵工三部選委屬官分詣各門，聽坐門大臣調度。違誤者指名參治。

是日晡時〔校記：廣本閣本無時字〕，虜自通州渡河西向，前鋒七百餘騎至安定門迤北教場。仇鸞、徐珏邀虜後騎於白河孤山，斬首十三級，奪馬十匹。

（世宗嘉靖實録卷 364　第 9 頁　364.8.6492）

1351　**八月壬午**　虜大衆薄都城，分掠西川、黄村、沙河、大小榆河等處，畿甸大震。總兵高秉元、都指揮伯昂、徐鏞等連營城外禦之，不能卻。上責兵部坐視不行驅剿，令朱楫亟以兵應援。

詔以大通橋見貯漕糧分給諸路客兵，未至者權寄天津等倉。

給京衛軍士折布銀八萬九千八百八十兩有奇，綿花二十七萬二百斤有奇。

以城中米價騰貴，預給〔按：館本給作支，三本作給，是也〕

文武百官並軍匠旗校人等九月十月俸糧，仍諭各坊毋高價病民。

宣府總兵趙國忠、參將趙臣、孫時謙、袁正，游擊姚冕、山西游擊羅恭各聽調入援，營玉河等處。

俺答縱所虜湖渠馬房内官楊增持番書入城求貢。

（世宗嘉靖實録卷 364　第 11 頁　364.9.6494）

1352　八辰癸未　　給事中王德、御史李逢時奏舉將才，翰林如尹臺、趙貞吉、王惟〔校記：舊校改惟作維〕禎，科道如張秉壺、葉鏜、唐禹、楊允繩、吕光洵、黄如桂，部屬如江冕、李楝、劉自強、黄元參、張材，及司丞張遜業、起復知縣馬如驥皆素閒〔校記：抱本閒作閑〕方畧，宜亟選用。因言：九門晝閉，不便軍民，且示虜以弱。各處調到官軍，請亟勅巡視大臣給以軍器資糧，督之出戰。但有能奮勇先驅者，卽小挫勿論。其城中坊舖居民，往往乘機爲奸，宜〔校記：廣本閣本宜下有重字〕繩以法。上是其言，下所司議行。其閉門一節，已有旨令設兵加意盤詰，何乃不遵？使入者無聊，出者盡棄，是何心耶！今虜至已五日，户兵工三部官兵糧器，具漫不經理，其各令陳狀以聞。時京城門閉，民避虜至城下者俱不得入，號呼之聲直徹西内。會德等言及之，遂開門聽民出入。

（世宗嘉靖實録卷 364　第 13 頁　364.11.6498）

1353　八月甲申　　是日虜退趨白羊口。

（世宗嘉靖實録卷 364　第 15 頁　364.13.6501）

1354　八月甲申　　命錦衣衛逮侍郎楊守謙同尚書丁汝夔於午門外訊鞫。先是，虜騎至安定門，上命守謙與保定副總兵朱楫等併力擊之，楫等見虜勢盛，莫敢前。守謙亦以兵部未檄調爲辭，時京城外西北隅火光燭天，内臣園宅在焉〔按：館本焉作爲，抱本閣本作焉〕，相與環泣上前，稱將帥不力，皆爲文臣所制，故虜得至此。上震怒曰：守謙名稱入援，何數日坐視不出一戰，且朕親降旨趣〔按：館本趣作趨，三本作趣，是也〕之應援，兵部豈有不奉行者，何得稱部檄未至，擁衆自全？遂捕守謙同汝夔至廷鞫之。以吏部左侍郎王邦瑞攝兵部事，都御史艾希淳代領守謙兵。

（世宗嘉靖實録卷364　第16頁　364.13.6502）

1355　八月乙酉　虜遁至清河迤北，分掠天壽山、東山口、康陵菓園等處。上命大將軍鸞嚴護陵寢，仍令榜捕近京羣盜乘機剽刼者，俱許以便宜行事，毋待部檄。

（世宗嘉靖實録卷364　第16頁　364.14.6503）

1356　八月乙酉　發通州倉米二萬石，定價三錢五分出糶。仍許五衛官軍預支九月分俸糧。

（世宗嘉靖實録卷364　第17頁　364.14.6503）

1357　八月丙戌　京師解嚴。

（世宗嘉靖實録卷364　第17頁　364.14.6504）

1358　八月丁亥　大將軍鸞逐虜至白羊口迤東紅橋、雙塔等處。虜以白羊道狹，恐我軍邀擊之，遂掣其半由高崖口、鎮邊〔校記：廣本閣本邊下有城字〕等處，半由昌平東北古北口舊路出。鸞軍不意虜東返，猝與虜遇，皆不戰而潰，死傷千餘人，鸞幾爲所獲，以裨將戴綸、徐仁救得免。虜長驅〔校記：廣本閣本天上有至字，是也〕天壽山，見總兵趙國忠列陣紅門前，不敢入而去。

（世宗嘉靖實録卷364　第18頁　364.15.6506）

1359　八月丁亥　詔於慶壽、海印二寺空地結茇以居城外避虜之民，仍發太倉葦蓆二萬、米〔校記：廣本閣本米下有二萬二字〕二千五百石，行順天府官給之。

（世宗嘉靖實録卷364　第18頁　364.15.6506）

1360　八月丁亥　命西官廳聽征總兵官李鳳鳴充鎮守薊州、永平、山海等處總兵官。延綏游擊將軍徐仁充分守密雲、古北等處副總兵官。

命侍郎王邦瑞不妨部事兼提督團營軍務。陞陝西布政司右參政吴嘉會爲都察院右僉都御史，整飭薊州兵〔校記：廣本閣本兵作邊〕備，巡撫順天。

詔京營將九聚、許策等帥兵一萬人趨薊州防虜東掠。山西寧武關入援守備劉潭帥兵一萬二千人駐蘆溝橋，逐捕内寇。

（世宗嘉靖實録卷 364　第 18 頁　364.16.6507）

1361　八月己丑　賞仇鸞銀五十兩，紵絲四表裏。趙國忠、徐珏、張騰各三十兩，二表裏。王臣、王綸、趙〔校記：廣本閣本趙下有臣孫時謙、袁正、姚冕、莊恭各二十兩，二表裏，涿州守備二十一字〕井田十兩。所部兵〔校記：閣本兵共作官兵〕共給銀三萬二千餘兩，以入援效勞故也。是日虜衆始盡出邊，人馬饑乏皆不能軍，鸞等懲白羊之敗竟不敢逼，但尾送至石匣城及張家、古北等口外而返。其前後禦虜諸將有功者十八員。大同游擊王禄於懷來斬虜首十七級，獲馬十二匹。二十一日山西游擊柴縉於昌平奪回男婦二百四十人。二十三日都督九聚襲虜於海店生擒四人。既而鸞報功至八十餘級，或云皆詐割死虜及平民首級云。

（世宗嘉靖實録卷 364　第 20 頁　364.16.6508）

1362　九月辛卯朔　户部覆請發漕運米一萬石、太倉銀五千兩於通州，薊州倉米一萬石、庫銀五千兩於本州，通州倉米一萬石、太倉銀五千兩於三河縣，通州倉米一萬石、銀五千兩於密雲，太倉米一萬石、銀五千兩於昌平西苑〔校記：廣本閣本苑作山〕一帶，通州倉米一萬石、銀五千兩於順義懷柔。

（世宗嘉靖實録卷 365　第 1 頁　365.1.6511）

1363　九月辛卯朔　遣左侍郎駱顒督委司屬官九員遍歷虜過州縣衛所，凡傷殘之家成丁者人給一兩二錢，未成丁並婦女及被虜成丁者人一兩，被虜未成丁並婦女及被傷者人八錢，房屋燒毁者每間二錢，被傷遺民各以所發糧米通融賑濟。仍覈傷殘州縣衛所軍民田數，以俟蠲免。從之。既而順天府尹郭鋆復言，催徵屆期請於傷重之處先蠲免而後查覈。報可。

（世宗嘉靖實録卷 365　第 1 頁　365.1.6512）

1364　九月辛卯朔　嵩等又言：國家團營之設，本以居重馭輕，近年戎伍日虛，教習無素，仍用未經戰陣之將領之，須大加整刷，方可善後。請勅兵部亟選武臣中素有謀畧曾任邊鎮者以充提督坐營之任，吏部選才望大臣一員，專理營務，令其簡練在營人馬。又，京軍近調八枝赴薊州等處防禦，而守城遂至乏人，亦當議處。臣聞北直隸、山東、西、河南、廬、鳳、徐、邳等處民多勇悍，請遣官分詣各處多方召募，務足京營二萬之數。又薊州一鎮軍力單弱，故敵人無有能禦之者。請差大臣一員往督軍務，增兵築臺以爲屏蔽，仍令本兵預擬京城内外守護事宜，條列以聞，庶臨警乃可無患，不當如近日之倉皇失措也。況有事之時，用人爲急，今廷臣濟濟，一遇變故，輙稱才難，此尤在吏兵二部廣儲而博訪，或收録廢遺，或更調近地以備緩急之用。上曰：卿等之言亦朕深慮者，所司其即看議舉行。已而，部覆整刷營務訪舉將才及遣大臣經理薊鎮，俱如嵩等言。其京營軍宜精選壯卒，同騰驤四衛官軍操練，老弱者許子弟替補，不足則補以舍餘，又不足則補以召募。北直隸等處當定擬募軍人數，使遣官便於奉行。仍量給軍裝銀資，送入京别立義勇營居之，不必更屬團營。京城九門防守事宜，定以五城居民火甲人等，護守垛口，在京七十八衛所官軍，護守箭樓敵臺。門外用驍勇將官，統軍三千應敵。門内設軍五百，各門選用將官，統有馬官軍三千爲遊兵。如有失事〔校記：閣本事作誤〕，治該管官之罪。得旨，俱允行。今後各營將官，如有賣放占役等弊，廵視科道官從實參治，毋得仍前畏避不言，募兵官選各衙門有才幹者往，軍裝盤費及地方人數，其再議以聞。

侍郎王邦瑞言：國初，京營勁兵不〔校記：閣本勁兵不作變而爲〕減七八十萬，而元戎宿將，常不乏人嗣，是三大營變而爲十二團營，又變而爲兩官廳，雖浸不如初，然原額軍尚足三十八萬有奇。迄今承平既久，武備廢弛，據籍見在者止四十〔校記：廣本閣本四十作十四，是也〕萬有奇，較之原額已減三分之二，而在營操練者，又不過五六萬人而已。户部支糧則有，兵部調遣則無。比者，醜虜深入，事勢孔廹，而守城出戰，動稱無軍，其見在者率老弱疲憊市井遊販之徒，衣甲器械，取給一旦，所謂臨渴掘井計亦晚矣！不知平日團營所理者何事？而任其耗弊至此極也。臣以爲軍伍之不足，其弊不在逃亡，而在占役；訓練之不精，其罪不在軍士，而在將領。今之提督武臣，卽十二團營之總帥、坐營等官，卽各營之主帥，而號領把總之類，又古偏裨之官，其間多屬世冑紈袴，不閑軍旅。平時則役占營軍，以空名支餉，臨操則四集市人呼無博笑而已，軍安得足且精乎？夫軍之不足不精已非一日，先年尚書王瓊、毛伯温、劉天和輩嘗有意整飭之矣，然將領惡其害己，率從中阻〔按：館本阻作沮，三本作阻〕撓，陰壞正議，而軍士又習驕惰、厭紀律，輒亡匿涣散，或倡流言，清理未半，事復中正〔按：館本正作止，是也〕，彫敝至極，遂啟戎心。今皇上親見其害矣！臣愚，不勝憂國，懇欵願大振乾綱，嚴飭〔校記：閣本飭作敕〕提督朱希忠、陳鏸等，令洗滌自新，或推讓賢能，以保禄位，差風力〔按：疑力爲憲之誤〕科道六員通差十二團營人馬數目，取户部糧册參考，見在者必汰去老弱，留其精壯，逃亡者設法勾補，占役者悉徵着伍。然後人給衣甲器械，簡謀勇將官加以練習，操時〔校記：閣本時作演〕必以科道官監視。凡往時宿〔校記：閣本宿作夙〕弊，悉聽查覈〔校記：閣本覈作核〕以聞，毋爲羣議浮言所摇，庶幾營務可飭虜患不足弭矣。上曰：此疏所陳積弊皆是，爾受命提督，宜盡心整理，以副委任。科道官許添用二員，朱希忠、陳鏸令自陳。已而希忠、鏸等疏求罷，上許辭團營提督，他職如舊。

詔發大通橋所積京糧二十三萬五千餘石悉給官軍，充本年俸糧。

（世宗嘉靖實録卷 365　第 1 頁　365.1.6512）

1365　九月甲午　命順天廵撫御史邢尚簡勘視陵園、修理神供器物及撫卹被傷内侍人等，並核薊鎮失事諸臣罪。

（世宗嘉靖實録卷 365　第 4 頁　365.4.6517）

1366　九月乙未　吏部奉旨推經略薊鎮大臣……因擬調……保定奇兵二枝於密雲古北口、石匣、懷柔、順義等處防虜，十月後遣還。

更議營制。以咸寧侯充京營總兵官，總督三營。時兵部會推正副提督官四員，鸞名列第二。上曰，此事體非輕，必復祖制乃可事權歸一，蓄精鋭以濟實用。其革去十二營、兩官廳名目，止用京營總兵官一員提督三營，以鸞爲之。各營用協同提督二員，贊理軍務文臣一員。其餘一應興革事，兵部仍會官悉心定議以聞。

（世宗嘉靖實録卷 365　第 5 頁　365.4.6517）

1367　九月丙申　撤皇城四門新增守衛官。

命給事中俞鸞、御史吕光洵往九門正奇營查閲官軍實數。鸞等還奏：各營缺伍一萬三千人，見存者率老弱遊惰，器械不整，請治原任總督官公朱希忠、陳鏸，中軍大號頭馬璽等，奮武等營坐營官郭琮、徐延德等罪。得旨：奪希忠、鏸禄米兩月，璽等革任閑住，琮、延德等奪禄俸三月。未到官軍廵視科道官查明治罪。

（世宗嘉靖實録卷 365　第 6 頁　365.5.6519）

1368　九月丁酉　兵部會議京營興革事宜言：我朝京營之制，主訓練在京官軍，其始止合大小教場以練五軍將士而已。永樂初立五軍營操練官軍，專備征戰戍守之用，三千營司寶纛令旗，神機營司神槍火器，謂之三大營。五軍、神機二營，俱有中軍、左、右、哨、掖五營，三千營有五司至於千〔按：館本千作十，三本作千〕二圍子手，幼官殫忠等，又俱有營附於五軍營〔校記：廣本閣本營下有之字〕中而各有司焉。當時營無不知兵之將，將無不練之卒，然且有御前試驗及按月開報之條，以賞罰勸懲之。此所以兵休而不驕，兵動而不困，恃有此具也。至正統末年，兵部尚書于謙見邊方多故，五軍營軍士精壯老弱參處，故就中挑選十二萬官軍團練爲十二營，立爲奮武等名，以別其號。總以提督，以重其權。其三千神機之軍，亦間選入團營，而十二營内莫不各有三大營之名，至於老弱存留大營遂爲次撥，是雖非祖宗立法之意，而其應變濟時之權固有不容已也。行之既久，則勁兵良將又復稱之。至於弘治、正德之後〔校記：閣本後作初〕，而東西官廳之制立焉。其法就十二團營中挑選精鋭，另設總兵參將統領，候各邊奏請，待報啟行。是十二團營又爲老家，而兩官廳又爲團營也。至於今日，則兩官廳之兵未必精，而臨行〔校記：廣本閣本行作時〕苟用充數者多矣。夫三大營既弊，挑爲十二團營，團營既弊挑爲兩官廳，〔校記：廣本閣本兩上有他日二字，是也〕兩官廳又弊則何以處乎？是營日分而愈弱，軍日選而愈弊也。且官多則占役者衆，而軍士疲於奔走，營分則稽查爲難，而軍士易於隱蔽。號令不一，苦樂不均，一遇敵至，則驅市人而戰之，馬匹器械，皆取辦臨時，雖韓、白難以致勝矣！臣等竊思，營爲名，兵爲實，若軍數充足，雖一營可也，不然，何貴於營之十二乎？皇上洞燭弊端，欲盡復祖宗之舊，聖謨深遠，誠不可及。臣等謹推廣德意，條爲興革六事：一，議復團營以復祖制。將十二團營兩官廳官軍，悉併入五軍營，仍分中、左、右、哨、掖五枝，每枝添設坐營官一人，參將二人，游擊二人，三千神機及五軍所屬二千圍子手等營俱如故。二，議軍額以充營伍〔按：館本伍作五，三本作伍，是也〕。正統間各營團操官軍，有四十三萬五千餘人，今之所存，僅十二三。命提督贊理官清查見在實數，設法處補。三，議點視官員以便查理。巡營科道官久則易玩，宜如弘治年間例，一年一易。每年以十二月題差，次年十一月復命，舉劾大小將領，以備黜陟，仍添差司官四人佐之。四，議革内臣以清宿〔校記：閣本宿作夙〕弊。自古宦者不得典兵,今三大營内尚有内臣提督監搶〔校記：三本搶作槍，是也〕等項不下二三十人，此輩既不知兵，又專以占役爲務，俱宜裁革。五，議選邊將以壯士氣。見在提督坐營公侯伯等官，各令自陳，去留自聖裁，都指揮以下，兵部同贊理文臣，汰去不職，別選知兵之將充之，使本營將領各練本營士卒，遇警卽設所部出征，不得更諉他人。六，議處班軍以便防秋。河南、山東、大寧、中都等處，原額班軍十六萬有奇，每年夏秋更番上班操備，往往爲各營借工〔校記：閣本工作公〕私占之資，自今請於五月中赴京，各都司統率入營，一體操練，至十一月中旬掣回休息，不必兩班赴京。如此則每歲京營秋防之時，可得軍十五六萬人，比之召募，尤爲省費。上曰：修理營政，務在得人，舊任提督官俱令回府管事，内侍官俱裁革，各營協同提督官卽推舉堪任者以聞。舊司掖哨官，兵部同仇鸞於見任並赴〔校記：廣本閣本赴作起〕將官内選用。見在軍士各歸原營隨伍操練，老弱並缺少者卽替補召募，務足原額數如議。既而仇鸞自大同至，復請損益。部議，以四武營歸五軍營，中軍四勇營歸左右哨，四威營歸左右掖，中軍左右哨掖各設坐營官一員爲正兵，參將二員爲奇兵，正兵以備守城，有警則以奇兵出征。上俱從之。

吏部侍郎王邦瑞等以虜退請録九門内外諸將徐鏞、伯昂、高秉元及旗牌閻宣功，治都指揮僉事陳善等五十八員罪。上曰：賊至未聞官軍一戰，此疏舖張過實，鏞姑賞彩段一表裏，昂、秉元二表裏，宣絹二疋。善等各停俸一月。

（世宗嘉靖實録卷 365　第 6 頁　365.5.6520）

1369　九月己亥　改吏部左侍郎王邦瑞爲兵部左侍郎兼都察院右僉都御史，贊理京營軍務。

（世宗嘉靖實録卷 365　第 9 頁　365.7.6524）

1370　九月辛丑　發太倉銀一萬兩於昌平、居庸充客餉。

（世宗嘉靖實録卷 365　第 10 頁　365.8.6526）

1371 **九月壬寅** 工部覆侍郎王邦瑞奏，請築重城，濬治九門濠塹，設閘於大通橋蓄水。上從其濬濠設閘二事，以築城事重，令且休兵息民，待來秋行。

（世宗嘉靖實録卷 365 第 10 頁 365.8.6526）

1372 **九月癸卯** 兵部言：各陵衛軍士，原額三萬七千六百餘人，今實在者止三分之一，多爲内官占役賣放，外守備權輕不能制之，宜差科道會同本部主事嚴查，陵軍逃亡者設法處補，私占者悉令退出。仍量加外守備以參將職銜，令其與鞏華城副總兵一體行事，不許内守備轄制。每歲秋防之時，本部仍調各路遊兵二枝，一駐昌平，一駐黄花鎮，以衛陵寢，詔如議行。

（世宗嘉靖實録卷 365 第 10 頁 365.9.6527）

1373 **九月乙巳** 兵部奉旨議處募兵三事。一各處原設有馬民壯，中間壯勇甚多，宜差官就中抽取，每名給路費八兩，不足則取之義勇。民人每名給軍裝馬匹銀二十七兩，仍給路費，俱免本家徭役二丁，以示優卹。一召募人數以二萬爲率，北直隸五千人，山西三千人，廬、鳳、徐、邳四府州三千五百人，河南五千人，山東四千五百人，薊州大同免募，南直隸淮、揚二府貼銀。一募完之日，撫按委才勇參將官一員同本處兵備操練，每年四月終赴近京防虜。北直隸駐順義，南直隸駐河間，山東駐通州，河南駐保定，山西駐易州，聽本部調用，十一月中旬掣回。一差官取之科道，部屬給勅以行。詔可。遂命給事中王德、楊允繩、御史徐洛、陶欽臯、主事張才、許士元、汪宗伊、張重分往召募。洛、才北直隸，德、士元山東，允繩、宗伊河南，欽臯南直隸，廬鳳徐邳，重山西。

（世宗嘉靖實録卷 365 第 11 頁 365.9.6527）

1374 **九月丙午** 命都察院右僉都御史商大節〔校記：閣本節作勁，疑誤〕兼管召募民兵，經畧京城内外。

（世宗嘉靖實録卷 365 第 11 頁 365.9.6528）

1375　九月丁未　命工部左侍郎龔輝督理九門濠塹石壩，錦衣衛管衛事都督同知袁天章，會同五城御史團結保護居民。

（世宗嘉靖實録卷 365　第 12 頁　365.10.6529）

1376　九月戊申　發太倉銀四萬兩，近京諸郡召買糧草充密雲、昌平兵餉。

（世宗嘉靖實録卷 365　第 12 頁　365.10.6530）

1377　九月戊申　以旱災免順天、北直隸各府州縣衛所税糧有差。

（世宗嘉靖實録卷 365　第 12 頁　365.10.6530）

1378　九月己酉　詔給防守薊鎮客兵布花、京城巡捕官軍胖襖，其各邊兵及在京旗校力士諸人不許概給。

（世宗嘉靖實録 365　第 12 頁　365.10.6530）

1379　九月辛亥　發太倉銀五萬兩於薊鎮，充補給糧賞募軍修邊諸費。

（世宗嘉靖實録卷 365　第 13 頁　365.11.6531）

1380　九月癸丑　發太僕寺馬價一萬五千兩於薊鎮，修理邊墻堡砦。

（世宗嘉靖實録卷 365　第 14 頁　365.12.6533）

1381　九月乙卯　詔於居庸迤西北港等口建堡十座，每堡增軍百名、指揮、千户各一員守之。

（世宗嘉靖實録卷 365　第 15 頁　365.12.6534）

1382　十月辛酉朔　詔改京營提督官名曰“總督京營戎政”，鑄戎政之印給咸寧侯仇鸞。贊理文臣曰“協理戎政”，不給關防。

（世宗嘉靖實録卷 366　第 1 頁　366.1.6537）

1383　十月壬戌　調原任宣府東路參將左灝充坐營官，德州衛達官指揮滿安等五員充把總，俱赴京操演民兵。仍於京衛選指揮五員充貼隊官，副之。

（世宗嘉靖實録卷 366　第 1 頁　366.1.6537）

1384　十月甲子　咸寧侯仇鸞言：京營官軍只宜守城，難以格戰，請分遣御史四員調各邊兵赴京防秋，大同中東西三路各三千人，甘肅、寧夏、延綏、宣府各三千人，延綏加家丁習戰者一千人，及應援宣大游兵二枝，俱限五月至京。因擬總兵王黼、副總兵陳時、參將崔麒等十三人堪任調兵將領。游擊張湝、王楝，一則將領〔校記：廣本無領字〕不得人，一則兵不可用，宜更置。兵部覆言：虜情向往不常，各邊均屬重地，使患在心腹，則肢體固輕，若藩籬盡撤，則堂宇何賴？今不權時審勢，漫行調取，命使四出，非計之得也。臣等熟計，莫若因鸞説而善用之，宣、大、甘、寧每鎮各令撫按官量調三千人，延綏加家丁通事五百人，諸鎮中獨甘、延去京遠，限以二月啟行，五月至京，餘各留駐〔按：館本駐作住，三本作駐〕本鎮。待來春報有虜警，即前赴調。堪任將官廳〔校記：三本廳作聽，是也〕本部量才選委，王楝令其訓練新兵勿易，張湝調内地用。上從部言。鸞固執前議，部覆從之，惟調兵御史止委之各鎮。巡撫所薦將官止用時陳〔按：疑時陳當作陳時〕及參將崔麒、羅賢、張堅、徐洪、戴綸，領班鄭紀各加京營職銜領勅從事。得旨，依議。調兵御史仍如鸞原擬〔校記：廣本閣本擬作議〕行。是後諸邊兵益弱，京營將統兵在邊者皆横甚，邊人苦之。

（世宗嘉靖實録卷 366　第 1 頁　366.1.6538）

1385　十月乙丑　詔修通州新城，從都御史王忬請也。

（世宗嘉靖實録卷 366　第 2 頁　366.2.6539）

1386　十月丙寅　詔復以都御史吴嘉會整飭薊州邊備，巡撫順天。會初以被劾，故改聶豹代之，至是提督侍郎孫襘復稱其年力可用，故有是命。

（世宗嘉靖實録卷 366　第 2 頁　366.2.6539）

1387　十月壬申　陞户部右侍郎瑞廷赦爲本部左侍郎，總督倉場，督理西苑農事。

（世宗嘉靖實録卷 366　第 3 頁　366.3.6541）

1388　十月壬申　以北直隸順天府屬冰雹，河南彰德、衛輝府屬旱災，各蠲免秋糧有差。

（世宗嘉靖實録卷 366　第 3 頁　366.3.6541）

1389　十月甲戌　發太倉銀六萬兩於昌平、密雲，充明年客餉。

（世宗嘉靖實録卷 366　第 4 頁　366.3.6542）

1390　十月乙亥　詔居庸、紫荆等關戍卒冬季月糧每石折銀六錢五分，不爲例，以被虜米價騰貴故也。

（世宗嘉靖實録卷 366　第 5 頁　366.4.6543）

1391　十月戊寅　論古北口等處失事將官罪。革守備趙承宗、把總楊繼武任，管操千户韓晉卿等八員降三級，黄花鎮副總兵劉通等五員奪俸二月，高崖口千户焦琮等五員、横嶺口守備何鎮等八員及居庸關指揮周世官各提問戒飭准贖有差。

（世宗嘉靖實録卷 366　第 6 頁　366.5.6545）

1392　十月甲申　以修復三營告太廟，命駙馬都尉鄔景和行禮。

（世宗嘉靖實録卷 366　第 9 頁　366.8.6551）

1393　十月辛卯　以順天府順義、懷柔、平谷諸縣被虜獨慘，詔蠲糧、差有差。

（世宗嘉靖實録卷 367　第 2 頁　367.2.6561）

1394　十一月甲午　增設通州守將，以宣府南路參將袁正充副總兵官分守。

（世宗嘉靖實録卷 367　第 2 頁　367.2.6562）

1395　十一月丙午　從咸寧侯仇鸞議，分三營軍士爲二班，每班五日，各居城中聽操，雖風雨寒暑不得避役。

（世宗嘉靖實録卷 367　第 6 頁　367.5.6568）

1396　十一月戊午　以阜成〔校記：廣本成作城，疑是也〕關外苜蓿園地爲操練民兵教場。

（世宗嘉靖實録卷 367 第 9 頁 367.8.6573）

1397 **十一月己未** 都御史王忬奏於張家灣築大小二堡及臨河建置敵臺，請給工賞。詔以通州貯庫修邊銀七千餘兩給之。

（世宗嘉靖實録卷 367 第 10 頁 367.8.6574）

1398 **十二月庚申朔** 發太倉銀二萬兩於密雲充客餉。

（世宗嘉靖實録卷 368 第 1 頁 368.1.6576）

1399 **十二月癸亥** 朝鮮國王李峘遣陪臣申瑛等入賀，宴賚如例。

（世宗嘉靖實録卷 368 第 2 頁 368.2.6578）

1400 **十二月癸亥** 詔於昌平、易州各添設御史一員、副總兵一員如通州例。昌平副總兵即以原駐鞏華城者改補，而别設分守一員於鞏華城，從仇鸞議也。

（世宗嘉靖實録卷 368 第 3 頁 368.3.6579）

1401 **十二月** 兵部奉〔按：館本奉作集，廣本抱本作奉〕旨集議周府奉國將軍安渚〔按：館本渚作者，廣本抱本作渚〕、尚書夏邦謨等所陳備邊〔按：館本作邊備，廣本抱本作備邊〕事宜，約爲十二事。一重都城之守。謂禁軍當專備皇城守衛，奇兵當防護陵寢及列八營於關廂外。正兵當守九門，内外各分置將官領之。二築關廂之城。謂京師南三城關廂之城〔校記：廣本無之城二字，是也〕應築外墻五千七百八十丈。建樓五座，即以關廂居民計之，每一家役一人，共可得萬人，百日可就。宜定於來春興工。三修薊州之邊。請簡才幹京官三員，會同該鎮官親行相度，築墻濬溝，爲經久之計。事畢，即以其人守之。雖有陞遷事故，不過秋防不得更代。仍多置石墩、鐵蒺藜等器於潮河川〔按：館本作潮川河，廣本作潮河川，是也〕一帶，以捍虜入。四築畿〔按：館本畿作幾，廣本抱本作畿，是也〕内墩堡。凡内地村落居民至三五百家者築一路〔校記：廣本路作堡〕，寇路所經者多設墩臺。五重督撫之任。遼東、保定去薊鎮不遠，請改薊州總督都御史爲總督薊、保、遼東，更勅給之。又薊州、密雲俱爲重鎮，宜如宣、大例，各設御史一員。一整飭密雲邊備，廵撫順天。一整飭薊州邊備，廵撫永平。密雲已設有副總兵，薊州亦當添設。六增薊州之兵。請於直隸八〔按：館本八作入，廣本抱本作八，是也〕府各州縣量選民兵，號爲義勇。仍將〔校記：廣本將下有應解二字，是也〕各省軍俱改隸薊鎮，以訓練責之兵備，校閱責之御史。七重將領之選。各處有奇才劍客及廢閒〔按：館本無閒字，廣本閒作棄，抱本作閒〕謀勇之將願立功自効者，不時取入軍門，量才録用。仍令邊臣〔校記：廣本薦上有於字，是也〕薦舉之際，別立異等，以備破格超擢。八精器械之制。如火槍、木屑、鉛子銃、麻箚刀、衮牌、藥箭、蜂攢、子母砲等項，各邊原未經用者，量造一二，試可而後習之。九嚴勘之限。謂各邊勘功，往往至數年不決，宜嚴限速報，以舒士氣。十嚴馭軍之法。謂失機之罪止及將官，故士卒皆驕玩，効死者鮮。請依古法，五人爲伍，一有陷没，得以軍法連坐，使人皆畏我而不畏敵，乃能制勝。十一慎間諜之用。請厚〔按：館本厚作後，廣本抱本作厚〕資通事、夜不收人等，探遣虜情，戒諭三衛夷，使爲我用。如嚮化不醇，諜虜不實，密以計圖之。十二開招降之路。謂内地被掠入虜之人，其間多有形迹危疑，生路阻絶，因而自〔按：館本自作生，廣本抱本作自〕棄者，〔校記：廣本多上有請字〕多方招諭。許其投首，復爲良民，仍厚撫之。得旨：密雲廵〔按：館本廵作近，廣本抱本作廵〕撫、薊州總兵不必添設，餘俱如議。

（世宗嘉靖實録卷 368　第 3 頁　368.3.6579）

1402　十二月甲子　給事中烏從善、御史邢尚簡各勘上八月内北虜入犯康陵衛官軍尹福等、通州河東、徐家店等處官軍姜淮等獲功、陣亡、被傷共一千六百六十三人〔校記：廣本人作名〕陞賞有差。

（世宗嘉靖實録卷 368　第 5 頁　368.4.6581）

1403　十二月乙丑　大雪。

（世宗嘉靖實録卷 368 第 5 頁 368.4.6582）

1404 **十二月丁卯** 降原任兵部尚書翁萬達爲本部右侍郎兼都察院右僉都御史，守易州。起原任巡撫保定都察院右僉都御史許宗魯守昌平。時通、易、昌平三州，各設文武大臣以備三輔，兵部言，官多地方宜有專責，請令駐昌平者以拱衛陵寢爲先，而旁爲密雲、居庸之聲援；駐通州者，以本州河西務爲信地，而外爲薊州、順義之聲援；駐易州者，以經畧鎮守紫荆等關爲職。凡保定都御史所轄之邊，悉聽會同振〔校記：廣本振作整〕飭。至於所統之兵，昌平以近日清出陵衛軍爲主，而以京營所發爲防秋客兵；通州以本州〔按：館本守上有守字，廣本作分字，是也〕守舊統及新留班軍爲主兵，而以山東召募者爲客兵；易州聽經畧侍郎保定巡撫於所屬衛所摘發一營爲主兵，而以山西招募者爲客兵。其新差督視墩堡參政等官，各分信地，聽督巡官節制。詔可。

（世宗嘉靖實録卷 368 第 6 頁 368.5.6583）

1405 **十二月壬申** 命原任大同中路右參將李朝陽充副總兵官，分守密雲、古北口。

（世宗嘉靖實録卷 368 第 7 頁 368.6.6585）

1406 **十二月甲戌** 發太倉銀二萬兩於通州，一萬兩於懷柔縣，一萬兩於順義縣，一萬兩於三河縣，一萬兩於涿州，一萬兩於良鄉縣，各召買糧草，備明年客餉。

（世宗嘉靖實録卷 368 第 7 頁 368.6.6586）

1407 **十二月丁丑** 初，虜騎犯邊，由大同塞外轉掠宣府而東，循薊州古北口入，因長驅薄京城，遊騎有至保定者。已而趨白羊道出邊，居庸震動，於是督撫官各顧信地，侍郎孫禬請備薊州，蘇祐請備宣府，都御史文希淳請益兵保定備紫荆，劉璽請備居庸。諸考皆以前失事爲辭。兵部覆言……

（世宗嘉靖實録卷 368 第 8 頁 368.7.6587）

1408 **十二月庚辰** 順天府官進春，免百官宴。

（世宗嘉靖實録卷 368　第 9 頁　368.8.6589）

1409　**十二月甲申**　　陞順天府府尹郭鋆爲南京大理寺卿。

（世宗嘉靖實録卷 368　第 11 頁　368.9.6592）

1410　**十二月甲申**　　築正陽、崇文、宣武三關廂外城。命侍郎張時徹、梁尚德同都御史商大節、都督陸炳督工。

（世宗嘉靖實録卷 368　第 11 頁　368.10.6593）

嘉靖三十年（1551）

1411　**正月庚寅**　　吏科給事中張〔校記：廣本閣本歷本張下有勉字，是也〕學勘上昌平等州縣失事功罪。把總都〔校記：廣本閣本歷本無都字〕指揮楊繼武遷延〔按：館本無延字，各本有延〕避敵，百户周天禄等九人、都指揮曹世德等十一人、千户谷珣等三十二人協守不力。密雲兵備副使孫國、通州知州詹贇、昌平州知州蕭文明蒞官未久，情有可原。霸州兵備副使李乘雲、指揮孫昂、楊柟〔按：館本柟作袖，各本作柟，下同〕、遊擊柴縉，俱有入〔按：館本無入字，各本有入，是也〕援之功。百户盧柟〔按：館本柟作袖，各本作柟〕、邵勇、楊璋身親行伍，指揮等官史珍等陣亡，各宜賚卹。得旨：繼武謫戍，天禄等降二級，世德等降一級，珣等奪俸有差。國、贇、文明、乘雲、昂、柟、縉姑免究，柟、勇、璋各賞銀十兩，珍等卹録如例。

（世宗嘉靖實録卷 369　第 1 頁　369.1.6595）

1412　**正月辛卯**　　大風，揚塵蔽天，晝晦。

（世宗嘉靖實録卷 369　第 1 頁　369.1.6596）

1413　**正月甲午**　　户科給事中何光裕奉詔清理陵衛軍士，因條上護衛陵寢事宜。一廣召補，謂各邊逃亡軍士，州縣之清解雖多，而伍籍之空虚益甚者，以風土之〔校記：廣本閣本歷本無之字〕不同，人情苦〔按：館本苦作若，各本作苦，是也〕於羈旅故耳。宜廣收土著之衆，使自爲守，而令各處應解補者出裝銀助之。一飭營務，謂陵衛軍士原未設有營房，旅處艱辛，號召不便，宜衛爲一區，軍爲一室，各令妻小隨住。其鞏華城軍士，舊赴昌平州操練，往返五六十里，宜於本城外別立教場，以便操習。一專官守，謂八衛原係京衛改撥，故解到新軍及替補軍士，俱如京衛例，赴兵部收管審替。今駐收昌平都御史，既特爲整飭兵政而設，前項軍士宜令就近聽其驗審收替，不必赴京驗送。仍以入〔校記：廣本閣本歷本入作八，是也〕衛官軍屬之。西關御史巡察，令與居庸等關一體振〔按．館本無振字，各本有振字，是也〕勵。一革占役，謂八衛軍士除赴營操備及太僕寺養馬外，爲内官等監留辦，月糧〔校記：廣本閣本歷本糧作錢〕宜清查着伍。一設險隘，謂山西〔按：疑山西當作西山〕口已築牆垣，宜增修高厚。東山口宜增設墩臺，仍疊〔校記：廣本閣本疊作壘〕短牆，雜植榆柳，使堪桿敵蔽。一定邊戍，擋道口等六隘口，去居庸關遠而於黄花鎮近，宜屬黄花鎮備〔校記：廣本歷本鎮下有守字，抱本閣本無備字〕管轄。其戍守軍士，仍取隆慶衛舊數，月糧於渤海所關支。一祛積弊，謂神官監以司香而設，八衛官軍以衛護〔校記：歷本衛護作護衛〕而設，非以官軍屬該監充内臣役使也。乃自今占役外，復令認納月錢及巧立檯燈、進果等項名色，多方科派。少有齟齬，即於朝陵朔望日點夘捆打，或誣揑失誤朝陵參奏，宜行禁革。自後朔望朝陵，止令參將官糾飭怠肆，内臣毋得干預，假借凌虐。疏下，兵部謂招募軍士應募者少，得用亦難，招得遊食之民，復與解來户丁何異？加以軍裝貼銀，必長誆冒之弊，建立營室，必數千餘間，乃可人授一室。時方財拙，興作不易，陵寢根本之地，土脈風氣所關，添墩築牆，未可輕議，此一〔校記：廣本閣本歷本一作三〕事宜姑已。其餘可行。上從部議，而營房仍催〔校記：廣本閣本歷本催作准〕建立。

（世宗嘉靖實録卷 369　第 2 頁　369.1.6596）

1414　正月戊戌　陞河南左布政使馬坤爲順天府府尹。

（世宗嘉靖實録卷 369　第 3 頁　369.2.6598）

1415　正月戊申　兵部議調班軍三萬赴薊州修邊。咸寧侯仇鸞言軍士疲憊，不宜借役，請已之。上曰：班軍及各府人夫俱不許調用。第令本鎮量爲修築，亦不許妄致勞費。朕見各鎮修邊，往往告成，乃卒無一處可濟。其各練兵蓄鋭，用圖實效。已而兵部左侍郎史道言：往歲虜薄郊圻，緣〔校記：廣本閣本歷本緣上有祇字〕薊州邊關失守，今不乘時修築，使虜復得〔按：館本得作侍，各本作得，是也〕馳騁深入，震驚内地，誰〔按：館本誰作誰，各本作誰，是也〕任其咎？失〔按：館本失作夫，是也〕邊關限制夷虜，亦不爲無功，第忽於修者之苟完，而怠於守者之失職，故往往不得其濟。若以爲無益而遂舍之，此何異因噎而廢食也。臣竊謂班軍誠不可調，而借役各府原派人夫似亦一時濟變之計。上乃令總督都御史何棟等相度關隘，亟爲修築。

（世宗嘉靖實録卷 369　第 8 頁　369.6.6606）

1416　正月丁巳　皇貴妃王氏薨。上諭禮部：皇貴妃王氏同閻氏墓，葬哀冲、莊敬二太子祔其傍，冲幼兒隨母，禮以義起，俱入天壽山，以上近祖宗之義也，便擇日舉行。禮部因言，曩貴妃閻氏已祔主於孝潔皇后陵室。今葬者既與同竁，固宜同祔。二太子之墓既宜近母，則其主亦宜安祔二妃左右。詔可。

（世宗嘉靖實録卷 369　第 9 頁　369.7.6608）

1417　二月乙丑　廵按直隸御史趙紳言：居庸關、黄花鎮實陵寢門户，今〔按：館本今作令，各本作今，是也〕設都御史駐守昌平拱衛皇陵，而二關鎮不在所屬，脱〔按：館本脱作説，廣本閣本歷本作設，是也〕一時有警，何以調遣策應？宜自渤海所起至黄花鎮、居庸關及白羊口、長峪城、鎮邊城、横嶺口一帶，一切防守事宜〔按：館本宜作業，各本作宜〕俱屬其經理，參將二員俱聽其調度，仍聽薊遼總督節制爲便。報可。

（世宗嘉靖實録卷370　第2頁　370.1.6610）

1418　**二月庚辰**　詔停南關廂土城工。先是諸臣建議築城，上以事體重大，且選將練兵，休息民力，待來秋農隙舉行。後因居民宋良輔等奏，願自出財力，乃擇日興工。及是特召掌錦衣衛事陸炳問以築城便否？炳對，南關居民稠密，財貨所聚，築城防衛未爲不可，但財出於民分數有限，工役重大，一時未爲卒舉，宜遵前旨，俟來秋行之。上以爲然，命卽時〔按：館本無時字，各本有時字〕停止。

（世宗嘉靖實録卷370　第5頁　370.4.6616）

1419　**三月戊戌**　昌平州、懷柔縣草場火，治典守諸臣罪，知縣黃諡〔按：館本諡作謚〕、先任主事任維〔校記：廣本閣本歷本維作惟〕鈞各降邊方雜職，見任主事王霽奪俸半年，餘罰治有差。

（世宗嘉靖實録卷371　第4頁　371.5.6626）

1420　**三月丙午**　時久不雨。

（世宗嘉靖實録卷371　第10頁　371.8.6636）

1421　**三月丁未**　以去秋虜犯，免順義〔按：館本順義作義順，各本作順義，是也〕、懷柔、密雲、昌平四州縣錢糧。停徵三河、通州、薊州、平谷四州錢糧，仍查免大興、宛平等縣被傷人户。

（世宗嘉靖實録卷371　第10頁　371.9.6638）

1422　**三月壬子**　通州都察院公廨火〔按：館本火作大，各本作火，是也〕，都御史王忬勅書燬焉，詔奪忬俸三月，勅另給。

（世宗嘉靖實録卷371　第11頁　371.10.6639）

1423　**四月壬戌**　命署都指揮僉事趙卿充副總兵鎮〔校記：廣本閣本歷本鎮作分〕守昌平。初，昌平缺，兵部推參將〔按：館本將作軍，抱本歷本作將〕段堂，上曰：堂在薊鎮分區守邊，本擬久任，何未閲兩月輒復他用，科臣亦未聞指奏，且俱不問，别擬以聞。於是後復推卿，乃有是命。

（世宗嘉靖實録卷 372　第 1 頁　372.1.6641）

1424　**四月庚午**　咸寧侯仇鸞言：臣授大將，用兵貴專，各邊調集兵馬四萬並京營兵馬一萬，宜專隸臣分布，諸路他官不得擅行調遣。又請令總兵官黄振於京城四面各創墩臺一座，令各邊皆倣〔校記：廣本閣本歷本倣下有而字〕馬〔按：館本馬作爲，是也〕之。仍嚴烽堠，以便戰守，且許大小諸臣殫陳禦虜之策。兵部覆議，得旨：統兵策墩如擬行。禦虜之策，兵糧爲急，户兵二部更宜加意經理。至於戰守機宜，專係大將，多官建議，亦虚文耳。已之，命永安城所駐官軍曰“永安營”，鞏華城所駐官軍曰“鞏華營”，護〔按：館本護作獲，各本作護〕守陵寢。

（世宗嘉靖實録卷 372　第 5 頁　372.5.6649）

1425　**四月壬午**　經略京城内外都察院左副都御史商大節奏：臣受命經略京城，但謂事體之未安，綜理之未備。臣得以參酌奏請，助其所不及耳，非有重兵在手專以戰守爲責者也。今咸寧侯仇鸞，乃以京城四郊分布〔按：館本布作希，各本作布，是也〕於臣，且去〔按：館本去作云，是也〕，平時則修築訓〔按：館本訓作調，各本作訓，是也〕練，有警則相機截殺，京城利害，以臣一身當之矣。及查仇鸞分布人馬之數〔校記：廣本閣本歷本數作疏〕，則止留京軍柔脆者防守九門，而自以精鋭〔按：館本鋭作粹，各本作鋭，是也〕五萬中途截殺，儻虜人有知，以一陣衝仇鸞，又以一陣趨京師，在仇鸞則進退失據，在京師則救援無兵，昨年之事爲鑒不遠，乃欲諉臣徒守難矣！且臣奉命所得節制者，參將麻宗等巡捕官軍耳，仇鸞又屢爲分〔按：館本無分字，各本有分字，是也〕調駐劄，不令臣知，是巡捕官軍即亦非臣所有，萬一奸宄乘虚竊發，倉卒之間，誰爲捍禦？宜勑兵部詳議，或遵勅諭所開載，或從仇鸞所分布；麻宗人馬，或屬之臣，或屬之鸞，或屬之兵部。其修築城堡，訓練兵馬，預處錢糧，屬之何人，並乞早爲裁斷，以便遵行。疏入，上怒其推奸避難，命錦衣衛捕送鎮撫司杖訊。法司議，大節罪比領兵官，已承調遣，不依期進兵策應，因而失事〔校記：廣本閣本歷本事作誤，是也〕軍機，律斬。大節復疏辯。上曰：爾未〔按：館本未作來，各本作未，是也〕臨敵已〔按：館本已作以，各本作已，是也〕先忘國，自愛又可期於〔校記：廣本閣本歷本於作與〕戰耶！命下詔獄嚴禁之。已，大學士嚴嵩等因言：大節固有可〔按：館本無可字，各本有可字〕罪，但法司所擬比，似於所犯未合，蓋原律謂臨敵時不進兵策應，致誤〔按：館本誤作設，各本作誤，是也〕軍機，今本犯雖涉推避，蓋排臨陣失機之比。乞皇上少霽天威，赦其一死，姑發極邊充戍。臣等非敢申救犯人，但欲求合公法耳。不聽。

（世宗嘉靖實録卷 372　第 7 頁　372.6.6652）

1426　五月丙申　咸寧侯仇鸞言：臣等奉命選調邊兵四萬，專爲衛護〔校記：各本衛護作護衛〕京師而設。頃兵部議，將迤東地方聽總督何楝調遣，存者未半，何以禦敵？請以保定參將劉環、曹鎮等部官軍六千隸楝，其遼東等處邊兵不得擅分，惟臣分布調遣。兵所駐處，乞勅户部厚儲糧餉，以備支給。詔悉從之。

（世宗嘉靖實録卷 373　第 1 頁　373.1.6657）

1427　五月己酉　朝鮮國夷人管令金等八人以航海值颶風漂至淮安府，守臣驛送京師。詔卹而遣之。

（世宗嘉靖實録卷 373　第 4 頁　373.4.6633）

1428　五月乙卯　兵部覆給事中徐公遴疏陳防守事宜。一，經略邊務。請遣大臣巡行各邊，經畫一切備禦之具。一，查革冗軍。大木、黑窰二廠及牛房，故有官軍應役，今二廠之營建漸少，而牛房地畝且歸之尚膳監，宜各量留原數之半供事，餘悉轉發操備。一，安戢民兵〔按：館本民兵作兵民，各本作民兵，下同，是也〕。山東民兵率驕悍不可制，宜於其中〔按：館本宜於其中作宜其餘中，各本作宜於其中，是也〕立數人爲總隊，分轄諸兵，更相訓戒，違者治以兵〔按：館本違作不馴，抱本作違。廣本閣本歷本兵作軍〕法。一，修舉巡捕。京城巡捕官軍，原額一萬二千，今僅滿五千，而老弱者半之，宜嚴加掄選，期足原數。仍委主事一員，同參將麻宗管理操練。得旨：經略大臣不必增設〔按：館本設作説，各本作設，是也〕，餘如擬〔校記：廣本閣本歷本擬作議〕行。巡捕人員缺少，速爲抽選，邇年司屬官及參將往往以人私與各官供役，其令科臣訪奏治罪。

（世宗嘉靖實録卷 373　第 5 頁　373.4.6664）

1429　五月丙辰　兵部覆：給事中朱伯辰奏兵戎要務謂，薊州猶門户，京師猶堂室，今以大將統兵數萬株守京師，待其既入而後截殺，是舍門户而守堂室，非計之得也。宜將寧夏、固〔按：館本固作因，各本作固，是也〕原邊兵各一枝調發薊州，與先調京兵三枝、保定兵二枝、遼東兵二枝共九枝俱聽總督何楝隨宜分布，遇警調遣。得旨：各邊兵馬業已選調入護，玆所議各鎮援兵，第令近者聞報啟行，陜西道遠不必調發。餘如議行。

（世宗嘉靖實録卷 373　第 5 頁　373.5.6665）

1430　六月壬申　陞順天府府尹馬坤爲大理寺卿。

（世宗嘉靖實録卷 374　第 3 頁　374.2.6670）

1431　六月壬申　陞山東左布政使盧紳爲順天府府尹。

（世宗嘉靖實録卷 374　第 3 頁　374.3.6671）

1432　六月乙亥　調山西副使尹綸於京師，統民兵五千以備調用。

（世宗嘉靖實録卷 374　第 4 頁　374.3.6672）

1433　六月丁丑　兵部議：留運軍萬人防守通州，報可。已，御史温景奏言：若留漕卒防秋，計撤回之期當在十月，於時漕河凍阻，船不得南來，歲糧運必至稽誤，不便。乃罷前議。

（世宗嘉靖實録卷 374　第 5 頁　374.4.6674）

1434　六月庚辰　發太倉銀五萬兩於保定、九萬兩於通州，充各邊各省入衛兵糧餉。

（世宗嘉靖實録卷 374 第 5 頁 374.4.6675）

1435 **六月癸未** 增修通州城完，賞都督糧餉，右僉都御史王忬銀三十兩、紵絲三表裏，廵按御史温景蔡〔按：台本蔡作葵〕十五兩、一表裏，並管工官員各賞有差。

（世宗嘉靖實録卷 374 第 6 頁 374.5.6676）

1436 **六月癸未** 大學士嚴嵩言：近見大將仇鸞奏，據報達賊約會入寇，鸞欲自領京營兵及民兵以迎賊，戰却將邊兵分遣於附近追剿零賊。又欲聚民間大車載煤炒〔按：館本煤炒作棋炒，抱本棋作煤，閣本作楳，下同。各本杪作炒〕隨營應用，及許軍馬食民田禾各一節。臣等切惟軍馬經行地方，各有督餉都御史預備糧草，分晝〔按：館本晝作盡，各本作晝，是也〕已定，今又令户部官載煤炒隨行，徒見事體煩擾。至於縱馬食民稼，尤非美事。古之名將行軍紀律，有擅取民一物者卽殺〔校記：廣本閣本歷本殺作斬〕以狥，寧食〔按：館本食作使〕虜過田苗食盡，不可下此一令。又今歲調到邊〔按：館本邊作官，各本作邊〕兵，以其慣經戰陣，全頼入衛京師備戰，今却遣邊兵出外地以待零賊，而用京兵兼民兵爲正營以迎大戰，此則臣等莫喻其意云何也。伏乞聖裁。疏入報聞。

（世宗嘉靖實録卷 374 第 6 頁 374.5.6676）

1437 **七月丁亥朔** 禮部尚書徐階言：頃見仇鸞調至邊兵，俱分布在外，而京城四面列〔按：館本列作立，抱本閣本歷本作列〕營者惟京軍班軍，此屬僅可拒守，未能出戰。去秋虜以遊騎直薄城下，莫有向之發一矢者。虜所以肆然復謀入寇也，及今不一創之，復令得意去，將來虜患豈有既乎？臣聞各處勇敢之夫，有自備戰馬戎器率家丁赴京〔按：館本京作市，各本作京，是也〕願報効者。其人馬率驍壯可使，乞勅廵視九門大臣，悉取〔校記：廣本閣本歷本取作收〕録在官，結伍團練〔校記：廣本閣本歷本練作操〕，如有虜賊大營與邊軍相持於外，而其遊騎仍如去秋薄城下，卽相機調遣截殺，有功照例陞賞，庶可少挫逆虜之氣。得旨，允行。

（世宗嘉靖實録卷 375　第 1 頁　375.1.6679）

1438　**七月己丑**　咸寧侯仇鸞奏借民間田車以備戰守。上曰，去歲造完戰車專備禦敵，如何又盡取民車？益增騷擾，不必行。

（世宗嘉靖實録卷 375　第 2 頁　375.2.6680）

1439　**七月辛卯**　令長陵等八衛官軍月糧防秋日於昌平關支，餘月如故。

（世宗嘉靖實録卷 375　第 2 頁　375.2.6681）

1440　**七月癸巳**　以燕河營草場火，奪户部管糧郎中董策俸三月。

（世宗嘉靖實録卷 375　第 2 頁　375.2.6682）

1441　**七月乙巳**　壽王祐稽〔按：館本稽作禇，舊校改禇作槠〕薨。賜祭如例。命營葬地於西山。

（世宗嘉靖實録卷 375　第 5 頁　375.4.6686）

1442　**七月己酉**　朝鮮國王李峘差陪臣刑曹參判任虎臣等奉表及方物賀萬壽聖節，宴賚如例。

（世宗嘉靖實録卷 375　第 5 頁　375.5.6687）

1443　**八月辛未**　大〔校記：廣本閣本歷本大上有命字〕將軍仇鸞統領京邊兵馬二萬七千有奇往〔按：館本往作分，廣本閣本歷本作赴，抱本作往〕白羊等口分布截殺，閱視關隘。

（世宗嘉靖實録卷 376　第 4 頁　376.3.6694）

1444　**八月乙酉**　給賞聽征京營官軍萬一千五百人官銀二兩，軍一兩，俱布二疋。五軍營戰車官軍四千二百人，備兵營箭手千二百人官銀二兩，軍一兩，俱布一疋。防守西山官軍一千五百人官銀二兩，軍七錢。各省選到民兵五枝並防守薊遼軍〔按：館本無軍字，各本有軍字，是也〕二枝各銀五錢，防守白羊口挑選涿鹿等衛軍三千人各銀三錢。

（世宗嘉靖實録卷 376　第 6 頁　376.5.6698）

1445　**九月乙未**　　京師地震有聲，詔二十二日爲始修省三日。

（世宗嘉靖實録卷 377　第 2 頁　377.1.6702）

1446　**九月己酉**　　陞順天府府丞竇一桂爲太僕寺卿。

（世宗嘉靖實録卷 377　第 5 頁　377.4.6708）

1447　**十月丙辰**　　以災傷免順天、河間、真定、保定、順德、廣平、大名、永〔按：館本永作水，抱本歷本作永，是也〕年〔按：館本年作平，是也〕各府所屬州縣各衛所税糧馬草及宫莊屯田子粒有差。

（世宗嘉靖實録卷 378　第 1 頁　378.1.6711）

1448　**十月癸亥**　　陞光禄寺少卿王紳爲順天府府丞。

（世宗嘉靖實録卷 378　第 2 頁　378.2.6713）

1449　**十月庚午**　　改葬哀冲、莊敬二太子於天壽山。

（世宗嘉靖實録卷 378　第 4 頁　378.3.6716）

1450　**十一月己丑**　　朝鮮國王李峘差陪臣禮曹參判韓蚪等奉表貢方物賀冬至節。宴賞如例。

（世宗嘉靖實録卷 379　第 2 頁　379.1.6724）

1451　**十二月癸亥**　　陞左春坊左庶子兼翰林院侍講學士吴山爲太常寺卿管國子監祭酒事。

（世宗嘉靖實録卷 380　第 2 頁　380.2.6733）

嘉靖三十一年（1552）

1452　**正月乙酉**　　順天府官進春。上不御殿，命司禮監捧入。

（世宗嘉靖實録卷 381　第 1 頁　381.1.6741）

1453　**正月丁亥**　　咸寧侯仇鸞慮見譴乃上疏曰：臣〔按：館本臣作馬，三本作臣，是也〕所爲欲開馬市者，將陰修戰備也。内外臣〔校記:廣本閣本無臣字〕計欲殺臣，乃故弛備以招虜，欲其早〔校記:廣本旱作早〕負市約，而因以中臣〔校記:廣本閣本臣下有於陛下三字，中作疑〕，臣無足惜，如國事何？乞下明詔切責諸臣，俾各修戰備。每鎮選〔校記:廣本閣本選下有敢字〕死士萬人以待臣用，虜如入犯，令古北口諸將勿遏，縱其南下，臣當死於內而出精兵搗其巢於外，內〔按：館本內作臣，三本作內，是也〕外夾擊，破之必矣。上曰：所論備虜事宜，兵户工三部已經理逾年，何尚廢弛如此？其各查兵馬錢糧實數以對〔校記：閣本對作聞〕。於是兵部趙錦先覆言：京營士馬一十五萬有奇，除分布九門八營與守陵寢者，餘〔按：館本餘作除，三本作餘，是也〕皆選入大將部下，通計營操出戰之士與各鎮入援之兵不下十〔校記:廣本無十字〕萬餘。近又改大〔按:館本大作太，舊校改太作大〕寧都司班軍五萬六千，發新設十二參游戍薊鎮，戰士闐闐倍於往昔，何謂無備？且鸞〔校記：廣本閣本且下有臣觀二字，鸞下有言字，是也〕欲縱虜深入，邀而擊之，非計也，蓋薊州與他邊不同，畿輔重地，豈可使虜衡行？即盡能擒之，而震驚內地、搖動根本，所喪固已多矣。況我兵積弱之後，雖嚴法重賞，驅之進戰，猶苦不前，而可豫令以勿遏乎？疏入，詔以所上士馬數京營行大將，在外行總〔校記:廣本閣本總下有督字，是也〕鎮巡，各令加意訓練，以待督戰將官臨發奏請。

（世宗嘉靖實録卷381　第2頁　381.1.6742）

1454　正月甲午　以東安縣大水，蠲糧差一年。

（世宗嘉靖實録卷381　第3頁　381.3.6745）

1455　二月癸丑朔　更名西苑宮爲永壽宮。

（世宗嘉靖實録卷382　第1頁　382.1.6753）

1456　二月己巳　昨歲上既更定營制，命改舊內教場名曰“內甫營”，欲以團操。內使論所司建一祀所並營舍數間，中立一臺，備御視。至是，工部遵詔請營建。上許之。

（世宗嘉靖實録卷 382　第 7 頁　382.5.6762）

1457　二月壬申　　大將軍鸞奏上京城内外分軍戰守之數：京城九門九千，城外八營二萬四千〔按：館本千作十，三本作千〕，城上廵者四千，出戰一萬二千五百，轉弱爲強軍一萬八千〔按：館本千作十，三本作千〕，昌平州截殺六千，護糧二千，西山防守三千，聽調一萬二千，推拽火〔校記：廣本火作大，是也〕車備兵三萬，城上坐舖外衛官軍五千七百二十五人。得旨如擬，其京營出邊轉弱爲強軍仍候臨時奏遣。

（世宗嘉靖實録卷 382　第 7 頁　282.6.6763）

1458　三月癸未朔　　録二十九年秋居庸關禦虜功，陞賞官軍李塘等二百一〔校記：廣本一下有十字〕人。

（世宗嘉靖實録卷 383　第 1 頁　383.1.6771）

1459　三月辛卯　　陞山東按察使周琉爲都察院右僉都御史，駐守昌平。

（世宗嘉靖實録卷 383　第 2 頁　383.2.6774）

1460　三月辛亥　　命原任東官廳〔按：館本東官廳作東管聽，三本作東官廳〕參將劉錦充參將提督京城内外廵捕。

（世宗嘉靖實録卷 383　第 6 頁　383.5.6779）

1461　四月戊辰　　發太倉銀四萬八千兩於密雲，補主兵修邊等銀及未領商價。

（世宗嘉靖實録卷 384　第 5 頁　384.4.6787）

1462　五月乙酉　　陞順天府府丞王坤〔按：館本坤作紳，抱本作坤〕爲都察院右僉都御史，清理淮浙等處鹽法。

（世宗嘉靖實録卷 385　第 4 頁　385.3.6796）

1463　五月壬辰　　以久旱命順天府官祈雨，百官修省三日。

（世宗嘉靖實録卷 385　第 4 頁　385.3.6796）

1464　五月壬辰　　以修築張家灣鎮城堡工完，賞都御史王忬銀二十兩，紵絲一表裏。知縣蘇繼等五兩。

（世宗嘉靖實録卷 385　第 4 頁　385.3.6796）

1465　**五月庚子**　户部覆議給事中李幼滋上薊鎮軍儲二事。一，該鎮地方極衝如昌平密雲，次薊州、通州，次三河、順義、良鄉、涿州、房山，應備錢糧當以次增補，其他内地不得援例多給。一，本鎮糧蒭，商人每以二三月間領銀市之他處，道遠費多，公私兼累，今宜以秋冬發銀，倣和糴之法，專責兵備等官經理，巡關御史查盤。此外不得多差冗官，以滋民擾。從之。

（世宗嘉靖實録卷 385　第 5 頁　385.4.6798）

1466　**五月丙午**　大雨，百官上表稱賀。

（世宗嘉靖實録卷 385　第 6 頁　385.5.6799）

1467　**五月丙午**　修宜春宫。

（世宗嘉靖實録卷 385　第 6 頁　385.5.6800）

1468　**五月戊申**　命古北口參將署都指揮僉事韓承慶充副總兵，協守薊〔按：館本薊作蘇，三本作薊，是也〕州。

（世宗嘉靖實録卷 385　第 6 頁　385.5.6800）

1469　**五月庚戌**　命署都指揮僉事牆子嶺參將周孟昌、遼東都司僉事李廣、寧夏分守賀桂俱充參將，孟昌古北口，廣遼東廣寧前屯，桂甘肅西寧。

（世宗嘉靖實録卷 385　第 6 頁　385.5.6800）

1470　**六月甲戌**　築〔校記：廣本閣本築上有修字〕順義縣城，命工部户部共發銀一萬六千兩，巡撫都御史發本縣贓罰銀充工費。

（世宗嘉靖實録卷 386　第 3 頁　386.2.6804）

1471　**七月壬辰**　陞……順天府府尹盧紳爲户部右侍郎。

（世宗嘉靖實録卷 387　第 3 頁　387.3.6813）

1472　**七月己亥**　陞江西左布政使馮岳爲順天府府尹。

（世宗嘉靖實録卷 387　第 5 頁　387.4.6815）

1473　**七月丁未**　朝鮮國王李峘差陪臣工曹參判鄭彦慤上表進

方物，賀萬壽聖節，宴賚如例。

（世宗嘉靖實録卷 387　第 7 頁　387.6.6819）

1474　八月丁巳　命左春坊左庶子兼翰林院侍講郭樸、翰林院修撰秦鳴雷主順天鄉試。

（世宗嘉靖實録卷 388　第 2 頁　388.2.6823）

1475　八月丁丑　命豐城侯李熙總督京營戎政。

發太僕寺馬二百匹給昌平軍。

（世宗嘉靖實録卷 388　第 8 頁　388.5.6830）

1476　九月癸未　以旱災免順天府所屬夏税。

（世宗嘉靖實録卷 389　第 1 頁　389.1.6834）

1477　九月乙未　提督軍務後軍都督府都督僉事時陳言，禦戎之策，守爲上，戰次之。今各鎮入衛兵歲有一十八枝，所費不貲，且多聚於古北口而不可用，莫若分兵省費之爲善也。臣與提督侍郎孫檜〔校記:舊校改檜作禬〕議，以遼東、甘肅、寧固、延綏八枝邊兵分别奇正以爲戰守。以二枝駐石匣〔按：館本匣作匣，三本作匣，是也〕營，四千爲奇，專備策應古北口，二千爲正，協力守邊；一枝駐密雲，外備古北口，内護陵寢；二枝駐昌平州，二千爲正，於黄花鎮、渤海所協守横嶺，四千爲奇，專聽策應大水峪河防口並〔校記：閣本并作井〕連口；一枝駐懷柔縣，一千爲正，協同主兵守邊，二千爲奇，策應本邊之急；二枝駐通州，以防糧道、護畿輔；如此則虜不得南，内地自固矣。若如往者之計，縱虜入内，然後決戰，即保成功而塗炭已極，何益哉！又宣大二鎮，畿輔藩籬，議者皆言調兵過關是棄門户而守堂奥，宜復其故，盡掣京營兵還，使外拒永寧、紅門、四海冶，内扼浮圖峪、紫荆、倒馬等關，則兵勢聯絡，内外相應，而應費用亦減〔校記：閣本減下有民力蘇矣四字〕。上曰：縱虜入内，逆賊之爲也，卿言是。其如議行。

（世宗嘉靖實録卷 389　第 3 頁　389.2.6836）

1478　**九月丁酉**　發太僕寺馬一百五十匹給居庸關戍軍。

（世宗嘉靖實録卷 389　第 6 頁　389.5.6841）

1479　**九月乙巳**　命兵部左侍郎聶豹協理京營戎政。

（世宗嘉靖實録卷 389　第 9 頁　389.8.6847）

1480　**十一月丙申**　兵部覆給事中袁洪愈、御史李承華條陳六事。……一，薊鎮修邊，取之〔校記：閣本取之督率〕所部軍已自足用，少則益以中都、河南、山東、京操班軍，不必更煩八府之民。……一，昌平、順義、懷柔等處殘破已甚，宜蠲其所逋馬草等税及協濟各處驛傳之費，且令太僕寺停徵馬價，俟豐年償之。報可。

（世宗嘉靖實録卷 391　第 4 頁　391.3.6869）

1481　**十一月庚子**　給事中袁洪愈條上賑濟糧餉卹民三事。一，大同數被虜患，朔州等處瘡痍尤甚，宜發帑銀行雁門、紫荆二關召商糴粟，輸以賑之。仍請疏桑乾河以通糧運。一，順義縣及大小谷〔按：館本大小谷作大小各，廣本閣本作大水谷，抱本各作谷〕、渤海所、黄花鎮等處，糧芻露積山野，無倉場貯蓄，無官攢守支，宜增置。其調度錢糧惟委之總督便，不必添差督餉大臣。一，畿輔諸郡，兵繁賦重，宜掣其糧役，清其驛傳，蠲其逋負〔按：館本負作召，三本作負，是也〕，以賑卹之。户部覆：請雁門紫荆輸粟朔州，道里遼遠，疏桑乾河恐妨〔按：館本妨作防，三本作妨，是也〕險固，乞下各撫臣條其利病，餘皆可行。上是之。

（世宗嘉靖實録卷 391　第 5 頁　391.4.6872）

1482　**十二月己酉朔**　詔〔校記：廣本閣本詔下有遣官二字〕於京城内外並順天等八府選民間女八歲至十四歲者三百人入宫。

（世宗嘉靖實録卷 392　第 1 頁　392.1.6877）

1483　**十二月甲寅**　朝鮮國王李峘以洪武、永樂間所賜樂器敝壞，奏求律〔按：館本律作津，三本作律，是也〕管，仍乞遣樂官赴京校習，以遵聖朝禮樂之制。許之。

（世宗嘉靖實録卷 392　第 2 頁　392.2.6879）

1484　**十二月己巳**　　以冬深無雪，諭順天府官祈禱〔按：館本祈禱作所濤，三本作祈禱，是也〕。

（世宗嘉靖實録卷 392　第 7 頁　392.6.6887）

1485　**十二月癸酉**　　大雪。百官上表稱賀。

（世宗嘉靖實録卷 392　第 8 頁　392.7.6889）

1486　**十二月甲戌**　　遣山西民兵戍京師者三千人還鎮〔校記：廣本閣本有從巡撫許論請也七字〕。

（世宗嘉靖實録卷 392　第 8 頁　392.7.6890）

1487　**十二月**　　是歲……漕運米四百萬石，内改折一百六十六萬七千〔校記：廣本無一百六十六萬七千八字。閣本作一百六十萬七千〕一百六十三石，實運米二百三十三萬二千八百三十七石。

（世宗嘉靖實録卷 392　第 9 頁　392.8.6891）

嘉靖三十二年（1553）

1488　**正月戊寅朔**　　是日日食。陰，雲不見，有頃，大雪。

（世宗嘉靖實録卷 393　第 1 頁　393.1.6893）

1489　**正月戊寅朔**　　兵部覆總督戎政豐城侯李熙等條奏〔校記：閣本奏作陳〕戎務四事：一精揀選。今營兵不下十二三萬，三人拔一，亦可得選兵四萬。五軍營定以二萬二千，一萬屬之總督，萬二千分屬四游擊，神樞神機二營各九千，分屬三佐擊，而諸將領千把總俱遴選更調，以統領選兵。二明賞罰。每選兵歲給器械銀一兩，開操時月加〔校記：廣本閣本加下有操字〕糧五斗，約歲費銀十二萬餘兩。宜番休各省班軍，徵其行糧之半給用。三養鋭〔按：館本鋭作鈍，廣本閣本作鋭，是也〕氣。營兵日操，率晨出昏歸，生計既妨，困餒〔按：館本餒作餧，廣本閣本作餒〕日甚，欲求精鋭〔按：館本鋭作銃，廣本閣本作鋭〕，殆不可得。乞將選兵於三六九日入營，以均節勞逸，畜〔校記：廣本閣本畜作蓄〕養鋭氣，其將佐一視教練成否以爲殿最。四禁訛言。京兵偷惰成風，一遇清覈〔按：館本覈作覈，三本作覈，是也〕選練，輒起訛言，使任事者疑畏中止。乞命所司〔校記：廣本司下有巡察二字〕捕治。疏入，大學士嚴嵩等言：祖宗設〔校記：廣本閣本設下有三字，是也〕大營内護京師，復令河南、山東、鳳陽、大寧四都司軍分春秋班入衞，蓋以居重馭輕，有防微之深意，是以百五十年未敢輕變。今營兵〔校記：廣本兵下有止有一三字，閣本有止一二字〕十三萬數已不多，宜訪求弊源，大加振舉，豈可付之無奈？只選四萬之衆練之，是京師所恃止此四萬軍而已，其餘十萬之衆，悉爲棄物。費糧餉以養疲羸，豈計之得也。各入衞兵，近年雖有私放折乾之弊，每嚴清查之令，人心尚各知警。今若奉旨折乾，則祖宗良法深意一旦蕩然，恐異日貽累〔校記：廣本閣本累作害，是也〕匪細。查〔校記：廣本閣本查作但，是也〕李熙等既如此建議，不爲之處，他日得以藉口諉罪，合無准其挑選，增給糧餉，加意練習，務期可戰。將來免覆徵調邊兵，其餘營兵仍責令照舊訓練，以資護守，不可因而廢弛。上報，曰卿等所謂甚是，其揀選軍計費不多，亦須可久費而得濟方可不惜耳！乃降旨曰：朕更新戎政，設置將領，欲使士馬〔校記：閣本馬下有悉變二字〕精强，緩急得用〔校記：廣本閣本作緩急皆得其用〕。李熙等受兹重寄，當殫心整理，以副任使。其〔校記：廣本閣本其字作今既有建白准令〕會同巡視科道官慎選嚴練，務堪戰守，其餘營兵仍一體清查、訓練，不得諉以揀出，遂爾廢弛。班軍赴京操備，係祖宗成法，豈宜擅更？折糧〔校記：廣本閣本糧作銀〕不允行，所議增給銀米，户部如數年一給與，一年以後奏請裁奪。已而兵部選諸將曾經戰陣劉大章等十二人統領操練，因〔校記：廣本閣本無因字〕請命大章等各選所部兵如前議四萬外再選備兵萬人。令兵部主事方祥、季橋〔校記：廣本閣本橋作僑〕、王遴、王之誥同巡視科道官覆選訓練。詔俱允行。

（世宗嘉靖實録卷 393　第 2 頁　393.1.6894）

1490　**正月庚寅**　　盂〔按：館本盂作立，是也〕春，順天府官進春，上不御殿，命司禮監官捧進。

（世宗嘉靖實録卷 393　第 4 頁　393.4.6899）

1491　**二月丁巳**　　總督京營戎政豐城侯李熙奏，京營已選兵四萬，原議每兵〔校記：廣本閣本兵作名〕器械銀一兩，請以時給。詔户部如數給之。户部〔校記：廣本閣本移上有請字〕移之工部，工部言：本部雖司器械出納，原無給銀例。詔户部如前旨行。

（世宗嘉靖實録卷 394　第 3 頁　394.3.6931）

1492　**二月甲子**　　陞順天府府尹馮岳爲都察院右副都御史巡撫湖廣。

（世宗嘉靖實録卷 394　第 6 頁　394.5.6936）

1493　**二月己巳**　　陞太常寺少卿雷禮爲順天府府尹。

（世宗嘉靖實録卷 394　第 8 頁　394.7.6939）

1494　**二月癸酉**　　涅石橋馬房草場火，時管馬房内監張昇等督責其下過嚴，而箭手郭清嘗怨之，乃篝火燬草。事覺，詔斬清梟示，昇及户部委官主事耿隨朝等各贖杖還職。

（世宗嘉靖實録卷 394　第 9 頁　394.7.6940）

1495　**二月甲戌**　　會試取中式舉人曹大章等四百名。

（世宗嘉靖實録卷 394　第 10 頁　394.8.6941）

1496　**三月辛巳**　　陞山東右參政王輪爲都察院右僉都御史，駐守昌平。

（世宗嘉靖實録卷 395　第 1 頁　395.1.6943）

1497　**三月辛卯**　　策試天下舉人。

（世宗嘉靖實録卷 395　第 6 頁　395.4.6950）

1498　**三月甲午**　　賜貢士陳瑾等四百三人進士及第、出身有差。

（世宗嘉靖實録卷 395　第 7 頁　395.5.6952）

1499　三月辛丑　巡撫直隸御史黄季〔按：館本季作李，三本作季〕瑞上言：居庸關鎮邊城連絡横嶺，虜所必由，乃止戍卒五百餘人，乞選增至千人。城東北隘口止二十人，乞選增至二百人，並給營房衣糧，添設總管官一員。其鎮邊守禦千户所，舊屬白羊，宜就近改屬横嶺守備便〔校記：閣本備便作禦使，誤〕。兵部議覆，從之。已乃給新募軍士盔甲及營房衣鞋銀三千餘兩，如季瑞言。

（世宗嘉靖實録卷 395　第 7 頁　395.6.6954）

1500　三月丙午　兵科給事中朱伯辰言：臣伏覩高皇帝定鼎金陵，於時卽築外城，聖慮宏遠，蓋爲萬年之計。文皇帝移都北平，密邇邊塞，顧有城無郭者〔按：館本者作都，三本作者，是也〕，則以締造方始未暇盡制耳！邇因虜警，聖上俯俞言者之請，修築南關，臣民甚幸。緣將事之臣，措置失當，毁舍〔校記：廣本閣本舍作居〕斂財，拂民興怨，且所築僅正南一面，規制偏隘，故未成旋罷。臣竊見城外居民繁夥，無慮數十萬户，又〔校記：廣本閣本又作且〕四方萬國商旅，貨賄所集，宜有以圍之。矧今邊報屢警，嚴天府以伐虜謀，誠不可不及時以爲之圖者。臣嘗履行四郊，咸有土城故址，環繞如規〔按：館本繞作統，廣本抱本作繞，廣本閣本規下有周字，是也。閣本規誤觀〕，可百二十餘里。若仍其舊貫，增卑培薄，補缺續斷，卽可使事半而功倍矣。通政使趙文華亦以爲言。疏俱下兵部，會户工二部議。上以二臣〔校記：廣本二臣作伯臣等，閣本作伯辰〕言問大學士嚴嵩〔校記：廣本閣本嵩下有嵩字，是也〕言：南京有外城，成祖定鼎北京，以草創未暇及此。今外城之築，乃〔按：館本乃作及，三本作乃，是也〕衆心所同，果成亦一勞永逸之計。其掘〔按：館本掘作握，三本作掘，是也〕墓移舍等事，勢所不免，成此大事亦不能惜卹耳！臣詢知南關一面，昨歲興築，功已將半，若因原址修築，爲力甚易〔校記：廣本閣本易下有且物貨湊集，虜所覬覦，在此城，此足以杜其不逞謀矣二十一字〕。上曰：成祖時非但外城未暇還有本重如九廟者，今須四面興之，乃爲全美，不四面未爲王制也。嵩對誠如聖諭，請示部臣遵行〔校記：廣本閣本請示部臣遵行作俟部議上遵行之〕。已，兵部會户、工部覆入，其如伯辰、文華言，請命總督京營戎政平江伯陳圭協理，侍郎許論〔按：館本論作倫，三本作論，是也〕、錦衣衛掌衛事陸炳督同欽天監官同臣等相度地勢，擇日興工。詔從之〔校記：廣本閣本詔從之作上曰：外城須四面修築，以全王制。一應合行事宜，爾等其議處停當，詳具以聞〕。

（世宗嘉靖實録卷 395　第 9 頁　395.7.6956）

1501　閏三月癸丑　　發太倉庫銀十三萬〔按：館本無萬字，於上有兩字，三本有萬字兩字，是也〕於密雲，三萬兩於昌平，專備客兵糧芻。

（世宗嘉靖實録卷 396　第 1 頁　396.1.6960）

1502　閏三月丙辰　　兵部等衙門尚書聶豹等言：臣等欽遵於本月初六日會同掌錦衣衛都督陸炳、總督京營戎政平江伯陳圭、協理戎政侍郎許論，督同欽天監監正〔按：館本正作生，三本作正，是也〕楊緯等相度京城〔校記：廣本閣本相度京城作前詣城〕外四面宜築外城〔校記：廣本閣本城下有基址處所，逐勘度形勢，參之堪輿之説，增（閣本作就）增高增卑前方後圓，應築城二十七字〕約計七十餘里。臣等謹將城垣制度、合用軍夫匠役、錢糧器具、興工日期、及提督工程、巡視分理各官〔校記：廣本閣本官（閣本作管）下有等項二字〕一切應行事宜計處停當，逐一開具，並將羅城規制，畫圖貼説，隨本進呈，伏乞聖裁施行。一外城基址〔按：館本址作趾，舊校改作址〕。臣等踏勘得自正陽門外東〔校記：廣本閣本東下有馬字，是也〕道口起，經天壇南牆外及李興、王金箔等園地，至蔭水菴牆東止，約計九里，轉北經神木〔按：館本木作水，廣本閣本作木〕廠、獐鹿房、小窯口等處；斜接土城舊廣儘門基止，約計一十八里。自廣儘門起轉北而西，至土城小西門舊基，約計一十九里。自小西門起，經三虎橋村東馬家廟等處接土城舊基，包過彰義門，至西南直對新堡北牆止，約計一十五里。自西南舊土城轉東，由新堡及黑〔按：館本黑作墨，廣本閣本作黑，是也〕窯廠經神祇壇南牆外至正陽門外西馬道口止，約計九里。大約南一面計一十八里，東一面計一十七里，北一面勢如倚〔按：館作倚作椅〕屏，計一十八〔校記：閣本一十八作八〕里。西一面計一十七里，周圍共計七十餘里，内有舊址勘因者約二十二〔校記：廣本二十二作二十一〕里，無舊址應新築者約四十八里。間有遷墳等項，照依節年題准事例，撥地給價，務合得所。一外城規制，臣等議得外城牆基應厚二丈，收頂一丈二尺，高一丈八尺。上用甎爲腰牆，垜口五尺，共高二丈三尺。城外取土築城，因以爲濠。正陽等九門之外，如舊彰義門大通〔按：館本通作道，三本作通，是也〕橋，各開門一座，共門十一座。每門各設門樓五間。四角設角樓四座，其通惠河兩岸，各量留便門，不設門樓。城外每面應築敵臺四十四座，每座長二〔校記：閣本二作一〕丈五尺，高二丈，收頂一丈二尺。每臺上蓋鋪房一間，以便官軍棲止。四面共計敵臺一百七十六座，鋪一百七十六所。城内每面應築上城馬道五路，四面共計馬道二十路〔校記：閣本四面共計馬道二十路作共馬道一十路〕。西直門外及通惠河二處，係西湖玉河水出入之處，應設大水關二座。八里河黑窯廠等處地勢低窪，潦水流聚，應設小水關六座。城門外〔校記：廣本閣本外作内〕兩傍，工完之日，擬各蓋造門房二所，共二十二所〔校記：閣本作三十二所〕，以〔按：館本以作似，三本作以，是也〕便守門人員居處。一軍民夫匠役。臣等議得，修築工程，除地勢高低修補不一臨時另計外，查得先年築城事例，每城一丈計該三百餘工，今周圍外城該七十餘里及門樓外〔校記：廣本閣本門樓外作門座〕水關、敵臺、馬道運送物料等項，工役頗繁，應用夫匠人等數多，所有運料車輛並人夫匠作，合令工部僱募。其運土築城，兵部將備兵班軍分爲二班撥發，與工部僱募夫役相間做工。夫匠工食，查照節年結僱定銀數支給。班軍行糧之外，日給鹽菜銀二分，俱於請發銀内動支。其備兵原無行糧，今議上工日期，照依班軍，一體支給及照丈尺工數。如敵臺門座長短厚薄不齊，亦各隨宜分截〔按：館本無截字，舊校增截字〕。俱以前項工丈，計人扣日，以稽工程。一錢糧器具。臣等議得甎瓦木植及夯杵梯板等項，除工部見有者外，其門座外關等項，各〔校記：廣本閣本各作合，是也〕用石料及添造甎瓦增〔校記：廣本閣本增下有置字，是也〕器用、僱募夫匠工食、各軍鹽菜等費，約用銀六十萬兩，相應户兵工三部處給，俱量見在所積多寡出辦。户部處發二十四萬兩，兵工二部各處發一十八萬兩，共足前數，俱送順天府貯庫，户部專差司官一員掌管，同該府佐貳官一員。收支如有不敷，聽臣等臨時奏請。事完通將用過銀兩數目，備細造册奏繳。一督理官員。臣等議得，前項工程事體重大，各該督理内外官員，必須專委責成方可濟事。今擬請差内官監官〔校記：廣本閣本内官監官作内監官〕一員，兵工二部堂上官各一員，掌錦衣衛事左都督陸炳、總督京〔按：館本京作軍，三本作京，是也〕營戎政平江伯陳圭各不妨原務提督修築。都察院工科，各請給事中御史一員，往來工所巡視，糾察奸弊。前項諸臣仍各請勑一道，欽遵行事。兵工二部堂上掌印官，每三日輪流一員前往工所看視。其日逐查點軍夫，管理工務，驗放錢糧〔校記：廣本閣本錢糧作糧錢〕等項，户部劄委司官二員，兵工二部各四員，錦衣衛千百户二員，京營參游官二員，各照職掌管理。其分區催價等項，聽提督大臣選委，五城兵馬及各衛經歷等官與同各該官匠協力幹濟。臣等仍設法稽驗，務求堅久。但有修築不如法三年之内致有坍塌者，查提各催工人員及原築工匠問罪，責令照依原分地方修理。其各官應得廩給，户部查照，一體支給。疏入，得旨，俱允行。〔校記：廣本閣本得旨俱允行作上曰：修築外城事宜，爾等既規畫停當，卽擇日興工。〕

（世宗嘉靖實録卷396　第2頁　396.1.6960）

1503　閏三月乙丑　建京師外城興工，遣成國公朱希忠告〔校記：廣本閣本告下有於字〕太廟，遂〔校記：廣本閣本無遂字，敕上有命吏科左給事中秦梁，浙江道御史董威巡視工程……庚午等六十五字〕勅諭提督城工等官曰：古者建國必有内城外郭，以衞官居民，我成祖肇化〔校記：廣本閣本化作造〕北京，郭猶未備，蓋定鼎之初，未遑及此。玆用臣民之議，先告聞於祖考，爰建重城，周圍〔校記：廣本圍作迴〕四羅，以成我〔校記：廣本無我字〕國家萬世之業，擇閏三月十九日興工。唯玆事體重大，工程繁浩，特命爾總督京營戎政太保兼太子太保平江伯陳圭、少保兼太子太傅掌錦衣衞事左都督陸炳、協理京營戎政兵部右侍郎許論、工部左侍郎陶尚德與同内官監右少監郭揮〔校記：廣本閣本揮作暉〕提督工程，錦衣衞都指揮使朱希孝、指揮僉事劉鯨監督工程。其各照四周地面，協心經畫，分區督築，務俾高厚堅固，刻期竣事，用永壯我王度，欽哉。已〔按：館本已下有命字，抱本删命字，廣本閣本無已有二字〕，命〔按：自命字下已見本段前行〕吏科左給事中秦梁、浙江道御史董城〔按：館本城作威，抱本作城〕巡視工程。

（世宗嘉靖實録卷396　第7頁　396.6.6970）

1504　閏三月癸酉　户部言：京營牧馬草場，額徵子粒銀一萬三千五百餘兩，近爲總督戎政官奏留賞軍公用，實濟己私，宜速改正。上命查收馬舊規以聞。已，户兵二部因言，宜查收地復牧政，資採青之利，裁請給之端。上以兵馬正在訓練，不當議收〔按：館本議收作牧議，三本作議牧，是也〕，仍令屯田御史清查牧地，俟其完報，別議以聞。

（世宗嘉靖實録卷 396　第 8 頁　396.7.6971）

1505　四月戊寅　經略邊務兵部右侍郎楊博〔校記：廣本閣本博下有上字〕言：昌平陵寢所在，如駐守都御史苦無事權，百凡掣肘，宜割涿、霸、宛平、大興、良鄉、房山、固〔按：館本固作同，三本作固，是也〕安、永清、東安、武清、漷、文安、保定、大成〔校記：三本成作城，是也〕及昌平、順義、懷柔、共十七州縣並境内衛所屬之，昌平都御史易以提督兼巡撫名目，與順天巡撫勢相犄角，總督官開府薊州，居中調度，其昌平副總兵亦乞加以鎮守名目，節制天壽山、鞏華城、黄花鎮、居庸關等處，以便戰守。至於黄花鎮，原非虜衝，而渤海所切近賊巢，宜移黄花鎮參將駐渤海所，令其往來督理，移渤海所守備代之〔校記：廣本閣本移上有而字，之下有庶衝僻各適其宜也八字〕。又鎮遠、長峪、横嶺三城，最爲要害，今止設守備一人，把總二人，權輕兵寡，不堪戰守。白羊口僻在一隅，虜所不至，反設游擊一人，守備一人，殊爲失策。宜將白羊口游擊移駐鎮邊城〔校記：廣本閣本分上有而字〕，分所部各千人助守鎮邊、長峪、横嶺三處，白羊口止留守備亦足防御矣。仍勑宣府守臣，相度山後通皇陵路徑，速議修守，毋分彼我。其永安、鞏華二營，缺馬二千二百五十四，乞〔校記：廣本閣本乞上有亦字〕令太僕寺給之。事下兵部，尚書聶豹等言，昌平都御史本逆鸞奏設〔校記：廣本閣本設下有因而不改四字〕，今欲割順天巡撫所屬隸之，則事權體統未免分裂。况順天、永平自虜患以來，已增設總督軍門，又於邊沿分爲八區，各置參將游擊不爲不多矣。使人懷共濟，畿輔自保無虞。臣以爲昌平都御史可革，但〔校記：廣本閣本但作而專〕責之順天巡撫，令秋防移駐其地。見任都御史王輪〔校記：閣本輪作綸，疑誤。吴廷燮明督撫年表失載此事〕，俾回京聽用。但改設副總兵，亦足專護陵寢，餘皆如博議。詔依部擬。已，博又言：

古北口潮河川及鎮邊、長峪、横嶺三城，爲虜入要害，乞於古北潮河列亭障〔按：館本障作彰，廣本閣本作障，是也〕築城垣於三城，再宜增置參將，益〔按：館本益作盜，三本作益，是也〕兵防守，仍先檄提督時陳兵二枝，駐近地爲援。報可。

（世宗嘉靖實録卷397　第4頁　397.3.6977）

1506　**四月丙戌**　上諭輔臣嚴嵩等曰：建城一事固好，但不可罔力傷財，枉作一番故事。如下用土，上以磚石，必不堪久。須圍垣以土堅築，門樓以磚包而可承重，一二年定難完。朕聞西面最難用工者，兹經始不可不先思及之。嵩傳示在工諸臣平江伯陳圭、都督陸炳、侍郎許論等。圭等復言：重城四面，原議用土堅築，其垜口腰牆及各城門始用磚砌，惟西面地勢低下，土脉流沙，稍難用工。宜先完南面，由南轉東、北而西，以次相度修理。上允之。令嚴嵩〔校記：廣本閣本無嵩字，是也〕督工匠以漸修築，毋致虚縻財力〔校記：廣本閣本力下有務求堅久是時六字，〕。上又〔校記：廣本無又字〕慮工費重大，功〔校記：廣本功上有成字，閣本功下有成字〕不易，以〔校記：廣本閣本以上有屢字〕問嵩等，嵩等乃自詣工所視之。還言〔校記：廣本閣本還言作隨上手劄言〕：臣等今日出視城工，時方修築正南一面，自東而西，延長二十餘里，詢之各官，云前此難在築基，必深取實地，有深至五六尺七八尺者。今基築皆已出土面，其板築土有纔起一二板者，有築至四五板者，其一最高至十一板。蓋地有高低，培墊有淺深，取土有近遠，故工有難易，大抵上板以後則漸見效矣。上諭答曰：卿等以上義具聞，謂委重難，然既作之必果，持久方可。但土質恐未堅，或曰且做看，此非建大事之思也。又或仍以原〔校記：廣本閣本仍上有且字，原下有計字〕牆説止〔按：館本止作正，三本作止，是也〕先作南面，待財力都裕〔校記：廣本閣本裕下有之字〕時再因地計度，以成四面之計〔校記：廣本閣本面作周，計作制〕，或同圭等一詳計之。於是嵩會圭等議覆，京城南面，民物繁阜，所宜衛護，今丁夫既集，板築方興，必取善土堅築，務可持久。築竣一面，總絜支費多寡〔校記：廣本閣本無多寡二字〕，其餘三面〔校記：廣本閣本面下有應用錢穀多寡六字〕卽可類推。前此度地畫圖，原爲四周之制，所以南面橫濶凡二十里，今既止築一面，第用十二三里便當收結，庶不虛費財力。今擬將見築正南一面城基東折轉北，接城東南角，西折轉北，接城西南角，併力堅築，可以尅期〔按：館本無期字，三本有期字，是也〕完報。其東西北三面，俟再計度以聞。報允。

（世宗嘉靖實録卷 397　第 5 頁　397.4.6980）

1507　**四月甲午**　　總督京營戎政平江伯陳圭奏，城工重大，乞留中都、河南、山東班軍當詣薊鎮者併工修築。報可。

（世宗嘉靖實録卷 397　第 7 頁　397.6.6983）

1508　**四月丁酉**　　經略邊務侍郎楊博請以薊州倉漕糧六萬石仍運本色。其十八萬石俱改折色，以從民便。報可〔校記：廣本閣本報可作户部議覆從之〕。

（世宗嘉靖實録卷 397　第 7 頁　397.6.6984）

1509　**四月戊戌**　　御史蔡樸言。……又〔校記，廣本閣本又下有言字〕四海冶、永寧舊牆單薄，乞亟命增繕，並築敵臺五十一座，仍於大小紅門、柳溝口外適中處所增築空心敵臺三座。其北路獨石一帶，塞垣工程〔按：館本工程作王巨，三本王作工，是也。抱本巨作程〕宜先設敵臺四十四座，計需銀七千九百餘兩，請以萬全都司所貯事例銀充之。又大紅門原設巡檢一員，後移隆慶，以致本口竟無盤緝。請仍設本地，以便巡禁。兵部覆如其言。得旨，俱如擬〔校記：兵部覆如其言，得旨俱如擬，廣本閣本作報可。樸又言……〕。

（世宗嘉靖實録卷 397　第 8 頁　397.6.6984）

1510　**四月己亥**　　宜春宮興工。

（世宗嘉靖實録卷 397　第 8 頁　397.7.6985）

1511　五月庚午　上諭兵部:南墻之築,賊之餘孽豈不懷逆計者？内外皆須加嚴。自昨大犯已又三年，今秋必須慎防。尚書聶豹等對言:遼東延綏二鎮，數報斬獲，軍威稍振，重城之築，刻期可完，上仍命各鎮嚴加備禦毋忽。

（世宗嘉靖實録卷 398　第 6 頁　398.5.6995）

1512　五月辛未　朝鮮國王李峘遣陪臣李鐸等來獻咨紙千張，宴賚〔校記：廣本閣本賚作賞〕如例，仍降勅答賜銀幣。

（世宗嘉靖實録卷 398　第 6 頁　398.5.6996）

1513　六月丁丑　總督京營平江伯陳圭請發子粒銀修造營廳器械，户部覆〔按:館本覆作復，廣本復作後〕議，留前銀湊支馬草。兵部言：如户部議則工費無從處辦，宜仍依圭請，且今營操犒賞，費無所出，並令户部給之。上以讓户部，户部請以順天、保定二府子粒銀萬三千五百餘兩盡〔校記:廣本閣本盡下有數字〕輸工部，供修造〔校記：廣本閣本供上有用字，造下有外卽以充四字〕犒賞之費。報可。

（世宗嘉靖實録卷 399　第 1 頁　399.1.6997）

1514　六月甲午　經略邊務侍郎楊博言：薊鎮往歲建議合數村築一空堡，不惟收斂無及，亦且勞費不貲，乞如甘肅地方，五七家共築小城，中立一墩，上蓋樓房天棚，設欄馬牆，塹濠懸置板橋，大村令其左右夾峙，各築二墩或四墩六墩，隨處可築，數人可守，而費不過百金。分置步兵，與〔按：館本與作興，三本作與，是也〕土人相兼按伏，賊小入〔按：館本入作人，三本作入，是也〕可以邀擊。其昌平等六州縣，被虜殘傷，不能舉役，乞發真定等府所輸民夫銀二〔按：館本二作一，抱本作二〕萬兩助之。報可。

博又言：閱過薊鎮平山營起至昌平居庸關沿河口止，修完邊牆墩臺已踰大半，冷口關外極衝，邊牆亦已增築，其未完邊牆萬四千三百五十六丈，墩臺九十二座，附牆敵臺一百三座，房二百一十三間，乞命總督鎮巡官嚴督所司及時修治，以固保障，候巡關御史閲奏。報可。

（世宗嘉靖實録卷399　第7頁　399.6.7007）

1515　六月甲辰　順天府府〔按：館本府下無府字，三本有府字〕尹雷禮條上邺災六事。一，通、涿、良鄉、固安諸州縣水災重大，請下撫按官查覈賑邺蠲免。一，邇來户部運餉，派取府屬州縣大車擾民非便，自今乞運軍餉宜官募大通橋等處車户，厚給工價，量蠲雜差，人自樂從，不必重派民車。一，府屬州縣自賦役正供外，有内府及部寺歳派，乞一切蠲除，以固根本。一，永樂間取浙江等處富民實京師，號廂民，後因供輸浩繁，移徙日衆，乃於原籍每户徵銀三兩助之，今户〔校記：館本今作令，舊校改作今。廣本閣本户下有部字，是也〕以解銀漸多，移爲邊用，每縣只給三百兩，而廂民所供辦實數倍之。宜復舊制，以厚廂民。一，宛、大二縣僉派殷實人户供辦上用諸物，原非本等徭役，宜平準其直，以時給與。一，所屬州縣額派内外衙門皂隸門子幾四千人，各項京差官又於額外取皂隸幾二百人，乞查議酌損，以蘇困憊。章下户部，户部言：各州縣車不能輒罷，但當厚其工直，其有損折，官償其豐，富民銀已入邊儲，不可盡給廂民。餘如禮言。詔從部議。

（世宗嘉靖實録卷399　第7頁　399.6.7008）

1516　七月乙巳朔　宣府、薊鎮守臣各報虜將入寇。兵部會議：虜駐商都，地臨宣薊，如果人〔按：館本入作人，三本作入，是也〕犯，必由古北口。若冷口則僻〔按：館本僻作辟，三本作僻，是也〕在東隅，喜峯則路經朶顔，比之古北〔按：館本古作右，三本作古，閣本北下有口字，是也〕，似爲稍次。若自宣府入犯，西必由横嶺、鎮邊，東必由黄花嶺張家口。自大同入犯，東必由廣昌直趨紫荆，西必越〔校記：廣本越作由〕寧、鴈直抵山西。今諸要害俱有正奇兵拒險設伏以待。然薊州密邇京師，倍宜周悉。盧溝橋畿輔喉咽，尤須預防。乞命提督時陳統入衛兵分布昌平、懷柔，候警遏勦。宣大、山西、薊遼總督鎮巡官整飭戎師，如虜犯京東，則遼東宣府，京西則大同山西，各率奇〔校記：閣本無奇字〕遊兵入援。其冷口、喜峯應援付之遼東。横嶺馬水防守委之山西保定。正兵駐通州，奇兵駐良鄉。山東、河南、保定候調民兵，各移駐德、磁、易三州近地，以候策應。而京營聽調官軍，則令副將蕭漢副〔校記：廣本閣本副作赴，是也〕懷柔，孫勇赴順義，趙卿〔按：館本卿作鄉，三本作卿，是也〕赴通州，與入衛兵互爲聲援。參將李光啟、趙應一營赴薊鎮，助守扼塞，游擊劉岳、袁潔二營赴盧溝據橋防護。仍命陜西守臣潛師搗虜巢穴，榜諭屬夷，毋俾助逆。再勅紀功給事中一員同巡關御史往核功罪。總督陳圭候近京有警，以兵往合時陳協戰。上曰：營兵留護京師，蕭漢等上勿調，陳圭帥師當請〔校記：三本請作詣，是也〕何地與時陳合兵，防護事宜議明具奏，餘從所擬。兵部覆議：時陳兵分駐昌平、順義、懷柔，若虜犯古北横嶺，奮力迎敵，遏其入路；陳圭駐郭門，與入營連兵堅守；再〔按：館本再作耳，三本作再，是也〕調山西老營堡游擊劉承惠〔校記：廣本惠作恩，誤〕以兵赴良鄉，仍分時陳兵一枝抵通州，與保定正奇二營原赴良鄉通州者屬圭統領策應。詔俱從之。仍命禮科給事中王正國隨營紀功。

（世宗嘉靖實録卷 400　第 1 頁　400.1.7011）

1517　七月壬戌　　巡撫〔校記：廣本閣本撫作按，是也〕直隸都〔按：館本隸下無都字，抱本有都，誤〕御史陳學夔上言：渤海所鎮〔校記：廣本閣本鎮作正〕關城、黄花鎮、口門、家峪、灰嶺口、青龍橋、石峽峪諸隘俱虜入要害，乞各增兵防守。鎮邊城東北街馬跑泉爲高崖口劇衝，乃止列卒十八人，請分參將王臣所部原募兵千人守之，分選勇略指揮千户統領。且邊兵艱苦，軍需告乏，更乞發帑銀萬三千三百五十兩補前借修邊銀募兵者，其軍士月糧芻粟，准令常支本色以贍之。兵部覆議許之。

（世宗嘉靖實録卷 400　第 4 頁　400.4.7017）

1518　八月甲申　朝鮮國王李峘遣陪臣吏曹參判朴仲原等來賀萬壽聖節，貢馬及方物。宴賚如例。

（世宗嘉靖實録卷 401　第 3 頁　401.3.7027）

1519　十月己卯　以災傷免順天、保定、真定、河間、順得、廣平、大名各府所屬州縣及各衛所秋糧並宣府遼東屯糧有差。仍京通二倉米三萬石於順天府〔校記：廣本閣本於順天府作賑順天府饑民〕，臨、得二倉米三萬石於真〔校記：廣本閣本於真保定府賑饑作賑真保定諸府〕、保定諸府賑饑。各以本處贓贖銀佐之。

（世宗嘉靖實録卷 403　第 2 頁　403.2.7051）

1520　十月壬辰　命古北口參將周益昌充副總兵官協守永平、山海。

（世宗嘉靖實録卷 403　第 3 頁　403.3.7053）

1521　十月丙申　命山東、河南、中都八衛班軍仍遵舊制，春班以三月初至，八月終還。秋班以九月初至，來歲二月終還。付戎政大臣督之，凡工作毋許擅役。初，兵部因庚戌虜患議併各入衛軍爲一班，俱四月初入京，十月初放回。及仇鸞誅，兵部奉詔議營制，乃請仍分兩班，春班以四月初至，九月終還，秋班以六月初至，十一月終還。另爲一營，專設參將統領操練。至是總督戎政平江伯陳圭請復舊制。兵部議覆，從之。刑科給事中李敏、參圭徇偏見，攬事權，因言：兵部尚書聶豹心知其非，顧乃依阿〔按：館本阿作何，三本作阿，是也〕題覆，不能執奏，失大臣徇國之義。疏入，上以問大學士嚴嵩〔校記：廣本閣本嵩下有嵩字，是也〕，言：祖宗時令各都司定春秋二班入衛，欲其往來無缺，蓋有深意存焉。自二十九年虜患，兵部以營兵未練，議將班軍兩班俱併於四月初入衛，十月初放回，此專爲防秋，一時權宜之計耳，圭以近日虜警少息而併班赴京，來則俱來，去則俱去，其餘月日，京師通無班軍在營，奏欲照舊分班赴京，奉旨允行。訖今給事中李敏却以併班爲是〔按：館本是作示，三本作是，是也〕，然分班乃〔校記：廣本閣本然分班乃作夫〕祖宗定制〔校記：廣本閣本制下有行之既久四字〕，陳圭所言，似非〔校記：廣本閣本似非作非出〕一己私見，伏乞聖明裁斷。上從嵩議。

（世宗嘉靖實録卷 403　第 5 頁　403.4.7055）

1522　十月丁酉　　命原任駐守昌平〔校記：廣本閣本平下有州字〕都察院右僉都御史王輪以原職巡撫延綏。

（世宗嘉靖實録卷 403　第 6 頁　403.5.7058）

1523　十月戊戌　　上問大學士嚴嵩，外多無食，何以？嵩對曰，皇上憫惻窮民，時〔按：館本時作特，抱本作時〕蒙賜問，臣不勝仰戴。夫今歲之饑，山東之兖州、東昌、濟寧，北直隸之河間、廣平、順德，河南之開封、歸德，江北之徐、邳、淮、鳳爲尤甚〔校記：廣本閣本爲尤甚作各被水潦災傷〕。近日四處饑民來京求食，一時米價騰貴，流民饑極，兒女棄置道中。兹蒙皇上煮粥給錢，救活民命，誠非常之恩也。臣祇衍德意，請以太倉米數萬石平價發糶，或可稍紓目前之急。其山東、河南等處，當多發臨、德二倉米給賑〔校記：廣本給賑作賑給〕。上允之。復曰，出米周急，本汝忠贊，又我思必有斃諸途者，不少暴骨道路，亦宜有以處之。〔校記，廣本閣本嵩上有何如二字〕嵩言，溝中之瘠，誠所不無，請仍勅户部在京行五城御史，在外行撫按官，各督率有司查視掩埋。至於出米一節，中間恐布市行舖户多買轉賣，以索高價，宜勅錦衣衛訪看禁革。嵩又言，發米出糶，雖米價稍平，但四外饑民有身無一錢者，未免仍坐斃道。請於十萬石〔校記：廣本閣本請作合無，石下有數字〕内以〔校記：廣本閣本以作將〕八萬石出糶，〔校記：廣本閣本濟上有以字〕濟在京軍民，二〔校記：廣本閣本二上有將字〕萬石勅户部委官運〔校記：閣本運上有將來二字〕赴城門外各厰，每早召集饑民，人給一升，庶得並霑實惠

〔校記：廣本閣本庶得并霑實惠作如此饑民幸悉沾實惠〕。上曰，朕意正如〔校記：廣本閣本意下有所思二字。館本如作是，抱本作如〕此行，不如是亦徒事虛文耳。今以六分照前，四分給貧苦者。

（世宗嘉靖實録卷 403　第 6 頁　403.5.7058）

1524　**十月辛丑**　新築京師外城成。上命正陽外門名“永定”，崇文外門名“左安”，宣武外門名“右安”，大通橋門名“廣渠”，彰義街門名“廣寧”。

（世宗嘉靖實録卷 403　第 8 頁　403.6.7060）

1525　**十一月戊申**　賜朝鮮國明年《大統曆》百册。

（世宗嘉靖實録卷 404　第 1 頁　404.1.7062）

1526　**十一月乙卯**　朝鮮國王李峘遣陪臣刑曹參判李澤等來賀冬至，併獻倭俘三人。禮曹參判金澍等謝恩併獻咨紙千張，各有馬匹方物。宴賚外各加賜，仍令順齊〔按：館本齊作齋〕勅書銀幣賜其國王及領兵官有功者。

（世宗嘉靖實録卷 404　第 3 頁　404.2.7066）

1527　**十二月甲戌**　命乞運京通倉米十五萬石於宣、大二鎮，十二萬石於昌平鎮，給明年軍餉，以荒歲召買不及，從督撫官奏請也。

（世宗嘉靖實録卷 405　第 1 頁　405.1.7077）

1528　**十二月甲戌**　命增給紫荆、倒馬、居庸諸關、隆慶諸衛防守軍士冬月糧銀二錢。

（世宗嘉靖實録卷 405　第 1 頁　405.1.7077）

1529　**十二月戊子**　琉球國中山王尚清遣陪臣長史梁炫等來貢馬及方物。宴賚如例。

（世宗嘉靖實録卷 405　第 5 頁　405.4.7083）

1530　**十二月乙未**　立春。順天府官進春。命司禮監官捧進。

（世宗嘉靖實録卷 405　第 5 頁　405.4.7084）

嘉靖三十三年（1554）

1531　正月辛酉　以桃林關口失事，奪燕河營參將何鎮俸二月，指揮黄擢等下巡按御史問。

（世宗嘉靖實録卷 406　第 6 頁　406.5.7098）

1532　正月辛未　發太僕寺馬五千匹於居庸、紫荆等關，兑給宣、大八衛官軍並發馬價三萬兩於山西鬻馬，補騎操之缺。

（世宗嘉靖實録卷 406　第 9 頁　406.7.7102）

1533　二月癸酉　改密雲協守副總兵爲分守，建昌游擊爲副總兵，各畫地守之。以牆子嶺東西爲界，西至黄花鎮接境屬密雲副總兵，東至山海關遼東接境屬建昌副總兵，俱聽總督鎮巡節制〔校記：廣本制下有從都御史楊博議也八字〕。

（世宗嘉靖實録卷 407　第 2 頁　407.2.7107）

1534　二月乙未　發太倉銀七萬兩於大同，七萬八千兩有奇於宣府，二萬七千兩有奇於山西，五萬兩〔按：館本無兩字，廣本閣本有兩字〕於昌平，七萬於易州充兵餉。

（世宗嘉靖實録卷 407　第 5 頁　407.4.7112）

1535　三月辛丑朔　詔〔校記：廣本無詔字〕發太倉銀四千三百兩賑上林苑〔校記：廣本苑下有監字〕蕃育等署饑民。

（世宗嘉靖實録卷 408　第 1 頁　408.1.7115）

1536　三月辛丑朔　命石塘嶺參將署指揮僉事段堂充副總兵分守通〔校記：閣本通作薊〕州。

（世宗嘉靖實録卷 408　第 1 頁　408.1.7115）

1537　四月甲戌　詔發京通二倉米賑濟順天府屬饑民，其流民就賑者命有司設粥食之。

（世宗嘉靖實録卷 409　第 2 頁　409.2.7123）

1538 **四月乙亥** 都城内外大疫，上聞之，諭禮部曰：時疫太甚，死亡塞道，朕爲之惻然。其令太醫院發藥，户部同錦衣衛官以米五千石煮粥療濟，用副朕好生之意。死者官給席藁，令所在居民收瘞之。詔下，貧民全活甚衆，遠方聞者爭來就食，户部尚書方鈍以人多食少，請益發廩以賑之。報可。

（世宗嘉靖實録卷 409 第 2 頁 409.2.7133）

1539 **四月癸未** 上諭輔臣嚴嵩等曰：大慈恩廢地錦衣衛奏請作射所，金聲鼓擊未宜也，第宜幽静改建玄宫，而别以大興隆地爲射所何如？嵩等以上諭示工部及都督陸炳，炳復言：大興隆地逼近禁城，恐金鼓之聲日徹御前不便，即今安定門外有已廢東西官廳等隙地，宜將宣武門外民兵教場移徙於此，而以本衛射所移於民兵教場，其大興隆故地，俟臣等漸次平治，以先年射所原立神祠移建於中崇奉香火及爲演輦演象點視撥差之所。得旨允行。

（世宗嘉靖實録卷 409 第 3 頁 409.3.7135）

1540 **四月甲申** 土魯番、天方國、撒馬兒罕、魯迷四面番王速壇沙母沙法兒等各遣人來朝，貢方物。宴賚如别。

（世宗嘉靖實録卷 409 第 4 頁 409.3.7136）

1541 **四月乙酉** 葬榮淑康妃杜氏於金山。

（世宗嘉靖實録卷 409 第 4 頁 409.3.7136）

1542 **四月丁酉** 以京師外城〔按：館本外城作城外，廣本作外城，是也〕工完，遣成國公朱希忠告太廟，録營工諸臣〔按：館本營作管。閣本脱臣以上十五字〕功。蔭内官監右少監郭揮弟姪一人爲錦衣衛百户，進提督京營平江伯陳圭太子太傅，掌錦衣衛事左都督陸炳太保，仍各蔭一子爲百户。兵部尚書聶豹太子少傅，工部尚書歐陽必進太子少保，仍各蔭一子爲國子監〔按：館本無監字，抱本有監字〕生。陞兵部右侍郎許論爲左侍郎，加正二品服俸。原任工部右侍郎陶尚德同左侍郎郭鋆各增俸一級。陞都指揮使朱希孝爲都督同知，指揮僉事劉黥爲指揮使，吏部給事中秦梁爲通政使司參議，浙江道〔校記：廣本閣本道下有監察二字〕御史董威爲大理寺右寺丞。賞户部尚書方鈍、兵部左侍郎翁溥各銀二十兩，紵絲一表裏。大學士嚴嵩子世蕃陞工部左侍郎，照舊帶俸侍親。徐階、李本各蔭一子中書舍人，成國公朱希忠歲加禄米五十石，通政使趙文華陞工部右侍郎，仍掌司事。兵工二部職方營繕郎中謝孟金、王一夔各陞二級，陞〔校記：廣本閣本陞上有已字，陞下有外字〕任員外汪道昆、劉景韶、李僑、宋國華等，户部主事高光等，工部帶俸左侍郎郭文英、順天府丞徐杲及中書欽天監等官各陞賞有差。已革任兵科給事中朱伯辰以倡議功，准冠帶閒住。已，命梁威仍兼原官，管工如故。〔校記：廣本閣本脱故以上十二字〕。

（世宗嘉靖實録卷 409　第 7 頁　409.6.7142）

1543　四月戊戌　朝鮮國王李峘差陪臣工曹參判權轍等奉表文恩貢方物。宴賚如别。

（世宗嘉靖實録卷 409　第 8 頁　409.7.7143）

1544　五月戊午　巡按山西御史宋儀望請疏桑乾河道〔按：館本道作通〕宣大糧餉〔校記：廣本通上有以字，按：館本餉作儲，三本作餉〕言：桑乾河發源於金龍池下瓮城驛古定橋，會衆水東入盧溝橋一千餘里，在大同則卜村稍有亂石，在府則黑龍灣有石崖頗險，其險與亂石不越四五十餘〔校記：廣本閣本無餘字〕里，水淺處亦深二三尺，誠疏鑿之爲力甚易，當時撫臣侯鉞嘗駕小舟至懷來，過卜村，踰黑龍灣，坦行無虞。又自懷來載米三十石、逆水而上竟達古定橋，則河足便漕有明徵〔校記：廣本徵作驗〕矣。時朝廷新行乞運之法，山谷崎嶇，率三十石而致一石，部臣謀所以易之，未得其便。及儀望疏下，兵部任其可行，且稱，都御史趙錦嘗使人從桑乾河水行千里，直抵大同城下，若稍加疏鑿，不惟通漕，且因可以捍虜。詔會工部計之，工部謂遠河重役，請俟詳勘舉行。遂報罷。

（世宗嘉靖實録卷 410　第 5 頁　410.4.7152）

1545　**五月甲子**　命遼東游擊將軍署指揮僉事楊照充分守薊州右〔按：右爲古之誤〕北口等處參將。

（世宗嘉靖實録卷 410　第 6 頁　410.5.7153）

1546　**六月庚午朔**　命署都指揮同知詹祥、署都指揮僉事李爵、茂鎮各充京營參將，祥神機，爵五軍，鎮總督京城内外捕盜。

（世宗嘉靖實録卷 411　第 1 頁　411.1.7157）

1547　**六月壬申**　陞大理寺卿沈良才爲兵部右侍郎，順天府尹雷禮爲工部右侍郎。

（世宗嘉靖實録卷 411　第 1 頁　411.1.7157）

1548　**六月壬申**　詔：籍京師召募民兵充巡捕軍，統領民兵革職參將左灝復原職，回衛聽用。初，庚戌變後，詔〔按：館本詔作召，三本作詔〕募民兵四千爲一營，於西操場操練，專爲京城防禦，設參將一員管領，用灝爲之，至是且四年，而民兵逃者千餘人，灝奏請勾捕〔校記：閣本捕作補〕。兵部因言：此輩俱係烏合，應募之人非有户籍，無從請勾。且現在亦多老弱，宜行減汰。所餘精壯不敷一營，今京營巡捕兵缺，宜以此益之，俾附籍應役，以資實用。灝先以稱病奪職，兹已年餘，足以示懲，宜令復職回衛候補。從之。

（世宗嘉靖實録卷 411　第 1 頁　411.1.7158）

1549　**六月丁丑**　改應天府府尹扈永通爲順天府府尹。

命太僕寺發順天府寄養馬一千匹、保定府種馬二千五百匹給保定騎兵營官軍。

（世宗嘉靖實録卷 411　第 2 頁　411.2.7159）

1550　**六月戊寅**　帶俸順天府府丞徐杲九年考滿，詔陞太僕寺卿，仍帶俸供事。杲匠役也。

（世宗嘉靖實録卷 411　第 2 頁　411.2.7160）

1551　**六月癸未**　兵部以宣大、薊鎮〔校記：閣本鎮作州〕諜報虜衆將入寇，預請勅總督戎政平江伯陳圭等部署營兵。分屯各關廟〔按：館本廟作廂〕待虜。虜果潰口入薄關廂，則時陳追剿於外，圭拒守於内，中外夾攻，務求萬全。圭因言：營兵素未見虜，乞如故事檄調邊兵四枝，用爲先鋒，上是之，令兵部議行。部覆：往歲調取邊兵者，以京師重城未完，南關居民繁富，聞警恐易動摇。而圭是時總戎方數月，將不識兵，亦難責〔校記:廣本閣本責下有以字，是也〕戰故也。今屹然重城，既〔按:館本既作卽，三本作既，是也〕足自固，而營兵狩練日久，又非不教之兵，以此待虜，虜必不敢復萌深入之計，圭以不必復借邊兵以自衛。且陛下更新戎政者四年矣，正期營兵日強，可以漸省邊兵入衛之費。今大將方議出戰，乃無一將一兵可衝鋒者，是京營數十萬衆焉用之？況不守邊關而守京師，棄近郊不守而守京城，撤門户之蔽而屯兵堂奥以爲衛，此逆鸞誤國之左計可復踵而行乎？奏入，得旨，爾昨言賊果潰口入薄關廂，圭當拒守於内，今又言虜決不敢有深入之萌，詞涉反覆，其意何主？歲調邊兵，原爲入衛京師，今既當守門户，其令時陳分布要害，力遏虜衆，使不得潰口而入。陳圭止令防守京師。

（世宗嘉靖實録卷 411　第 5 頁　411.4.7163）

1552　**六月乙未**　孝莊睿皇后忌辰，奉先殿行祭禮，遣玉田伯蔣榮祭裕陵。會京師大雨，平地水深數尺餘，榮至德勝門外不能進而還。詔以七月二十日祭。

（世宗嘉靖實録卷 411　第 8 頁　411.6.7168）

1553　**六月乙未**　命户部左侍郎馬坤督防守九門京營兵糧餉。

（世宗嘉靖實録卷 411　第 8 頁　411.6.7168）

1554　**六月丁酉**　工部奏上新僉〔校記：廣本閣本僉下有京師二字，是也〕舖商之籍，因言：審編之始，各商身家所係，科臣一時耳目〔按:館本脱目以上十七字，三本存〕徧及爲難，乞更令五城御史從公覆閲之。上曰：近年京城軍民坐充舖户負累逃亡者甚多，差官僉選，又放富役貧，去留不公。是所僉爾部中再加審實，貧難無力者免之。仍令五城御史嚴查，富户僉補有倚勢營免者重治。

（世宗嘉靖實録卷 411　第 8 頁　411.7.7169）

1555　**六月戊戌**　以京城霪雨，漂没牆垣廬舍，命户部發銀賑濟，工部濬渠洩水。

（世宗嘉靖實録卷 411　第 8 頁　411.7.7169）

1556　**七月己亥朔**　命太僕寺調取寄養馬二十四匹於京營，四匹於居庸關，兑給各軍。

（世宗嘉靖實録卷 412　第 1 頁　412.1.7171）

1557　**七月壬子**　宣大總督許論奏：比得降者言，虜賊糾衆將寇關，不可無備。臣按古北、紫荆，兵險足恃，惟居庸西連懷、保一帶諸口，可通大舉，屯兵單弱。乞將宣大游擊胡吉、楊世臣所部士馬一駐懷來，一駐隆慶，與保安、永寧二營並列。倘賊果内犯，則四營已先拒險，在邊諸營復尾其後，臣率標兵與大同游奇等營直走其西北路分守之，及新撫夷兵營徑趨其東，如此雖關東有警，亦可朝呼夕至。下兵部，覆可。從之。

（世宗嘉靖實録卷 412　第 3 頁　412.2.7174）

1558　**七月丙辰**　運糟糧六萬石於昌平鎮，充主客兵餉。

（世宗嘉靖實録卷 412　第 4 頁　412.4.7177）

1559　**八月丁酉**　以水災免順天府屬税糧有差。

（世宗嘉靖實録卷 413　第 7 頁　413.6.7192）

1560　**九月癸丑**　昌平白羊口草場火，詔奪守備齊維禎、户部員外郎劉崇文俸各二月。

（世宗嘉靖實録卷 414　第 5 頁　414.4.7200）

1561　**九月乙卯**　户部言：本部歲入夏税、秋糧、馬草、絲絹、布疋、户口、食鹽、關税、鹽課等項，除存留及起運邊腹外，額該增漕運京通倉米四百萬石，解京庫銀二百萬兩有奇。一應京邊用度，胥此仰給，中間有因時增設而遂沿爲常例者，如各邊修邊銀，自庚子歲節發且八十餘萬，客兵銀自〔校記：閣本脱自以上十四字〕庚戌後每歲增二百餘萬類是也；有逐年加添而遂倍於常額者，如京營馬匹草料，歲支料草本折各二十餘萬，各邊年例外，募軍調發等銀歲加共一百餘萬之類是也；有因循日久糜費而不可省者，錦衣衛官軍月支米四百萬石，光禄太常厨役月支米至六千石，神樂觀樂舞生各監局匠役月支米七百餘石，各衛官軍歲支米至三百一十二萬餘石。其間冗員當併，冗食當汰之類是也；有侵冒日甚，牽制而不可禁者，光禄歲派供用外，每歲用銀數十萬，各邊備守，每年前用數無慮數百萬。其間統領收支之人，不無陽出陰藏，移寡入多，與夫一切調掣非時，分布無法，冒濫不實之類是也。以是四者，歲出倍於所入，本部不得已，乃提取贓罰，推廣事例，以苟且取給。今搒括盡矣，解納徵矣，不唯額外銀兩歲難據以爲常，即如前項額糧四百萬石，額銀二百萬兩，近該蘇松、浙江、河南、陝西等處，各以災傷奏留蠲免，則漕糧起運不但止於改折，其數必至於虧欠。銀兩收貯不但止於短少，其勢必至於匱竭。今三十三年，京通糧米不滿一千萬石，僅供二年支費。太倉見貯庫銀不滿三四十萬兩，而應發各鎮年例，尚欠七十八萬。各項商價，尚欠二十八萬餘兩。而光禄借補供應軍士冬衣布花猶在其外，國用窘急未有甚於此時者也。夫計近日之費，固已虜〔按：館本虜作慮〕濟用之難，若逆將來之費而圖善後之策，則尤有可寒心者，蓋往者海内安寧，時歲豐登，邊陲無久戍之兵，郡縣無流徙之民。倉廩充盈，閭閻殷富。本部得以籍往時之積，窮搜括之計，資外以供内，借有以濟無，猶之可也。今太倉乏數年之蓄，而耗蠹者日倍於前，内帑缺見年之用，而仰給者日伺於後，加以兵戈迭見，水旱頻仍，輸運不前，而且欲乞免以圖存，搒括不繼，而且欲請討以助費，則漕糧求四百萬之數，銀庫求二〔校記：廣本無二字〕百餘萬之銀，固已難集，而京師百萬生靈之衆，何時倚待？各邊主客兵四百餘萬之資，何所給發？各寺庫數十萬兩之費，何所措辦？欲加派於民，而民力已困，欲借用於官，而官帑又虚，又將何施而可哉！臣等以凡屬國計，值此財用殫竭之時，莫如握算縱横之畫，故願陛下博訪廷臣而集衆思焉。俾各述所見，各攄所懷，於臣等所列增設、加添、因循、侵冒四者，詳議其汰存節縮之宜而裁擇之，庶羣策畢陳，而經制之長利可舉矣。疏入報可。

（世宗嘉靖實録卷414　第6頁　414.5.7201）

1562　**九月辛酉**　命署都指揮僉事神機營副將趙卿代時陳提督軍務，將入衛官兵駐懷來、隆慶適中之所，改昌平州副總兵張琮充左副總兵，協守大同。

（世宗嘉靖實録卷414　第9頁　414.7.7206）

1563　**九月壬戌**　暹羅國王㱿〔按：館本㱿作勃，抱本作㱿〕略坤息利尤池呀遣使奉金葉表文來朝〔校記：廣本閣本朝下有賀字〕貢方物，宴賚如例。賜其正副使及通事辦事人等冠帶有差。

（世宗嘉靖實録卷414　第10頁　414.8.7207）

1564　**九月壬戌**　命都督同知掌錦衣衛事朱希孝提督京城内外巡捕。

（世宗嘉靖實録卷414　第9頁　414.8.7207）

1565　**九月丁卯**　虜衆薄古北口，攻牆，大同守臣亦以虜入平虜衛告急，兵部以聞。上令各總督鎮巡官嚴兵隄〔校記：廣本抱本隄作提〕備，並趣提督趙卿之任。分布兵馬防遏〔校記：閣本遏作邊〕。

（世宗嘉靖實録卷414　第11頁　414.9.7210）

1566　**十月己巳**　命鎮邊城右參將王臣充副總兵鎮守居庸、昌平，以原任大同總兵張堅充右參將代之。

詔發太僕寺銀一萬兩犒薊鎮守牆將士，賜總督楊博、總兵周益昌各服色衣一襲。是時虜〔校記：廣本閣本虜下有薄字〕攻薊鎮牆，百道並進，警報沓〔按：館本沓作日，廣本閣本日下有數十二字，抱本日作沓〕至，上爲之旰食〔校記：廣本閣本無旰食二字〕。遣厰衛卒校往伺〔校記：廣本閣本遣上有令字。館本伺作詗，抱本作伺〕其狀，至則博環甲登陣，宿止古北口垣上，而諸將士據牆禦敵甚力。伺者以其事〔校記：閣本無其事二字〕聞，上大喜，乃遣兵部司〔校記：廣本閣本司下有屬字〕官賫勅獎犒將士，博、益昌俱賜服〔校記：廣本閣本俱下有加字，服下有色字〕以寵之。

（世宗嘉靖實録卷 415　第 1 頁　415.1.7211）

1567　**十月庚午**　虜北遯，薊鎮守臣以聞，京城解嚴。虜自二十七日薄牆急攻四晝夜，不克，乃退屯古城川。次日復南旋，駐虎頭山，夜火光滿野，連亘數十里。總督楊博募死士執火器潛入其營，中夜齊發，虜衆警擾徹旦，乃解去。

（世宗嘉靖實録卷 415　第 1 頁　415.1.7211）

1568　**十月乙亥**　免是歲兩京決囚。

（世宗嘉靖實録卷 415　第 3 頁　415.2.7214）

1569　**十月庚寅**　以修理天壽山橋樑道路，命大學士李本往視工。〔校記：工以上二十一字，廣本閣本作命大學士李本天壽山等處視工〕。

（世宗嘉靖實録卷 415　第 6 頁　415.5.7219）

1570　**十月丁酉**　以苑田收獲賜户部右侍郎盧紳、御馬監丞高忠彩段羊酒有差。户部郎中石茂華絹二疋。

（世宗嘉靖實録卷 415　第 6 頁　415.5.7220）

1571　**十一月丙辰**　朝鮮國王李峘差陪臣吏曹參判鄭裕等朝賀，貢方物。宴賚如例。

（世宗嘉靖實録卷 416　第 6 頁　416.5.7229）

1572　**十一月戊午**　發太倉銀十萬兩於宣府，十萬兩於大同，二萬七千兩於薊州。

（世宗嘉靖實録卷416　第6頁　416.5.7229）

1573　十一月甲子　降順天府府尹扈永通爲河南按察司副使。永通自應天府陞任至京，吏部劾其赴任違限，請罰治。得旨：近年陞任官肆意回籍，曠廢職業，永通姑降二級，調外任用。今後兩京大臣，凡到任遲延者，從實參奏。

（世宗嘉靖實録卷416　第7頁　416.6.7231）

1574　十二月辛未　陞南京太僕寺卿高燿爲順天府府尹。

（世宗嘉靖實録卷417　第2頁　417.2.7235）

1575　十二月辛未　廣西道御史黄國用言：皇上近因霖雨爲災，議興陵京諸處工役，事非得已，但京師比當疾疫水旱之後，民力困竭，物價騰踊。商人畏買辦之艱，車户病載運之苦，往往毁家鬻具以逃，閭井蕭然，可爲太息。且各工計費不下數百萬，而工部貯庫之銀不及三分之一，上下公私困匱至此，若將各工並舉，恐民愈不堪，工亦難以就緒。不若酌量緩急，姑擇其一二要重者併力興工，餘俟年豐〔按：館本作豐年，三本作年豐〕以次及之，庶國計民生，兩無所妨。御史陰秉暘、徐紳亦以爲言。得旨，各工先儘見在物料修理山陵橋路，餘如議漸舉。

（世宗嘉靖實録卷417　第2頁　417.2.7235）

1576　十二月壬申　以冬深無雪，遣文武大臣英國公張溶等祭禱各宫廟。

（世宗嘉靖實録卷417　第2頁　417.2.7236）

1577　十二月乙亥　兵部覆巡按直隸御史徐紳三議。一議簡兵。謂邇者京營兵既冗，而又增募至四萬人，中間多老弱冒替者，宜精簡而時練之，厚以衣糧，俟秋防有警，量遣征戍。……上從部議。

（世宗嘉靖實録卷417　第3頁　417.3.7237）

1578　十二月戊寅　京城内外盜起，兵部以聞。上曰：京師多盗，巡捕官不加緝捕，每私以軍馬倩人騎坐，玩法罔戒，其令巡視科道協管主事參將等官嚴覈之。

（世宗嘉靖實録卷 417 第 4 頁 417.4.7239）

1579 **十二月己卯** 居庸關把總楊淳獲奸細猾尚，守備太監賈堪以聞。詔斬尚，陞淳、堪各一級。

（世宗嘉靖實録卷 417 第 5 頁 417.4.7240）

1580 **十二月癸未** 禮部以禱雪未應，請令百官齋戒，順天府官祈禱。

（世宗嘉靖實録卷 417 第 6 頁 417.5.7242）

1581 **十二月己丑** 大風，揚塵四塞。

（世宗嘉靖實録卷 417 第 9 頁 417.8.7247）

1582 **十二月癸巳** 增設整飭昌平等處兵備僉事一員，駐〔校記：閣本駐下有劄字〕昌平。從總督楊博奏也。

（世宗嘉靖實録卷 417 第 10 頁 417.8.7248）

嘉靖三十四年（1555）

1583 **正月辛丑** 立春。順天府官進春。命司禮監官捧進。

（世宗嘉靖實録卷 418 第 1 頁 418.1.7251）

1584 **正月丁未** 宣大都撫官許論、劉廷臣奏：宣府歲比不登，米價騰踊，乞運京倉糧石〔校記：閣本石作食〕接濟，仍令守選人員自以物力轉運倉粟於邊，超等除授。户部議，先就近〔按：館本近作道，三本作近，是也〕以居庸倉糧借該鎮二萬石以濟目前之急。京倉米豆准給一十五萬石内將七萬石運居庸，八萬石運懷來。其轉輸之費，許令監生及聽選官若選期在一年外者納銀四十兩，二年者倍之，三年者又倍之，十年之外以二百兩爲率，俱准除授。奏入，得旨如擬，惟納銀例准暫行，事寧卽止。

（世宗嘉靖實録卷 418　第 1 頁　418.1.7252）

1585　**正月戊申**　增設整飭昌平等處邊〔校記：閣本邊作兵〕備山西按察司僉事一員。

（世宗嘉靖實録卷 418　第 1 頁　418.1.7252）

1586　**正月癸丑**　改保定總兵署都督〔校記：三本無督字〕僉事歐陽安充總兵官鎮守宣府。命紫荆關參將署都〔按：館本都下有督字〕指揮僉事祝福充副總兵，鎮守居庸、昌平。

（世宗嘉靖實録卷 418　第 2 頁　418.2.7253）

1587　**正月癸丑**　工部奏：營建工程内外並舉，費用浩繁，帑藏不給。今天雨連綿，大水泛溢，山陵橋路，衝決甚多，乞將天壽山橋樑河路及時修舉。其内外工程，竣〔按：疑竣爲俟之誤〕陵工既有次第徐爲之圖。報可。

（世宗嘉靖實録卷 418　第 2 頁　418.2.7254）

1588　**正月乙卯**　薊鎮守臣言：鎮邊、横嶺、長峪三城皆在昌平，依山瘠薄，軍馬糧料，請全給本色。户部覆：三城夏秋折色、冬春本色，係定制，未可輕改。第於折色每石量加銀一錢，本色每石量加糧料〔按：館本料作科，抱本作料，是也〕二斗，卽爲優厚，别鎮不得援以爲例。從之。

（世宗嘉靖實録卷 418　第 3 頁　418.2.7254）

1589　**正月乙丑**　詔總督京營鎮遠侯顧寰、工部尚書吴鵬閲視修理山陵橋樑、牆垣工程。

（世宗嘉靖實録卷 418　第 6 頁　418.5.7259）

1590　**二月丙子**　總督薊遼、保定軍務都御史楊博疏請開密雲白河以濟糧運，於楊莊地方築塞新口，使白河之故道疏通，與潮河之水合而爲一，仍於密雲城西修築泊岸，以防城墉崩塌之患。從之。

（世宗嘉靖實録卷 419　第 4 頁　419.4.7276）

1591　**二月己卯**　吏部奏：京官給假者例不作缺，限回籍兩月還任，但遷墳營葬與送親送子者不同。若任其遷延受直〔按：館本延下無受直，三本有受直二字〕曠事，殊非政體，宜如京官養病例，勘明准放，員缺銓補，待事畢，原籍官司具實起送赴部。如過違三年之外者，照例革職。從之。

（世宗嘉靖實録卷 419　第 5 頁　419.5.7279）

1592　**三月丙申朔**　　發太倉銀二萬兩於易州〔校記：閣本無二萬兩於易州六字〕，二萬兩於昌平，三萬兩於遼東，備客兵糧餉。

（世宗嘉靖實録卷 420　第 1 頁　420.1.7281）

1593　**三月壬子**　　建神應軒於西苑。

（世宗嘉靖實録卷 420　第 4 頁　420.3.7285）

1594　**四月戊辰**　　兵部尚書楊博等奉詔議處民兵言：京城民兵之設，始自庚戌虜患之後，倉卒召募，類多烏合。始則欣然就役，僅成營伍，久〔按：館本久作又，三本作久，是也〕則漸次亡去，虚冒芻糧。今案在籍之數亦強弱相半。欲盡汰黜之則細民遽失月糧，於情〔按：館本情作精，三本作情，是也〕不堪，且巡檄〔按：館本檄作激，三本作徼，是也〕京城，分布不足，與其取之於營兵，不若議處民兵之爲便也。請勅所司，汰其老弱，存其精鋭，其原出真、保等府者，發付各兵備道，籍爲民兵，在京者仍隸〔按：館本隸作捕，三本作隸，是也〕巡捕參將管攝，與尖哨軍人相兼巡邏，逃者不逃〔按：館本逃作補〕。得旨：民兵影占雜役數多，徒耗芻糧，無裨實用。令巡視科道官同主事參將遴選，覈其在京在外、宜罷宜還者以聞。又言：此事旨下兩月，乃覆遷延違慢。楊博新任，宥不〔按：館本不作下，三本作不，是也〕問，奪侍郎翁溥俸兩月，該司掌印官三月，餘二月。既而巡視京營給事中丘岳、御史温景葵等查奏：見在巡捕民兵二千一百五十四人内，係外郡者六百二十六人，宜罷還籍；係在京者一千五百二十八人，其稍精鋭可留者，僅四百九十四人，餘皆老〔校記：館本老作年，三本作老，是也〕弱，宜放遣。追論原任職〔按：館本職作識，三本作職，是也〕方司郎中張重占役兵馬數多，縱恣骫法，宜罷。上悉從之，革重職閑住。

（世宗嘉靖實録卷 421　第 1 頁　421.1.7293）

1595　**四月辛巳**　詔修廬〔校記：廣本廬作蘆，是也〕溝河，自柳林通鶏鵞房入草橋大河。

（世宗嘉靖實録卷 421　第 4 頁　421.4.7299）

1596　**五月丙申**　朝鮮國王李峘遣陪臣刑曹參判洪曇等貢馬及方物謝恩，宴賚如例。峘又獻咨紙三〔按：館本三作七〕百葉，上嘉其忠順，降勑褒諭，賜白金百兩，紵絲、紗羅衣各一襲。

（世宗嘉靖實録卷 422　第 2 頁　422.2.7309）

1597　**五月辛丑**　發太僕寺馬四百十一匹給延綏留戍薊鎮將士。

（世宗嘉靖實録卷 422　第 3 頁　422.2.7310）

1598　**五月壬子**　添設工部主事一員專管臺基廠。

（世宗嘉靖實録卷 422　第 11 頁　422.9.7323）

1599　**五月乙卯**　總督京營戎政鎮遠侯顧寰言：營兵遇歇操月分，雖有五日照點之規，倉卒有警勢涣難集。今虜詐無常，請留五軍營正兵及標下兵共四萬人，分爲四班，班得萬人。每月番上一班駐京輪守，月加口糧二斗，以示優卹。脱有急，萬人可不召而集也。兵部覆，其議便。從之。

（世宗嘉靖實録卷 422　第 13 頁　422.11.7328）

1600　**六月甲戌**　總督侍郎王忬言：薊鎮撫臣宜仍舊改駐遵化，至秋乃出昌平，以便策援。其調至容〔按：館本作客，是也〕兵，宜分以信地。凡獲功失事，與主兵同其賞罰。兵部覆議，從之。

（世宗嘉靖實録卷 423　第 1 頁　423.1.7332）

1601　**六月乙亥**　先是，兵科給事中游震得等建議，謂京營諸衛之兵，雜配於各營，多寡參差，稽覈無緒。請〔按：館本請作諸，三本作請，是也〕以大小衛所，相兼分配，令一衛專隸一營，於約束爲便。兵部覆，從之。已而提督京營鎮遠侯顧寰言，五軍營每營挑選精鋭正兵三千，餘爲備兵，分爲强弱二等，神樞、神機兩營，亦選撥聽調。若欲序衛順營，分配之際，未免創改隊伍。況秋防在邇，不惟兵將不習，亦且强弱混淆不便。部臣覆上其議，得旨：營兵宜如舊。以後諸臣建白，窒礙難行者，部臣毋得依違題覆，既行輒易。

（世宗嘉靖實録卷 423　第 2 頁　423.1.7332）

1602　**六月辛巳**　陞密雲副總兵署都指揮僉事龔耒〔按：館本龔耒作龔來，廣本作龔萊，抱本作龔來〕爲署都督僉事充總兵官，鎮守保定。

（世宗嘉靖實録卷 423　第 5 頁　423.4.7337）

1603　**六月乙酉**　命黄花鎮參將署都指揮僉事羅文豸充副總兵官，分守密雲。

（世宗嘉靖實録卷 423　第 6 頁　423.5.7339）

1604　**六月乙酉**　北虜俺答黄台吉遣諜麻廷遊、喬鉞等内詗至天壽山，爲守備太監賈堪所獲。守臣上其事，詔廕堪弟姪一人爲錦衣衛所鎮撫。下守居庸關百户崔泰等於按臣論罪，廷遊等梟首示。

（世宗嘉靖實録卷 423　第 6 頁　423.5.7340）

1605　**七月乙未**　改通州副總兵爲參將。初，咸寧侯仇鸞建議，設三御史於通州、易州、昌平。通州增置副總兵官，鸞敗，俱奉詔裁革。至是總督王忬復言通州重地，仍宜用副將守之。兵部謂，該州兵止千人，請改〔校記：廣本閣本改下有爲字〕參將便。上從部議，遂以署都指揮僉事吴旂充參將分守。

（世宗嘉靖實録卷 424　第 1 頁　424.1.7344）

1606　**七月丙辰**　玄雷居殿宇工完。

（世宗嘉靖實録卷 424　第 6 頁　424.5.7352）

1607　**七月丁巳**　提督京城廵捕參將任俊申明廵捕事宜。一，專責任。五城地方把總並各城兵馬怠惰不職，聽本官參呈送問。一，慎考察。置立文簿，備造各地方把總履歷功過，年終填註考語，送部考察。一，補額馬。原額設捕盜馬五千六百四十一匹，今〔按：館本自今下脱佚〕缺其大半，乞行撥補。一，明號令。把總委官下夜必聲東點西，出其不意。無事則來往巡邏，有警則緩急應援。提督將官印牌調遣，海巡委官吹哨招集。一，革標下。往年挑選官軍三千，以備防秋。後議二千，分地方一千存標下。宜去各色，於防秋月日一體下夜巡邏，餘月盡發五城把總鈐束。一，免團操。一事與巡邏相妨，每年秋防量選三千，以備緩急，餘月通免。且聽把總委官隨便演習。一，造圖册。京城内外地畫圖造册，分别寺院菴觀，大小街巷，專官軍巡邏。如有失事，責治各軍及委官把總。一，復攢槽。各軍馬匹，俱照分定地方，晝則同處餧秣，夜則一呼可集。一，選聽缺。把總有缺，難以取辨。臨時宜通行京營及各衛，取相應人員，附記在簿，候缺推用。一，立番子。各總部取精敏步軍，多不過五名，專聽調度緝訪。一，立賞格。先年捕盜議有賞，宜申明以示激勸，其應賞銀兩。於見獲贓銀充用。兵部議覆，從之。

（世宗嘉靖實録卷 424　第 7 頁　424.6.7353）

1608　七月壬戌　　蘆溝橋工完。以秉一真人陶仲文先獻銀〔按：館本銀下有萬字〕兩助工，詔歲加禄米一百石。

（世宗嘉靖實録卷 424　第 10 頁　424.7.7356）

1609　八月庚午　　朝鮮國王李峘遣陪臣禮曹參判元繼險等貢馬及方物，賀萬壽聖節。宴賚如例。

（世宗嘉靖實録卷 425　第 1 頁　425.1.7358）

1610　九月戊午　　修理京城九門工完。

（世宗嘉靖實録卷 426　第 10 頁　426.8.7380）

1611　十月丙寅　　詔械昌平州知州衛錮至京訊治。掌太常寺徐可成言：寺丞王守一祀長陵至昌平，錮不備鼓樂夫役迎送香帛亭，又責械其樂舞生，非朝廷重陵寢之意。上怒，故有是命。

（世宗嘉靖實録卷 427 第 2 頁 427.1.7384）

1612 十月庚午 琉球國中山王尚清遣其正議大夫梁顯等朝貢方物，宴賚其使，回賜王如例。尚清復移文禮部言，貢舟至港，其勢必壞。請令入貢使臣買海上民船駕還〔按：館本還作遠，抱本閣本作還，是也〕，詔福建守臣覈狀聽買，不得過大。

（世宗嘉靖實録卷 427 第 2 頁 427.2.7385）

1613 十一月癸巳 定甲役鋪户事宜。初，巡城御史黄正色奏革夫役等八事。掌錦衣衛事陸炳亦請處鋪户、均甲役、革鋪長，以卹民窮。俱下都察院會各衙門議奏，至是集議〔按：館本議作識，三本作議，是也〕。一均甲役。謂嘉靖七年定擬勳戚司禮監各衙門近侍掌印官與在京籍貫文職四品以上錦衣衛堂官，凡自居房屋悉免編僉，京籍四品以上致仕者同。各監局少監監丞與京籍文職五品以下常朝官，武職錦衣〔校記：廣本閣本衣下有衛字，是也〕千百户、各衛指揮常朝官並達官指揮千百户鎮撫免房一所，餘皆編僉，文官五品以下致仕者同。各衛指揮千百户奉御長隨、東廠錦衣衛校尉、達舍舉人監生免本身並門房三間。各衛見任千百户、錦衣衛總旗、帶俸閑住指揮千百户、侍衛將軍、生員、醫生、天文生、鑄印局、儒士免本身並門房工門〔按：館本工門作二間〕，各衛閑住帶俸等官止免本身，非此類者皆與編僉。又〔按：館本又作文，三本作又，是也〕法久弊生，規避太多，編審不均。宜清查每月總甲雇值銀若干，每門房一間出銀若干，以撒計總足用卽已，不得多斂。收銀之人，不得偏累。又行各城御史按月稽查斂散之數，有餘則貯，不足則補，妄費則嚴加懲治。二處鋪户，京師富室〔按：館本無室字，三本富下有室字，是也〕少，錢糧輸納者多，富者不宜倖免，貧者不宜濫及，估計不宜苛刻，給價不宜後時。三革鋪長。謂一鋪之中，既有總甲，復役鋪長，徒增煩擾，請罷之，四均總舍。謂總〔校記：廣本閣本總作舖，是也〕甲以舖舍爲定，舖舍以人户爲準，如房多人衆，則役省費輕，房少人稀，則役繁費重。今宜定每舖以若干人户爲則，其人稀者，聽其彼此通融，或以人户撥舖，或以舖分併一。五省卯酉。盤詰私鹽，東有張家灣，西有蘆溝橋，各巡檢司關隘，其緝訪姦細，自有兵番等役，不必責之總甲。又正陽門提督城牆城河，原有守軍，每月二卯，徒爲妨民。錦衣衛西司〔校記：廣本閣本司下有房字，是也〕並東廠工部街道，每日報事，亦非事體。自今地方有水火盜賊殺人等項，始許傳報，其餘皆免。六革夫役。警舖總甲，專爲夜巡而設，不宜以供私役。除郊祀並會審押囚、疏溝渠、通水關、巡邏舉場等項外，不得概撥。七革褓役。各衙門官員送迎，五城總甲司户出器用，又查點總甲俱令供硃墨筆紙，皆爲無名科歛。此外等〔按：館本外等作役，廣本閣本作後，是也〕並宜蠲革。八禁豪横，京師之民，或有指官倚〔校記：廣本閣本倚作豪〕勢，玩法生事，爲夜巡所執及奪辱夜巡及强賣强買、暴横不能拘禁者，聽巡城御史據法究治。抗違者奏請議上。詔俱允行。舖户納過錢糧未償值者，户工二部查明以請。

（世宗嘉靖實録卷 428　第 1 頁　428.1.7393）

1614　十一月丁酉　　改設榆河驛於永安城内，隸昌平州。增置驛丞一人，撥隆慶衛軍夫三百各屬之。

（世宗嘉靖實録卷 428　第 3 頁　428.3.7397）

1615　十一月丁未　　户部奏：薊州倉海運漕糧二十四萬石内派四萬石折色，二十萬石本色，此原議也。近因年歲豐歉，米價低昂，遂改徵折色一十八萬石，止存本色六萬石。今軍儲浩繁，米貴價高，乞再改本色六萬石，本折相半，庶邊儲可濟，仍載入議單遵守。從之。

（世宗嘉靖實録卷 428　第 6 頁　428.5.7402）

1616　十一月辛亥　　先是，琉球國中山王尚清遣官生蔡朝用等就學南京國子監，至是在監五年，請歸國省親聽用。許之，遣使送歸。

（世宗嘉靖實録卷 428　第 7 頁　428.6.7403）

1617　**十一月辛酉**　朝鮮國王李峘遣其工曹參判任鼎臣〔校記：廣本閣本臣下有進字，是也。鼎作鼐〕表賀冬至，貢馬及方物。宴賚如例。

（世宗嘉靖實録卷 428　第 9 頁　428.8.7407）

1618　**閏十一月丙寅**　賜朝鮮國明年《大統曆》。

（世宗嘉靖實録卷 429　第 2 頁　429.2.7411）

1619　**閏十一月丁丑**　以水災免順天、保定、河間、大名等府州縣衛所税糧有差。

（世宗嘉靖實録卷 429　第 3 頁　429.3.7413）

1620　**閏十一月癸未**　吏科給事中楊巍奏：在京各倉厰納草商人，給價不敷，虧累爲甚。乞將每歲各司府民運折草料價銀委官專收給商，不得移借别用。户部議覆。從之。

（世宗嘉靖實録卷 429　第 8 頁　429.7.7421）

1621　**閏十一月癸未**　錦衣衛都督陸炳立〔按：館本無立字，是也〕言：在京〔按：館本無京字，三本在下有京字〕商人，比因估價虧折，領銀過期，上納不前，率多逃竄不得，已審編鋪户，乃有力者百計營免，惟貧民坐受其困。乞勅該部照時〔按：館本時下有估字，是也〕外量加羨餘，依限給價，使民樂趨。詔從其言。仍命工部將舗户納過錢糧未經領銀者查給。於是工部議將商人僉换，三年更替。上曰：舗户見充者不必更選，惟貧乏者審實退换。

（世宗嘉靖實録卷 429　第 8 頁　429.7.7421）

1622　**十二月辛卯朔**　巡視京營給事中徐應、御史温景葵以查核京營副參遊佐及千把總等官所部馬匹損失數目，請罰治如例。詔奪五軍等營副將孫勇等十七人及神機等營副將李〔按：館本李作季，廣本閣本作李〕俊等三人俸各三月，下中軍等官趙營等一百九十八人並把總等官馮安國等三十五人於法司問罪。

（世宗嘉靖實録卷 430 第 1 頁 430.1.7425）

1623 十二月丙午〔按：館本午作子，抱本作午，是也〕 立春，順天府官進春，命司禮監官捧入。

（世宗嘉靖實録卷 430 第 5 頁 430.4.7432）

1624 十二月丁未 建紫皇殿成。

（世宗嘉靖實録卷 430 第 6 頁 430.5.7433）

1625 十二月庚戌 以管領班軍參將都指揮同知王延鶴充提督京城内外廵捕參將。

（世宗嘉靖實録卷 430 第 6 頁 430.5.7434）

1626 十二月甲寅 外馬房草場火。

（世宗嘉靖實録卷 430 第 7 頁 430.6.7435）

1627 十二月丁巳 發太倉銀七萬六千兩修築居庸關邊牆垣。

（世宗嘉靖實録卷 430 第 7 頁 430.6.7436）

嘉靖三十五年（1556）

1628 正月丁亥 發太倉銀一萬兩於遼東鎮，給明年主兵二萬兩於薊鎮，給新增兵餉。

（世宗嘉靖實録卷 431 第 3 頁 431.3.7443）

1629 二月丁未 陞總督倉場督理西苑農事户部左侍郎盧紳〔校記：廣本紳作坤，誤〕爲南京户部尚書，順天府府尹高燿爲南京户部右侍郎，總督南京糧儲。

（世宗嘉靖實録卷 432 第 5 頁 432.4.7455）

1630 二月辛亥 改應天府府尹汪宗元爲順天府府尹。

（世宗嘉靖實録卷 432 第 5 頁 432.4.7456）

1631　二月乙卯　陞順天府府丞葉鏜爲應天府府尹。

（世宗嘉靖實録卷432　第5頁　432.4.7456）

1632　二月丁巳　發京倉米五萬石於居庸關，十萬石於懷來備賑。

（世宗嘉靖實録卷432　第5頁　432.5.7457）

1633　三月乙丑　總督宣大侍郎江東言：懷來南山隘口逼近京師，請修築墩臺禦虜，添設守備一員於岔道城，而以口北道參議張鎬陞兵備副使，無事則屯隆慶，防秋則移駐岔道提調守備官軍。兵部覆奏報可。

（世宗嘉靖實録卷433　第2頁　433.3.7464）

1634　三月甲戌　廷試天下貢士。

（世宗嘉靖實録卷433　第6頁　433.5.7469）

1635　三月丁丑　賜貢士諸大綬等三百三人進士及第、出身有差。

（世宗嘉靖實録卷433　第9頁　433.7.7474）

1636　三月壬午　陞吏部左侍郎鄭曉爲南京吏部尚書，山西按察使馬九德爲都察院右僉都御史，整飭蘇〔按：館本蘇作薊，是也〕州邊備，兼巡撫順天。

（世宗嘉靖實録卷433　第9頁　433.8.7475）

1637　四月甲午　昨歲浙江巡撫胡宗憲〔校記：抱本閣本憲下有請字〕遣使移諭日本國王禁戢島夷並招還通商番〔校記：三本商番作番商，是也〕犯，許立功免罪。既奉諭旨，遂以寧波〔校記：三本波下有府字，是也〕生員陳可願、蔣洲往。及是可願還言：初自定海開洋，爲颶風飄至日本國五島，遇王直、毛海峯等言，十〔校記：舊校改十作日〕本國亂，王與其相俱死，諸島夷不相統攝，須徧曉諭之乃不〔校記：三本不作可，是也〕杜其入犯。有薩摩洲賊中〔校記：抱本閣本薩作薩，三本中作舟，是也〕未奉諭，先已過洋入寇矣。我輩昔坐通番禁嚴，以窮自絶，實非本心，誠令中國貰〔校記：廣本貰作貸〕其前罪，得通貢互市，願殺賊自効，遂留蔣洲，傳諭各島而以兵船護可願先還。宗憲以其事聞，且言：洲等奉命出疆，法當徑抵日本，宣諭其王爲正，今偶得海峯等於五島地方，卽爲所説阻而旋，就中隱情，未可逆覩。以臣臆度，大約有二：或懼傳諭國王於若輩不便，設難邀阻；或用懷戀故土，擬乘此機會立功自歸。乞令本兵部議其制馭所宜，俾臣等奉以從事。疏下，部覆：東南自有倭患以來，有言悉帆海奸商王直、毛海峯等以近年海禁大嚴謀利不遂，故勾引島夷爲寇者；有言彼國〔校記：三本國下有遭字，是也〕荒米貴，各島小夷廹於饑窘乃糾衆掠食，國王不知者。用兵數歲，捕獲亦多，招報參差，茫無可據，故昨歲禮部從撫臣之請，遣使偵之，今使者未及見王，乃爲王直等所説而返，其云禁諭各夷不來入犯，似乎難保。且直等本我徧〔校記：廣本抱本徧作編，是也〕民，既稱効順立功，自當釋兵歸正，乃絶不言及而第求開市通貢，隱若夷酋然，此其姦未易量也。宜令宗憲等振揚威武，嚴加隄防。仍移文曉諭直等，俾剿除舟山等處賊巢，以自明其誠信，果海壖清蕩，朝廷自有非常恩賚。其互市通貢，姑俟蔣洲回日，夷情保無他變，然後議之。疏入，報可。

（世宗嘉靖實録卷 434　第 2 頁　434.2.7479）

1638　四月丙申　改……刑部都給事中李敏爲順天府府丞。

（世宗嘉靖實録卷 434　第 3 頁　434.3.7481）

1639　四月丁酉　上諭禮部曰：春夏交而雨澤少，四方多災，皆係氣數，未有人能叩上玄者，勿謂不經，理宜敬奉，其自十一日〔按：館本無日字，三本有日字，是也〕始停刑六日，正屠三日，仍告各〔按：館本各作六，抱本作各〕官廟。未幾雨降，上悦。輔臣嚴嵩等帥百官上表賀。

（世宗嘉靖實録卷 434　第 3 頁　434.3.7481）

1640　四月己亥　以陵工完，詔内官監太監王鼎加恩一等，工部左侍郎雷禮陞二品服色俸級。太監黄〔按：館本黄作王，三本作黄〕錦、大學士李本各賞銀二十兩，紵絲二表裏。鎮遠侯顧寰、都督陸炳、兵部右侍郎沈良才、錦衣衛都指揮周京、太監賈堪各銀十五兩，紵絲一表裏。太監袁亨、原任工部尚書吴鵬各銀十兩，紵絲一表裏。原任郎中蕭立業等〔按：館本無等，三本業下有等，是也〕各銀五兩。給事中謝江、御史孫哀、屯田司郎中袁應樞、嚴清等八名各陞俸一級。

（世宗嘉靖實録卷 434　第 4 頁　434.4.7483）

1641　四月壬寅　　發太倉銀六萬六千一百七十七兩於薊州，給新增軍餉。

（世宗嘉靖實録卷 434　第 5 頁　434.4.7484）

1642　四月丙午　　大風，揚塵四塞。

（世宗嘉靖實録卷 434　第 5 頁　434.4.7484）

1643　四月乙卯　　修盧溝橋。

（世宗嘉靖實録卷 434　第 7 頁　434.6.7487）

1644　五月庚辰　　命薊州王〔按：館本王作玉〕旺峪進紫礦砂一百五十斤。

（世宗嘉靖實録卷 435　第 6 頁　435.5.7497）

1645　五月丁亥　　遣制勅房辦事左通政王槐、錦衣衛千户仝天爵同内使一人採礦銀於王〔按：館本王作玉〕旺峪。先是，有詔採礦，禮部議遣司官一員往。既行，上以天地之寶不可不重，命追還原遣〔按：館本無遣字，三本有遣字，是也〕官，而以槐等代之。

（世宗嘉靖實録卷 435　第 7 頁　435.5.7498）

1646　六月庚寅　　造帝真殿，遣工科給事中陳耀文督工。

（世宗嘉靖實録卷 436　第 1 頁　436.1.7502）

1647　六月辛亥　　發太倉銀二萬兩充良鄉、涿州客兵餉。

（世宗嘉靖實録卷 436　第 5 頁　436.4.7508）

1648　七月戊辰　制勅房辦事左通政王槐進玉旺峪礦銀三千兩並中、上、下礦砂各五斤。

（世宗嘉靖實録卷 437　第 2 頁　437.2.7513）

1649　七月辛未　西苑進一莖雙穗瑞穀九十五本。

（世宗嘉靖實録卷 437　第 2 頁　437.2.7514）

1650　七月辛未　詔鞏華、永安二營秋冬月糧仍復舊例，每石折銀四錢五分。先是，二營軍餉以歲歉加折銀五錢，其後守臣遂請沿爲常制。至是户部執奏不可，因有是命。

（世宗嘉靖實録卷 437　第 2 頁　437.2.7514）

1651　七月己卯　發太倉銀二萬兩於薊鎮充客餉。

（世宗嘉靖實録卷 437　第 3 頁　437.3.7515）

1652　八月丁亥朔　制勅房辦事左通政王槐進玉旺峪礦銀三千兩。

（世宗嘉靖實録卷 438　第 1 頁　438.1.7519）

1653　八月己亥　朝鮮國王李峘遣陪臣户曹參判尹釜等入賀進馬。宴賚如例。

（世宗嘉靖實録卷 438　第 3 頁　438.2.7522）

1654　八月壬寅　上問禮部：古用芝草入藥〔按：館本古下有之，藥下有者字，三本無，是也〕，今産於何所？求之可得否？具以狀對。尚書吴山等對言：本草芝有赤、黑、青、白、黄、紫〔校記：閣本赤黑青白黄紫下都有芝字。館本草上無本字，抱本草上有本字〕，其色不同，其味亦異，然皆云久食輕身〔按：館本久食輕身作久食者可以輕身，三本作久食輕身〕。王充《論衡》云，芝生於土，土氣和故芝草生。《瑞命記》云，王者德仁則芝草生。《文選》云，煌煌靈芝，一年三秀。《漢書》〔按：館本書作舊儀，抱本作書〕云，芝有九莖，金色緑葉朱實，夜有光。《黄帝内傳》云，王母遣僊人歌萬年長生之曲，授帝以石函玉笈之書，會閬風瑶池之上，授神芝圖十二卷，然亦常不有，人所罕見，故歷代得之，皆以爲瑞。而服食之法，亦未有傳，仰惟皇上體道奉玄，諸福之物〔按：館本物下有自字，三本無自，是也〕可致之祥，無不畢至，則夫芝草自將應時挺生，遠近必有獻者。所產之地，臣未敢預擬也。於是上詔有司採諸玄岳荒虎鶴鳴三茅齊雲及五嶽〔按：館本嶽作岳，抱本作獄〕，仍訪之民間。會宛平縣民張巨佑，得芝五本獻之。上悦，賚以銀幣，自是臣民獻芝〔按：館本芝下有草瑞物三字，三本無〕者紛紛矣。

（世宗嘉靖實録卷 438　第 3 頁　438.3.7524）

1655　八月戊申　大風，揚塵〔按：館本塵下有於字，三本無於字，是也〕四塞。

（世宗嘉靖實録卷 438　第 4 頁　438.3.7524）

1656　九月己巳　陞……順天府府尹汪宗元爲通政使司通政使。

（世宗嘉靖實録卷 439　第 4 頁　439.3.7534）

1657　九月庚午　以虜犯喜峯口，發太倉銀二萬三千九百四十七兩於薊州充客餉。

（世宗嘉靖實録卷 439　第 4 頁　439.4.7535）

1658　九月辛未　以水災免順天府屬州縣秋糧有差。

（世宗嘉靖實録卷 439　第 5 頁　439.4.7536）

1659　九月癸酉　陞太僕寺卿黄懋官爲順天府府尹。

（世宗嘉靖實録卷 439　第 5 頁　439.5.7537）

1660　九月庚辰　大風揚塵四塞。

（世宗嘉靖實録卷 439　第 6 頁　439.5.7538）

1661　九月乙酉　發太倉銀……三萬兩於薊州〔校記：廣本州作鎮〕，三萬兩於密雲，一萬兩於昌平……各充主客兵餉。

（世宗嘉靖實録卷 439　第 7 頁　439.6.7539）

1662　十月己亥　以水災免宛大二縣並永清〔校記：閣本清下有右騰驤右四字〕等衛秋糧屯糧有差。

（世宗嘉靖實録卷 440　第 4 頁　440.3.7545）

1663　十月辛亥　錦衣衛衣〔校記：舊校删衛下衣字〕前所正千户仝天爵復進玉旺峪礦銀二千兩，因奏天寒工力不及，請暫免催辦。得旨：俟來春二十五日取煎，不許欺怠。

（世宗嘉靖實録卷 440　第 4 頁　440.4.7547）

1664　十一月己未　陞分守密雲副總兵署都指揮僉事羅文豸爲署都督僉事充總兵官，鎮守遼東。

（世宗嘉靖實録卷 441　第 1 頁　441.1.7550）

1665　十一月庚午　初，五月中〔校記：廣本無初五月中四字〕，倭船四艘自浙直敗還，飄泊至朝鮮境，朝鮮國王李峘遣兵逆擊於海中，盡殲之，得中國被虜並助逆者三十餘人，至是因遣陪臣沈通源等入賀以聞，並歸我俘。上嘉其忠順，賚銀幣，仍賜璽書褒獎通源及獲功人李潤慶等，皆厚賜而遣之。

（世宗嘉靖實録卷 441　第 2 頁　441.1.7550）

1666　十一月丁丑　命分守薊州古北口參將署都指揮僉事楊照充副總兵官，分守密雲等處。

（世宗嘉靖實録卷 441　第 3 頁　441.3.7553）

1667　十一月癸未　以京營馬死數多，奪遊擊將軍李倉等十五人俸各一月，把總楊玉等七十九人各二月。

（世宗嘉靖實録卷 441　第 5 頁　441.4.7555）

1668　十一月乙酉　發太倉銀……三萬兩於薊州，一萬兩於昌平，一萬兩於易州，二萬兩於密雲，備明年軍餉〔校記：廣本備明年軍（館本作兵）餉作充是年主客兵兵餉〕。

（世宗嘉靖實録卷 441　第 5 頁　441.4.7556）

1669　十二月甲午　以水災詔緩徵順天等府積欠馬價銀。

（世宗嘉靖實録卷 442　第 1 頁　442.1.7559）

1670　十二月辛亥　立春，順天府官進春，上不御朝，百官朝服行慶賀禮。

（世宗嘉靖實録卷 442　第 5 頁　442.4.7566）

1671　十二月己酉　改墻子嶺所轄曾〔按：館本曾作曹，抱本作曾，下同〕家寨等處屬古北口參將，移古北守備駐曾家寨防守，從總督王忬請也。

（世宗嘉靖實録卷 442　第 5 頁　442.4.7566）

嘉靖三十六年（1557）

1672　正月甲申　詔封閉遷安縣荆子峪、撫寧縣牛欄峪、昌平州大長峪礦洞，罷勿採。

（世宗嘉靖實録卷 443　第 2 頁　443.2.7574）

1673　二月戊子　掌錦衣衛事都督陸炳劾奏司禮監太監李彬侵盗帝真工所物料及内府錢糧以數十萬計，私役軍丁造墳於黑山，會起丁字大券，循〔校記：舊校改循作僭〕擬山陵，大不道，宜寘諸〔校記：廣本諸作之〕法。上命錦衣衛捕送鎮撫司拷訊，下刑部擬罪，〔校記：廣本比上有坐依二字〕比依盗大祀神祇御用等物律，與其黨杜泰、李庚、王愷皆論斬，餘發遣如律，没入其貲銀凡四十萬有奇，金珍珠寳不可勝計。

（世宗嘉靖實録卷 444　第 1 頁　444.1.7575）

1674　三月丁卯　順天府宛平縣民張道等奏進靈芝，賜布絹各五疋。

（世宗嘉靖實録卷 445　第 3 頁　445.3.7589）

1675　四月己丑　上諭大學士嚴嵩曰：頃虜犯薊鎮，其與部臣許論、吴嘉會計防所當預者。嵩對曰：近年逆醜數擾，誠不宜怠視。臣奉命會本兵且〔按：館本且作臣〕言，今次之賊素探知永平、迁〔按:迁爲遷〕安地方富饒，因昨邊兵已撤，又流河口墻缺，乘虚進入，狃于得利，復爾蠢動。若此路遂開，恐將來之患無已。

今須將各口原修未完〔按：館本完作究，舊校改作完〕邊牆作速修補堅固，及責成總督鎮撫等官，將本鎮各區原設營兵選補操練，務堪戰守，不許專恃入衛邊兵。又京營正備兵總數不足十萬，責成戎政大臣挑選，從實操練，使緩急可用。又宣大每告錢糧詘乏，該部須設法措給。疏入，上問邊墻果起何時？祖宗時不知亦有因改之者，先代何朝爲上？今修還當遍閱焉。嵩言：臣考自五代石晉時割幽薊等十六州之地，與契丹遼金相繼，宋未能復。至我太祖始逐元君，此地復〔按：館本復作後，舊改作複〕爲中國有，乃命徐達起古北口至山海關，增修關隘〔按：館本隘作溢，三本作隘，是也〕，以爲内邊。成祖與此建都，益加繕治。累朝以來，凡有缺敝〔按：缺敝館本作闕敞，三本敞作敝，是也〕，即以修築。後又專設東西關巡關御史二員，每歲閱視，滿日造册奏繳。昨庚戌後，凡京幾〔按：館本幾作畿〕墻邊，通議修築，費銀百十萬，古北一帶，頗稱完固，冷口墻亦修完。昨賊從流河口、桃林口、劉家口入，此三處衆謂上險，賊不能到，墻未修完，不意賊即從此入，看來墻堅者得濟。各墻原分三等，極衝、次衝之處，俱以修完，偏僻之處委未〔按：館本未作朱，三本作未，是也〕修。今須嚴勅督撫官遍閱，已修者增堅，未修者作速修完，務在實行及專責，巡關〔按：館本關作閱，抱本作關〕御史閱視催督。以後賊從其口入，即治本口原修關之罪，如此人方知警，事克有濟。已而，兵部尚書許論等條爲七事以聞。一修補邊墻以固險隘。一充實主兵以備戰守。一補練營兵以重根本。一豫處錢糧以防春夏。一補給兵馬以護陵寢。一議處宣大以固門户。一嚴密擺邊以遏虜衝。得旨，薊鎮修邊已六年〔按：館本年作十，三本作年，是也〕，所費不知其幾，今却稱未完，以致賊入，督撫官怠忽俟〔校記：館本誤。廣本俟作償，抱本閣本作悮〕事，姑記其罪。王忬等其亟覈修築之事來聞。本鎮主兵即召募補足，以備戰守，不得專恃入衛邊兵。京營兵馬顧寰等選閱操練，務臻實效。各邊錢糧缺乏，户部查議具奏。餘如擬行。

（世宗嘉靖實録卷 446　第 2 頁　446.2.7601）

1676　四月丙申　奉天等殿門災。是日申刻雷雨大作，至戌〔校記：舊校改戌作戌〕刻火光驟起，初由奉天殿延燒華盖、謹身二殿、文武二樓，奉天〔按：館本左上無奉天，三本有奉天二字，〕、左順、右順、午門及午門外左右廊盡燬，至次日辰刻始熄。上大懼。明日文武大臣奉慰，上報曰，上天垂愛，朕戰懼若涉大淵，莫知所措。無前大異，何以餙〔校記：舊校改餙作飾〕辭，然子〔按：館本子下有職字，抱本無職字〕最親不可不祇承仁示。卿等奉慰，具悉忠切，罪在朕躬，安可他諉。惟感眷爲〔按：館本爲作禹，三本作爲，是也〕順耳。

（世宗嘉靖實録卷 446　第 4 頁　446.3.7604）

1677　四月庚子　發太倉銀三萬兩於密雲，三萬兩於易州，六萬兩於薊州，給客兵及新增軍馬〔按：館本月糧作糧料，抱本作月糧〕月糧布花之用。

（世宗嘉靖實録卷 446　第 6 頁　446.5.7608）

1676　四月壬寅　詔工部修餙〔校記：舊校改餙作飾〕端門外東西廊房，給六科中書科暫住。

（世宗嘉靖實録卷 446　第 7 頁　446.6.7610）

1679　四月庚戌　大學士嚴嵩言：大工興修一節，臣等查得永樂十九年三殿災，至正統間方議修復，存天戒也。然其時奉天門在，卽以爲正朝，四夷有所瞻仰。今次事有不同，所當速議修復。但工程重大，殿與門或以次興工，伏望諭下工部，會計財力何如，將一應事宜，備細開具，上請聖明裁定，然後降勅興工。上答曰：卿等謂永樂時殿災，至正統方議復，此祖宗聖敬天戒者。且殿十八年成，次年卽災，俗謂其復〔校記：抱本閣本復作複，是也〕簷似天宫耳。又彼時尚有門代，今滿區一空禁地可乎？於是〔按：館本無是字，廣本閣本有是字，是也〕降諭禮工二部曰：殿廷無不復之理，仰承仁愛，毋賣直爲忠、扭時作敬方可，不然恐貽〔按：館本無貽字，三本有貽，是也〕患難圖也。禮部尚書吴山、工部尚書趙文華等因言：正朝重地，亟宜修復，但事體重大，工費浩繁，經營須有次第，容臣等會同司禮監内官監府都錦衣衛諸臣酌議奏請。上曰，兹先作朝門並午樓爲是，殿堂即隨次爲之。一應事仍會官議處允當奏聞。

（世宗嘉靖實録卷 446　第 8 頁　446.7.7612）

1680　**四月辛亥**　工部左侍郎雷禮報〔校記：廣本盧上有修築二字〕，盧溝橋河工完，仍請勑撰文刻石，以昭聖蹟。詔可。

（世宗嘉靖實録卷 446　第 9 頁　446.7.7612）

1681　**五月戊午**　工部會議修復殿堂、朝門、午樓，請先查神木、山西二廠，通州郭〔按：郭當作漷〕縣至儀〔按：館本儀作議，三本作儀，是也〕真龍江關蕪湖等處遺望〔按：館本望作留，是也〕大木，解京興造。得旨〔校記：廣本得旨作上曰〕，查木料過半方可興工，因遣虞衡司郎中戴愬查驗各處大木。

（世宗嘉靖實録卷 447　第 1 頁　447.1.7616）

1682　**五月癸亥**　命工部右侍郎劉伯躍兼都察院左〔校記：廣本左作右〕僉都御史，總督四川湖貴採辦大木。改户部右侍郎張舜臣於工部，提督大石窩採石。

上諭内閣云〔按：館本云作三省，抱本作云〕：採木官一員，恐幹理不周〔按：館本周作成，抱本廣本作周，是也〕，我思舊制固不可違，因變少減亦不害事，原舊廣三十丈，深十五〔校記：廣本十五作五十〕丈云。大學士嚴嵩言：臣查得先年採木，用大臣二員，一在四川，一在湖廣〔按：館本廣作貴，廣本作廣〕，但木産多係二〔按：館本二作三，抱本閣本作二〕省連界，被〔按：館本被作彼，是也〕此互爭採買，反致嫌隙，彼時即以併爲一員。今次差去大臣，專在荆州適中去處總理，而以時廵歷三省，會同各廵撫官計議採辦。又添設郎中二員，副使二員，分省專理，聽大臣節制，此處亦當矣。又舊制因變少減，固不爲害，但臣伏思作室築基爲難，其費數倍於木石等。若舊基丈尺稍一移動，則一動百動，從新更改，俱用築打，重費財力，久稽歲月，完愈難矣。臣愚，謂基址深廣似合仍舊。若木石圍圓〔校記：廣本圍圓作圓圍〕比舊量減或可，臣詢之於衆，皆同此論，謹俟聖裁。

（世宗嘉靖實録卷 447　第 2 頁　447.2.7617）

1683　**五月甲子**　遣御史唐自化、林騰蛟、鍾沂、裴天祐催督諸處逋欠工部原派料銀，以修復殿堂朝門大工經始故也。

（世宗嘉靖實録卷 447　第 3 頁　447.3.7619）

1684　**五月丙子**　發太倉銀六萬三千九百兩於大同，六萬七千七百兩於宣府，四萬兩於薊州，三萬兩於遼東，三萬兩於密雲，一萬兩於昌平。備主客兵餉。

（世宗嘉靖實録卷 447　第 4 頁　447.3.7620）

1685　**五月丁丑**　發太倉銀五萬兩於薊鎮修邊。

（世宗嘉靖實録卷 447　第 4 頁　447.3.7620）

1686　**五月己卯**　兵部尚書許論言：薊鎮外鄰大虜，内護京師陵寢，其形勢與他鎮異。然而他鎮皆設有重關，如大同之三邊，陝西之固原邊，宣府之長安嶺，延綏之夾墻，皆據重險。而都城根本之地獨無，虜一入邊，卽闖其門户，漫無阻隔。臣早夜思之，惟渤〔按：館本渤作勅，抱本閣本作勃，是也〕海所之南、山陵之東有蘇家口，實爲扼塞之所。自此直抵張家灣凡〔按：館本凡作几，抱本作凡，是也〕一百一十里，内張家灣至通州北塞籬村四十里，有白河水深没馬，可據爲守。惟塞籬村至蘇家口七十里，地形平漫，最爲虜衝。若密築敵臺，界之以墻，各設兵守之，令提督官率所部邊兵與京兵分營其地，庶幾可以夾制，卽虜潰邊而入，必不至如往年直薄〔校記：館本薄作簿，抱本作薄，是也〕都城也〔按：館本也作已，三本作也〕。疏入，上命廷臣雜議，又令撫按官相其地之所宜，僉議皆同，詔允行之。

（世宗嘉靖實録卷 447 第 5 頁 447.4.7621）

1687 **五月己卯** 總督薊遼〔校記：廣本總上有兵部覆三字，遼作鎮〕侍郎王忬奏：薊鎮〔校記：廣本薊鎮作本鎮各區惟〕燕河地方遠漫，所轄提調有七，必設二參將分守之，庶便防禦。乞改石門寨遊擊爲參將，分〔按：館本無守字，抱本分下有守字〕守石門燕河二區，以專責成。報可。

（世宗嘉靖實録卷 447 第 5 頁 447.4.7622）

1688 **六月甲申** 裁省鴻臚寺額外序班八員，五城額外副指揮各一員，併壩上二十四馬房倉主事六員爲三員，併管三河子粒主事於通州客兵主事帶管。革雲南陝西山西各司添選主事各一員，京倉經歷六員，通倉經歷三〔按：館本三作二，抱本閣本作三〕員，明智坊等五草〔按：館本明作胡，草作蕫，三本蕫作草，是也。廣本胡智作明知〕場並黄土等四馬房倉副使各一員，攢典各一名，壩上等五馬房倉太倉銀庫副使各一員，司牲司吏一名，戌〔按：館本戌作成，三本作戌，是也〕字等七庫副使十員，攢典十三名，甲丁二庫攢典四名，牛房倉副使一員，攢典一名，京倉及各衛倉軍斗各一名，通倉六衛軍斗共十一名。

（世宗嘉靖實録卷 448 第 1 頁 448.1.7625）

1689 **六月庚戌** 陞順天府府尹黄懋官爲南京户部右侍郎，總督糧儲。

（世宗嘉靖實録卷 448 第 4 頁 448.4.7631）

1690 **七月乙卯** 陞太僕寺卿劉養直爲順天府府尹。

（世宗嘉靖實録卷 449 第 1 頁 449.1.7633）

1691 **七月丙辰** 總督宣大、山西侍郎楊順條陳大同防守事宜。……順複言宣府防守事宜。一南山諸隘口係虜必窺之路，宜募礦兵三千人，相兼步兵，委原任參將范瑾等領之，各分布信地防守。一南山岔道一路，既增設重險，必戍守得人，乃有裨於保障，今徒恃班軍往來參差無濟實用，宜召募土著，耕屯爲守，以成經久之計。一隆慶、永寧二城，内拱京師陵寢，尤爲要害，宜亟修理。一宣府分有五路，舊以西南二路隸分守，北中東三路隸分巡，但分巡道駐所，去東路遠甚，既難追制，而隆永且新設兵備，宜卽以東路割屬之。兵部議覆報允。

（世宗嘉靖實録卷 449　第 1 頁　449.1.7633）

1692　七月庚午　　詔順天府買辦珍珠四十萬夥〔按：館本夥作顆，是也〕有奇，廣東採辦珍珠九〔校記：廣本九作四〕十萬顆有奇。

（世宗嘉靖實録卷 449　第 3 頁　449.3.7637）

1693　七月庚午　　發太倉銀叁萬兩於薊鎮，貳萬兩於延綏爲防秋〔校記：抱本閣本防秋作秋防〕客兵之用。

（世宗嘉靖實録卷 449　第 3 頁　449.3.7637）

1694　七月癸酉　　朝鮮國王李峘差陪臣户曹參判趙世〔按：館本世作士，抱本作世〕秀等貢馬及方物，宴賚如例。

（世宗嘉靖實録卷 449　第 3 頁　449.3.7637）

1695　八月壬午　　朝鮮國王李峘差陪臣刑曹參判宋麟〔校記：館本麟作麒，抱本作麟〕入賀萬壽聖節，宴賚如例。

（世宗嘉靖實録卷 450　第 1 頁　450.1.7639）

1696　八月己未　　總督京營戎政鎮遠侯顧寰請給京營副〔按：館本參上有將字，抱本無〕參將所招選家丁行糧月石有半。户部覆言：家丁支糧原非舊例，蓋先因邊將收養邊人慣習夷情者爲哨探，始有家丁名色。而京營中以庚戌虜患添設邊將，因沿爲例。當時事出倉卒，未可遂爲故事。況自豐城侯李熙題革之後，弊端一洗，八年於兹矣。今將官收養家丁，亡慮六百餘人，乃欲例外索餉，自别於京軍，各邊〔按：館本各邊作萬一京軍，三本作各邊〕效尤，悉取足於所收養者之例，恐非所以嚴軍政固衆志而重國計也。第今值防秋之時，用人爲急，可下兵部會戎政大臣及巡視科道官嚴閲所招選人員，果有膂力絶〔按：館本絶作過，三本作絶〕人、弓馬間〔按:館本間作閑〕熟、慣經戰陣、堪以訓練者，方許收用。副將十人，參將遊佐各七人，收爲家丁。查係食糧正軍，不拘家丁及餘外人。歲防秋三月，人支行糧爲〔按:館本爲作馬〕給草料如例。防秋畢日。家丁外盡數發回，若係新選舍餘民兵，除家丁月支一石外，其餘頂補各衛逃故名數與各營官軍一体支糧，不必另立家丁名色，以滋弊端。疏上，從之。

（世宗嘉靖實録卷 450　第 2 頁　450.2.7641）

1697　八月辛丑　罷工部尚書趙文華回籍，以刑部尚書歐陽必進代之。是時上欲先建正朝門樓，責成甚急，文華雖懷〔按：館本懷作慓，抱本無慓字〕狡，然實無應卒理劇才，不能以時奉旨。上兹不懌，具〔按：館本具作且〕稍聞〔按：館本聞下有其字〕連歲視師江南贖貨殃民要功憒〔按:館本憒作儧〕事之詳，欲黜免之，重違大學士嚴嵩意。乃羌〔按：館本羌作先〕諭問嵩門樓辦料何遲，該部不專管所致，文華志似不若昔者。嵩爲回護。言，該部正管〔按：館本管作官〕事繁，即今樓木石物料俱集，須欽命侍郎及該監官各一員專管，文華因昨歲冒暑南征致疾，似非旬月可癒，若二侍郎俱有差，部事缺人管理，須添設侍郎一員協理之。蓋嵩猶未知上意〔校記:廣本意字作已廉知文華奸狀故〕也。於是工部疏請如嵩指，詔以侍郎雷禮、太監袁享管理營造，仍添註工部侍郎一員。命吏部推擇以名〔按:館本無名，抱本有名字〕聞，吏部乃以掌通政司事工部左侍郎盧勳及嵩子世蕃名上，世蕃時以工部左侍郎掌尚寶司事也。上點用勳，文華隨上疏請暫命侍郎署印，賜假静攝，旬日稍可即出趨事。上曰：今大工方興，司空乃其本職，趙文華既有疾，令其回籍養病，即推勤能堪司空任者以名聞。吏部以必進應詔，上疑其年老，以問嵩，嵩曰：必進雖年六十，精力尚健，前建皇〔按:館本皇作重〕城時，必進任工正，區處諸事，著有勤能績。上乃用之。已，遣給事中鄭國賓、御史宋儀望監視工程。

（世宗嘉靖實録卷 450　第 4 頁　450.4.7645）

1698　**八月癸卯**　採木工部右侍郎劉伯躍條陳大工事宜。一酌處本〔按：館本本作木，是也〕價。將户工二部開納事例令就本省輸納，以資價值。一分任責成。將分派木數，責令該管守廵嚴督所屬掌印官，刻期報運及將各廵撫、布政使司官〔按：館本無官字，三本有官，是也〕久任恊力採辦，以便責成。一申明舊例。訪先年都御史潘鑑因廟建題請土官獻木恩典，以購大木。一容〔校記：館本容作客，舊校改作容〕廣獻納。土〔按：館本土作王，舊校改作土〕夷罪可矜疑者，量其輕重，定擬納贖合式木植及應免罪。復襲替之人，並將前項獻贖恩例，通行兩廣、四川、雲南、貴州凡有土官之處。工部議覆〔按：館本議覆作復議，廣本抱本作議覆，是也〕。從之。

給事中劉贊言：大工將興，請差官催解逋負，查取各撫按贓罰，並廣開納事例。内外文武大小官員及各王府，一體獻助。工部議覆，得報允行。

工部覆工科都給事中陳典條陳大工經費事宜。一議財用。取河東餘鹽並河夫〔校記：抱本夫作東〕廢寺缺官等銀協濟。一清宿弊。革工所影射人夫冒頂匠作，吏書留難需索商人上納濫惡貨物并人竊細料帶造私物等弊。一處夫役。查取軍夫〔校記：廣本取作處，夫作民〕應役，畿甸之民頻年困憊，乞暫免以息騷擾。詔如議行。

禮科給事中龔情言：大工費廣，議者除湖廣、四川、貴州採木地方外，餘十省二直隸，每歲共派銀一百萬兩繁簡豐歉取之。但順天等府爲畿輔近地，方所宜培養。江南如蘇松財賦之區，倭夷侵擾，財竭民疲，不宜復增。乞查各項銀兩，通計工用，不至缺乏，暫且停派。又查各處無事地方，通融議取〔按：餘本取作處，抱本作取〕，内安畿輔，外養財源。疏入，工部議覆〔按：館本議覆作覆議，廣本抱本作議覆〕，行各司府，將原派銀兩免徵，以兩淮存積引鹽，招商上納代之。上曰：修建工費浩大，未免出自民力，蘇松地方連年多事，依擬暫行停徵。工内合用錢糧，宜悉心會計，斟酌調停，毋得加派病民。引鹽令户部查數來奏。

（世宗嘉靖實録卷 450　第 5 頁　450.5.7647）

1699　八月甲辰　先是，浙直總督胡宗憲爲巡撫時奏差生員陳可願、蔣洲往諭日本，至五島遇王直、毛〔校記：抱本閣本無毛字，誤〕海峯，先送可願還，洲留〔校記：抱本諭上有偏字〕諭各島，至豐後阻留，轉令使僧前往山口等島宣諭禁戢，於是山口都督源義長，且〔校記：三本且作具，是也〕咨送回被擄人口，咨乃用國王印，豐後太守源義鎮遣僧德陽等具方物奉表謝罪，請頒勘合、修貢、護送洲還。及前總督楊直〔校記：三本直作宜〕所遣鄭〔校記：抱本鄭作郎，誤〕舜功出海哨探夷情者亦行至豐後，豐後島遣僧清授附舟前來謝罪，言前後侵犯皆中國姦商潛引，小島夷衆義鎮等初不知也。於是宗憲疏陳其事，言洲奉使宣諭日本，已歷二年，乃所宣諭止及豐後山口，豐後雖有進貢使物而實無印信勘合，山口雖有金印回文而又非國王名稱，是洲不請國體〔校記：三本請作諳，體下有罪字，是也〕無所逭，但義長等既以進貢爲名，又送還被擄人口，真有畏罪乞恩之意，宜量犒其使，以禮遣回，令其傳諭義鎮義長，轉諭日本國王，將倡亂各倭立法鈐制，勾引内寇，一併縛獻，始見忠欵，方許請貢。疏下，禮部言，來使宜優賚遣回，如宗憲議其宣諭一節，事關國體，未可輕易。詔仍詳議具奏。部臣乃請令浙江布政司以有司之意移咨風示義鎮等轉諭其主〔校記：舊校改主作王〕一如宗憲議。報可。

（世宗嘉靖實録卷 450　第 7 頁　450.6.7649）

1700　八月丁未　重建午門興工。

（世宗嘉靖實録卷 450　第 7 頁　450.6.7650）

1701　八月己酉　上諭内閣：昨許殿建，亦不宜遠。須令各破土治木，仍如門建，叩於上玄，至將落成之日，方行郊奏祖告之禮。傳示山、必進知。

（世宗嘉靖實録卷 450 第 8 頁 450.6.7650）

1702 **九月癸丑** 發太倉銀貳萬兩於昌平，備客兵之用。

（世宗嘉靖實録卷 451 第 3 頁 451.3.7657）

1703 **九月丙辰** 陞山西按察司副使馬佩都察院右僉都御史巡撫順天。

（世宗嘉靖實録卷 451 第 4 頁 451.4.7659）

1704 **十月丁亥** 盧溝橋工成，詔太監李遵陞一級，工部左侍郎雷禮陞右都御史，郎中汪一中、員外郎劉提、主事朱裳各陞一級，御史張九功、陳道塞〔按：館本塞作基，抱本作塞，誤〕賞銀各十兩，主事徐用光、李鏟〔按：館本鏟作鍵，抱本作鏈〕、臧繼芳、姚紹祖各五兩，總理戎政鎮遠侯顧寰，協理戎政右都御史鄭曉各二十兩，巡撫都御史鄭炯、順天府尹黄懋官各十兩。犒賞有差。

（世宗嘉靖實録卷 452 第 1 頁 452.1.7667）

1705 **十月甲午** 上諭禮部〔校記：廣本上諭禮部作上召禮部尚書吴山等至迎和門諭之曰〕，皇天下眷，朕躬作新明堂而治，本月二十八日申時百工建始，朕躬叩大高玄殿，舉典日百官服吉視事，法司停刑。

（世宗嘉靖實録卷 452 第 2 頁 452.2.7669）

1706 **十月乙未** 上諭大學士嚴嵩：昨徐杲言，門樓不敢以杉代材〔按：館本材作林，舊校改林作材〕，深恐不堅，欲俟材至，又慮延久。昨工部所覆門樓之科〔按：台本科作料，是也〕已有，所少者殿材耳。今其言又如此〔校記：廣本今其言又如此，作今妄對如此〕，〔按：館本輩上有此字，是也〕輩第弄紙筆又〔按：館本又作支〕調，安有力任君事者。夫扶南材〔按：館本扶南作楠，廣本材作杉〕堅矣，昨至大之質，未二日燬之，與燒柴不異，久匠非物可定，惟天神垂祐，葦亦可久。兹因明冬萬方覲，目前悉端門行禮，頗不雅觀，故欲速成之耳。朕言乃坐屋不知事之者，卿與在直諸臣及必進一語如何？嵩乃傳示工部尚書歐陽必進，必進懼得罪，則詭曰，今石工將完，請卽擇吉立柱。嵩以其言覆，且〔按：館本且作旦，三本作且，是也〕言門工興建，人心殊爲踴躍，實天意佑助中興大業，非偶然者。宜乘今歲利卽督成之。已，工部上疏請立柱，上問管工太監袁亨，亨言門材百爾未備，未可匆遽。上以必進爲欺以問，嵩言，凡工料不俟皆備，稍有次第，卽乘吉預先立柱，其所未備，則立柱後所用徐致之耳。上意竟不釋，乃以部疏留中，再逾月始批行之。

（世宗嘉靖實録卷 452 第 2 頁 452.2.7669）

1707 十月丁酉 以水災免順天、永平、保定、河間、真定諸州縣衛所秋糧馬草宮莊子粒如例。

（世宗嘉靖實録卷 452 第 3 頁 452.2.7670）

1708 十月庚子 裁革順德府管山通判及知縣各一員，真定府豐盈倉副使、長蘆官舍副使、定州清風店、南宮縣董家廟、獻縣單橋關〔校記：抱本閣本單橋關作革關〕巡檢各一員，河間府滄州管河判官、河間縣管馬主簿〔校記：抱本閣本簿下有南皮縣管河主簿七字〕、寧津縣管糧縣丞各一員，保定府安州管馬判官、博野、蠡縣管馬縣丞、新安縣縣丞各一員，永平府帶銜居庸關管糧通判一員，文安、固安〔校記：抱本無固安二字〕、大城縣丞各一員，東安、灤縣、寶坻主簿各一員，灤縣、昌平州訓導各一員，霸州苑家口、固安〔校記：抱本安作家〕、河寧巡檢各一員，隆慶衛經歷、訓導各一員，營州右屯、營州後屯、武清、通州左、通州右、神武、定邊、涿鹿左、興州中屯知事各一員。

（世宗嘉靖實録卷 452 第 3 頁 452.3.7671）

1709 十月丁未 以重建大朝門興工〔校記：廣本重建大朝門興工作殿廷經始〕，上親告〔按：館本大作太，抱本作大〕大高玄殿，遣成國公朱希忠告玄極寶殿，安平伯方承裕、大學士李本祭土司工之神。

（世宗嘉靖實録卷 452　第 5 頁　452.4.7673）

1710　**十一月戊辰**　朝鮮國王李峘差陪臣吏曹參判李名珪等入賀冬至節。宴賚如例。

（世宗嘉靖實録卷 453　第 3 頁　453.3.7680）

1711　**十一月庚午**〔按：廣本庚午作庚申，下有大光明殿工成，加恩効勞諸臣。詔陞太監榮現二級，賞銀四十兩，三表裏；陞太僕寺卿徐杲爲通政使，仍蔭一子文思院副使；賞鎮遠侯顧寰，右都御史鄭曉，工部左侍郎雷禮銀各二十兩，綵段二表裏；右侍郎盧勳、張舜臣各十五兩，一表裏；餘俱陞賞有差凡一百字〕以大光明殿成及景命修報，遣英國公張溶、吏部尚書吴鵬等祭告朝天等六宮。上曰，是典禮特隆鉅者，諸司其奉大義，停刑止封，吉服莅事，自是日至來月之朔，罔有欺怠。〔按：館本此段脱。廣本與梁本異〕。

（世宗嘉靖實録卷 453　第 3 頁）

1712　**十一月丙子**　大朝門安石立木〔校記：館本木作未，舊校刪立未二字。廣本大上有重建二字，安石作興工。抱本閣本未作木〕，遣駙馬都尉許從誠、大學士徐階〔按：館本階作楷，抱本作階，是也〕行祭告禮。

（世宗嘉靖實録卷 453　第 4 頁　453.3.7680）

1713　**十二月乙酉**　朝鮮國王李峘奏：臣母恭禧王繼妃尹氏，臣嫂榮靖王妃朴氏〔按:館本朴作补，抱本作朴，是也〕誥命被燬，乞賜補給，詔允所請。

（世宗嘉靖實録卷 454　第 4 頁　454.3.7688）

1714　**十二月乙未**　預發宣府各鎮主客兵餉銀十萬，大同十萬，山西二萬，延綏六萬，甘肅一萬，固原二萬，薊州二萬，昌平一萬，易州一萬，密雲一〔按：館本一作二，抱本閣本作一〕萬。〔按：館本宣府在銀字下，抱本閣本宣府二字在發字下。自預字起廣本作預發宣府各主兵銀四萬，客兵銀六萬；大同主客兵銀各五萬；山西主兵客兵各銀二萬；延綏主兵銀四萬，客兵銀二萬；甘肅主兵銀一萬；固原主兵銀二萬；薊州客兵銀二萬；昌平客兵銀一萬；易州客兵銀一萬；密雲客兵銀二萬〕。

（世宗嘉靖實録卷 454 第 6 頁 454.5.7691）

1715 十二月丙申 琉球國中山王世子尚元差正議大夫蔡廷會等入貢，兼請襲封。宴賚如例。

（世宗嘉靖實録卷 454 第 6 頁 454.5.7692）

嘉靖三十七年（1558）

1716 正月丙辰 立春。順天府官進春，上不御殿，命司禮監捧入。

（世宗嘉靖實録卷 455 第 1 頁 455.1.7697）

1717 正月癸亥 發兵部馬價銀二萬兩給薊鎮，從右〔按：館本右作軍，抱本作右。閣本從字在軍字下。疑抱本是也〕都御史王忬奏也。〔按：館本初上有命字〕初下，兵部尚書〔校記：閣本無尚書二字，疑是也〕辭以馬價銀少，移户部求助，爲尚書方鈍等執奏不可而止。

（世宗嘉靖實録卷 455 第 3 頁 455.3.7701）

1718 正月乙亥 先是，三十五年倭寇自浙直敗還入海，至琉球國境上，中山王世子尚元遣兵邀擊，盡殲之，得中國被擄人金坤等六名。至是遣陪臣蔡廷會等入貢，獻還坤等。因言：遠夷窮島，入貢之使，須乘夏令遇南風迅始得歸國。乞如三十四年例，聽於福建海口，每歲自行修買歸舟，不候題請。上嘉其忠順，許之。仍賜勅獎諭，賞銀五十兩，彩幣四襲。獲功人馬必度及廷會等俱厚賜遣之。

（世宗嘉靖實録卷 455　第 4 頁　455.4.7703）

1719　正月乙亥　朝鮮國王李峘以大内災，遣陪臣禮曹參判南宮沈奉表入慰。宴賚如例。

（世宗嘉靖實録卷 455　第 5 頁　455.4.7703）

1720　正月丁丑　以順天、永平二府災傷，命均派河南一省及北直隸真保〔按：館本保在真上。閣本無保字，疑是也〕定等府每歲出銀十萬兩助輓皇木，從巡撫都御史馬佩奏也。

（世宗嘉靖實録卷 455　第 5 頁　455.5.7705）

1721　二月庚辰　賜嘉善公主薊州牧馬草塲地二千五百九十五頃。

（世宗嘉靖實録卷 456　第 1 頁　456.1.7707）

1722　二月辛巳　〔按：館本天上有發字〕天津衛守凍漕糧十二萬石輸薊州充兵餉。

（世宗嘉靖實録卷 456　第 1 頁　456.1.7707）

1723　二月辛卯　鎮遠侯顧寰奏：朝門工大，京營軍力不敷，請量令在京各衛所官旗出銀募夫，視俸厚薄爲差，以佐工役、甦軍累。工部覆：國家每歲工興，多取辦營軍，官爲給食，未聞有告病者。邇以門工重大，本部議將軍夫十萬人四班踐更應役。又以僱募民夫四萬六千八百餘人助之，可謂勞逸得所，公私兩全，何致獨〔按：館本致獨作獨至，閣本作至獨，是也〕累官軍又歛役銀代役乎？寰所請乃姑息之政，不可行。若軍中有老弱不堪赴工者。令其自相僱倩，有司勿與之可也。上從部議。

（世宗嘉靖實録卷 456　第 2 頁　456.2.7709）

1724　三月乙卯　命神機營練勇參將署都指揮僉事李登提督京城内外廵捕。

（世宗嘉靖實録卷 457　第 3 頁　457.3.7723）

1725　三月戊辰　廵按直隸御史萬民英廵視薊鎮還奏：墻子嶺、白馬關一帶邊墻，爲先任廵撫吴嘉會所築，皆苟且倖成，冒破〔按：館本破作免，抱本作破，是也〕公帑，故旋築旋圮，虜得乘之而入。乞遣官按視工所，嚴覈錢糧虚出之數，如法論治。疏上，詔錦衣衛先逮嘉會下獄，候遣官勘明議處。令刑部尚書鄭曉暫署兵部事。於是以兵部〔按：館本兵部作部兵，閣本作兵部，是也〕右侍郎江東代嘉會爲左侍郎，改户部右侍郎閔照〔校記：閣本照作煦，是也〕於兵部，而命禮科右〔校記：閣本無右字〕給事中袁汝是、河南道御史凌儒往薊鎮勘工。

（世宗嘉靖實録卷 457 第 8 頁 457.7.7731）

1726 三月乙亥 詔卹京師舖商。會估〔按：館本估作佑，抱本閣本作估，是也〕衙門不許抑減時值，經收衙門不許需索分例，其未發商價以太倉銀次第給補，從〔按：館本從作給，舊校改給作從〕給事中魏元吉奏也。時帑藏匱竭，户工部所欠各項商價不啻五六十萬兩，坊市民一充商役，卽萬金之產，無不立破。民有力者咸詭冒投托，百方營免。有盡室逃避外郡者，久之，上户漸稀，則僉及中户，已，復及中下户。由是里閭〔按：館本閭作閧，閧字誤，抱本作閭，閣本作閈〕蕭條，卽有千金之產，亦惴惴懼見，及故元吉以爲言。然於時大工興、邊儲急，太倉常患無以應之。雖有詔存卹，而商〔按：館本商下有困字〕如故。

（世宗嘉靖實録卷 457 第 11 頁 457.10.7737）

1727 三月丁丑 直隸昌平州地震。

（世宗嘉靖實録卷 457 第 15 頁 457.12.7742）

1728 四月戊寅朔 遣刑部給事中郭汝霖、行人李際春持節册封琉球國中山王尚清世子尚元爲中山王〔按：館本中山王作中王山，應作中山王〕。

（世宗嘉靖實録卷 458 第 1 頁 458.1.7743）

1729 五月辛酉 發薊州倉〔按：館本倉下有訪獲二字〕米一萬五千餘石賑濟灤東饑民。

（世宗嘉靖實録卷 459 第 5 頁 459.4.7765）

1730 **六月己卯** 刑部尚書鄭曉等言：故事，在京軍〔校記：閣本軍作官，誤〕民詞訟，俱赴通政司告送法司問斷，各衙門有〔校記：閣本有作不，誤〕應問者，參送法司，不得自決。比來事權不一，諸司各自受詞，不復參送，甚有私紙贖以爲利者。且其間〔按：館本間作問，舊校改問作間〕拘禁箠楚，或妄以意見出入，顛倒法令，致良善苦於紛拏，姦頑喜於詐害，臣竊憫之。請申明《會典》條例，令各衙門通行遵守，庶政體歸一，紙贖亦不致〔按：館本贖作罰，致作至，抱本罰作贖，至作致〕乾没。疏上，得旨：自今在京軍民詞訟，各衙門並巡城御史毋得徑自處理，違者奏治。

（世宗嘉靖實録卷 460 第 3 頁 460.2.7772）

1731 **六月辛卯** 新建朝門、午樓、東西角門、左右順門、闕左右等門工完。禮部請欽定名額，工部請停徵各省加派歲科〔按：館本無料字，抱本閣本科作料，是也〕料銀，召原遣採木採料等官還，其餘諸司應獻應解銀，仍俟殿工完議免。得旨：朝門且仍前，權名"大朝"，各門樓名，總待殿成降制。餘俱如擬。

（世宗嘉靖實録卷 460 第 6 頁 460.5.7778）

1732 **六月丙申** 命署都督僉事袁正充副總兵，分守密雲。

（世宗嘉靖實録卷 460 第 7 頁 460.6.7780）

1733 **六月癸卯** 建壽明殿於内苑。以月令伏暑，詔各工赴役者每日巳、午、未休工，質明起工至戌正一刻止。

（世宗嘉靖實録卷 460 第 8 頁 460.7.7781）

1734 **六月癸卯** 朝鮮國王李峘差陪臣户曹參判俞絳上表謝賜誥。命宴賞如例。

（世宗嘉靖實録卷 460 第 8 頁 460.7.7781）

1735 **七月癸丑** 初，上從總督楊博議，以薊鎮入衛兵聽宣大調遣。總督薊鎮〔按：館本鎮作遼，抱本作鎮〕侍郎王忬執奏薊鎮古北諸口川原平曠，無險可守，獨恃入衛卒以擁護陵京，奈何聽他鎮調發？上曰：有旨令薊鎮練兵，分區以守，今八年矣，一卒不練，每遇防秋，不過多調邊兵，此豈遠謀？而且彼此紛爭耶！兵部其詳議以聞。部覆：本鎮原分區數，皆有額兵，今缺伍數多，請詔兩關御史王漸、蕭九峰親詣查補。上曰：薊鎮不遵旨練兵，而恃調兵，倖虜不至，輒相玩愒。今諸兵頻〔按：館本頻作逮，抱本閣本作頻，是也〕年遠戍，人情不堪，糧餉多靡〔按：館本靡作縻，閣本作糜，是也〕，歲復一歲，何時而已。該鎮原分各區人馬，兵部可遣郎中一人與巡關御史備閱兵數多少，操練與否，期一月還奏。今秋防已近，其嚴責王忬、歐陽安等剋期操練防禦，毋再違延。其各邊兵馬，明歲量爲減調，卿等可酌擬〔校記：閣本擬作議〕額數以聞。忬又援去秋例，請復調遼東步兵〔校記：閣本兵下有一字〕萬二千駐馬蘭、石匣，以備灤東。又議以宣府遊擊〔按：館本擊作繫，抱本閣本作擊〕張欽、大同遊擊周邦分守古北潮河，以當衝險。上曰：往年調遼兵多，以致失事，地方官得以藉口，今又饑甚，可復調耶？兵部其與科臣再議之。既而科部議上，皆言宣薊二鎮，勢無偏重，請量調遼兵以守畿輔。分駐欽等所將入衛兵於關外懷隆〔校記：閣本隆作遠〕之間，以防獨石。而命大同入衛遊擊趙伯勳引兵駐昌平專護陵寢，庶東西有備，可保無虞。得旨：遼東兵可量〔校記：閣本可量作准〕調四千人，餘俱如擬。

（世宗嘉靖實録卷 461　第 3 頁　461.2.7786）

1736　**七月甲寅**　葬裕王妃李氏於金山豐峪口。

（世宗嘉靖實録卷 461　第 4 頁　461.3.7788）

1737　**七月辛酉**　以門工完，詔停在京各寺監署丞、錦衣衛官、外三司首領、州〔校記：閣本無州字，疑誤〕同知判官及省祭加納品級事例，餘候殿工成止。

（世宗嘉靖實録卷 461　第 7 頁　461.6.7793）

1738　**七月甲子**　兵部覆給事中郭嵩條陳營務：一京城内外巡

捕卒半役於私門，乞加清查。且請增都督一人爲提督，增參將一人與見參將爲左右分哨。一三營之務日以因循，請令戎政大臣及科道官更閲聽征官軍，付雲冒等十一人各練，朔望會操，年終〔校記：館本終作中，抱本閣本作終，疑是也〕科道開陳保奏，以驗成績。

（世宗嘉靖實録卷461　第7頁　461.6.7794）

1739　**閏七月**　暹羅國王勃略坤息利尤池牙遣使齎金葉表文及方物來朝。宴賚如例。

（世宗嘉靖實録卷462　第5頁　462.4.7804）

1740　**閏七月辛丑**　以大朝等門安吻懸額，命工部尚書歐陽必進行祭告禮，公朱希忠告南郊，方承裕告太廟，輔臣徐階〔按：館本階作楷，舊校改楷作階〕、李本祭后土司工之神。

（世宗嘉靖實録卷462　第6頁　462.5.7806）

1741　**閏七月癸卯**　以壽朋殿成及聖旦期屆，建祝迓典於内殿，停常封至八月終。

（世宗嘉靖實録卷462　第6頁　462.5.7806）

1742　**八月戊申**　以大朝等門成，羣臣具朝服詣門，行五拜三叩頭禮，奉表稱賀。

（世宗嘉靖實録卷463　第1頁　463.1.7809）

1743　**八月辛亥**　命太常寺少卿兼翰林院學士董份、翰林院侍讀高拱主順天府鄉試。

（世宗嘉靖實録卷463　第1頁　463.1.7809）

1744　**八月癸丑**　朝鮮國王李峘遣陪臣吏曹參判李戡等上進〔校記：閣本無進字〕表進方物，賀萬壽聖節。宴賚如例。

（世宗嘉靖實録卷463　第1頁　463.1.7810）

1745　**九月壬午**　起原任巡撫延綏右僉都御史王輪整飭薊州邊備，巡撫順天。

（世宗嘉靖實録卷464　第6頁　464.5.7827）

1746 **九月辛卯** 以門工完，録内外効勞諸臣。賜内官監太監袁亨、樊英各蔭弟姪一人爲錦衣衛總旗，于通等加恩二級；加工部尚書歐陽必進太子太保；陞工部左侍郎雷禮工部尚書，添註管事；加錦衣衛都督朱希孝太子太保；進督木工部左侍郎盧勳、督石工部右侍郎張舜臣二品服俸；賞錦衣衛都督陸炳銀四十兩，紵絲三表裏，禮部尚書吳山、鎮遠侯顧寰各銀三十兩，紵絲二表裏，協理戎政刑部尚書鄭曉、兵部右侍郎劉釆、錦衣衛指揮劉鯨各銀二十兩，紵絲一表裏；陞管工通政使徐杲爲工部右侍郎，仍蔭一子爲文思院副使，監工給事中劉贊爲通政司參議，御史宋儀望爲大理寺右丞；仍陞賞通政司經歷張欽等一百餘人，官旗匠役九百餘人各有差。

（世宗嘉靖實録卷 464 第 8 頁 464.7.7832）

1747 **九月辛丑** 以京師多盗，奪都督雲冒、參將李登、馮登等俸，各令戴罪緝捕。

（世宗嘉靖實録卷 461 第 10 頁 464.9.7835）

1748 **九月辛丑** 兵部郎中唐順之條上薊鎮兵食九事，其爲補兵言者凡六，其爲築牆工食及添〔校記：閣本添作邊〕糧言者凡三。補兵六條云：一清弊源以收逃卒。今邊鎮窮軍生計惟月糧耳，而有司斗割升除以充撫賞之用，衣糧既不滿望，工作又盡其力，在人情既所不堪，其奔竄亦無足異。若夫石塘、古北衝〔按：館本衝作衛〕虜苦寒，資生之計全無，哨守之勞獨甚，而給餉與他軍等，故逃益甚。且國家傾内帑以供邊，歲出築邊銀〔按：館本銀作報，抱本閣本作銀，是也〕數十萬兩，撫夷三萬兩不啻足矣。而又以之累苦〔校記：閣本無之字。累苦作苦累〕健兒，坐耗伍籍，臣不知其説〔按：館本説作鋭，抱本閣本作説，是也〕也。自今以後，凡操練則一身不能〔校記：閣本能作得〕兩役，臺牆工役，自須別議。至於撫夷支費，宜令督撫別爲區處。一不煩軍，使此貧寒之卒每月得私其一石之糧保育妻子，而以其暇日專攻練習，自然逃亡可省，而武藝可精矣。至於京邊折銀皆六錢五分，而薊鎮皆四錢五分，尤爲偏削，蓋始因米賤節減，原非經制，宜令户部量該鎮窮邊寒瘠之地，照例給銀六錢五分。其餘近内營屯土沃〔按：館本沃作没，抱本閣本作沃，是也。閣本賤下有者字〕米賤，自應如舊。此於司計，亦無大費。若必謂銀不可增，則如前時總督楊博所請鎮邊横嶺例，悉與本色，亦是一策。不則雖百計攖縛，而軍之逃者日甚矣。一專責任以嚴勾補。夫〔按：館本夫作矣，抱本閣本作夫，是也〕薊鎮發内地衛所之卒以戍邊關，必邊衛所氣脉通貫而後軍令可齊一也。今軍士逋〔按：館本逋作通，抱本閣本作逋，是也〕逃，在營官則諉罪於衛所爲淵藪，在衛官則歸咎於營關之朘削〔按：館本關作門，朘作役。抱本閣本門作關，按應作官。抱本役作朘，閣本作浚，作朘是也〕，執一端以相枝抵，是以影射莫究而伍籍〔按：館本籍作藉，應作籍〕日虚，宜特勑兵備官得兼制之。營官以逃軍多少而輕重其罪，衛官以補軍多少而輕重其罪，又併論補軍與逃軍之多少以爲兵備之功罪。其補軍〔按：館本軍作罪，抱本閣本作軍，是也〕之法，軍〔校記：閣本軍上有逃字〕先本身，故軍先子孫，不足則均之同族，不足則均之同伍，均之同隊，以至通一衛之餘丁而補之。又不足，則取之城操正軍。於均補之中寓垛充之法，務取盈額而止。一定班戍以便人情。夫古北口、石塘一道，曩以近境被虜，垜募遠軍〔按：館本遠軍作軍軍，抱本閣本作遠軍，是也〕，當時垜者迫於令而不敢不行，募者貪於利而不顧〔按：館本顧作故，抱本閣本作顧〕其後。及至戍所，露居旅宿，勞役饑寒，遣代無期，齎送不繼。始而潛逃，馴致久逃，拘解〔按：館本解作鮮，舊校改鮮作解〕頻仍，往來煩擾。蓋惟人情〔按：館本情作惟，抱本閣本作情，是也〕不便，是以法禁難行。臣反復籌度，揆情審勢，求所以通變折中兼利軍國者，有一道焉。凡戍卒係六百里外者，或分爲兩班，一班備春，一班備秋，或並〔校記：閣本並作併，是也〕

爲一班，半年城操，半年秋戍。既可稍近人情，又不改移原戍，庶獲實用，兼可久行。且戍軍在鄉則食減支六斗，在邊則食行糧四斗五升，是一年止食半軍之米。在邊扣其餘米，亦足僱募半軍，待本處募軍足數，更議改編〔校記：閣本編作邊，誤〕。其近戍在五百里内及額軍不係垜募者，無得援此爲例。一處民兵。薊〔校記：閣本薊上有今字〕鎮民力已竭，役無可加，而卒伍方虚，又當及〔按：館本無及字，舊校當下增亟字〕處。臣考永平舊無民壯，正統末〔按：館本末作本，抱本閣本作末，是也〕以備虜設二〔校記：閣本二作三〕千五百人。今宜以本府備虜之所設復爲本邊備虜之用，無事則州縣駐操，有警則調赴所近邊關協守，通計永、順〔按：館本通作道，抱本閣本作通，是也。閣本順作平〕二府可得民兵六千人。又山東有有馬民兵三千人，本爲薊鎮而設，今暫用南征，事已須還。若不用其人而徵〔按：館本徵作微，舊校改微作徵〕其費，以爲本鎮僱募之用，可得七八千人。又薊鎮舊有歲例，減存民壯工食，不知積之何所。得三萬兩，足募三千人。凡此皆官〔校記：閣本官下有不增糧民四字，是也〕不增賦而坐得兵萬餘人，甚便計也〔校記：閣本甚便計也作其計便也〕。一處〔按：館本處上無一字，抱本有一字〕募兵。軍中欲得驍勇，必以召募，召募之法，莫善〔按：館本善作甚，抱本閣本作善，是也〕於遼東先立招首，而後召〔校記：館本作招，閣本作召〕軍，視其所招多寡而輕重其賞，逃亡則於招首責補。又往者兵部募餘丁於延綏〔按：館本綏作緩，舊改作綏〕，原議四千五百〔校記：閣本百下有餘字〕人，因事急止募千五百人，薊鎮兩年多賴〔按：館本賴作懶，抱本閣本作賴，是也〕其用，宜如原議，募足其數，可當延〔按：延下綏字起到當止二十字館本脱，抱本閣本存。（按：梁本存）〕綏正兵之調。又遼東流民苦於無食，若募三千人，可當遼東正兵之調，又各邊將入陣全籍〔按：館本入作八，抱本閣本作入，是也，籍應作藉〕家丁，居則〔按：館本則下有多字，抱本閣本無多字〕同苦樂，急則共生死，彼軍士有急鳥〔按：館本鳥作焉，舊校改焉作鳥〕獸散耳。逃軍缺額在百名之内者，得令家丁充之而食其食焉。至於並塞土著丁健堪戰守者，立爲保伍，給以塞下〔按：館本無下字，抱本閣本有下字，是也〕之田，廩以缺軍之餉，任其耕作〔按：館本作你，舊校改作牧〕。有警則籍而用之，此召募之道也。一處班兵。薊鎮主客，若足原額，將及十萬，即令月糧半折，亦須〔校記：閣本須下有米字〕六十萬石，歲歲轉漕，胡以辦此？臣嘗計之，客兵每歲防秋，四月行糧一石八斗，主兵一人，歲月糧十二石，出戍百里，行糧又在其外。主兵一人之費，足當客兵七人而有餘，馬亦如之。然則調客代主，他處之省〔校記：閣本省作增，是也〕費，薊鎮之增〔校記：閣本增作省，是也〕費也。若欲米不增額，兵不遠調，惟是班軍可以經久。臣閲薊鎮、天津、河間等衛，春秋兩班軍已有二萬二千八百餘，誠於京班中或原衛餘丁簡足三萬人以充鎮兵，此則糧不增而兵足，可久之道也。其築牆工費及邊糧事宜三〔按：館本三作二，閣本作三〕條云：〔校記：閣本牆上有一築邊三字，是也〕牆工費，今順天八府操工民兵〔校記：實録此處有訛誤，俟考〕，遠者傭役，近則派夫，以派夫計之，每夫月給銀二兩。若派百夫，費銀二百兩，而百夫築牆，月以〔按：館本二作而，舊校改而作二〕二丈爲式，仍有〔校記：閣本有作又，是也〕給鹽菜銀十兩，以傭役計，每之牆一丈，費銀十五兩，則派夫〔校記：閣本無夫字〕二丈之費，可得十四尺〔校記：閣本尺作丈，是也〕矣。今築〔校記：閣本築作概，是也〕徵銀傭募，則官得七倍之赢，民罷去家之擾，其利如此。一復本色以存久計。薊州倉糧遮洋總二十四萬石，〔校記：閣本無上有本字，是也〕無折色。正德末始議〔按：館本議作儀，抱本閣本作議，是也〕折十萬石，嘉靖十二年又議折四萬石。其時建議之臣，偶見一時米賤，輕議變法，不慮歲無常賤。今年灤東饑，一石折色曾不足糴四斗，諸軍困矣。又況昔者薊鎮無大寇，聚兵少，故減米增銀，猶謂時宜。今聚兵至十餘萬，歲費銀七八萬，而米石不及十四五萬〔按：館本而米不及十四五萬作而米石十至五萬，閣本作而米石不及十四萬。按唐順之集所載原疏作米不及十四五萬，則閣本四下應補五字〕，一旦告急，無所糴買，不得已則乞運京師，脚價轉多，騷擾日〔按：館本騷作驗，舊校改作騷。閣本日作尤，是也〕甚，非得計也，故臣以爲復本色便。一處轉搬〔按：館本搬作般，抱本閣本作搬〕以便支給。灤東之軍，舊於永平、山海等倉支糧，後海運罷始移薊州。去灤東遠者五百里，故軍有轉輸之苦，而虜有乘間之入，徒以户部惜脚價耳。臣計灤東須米三萬石，自薊州至永平，脚價可六千〔按：館本千作十，抱本閣本作千，是也〕餘兩而足，國家歲爲薊費百萬，而乃靳此百分之一乎？宜置一户部分司於永平，使與薊州郎中相首尾，增脚價六千兩，兼灌輸本折便。又，臣所謂脚價者，非必歲歲用之也。灤東率十歲九豐，豐收之年，不必運米，但取銀於薊，而糴三萬米〔校記：糴三萬米閣本作糴米三萬，是也〕於永平，則脚價亦省，卽以所省復糴，計十歲豐可得十四五萬石，賤糴貴糶，收其美利，還充脚價，而本米常在。十年之後，所謂歲增脚價，亦不必用矣。此亦當邊之一策也。

順之〔按：館本之作文，閣本作之作又，是也〕上練兵事宜。因言……得旨，允行。

（世宗嘉靖實録卷 464　第 10 頁　464.9.7835）

1749　**十月乙卯**　詔修汝王府第於京師以居宫〔按：館本眷作春，舊校改作眷〕眷。遣侍郎茅〔按：館本茅作第，舊校改作茅〕瓚、盧勳督欽天監副楊繪往西山卜擇葬所。

（世宗嘉靖實録卷 465　第 3 頁　465.2.7848）

1750　**十月辛未**　朝鮮國王李峘遣陪臣刑曹參判方好智等來朝，進馬及方物賀冬至。宴賞如例。

（世宗嘉靖實録卷 465　第 5 頁　465.5.7853）

1751　**十一月丙戌**　無雪，上親禱於洪應雷宫，命英國公張溶等告各宫廟。

（世宗嘉靖實録卷 466　第 2 頁　466.2.7857）

1752　**十一月丁酉**　雪。羣臣上表賀。

（世宗嘉靖實録卷 466　第 4 頁　466.4.7861）

1753　**十一月己亥**　陞順天府尹劉養直爲户部右侍郎。

（世宗嘉靖實録卷 466　第 4 頁　466.4.7861）

1754　**十二月丙午**　陞太僕寺卿劉大實爲順天府〔校記：閣本府下有府字〕尹。

（世宗嘉靖實録卷 467　第 1 頁　467.1.7863）

1755　**十二月乙卯**　上諭禮部：朕御宫北工，義不可輕視，其於此月二十日安石，二十二日立木，二十八日架棟，命重臣徐階、李本、吴山分祭玄工諸司等神。

（世宗嘉靖實録卷 467　第 4 頁　467.3.7868）

1756　**十二月乙卯**　户部覆總督薊遼都御史王忬奏，將永平〔校記：閣本平下有府字〕所屬州縣衛所並玉田等縣興州左屯等衛錢糧，俱聽永平一府徵收，給散灤東軍士。又請量加鎮邊、長峪、横嶺〔按：館本作嶺横，閣本作横嶺，是也〕三城折銀，以紓遠戍之苦。運米鞏華城，就近給長陵等〔校記：閣本等作八〕衛官軍，以免守支之困。報可。

（世宗嘉靖實録卷 467　第 4 頁　467.4.7869）

1757　**十二月庚申**　立春。順天府官進香，上不御殿，文武百官朝服於午門前行五拜三叩頭禮。

（世宗嘉靖實録卷 467　第 4 頁　467.4.7869）

嘉靖三十八年（1559）

1758　正月丙子　　發太倉銀五萬兩於於薊鎮備糴。

（世宗嘉靖實録卷 468　第 1 頁　468.1.7874）

1759　正月癸未　　發太倉銀二萬兩〔按：館本無兩字，抱本萬下有兩字〕於密雲，備客兵餉。

（世宗嘉靖實録卷 468　第 2 頁　468.2.7875）

1760　正月戊戌　　命發太倉銀一萬於薊州，一萬兩於密雲，一萬二千〔校記：閣本無二千二字〕兩於昌平，備新增客兵糧芻。

（世宗嘉靖實録卷 468　第 6 頁　468.5.7881）

1761　三月乙亥　　發太倉銀二萬兩於薊鎮，三萬兩於懷來，備客兵糧餉〔按：館本餉作芻，抱本芻作餉〕。

（世宗嘉靖實録卷 470　第 1 頁　470.1.7895）

1762　三月丁丑　王〔按：王爲土之誤〕魯番、天方國、撒馬兒罕、魯迷、哈密等番王速壇沙母咱法兒等各遣夷使貢馬駝、方物。宴賚如例。

（世宗嘉靖實録卷 470　第 2 頁　470.1.7896）

1763　三月己卯　　發京通倉粟米十萬石於薊鎮，備主兵〔按：館本兵作客，抱本客作兵，閣本客下有兵字〕糧餉。

（世宗嘉靖實録卷 470　第 2 頁　470.2.7897）

1764　三月丙戌　　詔巡撫順天僉都御史王輪降二級調外任，薊鎮總兵官歐陽安、參將高延齡、徐校、提督李廷鎮俱革職，下巡按御史逮問，治虜入潘家口罪也。

（世宗嘉靖實録卷 470　第 3 頁　470.2.7898）

1765　三月丁亥　　策試天下貢士。

（世宗嘉靖實録卷 470　第 3 頁　470.3.7899）

1766 **三月戊子** 陞河南按察使張玭爲都察院右僉都御史，巡撫順天。

（世宗嘉靖實録卷 470 第 4 頁 470.4.7900）

1767 **三月戊子** 命提督京城巡捕署指揮僉事李廣充總兵官鎮守薊州、永平、山海等處。

（世宗嘉靖實録卷 470 第 4 頁 470.4.7901）

1768 **三月庚寅** 賜貢士丁士美等三百三人進士及第、出身有差。

（世宗嘉靖實録卷 470 第 5 頁 470.4.7901）

1769 **四月戊午** 授大興縣民黄偉爲錦衣衛百户，給房價銀一千二百〔校記：閣本無二百二字〕兩。偉御嬪黄氏兄也。

（世宗嘉靖實録卷 471 第 3 頁 471.3.7913）

1770 **五月庚寅** 更建玄聖五龍亭。

（世宗嘉靖實録卷 472 第 6 頁 472.5.7932）

1771 **五月庚寅** 裕王世子發引。是月二十五日葬西山。

（世宗嘉靖實録卷 472 第 6 頁 472.5.7932）

1772 **六月己酉** 授大興縣民張國相錦衣衛副千户帶俸，仍給房價銀一千二百兩。國相安妃弟也。

（世宗嘉靖實録卷 473 第 2 頁 473.2.7941）

1773 **六月辛亥** 初，昌平提督之設，原擬貴〔按：館本貴作責，是也〕任統領入衛邊兵三枝，内護陵京，外援薊鎮，所至副將參遊悉聽節制。後薊東數警，督臣分區定守，盡以前項邊兵部署各區。而提督所統卒，僅遺標〔校記：閣本標作邊〕兵五百，永、鞏諸副參遂不復以大將視之。至是提督都督僉事雲冒言其不便，請復初制，以入衛兵三枝隸之。内陝西遊兵三千，留爲標下，駐隨昌平，有警應援，不得别調，餘三枝聽分布懷來、居庸等處，其永、鞏二營副參等兵，亦聽調遣。疏下：兵部行總督尚書楊博議其可否。博言昌平提督之設，原爲統領入衛客兵，冒乃求併將各營主兵，非是。據稱標兵五百太少，請以延綏入衛兵全營付之，貴〔按：館本貴作責，是也〕令内護陵京，東援薊鎮，南應紫荆、茅關，如勅。其大同榆林二營入衛遊兵業已分布有定，毋容輒議。兵部覆〔按：館本覆下有如所擬三字，抱本無〕，從之。

（世宗嘉靖實録卷473 第3頁 473.2.7942）

1774 **六月甲寅** 總督京營戎政鎮遠侯顧寰言：京營聽征官軍，每枝三千人，今總督標下官軍四千，不足兩枝，以之輪〔按：館本輪作輸，抱本閣本作輪〕操不便。乞於各營備兵内選補二千，改爲操〔按：館本操作標，抱本作操〕兵，連前四千，分爲兩營，增將領一員，與坐營官劉莊輪班操習，以備策應。報可。

（世宗嘉靖實録卷473 第3頁 473.3.7943）

1775 **六月戊午** 總督薊遼、保定軍務尚書楊博言：秋防期迫，臣謹以便宜指揮各兵備官，〔按：館本官以下有分地晝守，天津兵備副使雷夢麟駐石塘嶺，密雲兵備副使二十三字，廣本脱使以上十三字〕李尚智等〔校記：館本無等字，抱本有等〕駐古北口，山西冀北道僉事董邦政駐牆子嶺，俱各提調本區；薊州兵備僉事伊介夫駐太平寨，提調太平、馬蘭谷二區；霸州兵備副使温景葵駐燕河營，提調燕河、石門二區；昌平兵備副使栗永禄駐昌平，提調鎮邊黄花鎮二區。責令人自爲守，俟入冬解嚴後，覈其地方有無失事，以爲功罪。得旨允行。

（世宗嘉靖實録卷473 第4頁 473.3.7944）

1776 **六月癸亥** 總督尚書楊博條上經略宣大八事。一，宣府、懷、隆、永寧南山一帶西自合口東至横嶺止計長一百四十三里，修築大牆，已完三百餘丈，未完者宜責令擺邊軍士分工修築。

（世宗嘉靖實録卷473 第5頁 473.4.7946）

1777 **六月丙寅** 雷擊奉先殿門外南牆西牆。

（世宗嘉靖實録卷473 第6頁 473.5.7947）

1778 **七月庚午朔** 總督薊遼保定尚書楊博言：薊遼二鎮，脣齒相依，每秋彼此警報，緩急互異。今宜令遼東總兵官楊照於七月以後統領勁兵，移駐前屯一帶。一遇石門、燕河二區有警，徑自入關應援。至于灤西、黄花一帶，極當虜衝，昌平、居庸所系尤重，仍當嚴行宣府總兵官李賢亦於秋期移駐懷、隆，整兵待援。如遇灤西有警，馳入居庸，會合薊兵，併力勦截。疏入，報可。

（世宗嘉靖實録卷 474　第 1 頁　474.1.7949）

1779　七月壬申　發太僕寺寄養馬二千二百匹於薊鎮，兑給官軍騎操八百二十七匹給入衛各營遊兵。

（世宗嘉靖實録卷 474　第 2 頁　474.1.7950）

1780　七月丙子　詔發太倉銀五萬兩於薊鎮，三萬兩於密雲，備客兵糧芻〔校記：抱本芻作蒭〕。

（世宗嘉靖實録卷 474　第 2 頁　474.2.7951）

1781　七月戊子　詔發通倉米一萬石、太倉銀二萬兩分賑薊州、遵化、豐潤、玉田等州縣。以被虜殘傷〔校記：廣本閣本殘傷作傷殘〕，從都督尚書楊博請也。

（世宗嘉靖實録卷 474　第 4 頁　474.3.7954）

1782　八月甲辰　督理京營戎政鎮遠侯顧寰陳議處營務四事：一請於八月至十月通將各工京軍掣回原營整搠操練。一外衛秋班官軍先期催赴接濟大工。一備兵掣回之馬，委屬無用，宜轉兑於聽征官軍。一各營官軍原額〔按：館本額作領，抱本作額〕馬匹老弱不堪者，照例變賣，以省芻料。從之。

（世宗嘉靖實録卷 475　第 1 頁　475.1.7962）

1783　八月己酉　朝鮮國王李峘遣陪臣工曹參判姜暹等來賀〔校記：閣本來賀作表賀〕聖節，進馬及方物。宴賚如例。

（世宗嘉靖實録卷 475　第 2 頁　475.2.7963）

1784　八月丁巳　設密雲大水谷等處廣積、廣豐、廣盈、廣儲、廣有、廣濟等倉各大使一員。

（世宗嘉靖實録卷475　第2頁　475.2.7964）

1785　**八月壬戌**　大學士嚴嵩新建長安街居第並江西南昌府堂樓成，請賜額名。上命長安街堂曰〔按：館本曰作名，抱本作曰〕“忠正”，南昌樓曰“寶翰”，堂曰“耆德”。仍令工部製扁懸安。

（世宗嘉靖實録卷475　第4頁　475.3.7966）

1786　**八月癸亥**　發太倉銀三萬兩於薊鎮，備新增軍馬糧餉。

（世宗嘉靖實録卷475　第4頁　475.3.7966）

1787　**八月甲子**　詔發太倉銀二〔校記：閣本二作一〕萬五千兩於薊鎮，一萬五千兩〔校記：閣本無兩以上八字〕於密雲，備客兵糧芻。

（世宗嘉靖實録卷475　第4頁　475.3.7966）

1788　**九月庚午**　革薊州總兵官李廣職回衛。以廵邊兵部郎中徐善慶論〔校記：閣本論作奏〕其廢弛邊務，主兵不練故也。

（世宗嘉靖實録卷476　第1頁　476.1.7969）

1789　**九月壬申**　改大同總兵官張承勳鎮守薊州。

（世宗嘉靖實録卷476　第1頁　476.1.7969）

1790　**九月丙子**　總督薊遼保定尚書楊博等奏：邊東災傷已極，召糴甚難，乞將新運通倉漕糧停泊天津者暫借六七〔按：館本六七作五六，抱本作六七〕萬石由天津水運薊州，以達山海，僱脚陸運至各地方給散，其糟糧則以賑濟銀兩糴還。户部議覆，從之。

（世宗嘉靖實録卷476　第2頁　476.2.7972）

1791　**九月乙酉**　暹羅國王勃喇坤息利〔按：館本利下有尤字〕池呀〔校記：廣本呀作邪〕遣使伸應命的類等來朝，貢方物，賜賚如例。仍從其請，還所抽分貨物，以佐修船之費，併給來使冠帶。

（世宗嘉靖實録卷476　第4頁　476.3.7974）

1792　**十月戊戌朔**　廵按御史孫用上言：居庸關南口原設有抽分官，每歲支商税銀七百兩送隆慶衛，與原編均徭相兼供應，近因宣大荒歉，商販不通，無從抽税，始徵關軍票銀代之。今歲稍豐，商貨出入漸多，宜議復抽税課，以省各軍票銀之費。户部議覆〔按：館本議覆作覆議，三本作議覆〕，從之。

（世宗嘉靖實録卷 477　第 2 頁　477.2.7981）

1793　**十月戊戌朔**　以水災免順天、河間、保定、永平等府及大同鎮税糧有差。

（世宗嘉靖實録卷 477　第 2 頁　477.2.7981）

1794　**十月辛丑**　修理恭仁康定景〔按：館本無景字，三本有景字，是也〕皇帝陵寢、香殿、厨庫等所。

（世宗嘉靖實録卷 477　第 2 頁　477.2.7982）

1795　**十月丙辰**　發太倉銀二萬兩於薊鎮，備客兵糧芻。

（世宗嘉靖實録卷 477　第 4 頁　477.3.7984）

1796　**十月戊午**　兵部郎中徐善慶奉勅勘薊鎮各營補練士兵還，備言薊鎮各區士兵額數耗減營伍單弱之實，因列上玩愒廢弛諸匠〔按：館本匠作將，是也〕罪狀，謂：分守馬蘭峪參將黄演、昌平游擊將軍方振、三屯營坐營指揮柴良弼補練無功，當降級；分守太平寨署參將事李珍、分守鎮邊城參將張欽、通州游擊崔經，前愆莫贖，當重罰；分守建昌副總兵馬芳、分守密雲副總兵袁正、分守石門參將佟登、分守牆子嶺參將黄龍則訓練頗精，當獎賞；署都指揮鎮守昌平副總兵祝福〔按：館本福作富，抱本閣本作福〕補軍已完，大寧領班都司曹勳善衈班軍，當復其原級。詔：良弼各降級〔按：館本級作署，抱本作及誤〕職二級，珍等奪俸半年，演降俸一級，芳等行軍門獎賞，富、勳准復原職〔按：館本職作級，抱本閣本原下有職字，抱本級作職〕。

（世宗嘉靖實録卷 477　第 5 頁　477.4.7985）

1797　**十月甲子**　大玄都殿工完，詔：内官監太監袁享榮現加恩二等，樊英一等；鎮遠侯顧寰、工部尚書歐陽必進、雷禮、都督陸炳俱〔按：館本此節俱字均作各，抱本作俱〕賞銀五十兩，紵絲二表裏；工部侍郎盧勳、張舜臣俱二〔按：館本二作三，抱本作二誤〕十兩，兵部侍郎劉宷〔按：館本宷作釆，抱本作宷〕、殷學俱二十兩，一表裏；工部右侍郎徐杲陞左侍郎，仍賞銀四十兩，紵絲二表裏；錦衣衛指揮使〔按：館本無使字，抱本有使字〕嚴鵠、工科右給事中劉畿［校記：廣本畿作幾］、陜西道御史荀穎俱陞俸二級，仍賞銀十〔按:館本十作二十，抱本作十〕兩，紵絲二表裏，工部郎中周賢宣陞一級，吴遵晦等俱銀五兩。

（世宗嘉靖實録卷 477　第 6 頁　477.5.7988）

1798　**十一月庚辰**　朝鮮國王李峘遣陪臣禮曹參判尹毅中等來賀冬至，獻馬及方物。宴賚如例。並奏今年五月有倭寇駕舡二十五隻抵彼國海岸，峘遣官兵李鐸等剿殺盡絶及獲掠中國民陳春等三百六〔校記:廣本六下有十字〕人，内招通倭嚮導陳德等十六人，卽令毅中等携致闕下。詔嘉峘忠順，降勅奬勵，賞銀一百兩，錦四段，十二表裏。仍賜鐸及毅中、通事尹恕弘等各銀幣有差。陳德等令都察院審究明白具奏。

（世宗嘉靖實録卷 478　第 4 頁　478.3.7996）

1799　**十一月乙未**　巡視京營給事中蘇景和等〔校記:閣本無等字〕條上戎政七事：一言營軍隱占日多，堪戰者不過三萬七千有奇，請將左營官軍通選二十枝，共足六萬之數，常川操練;各營備兵均爲十八枝，分隸神機二營，專備征戰。二謂營政日弛，軍伍漸耗，各將官見領兵馬往往不足欽定正備軍數，而抽調、隱占、折班、召募等項，莫可完詰。請將前選精兵八枝不必復於〔按：館本於作入〕五軍營〔按:館本營下有内專在本營操練，其三營選剩備兵仍遵營制在五軍營二十二字，抱本脱，梁本脱〕者，照今議屬之二坐營官管領〔按：館本管作軍，三本軍作管，是也〕，樞機兩營備兵仍令各營官照屬帶管。三謂京營將領，更調不常，士不服習，請將該營統領精兵將官必久任而後陞遷，必候代而後離任。四謂營軍誤操，其弊多端，乞命移咨刑部，凡遇詞訟情輕者，着〔按：館本着作省，抱本改作着〕令歸伍，情重者多方〔按：館本多方作許，三本作多方〕收問。果有干礙，卽爲頂補，其在外問刑衙門，凡遇營軍有告民差，速爲處斷。千總管事人員，毋許隱占買〔校記：廣本閣本買作賣〕放，假以緣事爲詞。五謂今後總協大臣，均貴〔按：館本貴作責，抱本作貴〕持久，各該將領，務積年勞，而廵視科道悉照舊例，三年始易，庶彼此相繼，共臻實效。六請〔校記：廣本閣本請作謂〕將三營副將以下，每年終詳查實跡，備注考語，造册奏繳，仍送本部，以爲三年黜陟之憑。七請嚴查各營，役占私人盡還本伍，及無時以軍中鼓樂旗幟迎送出入士夫，務多相〔按：館本相作方，抱本作相〕體卹，使行伍漸充，軍威亦振。兵部議覆，得旨，允行。

（世宗嘉靖實録卷 478　第 6 頁　478.5.7999）

1800　**十一月丙申**　給朝鮮國《大統曆》一百册，令朝貢陪臣賫回。

（世宗嘉靖實録卷 478　第 7 頁　478.6.8001）

1801　**十二月辛丑**　以冬無雪，上親禱於内殿。遣公徐延德、侯顧寰、伯陳鏸、尚書吴鵬、顧可學、鄭曉告各廟〔按：館本告公廟作各告宫廟，三本無各字，抱本宫作各〕。是夕雪，上悦，百官表賀。

（世宗嘉靖實録卷 479　第 1 頁　479.1.8007）

1802　**十二月乙丑**　授大興縣民楊安錦衣衛百户帶俸。安常嬪父也。

（世宗嘉靖實録卷 479　第 5 頁　479.4.8014）

嘉靖三十九年（1560）

1803　**正月丁卯朔**　是日立春。順天府官進春，命司禮監官捧入。

（世宗嘉靖實録卷 480　第 1 頁　480.1.8017）

1804　二月己亥　添設懷柔、永平二道兵備各一員，調山按察司副使〔校記：廣本閣本山下有西字，是也。閣本使下有張邦彥於懷柔，山東按察司副使十四字〕温景葵於永平，從總督楊博議也。

（世宗嘉靖實録卷 481　第 1 頁　481.1.8025）

1805　二月壬寅　陞山東道御史馬斯臧爲順天府丞。

（世宗嘉靖實録卷 481　第 1 頁　481.1.8025）

1806　二月乙巳　修理都城興工。

（世宗嘉靖實録卷 481　第 3 頁　481.3.8029）

1807　二月己未　以水災發通倉粳〔按：館本粳作梗，舊校改梗作粳〕粟米二萬五千石賑順天、永平二府饑民。

（世宗嘉靖實録卷 481　第 9 頁　481.8.8039）

1808　二月己未　發太倉銀二千兩給蕃育、嘉蔬二署人户協辦本年供應，以水患故也。

（世宗嘉靖實録卷 481　第 10 頁　481.8.8040）

1809　三月丁亥　上諭户部：朕聞近京地方饑荒，民流入京者衆，無所得食，其詳議賑濟事宜以聞。於是部臣覆上五事：一議賑流聚。户部錦衣衛各簡屬官十人，與五城御史以太倉米萬石，悉録見在流民，每日人給米一升，至四月終止。五月後，係百里之外者人給米五升，遠者以次遞加，至二斗止，使還舊業。一議濟病弱，凡就賑饑民病不能赴官者，今〔按：館本今作令，是也〕所在富户爲糜食之，大醫院仍給藥調治。一議〔校記：廣本閣本議下有處字，是也〕游惰。凡年力少壯者，取具年籍，工部酌量顧覓，給予工價，勿令轉徙。一議處近民。昌平、順義、良鄉、房山、三河、通州，或於太倉或於通倉各發米五百石，付所司分賑。一議處遠民。移咨順天、保定巡撫，凡應賑之處，定擬多寡，分數馳報本部，請發太倉銀折米充饑。

（世宗嘉靖實録卷482　第8頁　482.6.8054）

1810　四月壬子　發太倉銀七千兩賑順天、永平二府饑民。

（世宗嘉靖實録卷483　第6頁　483.5.8069）

1811　四月庚申　上諭閣臣曰：昨户部言，續支米賑京師饑民者，至西〔按：館本西作四，是也〕月終止，餘者還倉。朕思所餘無幾，徒勞往返耳！其悉以賑民。

巡青科道官邱岳等上言五事：一給價直以示優卹。京城内外各倉場〔校記：廣本閣本場下有糧草積欠商賈（閣本賈作價）至三十九萬，宜以通融給放，其各處應解二十三字，是也〕糧草銀，仍於每年會計之後立限追徵，夏不過六月，秋不過十二月，專備給商之用，不得聽有司借支。一清常賦以足商價。草場子粒與歲派折草銀兩及馬牛頭蓄之數，舊額無改，而經費日虧，非清其弊源，申嚴逋久〔校記：舊校改久作欠〕之罰，恐會派日增，歲入日少，商人終不蒙惠。一稽實數以省虛費。請差科道官查御馬監馬匹實在數目，即定爲支給草料〔按：館本料作科，閣本作糧〕則例。一訪物價以平時估。山東、河南二督糧官及苑〔按：苑爲宛之誤〕、大二縣，估計價銀，必虛心體訪，以時低昂，毋令吏胥得高下其手。一定僉換以均差役。請令五城御史並順天府官與巡青科道詳議商人貧富編差〔按：館本科下無道字，編作綸，三本科下有道字，議作覈，綸作編，是也〕，毋爲權勢所阻撓。得旨，馬匹免查，餘如議。

（世宗嘉靖實録卷483　第7頁　483.6.8072）

1812　五月辛未　巡視京營給事中蘇景和御史張九功疏請增選戰兵，以重訓練。上從之。即命景和等會同總督官選兵三大營中。得壯士六萬餘人，因覆奏請分爲二十枝，免其工役，俱赴各營操練，以聽征調。增設中軍千百〔校記：廣本閣本百作把，是也〕總等官領之，其餘官軍不堪聽征者發回兵備營〔校記：閣本兵備作備兵營〕收操。又故事，總協大臣有隨征官軍各五百名，巡視科道有點閘〔按：館本閘作問，三本問作閘，是也〕聽用官軍三百名，俱宜免役，仍照秋操聽征官軍之例，支給口糧。兵部覆可。詔允行。

（世宗嘉靖實録卷 484　第 1 頁　484.1.8078）

1813　五月戊子　遣御史沈陽、户部郎中張太〔按：館本太作大，抱本作太〕化清理畿内莊田，陽等還，上清出隱冒莊田之數：應量給者一萬六千二百六十四頃有奇，應入官者二千〔按：館本千作十。舊校改十作千〕五百二十九頃八十一畝有奇。其戚畹枝系未遠，而嫡派已絶，本身見存而爵級已革及太監寺觀自買民地而乞〔按：館本乞作一，三本一作乞，是也〕免糧差與歸順達官先朝給賞住劄地土共〔按：館本共作其，三本作共，是也〕一千九百餘頃有奇，俱宜追奪，户部覆請。從之。

（世宗嘉靖實録卷 484　第 5 頁　484.5.8085）

1814　六月己酉　發太倉銀七萬五千兩於薊〔按：館本薊作蘇，三本作薊，是也〕鎮，二萬五千兩於密雲昌平，二萬四千九百兩於甘肅，十五萬兩於宣大，各充軍餉。

（世宗嘉靖實録卷 485　第 4 頁　485.3.8096）

1815　七月丙戌　雨，羣臣上表稱賀。

（世宗嘉靖實録卷 486　第 3 頁　486.3.8103）

1816　八月癸卯　朝鮮國王李峘差陪臣户曹參判柳濳等、泰寧等衛夷人頭目哥魯哥等各來朝賀，貢馬及方物。宴賚如例。

（世宗嘉靖實録卷 487　第 2 頁　487.2.8111）

1817　八月甲寅　總督薊遼尚書許論言：方今禦虜之策，無過守險，守險之要，當於各口關城外虜所入道，對築戰臺二座，或地形不均，仍相地所宜，增築一二座。臺之去墻二十步而近，每臺置軍十人，輪月戍守，設火器於上，賊至，以火器夾擊之。而今臺軍自處善地，與内守者相爲表裏，斯門户永固而堂奥亦安矣。兵部覆言，俟秋防官軍畢至，即以鎮西黄花等五區鳩工先築〔按：館本築作桀，三本作築〕，太平以東漸舉。報可。

（世宗嘉靖實録卷 487　第 2 頁　487.2.8111）

1818　八月癸亥　兵部職方司郎中王叔果自薊鎮閲視練兵還復命，具〔按：館本具作倶，三本作具，是也〕言：本鎮舊兵疲勞饑渴，弱而不可練；新兵烏合應募，驕而不暇練；鎮邊城、曹家寨、大水峪〔按：館本峪作峪，廣本閣本作峪，是也〕遊兵，皆客居坐食，冗而不必練。今當先擇主將，將材則兵自精。如參將黄龍、黄演、游擊崔經、周浮先、白琮，坐營指揮柴良弼等，各貪庸不職，所當更代。昌平副總兵祝福與提督雲冒，並居一城，事權不一，且福雖廉，其才出冒〔按：館本冒作曷，三本作冒，是也〕下，所當議處。兵部覆奏，得旨，薊鎮練兵三年，未有成績，是諸臣不實心奉詔明矣！姑〔按：館本姑作始，廣本抱本作姑，是也〕俟明年閲視，若仍前玩愒，令科臣查參重治。福回别部，冒改充總兵官鎮守居庸、昌平等處。原設提督官罷，勿補，以冒兼之。龍、演等各降級，奪俸有差。

（世宗嘉靖實録卷 487　第 6 頁　487.5.8117）

1819　九月庚午　以旱蝗免順天、永平、保定、河間四府税糧有差。

（世宗嘉靖實録卷 488　第 2 頁　488.2.8122）

1820　九月丁亥　大風，揚塵四塞。

（世宗嘉靖實録卷 488　第 5 頁　488.5.8127）

1821　九月戊子　陞户部右侍郎劉養直爲本部左侍郎，順天府府尹劉大實爲户部右侍郎。

（世宗嘉靖實録卷 488　第 6 頁　488.5.8127）

1822　九月辛丑　兵部議覆，協理京營戎政尚書王邦瑞條陳營務：一紀戎政以遵聖制，言：團營肇自二祖，初立五軍營，繼立三千、神機營，是謂三大營。當時元戎宿將，勁卒健馬，星屯蟻聚，何其壯也！嗣後海内銷兵，營伍漸減，廼選爲十二〔校記：廣本二作三，誤〕團營，又爲兩官廳。日更歲易，弊端百出。至我皇上神武中興，大修戎政，始復三營之舊，分設諸將。統兵之外，加以備兵，向所謂十二團營、兩官廳與各哨掖各色悉行革罷，此一代令典，萬世不可易者。臣謂本部宜選委司屬一員，備考經制始末，編摩成書，頒示京營，垂諸永久。一嚴清理以足軍伍，言：營兵之數，在國初不可知已〔校記：閣本脱已上十一字〕。景泰中見操官軍四十三〔校記：廣本三作二〕萬五千有奇，其後亦不下三十餘萬。近蒙皇上欽定三營，合正備兵二十六萬六千六百六十人。今查三營見在官軍止十二萬耳，其間且多召募新軍，則京衛軍伍之缺可知已〔校記：廣本閣本已作也〕！又查中都、大寧、山東、河南諸路，外衛班軍原額一〔校記：廣本一作二〕十六萬，今每班至者不滿二萬，則外班軍〔校記：廣本閣本軍下有伍字，是也〕之缺又可知矣。故事，每歲各省專差清軍御史一員，近以災傷議罷，宜嚴行各巡按御史清理解補。一分正備以足原營：我皇上親定三營之制，〔按：館本設上有兵字，廣本閣本兵作共，是也〕設副參遊佐等官將三十員，統兵十二萬人，外備兵十四萬六千六百人。蓋必將官分統數足，餘者方爲備兵，今議揀選二十支，統以邊將，用備征戰是矣。然神樞、神機二營所餘將官共十員，所部兵俱不及二千，不足一枝，又自諉揀退，不行操練，而千把總役占〔校記：廣本閣本役占作占役〕賣放影射之弊，與積猾惰卒多歸於此，將來恐不可復振。臣查五軍營備兵，尚餘三萬有奇，而三營軍馬俱出在京各衛者，可以通融派撥。宜勑戎政人臣協同巡視、科道官將五軍營備兵再行揀選，撥付神樞、神機二營，餘下將官十員，每員補足三千人，定爲一枝，與先次選定將官二十員，合兵三十枝，各務操練，以聽征調。一募家丁以倡勇敵〔校記：閣本敵作敢〕，言：營軍脆弱，素未經戰，各將官有原任邊方者，所部家丁曾經戰陣可用，每員准帶二十名，每名月給米二石，仍給犒賞銀五兩，或太僕馬價或本營子粒銀内動支。至於在京召募，悉宜革除，而三營老弱者，亦宜沙汰，卽擇本户餘丁更替，無户丁者免。

（世宗嘉靖實録卷 488　第 6 頁　488.5.8127）

1823　九月壬辰　陞太僕寺卿萬家〔按：館本家作寀〕爲順天府府尹。

（世宗嘉靖實録卷 488　第 7 頁　488.6.8130）

1824　九月壬辰　廵撫大同右副都御史李文進奏：大同邊儲缺乏，米價翔貴，乞開乾〔按：館本開下有桒字，舊校改作桑，是也〕河以通運道。自大同縣古定橋〔校記：廣本橋下有蘆溝橋三字，閣本有至蘆溝橋四字〕務里村水運五節，計程七百二十七里，陸運二節，計程八十八里。總該造船二百六十隻，置驘三百五十頭，夫役一千三百四十餘人，官十九員，春秋二運可得米二萬五千餘石，日久大通，貿遷寖［按:館本寖作寢，廣本作寖是也］廣，公私俱利。又盧溝〔校記：舊校改盧作蘆，次行同，按作盧亦不誤〕迤南達天津，徑〔廣本閣本無徑字，是也〕另作淺船運米百石者，改小灘兑運。由天津徑達盧橋務里村交兑，尤爲省便。仍乞倣通惠事例，於務里村青白口等八處，建公廨倉厫，以備撥運〔按：館本運下有用字，抱本删用字〕堆積。工部議覆，本河不係常〔按:館本作水，三本作本，是也，廣本閣本常作長〕河，泛濫則迅激難制，乾涸則一葦不通，又多山石阻碍，每議輒止。令〔按:令爲今之誤〕撫臣既有成畫，當令如議舉行，如有窒礙，亦宜從實奏罷。上從部擬。

（世宗嘉靖實録第 488　第 8 頁　488.6.8130）

1825　九月壬辰　玉熙宫工完。蔭内官監太監袁亨、樊英、榮現各弟姪一人爲錦衣衛百户，現仍賞銀四十兩，二表裏；加工部尚書歐陽必進少保；陞提督大工尚書雷禮俸一級，仍同左右侍郎盧勳、張舜臣各賞銀三十兩，二表裏；鎮遠侯顧寰、兵部尚書楊博、掌錦衣衛事左都督陸炳、朱希孝各四十兩，二表裏；協理京營兵部尚書王邦瑞、左侍郎李遂、錦衣衛各指揮使許瑒〔校記：廣本瑒作湯〕各二十兩，一表裏；徐杲加二〔校記：閣本杲作果（按：作果誤〕廣本二作三〕品服色，蔭一子文思院副使；管工科道劉畿、苟穎各陞通政使司參議，仍兼前職管〔校記：館本管作營，三本作管，是也〕工如故，陞賞有差。

（世宗嘉靖實録卷 488　第 8 頁　488.7.8131）

1826　**十月甲午**　以永壽宮成，遣成國公朱希忠告内殿，英國公張溶等告各宮廟。

（世宗嘉靖實録卷 489　第 1 頁　489.1.8133）

1827　**十月乙巳**　起服闋〔按：館本闋作闗，三本作闋，是也〕總理河道右僉都御史胡植仍總理河道。

以京城内外及畿輔州縣多盜，詔兵部嚴督所司剿捕，有怠玩者以名聞〔按：館本聞作開，舊校改開作聞〕。

（世宗嘉靖實録卷 489　第 6 頁　489.5.8142）

1828　**十一月己卯**　以入冬無雪，上親禱於雷宮。

（世宗嘉靖實録卷 490　第 3 頁　490.3.8153）

1829　**十一月丁亥**　朝鮮國王李峘差陪臣吏曹參判吴祥等來朝賀。宴賚如例。

（世宗嘉靖實録卷 490　第 8 頁　490.7.8161）

1830　**十二月癸丑**　以京〔按：館本京作徑，廣本抱本庫本作京，是也，自徑字起至次頁，閣本有脱誤〕營馬匹倒死數多，奪副將郝承恩等五人俸一月，下中軍劉漢等三百二十二人於法司問。

（世宗嘉靖實録卷 491　第 5 頁　491.5.8173）

1831　**十二月丙辰**　大雪，應祈羣臣上表賀。

大風，揚塵四塞。

（世宗嘉靖實録卷 491　第 6 頁　491.5.8174）

嘉靖四十年（1561）

1832 正月壬戌朔 户部尚書高耀會計各邊應發年例軍餉銀：大同四十四萬七千兩，宣府二十四萬兩，山西十四萬兩，延綏二十七萬五千兩，易州五萬三千兩，薊州三十七萬四千兩，密雲十四萬五千兩，昌平六萬五千兩。並乞運京倉米二萬石赴密雲，二萬石赴昌平，通倉米四萬〔校記：閣本萬下有二千二字〕石赴薊州，抵年例之數。報可。

（世宗嘉靖實録卷 492 第 1 頁 492.1.8177）

1833 正月壬申 立春，順天府推官進春。上不御殿，命司禮監官捧入。

（世宗嘉靖實録卷 492 第 2 頁 492.1.8178）

1834 正月己丑 初，上從兵部議，命歲發帑銀三萬兩充薊鎮撫賞屬夷之用，已，户部復稱錢糧缺乏，議止發銀六千兩，其餘以該鎮租銀香錢之類補之。至是諸夷索賞數多，各關提調費無所出，乃私借募軍銀及尅減月糧給之。總督尚書許論以爲此猶剜肉醫瘡，勢必糜爛，乃上疏請户部歲給銀一萬二千兩，兵部更給馬價銀三千餘兩，乃取之本鎮軍租贖鍰及香課諸銀，毋得重索貧軍。下兵部，覆可。從之。

（世宗嘉靖實録卷 492 第 3 頁 492.2.8180）

1835 二月戊申 上諭禮部：近因春冷，人多生疾，令太醫院依方修藥，隨病治療。差官同錦衣衛官於九門分布給散，立夏日止。

（世宗嘉靖實録卷 493 第 4 頁 493.4.8189）

1836 二月己酉 大風揚塵，晝晦。

（世宗嘉靖實録卷 493 第 4 頁 493.4.8189）

1837　**二月辛亥**　改通州新遊兵及曹家寨所。革通州遊兵隸入京營，以遊擊將軍吴子英爲神樞營佐擊將軍領之〔校記：閣本脱之以上四十字〕。

（世宗嘉靖實録卷 493　第 6 頁　493.5.8191）

1838　**二月癸丑**　發天津倉米一萬五千石、通州倉米六千石於順天、永平二府，太倉銀一萬五千兩於保定、河間等六府賑濟。

（世宗嘉靖實録卷 493　第 6 頁　493.5.8192）

1839　**三月壬戌**　命户部發米一萬二千石賑濟京師饑民。

（世宗嘉靖實録卷 494　第 1 頁　494.1.8195）

1840　**三月乙亥**　以久旱命順天府官禱雨。

（世宗嘉靖實録卷 494　第 3 頁　494.3.8199）

1841　**三月丁丑**　建萬春宫。

（世宗嘉靖實録卷 494　第 4 頁　494.3.8200）

1842　**四月壬辰**　先是，上命發米粥、藥餌給京師流民，已，聞有司給散非法，諭户部曰：朕聞湯藥不對証，且饑餧之賜反傷生。又給米時貧弱者無濟，有力者濫與，違上行私，甚失朕意，是執事者之過也。可傳示之，令小民知非朕下令初意。户部覆奏：聖慈下賑惠之令，雖全活甚衆，但聞風〔按：館本無風字，三本聞下有風字，是也〕絡繹而來，恩澤難繼，羣聚日久，蒸爲疫癘，宜於近京要路，委廉幹官約期分給，使新來者得食，不必入京，久住者藉資得還故土，則勢分而惠溥矣！上是其言，復諭輔〔按：館本輔作撫，抱本作輔，是也〕臣曰：近各處饑民來京數多，皆因有司坐視，不能賑卹所致，殊爲曠職。令户部移文撫按官督率守令，招集安撫，毋事虚文。若仍前玩愒，治罪不赦。再發京倉米四千石，内庫制錢三百萬文，給貧民歸費。仍視地里遠近爲多寡，務稱朕意。

（世宗嘉靖實録卷 495　第 1 頁　495.1.8205）

1843　**四月癸巳**　大風，雨，黄土，晝晦。上諭禮部曰：旱暵復作，風霾竟夕，其如修省例。分命成國公朱希忠等祭告郊廟、社稷、神祇，齋戒三日。仍行順天府督率僚屬竭誠禱雨。

（世宗嘉靖實録卷 495　第 2 頁　495.1.8206）

1844　**四月甲午**　以災傷詔暫〔按：館本無暫字，三本詔下有暫字〕停真、河、保、順、廣、大六府及山東濟、東、兖三府春季馬匹，俟秋成解俵。

（世宗嘉靖實録卷 495　第 3 頁　495.2.8208）

1845　**四月己亥**　以三殿迎樑，遣鎮遠侯顧寰等分祭所過禁門。文武大臣〔按：館本脱臣下至官十三字，三本不脱，閣本無官字〕翰林院春坊五品官、學道掌印官奉迎如禮。

（世宗嘉靖實録卷 495　第 3 頁　495.3.8209）

1846　**四月辛丑**　命五軍營副將署都督僉事何淮充總兵官鎮守居庸、昌平等處。

（世宗嘉靖實録卷 495　第 4 頁　495.3.8210）

1847　**四月丁未**　修葺長陵等陵神路、橋樑、博岸溝渠工完。

（世宗嘉靖實録卷 495　第 5 頁　495.4.8212）

1848　**四月戊午**　修理恭仁康定景皇帝等陵。

（世宗嘉靖實録卷 495　第 8 頁　495.7.8217）

1849　**五月乙亥**　命薊州石塘嶺參將署都指揮僉事李意充副總兵官，分守燕河營。

（世宗嘉靖實録卷 496　第 3 頁　496.3.8223）

1850　**五月壬午**　工部尚書雷禮奏：萬春宫工程重大，宜令輔臣間一閲視，工部堂上官同錦衣衛科道官在大工者，不妨原〔校記：閣本原作京〕務往來程督，仍行禮兵二部及戎政府各堂上官五日一閲視。各衙門將提督閲視及有事工所職名，籍入司禮、内官二監稽考。從之。

（世宗嘉靖實録卷 496　第 5 頁　496.4.8225）

1851　**五月己丑**　陞……河南道御史趙鏜爲順天府府丞。

（世宗嘉靖實録卷 496　第 7 頁　496.5.8228）

1852　**閏五月壬辰**　陞太僕寺卿查秉彝爲順天府府尹。

（世宗嘉靖實録卷 497　第 1 頁　497.1.8231）

1853　**閏五月壬辰**　詔巡視五城御史每年終將各城兵馬會本舉劾，時南城兵馬周于詩〔校記：閣本詩作時，疑誤〕以侵盜車輛工費事覺，爲管工給事中劉畿所糾，因有是命。

（世宗嘉靖實録卷 497　第 1 頁　497.1.8231）

1854　**閏五月乙巳**　順天府府尹查秉彝卒，賜祭葬如例。

（世宗嘉靖實録卷 497　第 4 頁　497.4.8237）

1855　**閏五月己酉**　改應天府府尹吕時中爲順天府府尹。

（世宗嘉靖實録卷 497　第 5 頁　497.4.8238）

1856　**六月壬午**　修裕陵祾恩殿。

（世宗嘉靖實録卷 498　第 3 頁　498.3.8247）

1857　**六月甲申**　户科都給事中鄭茂言：各邊錢糧，虚縻之甚，奏討之多，莫有過於薊鎮者。近該總督許論〔校記：閣本論以上九字作，薊鎮遼東總督尚書許綸者近〕奏，密雲、昌平二鎮年例餉金，俱防春時用盡，防秋仍用三十二萬有奇。查嘉靖三十六年邊餉，密雲止八九萬，今三十四萬有奇，昌平鎮三五萬，今十四萬有奇。何前後懸絶若是？夫春防小警，爲費若此，防秋何以加之？諸邊效尤，何以應之？論在〔校記：閣本在作歷〕鎮三年，一卒未練，而糧芻獨倍，往昔侵冒之弊，誠不能無。宜專勅大臣風憲官赴邊計議，較數歲之中，酉爲定規，庶邊臣不敢妄求，司計得有所執。……上是其言，令論回籍聽勘。

（世宗嘉靖實録卷 498　第 5 頁　498.4.8250）

1858　**六月丙戌**　建仁和宫。

（世宗嘉靖實録卷 498　第 6 頁　498.5.8251）

1859　**七月壬辰**　以旱災免三宫莊田子粒有差。

（世宗嘉靖實録卷 499　第 2 頁　499.1.8256）

1860 **七月戊戌** 詔以昌平遊兵分派各陵衛頂補，缺額食糧、其安家營房銀兩以後免給。從兵部請也。

（世宗嘉靖實録卷 499 第 4 頁 499.4.8261）

1861 **七月乙巳** 萬春宫成。

（世宗嘉靖實録卷 499 第 6 頁 499.5.8263）

1862 **八月甲子** 命司經局洗馬兼翰林院侍讀裴宇、翰林院侍讀胡正蒙主順天府鄉試。

（世宗嘉靖實録卷 500 第 1 頁 500.1.8267）

1863 **八月丙寅** 朝鮮國王李峘遣刑遭〔按：館本遭作曹，是也〕參判魚季瑄等進表賀聖節，貢馬及方物。宴賚如例。

（世宗嘉靖實録卷 500 第 1 頁 500.1.8268）

1864 **九月癸巳** 先是，朝鮮國陪臣柳榮入賀聖節，於遼東道上爲虜所掠，傷其從官一人，賀至，至是其王言狀。詔自今朝鮮貢使，俱遣官兵送迎。仍賜彩幣絹紗，䘏其故從官〔按：館本官下有家字，抱本無家字〕。

（世宗嘉靖實録卷 501 第 3 頁 501.2.8276）

1865 **九月庚子** 郎中許汝驥自薊鎮閱兵還，上言：薊鎮西以居庸爲户内，而宣府其外門也，恃懷來、四海治〔按：館本治作冶，是也〕以爲之蔽；東以山海爲户内，而遼東其外門也，恃前屯寧達以爲之蔽。今屯戍一空，止恃叛服不常之屬夷，而欲以控制强虜，其可得乎？臣竊考薊鎮之軍有三，繼補之軍以丁繼丁，多脱籍而鮮實，召補之軍以人代役，率萃涣而易離，新募之軍設法充數，多驕惰而難用。軍之名目日衆，奸弊日滋，此所以愈補而愈不充也。先是，郎中唐順之、徐善慶僉謂選將練兵可以禦虜，其説既施行矣，而成效未睹，其弊蓋有六焉：將官私役賣閒，弊一；精卒健馬多選爲大將親軍，獨遺老弱守邊，弊二；科歛無藝，弊三；廢閒將官冗食皆取之軍，弊四；屬夷挾賞無厭，弊五；給餉不時，弊六。此所以屢練而不精也，因敷述補練便宜以上，其説甚備，兵部乃列其所奏爲十四事，酌議覆行之。一，餘丁以備繼補之數，宜盡麗尺籍，遇缺按册頂補，毋使隱避。一，各處城操官軍，行兵備等遂〔按：館本無遂字〕道，〔按：館本一上有逐字，是也〕一查點防守，毋得役占。一，薊鎮新募遊兵五枝，原係停免河南入衛之兵，歲解工食以給各兵，今愆期不至，宜行各省撫按官作速徵解。一，兵備憲目止聽督撫官節制，鎮守衙門，不得牽掣。其副參有缺，止於武臣中選署，毋使憲臣兼攝。一，薊鎮總挑選各區之兵，常住三屯，誠爲弊政，宜行查革，及武臣占役者，盡數掣回。一，廢棄各官，在鎮聽用，多致害事，宜量留其謀勇可用者，餘皆革退。一，各區置立大簿，將兵馬多寡，錢糧盈縮之數，登記明白，以便稽查。一，各官兵以拒守爲首功，斬獲爲次功，禦虜有功，雖無擒斬，所陞職級，一體世襲。哨夜人等，哨報大舉得實，即同擒斬。一，各區參遊等官，照舊防守信地。一，遇應援宜與兵備道會議行事，不得偏執己見，致誤事機。一，薊鎮軍營，收糧文移，俱無印信，難以稽考，宜行議處，或權借附近衛所印信行之。各區戰臺，逐一修築，務令附近塞垣，以濟實用。一，椿朋等銀宜行〔校記：閣本行作令〕兵備道，立限追徵以買，鎮守鎮官，毋得追取。一，屬夷到邊，宜宣〔校記：閣本宣下有慰字〕恩威，然後撫〔校記：閣本撫作犒〕賞，使知感激。如有撲捉要求，即行剿殺。上曰：先年以薊鎮調用邊兵非遠謀，下令補練主〔按：館本主作土，是也〕兵，以免常調。總督鎮撫官漫不用心，每歲惟恃調發，坐困供餉，何有記極，今又三年，差官閲視，却稱照舊不堪戰守，各官不畏明旨，敢爾欺肆，許論即革任，待查明併治〔按：館本無併治二字，抱本有併治〕。總兵張承勳革任，下御史逮繫併所劾贓罪問報。張玭姑降一級，調外任。副總兵袁正等五十六人降實職三級，留供職。副使張邦彦等五人罰半年。楊選其嚴加督率訓練，若再無效，重治不宥。餘如擬。

虜六萬餘騎犯居庸岔道口，官軍禦之。原任總兵姜應熊先進，遇虜於南溝，虜縱騎圍之，應熊身被五創，隨馬参將胡鎮麾所部，力戰射傷數虜，奪應熊以歸，虜遁去。

（世宗嘉靖實録卷 501　第 5 頁　501.4.8280）

1866　九月甲辰　命神機營副將署都督僉事孫臏充總兵官鎮守薊州、永平、山海等處。

（世宗嘉靖實録卷 501　第 8 頁　501.7.8285）

1867　九月乙巳　總督薊遼保定都御史楊選條上地方極弊十五事。一，本鎮軍士，防守修工〔校記：閣本工作邊〕糧餉獨薄，加以撫夷之扣除，倉廪之不繼，是致逃亡提解，老弱行乞，此主兵不振之弊也。一，邊兵入衛，爲其諳曉虜情，熱經戰陳，足爲防禦用也。今陝西三邊，其率之而來者羸馬殘械，空拳裸體，殆居其半，此邊兵不振之弊也。一，寧山、德州、天津、河間、通州左等衛，每年有春秋兩班軍士，涿鹿、興州中等四衛有三千之軍，分地擺守，此輩浮脆不武，卽使營武充足，尚不堪用，矧又逃者數多，住者無食，此班軍不振之弊也。一，本鎮舊募軍，有昌平、密雲、遵化、永平四枝，新募軍有山海關、曹家寨二枝。各軍應募，不過剩安家銀兩及月糧行糧而已。今糧多欠缺，安家無銀，司兵者每煦煦慰附，恐其逃散，而又何敢申法令以教演哉！此募兵不振之弊也。一，主兵糧大半出於民運，客兵糧全數出於内帑，每年終會計上疏，多爲户部題削，加以帑發過期，商價拖欠，民運不來，災沴歲有，處處受敵，處處缺備，此糧餉不振之弊也。一，薊鎮月糧，給本色者尚可保一家，給折色者，不能贍一身，乃又在東數區，常至四五閲月而不給，在西數區，常二三閲月而不給，此月糧不敷之弊也。一，山陝入衛兵馬，七月初已上関隘，類給以一升五合之行糧，加以糠粃沙土之插和，此輩去家千百里，爲國家終歲勤瘁，乃其日給之糧不獲一飽，乃又有間支折色，或十餘日無支者，如之何不典賣衣甲凍餒而逃也！此行糧不敷之弊也。一，近年議討撫夷之資，户〔校記：閣本户作兵〕部給銀七千兩，兵〔校記：閣本兵作户〕部給銀三千兩，止充三分之一之用。賞薄不饜夷欲，則戕害墩軍，隱藏虜訊。邊將爲所要挾，無以應之，乃至迫軍採柴，科斂軍需，以充其費。此撫夷不〔按：館本不下有衷字〕之弊也。一，克〔按：館本克作凡，是也〕訓練軍士，必其衣食足，器械備，勤有賞，惰有罰，然後士藝可精。今也平居缺糧，工役無歇，枵腹裸體，手持敝器。名曰大操，實同兒戲。比其迄事，有罰無賞。此訓練不行之弊也。一，宣大陝西將領所畜家丁，平居則出邊趕馬以圖〔按：館本圖下有印賣二字，是也〕，有警則按伏斬獲以圖陞賞，故壯士樂爲之。今薊鎮既無趕馬斬獲之利，而月糧行折間支悉與他軍士同，尖哨雖月糧二石，亦嘗數月不給，故皆不得其用。此家丁尖哨不力之弊也。一，薊鎮邊防固不容一虜之入，然果修築城堡，便處處可以防護居民，按伏兵馬，不唯坐制零寇，亦宜預伐虜謀，今乃泥於不容虜入之説，堂堂之謀，遂棄而不講。此城堡不修之弊也。一，今之將領，平居犯罪，惟參臨陣，逕遛不斬，間有擬問，仍復夤緣。地近京都，輒干〔按：館本干作于，抱本作干，是也〕中〔按：館本中作冲，誤〕貴，一或抗忤，執法立見，羣謗沸騰，此展布不舒之弊也。一，本鎮馬匹，近年以邊鄙多虞，夏秋軍士不暇下場採草，其春冬料豆，又每過期不支，支又折色。每料九斗，折銀不滿三錢，夫以半年無料，一年無草，而折料復不能辨本色之半，此馬匹不壯之弊也。一，邊鎮一切錢糧收支，悉户部郎中所司，督撫無與，比及會計郎中呈應用之數，督撫會題，部輒裁減，督撫慮不給用，曲意節縮。至將至兵應上邊者，無警暫留本城，及遇寇警，聞報督發，近者猶或可及，遠者多不能赴。此形跡悮事之弊也。一，陝西入衛之兵，初年止是初秋調到，秋畢放還。後因狡虜專襲撤兵之遂，議以秋留延綏兵一枝，再防一年，固原、寧夏各兵一枝，再備冬春，至次年四五月换班，以至各兵在家日少，行路與戍守日多，宜〔按：館本宜作且，是也〕賞賚漸薄，盤費不充，馬死不償，負載更苦，此久戍疲勞之弊也。且言臣抱懣含憂，已非一日，今所陳止於薊州一鎮，而遼、保〔校記：閣本遼保作遼東保定〕可知，諸邊又可知。然臣衹言其弊而不爲之盡者，良以諸臣建白非〔按：館本白非作非白，舊校改作白非〕不善，督臣奉行非不至，而其機有不繫於軍門者，建議而無益也。莫若廟堂省署定議而下於臣，臣遵議而見之於事，於勢爲便。疏入，得旨，還所陳薊鎮弊狀，前官全不經心，日事因循，即今當何整理，兵部其悉心議處以聞。

於是博又議上十事。一，各區主兵，雖有總副參遊等官爲之訓練，而尤宜以兵備爲之監督，督撫時閱視之，仍以贖鍰優其勞賞，且久任兵備以責其成。一，陜西三鎮客兵久疲，延綏尤甚，宜將延綏遊擊時達所統遊兵一千五百名，免其征調。其他仍舊請邊臣慎加簡閱，俟至兵精練，歲減一枝。一，邊兵既欲漸撤，請選京營爲八部，部足三千人，騎居十一爲傳報，步十九爲列守，以春秋二季番戍居庸鎮邊二區。各領以參將二人，佐擊二人，務期練習整肅。一，請户部侍郎一員，量兼憲職，專理昌、薊一〔按：館本一作二，是也〕鎮，主客〔校記：閣本客作兵〕軍儲。今歲獲頗豐，請户部發銀十萬兩，仍借發工部銀十三萬兩，令乘時鬻芻粟，補給兵餉，歲一更代。俟後規模既定，仍以總督兼之。一，請稽覈前後所發各區火器，責其試用。一，請分定各區主兵，使習知險易，毋以更番易地。其應援客兵，聽臨時斟酌，不在此限。一，兵家之法，先則制人，宜令封疆之臣，按行塞垣之外，相地戰守，毋恃邊牆爲固。仍優哨探之賞，倣墩院之制，設險預防。一，屬夷向化，則懷之以惠，作奸則威之以法。撫賞之資，取之帑銀及本鎮香課，禁毋剋及貧軍。一，山海關、一片石等地，距薊鎮數百里，而軍士就給，其糧不便。宜令督餉郎中隨宜酌處，本折兼支，各從其候。一，請搜簡廢棄將領用之練兵禦虜，以收使過之効。議入，上俱從之。工部銀亦准借發。惟督儲侍郎罷，不遣。

（世宗嘉靖實録卷 501　第 9 頁　501.7.8286）

1868　**九月甲寅**　總督都御史楊選條上薊鎮邊事謂：主兵多缺〔校記：閣本多缺作缺少〕，募兵多逃，哨探不實，馬匹不壯，皆因芻糧不充，惜小費而誤大計。下户部，議：薊鎮主兵糧餉，舊派山東、河南、北直隸折色二十七萬九千五百餘兩，民屯、漕運本色二十四萬七千餘石，未嘗藉内帑而給也，客兵所發止一二萬而已。自庚戌虜犯内地，漸加京運年例，今止兵餉金增至七十五萬有奇，乞運漕糧不與焉。若營伍缺逃則食宜贏餘，何乃更稱不足耶！凡軍月糧一石，哨探之士月二石，勢難再加。至於馬匹倒損〔校記：閣本倒損作倒死損傷〕，〔校記：閣本由上有皆字〕由軍士侵剋草料，非本折不足之故〔校記：館本故作過，閣本作故〕。中間惟催民運一事，則誠如選言，宜申飭之。上曰：楊選之奏，缺食爲急，所議民運逋負，未見作何整理，還會同兵部悉心計議以聞。

（世宗嘉靖實録卷 501　第 14 頁　501.12.8295）

1869　**十月戊辰**　巡按直隸御史黄紀勘上九月中虜犯居庸岔道，官方力戰退虜，請録總督都御史楊選、總兵官宣府李賢、昌平何淮、兵備副使栗永禄、爲事總兵〔按：館本兵下有官字〕姜應熊、參將胡鎮等功。上從部議〔按：館本議作擬〕。陞選兵部右侍郎兼都察院右僉都御史，總督如故，賞銀四十兩，紵絲三表裏。胡震〔按：館本震作鎮〕陞二級，姜應熊准復職推用，仍各賞銀三十兩，二表裏。李賢、何淮、栗永禄及參將等官，李康民、竇淮、林爵等各陞俸一級。有功官軍，死事者，陞賞卹録如例。本兵楊博、葛縉、郭乾各賚銀幣有差。

（世宗嘉靖實録卷 502　第 4 頁　502.3.8301）

1870　**十月辛未**　壽光閣成。

（世宗嘉靖實録卷 502　第 5 頁　502.4.8304）

1871　**十一月丁亥朔**　以纛〔按:館本纛作壽〕光閣、清熙〔按:館本熙下有殿字〕工完，詔太監袁亨等各加恩二等，于通等各一等。管工侍郎徐杲蔭一子爲鴻臚寺序班，仍賞銀二十兩，紵絲二表裏。鎮遠侯顧寰等、兵部侍郎葛縉等、工部主事李鍵等各賚銀幣有差〔校記：閣本差以上二十六字作鎮遠侯顧寰等各二十兩二表裏，兵部侍郎葛縉等各十兩，一表裏，工部主事李鍵等各五兩〕。

（世宗嘉靖實録卷 503　第 1 頁　503.1.8312）

1872　**十一月辛卯**　朝鮮國王李峘遣工遭〔按：館本遭作曹，是也〕參判李龜琛等各〔按:館本各作賀冬，是也〕至，貢馬及方物。宴賚如例。

（世宗嘉靖實録卷 503　第 2 頁　503.1.8312）

1873　**十一月癸卯**　陞順天府尹吕時中爲户部右侍郎，總督倉場督理西苑農事。

（世宗嘉靖實録卷 503　第 3 頁　503.2.8314）

1874　**十一月辛亥**　夜，萬壽宫災。上暫御玉熙宫〔按：館本宫下有萬壽宫三字，是也〕，在西苑，本成祖文皇帝舊宫也。自壬寅宫闈之變，上即移御於此，不復居大内。是夜火作，禁衛不及救，乘輿服御及先世寶物盡燬。

（世宗嘉靖實録卷 503　第 4 頁　503.3.8316）

1875　**十一月甲寅**　陞……太僕寺卿王國光爲順天府府尹。

（世宗嘉靖實録卷 503　第 4 頁　503.4.8317）

1876　**十二月丙辰朔**　以萬壽宫災，遣英國公張溶等告謝郊廟、社稷。是日御馬廠房火，延燒九十餘楹。

（世宗嘉靖實録卷 504　第 1 頁　504.1.8319）

1877　**十二月壬申**　以冬深無雪，上親禱於凝道雷軒。遣英國公張溶等分祭各宫廟，百官青衣齋戒，停刑禁屠三日。

（世宗嘉靖實録卷 504　第 4 頁　504.3.8324）

1878　**十二月丁丑**　立春。順天府官進春，命司禮監官捧入。

（世宗嘉靖實録卷 504　第 5 頁　504.4.8325）

1879　十二月丁丑　　兵部尚書楊博奏：五軍營參將尹秉衡所選官軍一萬二千人，擬於春初赴居庸、鎮邊二區戍守。上曰：營兵戍邊與原議減邊兵數多三枝，應否遣去，其更熟計以聞。於是博等又言：京營之兵年坐食漸成驕惰，近議摘選番戍，其説有四，一則使京軍習見烽燧，涉歷勞苦，可以轉弱爲强；二則居庸、鎮邊，原有懷保在外，警報絶少，即使有警，去京師百里而近，可期〔按：館本期作朝，是也〕發夕至，視遠調宣大、保定之兵，勞費迥殊；三則春防之月，本鎮止留邊兵三枝，一遇虜警，不免分置，顧此失彼。誠得京兵守二區，則邊兵得專守古北、冷口，在此爲虚聲，在彼爲實用；四則部署已定，可視來春緩急爲進止，不至虚發，以耗芻糧。議上，上謂營兵宜俟薊鎮警報得實乃量發一二枝，邊臣毋張虚聲，徒增餉費，無濟實用。上復諭博曰：朕聞四方多盗，何有司欺心坐視，全不經理？其亟檄各巡按官，嚴督有司撫捕，怠玩者必以法治之。博奏：近者，山東滕縣盗刼傷會試舉人，而撫臣謝東山乃稱地方已無一賊。又近京順義等縣賊巢在薊鎮盤山等處，俱宜嚴限勦滅，並覈有司欺蔽者。上曰：〔校記：閣本曰下有山東及近京五字〕盗賊肆行，各巡按官不行奏報，顯是隱匿，其令各御史以實聞。仍亟行勦捕，不許怠玩。

（世宗嘉靖實録卷 504　第 5 頁　504.4.8326）

1880　十二月己卯　　以重建萬壽宮遣成國公朱希忠奏告玄極寶殿，駙馬都尉謝詔告内殿。

（世宗嘉靖實録卷 504　第 6 頁　504.5.8327）

嘉靖四十一年（1562）

1881　正月壬辰　　大風，揚塵蔽空。

（世宗嘉靖實録卷 505　第 1 頁　505.1.8333）

1882　**正月丙申**　京師地震。

（世宗嘉靖實録卷 505　第 1 頁　505.1.8333）

1883　**正月庚戌**　協理京營戎政太子少保兵部尚書江東以萬壽宸居興工，自請率甲士守門。上以開操在邇，詔與顧寰輪日視操，仍同防守。

（世宗嘉靖實録卷 505　第 4 頁　505.3.8337）

1884　**二月丙寅**　以京城多盜，令兵部侍郎葛紳〔按：館本紳作縉〕、都督朱希孝晝夜巡衛西苑。於是兵部尚書楊博疏請處捕〔按：館本捕作補，是也〕巡捕馬匹官軍，歲發太僕寺銀五百兩充緝捕之賞，逐游民之潛住京師者。詔可。

（世宗嘉靖實録卷 506　第 2 頁　506.2.8346）

1885　**二月辛巳**　禮部會試取〔按：館本無取字，抱本有取字〕中式舉人王錫爵等〔按：館本無等字，抱本有等字〕三百名。

（世宗嘉靖實録卷 506　第 7 頁　506.6.8353）

1886　**三月甲午**　總督〔按：館本督作理〕宣大糧餉侍郎霍冀、總督侍郎楊選奉旨勘薊鎮客兵糧餉不敷之數，薊州當發銀五萬七千二百八十兩有奇，密雲當發銀十八萬四千五百五十兩有奇，昌平當發銀四萬九千八百九十兩有奇，其主兵已有餘糧，不煩帑銀，但當趣徵各處民運濟之。因言：薊鎮主客錢糧自二十九年而京運始發，至三十九年而額數愈增，如薊州主兵年例不過六七萬，今則十四五萬矣；客兵不過十數萬，今則三十萬矣；密雲主兵年例不過一二萬，今則七八萬矣，客兵不過八九萬，今則二十二〔校記：閣本無十下二字〕三萬矣；其他冗濫不可謂其盡無，而究其大端，則增兵之耗居十之七八，何也？往時薊鎮主客止四五路，今則增爲十區，而副參遊守，節年添設不啻〔校記：閣本不啻作亦過〕數倍矣！往時未有客兵，但主兵調遣，今則不遠千里，而山、陝、遼、保分番征調，已十餘年矣！往者，在邊止於防秋，今則戍守無虚月、無虚歲矣，此年例之所以愈增而愈不足也！邇蒙皇上屢降明旨，令本鎮專練主兵，漸減客兵，此誠務本善後之良圖，要在督撫官以實舉行耳；至若主兵月糧，全資民運，而各省逋欠，動逾萬數，其弊在軍有四，在官司有六。攬收誆騙於姦民，逋欠抗違於巨室，批關展轉於虚文，侵欠覬望於蠲免，此四者軍民之蠹也；會派爽於成限，徵斂失於及時，比併混於無等，覈蠲徵之不實，稽銷註之欠〔校記：廣本銷註作註銷。閣本欠作不〕嚴，追逋負之無法，屯租之弊猶之民糧，武弁不職甚於有司，此六者，官司之蠹也。請自明年始，在河南、山東巡按，事繁則以民運責成〔校記：館本脱成下十六字〕巡撫，順天、保定巡撫事繁，則以民運責成巡按。其屯田子粒，則以責成屯田御史，各降新勑賜之，重其事權，仍令歲終參劾，先司府而後州縣，庶人無怠玩，宿弊可釐。疏入，户部覆，冀等言皆是。其督催民運屯糧，則巡按御史，已更新勑，屯田御史，原有專勑，惟山東、河南巡撫，勑中未載，當增入之。上從部議。

（世宗嘉靖實録卷 507　第 3 頁　507.3.8359）

1887　三月戊戌　陞……順天府府丞趙鏜爲大理寺右少卿。

（世宗嘉靖實録卷 507　第 6 頁　507.5.8364）

1888　三月己亥　策試天下貢士。

（世宗嘉靖實録卷 507　第 7 頁　507.6.8365）

1889　三月壬寅　賜貢士徐時行二百九十九人進士及第、出身有差。

（世宗嘉靖實録卷 507　第 8 頁　507.6.8366）

1890　三月己酉　萬壽宫成，命公朱希忠、侯顧寰、駙馬謝詔、伯方承裕、大學士徐階分告南、北郊、太廟、二社稷，尚書雷禮謝土。遂加恩在功効勞諸臣，輔臣徐階加少師兼支尚書俸，仍蔭一子中書舍人；公朱希忠、輔臣嚴嵩各歲加禄米一百石。輔臣袁煒加少保；尚書雷禮加太子太保，仍蔭一子入監讀書，都督朱希孝加少保，蔭一子百户；左侍郎徐杲陞工部尚書，蔭一子百户；侍郎劉伯躍、朱衡各陞俸一級，衡蔭一子入監讀書；通政司參議劉畿、苟穎陞太僕寺少卿，尚寶司司丞徐璠陞太常寺少卿，指揮嚴紹庭等各陞一級，鎮遠侯顧寰加太子太保，兵部尚書楊博支正一品俸，江東陞俸一級，侍郎葛縉陞俸二級，都指揮李隆、許瑒各陞俸一級，郎中李鍉等各陞一級，員外郎吳思敬等各陞俸一級，郎中黄文豪等各賞銀十兩，太監黄錦歲加俸米十二石，仍蔭弟姪一人，錦衣衛百户王錫加恩二等，張崇、賈胤加恩一等，與錫各蔭弟姪，鎮撫張實等加恩一等，餘陞有差。

（世宗嘉靖實録卷 507　第 8 頁　507.7.8367）

1891　四月丙辰　大風，揚塵四塞。

（世宗嘉靖實録卷 508　第 1 頁　508.1.8371）

1892　四月丙子　順義縣地震有聲。

（世宗嘉靖實録卷 508　第 2 頁　508.2.8373）

1893　五月丙戌　薊遼、保定總督楊選條陳邊政舊規當復者四事：一薊鎮建昌營遊兵，原議策應太平寨一區，今欲改補冷口，則太平〔校記：廣本平下有未免二字〕失援。乞將步兵近守冷口，馬兵應援太平，專隸薊州兵備。一黄花鎮京衛軍〔校記：閣本衛軍作營〕千名，家在京師，與老家營原住邊鎮者不同，迫之常守，恐非人情，請照舊春秋番戍。一牆子嶺軍士二百餘名，原係山海等衛抽垜，以補〔校記：廣本補下有各區二字〕主兵不足之數，與古北口、石塘嶺二區事體相同。今欲掣回本衛，則二區援以爲援，而三區在〔校記：廣本無三區在三字，鎮下有古北口牆子嶺石塘嶺九字，閣本三作二〕薊鎮最爲〔校記：廣本爲下有邊鎮二字〕要害。難議掣回，宜照舊存留。一直隸衛所赴邊班軍，原以都司四員統領，休日與都司回〔校記：廣本閣本回作還〕衛，令欲改設遊擊，恐滋勞擾，亦宜仍舊。兵部議覆，從之。

（世宗嘉靖實録卷 509　第 1 頁　509.1.8378）

1894 **六月癸丑朔** 琉球國中山王尚元遣其舅源德等入貢謝恩。宴賚如例。

（世宗嘉靖實録卷510 第1頁 510.1.8393）

1895 **六月丙辰** 詔順天等八府並京外衛所牧地新增租銀一萬一千五十八兩，通歸户部備邊，其額徵租銀解太僕寺如故。

（世宗嘉靖實録卷510 第3頁 510.2.8396）

1896 **六月丁巳** 順天巡撫都御史徐紳，進煉金山礦銀一千兩。

（世宗嘉靖實録卷510 第3頁 510.2.8396）

1897 **六月丙子** 預發……薊州、密雲主兵銀各一萬兩，客兵銀各二萬兩，昌平客兵銀二萬兩。

（世宗嘉靖實録卷510 第5頁 510.4.8399）

1898 **六月戊寅** 給事中郭汝霖、行人李際春自琉球使還，詔陞汝霖爲光禄寺少卿，際春爲尚寶司司丞。初，汝霖等至琉球，其國王尚元餽金爲謝，汝霖等却之，及是尚元遣使謝恩，因齎所餽金請上命頒賜二臣。上謂朝廷命使無受謝之義，詔聽汝霖等辭，尋以二臣遠行劾勞，各賜銀幣。

（世宗嘉靖實録卷510 第6頁 510.5.8401）

1899 **七月丙戌** 兵部議覆薊遼總督侍郎楊選所陳秋防四事：一順天巡撫每年移駐昌平防秋，冷口最爲要害，宜毋拘以地，使得視警策應。一石門切近畿輔，宜分遼東兵三千駐寧遠者專聽臨時調撥。一龍井兒、將軍石、牆子嶺提調官唐時雍等皆不職，宜更職。一本鎮之兵，功在保障，宜申飭軍士，能禦虜者，悉照三十三年古北口例，論功不論斬獲，如徒貪斬獲致賊深入者，仍以失事議罪。從之。

（世宗嘉靖實録卷511 第1頁 511.1.8403）

1900 **七月庚戌** 薊鎮、喜峰口等處地震。

（世宗嘉靖實録卷511 第4頁 511.4.8409）

1901 **八月壬戌** 朝鮮國王李峘遣陪臣姜士相等入賀，進馬及方物。宴賚如例。

（世宗嘉靖實録卷 512 第 2 頁 512.2.8413）

1902 **八月乙丑** 詔重録《永樂大典》。命禮部左侍郎高拱、右春坊右中允管國子監司業事張居正各解原務，入館校録。拱仍以侍郎兼翰林院學士同左春坊左諭德兼侍讀瞿景淳充總校官。居正仍以中允兼翰林院編修同修撰林爊、丁士美、徐時行、編修吕旻、王希烈、張四維、陶大臨、檢討吴可行、馬自行充分校官。

初，文皇帝命儒臣彙稡〔校記：閣本稡作粹〕秘閣書籍，分韻類載，以便檢考，供事編輯者三千餘人，爲卷凡三萬有奇，名曰《永樂大典》。書成貯之文樓，其帙甚鉅。上初年好古禮文之事，時取探討，殊寶愛之，自後凡有疑卻，悉按韻索覽，几案間每有一二帙在焉。及三殿災，上聞變卽命左右趣登文樓出《大典》，甲夜中凡三四傳，是書遂得不燬。上意欲重録一部，貯之他所，以備不虞，每爲閣臣言之。至是諭〔按：館本諭作論，舊校改論作諭〕大學士徐階曰：昨計重録《永樂大典》，兩處收藏，玆秋凉可處理。乃選各色善楷書人禮部儒士程道南〔校記：閣本道南作南道，疑誤〕等百餘人，就史館分録，而命拱等校理之。

（世宗嘉靖實録卷 512 第 2 頁 512.2.8413）

1903 **八月癸酉** 以盧溝橋西南堤壞，命工部尚書雷禮往視。禮還，上言修築事宜謂：盧溝橋東南有大河，從麗國莊入直沽下海，沙泥淤塞十餘里；稍東有岔河，從固安入直沽下海，地勢稍高。宜先疏濬大河，令水歸故道，然後繕築長堤，其決口地卑土浮，水深流急，人力難施。而西岸有故堤約長八百丈，宜按遺址繕築。仍委幹局官九人，分爲九區，併力責成。又言：橋東西岸，甃石不堅，當俟決堤工完之日，加工繕治。報可。

（世宗嘉靖實録卷 512 第 3 頁 512.2.8414）

1904 **八月辛巳** 命工部右侍郎吕光洵提督盧溝橋，工部尚書雷禮仍月一往視。

（世宗嘉靖實録卷 512　第 4 頁　512.3.8416）

1905　九月壬午朔　以三殿工完。命公朱希忠、侯顧寰、駙馬許從誠、伯陳鏸、方承裕、尚書雷禮、都督朱希孝分告南北郊、太廟、社稷。

（世宗嘉靖實録卷 513　第 1 頁　513.1.8417）

1906　九月甲申　更名奉天殿曰“皇極殿”〔按：館本極下無殿字〕，華蓋殿曰“中極”，謹身殿曰“建極”，文樓曰“文〔按:館本無文字，三本有文字，是也〕昭閣”，武樓曰“武成閣”，左順門曰“會極”，右順門曰“歸極”，奉天門曰“皇極”，東角門曰“弘政”，西角門曰“宣治”。是日百官表賀，詔告天下。

初，殿工成，工部請額。上諭内閣曰：朝殿太祖〔按：館本祖下有名之成祖四字，是也〕因之不更，上天垂示，至今已兩矣。昨嵩謂，太祖定名，取義百凡，莫非奉天，不敢自是，無過此者。若改之，必前代所無之名方可。今只仍祖定，惟天字當出奉字上製，庶爲奉天出治先之敬天作基可也。於是部臣以扁式請，謂當横扁，天字居中，上出奉殿二字兩傍稍下相對。上意復以爲不雅，乃取《尚書·洪範》字義更名，令直扁順書如故。仍改乾清宫右小閣名曰“道心”，旁左門曰“仁蕩”，右門曰“義平”，閣臣因請頒詔大赦天下。上曰：赦乃小人之幸，彼拽石運木者伊誰受賜與？遂不下赦。

（世宗嘉靖實録卷 513　第 2 頁　513.1.8417）

1907　十月辛酉　以皇極殿工完，加司禮監太監黄錦、内官監太監王錫崴各禄米二十四石，蔭弟姪一人錦衣衛百户，太監張實等加恩一等；工部尚書雷禮加太子太傅，徐杲支正一品俸，仍各蔭一子入監讀書，左都御史朱孝蔭一子百户；太僕寺少卿劉畿等各陞一級；左侍郎劉伯躍等，各蔭一子入監讀書；尚書盧勳等各賞銀五十兩，紵絲二表裏；鎮遠侯顧寰等各銀三十兩，紵絲二表裏；都指揮僉事李隆等各陞一級；工部署郎中李健在京五品堂上官，郎中周賢宣等，查照俸資，陞兩司用；員外楊兆等各陞一級，郎中杜思等各陞俸一級，郎中王尚直等賞銀十兩。閱視公朱希忠、輔臣徐階、袁煒各賞銀五十兩，紵絲二表裏；尚書郭樸等各賞銀三十兩，紵絲二表裏；太僕寺卿王槐陞一級，鴻臚寺丞夏範等各賞銀五兩。餘皆陞賞有差。

（世宗嘉靖實録卷 514　第 6 頁　514.5.8441）

1908　**十月乙丑**　大風，揚塵四塞。

（世宗嘉靖實録卷 514　第 8 頁　514.7.8445）

1909　**十一月戊戌**　朝鮮國王李峘遣陪臣户曹參判郭順壽等人賀長〔校記：閣本長作冬〕至，貢馬及方物。宴賚如例。

（世宗嘉靖實録卷 515　第 6 頁　515.5.8463）

1910　**十二月丙辰**　以冬深少雪，上親祈於宫中，命定國公徐延德等各分告各宫廟。

（世宗嘉靖實録卷 516　第 1 頁　516.1.8471）

1911　**十二月丁卯**　雪，百官上表賀。

（世宗嘉靖實録卷 516　第 4 頁　516.3.8476）

1912　**十二月**　是歲……漕運米四百萬，内改折一百三十六萬七千三百八十九石有奇，實運米二百六十三萬二千六百一十石有奇。

（世宗嘉靖實録卷 516　第 7 頁　516.6.8481）

嘉靖四十二年（1563）

1913　**正月癸未**　立春。順天府官進春，命司禮監官捧入。

（世宗嘉靖實録卷 517　第 1 頁　517.1.8483）

1914　**正月庚寅**　修理盧溝橋興工。

（世宗嘉靖實録卷 517　第 1 頁　517.1.8483）

1915 **正月丙午** 蔭工部左侍郎劉伯躍子廷芬爲國子生，以殿工成也。

（世宗嘉靖實録卷 517 第 4 頁 517.3.8488）

1916 **正月丙午** 兵部覆巡撫順天都御史徐紳所陳驛遞事宜：一議編審：順天驛遞之役，故事十年一編〔按：館本作十一年編，抱本閣本作十年一編，是也〕，今民間苦其編累，請三年一編，著爲令。一寬積逋：各州縣協濟驛遞銀，逋欠數多，宜令天下自三十八年以前應扣解者，姑與蠲除，其三十九年至四十一年，係小民逋欠者免之，係所司侵匿者追治。一免扣解：往因邊儲告急，令天下扣解驛傳銀兩已輸官而小民供應如舊，是重困也，自今請罷其令。一重專官：順天府所屬諸驛，舊屬治中專理，今宜申明職守，責令以時巡歷。疏入，上允其前後諸議，而以扣解銀兩一事，令與户部再議以間〔按：館本間作聞，是也〕。部復奏，軍餉不足則士氣餒，而國家之藩籬不固，驛傳不通則行旅滯，而國家之氣脈攸関。二者均非細故，卽如嘉靖三十七年扣解以〔按：館本無來字，三本以下有來字〕來，其利於軍餉者十之一二，其害於馹驛者十之八九。大率各處徵解到部，一年多者八九萬，少僅四五萬，以之供邊，九牛之一毛耳。至於驛傳，則十夫九逃，十馬九缺。近者，倭奴破興化府城，齎報人以驛馬不時應付，遷延四十餘日始得達京，則立法之弊可驗也〔按：館本也作已，廣本抱本作也〕。故臣與户部尚書高燿往復咨議，皆斷以爲驛遞錢糧宜復舊規，盡留本地方供應，而後可責其傳報聲息不致悞事，此所謂捐小利存大休〔按：休爲体之悞〕之得者也。上乃從之，仍今嚴行各撫按官責令該道，從實查理，不許侵濫。如有坐視故縱者，參奏重處。

（世宗嘉靖實録卷 517 第 4 頁 517.3.8488）

1917 **正月丁未** 發太倉銀一萬兩於密雲，一萬兩於昌平，備防春客餉。

（世宗嘉靖實録卷 517　第 6 頁　517.5.8491）

1918　**正月戊申**　虜五千騎犯宣府滴水崖，由黑漢嶺南下，敗參將宋蘭、游擊麻錦等兵，遂掠隆慶、永寧等處，駐東西紅山，窺岔道。原任大同總兵爲事官劉漢戰卻之，賊遂西行，由柳溝進據虎皮寨，攻張家堡，不克。會大雪，乃遁，出入凡七日。

（世宗嘉靖實録卷 517　第 6 頁　517.5.8492）

1919　**正月戊申**　巡按直隸監察〔按：館本無監察二字、抱本有監察二字〕御史温如璋等奏報，是年補練薊鎮主兵之數，大約十區，已練者十之七，未練者十之三。詔賞總督楊選、巡撫徐紳、薊州總兵孫臏〔校記：閣本臏作曠〕、昌平總兵何淮、參政温景葵等銀幣。陞密雲副總兵故鎮署都督僉事仍同參政温文〔按：館本參政温文作參將白文智〕等各賞銀有差。其補練不及數者，提調張世武等降二級，朱衮等奪俸二月。仍令嚴限，責其復功。如再有怠玩者，重治不宥。

（世宗嘉靖實録卷 517　第 7 頁　517.5.8492）

1920　**二月庚戌朔**　詔發太僕寺馬價銀一萬兩於良鄉縣繕葺各公廨驛遞。良鄉最近京，供應勞頓，會歲比不稔，各省直協濟銀兩久不徵解，廨宇驛遞傾廢，其丞簿率僦民屋以屋〔按：館本以下無屋字，三本以下有居字，是也〕，公使往來多露宿者。順天府尹王國光言其非宜，守亟〔按：館本守作請，請下有丞字，舊校改丞作亟〕加修繕。並請以本府所屬徵解馬價貯太僕寺者，量借一萬兩供費。從之。

（世宗嘉靖實録卷 518　第 1 頁　518.1.8494）

1921　**二月乙亥**　兵部覆總督薊遼侍郎楊選等奏：薊鎮之兵，數踰九萬，責成補練，已概有次第。其清補之法，宜勑兩關御史兼理，將各區分守並標遊等兵籍爲三等，係編發抽垛者逐一查審，以第男應繼者附綴其下，遇缺據籍僉補。從之。

（世宗嘉靖實録卷 518　第 3 頁　518.3.8499）

1922 **二月乙亥** 詔再免派昌平州寄養馬七年。昌平其罹庚戌虜變，停派寄養馬匹至是十三年矣！太僕寺少卿劉朝佐謂創殘已復，請派寄如初。巡撫都御史徐紳爭之，言該州原里五十八，以密邇陵京，地衝民困，今〔校記：廣本今字作自多事來〕僅餘十有六里，其寄養馬匹，宜永停不派。部覆，請再停派七年。從之。

（世宗嘉靖實録卷 518 第 4 頁 518.3.8500）

1923 **三月癸未** 詔清查順天、河間二府葦地，仍令管河郎中督理，歲終具奏。

（世宗嘉靖實録卷 519 第 2 頁 519.1.8504）

1924 **三月己丑** 總督薊遼侍郎楊選、順天巡撫徐紳言：沿邊軍士全仰月糧，無它耕種貿易，每遇荒年及兩防緊急之期，關領艱難〔校記：閣本脱難以下十七字〕，借貸無措，宜建設預備倉於各營堡，借民兵工食銀兩，趁時招買收積，畧倣常平倉法，以備各軍年荒賑貸及遇警調集支用。户部覆請，從之。

（世宗嘉靖實録卷 519 第 3 頁 519.2.8506）

1925 **三月壬辰** 陞順天府府尹王國光爲户部右侍郎，總督倉場，督理西苑農事。

（世宗嘉靖實録卷 519 第 5 頁 519.4.8509）

1926 **三月癸巳** 工部尚書雷禮言：本部各項錢糧，例派舖商上納。比者，該城往往放富役〔按：館本役作差，三本作役〕貧，蠹弊叢積，而各監局所派錢糧，其稍有贏餘者，又輙爲奸商營占，偏累貧民，以故審僉之際，逃徙紛紛，臣自爲郎中時已目擊而心惘之矣！今各衙門諸弊，釐革殆盡，而舖商尚未蒙存卹，乞容臣等將一切差役之苦樂，商户之貧富，通融搭派。仍諭戒各監局諸臣，從寬收納，不得縱奸徒倚勢營利其間，庶良民不至流亡而上供亦可無缺矣！詔允行，令今後再有強攬鑽求諸弊，爾部中從重究治。

（世宗嘉靖實録卷 519 第 6 頁 519.5.8510）

1927 **三月丁酉** 發太倉銀七千兩於薊鎮，充撫夷費。

（世宗嘉靖實録卷 519 第 6 頁 519.5.8512）

1928 **四月甲寅** 巴哂等族夷人巴店林成〔校記：閣本成作城〕等入貢，宴賞〔校記：廣本賞作賚〕如例。

（世宗嘉靖實録第 520 第 1 頁 520.1.8516）

1929 **四月乙卯** 改應天府府尹魏尚純爲順天府府尹。

（世宗嘉靖實録卷 520 第 1 頁 520.1.8516）

1930 **四月乙卯** 發太倉銀二萬七百六十餘兩於易州，四千二百五十餘兩於真定，二千八十餘兩於良、涿，充防秋兵餉。

（世宗嘉靖實録卷 520 第 1 頁 520.1.8516）

1931 **五月戊寅朔** 薊鎮古北口遣哨卒四人出塞，爲朶顔夷人撲捉以去，俄而夷酋通漢扣關索賞，副總兵胡鎮伏兵執之，並縛其黨十餘人，通漢子懼，則擁原撲哨卒夷瘤〔按：館本瘤作腐，下同〕老虎者至牆下，請易其父。通漢者，虜酋辛愛之義妻父也。總督楊選計欲以牽制辛愛，則縛瘤老虎數其罪而釋之，並初所執諸夷悉遣出關，獨留通漢，要以其子入質，俟子至乃遣還，自後令其諸子更迭爲質，半年一代。選因馳書以聞，自詡方略，且爲諸文武臣請賚，部議亦以爲良策。上乃賜選及巡撫徐紳各銀三十兩，紵絲二表裏。總兵孫臏及鎮各二十兩，一表裏。參將郭滮〔按：館本滮作琥，抱本作滮，誤〕，等各十兩。

（世宗嘉靖實録卷 521 第 1 頁 521.1.8527）

1932 **五月戊子** 陞……光禄寺少卿郭汝霖爲順天府府丞。

（世宗嘉靖實録卷 521 第 4 頁 521.3.8531）

1933 **五月庚寅** 先是，嘉靖二十七年，安南期當朝貢，會都統使莫福海死，其子宏瀷攝國事，遣使目黎光賁等備方物修貢，至廣西南寧府，守臣以聞。禮部以其名分未定，止來使南寧，而令守臣移牒安南，覈所當襲者。隨於三十年勘明授宏瀷都統使職，當親詣鎮南關領部牒。值其國内有亂，諒山道阻，宏瀷久不至關，光賁等留南寧〔校記：廣本寧下有且字〕十五年，偕來士從物故大半。宏瀷乃懇析〔按：析爲祈之誤〕守臣爲之代請，詔許光賁等入京修貢。其宏瀷嗣職公牒乃俟親至關授之。

（世宗嘉靖實録卷 521　第 4 頁　521.3.8532）

1934　**五月庚寅**　　令京營馬匹料草自防秋外凡應支本色月分俱改折色。

（世宗嘉靖實録卷 521　第 4 頁　521.3.8532）

1935　**五月壬辰**　　兵部覆總督京營戎政鎮遠侯顧寰以巡視京營左〔按：館本左作都，三本作左〕給事中陳瓚等所陳營務：一，選正兵以肅營伍。營軍選汰日久，漸復冗濫，自今〔按：館本今作古，舊校改作今〕凡遇閲視時，先令各營參領挑選，以武藝精熟者備調遣，以膂力強悍者備教習，老弱不堪者令替補，然後戎政大臣同巡視科道照例會選造册送部。一，慎選官以聽補闕。各營號頭、中軍、千把總等官員闕〔校記：廣本閣本闕作缺〕，酌量年資各照營分以次推補〔按：館本補作捕，三本作補，是也〕，庶杜夤緣之弊。一，順營衛以稽月糧。官軍食糧，宜令每營每衛各置一籍，營中據之以〔按：館本脱以下七字，三本不脱〕稽查，衛中據之以支餉。一，倡勇敢以振兵威。每營選武藝精強者爲一等，遇秋操支糧六斗，其次武藝未閑而力可教習者爲二等，支糧半之，以寓激勸之意。一，卹馬政以完樁銀。倒損馬匹，第令追納樁銀。其一切比較掛號並年終參奏，俱行停免，以示優卹之意。一，免拘繫〔按：館本繫作擊，抱本閣本作繫，是也〕以養士氣。官軍在營，不當復派民差，其有事牽連在官不係重情者，所司不得一概拘繫，致誤差操。一，飭營伍以便操練。通州新舊遊兵二部，既入京營操練，則事體當與各營同，宜選三千人，設中軍、千把總等官分隸之，仍〔按：館本仍作乃，三本作仍，是也〕聽佐擊將軍約束，餘歸備兵營。一，明查參以正事操〔按：館本操作體，是也〕。故事京營巡捕倒損馬匹，俱屬巡視京營科道官〔按：

館本無官字，三本有官字，是也〕參治，邇者，增設給事中管理巡捕，致年終查參止及京營而不及巡捕，殊非政體，調後宜仍舊例，以巡捕事屬之本部主事，不必復差給事中，其參奏倒損馬匹，則併隸之於京營科道。一，復舊規以嚴舉劾。巡視京營科道官，宜復舊規，以一年爲期，其舉劾將官，惟視賢否，不必泥於成數。勑書不必坐名，以重王言省煩瀆。議入，詔如議〔按：館本議作擬，廣本抱本作議〕行。

（世宗嘉靖實録卷521　第5頁　521.4.8533）

1936　**五月壬辰**　　蘆溝河工完，加内官監太監張崇恩二等，黄錦、王錫一等。工部左侍郎吕光洵支二品俸。陞錦衣衛指揮同知張絳署職一級。加監察御史成守節、雷稽右俸一級。賞工部尚書雷禮並徐杲〔按:館本杲作泉，抱本閣本作杲〕銀三十兩，紵絲二表裏。鎮遠侯顧寰、兵部尚書楊博二十兩，一表裏。餘賞銀有差。禮等〔按：館本無等字，廣本閣本有等字〕因言：河工係發内帑修築，請撰文刻石，以昭聖蹟。報可，遂命大學士袁煒撰文。

（世宗嘉靖實録卷521　第6頁　521.5.8535）

1937　**五月乙巳**　　禮部覆給事中王楷奏：請申飭朝儀，大小官不得從人入朝，直宿官軍不得坐卧御道，商販人等不得擅入長安門，其習儀之日，常朝官不得無故不至。違者俱論如法。報可。

（世宗嘉靖實録卷521　第7頁　521.6.8538）

1938　**六月甲子**　　户部奏，發太倉銀七萬兩於宣府，八萬兩於大同，三萬兩於薊州，二萬兩於密雲，二萬兩於昌平。爲來歲主客兵餉。上曰：近年各處司道官怠肆成習，所發銀可令巡撫巡關御史嚴督，趁時糴買具奏，敢有遲悮者，户部指名參治。

（世宗嘉靖實録卷522　第4頁　522.4.8545）

1939　**七月戊戌**　　總督京營戎政鎮遠侯顧寰條議京營事宜：一，精挑選之法：選取各營軍士一萬八千名，分爲六枝，委邊將六員統領操演。一，核操練之實：各營查照火器之數，加意操演〔校記：閣本脱演以上十八字〕，務令精熟。一，作將士之氣：副將、參、遊與京官無相統攝者，處以賓禮，中途相遇，不必引避。一，明補替之例：召募在逃者例不准補，病故者各以精壯親餘頂補，爲事者許其出首復役。一，禁奸詭之習：將官有犯諸司會同戎政衙門查究明白，方許參提。一，專兵車之教：兵車之制，止則爲營，行則爲陣，宜行工部修造，委官多方教演。一，預器械之設：盔甲弓矢，預先辦理，庶得有備無患之意。一，定編派之規：外而列營，内而守城，各官軍預先編派，不致臨時倉皇。兵部議覆。上曰：京營係兵戎之本，選練事宜，務從實舉行，毋虚文支調，有負委任。

（世宗嘉靖實録卷 523　第 4 頁　523.3.8552）

1940　八月辛亥　朝鮮國王李峘遣陪臣禮曹判書金澍等入賀殿廷工成及萬壽聖節。宴賚〔按：館本賚作賞，廣本作賚〕如例。

（世宗嘉靖實録卷 524　第 1 頁　524.1.8555）

1941　九月甲辰　朝鮮國王李峘復上書辯其先世不出李仁任之後，今續修《會典》尚未頒布，其本國宗系，雖蒙恩釐正，請仍著始祖李旦、父李子春之名，庶傳信有據。上允其請，令録附《會典》本條之末，勅諭峘知之。

（世宗嘉靖實録卷 525　第 4 頁　525.4.8569）

1942　九月甲辰　發太倉銀三千兩於遼東，給賑流移復業人户，並募順天、保定屬邑諸貧民失業者就彼開墾。從總督楊選請也。

（世宗嘉靖實録卷 525　第 4 頁　525.4.8569）

1943　十月甲子　移密雲薊州等處庫貯民兵〔校記：閣本兵作壯〕工食銀三萬兩，分發昌平、懷柔、密雲、薊州等處，召買穀粟備荒。

（世宗嘉靖實録卷 526　第 7 頁　526.6.8581）

1944　十月丁卯　虜擁衆自牆子嶺、磨刀峪潰牆入犯，總督薊遼侍郎楊選以聞，京師戒嚴。詔宣大總兵官馬芳、姜應熊、劉漢等速調兵入援，以總督尚書江東統之，餘戰守事宜，兵部條列以上，又勅文武大臣，分守皇城、京城及重城諸門，而令鎮遠侯顧寰集京營兵，分布〔校記：閣本布下有京字〕城內外。

上諭閣臣〔按：館本閣臣作內閣，閣本作閣臣〕曰：朕見火光，虞此虜去京不遠，諸將何不截殺？其令禮部疏〔按：館本無疏字，廣本抱本有疏〕議郊祀等禮，並示兵部傳語寰等協力追剿。明日又諭閣臣，通、灣二地，係糧貨輜輳之處，其保之。陵地以劉漢護守，馬芳專衛京師，毋怠。是時總兵胡鎮、孫臏及游擊趙溱等已領兵赴通州迎敵。有旨，胡鎮在通州河南追賊得無乏食，且遣官厚賚軍餉濟之，有功朕不勒賞。於是部臣楊博等奏曰：陛下卹諸將至此，諸將當益奮激，但參將黃等及孫臏俱與鎮爭先赴鬬，宜一體處給，以作士氣，報可。

俄總督楊選以虜東退聞，且自詡追殺功，爲將士祈賞。上疑之，以問大學士徐階，曰：聞賊少退恐詐者，而選遂言追殺，果一行否？階對：賊大營尚在平谷，選等果已往通州矣，然謂之追送則可，爲之追殺則不可。上曰：然。選等正是送去，敢言追殺，其誰欺乎？今外兵四集，內士又出，只遊戲一場，不過庚戌之轍，又故事矣！兹著〔按：館本著作看，抱本作着〕博等會東所計，有甚奇方定策，付諸將行？如何以伸華威？如何以報人害？大勦一場。且聞彼夜戰不能，或謂何不夜攻？然我軍亦不禁，豈可取勝哉！皇高祖考歲一巡邊，皇兄亦聖威遠震，彼乃令內逆欺外賊侮可慨。階以語博，博乃條上戰守十事，大意欲將宣大在鎮標遊等兵及保定諸漢〔校記：閣本無漢字〕達兵盡數徵入，分防京城、陵寢及通、灣、良鄉等處。命户部多貯芻糧於近京郡邑，以待師行。兵部分發馬價銀於京師各門，以備犒賞。廣募敢死士擣虜穴，牽其內顧。仍厚立賞格，凡斬首虜一，即賞銀五千〔按：疑千爲十之誤〕兩，願陞者陞一級。斬小頭目首一級，賞銀一百兩，願陞者二級。斬獲大酋如辛愛把都兒者，賞銀五百兩，仍陞三級。詔悉如議行，賞格仍榜示中外。〔校記：本段自首行俄字起至末行外字止，凡三百六十九字，廣本作博因條議戰守事宜。一，行總督楊選督同總兵管官，將見在各枝主客官兵通行調集，分爲三路：一路隨賊截戰，一路分守京城，一路防護陵寢。一、虜入薊鎮，宣大無警，官兵已經調遣，其標遊兵俱當徵入，以濟緩急。一，調保定各枝漢達官軍，令巡撫李遷前赴良鄉聽候應援。一，虜入必先犯京城東北二方，而行戎政大臣多發勁兵防禦。一，各枝兵到，宜行户部於昌平、通州、良鄉、順義等處，多備糧草。一，城守大臣，舊例給四千兩，專備犒賞，宜於太僕寺馬價銀兩内動支。一，昌平陵寢所在，已將居庸、鎮邊二區官軍分布拱護外，再調黄花鎮應援兵馬，相間守視。一，通灣糧貨所聚，行總督楊選發勁兵一枝協守。一，虜鋭意南侵，其營中必虚，宜募敢死之士，徑搗其巢穴。一，懸賞格以激忠義之士，有能斬虜首一顆者，賞銀五十兩，願陞者一級；獲小頭一顆者，賞銀一百兩，願陞者二級；獲大頭目如辛愛把都兒者，賞銀五百兩，陞三級。得旨如議行，賞格卽令榜示〕。

虜大掠順義、三河等處，分兵圍下店，諸將胡鎮、趙溱、孫臏等引兵捄之。虜騎大集，圍鎮等數重，鎮遣間使告急。有旨：命祝福星馳赴援，仍令江東亟發兵應之。未至而鎮等敗，溱、臏死之，鎮潰圍出。

給事中邢守庭、御史陳聯芳等各以虜報日棘，疏請定文武諸臣分守皇城五門並京城九門、重城七門。上許之，令各用心巡視。

上諭户部發粟賑城中避虜流民。尚書高燿言：流民多自東來，地東大通橋，見有漕糧，近以虜警移頓右便門内，可移至崇文門外空處，人給與五升。上是之，命錦衣衛遣官三員會巡視南城御史及京户部委官給散。仍命發太倉米二百石往朝天等四宫廟，每處五十石給賑。

總督宣大尚書江東、總兵馬芳等及各路入援兵俱至，詔發馬價銀給之。

（世宗嘉靖實録卷 526　第 7 頁　526.6.8582）

1945　**十月癸酉**　刑科給事中李瑜言……上大怒，勅江東嚴督諸將作速勦，遂命錦衣衛逮繫楊選、徐紳並楊瀛等入京訊治。於是選、紳及密雲兵備副使盧鎰、分守牆子嶺參將馮詔、延綏游擊將軍嚴瞻、分守通州參將胡燦俱逮至京，獨楊瀛逃未獲。有旨，俱送鎮撫司拷訊。選、紳仍加刑嚴究。

（世宗嘉靖實録卷 526　第 9 頁　526.8.8585）

1946　**十月乙亥**　大同總兵官姜應熊等禦虜於密雲，敗之，斬首三十餘級，奪馬四十餘匹。時自三河漸引而北，京師稍解嚴。

（世宗嘉靖實録卷 526　第 10 頁　528.8.8586）

1947　**十一月丁丑**　兵部奏，虜遯，京師解嚴。詔遣馬芳、恙〔按：館本恙作姜，是也〕應熊亟回鎮。

（世宗嘉靖實録卷 527　第 1 頁　527.1.8589）

1948　**十一月庚辰**　陞順天府通州知州張守中爲山東按察司僉事，整飭密雲兵備。

（世宗嘉靖實録卷 527　第 3 頁　527.3.8593）

1949　**十一月壬午**　陞……順天府尹魏尚純爲右副都御史巡撫保定。

（世宗嘉靖實録卷 527　第 5 頁　527.4.8595）

1950　**十一月甲午**　重建御宫成，更名“壽恩”。

（世宗嘉靖實録卷 527　第 8 頁　527.7.8601）

1951　**十一月戊戌**　朝鮮國王李峘差陪臣刑曹參判李之信等入賀冬至節。宴賚如例。

（世宗嘉靖實録卷 527　第 9 頁　527.8.8603）

1952　**十一月庚子**　琉球國王中山王尚元差正議大夫鄭憲等入貢，宴賞如例。

（世宗嘉靖實録卷 527　第 10 頁　527.8.8604）

1953　**十一月甲辰**　陞……太僕寺卿劉幾〔按：館本幾作畿〕爲順天府府尹。

（世宗嘉靖實録卷 527　第 11 頁　527.8.8606）

1954　**十二月乙巳朔**　工部尚書雷禮請增繕重城備規制謂，永定等七門當添築甕城，東西便門接都城止丈餘。又垛口畀隘，濠池淺狹，悉當崇甃深濬。上善其言，命會同兵部議處以聞。仍諭閣臣嘉禮爲國盡心，令益殫謀，以副知遇。

（世宗嘉靖實録卷 528　第 1 頁　528.1.8609）

1955　**十二月丁未**　户部言：薊昌二鎮新添標兵四枝，約月糧銀三十餘萬，及賞賚入衛之兵給予家丁之餉，又不下一二十萬，每年當加銀四五十萬。今本部一年所入僅二百二十餘萬，而京邊一年所費不下三百四十餘萬，復增前數，何曾措處？請集九卿科道等官，各陳所見。上從之。

（世宗嘉靖實録卷 528　第 1 頁　528.1.8610）

1956　**十二月乙卯**　以深冬雪少，上親祈於禁中。命成國公朱希忠於玄極寶殿、駙馬都尉謝詔於太廟各竭誠致禱。仍諭禮部文武諸臣俱宜滌心修省，以迓玄休，有不恪者以名聞。

（世宗嘉靖實録卷 528　第 5 頁　528.4.8615）

1957　**十二月戊午**　總監京營戎政鎮遠侯顧寰奏：京營官軍合用兵器收貯内府，遇警難於関領；乞將内守門者春秋二防置各門樓上外，列營者於城内空地造廠置之，責令謹守。工部議覆：兵火器械收内府，遇警関領，事畢交還，係防微深意。聲息一聞，既先関領，何至妨悮？且節年領出器械，被軍人盗賣，以致遺失損壞數多，誠爲未便。在外地方，原無安置械器事例，惟盔甲廠頗空廣，乞貯此以待關領。上從之。

（世宗嘉靖實録卷 528　第 6 頁　528.5.8617）

1958　**十二月癸亥**　琉球國中山王尚元遣使入貢，因送還中國

〔按：館本中國作國國，三本作中國，是也〕漂流人口。上嘉其忠順，降勅褒諭，賜以鏹幣，並賞其陪臣由必都、鄭憲等。尚元因奏本國人亦有流入中國者，乞命守臣卹而遣之。禮部請以其疏檄示瀕海諸路。報可。

（世宗嘉靖實録卷528　第9頁　528.7.8622）

嘉靖四十三年（1564）

1959　**正月丁丑**　是夜大風……次日又風。

（世宗嘉靖實録卷529　第1頁　529.1.8625）

1960　**正月甲申**　禮部奉詔選京城内良家女三百人入宫，以備六尚〔校記：閣本尚作宫〕之用。

（世宗嘉靖實録卷529　第1頁　529.1.8626）

1961　**正月戊子**　順天府官進香〔按：館本香作春，是也〕，免春宴。

（世宗嘉靖實録卷529　第2頁　529.2.8627）

1962　**正月甲午**　修惠熙、承華、寳月殿亭。

（世宗嘉靖實録卷529　第3頁　529.2.8628）

1963　**正月壬寅**　增築甕城於重城永定等七門。

（世宗嘉靖實録卷529　第4頁　529.3.8630）

1964　**正月癸卯**　原任順天府府丞李敏爲太常寺少卿，提督四夷館。

（世宗嘉靖實録卷529　第4頁　529.3.8630）

1965　**二月乙巳**　以順天三河等處被虜，詔量免各州縣税糧仍以存留贓罰銀給賑。

（世宗嘉靖實録卷530　第1頁　530.1.8631）

1966　**二月甲申**　京師雨雹。

（世宗嘉靖實録卷 531　第 3 頁　531.3.8651）

1967　**閏二月己丑**　添設昌平永安營坐營中軍一員。

更定薊州、密雲、昌平三鎮應發本年客兵錢糧之數：薊州鎮銀二十七萬六千一百〔校記：閣本六千一百作一千〕二十兩，密雲十九萬七千四百十兩，昌平六萬四千一百一十八兩。先是四十二年，北虜入寇薊鎮，發銀至三十餘萬兩，密雲、昌平至二十餘萬兩。既而總督劉燾會計四十三年歲用之數，又增至七十餘萬兩。部臣覆奏，以爲今民運多逋，國儲有限，邊臣不思節用，歲歲求增，宜稍加裁抑，酌爲定數，以絶將來奏請之端，故有是命。

（世宗嘉靖實録卷 531　第 3 頁　531.3.8651）

1968　**閏二月丁酉**　朝鮮國王李峘遣陪臣刑曹判書權應昌奉表謝恩。宴賚如例。

（世宗嘉靖實録卷 531　第 4 頁　531.3.8652）

1969　**三月丙辰**　玄熙、延年殿成。

（世宗嘉靖實録卷 532　第 4 頁　532.3.8662）

1970　**三月己未**　以入夏無雨，上親禱於洪應雷宫，遣大臣及順天府官祭告各宫廟。

（世宗嘉靖實録卷 532　第 4 頁　532.3.8662）

1971　**三月癸亥**　是日天陰雨，忽霽，大風揚塵。

（世宗嘉靖實録卷 532　第 5 頁　532.4.8664）

1972　**四月乙亥**　以水災〔按：館本災作旱，三本庫本作災〕蠲順天、廣平、順德、真定、大名、保定、河間七府税糧有差。

（世宗嘉靖實録卷 533　第 1 頁　533.1.8667）

1973　**四月辛巳**　以重建玄熙、承華、寶月三殿亭工完，廕太監黄錦、王錫各弟姪一人爲錦衣衛百户。張崇、賈胤各弟姪一人爲錦衣衛〔校記：閣本脱衛以上十五字〕所鎮撫。張實等各加恩一等。廕管工尚書徐杲〔按：館本杲作果，舊校改作杲〕一子爲國子監生。賞工部尚書雷禮等銀幣有差。

（世宗嘉靖實録卷 533 第 4 頁 533.3.8671）

1974 **四月庚寅** 雨雹。

（世宗嘉靖實録卷 533 第 5 頁 533.4.8673）

1975 **四月甲午** 遣官施藥於朝天宮等處。

募民有願築室重城者，官與之地，永不起租。仍禁各門税課額外重徵諸弊，以通商貨。

（世宗嘉靖實録卷 533 第 5 頁 533.4.8674）

1976 **四月辛丑** 兵科給事中趙格條陳七事。一，請禁都城内外妄稱彌勒佛、白蓮社者。

（世宗嘉靖實録卷 533 第 6 頁 533.5.8675）

1977 **四月辛丑** 牆子嶺官軍以築牆採木爲屬夷所撲，御史陳省等以聞。命降參將戴恩一級，下指揮張永祚等御史問，仍令總督劉燾等議撫賞事宜以聞。

（世宗嘉靖實録卷 533 第 6 頁 533.5.8676）

1978 **五月庚戌** 陞京城巡捕右參將都指揮僉事任俊署都督僉事提督京城内外巡捕，以神樞營佐擊將軍宗孟賢代俊爲右參將。

（世宗嘉靖實録卷 534 第 2 頁 534.2.8679）

1979 **五月己巳** 建洪壇太素殿。

（世宗嘉靖實録卷 534 第 3 頁 534.3.8681）

1980 **六月癸酉** 從御史王用楨奏，詔於張家灣新城置倉，以備地方有警，暫寄漕糧。

（世宗嘉靖實録卷 535 第 2 頁 535.2.8686）

1981 **六月丁酉** 京師重城成。

（世宗嘉靖實録卷 535 第 4 頁 535.4.8689）

1982 **七月辛丑朔** 加給防秋官軍口糧，以新選精兵月給米六斗者一萬八千人；以兵車隨征月給米三斗者三萬一千六百人；以守衛皇城各門月給米一斗者四萬二千一百人。

（世宗嘉靖實録卷 536 第 1 頁 536.1.8693）

1983 七月乙巳 御史董堯封等奉旨閱視薊、保等處主兵畢，因類奏各營見卒之數，大約上中等居十之一，下等十之四，未練者十之五。請酌其多寡，議該管官罪。上從部擬，奪總兵尹秉衡等副總兵傅津等俸一月，遊擊張懋勳等二月；降提調王允文〔校記：閣本文作元〕等一級；未補未練軍士，令總監鎮巡同心協力率勵兵備副參遊擊等官及時整理。

（世宗嘉靖實録卷 536 第 1 頁 536.1.8694）

1984 七月癸丑 以張家灣城工完，蔭太監桂琦弟姪一人爲錦衣衛所鎮撫，賞太監黄錦銀二十兩，鎮遠侯顧寰、兵部尚書楊博、工部尚書雷禮各銀十五兩。餘各陞賞有差。

（世宗嘉靖實録卷 536 第 4 頁 536.3.8698）

1985 七月己未 巡視京營給事中辛自修等言：京營重務，玆者，兵連十萬，棋〔按：館本棋作寨，三本作棋，是也〕布雲屯，軍實亦誠衆矣！旌旗燿燿，輪轅壁列，軍容亦誠壯矣！然具卒十萬，大半市人，戰陣未經，驕怯成癖。若非深溝高壘，堅壁重防，未免見虜倉皇，攖〔按：館本攖作櫻，抱本閣本作攖，是也〕鋒不易。則夫都城四面，預相地形，熟觀嚮〔按：館本嚮作向，抱本作嚮〕道，以爲進兵策應之機者，不可以草卒定也。諸將提兵，人懷倖念，使非聲勢相依，休戚一體，雖十倍前兵，竟爲單弱。則夫申明節制，隨坐應援，以嚴同舟共濟之義者，不容以姑息處也。馬匹盔甲，弓矢火器，缺一不可，而火器尤爲喫緊。當事臣工，不爲預處，萬一警報倏忽，器具不利，患既切膚，悔徒噬臍，是豈人臣忠於所事之義哉！至於擁兵十萬，株守都門，而虜勢緩急，咫尺莫辨，臣〔按：館本臣作至，三本作臣，是也〕等往年巡視城門，蓋親見其然矣。既欲發一兵扼一路以振先聲，何可措其手足？則夫選軍出探，接報傳呼以預知敵情而爲制勝之策者，又可不多方以從事乎？目今秋事方來，警報叵測，總協大臣正宜晝夜思維，朝夕兢惕，備其所未備，急其所當急，不宜泄泄然循行數墨，侵〔校記：閣本侵作浸〕執常套。臣切見總督戎政鎮遠侯顧寰，不能以家視國，開誠布公，恐恐唯唯，動多顧忌；協理僉都御史李遂〔按：館本遂作燧下同〕，外僚越遷，望實未副，心疑氣沮，展布終難。乞飭寰洗心滌慮〔按：館本慮作愚，抱本閣本作慮，是也〕，仰報殊恩，仍勑吏部將李遂別〔按：館本別上有議字〕〔校記：廣本閣本議上有酌字，是也〕用，柬〔校記：廣本閣本柬作速，是也〕舉素知兵事者代之，庶安攘有賴耳。上曰〔校記：廣本閣本曰作謂〕：京營固本制外，所繫匪細〔校記：閣本作所係匪輕〕，寰、遂令吏兵二部慎評〔校記：閣本評作詳〕以聞。一應戎政，兵部卽會同該管悉心計處，從實奏劉〔校記：廣本閣本劉作對，是也〕。於是二部覆：寰、遂去留，宜如自修議。上然之，諭寰竭忠務實，振舉營〔校記：閣本營作戎〕政，以仰報朝廷再留之恩。罷遂歸，聽用。陞巡撫浙江都御史兼兵部右侍郎趙炳然爲兵部尚書，代之。

（世宗嘉靖實録卷536　第6頁　536.5.8701）

1986　七月己未　順天府〔校記：閣本府下有府字〕尹劉畿言：畿〔按：館本無畿字，廣本閣本輔上有京字，抱本有畿字〕輔國家根本，近以吏不得人，差徭日繁，生理困瘁。臣閲本府所屬州縣，其夏秋常賜原額折銀不過十萬九千六百兩有奇，其額外加編銀反至十一萬三千六百兩有奇。況且密邇輦轂〔按：館本轂作穀，抱本閣本作轂，是也〕之下，採辦加派之不常，添設借用之日至，是以宛、大二縣有全里逃亡無一丁者，有餘二三户者，今當審編均徭之期，宜令各州縣官，先將境内丁田，覈其原額，而糾正其欺隱，次將境内差役，究其應〔校記：廣本閣本應作因〕革，而裁減其冗濫，上籍本府。容臣等覆查明實，然後按丁糧之等第爲賦役之重輕，務使差役平壹，以紓民力。其有苟具〔校記：閣本具作且〕文書不卹民隱或復額外濫編者，臣等得參奏之。上以其章示户部，令卽移文各州縣，查理明白，方許審編。

（世宗嘉靖實録卷 536　第 7 頁　536.6.8703）

1987　七月庚申　先是，上諭户部，邊事料理，似各有緒，如糧草第一，管郎燿當嚴稽，巡按官亦須驗勘之。至是巡按順天御史董堯封覈上密雲、昌平、薊州糧草羸縮之數及諸拖欠侵欺邊儲告匱之由，因列上釐革弊源六事：一、薊州、燕石〔校記：廣本石作山〕二區軍糧照舊，上半年實支，下半年於〔校記：廣本閣本於作折，是也〕支，仍於永平添設郎中一員，俾之就近督理糧儲，兼管屯種。一、各鎮管糧通判，悉聽郎中節制，撫按宫不得他委。一、將官籍報兵馬之數，多不以實，宜嚴行督撫清査。一、官軍支糧，先行兵備道按籍開數，然後送管糧郎中給發。一、各倉收放錢糧，斗斛衡石之類，先期懸式，以示不欺。一、各邊發銀糴穀，務擇富商僉領，不得縱容奸頑，營求罔利。户部覆議，行之。

（世宗嘉靖實録卷 536　第 8 頁　536.6.8704）

1988　七月戊辰　陞順天府府尹劉畿爲都察院右副都御史，提督軍務，巡撫浙江。

（世宗嘉靖實録卷 536　第 9 頁　536.7.8706）

1989　八月庚午　兵部奉旨集議京營實政，其畧言：祖宗設兵營於京師，以壯邊兵之根本，居重馭輕，意甚深遠。去冬變生倉卒，請調紛紛，以致戎政二臣莫知所措。從之則慮及剥膚，不從則横生口語。臣等以爲宜及今〔按：館本今作令，舊校改作今〕防秋之時，先定規模，使營臣之計審而後邊臣之望塞，因條十事：一，核操練之實，言：練兵之法，有合有分，今主〔按：館本主作王，舊校改王作主〕將入營，僅舉合操，未暇分練也。宜令每月以初一、初八、十五、二十三日總閲之，餘日諸將自練。一，核戰守之實，言：邊兵主戰，京兵主守，今京師南有重城，事勢稍緩。宜於東北二方，用車營八枝，西方用二枝，去城一二里爲營，其戰兵六枝，遣副將四人，屯城四隅，惟參佐二枝，許聽近京急調，然亦不得輕發。一，核將領之實，言：諸將不和，往往心口異狀，是非蜂起，宜重繩以法。一，核軍士之實，言：兵在善練，亦在善選，固有選時強壯而練時衰病者，今去選半年矣，宜隨練隨易，勿待類選。一，核論議之實，言：近日營政，或軍分三等，朝改夕更，或將列各營，東移西調，舉棋不足〔按：館本足作定，以上有何字，是也〕以勝偶〔校記：閣本偶作敵，是也〕，宜黜異議，以考成績。一，核火器之實，一核兵車之實，一，核城守之實，一，核彈壓之實，一，核哨探之實，皆言不時修理戰具，分部卒伍，以爲城守策應偵探之用。詔務實舉行。

（世宗嘉靖實録卷 537　第 1 頁　537.1.8707）

1990　八月辛未　發太僕馬七百餘匹給居庸關，一百餘匹給通判〔校記：廣本閣本判作州，是也〕。

（世宗嘉靖實録卷 537　第 2 頁　537.1.8708）

1991　八月乙亥　陞大理寺左少卿張玭爲順天府府尹。

（世宗嘉靖實録卷 537　第 2 頁　537.2.8709）

1992　八月丙申　以洪應壇等殿工完，蔭内官監太監王錫弟姪一人、管工尚書徐杲〔按：館本杲作果，舊校改作杲〕一子俱爲錦衣衛百户，管工太監張崇、賈胤弟姪一人爲鎮撫。工部尚書雷禮一子入監讀書〔按：館本無書字，閣本有書字〕。錦衣衛都督朱希孝歲加禄米三十石。工部左侍郎李登雲等各陞俸二級。成國公朱希忠、大學士徐階等各賞銀五十兩，紵絲二表裏。鎮遠侯顧寰等各賞銀三十兩，紵絲二表裏。禮部侍郎秦鳴雷等各賞銀十五兩，紵絲一表裏。餘各賞賚有差。

（世宗嘉靖實録卷 537　第 3 頁　537.3.8711）

1993　九月癸丑　以重城工完。蔭内官太監王鼎弟姪一人爲錦衣衛鎮撫。工部左侍郎李登雲陞俸一級加二品服色。錦衣衛指揮使張大用陞俸一級。管工給事中鄧楚望、御史劉思門陞俸二級，賞銀十兩。太監黄錦等各賞銀三十兩，紵絲二表裏。工部右侍郎李遷等各賞銀十五兩。餘陞賞有差。

（世宗嘉靖實録卷 538　第 5 頁　538.4.8720）

1994　九月癸丑　初，薊遼總督既移駐密雲，兵將屯結，歲用漕糧十餘萬石，悉由通州陸運至牛欄〔校記：庫本欄作攔〕山，轉輸密雲，頗稱勞費。至是總督劉燾發卒疏通潮河川水達於通州，更駕小舟轉粟直抵該鎮，大爲便利，且省僦運費什七。上嘉燾功，詔賞銀三十兩，紵衣一襲，管糧郎中張大業銀十五兩，衣一襲。其餘効勞將吏給賞有差。

（世宗嘉靖實録卷 538　第 6 頁　538.5.8721）

1995　十月丁丑　發太倉庫銀三萬六千四百五十兩充薊鎮軍餉，内二萬九千五百兩補支閏二月不敷之數，七千四百兩給召募新兵。

（世宗嘉靖實録卷 539　第 2 頁　539.2.8731）

1996　十月己丑　詔：自今兩京鄉試同考官仍擇文行俱優年力精壯教職充之，罷部臣勿遣。時給事中辛自修、鄧楚望，御史羅元禎交章摘發順天科場奸弊，冒籍生員章禮等五人、關節監生項元深等三人。元深乃禮部主事戚元佐所薦同里人也，於是自修等並劾元佐。給事中曹棟復言：户部尚書高燿薦屬官主事陳洙爲考官，託其子，高堂遂得中式，而簾外爲之關節者，即宛平縣丞高燦，燿之親弟也。踪跡顯然，人所共指〔校記：廣本指作知〕，宜俱論如法，以振頹綱。疏下禮部，查議獨黜冒籍陳道箴、吕祖望回籍充附，禮等各行原籍勘實，堂、元深等以覆試文可，俱准中式，燿、元佐、洙俱不坐，燦以始不引嫌調外任。是歲兩京初用進士爲分考官，皆就近選用，人得預擬，故浮議獨多，而南京部臣至與主考列坐爭事不協，於是禮部復以初議不便白上，罷之，仍行提學御史徐爌通查在京冒籍生員，斥遣有差。

（世宗嘉靖實録卷 539　第 3 頁　539.3.8733）

1997　十月己丑　涇簡王妃魏氏等奏訐大興知縣黄元吉概編本

府轎户襍差，上以其聽信羣小，違例奏瀆，降旨切責之。

（世宗嘉靖實録卷 539　第 4 頁　539.3.8734）

1998　**十一月戊申**　朝鮮國王李峘遣陪臣户曹參判李原等奉表賀冬至節。宴賚如例。

（世宗嘉靖實録卷 540　卷 2 頁　540.2.8739）

1999　**十一月戊辰**　安南〔校記：廣本閣本庫本南下有應襲二字〕都統使莫宏瀷所遣宣撫副使黎光賁等奉表文方物至京，此嘉靖二十七年歲例貢也。光賁等至中國十五年餘矣，使臣從士物故過半，至是〔按：館本至是作是至〕始得達。上嘉其恭順，特賜宴如朝鮮、琉球二國陪臣例。

（世宗嘉靖實録卷 540　第 6 頁　540.5.8745）

2000　**十二月乙亥**　令順天府官祈雪。

（世宗嘉靖實録卷 541　第 5 頁　541.4.8754）

2001　**十二月庚辰**　上親祈雪於洪應壇，六日停刑禁屠，遣公張溶等分告各宫廟。

（世宗嘉靖實録卷 541　第 6 頁　541.5.8755）

2002　**十二月甲申**　陞順天府府尹張玭爲南京户部右侍郎。

（世宗嘉靖實録卷 541　第 6 頁　541.5.8755）

2003　**十二月己丑**　陞光禄寺卿徐綱爲順天府府尹。

（世宗嘉靖實録卷 541　第 7 頁　541.6.8757）

2004　**十二月己丑**　初，上從禮部議，行提學御史徐爌查革京學冒籍生員，爌因檄宛、大二縣會同本學教官大集諸生於明倫堂，清查冒籍當革者五十餘人。時諸生中多竊議爌考法苛〔按：館本苛作奇，三本廣本作苛，是也〕細，洶洶不服，及是愈怒，遂捽執委官於坐，褫〔按：館本褫作號，三本廣本作褫，是也〕其衣冠，仍擊傷生員任子玉等。事聞，給事中何起鳴歸罪於爌，因劾其僞學多言，久失士心。爌倉皇自辯，詆起鳴爲邪黨。得旨，起鳴論劾輕率，爌奏辯忿〔按：館本忿作分，三本廣本作忿，是也〕戾，均非言官體，各奪俸二月。自後言官建白，務先國家大計，毋得自私自是，以瀆朝廷。按：爌迂謬矜罔，在職殊不稱，起鳴之奏，衆以爲允當，乃委曲兩解之，非政體也。

（世宗嘉靖實録卷 541　第 7 頁　541.6.8757）

2005　十二月癸巳　　順天府官進春。

（世宗嘉靖實録卷 541　第 7 頁　541.6.8758）

2006　十二月乙未　　總督薊遼軍務侍郎劉燾奏，昌平、永安、鞏華遊擊兵支糧京倉不便，請於防秋三月，每月照例折銀四錢五分給之。上可其奏，户部著爲定式，不得視米價貴賤覆〔校記：庫本覆作復，是也〕議紛更。

（世宗嘉靖實録卷 541　第 8 頁　541.6.8758）

2007　十二月丙申　　命神樞營副將郭震提督京城内外巡捕。

（世宗嘉靖實録卷 541　第 8 頁　541.7.8759）

嘉靖四十四年（1565）

2008　正月己亥朔　　户部議覆，巡關御史陳省條陳薊鎮糧餉六事：一、永平燕石二區軍餉，上半年先給以本地屯糧，如本色不足則量歲豐歉支與折色。又行馬、太二區，一體遵行。一、薊鎮軍糧原派民運京運等銀支給，今燕、石二區既分屬永平一路，各省府錢糧亦宜通融均派，不宜偏坐積逋之地。一、燕、石二路原有管餉通判一員，今永平既設郎中，宜將通判裁革。一、軍士逃亡者往往以虚名支餉，宜務實清查，不得悠將官乾没。一、各衛縣屯運本色，務派附近倉場上納，即坐派附近營〔校記：廣本閣本營作官〕軍，以便支領。一、邊鎮錢糧，宜勑各巡按御史兼管查盤。如犒賞餽飼等項，務加詳密，以杜侵漁。詔可。

（世宗嘉靖實録卷 542　卷 1 頁　542.1.8761）

2009　**正月丁未**　景王薨。王諱載圳，上第四子，母靖〔按：館本靖作請，三本庫本作靖，是也〕妃盧氏，嘉靖十六年二月二十九日生，十八年二月封爲王。四十年二月之國湖廣德〔按：館本無德字，三本庫本有德字〕安府，至是薨，年二十〔校記：閣本庫本廣本十下有九字，是也〕，妃王氏無嗣。訃〔按：館本訃作計，三本御本作訃，是也〕聞，上輟朝三日。謚曰"恭"。遣誠意伯劉世延往諭祭，有司治喪葬如禮，加祭二壇。遣中官王臻往，經理其府事，迎柩歸葬西山，處其官眷於京師〔按：館本師作邸〕。

（世宗嘉靖實録卷 542　第 2 頁　542.1.8762）

2010　**正月乙卯**　陞……順天府府丞郭汝霖爲大理寺右少卿。

（世宗嘉靖實録卷 542　第 2 頁　542.2.8763）

2011　**正月丁巳**　以禮部會試天下舉人，命御史李邦珍、鮑承蔭監試，周弘祖、顧廷對場外搜檢。詔申嚴懷挾傳遞之禁，犯者執送法司問罪，仍於禮部前枷號一月。已，邦珍等條上革弊四事。一，舉人試卷，禮部印鈐既完，送提調官收領，臨期舉人入場，至大門内驗票給領，以防洗改脚色及彼此交换之弊。一，請留朝覲二司及府縣官臨期督集所屬舉人，照依省分及府縣次第挨次點驗序進，以防冒替代筆之弊。一，舉人有不服搜檢及攙先落後不循序進〔校記：廣本閣本進下有新規二字，誤〕者，輕則挾出，重則參奏，以防喧競抗違之弊。一，請增軍三百餘名〔校記：廣本閣本百作十，名作人〕嚴密搜檢，場外仍選差參將官一員，帶領官軍晝夜巡邏，俟揭曉乃止，以防懷挾透漏之弊。詔皆允行。

（世宗嘉靖實録卷 542　第 3 頁　542.3.8765）

2012　**正月己未**　老撾宣撫司土舍怕推蘭章遣人進舞牌牙象二，母象三，犀角十，雲南守臣以聞。下禮部，議：本夷雖非貢期，無漢緬公文，第來路險遠，跋涉逾年，宜破例受其所獻，給賞遣之，無令赴京。報可。

（世宗嘉靖實録卷 542　第 3 頁　542.3.8766）

2013 **正月庚申** 陞光禄寺少卿冀鍊爲順天府府丞。

（世宗嘉靖實録卷 542 第 4 頁 542.3.8766）

2014 **正月乙丑** 是時京師民饑且疫，上諭輔臣徐階曰：若仰體好生設齋，當如何處〔按：館本何處作處階，舊校作何處〕？階曰：往年施藥施粥，民多不蒙實惠，今須委用得人。上曰：汝謂施濟二項傷君恩、增民病及害無用焉，是枉費一番心耳！若出粟予之，或有濟，又恐無多積者，衆災難免矣。

（世宗嘉靖實録卷 542 第 5 頁 542.4.8768）

2015 **二月甲午** 禮部會試取中式舉人陳棟等四百人。

（世宗嘉靖實録卷 543 第 7 頁 543.6.8779）

2016 **三月己亥** 夜，大明門西〔校記：廣本庫本門下有内字。閣本西作内〕千步廊火。次日上諭兵部曰：昨日之火，出自非常，人事不宜不慎。

（世宗嘉靖實録卷 544 第 1 頁 544.1.8781）

2017 **三月己亥** 崇台亭殿興工。

（世宗嘉靖實録卷 544 第 1 頁 544.1.8781）

2018 **三月己酉** 復名新宫曰“萬壽”，奏告玄極寶殿，遣成國公朱希忠行禮。

（世宗嘉靖實録卷 544 第 2 頁 544.1.8782）

2019 **三月壬子** 萬壽宫安扁額〔按：館本扁額作偏額，廣本庫本作額扁，舊校改偏作扁〕，即日車駕還御。

（世宗嘉靖實録卷 544 第 4 頁 544.4.8787）

2020 **三月壬子** 廷試，上不御殿。

（世宗嘉靖實録卷 544 第 4 頁 544.4.8787）

2021 **三月丁巳** 賜廷試貢士范應期等三百九十四人進士及第、出身有差。

（世宗嘉靖實録卷 544 第 5 頁 544.4.8788）

2022 **四月癸酉** 清馥殿興工。

（世宗嘉靖實録卷 545　第 1 頁　545.1.8796）

2023　**四月癸未**　有夷目啞喏唎歸氏者，浮海求貢，初稱滿剌加國，已復易辭稱蒲麗都加，兩廣鎮巡官以聞。下禮部，議：南番國無所謂蒲麗都加者，或佛朗機詭託也，請下鎮撫官詳審。若或〔校記：廣本閣本或作爲〕詭託卽爲謝絕，或有漢人通誘者，以法治之。奏可。

（世宗嘉靖實録卷 545　第 5 頁　545.5.8803）

2024　**四月辛卯**　革密雲後衛儒學訓導一員。

（世宗嘉靖實録卷 545　第 8 頁　545.7.8807）

2025　**五月丙申朔**　雷軒興工。

（世宗嘉靖實録卷 546　第 1 頁　546.1.8809）

2026　**六月甲申**　作玉芝宮，詔以冬至日奉安帝聖神位，名宮門曰“芝祥”，前門曰“寶慶”，後寢曰“大德殿”。

（世宗嘉靖實録卷 547　第 4 頁　547.3.8834）

2027　**七月戊戌**　貞妃馬氏薨，賜謚曰“榮”。葬於天壽山之陵次，喪禮如閻貴妃例。

（世宗嘉靖實録卷 548　第 1 頁　548.1.8839）

2028　**七月癸卯**　遣官施藥於朝天等宮廟，命禮部堂官往巡督，務使民霑實惠。

（世宗嘉靖實録卷 548　第 2 頁　548.1.8840）

2029　**七月己酉**　葬景恭王於西山，遣侍郎秦鳴雷護喪設祭，大學士嚴訥〔按：館本訥作納，舊校改納作訥〕題主。

（世宗嘉靖實録卷 548　卷 3 頁　548.3.8843）

2030　**七月己未**　發太僕寺寄養馬一千二百匹於薊鎮，兑給入衛延綏、固原、寧夏遊兵。

（世宗嘉靖實録卷 548　第 4 頁　548.3.8844）

2031　**八月乙丑朔**　重建大明門内千步廊。

（世宗嘉靖實録卷 549　第 1 頁　549.1.8845）

2032 **八月甲戌** 朝鮮國王李峘遣陪臣禮曹參判韓轂等來賀萬壽聖節，進馬及方物。宴賞如例。

（世宗嘉靖實録卷 549 第 2 頁 549.2.8847）

2033 **八月丙戌** 重建萬寶法殿。

（世宗嘉靖實録卷 549 第 4 頁 549.3.8851）

2034 **八月辛卯** 建毓德宮。

（世宗嘉靖實録卷 549 第 4 頁 549.3.8851）

2035 **九月乙未** 詔給景恭王妃王氏養贍禄米歲一千五百石，並原賜寶坻、玉田、豐潤等縣苑洪橋等處莊地一千五百二十餘頃，福順、吉慶二店〔校記：庫本店作縣，誤〕條税銀仍以給之。

（世宗嘉靖實録卷 550 第 1 頁 550.1.8853）

2036 **九月乙未** 保定白蓮教賊馬相等伏誅，叙擒賊功，賞巡撫都御史張師載銀三十兩、紵絲二表裏，井陘兵備副使孫一正二十兩、一表裏，安平縣典吏陳萬卷十五兩。尋陞萬卷爲保定府通判。

（世宗嘉靖實録卷 550 第 1 頁 550.1.8853）

2037 **九月丙申** 授大興縣民劉文正爲錦衣衛百户帶俸，仍給房價銀一千二百而〔校記:廣本閣本庫本而作兩，是也〕，文正，常嬪弟也。

（世宗嘉靖實録卷 550 第 1 頁 550.1.8854）

2038 **九月己亥** 樂成殿興工。

（世宗嘉靖實録卷 550 第 2 頁 550.2.8855）

2039 **九月乙巳** 增設馬兵一百，步卒四百於崔黄口。改營州前屯衛香河縣霸州兵備道管轄。先是，漷縣、武靖〔按:館本靖作清，抱本作靖，誤〕設在河西，屬霸州道，香河縣在河東，屬密雲道，每遇失事，輒相推諉，於是撫按官言其不便，請將崔黄口添設戍兵，給付守備統領而以香河縣並營州〔校記：廣本庫本屯上有前字，是也〕屯衛改隸霸州道。從之。

（世宗嘉靖實録卷 550 第 3 頁 550.3.8857）

2040 **九月乙卯** 滕禧殿興工。

（世宗嘉靖實録卷 550 第 8 頁 550.7.8865）

2041 **九月庚申** 户部議覆順天府府尹徐綱條陳七事……一，宛平縣廣源〔校記：廣本源作原〕閘，原設閘夫四十名，今閘已久廢，無所用之。又在京各衙門俸糧，原設有各倉斗級，今俱改禄米倉，實爲冗役，均乞裁革。……疏入。詔俱從之。

（世宗嘉靖實録卷 550 第 9 頁 550.8.8867）

2042 **十月甲子朔** 陞順天府府丞冀鍊爲右僉都御史，巡撫河南。

（世宗嘉靖實録卷 551 第 1 頁 551.1.8871）

2043 **十月甲戌** 工部右侍郎張批率〔校記：舊改批率作玭卒〕，賜祭葬如例。玭山西石州人，嘉靖十四年進士，初授大名府清豐〔按：館本名作明，抱本改作名，廣本閣本豐下有縣字，是也〕知縣，陞兵部主事，歷郎中、知府、按察使，陞都察院右僉都御史巡撫順天，尋謫布政司參議，陞大理右少卿，順天府尹，南京户部右侍郎，改今官。玭李〔校記：三本庫本李作孝，是也〕友樂易，其居官所至，以廉稱。

（世宗嘉靖實録卷 551 第 3 頁 551.2.8874）

2044 **十月乙酉** 改南京太僕寺少卿劉秉仁爲順天府府丞。

（世宗嘉靖實録卷 551 第 5 頁 551.5.8879）

2045 **十月乙酉** 巡按直隸御史顔應賢奏……又言密雲、昌平二鎮，先年原設管糧主事各一員，後裁革主事，止〔按：館本止作正，廣本閣本無正字〕〔按：疑止字是也〕設郎中一員，總理二鎮糧餉，致文移躭滯，支領留難。且管糧通判既難自專，而領銀千户往往被盜，非完計也。請復設昌平主事，其管〔按：館本管作事，三本庫本作管，是也〕糧通判，仍令駐劄居庸便。下户部，議覆：管糧官當如議改正。……上從部議。

（世宗嘉靖實録卷 551　第 5 頁　551.5.8879）

2046　**十月丙戌**　　總督薊遼總督侍郎劉燾等奏，古北、牆子、石塘三路，今歲開荒地六十三頃，收子粒六千七百六十餘石，宜通行各邊將領嚴督軍士，一體舉行。

（世宗嘉靖實録卷 551　第 7 頁　551.5.8880）

2047　**十一月甲寅**　　朝鮮國王李峘遣陪臣刑曹參判崔希孝等來賀冬至，進馬及方物。宴賚如例。

（世宗嘉靖實録卷 552　第 8 頁　552.6.8896）

2048　**十一月辛酉**　　陞古北口副總兵署都指揮僉事郭琥爲署都督僉事充總兵官，鎮守延綏。

（世宗嘉靖實録卷 552　第 8 頁　552.7.8897）

2049　**十二月壬申**　　陞渤海所參將署都指揮僉事申維岳充副總兵官，管古北口參將事。

（世宗嘉靖實録卷 553　第 1 頁　553.1.8899）

2050　**十二月丙子**　　以冬旱禱雪於雷軒，命公朱希忠、禮部尚書郭樸等祭告玄極寶殿，百官致齋三日，停刑禁屠如例。

（世宗嘉靖實録卷 553　第 3 頁　553.2.8902）

2051　**十二月丙子**　　琉球國中山王尚元遣長史梁灼等齎馬及方物來謝恩。因還送本國北山守備鄭都所獲中國被虜人口，上嘉尚元忠誠，賜勑獎諭，仍賞銀五十兩，彩幣四表裏。灼及都等各二十兩，一表裏。

（世宗嘉靖實録卷 553　第 3 頁　553.2.8902）

2052　**十二月丁丑**　　是日大雪，百官表賀。

（世宗嘉靖實録卷 553　第 3 頁　553.3.8903）

2053　**十二月丁丑**　　定新建萬法寶殿名，中曰“壽憩”，左曰“福舍”，右曰“禄舍”。

（世宗嘉靖實録卷 553　第 3 頁　553.3.8903）

2054　**十二月已卯**　　建真慶殿及大玄都殿。

（世宗嘉靖實録卷 553　第 3 頁　553.3.8904）

2055　十二月己丑　詔，廵撫順天右僉都御史温景葵回籍閒住，以總兵侍郎劉燾奏其久疾〔校記：庫本散葉疾作病〕未癒也。

（世宗嘉靖實録卷 553　第 7 頁　553.6.8909）

嘉靖四十五年（1566）

2056　正月甲午　陞山西布政司左參政耿隨卿爲都察院右僉都御史，整飭薊州等處邊備兼廵撫順天。

（世宗嘉靖實録卷 554　第 1 頁　554.1.8911）

2057　正月戊戌　立春，順天府官進香〔校記：廣本閣本香作春，是也〕，上不御殿，命司禮監捧入。

（世宗嘉靖實録卷 554　第 1 頁　554.1.8911）

2058　正月癸卯　改建真慶殿。

（世宗嘉靖實録卷 554　第 1 頁　554.1.8911）

2059　正月戊申　大風，揚塵四塞。

（世宗嘉靖實録卷 554　第 1 頁　554.1.8912）

2060　二月甲子　以萬法寶殿工完，加内官監太監王錫恩二等、賈胤一等。加工部尚書雷禮少保。陞徐杲男文〔按：館本文作父，抱本作文，是也〕燦一級。侍郎李登雲、張守直俸一級，仍賞銀二十兩。郎中曾省吾、員外吴一价、主事徐學古等一級，賞銀十餘兩。餘陞賞有差。

（世宗嘉靖實録卷 555　第 5 頁　555.4.8926）

2061　二月庚寅　造御憩等殿於天道殿果園中。

（世宗嘉靖實録卷 555　第 13 頁　555.11.8940）

2062　二月庚寅　詔：移薊鎮鎮邊參將駐横嶺，以横嶺守備駐鎮邊。裁革原設鎮邊把總，改長谷把總爲提調。從督撫官奏也。

（世宗嘉靖實録卷 555 第 14 頁 555.11.8940）

2063 三月甲午 太常寺卿管國子監祭酒事胡正蒙卒，正蒙浙江餘姚人，嘉靖丁未進士及第，授翰林院編修，九年考滿，升侍讀，充裕府講官，主順天府辛酉鄉試，陞左春坊左諭德兼侍讀，進侍讀學士，總校《永樂大典》。

（世宗嘉靖實録卷 556 第 1 頁 556.1.8941）

2064 三月丁未 陞……順天府府尹徐綱爲工部右侍郎。

（世宗嘉靖實録卷 556 第 3 頁 556.3.8945）

2065 三月壬子 陞順天府府丞劉秉仁爲都察院右僉都御史，提督撫治鄖陽。

（世宗嘉靖實録卷 556 第 4 頁 556.3.8945）

2066 三月癸丑 陞……光禄寺卿任士憑爲順天府府尹。

（世宗嘉靖實録卷 556 第 4 頁 556.3.8946）

2067 三月甲寅 改國子監司業胡杰爲左春坊左中允分校《永樂大〔按：館本大作太，舊校改太作大〕典》。

（世宗嘉靖實録卷 556 第 4 頁 556.3.8946）

2068 三月辛酉 户部覆給事中趙格〔按：館本格作裕，舊校改裕作格〕議將在京宛、大二縣輔商分爲三等九則，上上、上中二則免其徵銀，聽有司輪次僉差領價供辦。其餘七則，令其照户出銀。上下户七錢，以下每則各遞減一錢，以代力差。報可。

（世宗嘉靖實録卷 556 第 7 頁 556.6.8952）

2069 四月甲子 命歲給京營各家丁冬衣布花銀，著爲例。

（世宗嘉靖實録卷 557 第 1 頁 557.1.8954）

2070 四月乙丑 陞……户科給事中李邦義爲順天府府丞。

（世宗嘉靖實録卷 557 第 1 頁 557.1.8954）

2071 四月甲戌 以紫極殿壽清宫成，遣成國公朱希忠、鎮遠侯顧寰、駙馬都尉謝詔、安平伯方承裕、大學士徐階告謝圜丘、方澤、太廟、太帝二社稷，百官上表稱賀。

（世宗嘉靖實録卷 557　第 3 頁　557.2.8956）

2072　**四月庚辰**　先是，有旨命有司清理京師舖行，時錦衣衛官校多佔籍行户者，宛、大二縣官以詔書詔〔按:台本詔作召〕之承役，掌衛事左都督朱希孝聞之不平，乃上疏言：禁衛親軍例當優免，不宜聽縣官擅自勾問，因參大興縣知縣高世儒奉詔無狀。上曰：清理本欲以蘇民困，然民間未聞稱便，而該衛復以優免爲辭，户部與都察院其博訪羣情〔按：館本情作清，舊校改清作情〕，請求良策〔校記:廣本閣本策作法〕以聞。尚書高燿〔按:館本燿作擢，三本作燿，是也〕等乃復上數事：一、原編九則舖行〔校記：閣本行作户〕皆徵銀入官，官爲招商市物，不得以買辦獨責之上上、上中二則。二〔校記:舊校改二作一〕、上納内府等衙門錢糧私費不貲，宜從寬議處。其前後二府、禮工二部、翰林、詹事心〔按:台本心作新〕紅筆〔校記:閣本筆作紙〕札之類，則以折色發兩縣，兩縣解送各衙門〔按：館本無門字，三本有門字，是也〕自行買辦，籍送順天府稽考。一、錦衣衛官校，初無優免之例，但以縣職而號召，禁衛之官爲非體耳。今〔按：館本今作令，舊校改今作令〕後各以家人義男〔校記:廣本閣本作義男家人〕姓名送原〔按：館本原下有邊字，廣本閣本作編，是也〕科道籍記，令衛官自徵銀送府。一、行五城兵馬各坊查照。九則人〔校記：廣本人作入〕户徵銀完足，類解户部，户部轉發順天府待用。一、凡舖行有移徙〔按:館本徙作徒，三本作徙，是也〕貧困者聽〔校記：廣本閣本聽下有其字〕訴巡城御史，更易票册，不得避重就輕。舖有新開者，亦告領票填〔校記:廣本閣本填下有補字〕九則之内。一、宛大二縣銀不足用，則以〔按：館本無以字，三本有以字，是也〕通州舖行並税課〔校記:廣本條作保〕條鈔濟之。得旨：如議行。仍令巡按御史嚴察兩縣及各城多徵重徵等弊，從實奏處。於是御史嚴鯨劾奏希孝私庇羣小，市恩亂法。且言世儒等實按籍召行户，非擅勾禁軍，禁軍被勾，乃其家人子弟依憑城社操奇赢以游都市者，彼〔按：館本彼作被，三本作彼〕既非人人在官，自當與商民共承徭役。乃盡蒙禁衛之名，晏然囊金篋帛吏不得問，是使富者私有其財，而貧者爲溝中瘠也。且以〔按：館本且作具，以下有其字，三本具作且，是也，廣本閣本以其作其以，抱本删其字〕追官校爲非，則今之詔爵禄於朝〔按：館本朝作潮，三本作朝，是也〕者，其鄉之尺籍，誰非士大夫名士也，豈官校獨重於士大夫乎？即如部議斂銀送府之説，亦姑爲希孝曲解，寔不可行。夫縣官按籍相召，諸桀驁者，猶得而抗之，若歸之該衛，誰爲縣官主者？彼縣官安能日騰〔按：台本騰作謄〕數疏以陳於上也。此徂詐不忠之大者，惟上裁察。疏入，上以舖行事已經部院會議明旨處分，責鯨輕率，論奏詆誣勳臣，令降雜職調外用。

（世宗嘉靖實録卷 557　第 4 頁　557.3.8957）

2073　四月庚辰　以九門外河渠壅塞，詔遣科道官各一員、兵工二部司屬各一員督工修理。並踏勘西山河源，凡有臨河引水灌田者，亟令改正，勢豪之家，不得抗阻，違者奏參重治。

（世宗嘉靖實録卷 557　第 5 頁　557.4.8960）

2074　四月庚寅　以紫極殿、壽清宫成，舉謝典於内壇，遣駙馬都尉謝詔等祭告朝天諸宫廟。

（世宗嘉靖實録卷 557　第 7 頁　557.6.8964）

2075　五月丙午　以紫極殿、壽清等宫工完，加内官監太監王錫〔校記：閣本錫作賜〕恩二等，賈胤恩一等。仍同工部尚書雷禮、徐杲〔按：館本杲作果，舊校改作杲〕、侍郎張守直、徐綱、都指揮使孫鈺〔校記：廣本鈺作珏〕、成國公朱希忠、大學士徐階、李春芳〔按：館本芳作坊，舊校改作芳〕、郭樸、高拱、都督朱希孝、鎮遠侯顧寰、兵部尚書楊樸〔校記：舊校改樸作博〕、安平伯方承裕、禮部尚書高儀、侍郎鮑象賢〔按：館本象賢作家督，三本作象賢〕、遲鳳翔、王之誥各賜銀幣有差。

（世宗嘉靖實録卷 558　第 6 頁　558.5.8973）

2076　六月辛酉　禮部言，國家内設太學，以教育天下之英才，外設儒學，以作養民間之俊秀，二百多來，名士〔按：館本士作世，廣本閣本世作臣〕多從此出。邇者，國子監學舍傾圮，生徒止二百人。又四方綴文之士，爭務剽竊，以圖捷徑，於是教化學術，悉爲虚文。而朝廷不得真才之用，故給事中張士純、周士選、御史張士佩前後論列，皆及於此。然大要不越數端，如請勅工部修理監舍，請徵下第舉人及歲貢年未五十者入監，舉人勿得概就，歷歲貢不必專泥正歷。而援例一途，則俟〔按：館本俟作似，三本作俟，是也〕財用稍充，即議停止。此太學所當議處者也。乙〔按：館本乙作一,三本作乙，是也〕榜舉人年四十以上者，俱銓教授職，不妨會試，其有異等者，一體行取。各提學官必身先化導，以德行督課諸生，毋專事文藝，此儒學所當議處者也。至於文體敝壞，内而兩都，外而列郡〔按：館本郡作羣、廣本閣本作郡，是也〕，靡然同風。其弊皆由書肆刊文盛行，便於採摘。請悉按天下私鬻宂書無當實用者，一切剷毁。時吏部亦覆世選議處教職一事，請自今提學員缺，必慎選文行兼優者以充。仍限六年教成，方議超擢。歲貢衰老，不得收選，有司不職者，不得更改文學〔按:館本學下有宫字，三本宫作官，是也〕。報可。

（世宗嘉靖實録卷 559　第 1 頁　559.1.8979）

2077　六月乙亥　雷電，雨雹。

（世宗嘉靖實録卷 559　第 3 頁　559.2.8982）

2078　七月丙申　修玄極寶殿，命成國公朱希忠告遷上帝睿宗神位於威福宫。

（世宗嘉靖實録卷 560　第 1 頁　560.1.8988）

2079　七月壬寅　兵部覆：薊昌二鎮守臣言，禁上灰嶺等口安設榨木枷〔校記:舊校改枷作扨、閣本木作水枷扨拘〕石，工已就緒，灰嶺外通白龍潭、謊砲兒等處，恐奸闌出入，復成蹊徑。往者明禁甚嚴，宜再申飭提督太監總兵等官率屬巡詰，以慎封守。並令及時於禁山一帶相地種樹，以固藩離〔校記：舊校改離作籬〕。凡有違禁，往來盜伐〔按：館本伐作代，舊校改代作伐〕並容隱者，悉寘之法。而謊砲〔按：館本砲作他，三本作炮〕兒各隘口，或宜增設官軍，亦聽守臣措置。從之。

（世宗嘉靖實録卷 560 第 2 頁 560.1.8988）

2080 **八月戊辰** 朝鮮國王李峘差陪臣吏曹參判朴啟賢等……來朝賀，貢馬及方物。宴賞如例。

（世宗嘉靖實録卷 561 第 1 頁 561.1.8996）

2081 **八月戊寅** 命工部速建紫宸新宫，迎冬至一陽〔按：館本陽作賜，三本作陽，是也〕入居。

（世宗嘉靖實録卷 561 第 2 頁 561.1.8996）

2082 **八月丁亥** 以玄極殿前地隘不便陪侍，命撤去咸熙宫，改建大享門。

（世宗嘉靖實録卷 561 第 5 頁 561.4.9001）

2083 **九月壬辰** 修乾光殿。

（世宗嘉靖實録卷 562 第 1 頁 562.1.9003）

2084 **九月癸巳** 修武福宫。

（世宗嘉靖實録卷 562 第 1 頁 562.1.9004）

2085 **九月乙未** 修玄極寶殿成，奉安上帝睿宗皇帝神位，成國公朱希忠行禮。

（世宗嘉靖實録卷 562 第 2 頁 562.2.9005）

2086 **九月己酉** 詔，順天撫按官嚴禁僧尼至戒壇説法。仍令厰衛巡城御史通查京城内外僧寺，有仍以受戒寄寓者收捕下獄，四方遊僧悉聽所在有司遞回籍當差。時白蓮教盛行，西山秋波〔按：館本波作坡〕羣盜以四月初八日刼戒壇。御史鮑承蔭上疏言：自來妖盜奉爲一途，如近京之馬相、吕愷，河南之李應乾，四川之蔡伯貫，其初並挾邪媚道，鼓衆遂成大患。殷鑒不遠，不可不懲。兵部因請嚴遊僧惑衆之禁。

（世宗嘉靖實録卷 562　第 6 頁　562.5.9011）

2087　十月己未　　詔，濬豐潤縣環香河轉漕太平等寨軍餉，從順天巡按御史鮑承蔭奏也。河濬自成化間，設豐盈倉於該縣，舟運粟十餘萬石貯之，以便東路官軍支給，倉廒及所設官攢具存，乃河道湮廢，舟楫不通久矣。近歲薊鎮邊警丹棘，其太平寨一路主客兵餉俱赴薊州關領，如喜峯三屯等處遠者至四五百里，公私俱稱不便。承蔭乃查復舊河運〔校記：廣本運下有道字〕，仍於北齊莊、張官屯、鵶鴻設三閘以瀦水云。

（世宗嘉靖實録卷 563　第 1 頁　563.1.9017）

2088　十月丁丑　　陞大理寺卿李敏爲順天府府尹。

（世宗嘉靖實録卷 563　第 4 頁　563.4.9023）

2089　閏十月庚寅　　以紫宸宫成，加工部尚書雷禮少傅。

（世宗嘉靖實録卷 564　第 2 頁　564.1.9034）

2090　閏十月辛卯　　命五軍營副將軍〔按：館本無軍字，抱本有軍字〕都督僉事張時春提督京城内外巡捕。

（世宗嘉靖實録卷 564　第 2 頁　564.1.9034）

2091　十一月己未　　朝鮮國王李峘差工部參判李戩等奉表來朝賀，貢馬方物。宴賞如例。

（世宗嘉靖實録卷 565　第 1 頁　565.1.9049）

2092　十一月己未　　以久旱，命有司祈雪。

（世宗嘉靖實録卷 565　第 1 頁　565.1.9049）

2093　十一月乙丑　　雪。羣臣上表稱賀。

（世宗嘉靖實録卷 565　第 2 頁　565.2.9051）

2094　十二月丙申　　總督倉場户部左侍郎劉體乾條上四事：一，在京十一倉共五十二衛，止監督主事五員，倉多官少，攝理難周。請添〔校記：廣本閣本添作增〕設主事一員，以資辦理。其各倉經歷係冗員當革。……俱如議。

（世宗嘉靖實録卷 566　第 3 頁　566.3.9063）

2095　**十二月庚子**　上疾甚，還大内，午時崩於乾清宫。

（世宗嘉靖實録卷 566　第 4 頁　566.3.9064）

隆慶元年（1567）

1　**十二月戊申**　令諭禮工二部曰：大行皇帝豫造永陵，迨今年久，其令禮工二部堂上各一員會内官監至彼恭視，議修飭之。於是禮部左侍郎潘晟、工部右侍郎徐綱率欽天監監副楊繪詣永陵。

（穆宗隆慶實録卷 1　第 6 頁　1.5.0010）

2　**十二月戊申**　是夜京師地震。

（穆宗隆慶實録卷 1　第 6 頁　1.5.0010）

3　**十二月壬子**　上卽皇帝位。是日早，遣成國公朱希忠、宣城伯衛守正等告天地、宗廟、社稷。上親告大行皇帝几筵畢，午時出御皇極殿卽位。命文武百官免賀免宣表〔校記：廣本免宣表作宣表畢，誤〕，止許五拜三叩頭禮，遂頒詔大赦天下。

（穆宗隆慶實録卷 1　第 6 頁　1.5.0010）

4　**正月丙寅**　修永陵享殿寶城及剏造碑亭等興工。定國公徐延德、駙馬都尉李和、許從誠、玉田伯蔣榮、安平伯方承裕、成安伯郭應乾、清平伯吴家彦、都督沈至祭告諸陵。鎮遠侯顧寰、彭成侯〔按:館本侯作伯〕張熊〔校記:廣本熊作染，誤〕及工部侍郎徐綱祭告天壽山等神。勑内官監太監王鼎、工部右侍郎徐綱等提督永陵工程。

（穆宗隆慶實録卷 2　第 13 頁　2.11.0047）

5　**正月丁卯**　命修大内神霄殿，以奉聖母孝恪皇太后專祀也。

（穆宗隆慶實録卷 2　第 19 頁　2.16.0057）

6　**正月甲戌**　詔内官監，黑窑〔按：館本窑作窯〕等廠舊役鎮朔諸衛軍三百十四人，俱放歸原伍。

（穆宗隆慶實録卷3　第7頁　3.5.0072）

7　**正月丁丑**　詔，削奪故真人邵元節、陶仲文官爵及誥命，毀墓碑〔按：館本碑作牌〕、坊牌，籍其田宅。

（穆宗隆慶實録卷3　第12頁　3.10.0081）

8　**正月戊寅**　命撤西苑内大高玄等殿、圓明〔按：館本明下有等字〕閣、玉熙等宫及諸亭臺扁額。初議盡毁諸修建齋醮宫殿、禮部惜其材費，請止去扁額。從之。

（穆宗隆慶實録卷3　第12頁　3.10.0082）

9　**正月己卯**　朝鮮國王李峘遣陪臣户曹參判尹玉等賫表文方物謝恩。賜金織衣、綵段等物有差。以大喪免宴。

（穆宗隆慶實録卷3　第13頁　3.11.0083）

10　**正月壬午**　發太倉銀七千兩於薊鎮，以備撫賞夷人。從總督劉燾請也。

（穆宗隆慶實録卷3　第16頁　3.13.0088）

11　**正月壬午**　先是，宣大總督王之誥奏：南山自青石頂至合河口，一切山險皆屬薊鎮，而宣鎮皆斷岡平麓，無復險阻，雖設聯墩備瞭望，不可恃以爲固。且其地無水，戍者苦之。請以步卒千人助薊鎮守邊垣，使薊鎮得兵，宣府之兵得險，於計爲便。既而薊鎮總督劉燾復言：本鎮兵馬部署已定，不必增兵。且聯墩乃宣鎮已成之業，不當輒棄。惟各守分地，庶功罪無所推委。部主燾議，因言：南山爲陵京藩籬，關係甚重，設有虜警，則令昌平總兵南山參將互相策應，輔車相倚，則於各守之中寓協守之意。上從部議。因令計處戰守之備，於是，兵部復上南山戰守之策：一議險要，謂薊鎮自白羊〔校記：廣本抱本羊作洋，誤〕口、長峪城、横嶺、鎮邊城至合河口延袤八十里，宣鎮自羃水峪、沙嶺口、瑞雲觀口、火石嶺、板搭峪、廟兒灣等口至合河口延袤亦八十里，皆南山險要，宜各加增修。一議兵馬，謂薊鎮宜募兵三千人，統以參將；宣鎮募兵一千，隸之南山。又，薊鎮多險，利用步，宜給馬三百匹；宣鎮無牆，利用騎馬，宜倍給。一議錢糧，謂二鎮增築工費及募兵安家、修治器械，計用銀四萬兩，請於太倉庫及太僕寺馬價各發二萬兩給之。報可。

（穆宗隆慶實録卷 3　第 17 頁　3.14.0089）

12　**正月甲申**　　命原任參將署都指揮僉事高遷、吴嵩充遊擊將軍，遷薊鎮大水峪，嵩固原領軍。

（穆宗隆慶實録卷 3　第 19 頁　3.16.0093）

13　**二月丁亥朔**　　以永陵享殿興工，暫移孝烈皇后神位奉安於席殿，遣侍郎徐綱行禮。

（穆宗隆慶實録卷 4　第 1 頁　4.1.0097）

14　**二月丁亥朔**　　巡視光禄右給事中孫枝言：光禄寺各門庫坐門監收等官額設太冗，凡行户買辦、司府解納率求取常例、不勝其擾。宜行司禮監查覈，係額外增添者悉除之。故事，巡視有給事中、御史各一員，其後添差查刷御史，宜併查刷於巡視户部。都察院覆奏，報可。

（穆宗隆慶實録卷 4　第 1 頁　4.1.0097）

15　**二月乙未**　　司禮監太監梁鈿等奏：裕府莊田累年增税太重，宜如舊額畝徵銀三分五厘；寶源、和遠二店及煤窑〔按：館本窑作窯〕樹株等條税，止遵正額解徵，不得復徵房課。從之。

（穆宗隆慶實録卷 4　第 9 頁　4.7.0110）

16　**二月乙未**　　降原任山西總兵官董一奎爲副總兵，管分守薊鎮右〔按：館本右作古〕北口參將事。

（穆宗隆慶實録卷 4　第 9 頁　4.7.0110）

17　**二月丙申**　　陞順天府丞李邦義爲南京鴻臚寺卿。

（穆宗隆慶實録卷 4　第 10 頁　4.8.0111）

18　**二月丁酉**　　陞雲南布政司左布政使陳紹儒爲順天府府尹。

（穆宗隆慶實録卷 4 第 10 頁 4.8.0111）

19 **二月丁酉** 時京城内外錢法不通，詔户部都察院議所以便民者。户部奏言：錢法之弊，其説有三：當嘉靖初年，崇文門等處税課皆徵錢，官吏俸給，小民貿易，皆資於錢，故錢之用廣。其後舖户濫收惡錢以充俸錢，稍不售；及税課專徵銀而不得徵錢，又民間止用制錢，不用古錢，於是錢法〔按：館本錢法作法錢，誤〕始壅。一也。又，法令疏闊，私鑄者多，真僞混淆則煩揀擇，揀擇太精則礙行使。二也。又無知小民，聽信訛言，轉相摇惑，謂制錢且罷，遂格不行。三也。臣等以爲僞錢及濫惡者可禁勿用，其餘若洪武、永樂、宣德、弘治及嘉靖制錢並先代一切舊錢，俱宜聽民間相兼行使。其税課、房號、行户等銀，俱令收錢。如僞造及阻撓低昂價值者重罪之。如此則僞錢不售，錢法自通，詔從其議。

（穆宗隆慶實録卷 4 第 10 頁 4.8.0111）

20 **二月己亥** 封乳母柴氏爲奉聖夫人，其夫佘實授錦衣衛指揮同知。

（穆宗隆慶實録卷 4 第 11 頁 4.9.0114）

21 **二月辛丑** 上孝潔皇后、孝烈皇后尊謚册寶。

孝潔皇后册文曰：……尊謚曰“孝潔恭懿慈睿安莊相天翊聖肅皇后”。……

孝烈皇后册文曰：……尊謚曰“孝烈端順敏惠恭誠祗天翊聖皇后”。

（穆宗隆慶實録卷 4 第 12 頁 4.10.0115）

22 **二月辛丑** 陞尚寶司卿刑〔按：館本刑作邢〕守庭〔校記：廣本庭作廷〕爲順天府〔校記：廣本嘉本府下有府字〕丞。

（穆宗隆慶實録卷 4 第 13 頁 4.11.0117）

23 **二月辛丑** 内官監太監李芳劾奏前〔按：館本前作原任，各本作前〕工部尚書革職閒住徐杲與監正王儒等六人前修理蘆溝橋侵盜官銀萬計。得旨：命錦衣衛執杲等送法司鞫問。刑部擬如律例追贓發遣。從之。

（穆宗隆慶實録卷 4　第 14 頁　4.11.0118）

24　**二月甲辰**　發太倉銀一十六萬六千四百兩於薊鎮，六萬九千二百兩於永平，一十九萬二千八百兩於密雲，七萬四千九百兩於昌平，備客兵支用。

（穆宗隆慶實録卷 5　第 3 頁　5.2.0125）

25　**二月甲辰**　命内官往啟永陵皇堂，預設明器。

（穆宗隆慶實録卷 5　第 3 頁　5.2.0126）

26　**二月戊申**　先是，昌平、密雲二鎮，自嘉靖庚戌坐撥漕糧，經運該鎮，邊軍便之。已而運軍告困，仍改通倉乞運，奸商猾吏，因緣爲奸，米至腐爛不可食，總督右都御史劉燾請復改運該鎮。户部議言：該鎮糧餉乞運則蠹弊雜出，爲邊軍病；徑運則轉般甚難，爲運軍病。宜通融立法：自今年爲始，將去年漕糧令江北、山東二總撥赴兩鎮。自後年分循次均派，毋得偏累一衛一所。密雲糧由通州水路運至牛欄山，交車户接運。昌平由通州石壩更船至大通橋，陸路交車户接運，仍付各運官上納該鎮。沿途委官二員督察，勿令稽遲，致有侵盜。交納之地至隆慶石匣等近倉而止。收倉日即給通關，毋令淹滯。其漕運衙門，仍查給耗米、脚價及應支糧餉如數，庶邊軍足食，而運軍亦得霑優卹之惠。從之。

（穆宗隆慶實録卷 5　第 18 頁　5.14.0150）

27　**三月丙辰朔**　皇女行命名剪髮禮。

（穆宗隆慶實録卷 6　第 1 頁　6.1.0159）

28　**三月庚申**　以大行皇帝梓宫發引，敕駙馬都尉謝詔護喪，成國公朱希忠、鎮遠侯顧寰率官軍圍守，駙馬都尉李和奉遷孝潔肅皇后梓宫，慶都伯杜繼宗奉遷孝恪皇太后梓宫。

（穆宗隆慶實録卷 6　第 2 頁　6.2.0161）

29 **三月辛酉** 修乾清宫、交泰殿、坤寧等宫，遣侍郎魏尚純祭后土司工之神。

（穆宗隆慶實録卷 6 第 3 頁 6.2.0161）

30 **三月丙寅** 世宗肅皇帝梓宫發引。是日孝潔肅皇后、孝恪皇太后陵園同時開玄宫奉遷，梓宫啟行如議。

（穆宗隆慶實録卷 6 第 6 頁 6.5.0167）

31 **三月辛未** 世宗肅皇帝梓宫及孝潔肅皇后、孝恪皇太后梓宫俱至永陵獻殿奉安。遣英國公張溶、武定侯郭大誠、玉田伯蔣榮、安平伯方榮裕祭諸陵，定西侯蔣佑祭后土之神，成國公朱希忠祭天壽山之神。

（穆宗隆慶實録卷 6 第 7 頁 6.6.0169）

32 **三月壬申** 奉世宗肅皇帝梓宫葬永陵，孝潔肅皇后、孝恪皇太后梓宫祔葬。遣英國公張溶等告諸陵及祭謝后土、天壽山之神。

（穆宗隆慶實録卷 6 第 8 頁 6.6.0170）

33 **三月乙亥** 更名景雲殿曰“弘孝殿”。

禮部以弘孝殿工完，進遷奉孝烈皇后神主儀注。

（穆宗隆慶實録卷 6 第 11 頁 6.9.0176）

34 **三月丙子** 鑄造日本等國、雲南、四夷、車里宣慰司使等處信符、金牌。

（穆宗隆慶實録卷 6 第 12 頁 6.10.0178）

35 **三月癸未** 命毁紫極殿、紫宸宫，改建翔鳳樓。樓在南城，嘉靖中燬於火，至是命重建之。

（穆宗隆慶實録卷 6 第 15 頁 6.12.0181）

36 **四月庚寅** 詔罷翔鳳樓工。時都給事中馮成能等言：皇上初御宇内，山陵甫畢，正宜修舉政事，以新天下之觀瞻。今他務未遑而亟於翔鳳之作，流聞四方，以爲工作復興，詔令之不信，舉動之不當，從此始矣。今四方多虞，公私耗竭，一毁一建，工費不貲。昔文帝作露臺，惜百金之費而止，翔鳳之費不止百金，而陛下之仁優於文帝，臣竊謂聖心必有不安於是舉者。惟陛下重明詔卹民窮，亟賜停止。時閣臣亦首疏極陳其當罷。上嘉納其言，遂罷之，命以紫極等殿材貯别用。

（穆宗隆慶實録卷 7　第 5 頁　7.4.0196）

37　**四月丙申**　　黄塵四塞〔按：館本寒作塞〕。

（穆宗隆慶實録卷 7　第 8 頁　7.7.0201）

38　**四月庚子**　　以重録《永樂大典》成，加少師兼太子太師吏部尚書建極殿大學士徐階正一品俸，少保兼太子太保吏部尚書武英殿大學士李春芳、郭樸、少保兼太子太保禮部尚書武英殿大學士高拱各加少傅兼太子太傅。禮部尚書兼文淵閣大學士陳以勤加太子少保，吏部左侍郎兼東閣大學士張居正陞禮部尚書。武英殿大學士原任太子太保吏部尚書兼武英大學士嚴訥給應得誥命。總校等官禮部左侍郎瞿景浮兼翰林院學士陞俸一級。國子監祭酒林熑陞太常寺卿，管祭酒事。侍讀吕旻、王希列，修撰諸大綬俱左春坊左諭德，修撰丁士美右春坊右諭德，各兼侍讀，士美仍加俸一級。編修孫鋌爲左春坊左中允，張四維右春坊右中允，各兼編修，仍與五品服色。修撰馬自強、編修陶大臨俱侍讀。侍郎汪鏜陞俸一級。吏部左侍郎秦鳴雷賞銀二十兩、紵絲二表裏。諭德姜金和、修撰徐時行各十兩，一表裏。閒住學士王大任、檢討吴可行各復職致仕。制勑房侍郎王槐俸二級。郎中季芮、左監正叢恕俱河南右參議。右丞寺顧從禮光禄寺少卿，與四品服色。周維藩、吴自成俱尚寶司少卿兼侍讀各加俸秩及。書寫生儒以次授職給賞有差。已而階〔按：館本階作偕，三本作階，是也〕等各上疏辭免恩命。俱優詔不允。

（穆宗隆慶實録卷 7　第 10 頁　7.8.0204）

39　**四月壬寅**　　以天氣暄熱，命録法司及錦衣衛獄囚徒流以下減等發落，重囚情可矜疑及枷號者録名以聞。南京法司一體已行，而法司奏死罪當出者八人、免枷號者十二人，笞、杖、徒、流減等一百十有三人。從之。

（穆宗隆慶實録卷 7　第 11 頁　7.9.0206）

40　**四月甲辰**　始命夏至禮方澤以卯時行禮。先是，冬至祀天，孟秋享太廟，春秋祭社稷、先師孔子、歷代帝王，俱用子時，祭朝日壇以卯時，祭夕月壇以酉時，孟春、孟夏、孟冬時享及袷享太廟俱午時，惟夏至祀地時未有定，至是，太常寺以請，遂定卯時。

（穆宗隆慶實録卷 7　第 12 頁　7.10.0207）

41　**四月甲辰**　以修理景仁宮鑄給監工科道關防。

（穆宗隆慶實録卷 7　第 12 頁　7.10.0207）

42　**四月戊申**　陞賞居庸関及土木等處獲功陣亡官軍王愷等二百四十人有差。

（穆宗隆慶實録卷 7　第 16 頁　7.14.0215）

43　**五月乙卯朔**　陞太常寺卿管國子監祭酒事林燫爲禮部右侍郎兼翰林院學士，仍經筵講官。

（穆宗隆慶實録卷 8　第 1 頁　8.1.0221）

44　**五月乙卯朔**　陞神機營練勇參將孫國臣充神機營副將。

（穆宗隆慶實録卷 8　第 1 頁　8.1.0221）

45　**五月甲子**　户部請以錢糧文册定式頒行天下。自嘉靖三十六年至四十五年，凡起運京邊錢糧完欠、起解、追徵數目及貧民不能完納〔按：館本完納作納完，廣本嘉本作完財〕者備紀册中。自州縣以達府，自府達布政司，於來歲入覲之日〔按：館本無之日〕送户部稽考〔按:館本稽考作查考，廣本作稽查，武大本抱本嘉本作稽考〕，如有隱漏、那移、侵欺及不如式者參治。得旨：文册如議行，應參官員部臣具以名聞。

（穆宗隆慶實録卷 8　第 4 頁　8.3.0226）

46　**五月乙丑**　朝鮮國王李峘〔校記：武大本李峘作季恒，誤，廣本峘誤垣〕遣陪臣禮曹參判宋贊等齎表陳慰。别遣户曹判〔按：館本判作參，三本作判，是也〕書鄭宗榮等〔校記：嘉本無等字〕進香於永陵獻殿門外行禮，賜其使織金花綵段、絹〔按：館本無絹字，各本有絹字〕布有差。禮部以山陵雖舉〔按：館本舉作與，誤〕而使者以陳慰進香至，與他朝者不同，請仍賜宴於遼東都司。從之。

（穆宗隆慶實録卷8　第5頁　8.4.0228）

47　**五月庚午**　　詔罷寶坻縣等處採取魚鮮。自今薦新上供俱令光禄寺備辦，毋得奏遣内臣〔按：館本臣作官、廣本武大本抱本作臣〕。著爲令。

（穆宗隆慶實録卷8　第6頁　8.5.0230）

48　**五月壬申**　　詔修國子監。

（穆宗隆慶實録卷8　第7頁　8.6.0232）

49　**五月甲戌**　　乾清等〔按：館本等下有官字〕〔校記：廣本嘉本官作宫，是也〕殿工完，遣尚書雷禮祭后土司工之神。

（穆宗隆慶實録卷8　第8頁　8.6.0232）

50　**五月己卯**　　永陵祾恩殿工完。遣成國公朱希忠恭請世宗肅皇帝神位，中宫恭請孝潔肅〔按：館本無肅字，武大本抱本嘉本有肅字〕皇后、孝烈皇后、孝恪皇太后神位奉安，希忠行祭告禮。

（穆宗隆慶實録卷8　第10頁　8.8.0236）

51　**五月庚辰**　　朝鮮國王遣陪臣議政府右議政權轍、工曹參書鄭惟吉等進表文方物馬匹賀即位。賜宴並金織衣、綵段、絹布有差。

（穆宗隆慶實録卷8　第11頁　8.6.0238）

52　**五月壬午**　　駙馬都尉謝詔卒。詔以嘉靖六年八月選尚永淳公主，歷管宗人府事、大漢將軍，至是卒，賜祭十五壇，與長公主合葬西山。

（穆宗隆慶實録卷8　第12頁　8.10.0239）

53 **五月癸未** 修理普濟閘。以河水衝溢也。

（穆宗隆慶實録卷 8 第 12 頁 8.10.0240）

54 **六月丙戌** 詔以隆慶、懷來等州衛所莊田歸有司，以供軍餉。太監梁鈿等奏也。

（穆宗隆慶實録卷 9 第 1 頁 9.1.0242）

55 **六月乙未** 修理河西務、馬營道口等處堤岸，以災衝決也。

（穆宗隆慶實録卷 9 第 4 頁 9.4.0247）

56 **六月丙申** 以霖雨壞民廬舍，令五城御史以房號錢、巡按御史以贓罰銀分賑之。貧者户給銀伍錢，次三錢。仍諭都察院左〔校記：嘉本左作右〕都御史王等〔按：館本王下無等字〕廷等督御史嚴加稽察，務使貧民得霑實惠。

（穆宗隆慶實録卷 9 第 9 頁 9.5.0250）

57 **六月己亥** 修理泰陵門殿廊廡，其橋樑暫停工。以詔書初止興作也。

（穆宗隆慶實録卷 9 第 8 頁 9.7.0254）

58 **六月壬寅** 永陵工完。遣英國公張溶祭告長陵，武定侯郭大誠、玉田伯蔣榮、安平伯方承裕〔按：館本無裕字，三本有裕字〕祭告獻陵、茂陵、裕陵、泰陵、康陵，定國公徐延德〔按：館本德下有祭字〕告永陵，恭順侯吴繼爵告〔按：館本告下有祭字〕天壽山之神，侍郎徐綱祭〔按：館本祭下有告〕謝后土司工之神。

（穆宗隆慶實録卷 9 第 10 頁 9.9.0257）

59 **六月丙午** 巡関御史王友賢言〔按：館本無言字〕：薊鎮自馬蘭谷至峨嵋山地多膏腴，請如密雲故事，募民佃種，倣寓兵於農之意。户部覆奏可行。從之。

（穆宗隆慶實録卷 9 第 12 頁 9.10.0260）

60 **六月己酉** 遣翰林院檢討許國、兵科左〔按：館本無左字〕給事中魏時亮頒即位詔於朝鮮。賜其國王及妃紵絲表裹、文錦、綵絹有差，國等各賜金織衣一襲、鈔百錠。

（穆宗隆慶實録卷9　第17頁　9.14.0268）

61　**七月辛酉**　詔以京庫絹布改折色一年，各関錢鈔改折色三年。從御史譚啓等奏也。

（穆宗隆慶實録卷10　第5頁　10.4.0277）

62　**七月癸亥**　命遵化遊擊將軍都指揮僉事牛紹文〔按：館本文作元，武大本抱本嘉本作文〕充分守黄花鎮參將。原任三屯營遊擊將軍錢勝充爲事官，管理薊〔按：館本薊作蘇，武大本抱本嘉本作薊，是也〕州巡撫標兵遊擊將軍事。

（隆宗隆慶實録卷10　第5頁　10.4.0278）

63　**七月乙丑**　工部以城垣、郊壇工作並興，請罷他役之不急者，以寬財力。從之。

（穆宗隆慶實録卷10　第5頁　10.5.0279）

64　**七月丁卯**　上諭吏工部：薊鎮邊牆因久雨傾圮，雖已降旨修築，未知工緒如何，又未知修築之處別有禦虜長策否。仍〔按：館本仍作其亟〕推才望大臣一人行邊，會同督撫等官閱視工程及講求便宜〔按：館本宜作益，各本作宜〕。凡邊臣所不能爲之事、所不敢言之情，具實以聞。

（穆宗隆慶實録卷10　第6頁　10.5.0280）

65　**七月戊辰**　修理都城重城，遣工部尚書雷禮祭告后土司工之神。

（穆宗隆慶實録卷10　第7頁　10.6.0281）

66　**七月己巳**　以永陵工完加太監李芳、王鼎各恩二等，周臯等各一等。侍郎徐綱〔按：館本綱作剛，武大本抱本嘉本作綱，是也〕陞俸一級、蔭一子爲國子生，郎中陳煒、員外郎張守中〔校記：廣本中作忠，誤〕各俸一級。仍各與工部尚書雷禮、鎮遠侯顧寰等、郎中費堯年等賚〔按：館本賚作各〕銀幣有差。

（穆宗隆慶實録卷10　第7頁　10.6.0282）

67 **七月己巳** 陞薊州守備指揮李信署都指揮僉事充遵化等處遊擊將軍。

（穆宗隆慶實録卷 10 第 7 頁 10.6.0282）

68 **七月壬申** 朝鮮國王李峘遣陪〔按：館本陪作部，誤〕臣李榮賢等上表貢獻方物，賀世宗肅皇帝尊謚。禮部議：尊謚、廟號故事無稱賀禮，然不當概以律遠夷，宜〔按：館本無宜字，武大本抱本嘉本有宜字，是也〕特受之。制可。給賞彩幣有差。

（穆宗隆慶實録卷 10 第 9 頁 10.8.0285）

69 **七月癸酉** 修築鞏華城垣，令畿内八府止解銀赴順天府，免〔按：館本免作兑，三本作免，是也〕其分工。從廵撫都御史曹亨言也。

（穆宗隆慶實録卷 10 第 10 頁 10.9.0287）

70 **七月甲戌** 遣御史凌儒、陳聯芳監順天鄉試。上以科場事重〔按：館本重作宜，三本作重，是也〕，邇年弊多，諭儒等悉心綜理，嚴加禁革。先是，兩京監試御史皆臨期方遣，禮部以爲倉卒之際不〔按：館本不作下，三本作不，是也〕便防奸，故是歲遣官特早云。

（穆宗隆慶實録卷 10 第 11 頁 10.9.0287）

71 **七月戊寅** 朝鮮國王李峘遣陪臣吏曹參判洪春年等齎表文方物，馬匹慶賀回〔按：館本回作册，是也〕立中宫，賜宴賞如例。春年等以上將幸太學，乞留觀禮。許之。

（穆宗隆慶實録卷 10 第 12 頁 10.10.0289）

72 **七月辛巳** 監順天鄉試御史凌儒、陳聯芳條上科場大弊：一買求，二倩代，三通同，四夾帶，五傳遞，六偏重，盡行釐革。上皆從之。内偏重一事，謂考官故抑貢生及世家子弟，蓋臆説云。

（穆宗隆慶實録卷 10 第 12 頁 10.10.0290）

73 **八月癸未朔** 上幸太學，行釋奠禮於先師。命大學士徐階、李春芳、陳以勤、張居正、衍聖公孔尚賢、吏部尚書楊博、兵部尚書郭乾、吏部侍郎趙貞吉分奠四配、十哲、兩廡。禮部侍郎潘晟致奠啓聖祠畢，上御彝倫堂，命武官都督以上，文官三品以上，及翰林院學士坐，賜茶，授祭酒、司業經坐講〔按：館本脱上御至坐講三十五字〕。上宣諭師生曰：聖人之道如日中天，講論服膺用資治理，爾師生其勉之。

（穆宗隆慶實録卷 11　第 1 頁　11.1.0291）

74　八月丁亥　調古北口副總兵董一奎於極邊用，而以牆子嶺參將程九思〔按：館本程九思作陳九恩，各本陳作程，舊校改恩作思〕代一奎，曹家寨游擊吴昂代九思。提調曹焕代昂，山西岢嵐守備高仲安補鞏華城遊擊將軍。焕、仲安俱陞署都〔按：館本都下有督字，廣本武大本嘉本無督字，是也〕指揮僉事。從總督劉燾請也。

（穆宗隆慶實録卷 11　第 5 頁　11.4.0298）

75　八月戊子　以順天鄉試，命右春坊右諭德兼翰林院〔按：館本院下有侍讀丁士美右春坊右中允兼林翰院十五字，抱本梁本脱〕編修張四維爲〔按：館本無爲字，三本有爲字〕考試官。

（穆宗隆慶實録卷 11　第 5 頁　11.4.0298）

76　八月辛卯　以薊鎮修邊將士勞苦，命兵部發馬價銀一萬一千兩。户部發太倉銀五千兩犒之。仍諭以散給有方，使霑實惠。

（穆宗隆慶實録卷 11　第 7 頁　11.5.0300）

77　八月癸巳　修理圜丘。遣工部左侍郎徐綱祭告后土、司工之神。

（穆宗隆慶實録卷 11　第 8 頁　11.7.0303）

78　八月癸卯　給事中吴時來言：兩廣總督譚綸、總兵俞大猷、戚繼光皆知兵，宜召來使專督練邊兵，以省諸鎮徵調之擾。兵部覆言：大猷才宜於南，往者嘗一試於北，不效，且老矣，綸與繼光惟上所用。上然之，令召綸入京。

（穆宗隆慶實録卷 11　第 16 頁　11.13.0315）

79　**八月甲辰**　修理〔按：館本理作〇，舊校改〇作理，梁本作理〕景仁等宮工成。

（穆宗隆慶實録卷 11　第 16 頁　11.13.0316）

80　**八月甲辰**　以水災免順天、永平二府所屬州縣並榮〔校記：三本榮作營，是也〕州前屯、永清等衛屯糧各〔按：館本無各字，武大本抱本嘉本有各字〕有差。

（穆宗隆慶實録卷 11　第 16 頁　11.13.0316）

81　**八月乙巳**　修理長陵便橋、永陵行宮。

（穆宗隆慶實録卷 11　第 16 頁　11.13.0316）

82　**八月丙午**　命昌平遊擊張禮充燕〔按：館本無燕字，三本有燕字，是也〕河營參將，陞涿州守備張斌署都指揮僉事，代禮。

（穆宗隆慶實録卷 11　第 17 頁　11.14.0317）

83　**八月戊申**　修理隆德殿、英華殿、慈寧宮並各宮殿工完。遣工部尚書雷禮祭謝司工、后土之神。

（穆宗隆慶實録卷 11　第 18 頁　11.15.0319）

84　**八月辛亥**　江西瑞州有男子傅子忠者、自稱爲未封王子，名載纏，入京師，徑馳禮部甬道，請給禄糧〔按：館本糧作米，武大本抱本嘉本作糧〕。禮部覺其詐，移法司問，坐詐爲制書論死。得旨如擬。

（穆宗隆慶實録卷 11　第 18 頁　11.15.0320）

85　**九月癸丑**　順天巡撫右僉都御史耿隨卿言：鞏華城工浩大，不當專累順天一府，乞行畿内各府，類估原派應修之處，併力繕完。上從之。

（穆宗隆慶實録卷 12　第 1 頁　12.1.0322）

86　**九月丙辰**　兵科都給事中歐陽一敬等巡視京營，給事中孫枝、御史韓君恩等各上疏言：内臣不當坐營，且團營裁革已久，亦〔按：館本亦作而〕無可坐，乞追寢前命。上以示輔臣徐階等

〔校記：廣本等下有階等二字，是也，嘉本等下有階等上三字〕言：太祖時原無團營，團營之設起於景泰年間，至嘉靖二十九年已經先帝裁革，特以《大明會典》修於正德中，未及明載。今内臣〔按：館本無臣字〕委無團營可坐，事體有礙施行。……上納其言，遂命罷之。

（穆宗隆慶實録卷 12　第 2 頁　12.2.0323）

87　**九月丙辰**　發太僕寺寄養馬一千一百八十四給薊鎮官軍。

（穆宗隆慶實録卷 12　第 3 頁　12.3.0325）

88　**九月丁巳**　修理承天門、端門，遣工部尚書雷禮祭告后土、司工之神。

（穆宗隆慶實録卷 12　第 3 頁　12.3.0325）

89　**九月癸亥**　罷宣府副總兵任勇，以原任古北口副總兵董一奎代之。

（穆宗隆慶實録卷 12　第 5 頁　12.4.0328）

90　**九月癸亥**　以修理乾清宫等〔按：館本無等字，各本有等字〕宫成，太監李芳，滕祥各蔭弟姪一人爲錦衣衛千百户，李遵等加恩二等。工部尚書雷禮蔭一子爲國子監〔按：館本無監字，廣本抱本有監字〕生。工科給事中張縉、御史王嘉〔按：館本嘉作加，誤〕言俱陞通政司右參議。鎮遠侯顧寰、禮部尚書高儀、兵部尚書郭乾、掌錦衣衛事都督朱希孝、工部侍郎徐綱、兵部侍郎遲鳳翔、曹邦輔、工部郎中劉經〔校記：武大本無經字〕緯等各賚銀幣有差。既而禮固〔按：館本固作故，三本作固〕辭蔭子，芳、祥亦辭。上俱允之。仍賜銀幣。縉、嘉言亦以不習奏事辭，不拜，改尚寶司卿。

（穆宗隆慶實録卷 12　第 5 頁　12.4.0328）

91　**九月丁卯**　户部尚書馬森奏，太倉銀庫歲入僅二百一萬四千一〔按：館本一作二，各本二作一〕百有奇，歲支在京俸禄〔按：館本糧作米，三本米作糧，是也〕糧草一百三十五萬有奇，邊餉二百三十六萬有奇，各省常賦、諸邊民運，今年詔蠲其半，以出入較之，共少三百九十五〔按：館本五作六，各本六作五〕萬〔按：館本萬下有一千二字〕四百有奇。昔〔按：館本無昔字，嘉本有昔字〕謂國無三年之蓄，國非其國。今查京、通二倉之粟七百萬餘〔按：館本萬餘作餘萬，廣本武大本抱本作萬餘〕石，以各衛官軍月糧計之，僅支二年之用，歲漕四百萬石，内除撥薊鎮、乞運班軍行糧，併免，……薊鎮班軍行糧因庚戌虜警奏撥，原非舊額，當仍改納京通二倉，在密雲、昌平二鎮者亦如之。……上允行之，仍令内外諸司各賓〔按：館本賓作實〕心經理撙節，以濟國用。

（穆宗隆慶實録卷 12　第 7 頁　12.6.0332）

92　**九月壬申**　虜酋土蠻寇薊鎮，由界嶺口、羅漢洞潰牆入，大掠昌黎等〔按：館本無等字〕縣。時宣府報西虜黄台吉擁兵窺伺陵後南山，兵部以聞。上命薊遼總督劉燾、總兵李世忠、巡撫耿隨卿率兵東禦土蠻，昌平總兵劉漢西防黄台吉。又遣經營左參將陳良佐〔按：館本佐下有遊字〕擊將軍邵勇防護陵寢。召宣大總督王之誥自雁門還馳懷來，巡撫曹亨自保定移兵通州以備之。

（穆宗隆慶實録卷 12　第 11 頁　12.10.0339）

93　**九月壬申**　上以虜寇深入，諭兵部：有能力戰破敵者，如嘉靖四十二年故事，重加陞賞。兵部乃議：不拘軍民壯夫〔按：館本夫作大，廣本抱本作夫，是也〕，凡遇零寇斬首一顆者陞一級，不願陞者賞銀五十兩。其鏖戰大敵，擒斬一名顆者，陞二級，不願陞者，賞銀一百兩，所得虜中財物盡賜之。其斬獲大小頭目如王〔按：館本王作土〕蠻等不在是例。上命懸格薊鎮，他鎮不得比焉。

（穆宗隆慶實録卷 12　第 12 頁　12.10.0339）

94　**九月癸酉**　命經略邊事兵部左侍郎兼都察院右僉都御史遲鳳翔督兵駐暫昌平。防禦西寇。

（穆宗隆慶實録卷 12　第 12 頁　12.10.0340）

95　**九月乙亥**　總兵官李世忠引兵東援永平，與虜遇於撫寧南李家莊，斬首五十〔按：館本十作千，各本千作十，是也〕級，總督劉燾以聞。上命〔校記：三本命下有燾字，是也〕申嚴號令，宣布賞格，督勵將士速行驅勦，以靖地方。

（穆宗隆慶實録卷 12　第 13 頁　12.11.0341）

96　**九月乙亥**　京師戒嚴。詔五城御史詰察非常漕糧集河下者，令巡倉御史督〔按：館本無督字，三本史下有督字，是也〕護入城。

（穆宗隆慶實録卷 12　第 13 頁　12.11.0342）

97　**九月丙戌**　巡視京營刑科左給事中孫枝以虜患請勅本兵及京營諸臣條議京城防守。從之。

（穆宗隆慶實録卷 12　第 14 頁　12.12.0343）

98　**九月戊寅**　以水災免順天、永平、真定、保定、河間秋糧有差。

（穆宗隆慶實録卷 12　第 15 頁　12.12.0344）

99　**十月丙戌**　巡倉御史蔣機奏：漕糧四百萬〔按：館本脱萬下二十五字，各本存〕石，除改折邊餉，其入京通二倉者三百二十餘萬，而京倉僅二百萬。根本之地，出多入少，非所以權輕重備緩急也。自今請無拘三七〔按：館本七下有四字〕六之例，凡兑〔按：館本兑作充，抱本嘉本作兑，是也〕運者，悉入京倉，改兑者入通倉。户部覆議。從之。

（穆宗隆慶實録卷 13　第 3 頁　13.2.0350）

100　**十月辛卯**　修葺圜丘殿宇、齋宫工完。遣尚書雷禮祭后土、司工之神。

（穆宗隆慶實録卷 13　第 6 頁　13.5.0356）

101　**十月乙未**　召福建總兵戚繼光入京，協理戎政，令總督薊遼都御史劉燾回籍聽勘。先是，虜入永平，燾報功不實，給事中陳瓚等劾〔按：館本劾下有奏字，誤〕熹，薦繼光，故有是命。

（穆宗隆慶實録卷13　第8頁　13.6.0358）

102　**十月丁酉**　以延綏入衛遊擊將軍署都指揮僉事張臣充分〔按：館本充作光，武大本抱本無光字，各本分作充，嘉本分下有充字〕守薊州牆子嶺等路參將。

（穆宗隆慶實録卷13　第8頁　13.7.0359）

103　**十月己亥**　調巡撫河南都察院右僉都御史劉應節整飭薊州等處邊備，兼巡撫順天等處。

（穆宗隆慶實録卷13　第9頁　13.8.0361）

104　**十月庚子**　朝鮮國權國事〔按：館本事作李，三本作事，是也〕李昖遣陪臣任説表獻馬匹、方物。宴賚如例。

（穆宗隆慶實録卷13　第10頁　13.8.0361）

105　**十月庚子**　刑科左給事中孫枝言：都城九門税課，定有則例〔按：館本作原有定例，各本作定有則例〕，邇年信徵横索，弊孔滋多，請自今分屬五城御史各委兵馬一員監收，歲終會同部官覆〔按：館本官作臣，武大本抱本嘉本作官。廣本覆作覈〕奏。其原設監生吏典，悉行裁革。上允之，仍令申明原定則例，榜示甕城。

（穆宗隆慶實録卷13　第10頁　13.8.0361）

106　**十月壬寅**　改順天府府丞邢守庭〔按：館本庭作廷〕爲太常寺少卿。

（穆宗隆慶實録卷13　第11頁　13.9.0364）

107　**十月癸卯**　先是，薊鎮牆子嶺邊外屬夷窺犯潛撲，哨軍參將吴昂救之，爲虜所殺。巡按督撫上其事，下失事指揮麻天爵等御史鞫奏，降密雲兵備副使張守中爲僉事，令策勵供職。

（穆宗隆慶實録卷13　第11頁　13.9.0364）

108　**十月乙巳**　陞巡撫保定都察院右僉都御史曹亨爲兵部右侍郎，協理京營戎政。

（穆宗隆慶實録卷 13　第 13 頁　13.10.0366）

109　**十月乙巳**　禮部覆給事中莊國禎奏，革〔按：館本革作章，三本作革〕太常、光禄〔按：館本寺上有等字。寺下有役字，誤〕寺厨後二百五十名及内府玉器等官匠工完年久冒給光禄酒饌者。上從之。

（穆宗隆慶實録卷 13　第 13 頁　13.11.0367）

110　**十月丙午**　巡邊兵部左侍郎遲鳳翔條上密雲便益謂：本鎮荒田，近得兵備張守中開墾二千〔按：館本千作十，三本作千，是也〕餘頃，邊士賴之。但曹家寨地方軍民，争疆界紛紛不已。宜踏勘察明，以杜阻撓。又石塘嶺一路，有裕陵、泰陵獲〔按：館本獲作護〕榛閑地，舊令民軍佃種，每畝納租二三分，請以給本路官軍之無業者，寬其租〔按：館本租下有疏字〕入，從之。

（穆宗隆慶實録卷 13　第 13 頁　13.11.0367）

111　**十月戊申**　修理承天門、端門等工完。遣工部〔按：館本無工部，三本有工部二字〕尚書雷禮祭后土司工之神。

（穆宗隆慶實録卷 13　第 14 頁　13.11.0368）

112　**十月己酉**　御史蔣機請築通州月城以重保障。從之。

（穆宗隆慶實録卷 13　第 14 頁　13.12.0369）

113　**十一月甲寅**　朝鮮國權國事李松〔按：館本松作昖〕遣陪〔按：館本陪作倍，三本作陪〕臣沈銓入謝，貢馬匹方物。因歸我〔按：館本無我字，三本有我字〕被擄〔按：館本擄作倭〕掠去人民二十餘人。上嘉其忠順，賜勑奬諭。仍賜白金百兩，錦綺四疋，綵幣十二表裏。其獲功人等賚金帛有差。

（穆宗隆慶實録卷 14　第 4 頁　14.3.0378）

114　**十一月丙辰**　賜故〔按：館本無故字，三本有故字，是也〕朝鮮國王李峘謚“恭憲”，遣中官姚臣、行人歐希積〔按：館本希作布，三本作希，館本積作稷〕吊祭，封其姪署國事李昖爲朝鮮國王。

（穆宗隆慶實録卷 14　第 4 頁　14.3.0378）

115　十一月癸亥　朝鮮國王李昖遣陪臣朴大立貢馬及方物表賀。宴賚〔按：館本賚作享〕如例。

（穆宗隆慶實録卷 14　第 14 頁　14.12.0395）

116　十一月庚午　改隆慶州爲延慶州，衛爲延慶衛，改給印記〔按：館本記作信，三本作記〕六十六顆。

（穆宗隆慶實録卷 14　第 15 頁　14.12.0396）

117　十一月乙亥　改順天府〔按：館本府下無府字〕府尹陳紹儒爲太常寺〔按，館本寺下有少字，三本無少字〕卿。

（穆宗隆慶實録卷 14　第 17 頁　14.14.0400）

118　十一月乙亥　以明年將行耕田禮，命工部修葺先農壇壝、人〔按：館本人作齋〕宫、殿宇，遣侍郎譚大初祭后土、司工之神。

（穆宗隆慶實録卷 14　第 17 頁　14.14.0400）

119　十一月丁丑　頒明年《大統曆》於朝鮮。琉球國中山王尚元遣使貢馬匹方物，宴賚〔按：館本賚作賞〕如例。

（穆宗隆慶實録卷 14　第 18 頁　14.14.0400）

120　十一月己卯　陞光禄寺卿徐貢元爲順天府府尹。

（穆宗隆慶實録卷 14　第 19 頁　14.15.0402）

121　十一月己卯　户部覆漕運都御史張瀚、總兵官李廷竹會議六事。……一，密雲、昌平邊糧甚爲運卒之累，數年以來，變革不常，請如大同例，發銀預糴，勿再紛〔按：館本紛作分，抱本作紛〕更。……俱依議行。

（穆宗隆慶實録卷 14　第 19 頁　14.15.0402）

122　十一月己卯　以久旱命順天府官祈雪。

（穆宗隆慶實録卷 14　第 19 頁　14.16.0403）

123　十二月壬午　陞左春坊左諭德兼翰林院侍讀王希烈爲國子監祭酒。

（穆宗隆慶實録卷 15　第 1 頁　15.1.0405）

124　**十二月辛卯**　發銀一萬六千兩昌平給軍。

（穆宗隆慶實録卷 15　第 4 頁　15.3.0410）

125　**十二月壬辰**　總督京營戎政鎮遠侯顧寰會巡視科道官校〔按：館本校作孫枝〕等考閲三大營將領優劣，疏名以聞。得旨：總把〔按:館本總把作把總〕蘇奎等奬賞有差，副將艾梓等策〔按:館本策作蘭，三本作策，是也〕勵供職，坐營官九皐等致仕〔按：館本仕作任，誤〕，遊擊楊守承等調用，毛恭等革任閒住。

（穆宗隆慶實録卷 15　第 4 頁　15.4.0411）

126　**十二月癸丑**　工科都給事中魏時亮請汰錦衣衛軍校及監局匠役冗濫者。從之。

（穆宗隆慶實録卷 15　第 5 頁　15.4.0411）

127　**十二月丁酉**　鑄給居庸、紫荆、倒馬三關管官通判關防。

（穆宗隆慶實録卷 15　第 6 頁　15.5.0413）

128　**十二月丁酉**　夜。大風，黄塵四塞。

（穆宗隆慶實録册 15　第 6 頁　15.5.0413）

129　**十二月戊戌**　上諭户部查内庫太倉糧銀出入數。尚書馬森奏：太倉見存銀一百三十五〔按：館本無五字〕萬四千五百六〔按：館本五百六作六百五〕十二兩，歲支官軍俸銀〔校記：嘉本銀作糧〕該〔校記:廣本嘉本該下有銀字，抱本無該字〕一百三十五萬有奇，邊餉〔校記:嘉本餉作儲〕二百三十六萬有奇，補發年例一百八十二萬有奇，通計所出須得銀五百五十三萬有奇，以今歲抵算，僅足三月。京倉〔按:館本倉作糧〕見存糧六百七十八萬三千一〔按：館本一作五,三本作一〕百五十一石，歲支官軍月糧二百六十二萬一千五百餘石，遇閏又加二十二萬餘石，以今數抵算，僅足二年有餘。

（穆宗隆慶實録卷 15　第 6 頁　15.5.0414）

130　**十二月壬寅**　工部以歲辦惜薪司白炭例應千萬斤，今定爲府三部七之則。仍各減黑炭之數以補其值。從之。

（穆宗隆慶實録卷 15　第 9 頁　15.8.0419）

131　**十二月乙巳**　陞守備居庸八達嶺地方署〔按：館本署下有都字，廣本嘉本無都字〕指揮僉事王世卿爲署都指揮僉事，充統領保河民兵遊擊將軍。

（穆宗隆慶實録卷 15　第 11 頁　15.9.0422）

132　**十二月己酉**　立春節。順天府官進春。上御皇極殿受之。百官行五拜三叩頭禮。免百官宴。

（穆宗隆慶實録卷 15　第 12 頁　15.10.0424）

133　**十二月**　是歲……漕運實米三百五十二萬二千九百八十二石三升，各處運納糧五百一十八萬三千二十一石有奇。

（穆宗隆慶實録卷 15　第 13 頁　15.11.0425）

隆慶二年（1568）

134　**正月癸丑**　改宣府遊擊將軍署都指揮僉事尚智於薊州標兵營，命原任遵化遊擊將軍署都指揮僉事李信署石門寨參將事。

（穆宗隆慶實録卷 16　第 2 頁　16.2.0429）

135　**正月庚申**　發太倉銀一萬五千兩於永平鎮，充入援軍馬芻餉。

（穆宗隆慶實録卷 16　第 3 頁　16.3.0431）

136　**正月戊辰**　兵部覆：蘇〔按：館本蘇作薊，是也〕遼督撫官曹邦輔、劉應節條議邊事：一、薊鎮山險，以一二人守數墚口，間有踰越，則餘皆瓦解。宜命諸將乘障而守，卽虜入，列陣拒戰，仍預屯戰兵以備救援。一、懷柔縣民不習兵，難與共守，宜增設守備一員，管領民壯百名。於防秋時量撥班軍一千人屬之，以備戰守。一、造車二百餘輛，置火器其中，以備兩營之用。一、築土堤於各區水口，用防衝決。一、發太僕寺馬千五百匹爲春防之用。一、本鎮累經虜馬蹂躪，林木蕭踈，宜多樹易生之木，以固重險。命如議行。

（穆宗隆慶實録卷 16 第 7 頁 16.6.0437）

137 **正月癸酉** 萬壽聖節……朝鮮國署國事李昖遣陪臣柳景深貢馬及方物。

（穆宗隆慶實録卷 16 第 11 頁 16.9.0444）

138 **正月丁丑** 都察院言：順天府錢糧宜照各省例，併屬巡按順天御史會同所遣科官查盤，毋復别遣。從之。

（穆宗隆慶實録卷 16 第 12 頁 16.12.0449）

139 **正月甲戌** 大風，揚塵四塞。

（穆宗隆慶實録卷 16 第 12 頁 16.12.0449）

140 **正月戊寅** 薊遼總督曹邦輔欲令昌平、永安、鞏華標兵四營軍糧皆乞運近地，免其赴京關支，其行糧七合五勺宜增爲一升五合。順天巡撫劉應節欲以昌平、懷柔、順義、密雲、三河、薊州、玉田、平谷、豐潤、遵化、遷安、按〔按:館本按作撫〕寧、盧龍、昌黎各州縣改爲衛所。惟間設一二府佐官約束之。……於是户部請以應節言下督撫諸臣熟計與〔按：館本與作興〕革：月糧本折當視米之貴賤，無使公私交困。其改羣〔按:館本羣作郡〕縣爲衛所事不可行。上如部議。

（穆宗隆慶實録卷 16 第 13 頁 16.12.0450）

141 **正月己卯** 修理社稷壇。

（穆宗隆慶實録卷 16 第 16 頁 16.16.0457）

142 **二月丙戌** 會試天下貢士。以少傅兼太子太師吏部尚書建極殿大學士李春芳、禮部尚書兼翰林院學士掌詹事府事殷士儋爲考試官。

（穆宗隆慶實録卷 17 第 5 頁 17.5.0467）

143 **二月丁亥** 詔建故兵部武選司員外郎贈太常寺少卿謚忠

愍楊繼盛祠於保定府，賜名“精忠”，令有司春秋致祭〔校記：廣本致祭作祭祀〕。從御史郝杰奏也。

（穆宗隆慶實録卷 17　頁 6 頁　17.5.0468）

144　**二月辛卯**　總督宣大山西都御史陳其學條上南山事宜。其略言：岔道以東自清石頂〔校記：嘉本石頂作山口〕至四海冶火燄山，宜乘春修築墩臺於柳溝等處，水口濬横壕一道，壕外設石柵，柵外建大石墩，以分殺水勢。並修張家等口道路，禁軍民毋入山樵採。岔道以西自青石頂至合河口，爲墩臺一百九十有七，宜及時修補，令軍人晝夜瞭望。大山口迤東一道，爲暗門者六。咫尺居庸，宜嚴加譏察。禁宣薊二鎮居人，不得越界起釁。因薦南山參將李官，修理防禦，甚有方略。宜令久任責成，俟有勳勞加秩，示勸毋輒更調。兵部上其議，上皆允行之。

（穆宗隆慶實録卷 17　第 9 頁　17.11.0479）

145　**二月壬辰**　發太倉銀十六萬六千餘兩於薊州鎮，六萬九千餘兩於永平鎮，一十九萬二千餘兩於密雲鎮，七萬四千餘兩於昌平鎮爲客兵餉。

（穆宗隆慶實録卷 17　第 9 頁　17.11.0480）

146　**二月丙申**　遣太常寺官祭恭靖公姚廣孝，順天府祭宋丞相文天祥。

（穆宗隆慶實録卷 17　第 11 頁　17.12.0482）

147　**二月己亥**　發太倉銀四萬四千兩於易州鎮，五千兩於良鄉、涿州，三千九百餘兩於真定府所屬爲主客兵餉。

（穆宗隆慶實録卷 17　第 12 頁　17.13.0484）

148　**二月辛丑**　河南修武縣解京銀三千西〔按：館本西作兩〕，至良鄉爲盗所刼，霸州兵備副使孟重以聞。得旨：良鄉畿輔近地，使賊肆行劫掠，守土官法當重究，始〔按：館本始作姑〕奪兵備及巡捕守備等官俸，令速行緝捕，旬日中不獲者，兵部具劾以聞。

（穆宗隆慶實録卷 17　第 12 頁　17.14.0485）

149　**二月丙午**　　取會試天下中式舉人田一儁等四百名。

（穆宗隆慶實録卷 17　第 14 頁　17.15.0487）

150　**二月丁未**　　上詣天壽山展謁諸陵，駕發京師，是日次鞏華城。

（穆宗隆慶實録卷 17　第 15 頁　17.16.0489）

151　**二月戊申**　　上至天壽山，駐蹕感思殿。

（穆宗隆慶實録卷 17　第 15 頁　17.16.0489）

152　**三月乙卯**　　發太僕寺馬六百五十匹。馬價銀七千八百兩給薊鎮。

（穆宗隆慶實録卷 18　第 1 頁　18.1.0493）

153　**三月丙辰**　　陞……順天府府丞吴時來爲南京都察院右僉都御史。

（穆宗隆慶實録卷 18　第 1 頁　18.1.0493）

154　**三月丙辰**　　命調密雲兵備僉事張守中於極邊，以永平兵備副使張學顏代之。守中既以牆子嶺失事降僉事，未幾，巡撫僉都御史劉應節以守中有修築邊功，奏令復職，與學顏更調。總督侍郎曹邦輔劾守中初降級，自陳功伐，有怨望心，不當復職，並劾應節徇用私人。吏部復議：總督巡撫皆有邊鎮之責，當同心共濟，而應節不先會同〔按：館本同下有徑自題請，實於事體未安，宜戒諭應節十五字〕，自今事情重大者，須會同總督，不得自持意見，以妨大計。守中負才使氣，宜仍以僉事調極邊。上從部議。

（穆宗隆慶實録卷 18　第 1 頁　18.1.0494）

155　**三月戊午**　　陞……南京通政司右參議顧存仁爲順天府府丞。

（穆宗隆慶實録卷 18　第 2 頁　18.2.0495）

156　**三月己未**　　保定府新城縣空中有聲如雷，隕石二，色黑。

大風，揚塵四塞。

（穆宗隆慶實録卷 18　第 3 頁　18.3.0497）

157　**三月庚申**　　發太倉銀五萬六千餘兩於薊州鎮，三萬八千餘兩於永平鎮，二萬三千餘兩於密雲鎮，二萬七千餘兩於昌平鎮。

（穆宗隆慶實録卷 18　第 4 頁　13.3.0498）

158　**三月辛酉**　　修葺皇史宬。

（穆宗隆慶實録卷 18　第 5 頁　18.8.0507）

159　**三月壬戌**　　賜五軍、三千、神機三大營、京衛、外衛見操官軍及侍衛帶刀直宿錦衣衛軍、府軍等衛、御馬監並武驤左等四衛官舍將軍、旗軍、勇士，午門等門並正陽等九門官軍一人各銀一兩，錦衣衛左等所官各絹一疋，旗校軍奴并各監局上工軍匠人各米一石，内府上工民匠、光禄寺厨役人各米七斗。

（穆宗隆慶實録卷 18　第 5 頁　18.8.0507）

160　**三月癸辛**　　初。永樂時尚膳監有羊房在韓家川冷泉，至景泰間移於西琉璃窰廠，凡牧地一十三頃四十一畝。又置司牲司官吏及軍士護守，歲費數千金。至是，光禄寺〔按：館本無寺字〕卿趙錦以羊供本寺之用，其官事軍士皆宜罷設。太監孟冲等疏爭之，上從冲等言。

（穆宗隆慶實録卷 18　第 7 頁　18.9.0510）

161　**三月癸酉**　　黄塵四塞。

（穆宗隆慶實録卷 18　第 7 頁　18.9.0510）

162　**三月乙丑**　　策試天下貢士。

（穆宗隆慶實録卷 18　第 8 頁　18.10.0511）

163　**三月戊辰**　　賜天下貢士羅萬化等四百二人進士及第、出身有差，賜朝服冠帶及寶鈔如例。

（穆宗隆慶實録卷 18　第 9 頁　18.12.0516）

164　**三月甲戌**　　薊州遵化縣地震有聲，雷電雨雹，形如雞茆

〔按：館本茆作卯〕，積地寸餘。

（穆宗隆慶實録卷 18　第 11 頁　18.14.0519）

165　**三月丙子**　　上幸南苑。先是，左右有言南海子之勝者，上欣然欲觀。是日，駕至則荒莽沮〔按：館本沮作阻，抱本嘉本作沮〕濕，宮館不治，上亦悔之，遽命還蹕。

（穆宗隆慶實録卷 18　第 11 頁　18.14.0519）

166　**三月戊寅**　　京師地震。

是日，永平府樂亭縣、遼東寧遠縣、遵化、順義等縣、山東登州府同日地震。樂亭地裂二所，各長三丈餘，黑水〔按：館本水作冰，嘉本作水〕湧出。寧遠城崩。

（穆宗隆慶實録卷 18　第 12 頁　18.14.0520）

167　**四月壬辰**　　以册立東宫，詔諭朝鮮國〔按：館本無國字，廣本抱本有國字〕。命翰林院檢討成憲爲正使、禮科右給事中王璽爲副使。

（穆宗隆慶實録卷 19　第 5 頁　19.4.0528）

168 **四月壬辰**　　陞黄花鎮守備指揮僉事韓榮爲署都指揮僉事，充宣府入衛遊擊將軍。

（穆宗隆慶實録卷 19　第 5 頁　19.5.0529）

169　**四月丙申**　　詔修理禁門城樓及疏濬御河。工科給事中劉繼文言：今財力詘乏，邊務方殷，不宜興不急之作，以滋勞擾。工部亦以爲言。上乃命會同内官監酌量緩急，次第修理。

（穆宗隆慶實録卷 19　第 7 頁　19.6.0531）

170　**五月癸丑**　　户科給事陳行建等言：京營馬匹倒損過半，由料價太少。……祖宗時牧馬草場在薊州、霸州、固安、新城、雄縣、香河等處，近爲勳戚奏討侵没，存者無幾。

（穆宗隆慶實録卷 20　第 4 頁　20.4.0549）

171　**五月甲寅**　　陞順天府府尹徐貢元爲南京大理寺卿。

（穆宗隆慶實録卷 20　第 5 頁　20.4.0550）

172　**五月戊午**　陞江西布政司左布政使曹三賜〔按：館本賜作暘，是也〕爲順天府府尹。

（穆宗隆慶實録卷 20　第 6 頁　20.5.0552）

173　**五月丙寅**　上親祭地於方澤。

（穆宗隆慶實録卷 20　第 8 頁　20.7.0556）

174　**五月丁卯**　吏部覆：太常寺少卿武金奏京師天下根本，而兩京府尹、京縣〔按：館本縣下有知縣二字〕又守令之最重且要者，故府尹等官宜慎選人，俟積有年勞，徑陞户部侍郎職銜仍攝府事三年以上，仍斟酌舊例施行。其宛平、大興、江寧、上元〔按：館本元下有知縣二字〕於進士舉人内相兼選補，如聲望顯著，一體行取，選授科道。得旨。如議行。

（穆宗隆慶實録卷 20　第 8 頁　20.7.0556）

175　**五月戊辰**　發銀二萬四千五百兩給密雲班軍行糧。

（穆宗隆慶實録卷 20　第 9 頁　20.8.0558）

176　**六月丙戌**　發銀二十三萬兩〔按:館本無兩字〕於宣府、大同、永平、密雲、薊州、昌〔按：館本昌下有平字〕糴買來歲糧草。

（穆宗隆慶實録卷 21　第 3 頁　21.3.0571）

177　**六月戊子**　朝鮮國王李昖遣陪臣丁應斗進方物、馬匹，表謝賜謚弔賻，宴賞如例。

（穆宗隆慶實録卷 21　第 4 頁　21.3.0572）

178　**六月癸巳**　總督薊遼侍郎譚綸條上分立三營事宜：請於薊昌十路練兵三萬人，列爲三大營。以遵化、永平遊兵二枝，各巡撫標兵一枝，爲遵化一營，巡撫都御史劉應節提督之；以建昌遊兵一枝，合鎮守標兵二枝，爲三屯一營，鎮守總兵官郭琥提督之；以振武、石匣二營合總督標兵二枝，爲密雲一營，練兵都督戚繼光提督之，以兵備監督。其遵化、三屯二營，仍聽戚繼光往來督〔按:館本督作總，廣本抱本作督〕理，而悉受制於總督，不得矛盾。同冀當春秋兩防之時，各屯要地。如永平一區有警，則遵化一營禦之，三屯出二哨應之，密雲出一哨應之；薊州一區有警，則三屯一營禦之，遵化出二哨應之，密雲出一哨應之；密雲一區有警，則密雲一營禦之，三屯出二哨應之，遵化出一〔校記：廣本一作二〕哨應之。皆兵據牆馬戰，以拒虜不入爲上功。其或一面失守，致虜潰入，則合三營之兵，併力奮擊，務收全捷。……疏入。報可。

（穆宗隆慶實録卷 21　第 5 頁　21.4.0574）

179　六月乙未　發銀一十四萬五千九百兩於薊州、永平、密雲、昌平、易州，補民運蠲半之數。

（穆宗隆慶實録卷 21　第 6 頁　21.6.0577）

180　六月庚子　發太僕寺寄養馬七百匹兑給薊鎮遵化遊兵。

（穆宗隆慶實録卷 21　第 8 頁　21.7.0579）

181　六月丁未　詔給薊鎮制造戰車火器銀四萬六千五百兩有奇及軍器火器。從總督譚綸請也。

（穆宗隆慶實録卷 21　第 9 頁　21.8.0581）

182　七月己酉　兵部覆：巡撫順天都御史劉應節條陳薊鎮修〔按：館本修作備，三本作修，是也〕守事宜。其一議經費。請給兵部馬價銀一萬九千兩，工部料價銀一萬五千兩及所餘修邊銀四千兩修理順天、永平所屬諸處城堡。其一議備禦。請於灤州、順義等一十二州縣並各衛〔按：館本衛作衙，三本作衛，是也〕所特設守禦將官，仍録用廢將陳保等十三人，責其後效。其一議收保。請設法聯屬邊鎮民，預申收保之令以待賊。從之〔校記：廣本嘉本從之作得旨如議行〕。

（穆宗隆慶實録卷 22　第 1 頁　22.1.0584）

183　七月丁巳　贈故太常寺卿管國子監祭酒事胡正蒙禮部右侍郎，蔭其子承烈爲國子生，録上在潛邸時講讀舊勞也。

（穆宗隆慶實録卷 22　第 4 頁　22.3.0588）

184 **八月壬午** 陞順天府府丞顧存仁爲大理寺右少卿。

（穆宗隆慶實録卷 23 第 2 頁 23.2.0611）

185 **八月乙酉** 朝鮮國王李昖遣陪臣睦詹等來朝，進馬及方物。宴賚如例。

（穆宗隆慶實録卷 23 第 3 頁 23.3.0613）

186 **八月丙戌** 陞禮科都給事中何起鳴爲順天府府丞。

（穆宗隆慶實録卷 23 第 3 頁 23.3.0613）

187 **八月壬辰** 朝鮮國王李昖遣陪臣李捷〔校記：嘉本捷作揵〕等貢馬及方物入賀册立東宫。宴賚如例。

（穆宗隆慶實録卷 23 第 7 頁 23.6.0619）

188 **八月乙未** 遣順天府官祭宋丞相文天祥，太常侍〔按：館本侍作寺，是也〕官祭恭靖公姚廣孝。

（穆宗隆慶實録卷 23 第 7 頁 23.6.0620）

189 **八月甲辰** 巡撫保定都御史温如璋言：降夷隸定州、保定、河間等衛者已經授職給賞而姓名猶仍達官之舊。非便，請改爲忠順官軍〔按：館本軍下有上字，三本無上字〕。從之。

（穆宗隆慶實録卷 23 第 10 頁 23.8.0623）

190 **九月己酉** 發太倉銀九千六百八十三兩於薊鎮給班〔按：館本班作邊，三本作班〕軍。

（穆宗隆慶實録卷 24 第 1 頁 24.1.0643）

191 **九月甲寅** 盜竊太倉庫銀，降管庫户部郎中宋諾、員外劉自化、許自新、主事王字〔按：館本字作宇，抱本作字，誤〕一級，調外任；奪主事任汝亮、彭富、周標、席上珍俸半年。

（穆宗隆慶實録卷 24 第 3 頁 24.2.0646）

192 **九月乙丑** 增設居庸關石峽路等口守備官〔按：館本備下無官字，嘉本有官字〕一員。

（穆宗隆慶實録卷 24 第 9 頁 24.8.0657）

193 **九月辛未** 户部覆大學士張居正所陳邦本一事言財用當

經理者有十一：……其一言，京衛軍士及順天府食糧孤老及虚冒者，宜悉查汰……上命從實舉行。

（穆宗隆慶實録卷 24 第 15 頁 24.12.0665）

194 **九月癸酉** 發太倉銀七萬兩充密雲鎮新募車兵及添調防秋軍馬之費，並給薊鎮達軍盔甲。從總督譚綸奏也。

（穆宗隆慶實録卷 24 第 15 頁 24.13.0667）

195 **九月甲戌** 令民入居昌平鞏華城隙地。以便防守。

（穆宗隆慶實録卷 24 録 16 頁 24.13.0667）

196 **十月庚寅** 大風，揚塵四塞。

（穆宗隆慶實録卷 25 第 5 頁 25.4.0686）

197 **十月辛卯** 順天府府丞何起鳴條奏編番〔按：館本番作審〕〔校記：廣本嘉本編審作審編，廣本奏作陳〕事宜。一本府所屬州縣官户丁糧，俱照嘉靖二十四年事例照品優免。其隸籍禁衛者，將軍准免二丁，校尉一丁。各處該管衙門印信公文爲據，毋容遠方別族一概〔按：館本概作蓋，誤〕濫免。一大興縣既有遞所，而宛、大二縣復佐以日行車輛銀一千二百五十三兩，嫌於太多，宜減宛平縣銀〔按：館本無銀字〕二百兩，減大興縣銀一百五十兩，其審編〔校記：廣本審編作編審，誤〕額數立限追徵。本府仍立印信文簿一扇，凡遇撥過車輛，給過價銀，備爲登記，以便查考。一原編廠衛衙門荆杖〔按：館本荆作刑，三本作荆〕銀二百八十五兩，出入不明，未免虚冒，每年減半編銀解府委官收買，凡遇支領取該衙門印信公文，方准給發。一原各州縣協濟通州搬運缾罈脚夫銀一〔按：館本一作三〕百一十九兩，先年題解折色，已而仍復本色，請於内外減銀一百兩。一寶坻縣原編北新、西城、明智、安仁等坊〔按：館本坊作方，誤〕草場庫役共八十四名，每名編銀三兩六錢，俱係棍徒包攬，求索無饜〔校記：廣本饜作厭〕。宜每名再加銀三兩六錢，共足七兩二錢，解府募役，以絕煩擾。一原編顯靈宫廟户一十三名，大慈仁寺佃户二十三名，蠟燭寺旛夫四名，真武、廻龍、城隍等廟〔校記：廣本等作各，廟下有户字。嘉本廻作回，廟下有各廟户三字〕户四名，皆屬冗役，宜裁其半。一遵化縣、喜峯、大安等倉斗庫及各都税司巡欄，俱應裁革。部覆：起鳴所言，切中民瘼，獨倉塲斗庫税司巡欄未可全革，宜下撫按〔按：館本按下有官字，嘉本無官字〕再議。

（穆宗隆慶實録卷 25　第 7 頁　25.5.0687）

198　**十月癸巳**　朝鮮國王李昖以册立東宫賜幣，遣陪臣柳昌門〔按：館本門作明，廣本作李昌門，抱本嘉本作柳昌門〕等入謝，貢馬及方物。宴賚如例。

（穆宗隆慶實録卷 25　第 7 頁　25.6.0689）

199　**十月癸卯**　以災傷免保定、河間、真定、順德、廣平府屬秋糧有差。

（穆宗隆慶實録卷 25　第 11 頁　25.9.0696）

200　**十一月戊午**　朝鮮國王李昖遣陪臣李景〔校記：三本景作憬〕彦等進馬及方物。入賀長至令節。宴賚如例。

（穆宗隆慶實録卷 26　第 5 頁　26.4.0706）

201　**十一月**　發太倉銀七萬三千〔按：館本無三千二字，三本有三千〕三百六十七兩於密雲鎮。二萬七千四百九十兩於平昌〔按：館本平昌作昌平，是也〕鎮〔按:館本鎮作錫，三本作鎮，是也〕，主客兵餉。

（穆宗隆慶實録卷 26　第 6 頁　26.5.0708）

202　**十一月辛未**　修理重城工完，遣侍郎徐綗〔按：館本綗作綱〕祭后土之神。

（穆宗隆慶實録卷 26　第 8 頁　26.6.0710）

203　**十一月癸酉**　琉球國中山王尚元遣人貢方物入賀。宴賚如例。

（穆宗隆慶實録卷 26　第 8 頁　26.7.0711）

204　**十二月戊子**　　調樞神營〔按：館本樞神營作神機營，是也〕練勇將軍楊鯉爲分守薊鎮馬蘭谷參將。

（穆宗隆慶實録卷 27　第 4 頁　27.4.0719）

205　**十二月辛卯**　　薊鎮督撫官譚綸等言：燕河營參將所轄地方〔按：館本方下有綿亘二字〕二百餘里，衝要隘口無慮二千餘處，參將往來接應誠〔按：館本接應誠作策應勢〕不能周。請以永平遊擊將軍楊騰爲參將，駐畫頭營，分守青山、界領二路；燕河營參將分守冷口、桃林口二路。報可。

（穆宗隆慶實録卷 27　第 8 頁　27.7.0725）

206　**十二月**　　是月……漕運米四百萬石，内除舊例及奉詔改折外實運米二百七十一萬四千一百三十五石九斗，各處運納米一千三十六萬六千四十三石有奇。

（穆宗隆慶實録卷 27　第 14 頁　27.12.0735）

隆慶三年（1569）

207　**正月丙辰**　　總督京營戎政鎮遠侯顧寰等言：聖駕將臨閲大營，請計修廳臺及撥補扈衛官軍，駐蹕之所預令厰衛五城嚴巡禁。報可。

（穆宗隆慶實録卷 28　第 4 頁　28.3.0742）

208　**正月乙丑**　　改建教塲大門，遣工部侍郎曹亨祭告后土司工之神。

（穆宗隆慶實録卷 28　第 8 頁　28.6.0748）

209　**正月丁卯**　　朝鮮國王李昖〔按：館本昖作松，三本作昖，是也〕遣陪臣及泰寧等衛夷人頭日〔按：館本日作目，是也〕並入賀，宴賞如例。

（穆宗隆慶實録卷 28　第 8 頁　28.7.0749）

210　**正月戊辰**　　發太倉銀四萬兩給薊鎮新募南兵糧餉。

（穆宗隆慶實録卷 28　第 8 頁　28.7.0749）

211　**正月庚午**　　陞神機營大號頭指揮使林岐署都指揮僉事，充神機營佐〔按：館本佐作佑，三本作佐，是也〕擊將軍。

（穆宗隆慶實録卷 28　第 10 頁　28.8.0752）

212　**二月丁丑**　　户科右給事中王璽言：光禄寺所積白糧數多，倉厫不足以容，宜令各監局工役應給折色者盡給本色，俟會派南糧時量減其數。部議亦以爲然，奏上，不允。乃更請修建新厫四十間貯之。報可。

（穆宗隆慶實録卷 29　第 2 頁　29.2.0756）

213　**二月癸未**　　總督薊遼兵部侍郎譚綸奏：薊昌二鎮，東起山海關，西至鎮邊城，延袤二千四百餘里，乘障疏闊，防守甚嚴。宜擇要害酌緩急分十二路、或百步、三五十〔按：館本五十作十五,三本作五十〕步，犬牙參錯，築一墩臺，共計三千座。每歲可造千座，每座可費五十金，高三丈，廣〔按：館本廣作闊〕十二丈，内可容五十人。無事則守墻守臺三卒居此瞭望，有警則守墻者出禦所分之地，守臺者專擊聚攻之虜。二面設險，可保萬全。請下户部發太倉銀三萬五千兩，兵部馬價銀一萬五千以給工費。兵部覆：綸所言誠守邊便計。得旨。允行。

（穆宗隆慶實録卷 29　第 3 頁　29.4.0759）

214　**二月乙酉**　　考察在京不職官。年老有疾，光禄寺少卿尹樂舜等三十一人；貪，經歷周鉉等八人；素行不謹及罷軟無爲，吏部郎中等官胡汝桂等一百二十五人；浮躁淺露才力不及，吏部署郎中晉應槐等四十一人。得旨：各致仕、閒住、降調如例。

（穆宗隆慶實録卷 29　第 5 頁　29.5.0762）

215　**二月乙酉**　　……刑部左侍郎洪朝選、右侍郎鄭世威、……順天府府尹曹三暘、……國子監祭酒王希烈……各以考察自陳。得旨：令世威致仕，餘俱供職如故。

（穆宗隆慶實録卷 29　第 6 頁　29.6.0763）

216　二月戊子　故事，京營兵每三年上遣司禮監太監一人閲視，至是及期，兵部以請。上曰：今年朕將大閲，其遣罷，以後如例行。

（穆宗隆慶實録卷 29　第 6 頁　29.6.0763）

217　二月乙丑　……順天府府丞何起鳴各以考察自陳。下吏部覆議。得旨：……余悉令供職如故。

（穆宗隆慶實録卷 29　第 11 頁　29.11.0773）

218　二月庚實　鑄給巡視盔甲廠、節慎庫科道關防。

（穆宗隆慶實録卷 29　第 12 頁　29.11.0773）

219　三月己酉　發太倉銀給各鎮軍餉，薊州五萬六千两有奇，永平三萬八千六百兩有奇，密雲二萬三千九百兩有奇，昌平二萬五千二百兩有奇。

（穆宗隆慶實録卷 30　第 3 頁　30.3.0787）

220　四月庚辰　發太僕寺罰工銀一十〔按：館本十作千，疑是也〕兩給賞挑濬城河官軍。

（穆宗隆慶實録卷 31　第 4 頁　31.3.0812）

221　四月甲申　諭禮部：祖制，宫中設六尚，皆預教以讀書，使知禮法。兹已缺少，可照例選民間女子年十一以上十六以下者三百人進入。禮部尚書兼學士高儀請差官選取於京城内外並順天等八府州縣。得旨：各府太遠，止於京城内外選取。

（穆宗隆慶實録卷 31　第 6 頁　31.6.0817）

222　四月庚子　鑄總理練兵事務兼鎮守薊州等處地方關防給總兵戚繼光。

（穆宗隆慶實録卷 31　第 9 頁　31.8.0822）

223　五月丙午　兵部奉旨條議京營訓練事宜：一議訓練：謂京營操法，率多彌文，宜擇營兵中武藝熟閑者。立爲教師，每月視等第以給餼廪。上等增糧六斗，次者〔按：館本者作等，三本作者〕三斗。教師缺，即以各軍練成者代補，每歲視分數以定黜陟。全隊有成者給冠帶，候補各色把總，半者賞銀牌、花紅，止十數名者姑准附過，否者革糧。隨操每把總領二百五十人，千總領五百人。如一司一哨練成者，優薦候補中軍號頭。十分之五者厚賞，十分之三者附過，否者責後功，各將領練合營有成者陞都督僉事，副將陞都督同知，〔按：館本知下有俱字〕准實授。半者獎賞，三分之一者照常供職，十分之二者罰治，否者於祖職上降一級回衛。號頭坐營官則以全營論賞罰，中軍等官則視該〔校記：廣本嘉本該作諸〕營將領爲低昂。以後三年之内，三營補練有効，總協大臣請勑獎諭，仍加恩禄。不效，廵視科道參論黜罰。每京營合操之日，總協仍各入〔校記：廣本嘉本無入字〕一營。操畢掣回一二枝，隨即舉砲，令各營先回，而留所掣兵馬步兼試，竟日乃止。分操之日，各將官自掣本營數隊，一體校閱其所操各藝。射把當增高七尺、濶三尺，俾人易從；長鎗、圓牌、火器、弓箭，長短相參，俾緩急有濟。各營有馬軍士，俱令盔甲，馳馬演習，亦如前議賞罰之。一議將權：言副參〔按：館本副參作參副，三本作副參，是也〕遊佐，先時有制，於主師不獲展布者，宜令各將所部隨意教演，寬其文法，假以歲時。總協廵視等官間〔校記：廣本間作校〕閱，有時效者超薦，虚飾者參效〔按：館本效作劾，是也〕。不得輕信浮言，挫其鋭氣。一議軍法：言國制軍令甚嚴，人不敢犯。今將偷卒驕，勒鈐稍加，怨謗叢起。請自今三令五申：營操之日，有部署已定而不受約束者、有事未畢而先散者，各隨輕重責治罰及其長。有造爲飛語譁衆者，輕調煙瘴衛分，重擬死罪。一議將兵：言營卒雖衆，堪戰者少。宜精選三萬人，分爲戰兵十枝，統以十將，將有不相宜者可互調，其選哨千總，法亦如之。選定編例〔校記：三本例作列是也〕什伍隊司，取連名供結在官。其什伍隊長、哨總、千總取武藝謀勇者以充，伍人〔按：館本伍作五，是也〕中逃一人，責及伍長，二人責及什長，伍〔校記：三本伍作五，是也〕人責及隊長，十人責及哨總。私自更代者，法亦如之。其三萬人外更選精卒入備兵車。兵營内每營量分數百充爲奇兵，以候摘補戰兵之缺，若更不足則以各衛舍餘驍健者充之，然不得過萬人，身終不必〔校記：廣本必作得〕勾補。各營家丁，核其武藝高下，以爲去留。其選退仍願〔按：館本願作僱，三本作願，是也〕在營者，止食軍糧隨操，各將領有隱留者，參論降罰。一議補役：言營軍在國初三十餘萬，景泰後始漸消耗，今僅八萬。其弊由於冒替多，清勾難及補役勞費耳。今雖漸次釐革，然補軍積弊尚存。每當更替，則府部文書往來〔按：館本往來作來往，三本作往來〕展轉數番，至開騙局。請自今以後凡各軍有病故告補者，查册有名，即行該衛覆實，具結呈部。本部一行各府知會，一送驗軍主事驗發。營操有老弱替僉者，每歲定以春秋二季開操之日，令各軍隨將官過堂，驗視強弱，照例摘牌僉替，備將年貌填記牌面，隨查某營若干、某營若干，不必再候將〔校記：廣本候作俟〕官造册。亦不必更候歇操之時，總開手本，先行送部。本部查册有名，即准收補，無名行衛取結。但親族俱准更名食糧，異姓則治妄報者之罪。其尋常逃故，各把總每月朔望報部行衛查補。果丁盡户絕，發册清〔按：館本清作請，三本作清，是也〕勾。此則因時變通，舊規既不廢格而告補軍役與摘牌替役亦並行而不悖矣。此外則嚴逃軍之法，一月以裏不出自首者，諸人首告，於本犯名下追銀二兩充賞，有親隣容隱者連坐。〔校記：嘉本稽上有一字〕稽役占之弊。各將官過用者及放遣者，俱訪治如律。一議馬匹：凡軍〔校記：廣本軍作營〕中養馬多賣富差貧，以致失亡〔按：館本亡作忘，三本作亡，是也〕數多。請仍照近議，先行給補原數，務足一萬三千五百匹。凡覈實軍士，督責各營將領查出記簿。每遇兑馬之期，即按記以次兑領。但有損失，先將馬匹耳記送官查驗。五年之内，俱令〔按：館本令作全，三本作令，是也〕買補賠償，五年之外，始照舊例追收樁朋内臟銀兩。上操之日，每月末旬，各營官馬調集一處，總督廵視點驗。但有瘦損者，五匹以上並責把總，十匹以上並責千總，五十匹以上參治將官。至於拐馬在逃者、騎占賃借者，法令具〔按：館本具作俱，三本作具，是也〕在，亦乞申明，一體遵守。一議班軍：國初徵取中都、山東、河南、大寧等都司官軍一十六萬，春秋輪戍京師，乃祖宗居重馭輕至意。其後在京苦於役作，逃故既多，而買閒影射之弊亦日甚矣。今河工〔按：館本工作土，三本作工，是也〕未竣，勢不能盡免。宜行該〔校記：廣本嘉本該作諸，是也〕營，仍將見班官軍選編〔按：館本編作邊，抱本作編，是也〕隊伍，令各備器械隨營練習，而以選剩老弱者，專備修工之用。得旨。悉如所議，務實行。

（穆宗隆慶實録卷 32　第 1 頁　32.1.0825）

224　**五月丁未**　諭户工二部：近聞京城百姓，爲僉〔校記：廣本抱本僉作簽〕報商人，負累困苦，朕甚憫之，其亟〔按:館本亟作急,三本作亟〕議處以聞。於是禮科給事中劉繼文、兵科給事中楊一魁、湖廣道御史劉思問、陜西道御史李學詩及廵視五城御史孫裔興等各疏言卹商事。俱下二部並議。諭下之日,聞者欣然若更生焉。

（穆宗隆慶實録卷 32　第 4 頁　32.3.0830）

225　**五月戊午**　户部奉聖諭議覆給事中劉繼文等所論卹商便宜五事：一，明智各場芻藁、太倉黑豆，原係營馬及防秋支用。本折之間，時有變更，然軍商咸以折色爲便，而官費亦省。請今後京〔按：館本京作經，三本作京，是也〕營所給，不必拘泥成限，但視價賤，卽〔按：館本卽作今，三本作卽，是也〕許全折。其防秋月支草料，亦不必别立名色，但令在塲有草六十萬束、有豆三萬石，通融接濟，召買亦易。又御馬監馬數，未經覈實，宜會廵視科道驗數登〔按:館本登作等，三本作登，是也〕籍送部關給，以杜冒支。二，倉場各商，多係中户，宜令廵青科道、五城御史盡心查審，必求其當。除文武正途如例優免，若援例監生、錦衣官校傳陞、乞陞、納級、買功諸類，止免本身。其弟姪子男，一體均派。且商人名數，無用過多，舊朋户諸類〔按：館本諸類作類諸，三本作諸類，是也〕，宜盡除之，免致搔擾。三，科道部臣會估料價，每多避嫌過刻〔按：館本刻作劾，三本作刻，是也〕，宜令稍加從寬，定以每歲十月中〔按:館本中作修，三本作中〕糴買。又御馬監草料，視各倉場〔按：館本作場倉，抱本嘉本作倉場，是也〕，多寡懸絕，殊非事體。今後並不許多估，以滋侵漁。四，給放料〔按：館本料作糧，三本作料〕價，舊多不實。今〔按:館本今作令，誤〕後各商納料過半，宜卽與前全給，仍陸續補完以前欠數。山東、河南督糧參議，錢糧未完，不許輒回。其在順天府輪輸通判一員，責以督催之事。五，諸司書辦諸役，需索無厭。宜令部臣科道查數釐革。其商人納糧領銀，自本部及監收兩道之外，凡各衙門點卯、掛號，一切停止。又象房草束，守支留難，增耗獨多，甚爲商累。請令錦衣衛官一員，同部屬監收。卽以軍役看守，耗草如各場例，止加二斤。毋得增溢〔按：館本作濫增，三本作增溢〕。奏入。得旨允行，商人名數，既已裁省，令五城御史悉心查審殷實人户充當，不許勢豪阻撓影射，累及貧民〔按：館本作平民，三本平作貧〕。

（穆宗隆慶實録卷 32　第 9 頁　32.7.0838）

226　**六月甲戌**　發太倉銀三十六萬兩於各鎮。大同十萬兩，宣府八萬兩，密雲、延綏各三萬兩，永平、昌平、遼東各二萬兩，薊州、易州、山西、寧固〔校記：廣本寧固作寧夏固安，按固安應作固原〕、甘肅各一萬兩。給主客兵餉。

（穆宗隆慶實録卷 33　第 2 頁　33.1.0856）

227　**六月戊寅**　陞左春坊左諭德兼翰林院侍讀孫鋌爲國子監祭酒。

（穆宗隆慶實録卷 33　第 2 頁　33.2.0857）

228　**六月辛巳**　兵部覆：保定都御史朱大器言二事。……其一言，馬水口所屬邊隘，東北起沿河口，西南止金水口，計二百五十餘里。口内屬宛平縣、涿州、易州、淶水縣地方，口外屬保定衛、保定州、蔚〔按：館本蔚作尉，三本蔚，是也〕州地方。其口外山林叢茂，正所以障口外，而往往爲民間樵採、墾種，有司不能禁止。原募軍士已受安家銀二兩，近皆招之不至〔按：館本至作致，三本作至，是也〕，欲將保定衛、保定州、蔚州地方改屬。西關御史卽不得親臨其地，亦許以文移節制，並按劾有司撓法者。得旨：先發軍犯應否通行，各邊仍詳議以聞。餘如擬。

（穆宗隆慶實録卷 33　第 2 頁　33.2.0858）

229　六月乙酉　　薊鎮三屯處〔按：館本處作營，是也〕地震。

（穆宗隆慶實録卷 33　第 5 頁　33.4.0862）

230　六月己亥　　陞白羊口守備署〔按：館本指上有都字，三本無都，是也〕指揮僉事張涇、義〔按：館本義作蒙，三本作義，是也〕州城備衛指揮僉事朱良臣俱署指揮僉事，充遊擊將軍。涇薊鎮大水峪，良臣遼東廣寧。

（穆宗隆慶實録卷 33　第 8 頁　33.6.0866）

231　閏六月甲辰　　總督蘇〔按：館本蘇作薊，是也〕遼侍郎譚綸言：新選達兵獷悍難馭，宜隸之總兵〔按：館本兵作督，三本作兵，是也〕標下，設裨將一人統之。無事就彼訓練，春秋督發入衛。蘇〔按：館本蘇作薊〕鎮因薦原任副〔按：館本無副字，抱本嘉本有副字〕總兵馮登可統遊擊將軍統領，兵部覆議，從之。

（穆宗隆慶實録卷 34　第 1 頁　34.1.0871）

232　閏六月丁未　　巡倉都御史楊家相言：國家漕糧四百萬石，原定爲京七通三之制，分貯京通二倉。近因京倉空虛，議將通倉原額正兑三分全改京倉，臣切以爲非便。請將通倉遞年支放之數多增一二月，或將折放銀兩月分在京倉月糧内折之，無所不可。蓋通倉多放一月，則京倉省一月之給；折銀一月，則京糧〔按：館本糧作倉，嘉本作糧〕餘一月之儲，非必減通糧而後可以兑京倉也。部覆，以家相所言爲是。但兑運改兑分撥一倉，則糧數錯雜，且有轉貼脚價〔按：館本無價字，三本有價，是也〕之煩，宜遵嘉靖八年以後事例，將改兑盡入通倉，以省脚價。仍將兑運糧内撥六十六萬石以補通倉原額。其餘糧米，俱撥〔按：館本撥作發，三本作撥，是也〕京倉，毋苟三七四六之例。其改支月分已有成規，不必更議。從之。

（穆宗隆慶實録卷 34　第 4 頁　34.3.0876）

233　七月己卯　改薊遼保定軍門標下參將署都指揮僉事董一元分守石門寨。

（穆宗隆慶實録卷 35　第 2 頁　35.2.0889）

234　七月甲申　修理圜丘壇宇。

（穆宗隆慶實録卷 35　第 4 頁　35.4.0893）

235　七月丁亥　詔定名教塲門爲“閲武門”。

（穆宗隆慶實録卷 35　第 6 頁　35.5.0896）

236　七月丁亥　修理乾清宫殿宇廊廡。

（穆宗隆慶實録卷 35　第 7 頁　35.6.0897）

237　七月戊子　以順天府文安、薊州遵化、永平府遷安各州縣災傷，賑卹有差。

（穆宗隆慶實録卷 35　第 7 頁　35.6.0897）

238　七月丁酉　修理重城。

（穆宗隆慶實録卷 35　第 13 頁　35.11.0907）

239　八月戊午　總督薊遼保定軍務侍郎譚〔按：館本譚作談，三本作譚，是也〕綸言：始臣建議於薊鎮治〔按：館本治作沿，是也〕邊增設敵臺三千座，每臺給工銀五十兩，雜主客官軍築之，後以工費太鉅，議增犒賞銀十餘萬。復以時適匱乏，部議必不能從，則又議止於通馬要路築臺〔按：館本臺作壇，三本作臺，是也〕一千六百座，而以原議三千臺〔校記：廣本臺作座〕之費給之。要以省費集事而已，不意流言京師，轉相傳播，謂建築無益阻撓，又〔按：館本又作入，三本作又，是也〕斬伐沿邊樹木，是將來之臺功未睹，而已成之藩籬先撤〔按：館本撤作徹，廣本嘉本作撤，是也〕，則臣之罪大矣。今邊報孔棘，請亟罷臣歸，仍遣大臣科道閲視。臺誠無益，卽治臣之罪；如臣謀未左，猶望責當事諸臣踵而成之。上曰：修築墩臺，已有明旨，綸宜堅持初議，盡心督理，毋惑人言。如有造言阻撓者，奏聞重治。

（穆宗隆慶實録卷 36　第 8 頁　36.6.0920）

240　**八月乙丑**　兵部以大閲請發太僕寺庫銀一萬兩，犒京營官軍人一錢。上以軍士勞苦，命人給三錢。

（穆宗隆慶實録卷 36　第 10 頁　36.9.0925）

241　**九月辛未朔**　以河南都司掌印署都指揮僉事聶大經充參將，分守通州。

（穆宗隆慶實録卷 37　第 2 頁　37.2.0931）

242　**九月癸酉**　裁革上林苑林衡署録事一員。

（穆宗隆慶實録卷 37　第 2 頁　37.2.0931）

243　**九月己卯**　世廟懿妃趙氏薨，命治喪禮儀殺宜妃包氏三之二。

（穆宗隆慶實録卷 37　第 7 頁　37.6.0939）

244　**九月庚寅**　以大閲，命固安伯陳景行守衛承天門，慶都伯杜繼宗、吏部右侍郎兼〔校記：嘉本兼下有翰林院三字，是也〕學士吕調陽守衛京城九門、皇城伍門。命恭順侯繼爵、安鄉伯〔按：館本伯作侯，三本作伯，是也〕張鋐、吏部左侍郎王本固、户部左侍郎劉自强分閲千把總以下及軍士武藝，御史向程、劉堯卿、王圻、蘇士潤監射。

（穆宗隆慶實録卷 37　第 10 頁　37.9.0945）

245　**九月辛卯**　上大閲將士於京營教場。

（穆宗隆慶實録卷 37　第 11 頁　37.9.0945）

246　**十月甲辰**　兵部覆，總督京營戎政鎮遠侯顧寰等奏，三大營官軍不滿九萬，視祖宗設兵之數才三之一，議以各衛所原額營操官軍悉爲清勾，務滿十萬，不足則以先年召募逃故名額補之。詔如議〔校記：廣本議下有行字，是也〕。

（穆宗隆慶實録卷 38　第 2 頁　38.1.0954）

247　十月丙午　　以雹災免宣府前等衛所城堡、延、保、永寧三州縣屯糧有差。

（穆宗隆慶實録卷 38　第 4 頁　38.3.0958）

248　十月乙卯　　修理泰陵祾恩殿等工完，奉安神位，遣公徐文壁行祭告禮。

（穆宗隆慶實録卷 38　第 5 頁　38.5.0961）

249　十一月乙亥　　朝鮮國王李昖遣陪臣户曹參判柳從善等貢馬及方物入賀冬至節，宴賚如例。

（穆宗隆慶實録卷 39　第 3 頁　39.2.0970）

250　十一月丁丑　　密雲、遵化縣地震，有聲如雷。

（穆宗隆慶實録卷 39　第 4 頁　39.3.0972）

251　十一月己卯　　賜朝鮮國《大統曆》百册。

（穆宗隆慶實録卷 39　第 4 頁　39.3.0972）

252　十一月庚辰　　京師地震，有聲。詔百官修省三日，青衣角帶辦事。

（穆宗隆慶實録卷 39　第 6 頁　39.5.0975）

253　十一月甲申　　修理承乾、永和二宫。

（穆宗隆慶實録卷 39　第 6 頁　39.5.0975）

254　十一月乙酉　　降巡視皇城御史楊松三級調外任。時尚衣監右少監黄雄者，乾清宫近侍也。嘗以番休日私出徵子錢與居民鬨鬭市中，兵馬司捕擊〔按館本擊作繫〕之，明旦執送御史松所。事未決，而内監以雄不入，直令校尉趣之，校尉詭言有駕帖召雄，松驗問無狀，乃劾奏雄暴横不法，詐稱詔旨，雄亦自辨〔按：館本辨作辯〕不如松言。上以松奏事不實，不奉旨輒拘係〔校記：

廣本嘉本係作繫，是也〕内侍官，命降調，而黜兵馬之捕雄者爲民，雄亦降三級，發南京。

（穆宗隆慶實録卷 39　第 6 頁　39.5.0975）

255　十一月癸巳　三屯營〔校記：影印本三屯營三字未印出，爲籤條所遮蓋〕地震，有聲。

（穆宗隆慶實録卷 39　第 8 頁　39.7.0980）

256　十一月乙未　協理京營戎政兵部左侍郎王之誥條陳營務：一，議標兵以備督調。謂：總協官所轄標兵止一千人，有如虜勢警急，必將提師督調。而隨征者寡，恐不足以捍〔按：館本捍作悍，三本作捍，是也〕内而禦外。宜於守備兵内簡精鋭二千人，共爲三千，量給馬匹。仍調將官統練之，用備緩急。一，請關防以重機宜。謂：戎政之印掌於總督，而協理不與，即有機事文書發行，真偽難辨，請視〔按：館本請視作諸視，三本作請視，是也〕諸鎮巡例給與關防。一，議勳臣以備將材。謂：故多用勳臣充京營總督、副、參、遊、佐等官，復以不習武事遂廢。頃令帶俸〔按：館本帶俸作帶捧，抱本嘉本捧作俸，是也〕公、侯、伯赴營視操，亦漸有可觀者。宜命巡視科道歲終從公奏薦，員缺即酌量用之。一，議家丁以倡勇敢。謂：營中家丁原取沿邊壯士，近多逃亡，遂令京師推〔校記：廣本推作稚，疑應作椎〕埋之徒，往往冒充，爲蠹不細，宜盡汰革，而選戰兵營二百人城守，備兵二營各百人充額。仍於〔按：館本無仍於，三本有仍於二字〕秋操考閲如法，别其殿最而降陟之。一，慎管隊以飭行伍。謂：管隊官旗，類多無籍，以致營伍不整，而革任隨伍指揮等官，反受其鈐〔按：館本鈐作鍊，三本作鈐，是也〕束，殊爲倒置。宜將隨伍軍職盡令管隊，其廢棄等官亦自爲一營，寄操聽用，勿復令軍旗制之。一，議抽補以實行侯。謂：三大營兵額不足，宜將各衛所官軍舍餘，悉加簡閲抽補，務滿十萬。一，復班軍以備工操。謂：外衛班軍原額一十六萬，春秋各以八萬赴班，與營兵同操，誠得强幹之意。其後薊鎮多事及〔按：館本及作反，三本作及，是也〕江北盜起漸改留，而營操之額遂缺。宜令中都所存班軍，悉赴班如故，非有大役不得調取。一，議買補以甦貧軍。謂：京營官軍馬匹倒死者，故事，止以年限爲差追納樁銀，不足示戒。近議五年之内倒死輒令買補，則已甚矣。請酌議新故之法，如一年以上者，視故事加追銀一兩，二年以上者半之，至五年以上仍如故事追樁。則奸頑既知稍警，而貧軍亦免重累。一，免存卹以省糜費。謂：清解之軍至京者，有存卹口糧三石，令休養三月，然後驗發營操。蓋憫其勞而優之也〔按：館本作優也也，三本作優之也，是也〕。乃者，官吏科索，軍不能自存，則往往亡去，而所謂存卹者盡入。此屬私囊，嗣〔按：館本無嗣字，三本有嗣字，是也〕後請不必存卹。至即驗發收糧，則吏無所容奸，而軍得優卹之實。又諸軍月糧，舊例支於京通二倉，第開操三月，不利遠支。宜坐支京倉，而以餘月支通倉便。疏下，兵部以戎政有印，則總協官俱可會行關防，不必更議。解軍之例，載在會議〔按：疑議爲典之誤〕，不可輕廢。第飭所司審驗，勿令奸吏科擾。餘皆如之〔按：館本無之字，三本有之字〕詒言。詔從之。

（穆宗隆慶實録卷 39　第 9 頁　39.7.0980）

257　**十一月丁酉**　以水災免薊州、霸州、涿州、昌平州、遵化、豐潤、玉田、武清、東安、永清、保定、香河、大成、固安、房山、良鄉、宛平、大興、文安、瀞、寶坻、懷柔等縣，薊州鎮朔營州右屯、遵化忠義中、東勝右、興州前屯、興州左屯、開平中屯、武清營州前屯、涿鹿涿鹿左、涿鹿中、興州中屯等衛，寬河所存留屯糧各有差。文安、保定、大城、永清四縣災重者，停帶徵糧一年。

（穆宗隆慶實録卷 39　第 10 頁　39.9.0983）

258　**十二月癸卯**　發太倉銀一萬六千五百四十餘兩於密雲鎮，三千六百六十餘兩於昌平鎮，一萬四千一百九十餘兩於永平鎮〔校記：館本無爲上一至鎮十四字，三本有此十四字〕爲閏月客兵餉。

（穆宗隆慶實録卷40　第3頁　40.2.0988）

259　**十二月庚戌**　命五軍營備兵坐營署都指揮僉事張鎮充五軍營遊擊將軍。

（穆宗隆慶實録卷40　第4頁　40.3.0990）

260　**十二月壬午**　改神機營練勇參將王化熙於五軍營，神機營佐擊將軍曰福於神樞營，以原任五軍營參將施相代化熙，原任神樞營佐擊將軍秦嘉夔代福。

（穆宗隆慶實録卷40　第4頁　40.4.0991）

261　**十二月己未**　立春。順天府進春。上御皇極殿受之。文武羣臣行慶賀禮。

（穆宗隆慶實録卷40　第6頁　40.5.0994）

262　**十二月辛酉**　琉球國中山王尚元遣其臣守備由必都等歸我日本虜去人口，守臣以聞。上嘉尚元屢効忠誠，賞銀五十兩，綵段四表裏。仍賜勅奬勵由必都等各給銀幣有差。

（穆宗隆慶實録卷40　第7頁　40.5.0994）

263　**十二月甲子**　命原任薊鎮遊擊將軍署都指揮僉事尚智充大同入衛遊擊將軍。

（穆宗隆慶實録卷40　第10頁　40.9.1001）

264　**十二月**　是歲……漕運四百萬石，内災傷改折二十二萬四千五百一十四石七斗一升，運米三百七十七萬五千四百八十五石二斗九升，各處運納米二〔校記：廣本嘉本二作一〕千三十六萬六千四十二〔校記：三本二作三〕石有奇。

（穆宗隆慶實録卷40　第14頁　40.12.1007）

隆慶四年（1570）

265　**正月乙亥**　命恭順侯吳繼爵總督京營戎政。

（穆宗隆慶實録卷 41　第 1 頁　41.1.1009）

266　正月乙亥　上諭兵部曰：畿輔近邊地方武備廢弛已久，近來言者皆詳於外而畧於内，豈萬全計？爾等宜悉心詳議所以捍外衛民者，具奏施行。於是尚書霍冀等條爲十事上之。一，更置守□〔按：館本□作令〕。謂近邊府州縣掌印官，民兵、錢糧、城堡、器械悉屬綜理，所係甚重。宜行總督撫按官公同甄别，某應久任，某應改調。遇有員缺，吏部仍慎選甲科老練之人充之。如科貢□□〔按:館本□□作吏員〕出身有異才堪任者,一體超用。一,修繕城堡。謂：保障邊方，城堡爲急，往年猾虜止於攻毁堡寨，近則攻陷州縣城矣。今沿邊地方，自永、順二府之外，州縣城垣與軍民屯堡，全未經畧。卽如近京蘆溝□〔按：館本□作橋〕、河西務，皆稱大鎮，虜必垂涎之地。宜□□〔按：館本□□作速行〕各該□□□〔按：館本□□□作守臣增〕築牆垣，多開溝塹，工費取之撫按□□□□□□〔按：館本□作贓罰及户部開〕納事例銀。一，申明保甲。謂：郊畿近地□□□□□□〔按：館本□作軍民雜處往往〕盜起肘腋而不知，虜至門庭而莫避，□□□□□□□〔按：館本□作宜申明保甲之法〕，有急共救，有罪同罰，其他黜閘科□□□□□□〔按:館本□作派之擾一切禁〕之。一，團練民兵。謂：各州縣設有民壯，專備緩急之用，而有司獨用以供迎送之役，全不教練，故民兵雖設，武備日弛。宜如近議，嚴行□□〔按：館本□作所在〕撫臣加意教閲。其有額外壯丁堪練者，多方募集，編成什伍，擇其有信義服人者立爲隊長、隊副，以統領之。平時則量减徭役，防秋則量給行糧。如有捍虜功，一體賞陞。一，修築墩臺。謂：墩臺爲烽火耳目之寄，而近邊州縣，多圮廢不修，猝遇虜警，不便傳報。宜酌量衝緩，以時修築，多撥軍夫守之。一，製造火器。謂：中國之長技全在火器。如連珠砲、湧珠炮、神鎗、快鎗等項，宜一一多備。仍選軍民精鋭有膽力者，充爲火器手，不時教習，以濟緩急。一，栽植〔校記：廣本植作培〕樹株。謂：畿輔内地，平衍空濶，虜騎得以長駈〔校記：舊校改作長驅〕。宜於各城堡外多栽樹木，不惟利民，抑因可以捍虜。一，□〔按：館本□作預〕計防守。謂：城堡既修，又須法令素明，□□〔按：館本□作乃能〕有□□〔按：館本□作濟，宜〕令各府州縣掌印官查照各城堡垛口數□□□□〔按：館本□作目編定號〕次以爲信地，挨户出丁守之，雖勢豪之家□□□〔按：館本□作不得狥情〕優免。遇虜報戒嚴，卽挑選壯丁，如期策應。□□□□〔按：館本□作一嚴謹收〕歛。謂：虜若大舉，則當下清野之令，使各處□□□□〔按：館本□作保甲馬上執〕旗召集鄉民，悉遷入城堡，如有怠玩者罪之。一，責成兵備。謂：畿輔地方，一應兵馬錢糧之事，全賴兵備分理，必功罪相同，而後能戮力共濟。卽如近來宣、大地方，戰守之功，無不歸之兵備。而頃者，大同失事，罪止坐總督、鎮撫，甚非法紀。今後宜以爲戒，使人人知其責任所在，不容他諉，庶於邊務有裨。疏入，上以爲然。令各該撫按督率兵備等官，着實舉行更置。有司務依期作速具奏。

（穆宗隆慶實録卷 41　第 1 頁　41.1.1009）

267　正月壬午　　發太倉銀七千兩於薊鎮，備撫夷用。

（穆宗隆慶實録卷 41　第 9 頁　41.8.1023）

268　正月辛卯　　朝鮮國王李昖遣陪臣禮曹參判李俊白等入賀。宴賞如例。

（穆宗隆慶實録卷 41　第 12 頁　41.10.1027）

269　二月庚子　　命道心閣、精一堂、臨保室舊址重建，閣曰“隆道”，堂曰“仁德”，室曰“忠義”。

（穆宗隆慶實録卷 42　第 1 頁　41.1.1033）

270　二月辛亥　　建英明閣於禁中。

（穆宗隆慶實録卷 42　第 5 頁　42.4.1040）

271　二月乙卯　　改南京國子監司業王錫爵爲國子監司業。

（穆宗隆慶實録卷 42　第 9 頁　42.7.1046）

272　二月壬戌　加石門〔按：館本門下有寨字〕參將董一元副總兵，管古北口參將事。陞界嶺口守備指揮僉事谷承功署都指揮僉事充遊擊將軍，管臺頭營參將事。

（穆宗隆慶實録卷 42　第 14 頁　42.11.1054）

273　二月甲子　上御皇極殿傳制，遣國〔按：館本公上無國字，抱本遣下有成字〕公朱希忠、侯吳繼爵、駙馬都尉許從誠、伯杜繼宗、李銘、陳景行持節，大學士李春芬、高拱、陳以勤、張居正、趙貞吉、尚書殷士儋捧册，封魏氏爲“英妃”，秦氏爲“淑妃”，李氏爲“德妃”，劉氏爲“莊妃”，董氏爲“端妃”，馬氏爲“惠妃”。

（穆宗隆慶實録卷 42　第 16 頁　42.13.1058）

274　二月乙丑　命總督京營戎政恭順侯吳繼爵、中軍都督府僉書署都督僉事袁正、五軍營副將署都督僉事焦澤充三大營總兵官。繼爵五軍營、正神樞營、澤神機營。

（穆宗隆慶實録卷 42　第 18 頁　42.15.1061）

275　二月丙寅　薊遼總督譚綸上言：隆慶三年築城敵臺四百七十二座，規制精堅，可當精兵十萬，爲邊境百年之利，乞録効勞將吏功。得旨：賜綸及巡撫劉應節、總□〔按：館本□作兵〕戚繼光、楊四畏銀幣。參政楊錦、凌雲翼、副使楊兆、宋豫卿、僉事宋守約、副總兵李超等、遊擊陳其可〔按：館本可下有等字〕、參將胡懋功等各陞賞有差。

（穆宗隆慶實録卷 42　第 18 頁　42.15.1062）

276　三月壬申　陞山東道監察御史宋纁爲順天府丞。

（穆宗隆慶實録卷 43　第 3 頁　43.2.1076）

277　三月辛巳　鑄“隆慶通寶”制錢。

（穆宗隆慶實録卷 43　第 10 頁　43.8.1088）

278　三月壬午　詔改三營總兵官爲提督，以定西侯蔣佑領神樞營，平江伯陳王謨領神機營，同恭順侯吳繼爵俱改給勑諭關防，每月輪祭神旗。

（穆宗隆慶實録卷 43　第 10 頁　43.8.1088）

279　**三月辛卯**　陞神機營副將都指揮同知佟登〔校記：嘉本登作堂，誤〕爲署都指揮僉事。

（穆宗隆慶實録卷 43　第 14 頁　43.12.1095）

280　**三月乙未**　上諭户部發銀買白綿二萬五千斤以進。尚書劉體乾奏：湖州府額解白綿且至，宜停買。上趣辦益急，都給事中李已諫曰：臣聞物聚於所生而赴於所用，今京師非出綿之所，三月非用綿之時，求者苦其難，鬻者高其直〔校記：廣本直作值〕，即日箠商人於市，而二三萬斤之綿，恐亦不可以倉卒具也。且今都邑之民，爲編商所困，十室九空，固宜加意軫卹，奈何復擾之耶？時商賈聞命皆避匿。體乾復奏言：京師根本重地，不可使一夫不安。而今肆市晝閉，商賈不行〔校記：廣本賈作旅〕，衆口嗷嗷，非平市所宜有也。上悟，命發太倉銀買綿一萬斤，餘悉停。

（穆宗隆慶實録卷 43　第 15 頁　43.13.1097）

281　**四月戊戌朔**　京師地震。

（穆宗隆慶實録卷 44　第 1 頁　44.1.1101）

282　**四月辛丑**　調分守龍、固二關右參將張玘於紫荆關，以昌平遊擊將軍張斌代之。

（穆宗隆慶實録卷 44　第 2 頁　44.2.1103）

283　**四月癸卯**　朝鮮國王李昖差陪臣禮曹判書金貴榮等乞王妃誥命，許之。

（穆宗隆慶實録卷 44　第 2 頁　44.2.1103）

284　**四月癸丑**　大學士高拱言：臣奉召至京，竊見里巷小民，十分凋敝。有貲産一空者，有鬻子女者，有散之四方者，而曩時富貴不復有矣。臣驚問其故，則曰商人之爲累也。問其所以爲累，則曰朝廷未曾虧商，商人私費太〔按：館本太作泰，廣本作太，是也〕冗故耳。如供辦百金卽有六七十金之費，少亦四五十金，是私費與官價常相半也。乃官價以不時給，則又有稱貸之費，有求託吏胥之費，比及領價所得，不能償其所失，故派及一家，人心洶洶，烏得而寧居也。夫至尊所居，根本之〔校記：廣本之作重〕地，必使〔按：館本使作有，三本作使，是也〕百姓富庶，人心安，而緩急亦可有〔按：館本可有作有可〕賴。祖宗取天下富室填實京師，蓋爲此也，獨奈何使凋敝至此乎？先朝供用錢糧，召商買辦，國用不詘而商人得利。今估價給商，比之先朝，非節縮加少也，而民不霑惠，反凋敝若此，豈非弊源所在未盡剔援之過歟！乞勅各衙門，查先朝官民兩便，其法安在，奏請施行。凡商人辦納錢糧，必估給價值。卽銀兩不敷，亦必那移處給，無得後時。更須痛釐宿弊，凡公私費用，悉爲禁止。則庶乎商困少甦，而京邑之民，可有寧居之望也。至於錢法不通，則由指點多端事體不一所致。蓋小民空手無資，日覓數錢，以苟朝夕，必錢有定，乃可通行。今旦議夕更，迄無成説，小民恐今日得錢，而明日不用，將饑而死，是以逾〔校記：嘉本逾作愈，是也〕變更逾紛亂，逾禁約逾驚疑。人情洶洶，職此故耳。臣惟錢法之行，當從民便。試觀當年未議錢法而錢行，近年議之而反不行；外省不議錢法而錢行，京師議之而反不行，其理可知也。臣願陛下特降聖諭，行錢法，從民便。不許更爲多言，亂民耳目。如此則人心自定，人心自定，則錢法自通，小民各得以爲朝夕矣。古云：天下本無事，庸人擾之耳。此二事者，實有人擾之於前，乃相沿至今爲累。臣目擊其弊，故不得不爲皇上言之，幸聖明裁決焉。上曰：覽卿奏，具見爲國卹民之意。錢法委宜聽從民便，不必立法紛擾商人事。該部亟議以聞。

（穆宗隆慶實録卷 44　第 7 頁　44.6.1112）

285　四月癸丑　陞順天府三河、延綏高家堡、甘肅紅城子等處守備指揮僉事趙應時、徐綱、鄭經俱署都指揮僉事，充遊擊將軍。應時昌平，綱莊浪，經甘肅。

（穆宗隆慶實録卷44　第9頁　44.8.1115）

286　**四月丙辰**　　提督京營恭順侯吳繼爵等奏：祖制，京營以文武大臣並爲提督，載於《會典》。嘉靖間都御史汪鋐、兵部尚書劉天和、張讃俱與勳臣共事。庚戌後始勳臣爲總督，文臣〔按：館本臣作武，三本作臣，是也〕爲協理，其名稱不同，而文武並用之議實未異也。比者，皇上採納輔臣之議，分營練兵。復改總督爲提督，協理爲閱視，聖慮神謨，豈臣下所能仰窺萬一。臣等深惟部院大臣，資望隆重，用以閱視，其任似輕而泛。未若提督有督軍總理之責，身親爲之者尤重且〔按：館本且作所，抱本嘉本作且〕切。况營務廢弛已久，臣等才識淺薄，非藉文臣〔按：館本藉作籍、臣作武，廣本抱本作藉作臣，是也〕共事，卒難整飭。乞仍舊制，以閱視改爲提督。上許之。已而右都御史曹邦輔言：吳繼爵等乞改臣閱視均爲提督者，其詞若援舊制，而其實爲奸避之計。以爲無事則彼勳爵居臣上，不得相制，有事則臣當分任其責耳。伏荷俞旨，臣復何言，但繼爵等以三人各提督一營，而臣以一人共提督三營，其職掌及應接禮儀，宜下吏、禮、兵各部臣詳議。上曰：有旨矣，凡營務悉遵典禮行，毋妄議分更。

（穆宗隆慶實録卷44　第10頁　44.9.1117）

287　**四月己未**　　兵部議覆巡按直隸御史房楠條陳。一，三河縣土城不可守，河西務舊未有城，虜所垂涎，乞行順天守臣勘議修建。一，邊民止許築室城堡中，虜至野無所掠。一，永平、昌、薊諸路，種樹已成，嚴行地方守視。

（穆宗隆慶實録卷44　第12頁　44.10.1119）

288　**四月庚申**　　發太倉銀一萬九千六百七十餘兩於永平，八萬七千二百九十餘兩於密雲，二萬三千一百二十八兩於昌平，備客兵餉。

（穆宗隆慶實録卷44　第12頁　44.10.1120）

289 **五月壬申** 命提督京營左都御史曹邦輔專督五軍營，前總督兩廣左都御史兼兵部左侍郎劉燾以原職提督神樞營，前總督宣大山西右都御史兼兵部右侍郎陳其學以原職提督神機營，燾、其學數辭，不允。

（穆宗隆慶實録卷45 第3頁 45.2.1128）

290 **五月辛巳** 發太倉銀二十五萬於宣府、大同、薊州、永平、密雲、昌平，充主客兵餉。

（穆宗隆慶實録卷45 第6頁 45.5.1134）

291 **五月甲申** 陞順天府府尹曹三暘爲都察院右副都御史，巡撫雲南兼建昌、畢節等處地方。贊理軍務。

（穆宗隆慶實録卷45 第6頁 45.5.1135）

292 **五月戊子** 陞光禄寺卿栗永禄爲順天府府尹。

（穆宗隆慶實録卷45 第9頁 45.7.1138）

293 **五月癸亥** 户部尚書劉體乾等奏：進夏季京庫銀十七萬兩，尚欠原額八萬兩，乞行府〔按:館本無州字〕州縣督徵。有旨：切責體乾過期支吾，令亟以太倉銀補進，奪該司官俸二月。

（穆宗隆慶實録卷45 第11頁 45.9.1141）

294 **六月丁酉朔** 上傳諭禮部：天氣亢旱，三時少雨，禾苗漸稿〔校記：舊校改稿作槁〕，朕甚憂之。其傳示順天府官竭虔祈禱。自初一日爲始，十日止，諸司停刑禁屠，不許怠忽。是夜雨，明日又雨，又明日大雨。上喜。命輟壇弛禁。

（穆宗隆慶實録卷46 第1頁 46.1.1143）

295 **六月癸卯** 玉田伯蔣榮，以大興縣賜田有司代爲徵租不便，疏請自徵，語侵知縣申嘉瑞，於是御史謝廷傑、傅孟春謂榮違例瀆奏侵辱奉公，有司交章劾之。户部亦謂廷傑等言是，當罰治榮而戒有司之爲勳戚徵租怠悞者。得旨：榮貰勿治，餘如部議。

（穆宗隆慶實録卷46 第5頁 46.4.1150）

296　**六月甲辰**　户部條議卹商事宜。一，定時估。言物價與時低昂，而錢糧因時辦納，若先期估計，則貴賤無憑。或倉場遠近就費多寡，遥度懸斷，豈盡合宜？此後九門鹽法委官與十三司掌印官及巡清科道估價。上半年定於五月，下半年定於八月，俱以十六日爲期。務在隨時估價，不得執一。其内庫監局召買物料，價亦倣此。一，議給價。將御馬三倉、壩上等馬房錢糧原屬山東、河南督理京糧近者，俱改於大倉關領。各倉場料草原派數少者，給以全價，數多者預給三分之一，完日補給，皆以以時估爲率。其兩省督糧官既無關領之擾，則催督宜嚴。如有怠玩者，劾治。一，嚴禁革。各庫監局及牛羊象馬房等倉、西安等門典守官吏，有需求抑勒者，悉治其罪。一，裁冗費。量減各倉場草束斤數及脚夫庫秤之冗食者。一，酌坐買。凡料草數多，一時難以卒辦者，量於秋冬二孟收成之月坐買，不得仍前全坐，致費高漲。陳草悉令發買〔校記：廣本買作賣〕，或如數補。於未給價者速給之。一，公僉報。各商果貧困不能供役者，俱通狀告部，轉行巡青衙門驗實，方許舉報富户更代。疏入，上悉從之。

（穆宗隆慶實録卷 46　第 5 頁　46.4.1150）

297　**六月辛亥**　命錦衣衛逮北城兵馬指揮孫承芳，杖六十，黜爲民。時北安門有直宿校尉負一屍棄門外，承芳見之，疑有姦，使使收繫鞫門，辭連内臣李陽春。陽春恐罪及己，乃先奏言，死者初入内時偃卧無恙，因念禁中非外人卧所，故遣軍校扶出，而承芳妄生事端，擅加刑校尉，當治。上信之，遂反坐承芳而釋繫者勿問。户科右給事中査鐸等及刑科都給事中舒化等俱請以陽春所奏下法司驗問。不聽。

（穆宗隆慶實録卷 46　第 8 頁　46.7.1155）

298　**六月癸丑**　發太倉銀萬六千餘兩給餉薊鎮南兵。

（穆宗隆慶實録卷 46　第 8 頁　46.7.1156）

299　**六月辛酉**　雷擊圜丘廣利門鴟吻。御史王喬疏乞修省，得旨報聞。

（穆宗隆慶實録卷 46　第 15 頁　46.13.1167）

300　**六月辛酉**　以久雨壞民廬舍，諭都察院：京城内外小民疾苦，卽今爲始，每歲五六七月俱免房號錢，給與修理。

（世宗隆慶實録卷 46　第 15 頁　46.13.1167）

301　**六月丙寅**　命工部建□〔按：館本□作光〕泰殿瑞祥閣於長信門南，工科都給事中龍光上疏諫不納。工部尚書朱衡等覆言：地道宜静不宜動。□〔按：館本□作今〕隆道、英明等閣工役補竣，皇上正宜凝神淵默導迎和氣，若再興大役，非惟近地不安，亦恐財力有限。臣等芻蕘之見，不敢不盡其愚。上悟乃止。

（穆宗隆慶實録卷 46　第 15 頁　46.13.1167）

302　**六月丙寅**　罷真定、河間等衛忠順官軍之成居庸者，以薊鎮新募奇兵一千五百人代之。

（穆宗隆慶實録卷 46　第 16 頁　46.13.1168）

303　**七月乙亥**　陞巡撫順天都察院右僉都御史劉應節爲右副都御史，巡撫如故，以三年秩滿也。

（穆宗隆慶實録卷 47　第 4 頁　47.4.1173）

304　**七月丁丑**　兵科都給事中温純等言：薊鎮邊事有可慮者四、當議者七。謂四慮者：士兵未練，敵臺未完，有□□〔按：館本□作積怯〕之勢，一也。虜騎長驅，震摇京邑〔按：館本邑作色，廣本抱本作邑〕，有剥膚之虞，二也。營兵日耗，聲援無資，三也。套虜土蠻，各懷報復〔按：館本復作服，廣本抱本作復，是也〕，此謂無所不備，無所不寡，四也。所謂七議者：一言薊鎮自譚綸〔按：館本綸作論，廣本抱本作綸〕、戚繼光練兵築臺以來，費亦不資〔校記：廣本作貲，是也〕，設一旦代〔按：館本代作伐，廣本抱本作代〕去，□〔按：館本□作成〕功盡毁〔按：館本毁作燬，廣本抱本作毁，是也〕。自今邊臣積有年勞，及聞有小失，不宜輕易。二言京營練兵，全藉〔按：館本藉作籍，廣本抱本作藉，是也〕副將，宜稍重其事權。並選各鎮名將，致之營中，以緩備急。三言老營堡之事獨賞鎮巡而不及哨探軍士，無以勵人心。宜厚加賞賚，仍令諸邊報功並叙諜者。四言邊臣功罪〔按：館本無罪下十九字〕，核實在臺臣，宜令御史遇警即趨至近地詳覈功罪，奏報不得踰月，朝廷據以賞罰，則可以服將士之心。五言今水旱瀕仍，倉庫〔校記：廣本庫作廒〕搜括殆盡，加以逋負，歲入益虧。宜飭户部，先□□〔按：館本□作時計〕處以備軍興。六言黠虜故智常聲東擊西，邊鎮諸臣務相〔按：館本相作先，三本作相〕度機宜，應援堵截，無中虜計。七言邊城傾圮，當務〔按：館本務作亟，廣本作急〕爲修繕，務俾堅完，以資戰守。又請復御〔校記：三本御下有便字，是也〕殿之規，俟秋防有警之日，容閣部諸臣面議方略。疏下，兵部請如純議〔按：館本請作諸，三本作請。廣本議作言〕。報允。於是三營各添副將一員，裁革參將、佐擊將軍各一員。

（穆宗隆慶實録卷 47　第 5 頁　47.5.1177）

305　七月乙未　免昌平川〔按：館本川作州，是也〕寄養馬三年，以撫按官奏也。

（穆宗隆慶實録卷 47　第 15 頁　47.13.1180）

306　八月辛丑　築通州河西務城。

（穆宗隆慶實録卷 48　第 3 頁　48.2.1198）

307　八月壬寅　以順天府鄉試，命右春坊右諭德兼翰林院侍讀丁士美、翰林院修撰申時行爲考試官。

（穆宗隆慶實録卷 48　第 3 頁　48.2.1198）

308　八月壬子　朝鮮國王李昖遣陪臣吏曹參判洪天民等入賀，宴賞如例。

（穆宗隆慶實録卷 48　第 6 頁　48.5.1204）

309　八月乙卯　發太倉銀一萬六千兩爲九門、重城〔按：館本城作臣，三本作城〕七門兵馬芻餉〔按：館本餉作糧，三本作餉〕。

一萬四千餘兩於〔按：館本無於字，三本有於，是也〕鞏華城，給宣、大兵入衛者。

（穆宗隆慶實録卷 48　第 8 頁　48.7.1207）

310　**八月丙巳**　命吏部右侍郎靳學顔暫協理兵部事，順天府府尹栗永禄陞都察院右副都御史提督防護陵寢兵馬。户部左侍郎戴才兼右僉都御史，督理通州等處糧餉。

（穆宗隆慶實録卷 48　第 8 頁　48.7.1207）

311　**八月癸亥**　順天府進鄉試録葉有重複者，上以責提調官、考試官，於是府丞宋纁、諭德丁士美、修撰申時行各奪俸二月。

（穆宗隆慶實録卷 48　第 9 頁　48.8.1210）

312　**九月丁丑**　陞太僕寺卿姚一元爲順天府府尹。

（穆宗隆慶實録卷 49　第 7 頁　49.6.1224）

313　**九月丁亥**　陞司經局洗馬馬自强爲國子監〔按：館本無監字，三本有監字〕祭酒。

（穆宗隆慶實録卷 49　第 13 頁　49.11.1233）

314　**九月甲午**　户部請：以京師倉場草料折色，有司仍解山東、河南兩道，若順天、永平、保定、河間者，則附山東道；真定、順德、廣平、大名者，則附納河南道。以督糧事，宜特勅參議遵行。或商賈偶缺者支庫銀責令歲中抵還，民運未完，不得回任。從之。

（穆宗隆慶實録卷 49　第 16 頁　49.14.1239）

315　**九月甲午**　詔：復京營舊制。自京營改六提督，法令不一，人人持意，見擇便利〔校記：廣本作利便〕，旬月不決。兵科都給事中温純言：京營之弊在不擇將而添將，不增軍而增官，不講訓練而聽營制。陛下奈何以一輔臣故而用三大將，以一勳臣故而用三侯伯，又以三侯伯故而用三文臣。假令此六臣盡才且賢，惟一心獨懼有十羊九牧之患，況一分兵馬輙起異同，不惟文武不相能，卽〔按：館本卽下有惟字，嘉本無惟字，是也〕文臣中亦自相矛盾矣。千把總受參遊令，倏焉而副將之令至，又倏焉而文提督之令至，又倏焉而武提督之令至。多指亂視〔按：館本視作混，三本作視，是也〕，多言亂聽，居常猶忌之，以之臨敵，蔑不敗矣。各衛所官軍雜置三營中，即有公移〔按：館本作則有功利，三本作即有公移〕，則以一官往來六提督之門，其費可知也。且三營各二副將，將各領兵五枝，不可謂分乎？分矣得其人，則合之爲三大營，分之爲六副將，又合之爲一總督、一協理，蓋祖〔按：館本祖作租，廣本抱本作祖，是也〕用先帝之制。而諸副將之分屬統領者，又適當輔臣〔按：館本無臣字，廣本抱本有臣字，是也〕分制之議，夫誰曰不可？故臣等以爲文武大統帥，則莫如復先帝制便。其諸副將參遊等官，仍從近〔按：館本近作舊，廣本嘉本作近，是也〕議分統。但今日之〔按：館本無之字，三本有之字，是也〕患，非練兵之難，而得將難。乃者，營將類多選愞，與之談攻守事，則口禁莫爲應。不是之慮而曰建議、曰添將〔按：館本將作參，三本作將，是也〕、曰取中旨，如兒戲然，其於兵政何〔按：館本何作仍，三本作何，是也〕所裨哉！惟上飭各司詳議，毋拘成説，無徇〔按：館本徇作拘，三本作徇，是也〕私見，修先帝之法，慎擇副將，責以練〔按：館本練作績，三本作練，是也〕兵事宜，轉爲强弱，豈在於此。巡視京營御史王友賢〔按：館本賢作慰，三本作賢，是也〕亦極言以爲不便。疏下，並兵部覆〔按：館本無並字，部下有議字，三本無並字議字，是也〕如純等言，請〔按：館本請謂，抱本嘉本作請，是也〕仍用武臣一人總督，文臣一人協理。其副將參遊分統，皆如〔按：館本如下有純等二字，抱本嘉本無，是也〕近議。上報允。乃罷六提督，更推總督協理〔按：館本理下有大臣二字，抱本無〕如故。

（穆宗隆慶實録卷 49　第 17 頁　49.14.1239）

316　十月丙申　　發太倉銀二萬兩給昌平，增調客兵。

（穆宗隆慶實録卷 50　第 1 頁　50.1.1244）

317　**十月乙巳**　巡撫順天等處都御史劉應節奏：薊州鹽法通行，邊儲日裕，永平實與境接，請將各鎮存積餘引分派開中，以抵年例。户部覆以來歲舉行。報可。

（穆宗隆慶實録卷50　第7頁　50.6.1254）

318　**十月丁未**　陞巡撫順天右副都御史劉應節爲兵部右侍郎兼右僉都御史，總督薊遼保定等處軍務，兼理糧餉。

（穆宗隆慶實録卷50　第7頁　50.6.1254）

319　**十月辛亥**　詔協理京營〔按：館本無營字，廣本嘉本有營字，是也〕大臣設館教習勳冑，以儲將材。從御史趙可懷議也。

（穆宗隆慶實録卷50　第10頁　50.9.1259）

320　**十月壬子**　陞山東按察司副使楊兆爲都察院右僉都御史整飭薊州邊備兼巡撫順天等處。

（穆宗隆慶實録卷50　第10頁　50.9.1259）

321　**十月癸丑**　朝鮮國王李昖以王妃受封遣議政府左贊成姜暹等齎表文方物入謝。宴賚如例。

（穆宗隆慶實録卷50　第11頁　50.9.1260）

322　**十一月庚午**　命昌平總兵標下遊擊將軍署都指揮僉事馬〔按：館本馬作負，舊校改作馬〕負圖充遼東海、蓋左參將。

（穆宗隆慶實録卷51　第4頁　51.3.1273）

323　**十一月丁丑**　朝鮮國王李昖遣陪臣户曹參判李陽〔按：館本陽作賜，廣本作暘，抱本嘉本作陽〕原等賀冬至節。宴賞如例。

（穆宗隆慶實録卷51　第5頁　51.4.1276）

324　**十一月甲申**　陞……順天府府丞宋纁爲右僉都御史巡撫保定等府兼提督紫荆等關。

（穆宗隆慶實録卷51　第7頁　51.6.1279）

325　**十一月丁亥**　陞……尚寶司卿路王道爲順天府府丞。

（穆宗隆慶實録卷51　第11頁　51.9.1286）

326　**十一月庚寅**　改牆子嶺副總兵張臣、古北口副總兵董一元俱統領總督標兵。以大平寨參將羅端、軍門標下參將李如檟俱充副總兵，代臣及一元。以軍門標下右營遊擊將軍王禄爲參將，分守太平寨。從總督譚綸舉劾也。

（穆宗隆慶實録卷 51　第 12 頁　51.10.1288）

327　十二月甲午朔　　朝鮮國王李昖遣吏曹參判梁應台等貢種馬。宴賞如例。

（穆宗隆慶實録卷 52　第 1 頁　52.1.1291）

328　十二月壬寅　　以冬月無雪，詔順天府官祈禱。

（穆宗隆慶實録卷 52　第 3 頁　52.3.1295）

329　十二月　　是歲……漕運米四百萬石，内除舊例並災傷改折一百二十三萬一千九百一石六斗五合五勺，實運米二百七十六萬八千九十八石三斗三升。

（穆宗隆慶實録卷 52　第 13 頁　52.11.1312）

隆慶五年（1571）

330　正月乙丑　　立春。順天府官進春。上御皇極殿受之。文武羣臣行慶賀禮。免百官宴。

（穆宗隆慶實録卷 53　第 1 頁　53.1.1313）

331　正月己巳　　以水災量免文安、永清、保定、薊州等州縣存留糧，折徵霸州等衛所屯糧各有差，仍賑濟如例。從撫按官奏也。

（穆宗隆慶實録卷 53　第 1 頁　53.1.1313）

332　正月癸未　　發太倉銀七千兩於薊鎮〔按：館本無鎮字〕遼，撫賞夷人。

（穆宗隆慶實録卷 53　第 5 頁　53.4.1320）

333　正月己丑　　大風，揚塵四塞。

（穆宗隆慶實録卷 53　第 7 頁　53.6.1324）

334　正月己丑　朝鮮國王李昖遣陪臣禮曹參判洪淵等賫表文、方物馬匹進賀萬壽聖節。宴賚如例。

（穆宗隆慶實録卷 53　第 8 頁　53.7.1325）

335　正月庚寅　發户部銀七千兩及太僕寺馬價銀三千兩於薊、昌各兵備修築墩臺。

（穆宗隆慶實録卷 53　第 8 頁　53.7.1326）

336　正月辛卯　陞翰林院編修佘有丁爲國子監司業。

（穆宗隆慶實録卷 53　第 8 頁　53.7.1326）

337　二月戊戌　薊鎮總督劉應箕等劾報昌平御史栗永禄所陳二事。一，山陵重地，欲修築牆墩，以固封守，而風氣所關，不便宜作。宜令内外守備，多植樹木，以滋保障。一，昌平舊有天壽山守備，自移駐守備於灰嶺口，以水〔按：館本水作永，是也〕安營坐營官，而本城防禦遂疎。宜仍令天壽山守備還駐昌平，專防陵寢，罷灰嶺口把總，改設守備，聽居庸關參將節制。兵部覆奏。從之。

（穆宗隆慶實録卷 54　第 11 頁　54.1.1330）

338　二月甲辰　勅……順天府府尹姚一元致仕。

（穆宗隆慶實録卷 54　第 19 頁　54.9.1345）

339　二月甲辰　時薊州遵化縣雜造局炒鐵囚徒在廠者百六十餘人，既耗囚糧，而瘦死相望，守之者亦苦之。工部欲如正德間例，歲以百人爲例，滿則暫止。刑部言：在京贖例，以工役爲至輕，以炒鐵爲至重。今以百名爲率，則外此雖情重者無所懲矣。按律有做工、擺站、瞭哨、發充、儀從、煎鹽、炒鉄各條例，自今請斟酌併行。情輕者仍擬工役，情重者自炒鉄。百名之外，屬軍衛則發沿邊墩臺瞭哨，屬有司則發衝要驛遞擺站。庶法令不致輕縱，而奸惡知警。詔從其議。

（穆宗隆慶實録卷 54　第 20 頁　54.9.1346）

340　**二月戊申**　陞浙江布政使司左布政使郭朝賓爲順天府府尹。

（穆宗隆慶實録卷 54　第 21 頁　54.10.1347）

341　**二月甲寅**　修理長陵興工。

（穆宗隆慶實録卷 54　第 22 頁　54.11.1350）

342　**二月丙辰**　修濬金水河興工。

（穆宗隆慶實録卷 54　第 22 頁　54.11.1350）

343　**二月丙辰**　以籍入陸炳莊田一百二十二頃八十七畝，賜皇親錦衣衛指揮僉事李旺。

（穆宗隆慶實録卷 54　第 22 頁　54.11.1350）

344　**二月戊午**　取會試天下舉人中式鄧以讚等四百人。

（穆宗隆慶實録卷 54　第 23 頁　54.12.1351）

345　**三月丙子**　上御皇極殿，策試貢士。

（穆宗隆慶實録卷 55　第 29 頁　55.6.1365）

346　**三月己卯**　賜天下貢士張元忭等三百九十六人進士及第、出身有差，賜冠服寶鈔如故事。

（穆宗隆慶實録卷 55　第 30 頁　55.7.1368）

347　**三月壬午**　陞順天府府尹郭朝賓巡撫寧夏。

（穆宗隆慶實録卷 55　第 31 頁　55.8.1369）

348　**三月丁亥**　發太倉銀十萬五千餘兩於薊鎮，七萬七千餘兩於永平，一十九萬八千餘兩於密雲，爲主客兵餉。

（穆宗隆慶實録卷 55　第 32 頁　55.9.1371）

349　**三月庚寅**　陞江西布政司左布政使徐栻爲順天府府尹。

（穆宗隆慶實録卷 55　第 34 頁　55.10.1374）

350　**三月庚寅**　令巡視五城御史緝治四方遊民潛居京師者。

（穆宗隆慶實録卷 55　第 36 頁　55.12.1378）

351　**四月癸巳**　吏部覆：國子監祭酒馬自强等奏請於諸司歷事監生以三名爲率，量增一名。其在歷歲月，減舊四之一，存其餘廪，以待增者。令候歷諸生不至壅滯，行二年復舊。從之。

（穆宗隆慶實録卷 56　第 37 頁　56.1.1379）

352　**四月乙未**　　薊遼督撫官〔校記：嘉本作總督〕劉應節等議上御史傅孟春所陳折支積貯事宜，請令各鎮立爲定則，每米一石折銀七錢，除舊例秋冬俱折支外，其春夏應支本色，當酌量改折，視地理遠近爲差。薊鎮有漕屯鹽銀糧，則遠者折支五月，近者四月。在密雲人衆地狹，米價翔貴，則遠者二月，近者〔按：館本無者字，三本有者〕四月；在永平雖止有民屯糧，而米價常平，則遠近俱四月。大略折色不足則借客兵餘銀，本色有餘則改給客兵，以省召買。薊鎮密雲積至二十萬，永平至十五萬，則出陳易新，計年歲豐歉，通融增減。常時以折色便軍，可以積粟，歲凶〔按：館本作凶歲，嘉本作歲凶〕以本色濟荒，可以積銀。此斂散隨時，公私并濟之法也。又順、永二府緣邊州縣税銀糧馬草亡慮數十萬，解京用折色，則常以本色減價而售，召商糴買本色，則又以折色增價而給，宜通行改正，令就近輸便。户部覆奏，從之。

（穆宗隆慶實録卷 56　第 38 頁　56.2.1381）

353　**四月戊午**　　京師大雨雹。

（穆宗隆慶實録卷 56　第 45 頁　56.8.1393）

354　**五月乙丑**　　改順天府府丞路王道爲太常寺少卿。

（穆宗隆慶實録卷 57　第 47 頁　57.1.1398）

355　**五月丁卯**　　陞順天府府尹徐栻爲都察院右副都御史，巡撫江西兼理軍務。

陞浙江右參政傅希摯爲順天府府丞。

（穆宗隆慶實録卷 57　第 48 頁　57.2.1399）

356　**五月己巳**　　陞陝西布政司左布政使曹金爲順天府府尹。

（穆宗隆慶實録卷 57　第 49 頁　57.2.1401）

357　**五月甲戌**　　修理長陵祾恩殿興工，遣侍郎趙錦行祭告禮。

（穆宗隆慶實録卷 57　第 50 頁　57.4.1403）

358　**五月戊寅**　　命居庸關參將孫山以副總兵仍管本關參將事，以山任參將三年，督撫薦留故也。

（穆宗隆慶實録卷 57　第 52 頁　57.5.1406）

359　**六月辛卯朔**　　京師地震者三。詔百官青衣角帶辦事三日，修省三日。

（穆宗隆慶實録卷 58　第 56 頁　58.1.1415）

360　**六月己亥**　　命原任五軍營參將鄒沂爲五軍營練勇參將，陞神機營坐營指揮使張簡、神樞營備兵營指揮陳雄俱署都指揮僉事。簡神樞營佐擊將軍，雄神機營遊擊將軍。

（穆宗隆慶實録卷 58　第 58 頁　58.2.1418）

361　**七月辛酉朔**　　加欽天監掌監事順天府府丞周相三品服色，以九年秩滿也。

（穆宗隆慶實録卷 59　第 1 頁　59.1.1435）

362　**七月戊辰**　　修理北安門等處興工，遣侍郎鄒應龍祭告后土司工之神。

（穆宗隆慶實録卷 59　第 3 頁　59.2.1438）

363　**八月庚寅朔**　　命順天府官□〔按：館本□作豎〕坊旌表烈婦張氏。張氏，錦衣百户鎡女，順天府學生員翟思榮妻也。年十七歸於翟，是年六月思榮遘疾，自度不起，囑張改適，張以死誓。思榮卒，張絕口不食者二十一日，亦卒。於是禮科都給事中張國彦等、御史朱光宇、傅孟春、蘇士潤等交章請破格表揚。從之。

（穆宗隆慶實録卷 60　第 1 頁　60.1.1457）

364　**八月庚子**　　命神機營佐擊將軍爲事官李鳳充京城巡捕。

（穆宗隆慶實録卷 60　第 3 頁　60.3.1461）

365　**八月癸卯**　　陞薊鎮管班指揮使林棟署都指揮僉事，充神機營佐擊將軍。

（穆宗隆慶實録卷 60 第 5 頁 60.4.1463）

366 **八月戊申** 朝鮮國王李昖差陪臣刑曹參判朴素立等入賀。

（穆宗隆慶實録卷 60 第 6 頁 60.5.1465）

367 **八月庚戌** 薊昌築敵臺工成〔按：館本成作城，廣本抱本作成，是也〕。兵部言：二鎮拱衛京陵，逼兵三衛。三衛名雖藩籬，然〔校記：嘉本無然字〕陰爲虜用。自庚戌以〔按：館本無以字，抱本有以字〕來，先後邊臣止議築牆而不及修臺，故虜至輒得意〔按：館本意作氣，抱本作意，嘉本作志〕。今十四路樓堞相望，二十里聲勢相援，皆督撫官協謀任事之功，而効勞諸將吏亦並録。得旨：總督譚綸陞兵部尚書兼都察院右副都御史，協理戎政如故。巡撫劉應節陞俸二級，楊兆俸一級。右都督戚繼光蔭一子百户，都督僉事楊四畏陞實職二級，副使孫應光俸二級。僉事宋約、王之弼等一級，副總兵胡守仁、參將羅端〔校記：嘉本端作瑞〕等實職一級。仍各銀幣有差。綸疏辭恩命，不允。

（穆宗隆慶實録卷 60 第 7 頁 60.6.1467）

368 **八月辛亥** 總督薊遼〔校記：三本作薊遼總督〕都御史劉應節奏言：順天、永平二府所屬等州縣，自明年爲始，一應起存京邊税糧、馬草並豐潤縣備邊子粒、衛所關營屯米屯豆、秋青馬草等銀，委依永平先年改納事例，以銀數定價，責令各富户上納本色，其舊日京運及協濟銀兩即於太倉應發年例銀内扣除補給。户部覆奏，從之。

（穆宗隆慶實録卷 60 第 7 頁 60.6.1468）

369 **八月癸丑** 陞順天府通州判官張齊爲太僕寺丞。

（穆宗隆慶實録卷 60 第 8 頁 60.7.1469）

370 **九月庚申朔** 鑄造朝鐘，遣侍郎鄒應龍行祭告禮。

（穆宗隆慶實録卷 61 第 1 頁 61.1.1475）

371 **九月辛酉** 初，上用鴻臚寺卿李際春言，四夷貢使俱不得至御前引見。至是，禮科都給事中張國彦等奏：朝鮮屬國乃冠帶禮儀之邦，與諸夷不同，宜仍舊班，以示優禮。從之。

（穆宗隆慶實録卷 61　第 1 頁　61.1.1475）

372　九月癸酉　命翰林院侍讀學士丁士美、左春坊左中允兼翰林院編修申時行主武舉會試。

（穆宗隆慶實録卷 61　第 8 頁　61.7.1487）

373　九月己卯　發太倉折糧草銀一萬二千八百兩有奇於昌平，充防秋兵餉。

（穆宗隆慶實録卷 61　第 10 頁　61.8.1490）

374　九月癸未　會試天下武舉，取謝天佑等一百十人，命大學士張居正主會試主〔按：館本試主作武宴〕席。

（穆宗隆慶實録卷 61　第 11 頁　61.9.1492）

375　十月癸巳　協理京營戎政兵部尚書兼右副都御史譚綸以疾請告回籍。許之。

（穆宗隆慶實録卷 62　第 1 頁　62.1.1499）

376　十月丁未　修理大明門等門并皇牆等處興工，遣尚書朱衡祭告后土、司工之神。

（穆宗隆慶實録卷 62　第 5 頁　62.4.1506）

377　十月壬子　户部覆巡按直隸御史余希周條上各鎮支糧事例。一，薊永二鎮，每一衛之官分散數營，一官之俸分爲兩處，宜各歸併原衛支糧。其有身〔校記：廣本身下有家字，是也〕在邊方者，依邊衛事例給之。一，各鎮存操募補軍兵，其月糧布花，在薊州則於馬蘭等路關支，在永平則於燕臺二路關支，在密雲則於潮河所關支，應役在此支給。在彼宜令各鎮赴各兵備道覈實坐支，以免詐冒重復之弊。一，各營衛所，開糧料籍，數多影射不明。宜嚴行兵備道一切釐正，以消耗蠹。一，興州等衛支官軍月糧於通倉，而折俸布花則在薊州、營州等衛，支月糧布花於通倉，而官軍折俸則在薊州，其懷柔軍馬糧料，又於密雲鎮坐支。彼此隔遠，積弊非一，宜悉查原在某倉某庫者，就近給之，不得仍前紊亂。一，興州等衛所共有代辦錢糧虚名軍一千餘名，歲支糧餉三千四百餘兩，皆私自侵費而稱爲公用，宜概行查革。詔如議行。

（穆宗隆慶實録卷62　第6頁　62.5.1508）

378　十一月戊辰　陞……順天府尹曹金爲刑部右侍郎。

（穆宗隆慶實録卷63　第2頁　63.2.1518）

379　十一月己巳　户部進“隆慶制錢”二百萬文。

（穆宗隆慶實録卷63　第3頁　63.3.1519）

380　十一月己巳　密雲縣地震。

（穆宗隆慶實録卷63　第3頁　63.3.1519）

381　十一月庚午　令總督京營戎政鎮遠侯顧寰閒住，以禮科都給事中張國彦論其老不勝任也。

（穆宗隆慶實録卷63　第3頁　63.3.1519）

382　十一月辛未　陞湖廣布政司左布政使孫一正爲順天府府尹。

（穆宗隆慶實録卷63　第3頁　63.3.1519）

383　十一月壬申　命掌左軍都督府事彰武伯楊炳總督京營戎政。

（穆宗隆慶實録卷63　第4頁　63.3.1520）

384　十一月甲戌　修理長陵祾恩殿等處工完，奉安神位，遣國公張溶行祭告禮。

（穆宗隆慶實録卷63　第4頁　63.3.1520）

385　十一月辛巳　琉球國中山王尚元差正議大夫鄭憲等上表謝恩，貢馬及方物。宴賚如例。

（穆宗隆慶實録卷63　第6頁　63.5.1523）

386　十一月辛巳　陞……順天府府丞傅希摯爲右僉都御史。

（穆宗隆慶實録卷63　第6頁　63.5.1524）

387　十一月壬午　朝鮮國王李昖遣陪臣吏曹參判金慶原等進

馬及方物，賀冬至令節。賜宴賞如例。

（穆宗隆慶實録卷 63　第 6 頁　63.5.1524）

388　十一月癸未　陞……光禄寺少卿劉堯誨爲順天府府丞。

（穆宗隆慶實録卷 63　第 6 頁　63.5.1524）

389　十一月乙酉　琉球國中山王尚元遣使送回被虜人口。上以其屢效忠誠，賜勑獎諭。仍賜銀五十兩，綵段四表裏。其獲功人等，賚金帛有差。

（穆宗隆慶實録卷 63　第 7 頁　63.6.1525）

390　十二月丁酉　户部進續買珠寶共用銀二萬二千四百兩有奇，上以所買不堪用，責該司對狀。尚書張守直因自引罪，且請再行宛、大二縣收買。上怒未解，奪郎中袁三、員外〔校記：廣本嘉本外下有郎字〕賈實俸各半年。

（穆宗隆慶實録卷 64　第 4 頁　64.3.1534）

391　十二月戊戌　遣南京國子監琉球受學官生梁炤等三人歸國。從其王請也。

（穆宗隆慶實録卷 64　第 4 頁　64.3.1534）

392　十二月己亥　兵部議覆：巡視京營科道官梁問孟、侯居良所陳營務十二事。一，公侯伯子弟及京衛幼官悉令隨營讀書習射。課優劣爲他日録用地否者不准承襲。一，請收在京衛所官舍餘丁補殫忠〔按：館本無忠字，三本有忠字，是也〕效義二營之舊汰疲軍，而以其精壯子弟摘牌代役。一，三營分操，在總協勢有不逮，請調神樞營、神機營兵於五軍營總練。一，請令巡視科道官考第營中諸將優劣，送部視才更調。一，巡捕官禁毋得役占軍士、賃顧馬匹，專意督賊。一，令總協大臣酌議行糧。應仍應革，以憑部奏處。一，每開操時令太僕寺官五日一人營查驗馬匹。一，營中子粒銀專備金鼓旗幟花紅賞賚之用，毋得以別項動支。一，建廈以置戰車，兼可庇操軍風雨。一，查革各項謀充人役。一，戎務無掌故，請得以祖宗建置、多官見白、本部覆議、編纂成書，以備參考。一，請申飭總督楊炳、協理王遴悉心整練營卒。上允行之。

（穆宗隆慶實録卷 64　第 4 頁　64.4.1535）

393　十二月丙午　以災傷免寶坻、文安等縣、薊州、營州等衛所存留糧有差。

（穆宗隆慶實録卷 64　第 11 頁　64.9.1546）

394　十二月丁未　命昌平總兵標下遊擊將軍署都指揮僉事谷九皋充分守薊州、古北口等處參將。

（穆宗隆慶實録卷 64　第 11 頁　64.10.1547）

395　十二月乙卯　户部進乾清宫莊地子粒銀九千三百兩有奇，仁壽、清寧、未央三宫地銀二萬三千二百兩有奇。

（穆宗隆慶實録卷 64　第 15 頁　64.13.1553）

396　十二月丁巳　詔直隸撫按官治順、永、保、河諸郡水利之湮塞者，以便田作。從巡按御史趙應龍言〔校記：廣本言作奏〕也。

（穆宗隆慶實録卷 64　第 16 頁　64.13.1554）

397　十二月　是歲……漕運米四百萬石，内除舊例並災傷改折二十九萬二千九百三十四石七斗，實運米三百七十萬二百六十五石三斗。各處運納米一千三十六萬四十三石有奇。

（穆宗隆慶實録卷 64　第 17 頁　64.14.1556）

隆慶六年（1572）

398　正月己未　詔雲南、廣東採辦珠寶歲進寶石二萬塊、珠八千兩，三年而止。户科都給事中張書等、江西道監察御史劉世魯等疏乞節採辦，崇儉德，以蘇民困。報聞。

（穆宗隆慶實録卷 65　第 1 頁　65.1.1557）

399 **正月庚午** 立春。順天府官進春。上御皇極殿受之，文武羣臣行慶賀禮。

（穆宗隆慶實録卷 65 第 4 頁 65.3.1562）

400 **正月戊寅** 朝鮮國王李昖遣陪臣金啟等入賀萬壽聖節。宴賞如例。

（穆宗隆慶實録卷 65 第 8 頁 65.7.1569）

401 **正月乙丑**〔按：館本乙丑作乙酉，是也〕 命五軍營遊擊將軍李勳充神樞十營練勇參將，改神機七營參將濮東陽分守宣府南路。

（穆宗隆慶實録卷 65 第 11 頁 65.10.1575）

402 **二月己丑** 給發薊鎮撫夷年例銀七千兩。

（穆宗隆慶實録卷 66 第 1 頁 66.1.1577）

403 **二月庚寅** 命五軍營佐擊將軍署都指揮僉事陸鋭充神機七營參將，分守太平寨。參將署指揮僉事王録充定州領班遊擊將軍，薊鎮松棚各遊擊將軍署都指揮僉事栗卿充五軍九營遊擊將軍。

（穆宗隆慶實録卷 66 第 3 頁 66.2.1580）

404 **二月甲午** 陞管居庸關參將事副總兵孫山爲署都督僉事、神機營左〔按：館本左作佐，抱本嘉本作左，是也〕副將。

（穆宗隆慶實録卷 66 第 6 頁 66.5.1585）

405 **二月丙申** 初置昌平鎮〔按：館本鎮下有庫字〕，設官吏，從總督侍郎劉應節等議也。

（穆宗隆慶實録卷 66 第 6 頁 66.5.1586）

406 **二月丙申** 命管白羊口遊擊將軍事參將劉戡分守居庸關等處。

（穆宗隆慶實録卷 66 第 7 頁 66.6.1587）

407 **二月己亥** 調分守宣府柴溝堡參將爲事官賈國忠於宣府西路高萬全右衛等處。命神樞營練勇參將署都指揮何勳管白羊口遊擊將軍。

（穆宗隆慶實録卷 66　第 8 頁　66.7.1589）

408　**二月辛丑**　　增建倉厫於順義縣。改古北口倉副使爲龍慶倉副使。先是，漕糧輸密雲者時遇雨，或有警不能徑達，往往寄頓牛欄山以待轉運，多所〔按：館本所作有，抱本嘉本作所〕失損。於是，總督侍郎劉應節議於順義城建倉收貯，俾三縣人民脱挽運之苦。户部覆請，乃許之。

（穆宗隆慶實録卷 66　第 9 頁　66.8.1592）

409　**二月丁未**　　薊遼、保定督撫官劉應節、宋纁言：保定奇、正二營軍士食糧則同，勞逸互異。宜通融汰選，革去奇、正字號，改爲保定左右二營，令更番戍邊，永爲定制，有缺則嚴行所在勾補。從之。

（穆宗隆慶實録卷 66　第 12 頁　66.10.1596）

410　**二月辛亥**　　兵部覆：薊鎮督撫官劉應節等所奏議清軍〔按：館本軍作查，廣本抱本作軍，是也〕十事。一，議軍由。凡清出軍人，給由帖，備書户丁貫趾並軍繼〔按：館本繼作維，廣本抱本作繼，是也〕軍裝。解邊之日，仍載入新定衛所，十年一更給。不惟便取軍裝，亦可攄他日清勾之地。一，議軍册。應清丁及謫發永遠軍，逐一造册〔按：館本作遂一開册，廣本抱本遂作逐，三本開作造，是也〕開載。亦如由帖之制，以防逃伍及爲軍士損失告給之地。每大造黄册年，類造送部。一，議軍裝。清解之軍，例有供帖〔按：館本帖作貼，抱本作帖〕，有司覈其田産，酌中定數〔按：館本數作類，三本作數，是也〕，嚴令户丁〔按：館本丁作下，廣本抱本作丁，是也〕，以時齎送，毋許缺乏。其在鎮軍士貧者一體經理。一，議軍伍。薊鎮軍伍，每因調度分〔校記：嘉本分作紛〕更，故頂補淆亂，即有逃〔按：館本逃作逬，抱本嘉本作逃，是也〕亡，無從稽考。宜將解至軍士，依營定衛。使相保相倚，以免流亡。一，議軍解。清出軍士〔按：館本士作丁〕，不必編立伍長，肅隊而行，仍照舊例，僉妻解定限期。一，議軍繼。軍繼清出，仍審户内殷實一丁聽。如有逃亡，卽行勾補。一，議安插軍士。解至必須營房安置，請發帑银〔按:館本帑作幣，廣本抱本幣作帑，是也〕二萬一千兩修造。一，議收補。各省解至軍人，轉解衛所，不免留難，需索之弊，宜定衛分。經發營伍，止令該衛所紀〔校記:廣本嘉本紀作記，是也〕籍。至於收補之序，先遵化、三屯、建昌、石〔按：館本石作右，廣本抱本作石〕匣諸營，次各路，又次三屯、遵化、密雲各輜重營及車營，有餘則委將官一人，會同守備（按:原書誤衍抄重行，今删）各領新軍一枝操練。俟營伍卽成，另議發邊。一，議糧餉。新軍至邊，難苦備至，乞破格優卹。月糧之外，另加口糧三斗，期以二年爲止。至邊三月以上者，全支布花，免其工役。一，議督責。所在有司，但開去逃軍務，一一清查〔按：館本查作理，抱本作查〕。御史差完，分别薦獎劾戒。營衛官不撫卹致軍逃亡者，各定擬分數，以行譴罰。上從其議。

（穆宗隆慶實録卷 66　第 15 頁　66.12.1600）

411　閏二月己未　總督京營戎政彰武伯楊炳等議：戰兵、車兵、城守兵每秋各加支行糧，自嘉靖三十七年以來，久已遵行。蓋謂京營官軍率多貧窘，既欲嚴加訓練，必使衣倉充足，然後可以鼓士心、倡勇敢。今驟欲裁革，則衆心懈弛，何以收訓練之實效？兵部覆奏：行糧仍舊關支、惟勑令加意訓練，報可。

（穆宗隆慶實録卷 67　第 1 頁　67.1.1606）

412　閏二月癸辛　修飭長陵工完，命陞賞内外効勞諸臣，工部尚書朱衡等各俸級银幣有差。

（穆宗隆慶實録卷 67　第 4 頁　67.4.1611）

413　閏二月丁卯　命神機營佐擊將軍署都指揮僉事常齡充五軍參將。

（穆宗隆慶實録卷 67　第 5 頁　67.5.1613）

414 **閏二月丙子** 册封莊氏爲“敬妃”，李氏爲“恭妃”，于氏爲“懿妃”，葉氏爲“倚妃”。命成國公朱希忠、張溶、侯蔣佑、伯李銘持節，大學士高拱、張居正、尚書高儀、潘晟捧册行。

（穆宗隆慶實録卷 67　第 8 頁　67.7.1617）

415 **三月辛卯** 發太倉银八萬伍千一百餘兩於薊鎮，六萬一千八百餘兩於永平，五萬二千五百餘兩於密雲，一萬八千四百餘兩於昌平，爲主客兵餉。

（穆宗隆慶實録卷 68　第 2 頁　68.2.1627）

416 **四月丁巳** 以亢旱命順天府禱雨，諸司停刑，禁屠十日。越三日乃雨。

（穆宗隆慶實録卷 69，第 1 頁　69.1.1657）

417 **四月己未** 發太倉银九萬六〔校記：嘉本六作二〕千四百餘兩於密雲鎮。

（穆宗隆慶實録卷 69　第 1 頁　69.1.1658）

418 **四月辛巳** 調神機七營参將陸鋭於宣府葛峪堡，薊鎮牆子嶺参將李如櫃於宣府南山，山海關参將孫朝梁於牆子嶺，仍各充分守参將。

（穆宗隆慶實録卷 69　第 9 頁　69.8.1671）

419 **四月壬午** 昌平州大風、雷雹。

（穆宗隆慶實録卷 69　第 10 頁　69.8.1672）

420 **四月癸未** 詔修獻陵祾恩殿門、寶城、明樓。

（穆宗隆慶實録卷 69　第 10 頁　69.8.1672）

421 **四月癸未** 薊遼督撫官劉應節等言：南兵九千名，分派薊、永、密三鎮，視人數多寡爲準給之糧餉，計银一十六萬二千兩有奇。今所省延綏等處入衛休息兵馬及山東罷去民兵、固原撤回兵馬之費，以足一十四萬四千六百之數，不足者請發帑補之。至營臺千百把總宜量增丁馬，以資奔馳發遣之用。部議以爲可許，上從之。

（穆宗隆慶實録卷 69 第 10 頁 69.9.1673）

422 **四月甲申** 兵部覆：巡按直隸御史蘇士潤奏，幾輔諸郡驛遞南馬银兩，歲久拖欠，百姓役苦，逃亡者多。宜行順天、保定各撫臣，自隆慶六年爲始，徵草場子粒等銀，解部收貯。太僕寺每季終分屬該道抵補南馬银數。

（穆宗隆慶實録卷 69 第 11 頁 69.9.1674）

423 **五月己亥** 復設居庸關、山海關〔按：館本無山海關三字，廣本嘉本有〕巡視御史二員。

（穆宗隆慶實録卷 70 第 5 頁 70.5.1685）

424 **五月庚子** 修理大明等門，遣侍郎熊汝達行祭告禮。

（穆宗隆慶實録卷 70 第 6 頁 70.5.1685）

425 **五月乙巳** 朝鮮國王李昖遣陪臣朴民獻貢馬及方物入謝，宴賞如例。

（穆宗隆慶實録卷 70 第 6 頁 70.5.1686）

426 **五月己酉** 上疾大漸，召大學士高拱、張居正、高儀至乾清宫受顧命。拱等疾趨至宫，左右奏召輔臣至，上坐倚御榻上，中宫及皇貴妃咸在御榻邊，東宫立於左，拱等跪於御榻下。命宣顧命曰：朕嗣祖宗大統，今方六年，偶得此疾，遽不能起，有負先皇付託。東宫幼小，朕今付之卿等三人，宜協力輔佐，遵守祖制，保固皇圖。卿等功在社稷，萬世不泯。拱等咸痛哭叩頭而出。是時，上疾已亟，口雖不能言，而熟視諸臣頷之，屬託甚至，蓋自孝廟顧託三臣之後僅再見也。

（穆宗隆慶實録卷 70 第 9 頁 70.8.1692）

427 **五月庚戌** 上崩於乾清宫。……七月丙戌上尊謚曰“契天隆道淵懿寬仁顯文光武純德弘孝莊皇帝”，廟號“穆宗”。九月壬寅葬昭陵。

（穆宗隆慶實録卷 70 第 10 頁 70.8.1692）